실크로드 신체문화교류사 2

전통무예, 무용, 유희

총서 2

한국

한국외국어대학교
한국글로벌스포츠건강문화센터

이 논문 또는 저서는 2017년 대한민국 교육부와 한국연구재단의 지원을 받아 수행된 연구임
(NRF-2017S1A5B4055939)

박영사

발간사

이 연구가 주제로 선정한 실크로드의 아시아 7개국이란 한국을 비롯해 바다 건너 일본과 중국, 몽골, 카자흐스탄, 우즈베키스탄, 이란을 가리킨다. 실제로 실크로드상에는 수많은 나라가 존재해 왔는데, 왜 하필 이 7개국이냐고 질문한다면 아직은 정확한 학술적 근거를 제시하기 어려운 것이 사실이지만, 다음과 같은 관점에서 7개국의 문화교류사에 접근할 수 있을 것이다. 지구상 동서의 문명교류라는 관점에서 실크로드가 역사적으로 인류의 문화발전에 큰 역할을 했다는 점이 많은 연구를 통해 밝혀졌기 때문이다.

한국인은 오랜 역사와 함께 문화 민족으로서 고도의 문화생활을 가꾸어 왔다. 한국인은 오랜 세월을 거치며 개체를 보존하고 강함을 추구하려는 동물적 본능으로부터 탄생된 무예로 창술, 검술, 활쏘기, 씨름, 택견, 수벽치기, 태권도 등을 계승해 온 덕분에 많은 종목이 전통스포츠로 발전하여 오늘에 이르고 있다. 또 인간의 삶에서 빠질 수 없는 예술행위가 음악과 춤일 것이다. 우리 민족도 예외는 아니다. 고구려 고분벽화에는 음악을 연주하는 장면 옆에 항상 춤을 추고 있는 무용수 그림이 그려져 있다. 음악이 있으면 춤이 있고, 춤을 추려면 음악이 있어야 하듯이 상고시대부터 악(樂)은 춤과 노래, 유희 등을 포함하는 넓은 개념으로 사용되었음을 고구려 고분벽화가 보여주고 있다. 안악3호분의 널방 동쪽 벽에 심목고비(深目高鼻)라 하는 눈이 쑥 들어가고 높은 콧날을 가진 무용수들과 그들이 연출하는 춤사위는 서역인의 춤으로 잘 알려진 호선무(胡旋舞)로서 동아시아의 춤에서는 볼 수 없는 것으로, 다수의 연구자는 고구려와 중국의 서쪽 세계에서 유행하던 춤이라 보고 있다.

이러한 배경을 토대로 이 연구에서는 한국 사회에서 인류 탄생과 더불어 지속되었던 서민들의 투쟁기술, 또는 생활상을 적나라하게 보여주는 신체문화로서 계승, 발전되어 온 한국의 전통무예와 무용, 그리고 유희에 관해 연구, 정리하였다. 지금까지 실크로드를 통한 신체문화 항목을 주제로 '비교민속학'이나 '문학사', '사회문화사', '예술사' 등에서 동서지역 간의 상호교류를 밝혀주는 여러 연구가 발표되었다. 그중에는 뛰어난 성과를 보여주는 연구도 있지만, 인간의 본능에서 발현되는 신체활동 영역(전통무예, 무용, 유희)에 관한 연구는 아직도 각국이 각자 도생의 길을 걷고 있을 뿐이라는 고민을 우리에게 안겨 주었고, 그 해결책을 찾기 위해 이 연구는 출발하였다.

다행하게도 본 연구소는 기초학문을 육성하는 토대연구사업의 인문사회분야 지원사업에 선정되어 5년간(2017－2022) 실크로드를 통한 아시아 7개국의 전통무예, 무용, 그리고 유희로 나누어 신체문화와 관련된 문화사적 연구를 진행하게 되었다. 이 연구를 진행함에 있어서 전체를 아우르는 1권과 각 국가의 전통신체문화 7권, 그리고 이 7개국의 신체문화를 총망라한 교류사 부분 1권으로 구성하여 단행본으로 출판하게 되었는데, 그중에 두 번째로 한국의 전통신체문화를 밀도 있게 다루어 집대성한 연구물이다.

이 연구의 가장 중요한 의의를 꼽는다면, '신체활동을 매개체로 한 주변 민족과의 문화교류 현상'을 밝히는 것이다. 교류에는 개인 간의 교류에서부터 지역 및 민족 간의 교류, 대륙 간의 교류 등 다양한 수준의 교류가 있으며, 지금은 우주를 왕래하는 시대를 맞이하여 위성 간의 교류도 상정할 수 있다. 그러므로 이 연구는 사회를 구성하는 각 개인의 신체를 매개체로 한 전통무예와 무용, 그리고 유희 종목으로 나누어 국가(민족)별로 그것들의 역사적 탄생 및 변용과 발전과정 등의 민족적 다양성과 연계성을 조사하여 분석함으로써 인간의 신체활동과 관련된 문화적 지식의 폭을 넓히고 확장하여 전통무예, 전통무용, 전통놀이의 교류적 문화사를 재현할 수 있다는 궁리에서 출발하게 되었다.

이 책은 일반 대중을 위해 평이한 수준으로 쉽게 기술하고자 하였고, 다양한 사진과 그림 자료를 첨부하려고 노력하였으나 저작권에 문제가 발생할 수 있기에 그림 및 사진 자료들을 더 많이 분석하고 해석한 내용을 제시하지 못한 아쉬움이 크다. 또 연구 도중에 세계적으로 유행한 코로나19의 여파로 각 지역을 방문해 다양한 자료를 수집하는 데 어려움을 겪었으나 그러한 역경을 이겨내고 연구자들 나름의 결과물을 제시하게 된 것을 다행이라고 생각한다. 따라서 이 책이 향후 실크로드로 연결된 인류의 전통신체문화사의 발전과 한국 전통신체문화의 논의의 지평을 더욱 확장하는 계기가 되는 데 기여하기를 바라며, 덧붙여 전통문화와 관련된 교육 자료로 활용됨으로써 후학들의 관심과 흥미를 불러일으키는 데 기여하기를 기대한다.

기초학문 발전을 위한 한국연구재단의 재정적 지원과 격려에 고마움을 전한다. 공동 연구와 집필에 참여한 각 연구자, 연구보조원, 그리고 출판을 위해 편집과 사진 작업 등을 맡아준 박영사를 비롯한 많은 분에게 고마움을 표한다.

2025년 8월

실크로드 아시아 7개국의 전통무예, 무용, 그리고 유희연구 연구책임자

한국외국어대학교 한국글로벌스포츠건강문화센터 소장 김태영

차례

제2부
전통무용

제3부
전통유희

제1부

전통무예

태권도

1. 들어가며

태권도는 손과 발을 사용하는 도수무예로 한국을 대표하는 현대스포츠로 자리매김하였다. 현재 수련인구가 약 8,000만 명[1])에 달할 정도로 전 세계적으로 많은 관심을 받고 있는 스포츠 중의 하나이다.

1973년 5월 창립된 세계태권도연맹(WT, World Taekwondo)에는 5개 대륙의 209개 국가가 회원국으로 가입되어 있으며, 국제스포츠기구 중 일곱 번째로 많은 회원국 수를 보유하고 있다. 중국의 대표 무예인 우슈나 일본의 유도, 공수도 등과 같은 종목에 비해서 해외 진출의 역사가 짧은 점을 고려한다면, 매우 괄목할 만한 성장을 이루었다. 특히 태권도는 2013년에 열린 제125차 국제올림픽위원회 총회에서 2020년 도쿄올림픽경기대회의 핵심 육성 종목으로 채택된 것을 계기로 한국 정부는 태권도를 대표적인 한류 브랜드로 육성할 계획을 제시하였다.[2])

태권도는 2000년 시드니올림픽에서 정식종목으로 채택되어 현재에 이르고 있다. 이는 태권도가 한국의 전통무예라는 한정된 지역을 넘어 세계화된 스포츠

1) 외교부(http://www.publicdiplomacy.go.kr/summary/summary_main.jsp, 2019.03.10. 검색).

2) 박귀순, 김태양, 〈광복 이후 체육진흥 정책에 따른 중·고등학교 엘리트스포츠 태권도의 변천과정〉, 《한국체육사학회지》. 22(4), (한국체육사학회, 2017), 46쪽; 문화체육관광부 스포츠비전 2018(http://www.mcst.go.kr/web/s_policy/sports/sportsVision02.jsp, 2019.03.08. 검색).

로 자리매김했다는 것을 분명히 보여주는 상징적인 사건이었다. 세계 여러 국가의 전통무예 중에서 태권도가 올림픽 종목에 채택될 수 있었던 이유 중 하나는 택견, 수박, 시박, 씨름 등을 비롯한 한국의 전통무예를 뒷받침해 준 다양한 문화적 기반 위에서 주변국의 엇비슷한 무예들과 교류하면서 이를 적극적으로 수용하고 현실화해 온 태권도인의 노력과 헌신이 있었기 때문이기도 하다.[3)]

태권도는 1980년대 들어와 대학교에서 태권도학이라는 명칭으로 학과가 개설되면서 이론과 실기를 겸비하는 학문으로 전환되는 계기를 마련하였다. 이러한 학술적 기반을 토대로 2006년 국기원에 태권도연구소가 설립된 후 태권도와 관련된 제반 연구가 활발히 진행되고 있으나 한편에서는 태권도가 한국을 대표하는 무예이자 세계스포츠로서 발돋움했음에도 불구하고 아직까지 그 위상에 걸맞은 학문적 정체성과 특수성이 매우 부족하다는 지적도 여기저기서 나오고 있다.[4)] 그 이유는 태권도가 한국인의 혼과 정신이 담긴 무예로서 역사적이고 보편적인 전통적 의미와 신체단련을 위한 격투기로서의 가치를 제대로 보여주지 못하였기 때문이다. 이러한 문제점은 현재까지 한국 내의 태권도 연구가 고증을 바탕으로 역사적, 철학적 기반을 공고하게 보여주지 못하고 있다는 점에 기인하고 있다.[5)] 아직도 해결해야 할 이론적 배경과 역사적 과정 등에 부합된 사료의 고증 문제, 그리고 태권도인의 인성이나 무덕(武德) 등과 관련된 내재적인 문제, 경쟁 사회를 반영하는 듯한 성적 우선주의에서 벗어나 인성을 기르는 신체활동으로서의 가치성을 확보해야 하는 등의 제반 문제를 해결하려는 태권도인들의 부단한 노력과 연구가 더욱 필요한 시점에 와 있다.

---

3) 심승구, 〈태권도의 정체성과 문명사적 의의〉, 《동양문화연구》. 4, (영산대학교동양문화연구원, 2009), 54쪽.

4) 박태승, 〈국내 태권도학 연구경향 분석 및 제언〉, 《관광레저연구》. 22(5), (한국관광레저학회, 2017), 275－293쪽; 안용규, 〈태권도학의 나아갈 길〉, 《스포츠과학연구논문집》. 23, (동아대학교스포츠과학연구소, 2005), 145－151쪽; 이민규, 이승범, 〈2010년 이후 국내 태권도학 관련 연구동향 분석〉, 《국기원 태권도연구》. 8(4), (국기원, 2017), 27－42쪽; 이봉, 〈태권도학 정립의 기초에 대한 고찰〉, 《한국체육학회지》. 48(4), (한국체육학회, 2009), 37－44쪽; 이창후, 《태권도의 철학과 사상, 그리고 정신》. (상아기획, 2007).

5) 심승구, 〈태권도의 정체성과 문명사적 의의〉, 《동양문화연구》. 4, (영산대학교동양문화연구원, 2009), 55쪽.

태권도는 1945년 이후에 처음 협회가 설립되었고, 전국체전에서 정식종목으로 채택되었다. 초창기 태권도는 1962년 6월 25일에 통합된 경기단체로서 "대한태수도협회"라는 이름으로 대한체육회에 가입을 신청하여 28번째 종목으로 가맹되었다. 그 후 1963년에 열린 제44회 전국체육대회에서 정식종목으로 채택되었다.[6] 이후 올림픽 정식종목으로 채택되면서 전 세계적으로 많은 수련인구를 보유하게 되었으며, 세계 속의 한국을 대표하는 무예로 자리 잡게 되었다.

태권도는 1963년에 대련 경기를 시작으로 경기화가 이루어졌으며, 1992년 "태권도한마당품새대회"를 시작으로 품새 역시 경기화되어 있다. 아직 품새경기는 경기규칙과 규정이 완전하지 않아서 지속적으로 개정이 이루어지고 있는 실정이다. 이 외에도 2017년부터는 비치태권도경기 등이 새롭게 대두되면서 태권도 경기의 다양화가 이루어지고 있다. 태권도의 다양한 경기화가 이루어지면서 인도어 무예스포츠에서 아웃도어 무예스포츠로 그 범위가 확대되고 있으며, 동시에 더욱 다양한 태권도 수련층의 확보뿐만 아니라 기술적인 측면도 향상되어 가고 있다.

2. 태권도의 역사[7]

태권도의 역사는 과거에 벌어졌던 논쟁과 쟁론 속에서 정립되어 왔으며, 앞으로도 이 무도의 올바른 정체성과 역사성을 보다 더 확고히 하기 위해서도 수준 높은 연구가 중요한 과제로 대두되고 있다.

태권도와 관련한 사관(史觀)은 1980년 초까지 태권도라는 무예의 국가적인 정체성 확보 및 가치에 관심을 두었었다. 예를 들어, 많은 연구자의 연구 성과물에서 태권도의 기원을 상고시대로 보고 고조선과 삼국(고구려/백제/신라), 고려, 조

---

6) 박귀순, 김태양, 〈광복이후 체육진흥 정책에 따른 중·고등학교 엘리트스포츠 태권도의 변천과정〉, 《한국체육사학회지》. 22(4), (한국체육사학회, 2017), 46쪽.

7) 태권도의 역사는 박귀순, 김태양, 하정희, 〈한국 태권도 사관에 관한 시론〉, 《한국체육사학회지》. 20(1), (한국체육사학회, 2015), 85–99쪽; Cindy Park & Tae Yang Kim, 〈Historical Views on the Origins of Korea's Taekwondo〉, 《The International Journal of the History of Sport》. 33(9), (Taylor & Francis, 2016), 978–989쪽을 참조해 재고찰하였다.

선 시대를 거치면서 현재의 태권도로 계승되었다고 주장하였다. 다시 말해, 태권도는 우리 민족이 살기 시작한 원시시대에 발생하여 삼국시대를 거쳐 꾸준히 발전하였으며, 체계화되었다고 간주한다.[8] 이들의 주장에 따르면, 태권도의 원형으로 택견을 들고 있으며, 그 기원을 거슬러 올라가면 삼국시대부터 있었던 수박으로 이어진다고 주장하고 있다. 즉, 삼국시대의 수박이 조선 초까지 이어졌으며, 조선 중기에는 권법으로 명칭이 바뀌었다가 구한말에 재차 택견으로 바뀌었다. 일제강점기에 택견은 조선총독부의 압박과 통제에 따라 많은 사람이 수련하지 못하게 되면서 계승이 지지부진하였다가 1945년 해방 후에 태권도로 명칭이 변경되어 현재까지 그 명맥이 이어져 왔다고 주장한다. 특히 이러한 전통주의 사관은 심지어 1992년에 국기원에서 간행된『국기 태권도 교본』에도 그대로 기술되어 있어 태권도의 역사적인 정당성을 부여하고 있다. 이 전통주의 사관은 세계태권도연맹과 대한태권도협회, 국기원에서도 공식적인 태권도 역사로 인정되고 있다.

하지만 1980년대 들어와 수정주의 사관이 등장하기 시작하였다. 1986년에 양진방의 주장이 태권도의 기원에 대한 새로운 논쟁의 계기를 제공하게 되었다.[9] 그에 따르면, 태권도는 제2차 세계대전이 끝나고 일본에서 귀국한 유학생들에 의해서 공수도가 유입되었고, 이것이 한국화 및 경기화를 거쳐 세계화에 이르러 오늘날의 태권도가 되었다고 주장하였다. 그는 덧붙여서 광복 이후에는 태권도라는 명칭이 사용되지 않았고, 실제로 태권도에 관한 서술도 수박, 택견 등 도수 무예의 역사로 기록하는 경우가 대부분이었다고 하였다. 이러한 주장에 따라 태권도의 기원을 새롭게 정립해야 한다는 견해가 주를 이루게 되었다. 특히 이 주장에 동조하는 연구자들은 태권도의 기원과 관련하여 일본 공수도의 유입 사실 및 관련성을 명확히 비교해 그 차이점을 찾아야 한다고 강조하였다.[10] 이들의 주장을

---

8) 조완묵, 《태권도사》. (대한태권도협회, 1971); 정찬모, 〈고려시대 태권의 발달과정에 관한 연구〉, 《서울대학교체육연구소논집》. 2(2), (사범대학체육연구소, 1981) 21－28쪽; 이규석, 〈우리나라의 태권도 역사에 관한 고찰〉, 《용인대학교논문집》. 2, (용인대학교, 1986), 205－226쪽: 김광성, 김경지, 《한국 태권도사》. (慶雲出版社, 1988).

9) 양진방, 〈해방 이후 한국 태권도의 발전과정과 그 역사적 의의〉, 미간행 석사학위논문. (서울대학교대학원, 1986).

10) 양진방, 앞의 글; 김용옥, 《태권도 철학의 구성원리》. (통나무, 1990); 송형석, 《태권도사 신론》. (이문출판사, 2005).

살펴보면, 태권도의 출발점은 고대 또는 중세 한국인들의 무예 활동이 아니라 1945년을 전후해서 일본에서 유입된 공수도라는 무도를 살펴보아야 한다는 것이다. 즉 태권도는 일본으로부터 귀국한 유학생들에 의한 공수도로부터 시작되어 군대화를 거쳐 경기화, 그리고 세계화를 거쳐 현재의 위치에 이르게 되었다. 그러므로 태권도 역사는 공수도의 유입이 그 출발점이 되어야 하며, 이전의 태권도 역사는 한국 전통무예사로 간주해야 한다는 주장이다. 다시 말해, 택견에서 사용하는 기술들은 광복 이후의 태권도 발전에 거의 영향을 끼치지 않았으며, 태권도가 경기화를 추구하게 되면서 발기술에 더 많은 득점을 주는 경기규칙으로 바뀌게 되어 현대의 태권도 형태가 택견과 유사하게 변용되었다고 보았던 것이다.[11] 이에 따라 태권도의 기원을 근대 이후에 형성된 무도로 이해하는 수정주의 사관이 강력하게 자리 잡게 되었다.

나아가 2000년대 들어와서는 중국 권법의 영향을 언급한 신수정주의 사관이 등장하였다.[12] 이 사관은 수정주의 사관을 대폭 수용하지만, 중국 권법이 영향을 주었을 가능성을 보완한 새로운 사관으로 등장하였다. 일본 공수도의 형성에 영향을 준 중국 권법은 공수도의 다양한 기원설을 통해 알 수 있다. 따라서 공수도는 다양한 기원설이 존재하지만, 중국 전래설이 현 단계에서는 가장 유력한 설이다. 이것은 중국무술이 일본의 오키나와(沖縄)로 유입되어 오키나와테(沖縄手)가 형성된 후 일본 공수도로 발전되었다는 가설로서 견당사의 구성원과 행로, 중국인들의 거주지인 오키나와의 구메무라(久米村), 오키나와테와 중국 권법의 유사도, 중국 인명과 지명의 사용 등 『오시마힛기(大島筆記)』[13]의 기록을 통하여도 확인할 수 있다.

---

11) 양진방, 위의 글, 18－55쪽.

12) 신수정주의 사관은 박귀순, 김태양, 하정희, 앞의 글, 85－99쪽; Cindy Park & Tae Yang Kim, 앞의 글, 978－989쪽.

13) 1762년 4월 26일에 류큐(琉球)의 사절을 태운 관선(官船)이 사츠마(薩摩)를 향하여 출항하였지만, 도중에 폭풍우를 만나 오시마우라(大島浦)에 피항하게 되었다. 배에는 52명의 승조원이 타고 있었다. 『오시마힛기(大島筆記)』란 이때에 토사번(土佐藩)의 유학자인 토베 요시히로(戸部良熙)가 선원들에게 사정을 청취하여 그것을 기록으로 남긴 고문서이다. 18세기 중반의 류큐의 국내사정이 상세히 기술되어 있는데, 그중에서 '조합술(組合術)'이라는 단어가 나오기 때문에 종래 공수도 연구자 사이에서 이 고문서가 반복해서 거론되고 있다. 코쇼군(公相君)이라는 중국 무술가가 류큐를 방문해 '조합술'이라는 무술을 보여주었다고 기록되어 있기 때문이다.

태권도의 형성에 영향을 준 중국 권법은 5대 무도관장의 무술 경력과 1950년대 발간된 태권도 교본을 통해 추정할 수 있다. 5대 무도관장들은 모두 공수도를 수련했으며, 그중에 윤병인과 황기는 만주에서 중국무술을 수련하고 돌아온 인물들이고, 이 무술은 제자들에게 전수되었다. 두 사람은 중국무술, 특히 중국 권법을 태권도로 형태화시켜 5대 무도관에서 공수도와 함께 지도했기 때문에 태권도가 형성되는 데 직접적인 영향을 끼친 중요한 근거로 대두되었던 것이다.

1950년대에 발간된 5권의 태권도 교본에는 일본 공수도의 전신을 오키나와테라고 했으며, 이것은 중국 권법의 영향을 받았다고 기록하고 있다. 오키나와테가 일본 본토에 전파, 보급되면서 당수도, 혹은 공수도라 부르게 되었고, 이것이 재차 한국으로 전래되었다고 본 것이다. 5권의 태권도 서적에서는 형의 명칭, 제자의 소개 글, 그 기원과 관련된 내용 등을 통해서 태권도의 형성과정에 중국 권법의 영향이 있었던 것을 확인할 수 있다. 특히 이 책들의 일부 저자들은 중국 권법이 공수도나 당수도에 직접 기인한다는 점에 대해 부정하고 있는데, 그 이유를 일제강점기에 일본의 국수주의자들이 행한 역사 왜곡이란 점에서 찾고 있다.

이러한 논쟁들은 전통무예에 관한 관심을 촉발하는 계기가 되었다. 물론 태권도의 원류로서 택견 등 전통무예에 관한 관심은 1970년대 이미 시작되어 기초적인 조사 연구가 이루어졌지만, 본격적인 연구로 이어진 것은 아니었다. 전통무예 연구는 1990년대 후반이 되어서야 우리 민족의 대표적인 무예로 알려진 수박이나 택견과 더불어 임진왜란 때에 전파되어 고유하게 발전한 권법 등에 관한 연구가 다수 발표되었을 뿐이다.[14] 아울러 택견과 수박에 대한 여러 문헌 검토를 통해 이것들의 상관성 등에 관한 연구가 발표되었다.[15] 이러한 연구 결과를 통한

---

14) 나영일, 〈조선시대의 수박, 권법에 대하여〉, 《대한무도학회지》. 8(2), (용인대학무도연구소, 1997), 63－76쪽; 허인욱, 〈수박희에 대한 고찰〉, 《체육사학회지》. 10, (한국체육사학회, 2002), 189－201쪽; 최복규, 〈무예도보통지 권법에 관한 연구－기효신서와의 관련성을 중심으로〉, 《한국체육학회지》. 41(4), (한국체육학회, 2002), 29－40쪽 ; 김산, 김주화, 〈임진왜란 이후 조선 권법의 변화에 관한 연구〉, 《체육사학회지》. 11, (한국체육사학회, 2003), 71－86쪽.

15) 허인욱, 남덕현, 〈《海東竹枝》에 기재된 무예 관련 글에 대한 소고〉, 《대한무도학회지》. 4(1), (대한무도학회, 2002), 202－215쪽; 신수용, 〈택견과 수박의 상관성〉, 《한국체육학회지》. 44(5), (한국체육학회, 2005), 11－20쪽.

문제의식의 변화로 인해 태권도를 전통무예, 특히 도수 무예를 중심으로 한 전체적인 한국 무예사의 흐름 속에서 연구해야 한다는 인식이 확산되어 왔던 것이다.[16)]

1945년 이후의 태권도는 5대 무도관이 설립되면서 새로운 국면으로 전개되기 시작했다. 광복을 전후해서 운영된 5대 도장들은 대부분 일본 유학 시절에 공수도를 배웠던 사람들이 자신의 무예 능력을 보급하기 위해 설립한 태권도장들이었다. 즉, 1945년에서 1959년 사이의 시기는 일본 공수도의 유입으로부터 전파의 단계로써 서울을 중심으로 공수도 보급이 시작되었던 시기로 보면 좋을 것이다. 그러나 한국전쟁이 발발하자 공수도의 보급이 중단되었고, 이들 지도자 중의 일부가 북한으로 납치, 또는 실종되었으며 일본으로 돌아가 버린 사람도 있었다. 전쟁이 끝난 후 지방 확산이 본격적으로 이루어졌고, 국내에서 수련을 시작했던 이들이 지도자로 자리를 잡기 시작하였다. 그리고 수련계층도 군인, 학생, 청·장년에서 어린이에 이르기까지 매우 다양해졌다.

1960년대에는 갈등과 전환의 시기로서 1950년대 후반 급속히 확산된 태권도는 1960년대에 이르러 더욱 양적으로 팽창해 가는 과정에서 점차 여러 가지 갈등을 보이기 시작하였다. 이러한 갈등은 유파 간의 세력 경쟁과 일본에서 수련했던 세대와 국내에서 수련한 세대와의 마찰이 주된 요인으로 작동하여 태권도의 경기화와 한국화에 대한 방향 설정에 대한 의견 차이를 중심으로 나타났다. 그러나 이러한 갈등 속에서도 적지 않은 변화들이 나타나 태권도의 발전에 전환점이 되는 시기를 만들어가기 시작했다. 공수(空手), 당수(唐手), 권법(拳法), 수박(手搏), 태수(跆手), 태권(跆拳) 등으로 불리던 명칭이 태권도로 통일되기 시작하였으며 그때까지 사용하고 있던 일본 당수의 형(型)을 창헌류(蒼軒流)와 대한태권도협회 제정형(制定型)으로 바꿔가기 시작했다. 또 이러한 변화들을 이론적으로 뒷받침하기 위하여 지도서들이 출간되었고 역사에 관한 연구도 본격적으로 진행되어 한민족의 전통무예로서의 역사적 근거를 만들어가기 시작하였다. 이러한 갈등과 변화 속에서 통합된 조직체에 대한 요구도 커져서 1961년에 태권도통합창립위원회가 결성

16) 심승구, 〈한국 무예의 역사와 특성〉, 《군사》. 43, (국방부군사편찬연구소, 2001), 233－296쪽.

되었으나 명칭에 대한 논란과 계파 간의 갈등은 계속되었다.[17)]

1940년대 말까지 태권도는 공수, 당수, 권법 등으로 불렸다. 공수나 당수는 가라테의 한자식 표기이며, 권법은 중국적인 분위기를 풍기는 명칭이다. 이런 이유에서 지도자들은 명칭을 한국적인 것으로 바꾸려는 노력을 기울이게 된다. 명칭을 개정할 필요성을 가장 먼저 느끼고 실천한 사람은 황기였다. 황기는 1950년에 『화수도(花手道)교본』을 출간하면서 당수라는 명칭을 화수라는 단어로 바꾸었다. 명칭 개정을 시도한 두 번째 인물은 최홍희였다. 그에 따르면 1954년 9월에 제1군 창설 4주년 겸 29사단 창설 1주년 기념식장에서 공수도 시범을 보이던 중에 그것을 택견 공연으로 착각한 이승만 대통령의 "저것은 예로부터 전해오는 택견이야, 앞으로 전군에 보급해야 해"라는 말에 힌트를 얻어 태권도란 말을 구상하게 되었다고 알려지고 있다.[18)] 이처럼 이승만 대통령이 무예에 관심을 보이자 무예를 도외시하던 육군 수뇌부들을 설득시킬 명분이 생겼을 뿐만 아니라 '태권도'를 작명하게 된 시발점으로 작용하였다.[19)] 이후 1955년 4월에 사회의 저명인사들을 중심으로 한 명칭제정위원회가 구성되어 최홍희가 제안한 태권도를 기존의 당수, 공수를 대신하는 용어로 채택하였다. 그러나 이 새로운 명칭에 대한 반발도 만만치 않아 이 단어가 일반화되기까지는 10여 년이라는 세월이 소요되었다.

1960년 대한수박도회, 대한태권도회, 공수도창무관, 공수도송무관, 강덕원무도회, 한무관중앙공수도장 등으로 불리던 각 계파들이 통합된 조직체를 구성하는 과정에서 명칭의 문제가 다시 대두되어 공수, 당수를 주장하는 측과 태권을 주장하는 측 사이에 마찰이 빚어졌다. 이때 타협의 산물로 태수도(跆手道)가 결정되어 1961년부터 1965년 8월까지 공식적인 명칭으로 사용되었다. 1965년 1월 최홍희가 대한태수도협회 회장으로 취임한 후, 같은 해 8월 5일 통합단체의 공식명칭이 대한태수도협회에서 대한태권도협회로 바뀌면서 태권도가 공식적인 명칭이 되었

---

17) 양진방, 〈태권도 역사연구의 새로운 방향성 모색을 위한 논의〉, 《무도연구소》. 8(2), (용인대학교무도연구소, 1997), 32쪽.

18) 송형석, 《태권도사 신론》. (이문출판사, 2008), 121쪽.

19) 서성원, 《태권도면》. (애니빅, 2012), 171쪽.

다. 이후 40여 개의 군소(群小)관이 난립했던 태권도계는 60년대 들어와 청도관과 한무관, 창무관, 무덕관, 오도관, 강덕원, 정도관, 지도관, 송무관의 9개 도장으로 평정되었다. 그러나 중앙관장들의 파벌의식 및 부조리로 인해 개혁의 성향이 나타나기 시작했다.[20]

1977년에 유파 및 도장별로 운영되던 통합작업이 본격적으로 추진되는데, 협회는 1977년 1월 8일에 대한체육회 대강당에서 정기대의원총회를 개최하여 도장의 통합을 중요한 의제로 채택하고 7월 말까지 10개 중앙도장을 통합하기로 했다. 이날 대의원총회에서는 김철희 중앙대위원이 "태권도계 내실을 기하고 협회 구성을 단일화하자"며 금년 안에 통합할 것을 건의하자 일부 대의원들은 "도장 통합은 원칙적으로 찬성하지만 시기상조"라는 반응을 보였다. 그러나 관 통합을 위한 특별위원회를 구성할 것을 만장일치로 가결하고 특별위원회 구성을 김운용 회장에게 일임하였다.[21] 같은 해 2월 23일에 원로 태권도인과 중앙도장 관장 등 15명으로 구성된 관을 통합하는 추진위원회가 결성되었다. 이 위원회는 1년의 유예기간을 갖고 그동안 중앙도장 관장들이 자기 도장을 모두 포기한다는 의견일치를 보았다. 또 그해 8월 태권도계의 고질적인 파벌의식과 행정, 기술체계의 난맥상을 바로잡기 위해 태권도관의 통합작업 담당기구인 총본관을 발족했다.[22] 관 통합 작업 담당기구 총본관은 1978년 7월 말까지 10개관을 발전적으로 통폐합한다는 전제하에서 김운용과 이종우, 엄운규 부관장 등 임원진을 구성했다. 1978년 8월 7일 태권도 총본관의 이사회 결정에 따라 태권도계의 숙원이었던 관 통합에 합의하게 됨으로써 통일된 태권도로 거듭나게 되고 세계화를 추진하는 원동력을 얻게 된다.

20) 강기석, 《태권도반세기》. (서울올림픽기념국민체육진흥공단, 2001), 79쪽.
21) 강원식, 이경명, 《우리 태권도의 역사》. (상아기획, 2002), 182쪽.
22) 강기석, 앞의 책, 81쪽.

3. 태권도의 특징

태권도의 기술체계로는 품새, 겨루기, 격파가 있다.[23] 품새는 상대방을 가상해 놓고 공격과 방어 기술을 수련자 스스로 연마할 수 있도록 일정한 틀로 구성된 기술체계이다. 특히 태권도의 품새는 그 진행선이 한민족의 전래 사상에서 발취되었으며, 각 품새의 외형적 모양새의 총화가 품새 이름이 뜻하는 사상적 형상에 맞추도록 구성되어 있다. 품새의 체계는 단순하여 쉬운 것부터 복잡하고 어려운 것으로 점진적으로 배우게 된다.[24]

겨루기는 품새를 통해 익힌 공격, 방어의 기술을 응용하여 실제로 상대방과 대결하는 기술이다. 여기에는 두 사람이 일정한 틀에 맞추어 연습하는 겨루기와 기술의 제한이 없이 연습하는 겨루기가 있다. 태권도 경기는 겨루기의 기술을 충분히 습득한 청·홍 두 선수가 일정한 경기규칙을 지키면서 승패를 가리는 방법이다. 경기는 태권도의 공격 기술 중에서 주먹 지르기와 발차기만을 사용하고 몸의 전면만을 공격하되 얼굴 공격은 발만 사용하며, 아래 공격은 금지되어 있다. 더욱이 인체의 급소는 모두 보호구로 막아낸다.

격파는 태권도 기술연마의 정도를 스스로 측정하기 위한 기술이다. 공격 기술이 인체에 치명적인 위력을 갖기 때문에 판자나 벽돌, 기와 등 고형물을 부숨으로써 공격 기술의 정확성, 힘의 집중, 의지력의 위력을 수련자 스스로 경험하게 된다. 격파는 주로 주먹, 손날, 발을 많이 사용한다. 격파는 초급자에게는 가르치지 않으며, 고급자나 유단(품)자가 연습한다. 이 외에도 태권도 기술을 복합, 응용한 호신술이 있다.

태권도 경기는 12m×12m 너비의 정방형 매트(경기장) 위에서 1대1, 청·홍 도복을 입은 두 선수가 일정한 경기규칙하에서 손발 기술을 구사해 상대를 제압하는 격투기 스포츠로 제도화된다. 태권도가 본격적으로 경기화하기 전에도 소박한 형태의 겨루기 시합이 벌어졌었다. 한국전쟁 전까지 1세대 지도자들의 지도로

---

23) 대한태권도협회: https://www.koreataekwondo.co.kr/d004(2019.04.10. 검색).

24) 대한태권도협회: https://www.koreataekwondo.co.kr/d004(2019.04.10. 검색).

이루어졌던 겨루기 방식은 급소 앞에서 멈추는 방식(寸止)으로 거행되었다. 이후 1세대 지도자들의 영향력이 점차 약화되고, 그들 밑에서 수련한 2세대 지도자들이 전면에 등장함에 따라 발차기가 급소 앞에서 멈추지 않고 신체에 직접 타격을 가하는 방식이 유행하기 시작하였다. 이때부터 발기술이 손기술보다 우세하게 전개됨으로써 겨루기 기술 수준이 더욱더 높아지게 되었다.[25]

태권도의 경기화는 많은 관계자들의 찬성한 가운데 순조롭게 시작된 일은 아니었다. 1960년대 중반부터 태권도의 경기화가 가시화되자 지도자들 사이에 찬반 논쟁이 벌어졌다. 경기화를 반대하는 측은 황기, 최홍희 등 1세대 지도자였다. 황기는 태권도를 무술로 규정하고, "무술이란 원래 인간의 생명을 직접적인 대련하여 좌지우지하는 것이므로 시합이 불가능하다. 근본적인 기술의 형태나 방법이 변하게 될 것이므로 경기화는 신중하게 고려돼야 한다"며 신중론을 폈다. 그는 또 "경기화는 결과적으로 무술 정신을 무시하게 되고, 단급의 심사제도가 불필요하게 된다"며 태권도의 경기화를 반대하였다. 최홍희 역시 자신의 저서에서 "태권도의 경기화는 기술의 3대 요소인 형과 대련, 격파 중에서 대련만으로 승부를 결정하게 되므로 불합리하다. 그리고 시합할 때 착용하는 호구가 태권도 기술을 완전히 발휘할 수 없게 만들 것"이라 하며 반대하였다.[26] 이러한 1세대 지도자들의 보수적인 태도와 달리 2세대 지도자들은 적극적으로 경기화를 추진하였다. 태권도의 경기화를 적극적으로 옹호하고 실천한 대표적인 인물로는 이종우를 들 수 있다. 그는 태권도가 발전하기 위해서는 현대적 스포츠로 전환할 필요가 있다고 생각했다. 또 경기화가 진행되면 대한체육회에 정식으로 가맹하는 단체가 될 수 있다. 이를 통해 유사한 단체 중에서 주도권을 확보할 수 있게 될 것이며, 나아가 이들을 통합시킬 수 있는 계기가 마련될 수 있을 것이라 판단했다.[27]

이상의 내용을 통해 태권도 경기화의 배경은 유파별로 시행되던 경기방법이 1962년 11월 3일에 대한체육회에서 경기규칙을 제정함으로써 현대 스포츠화가

---

25) 송형석, 《태권도사 신론》. (이문출판사, 2008), 56쪽.

26) 강원식, 이경명, 《우리 태권도의 역사》. (상아기획, 2002), 127쪽.

27) 송형석, 앞의 책, 61쪽.

가속화되었다. 선수 보호를 위해 호구를 착용하였으나 완전 타격방식을 선택하여 관중들의 흥미를 이끌어내는 손기술을 억제하고 발기술을 장려하는 규칙으로 제정하여 화려한 경기력을 보여주는 쪽으로 경기를 유도하였다. 1960년대의 태권도 경기는 주로 지도관의 중앙본관이 있던 한국체육관과 국민회당, 서울운동장 등에 설치한 마룻바닥과 땅바닥에서 거행되었다. 특히 각 지도관의 수련현장에서 대련했는데, 통일된 경기규칙이 없었기 때문에 문제가 많이 일어났다. 1962년에 대한태수도협회가 경기규칙을 제정하기 전에는 상대의 신체에 타격을 입히는 것이 아니라 목표 부위에 기술이 닿기 직전에 멈추는 이른바 '촌지방식(寸止方式)'이었던 것이다. 경기규칙이 제정되기 전에는 무예적 성격이 강해 나이나 체중, 체급에 상관없이 경기가 벌어졌고, 경기형태는 1회전 단판이었다. 경기 내용은 1본이 대련, 3본이 대련, 그리고 자유대련, 단체전 승발전(勝拔戰, 이긴 사람이 질 때까지 계속 출전)으로 거행되었다.[28] 특히, 지도관의 경우에 이종우의 진술을 토대로 승발전의 경기규칙과 1회전(단판) 경기 시간, 직접 타격이라는 규칙에 대한 초기 경기규정을 시행하였다. 지도관 이종우는 "1950년대 중반 지도관 자체 대회를 창경원에서 거행하였다. 경기규칙은 5인 단체전 승발전이었으며, 경기가 끝나면 심판들이 이겼다고 판단되는 쪽의 깃발을 들었다. 주로 앞차기와 주먹으로 경기를 했고, 개별로 득점을 메기는 것이 아니라 전체 경기를 보고 판단하였다"고 하였다. 이는 1950년대 중반 이후 지도관을 중심으로 직접 타격에 의한 승발전 형식의 경기규칙이 시행되었음을 보여주며, 이 경기규칙이 명문화되지 않은 최초의 태권도경기규칙으로 추정되고 있다.[29]

대한태수도협회는 1962년 11월 3일에 최초로 경기규칙을 제정했다. 경기규칙의 정규화는 그동안 관별로 시행해 오던 경기방식을 통일했다는 점에 의의가 있으며, 태권도의 현대적 스포츠화의 출발을 의미한다. 양진방의 말을 빌리면 "태권도가 형태를 갖추어 가는 과정에서 가장 큰 변화는 무술에서 경기로의 전환"이며 "태권도의 경기화는 엄운규, 이종우, 이남석 등 2세대들이 갈고 닦은 기술을

28) 서성원, 앞의 책, 134쪽.

29) 장권, 〈한국 태권도 경기사 연구〉, 미간행 석사학위논문. (우석대학교대학원, 2010), 59쪽.

서로 대련하는 경기에 적응시키고 발전시켜 경기 태권의 기술체계를 완성하는 데 큰 역할을 하였다"고 평가할 수 있다.

태권도는 1962년에 열린 제43회 전국체육대회에서 처음으로 시범종목으로 참가했고, 그 이듬해부터 정식종목으로 채택되었다. 첫 정식종목으로 채택된 태권도는 전라북도 전주에 기반을 두고 있던 지도관 선수들이 맹위를 떨쳤다. 대표적인 선수는 이승완, 최영렬, 조점선 등이었다. 이들은 황대진, 이문성 등과 함께 1963년에 일본 공수도 선수들과 친선경기를 가질 만큼 기량이 출중한 선수들이었다.[30)]

4. 태권도의 대중화와 세계화

태권도의 대중화

태권도는 대중화 및 보급을 위하여 각 관을 통합하고 관리할 수 있는 기관이 필요해져 1972년 11월 서울 역삼동에 국기원을 설립하였다. 당시 태권도계는 대회나 심사를 치를 곳이 마땅하지 않아 여고 체육관이나 장충체육관, 서울운동장 옥외 배구장 등에서 대회와 심사를 개최했다. 국기원 설립은 1969년부터 추진되었다. 당시 태권도협회장이었던 김용채는 국회의원이란 신분을 십분 활용하여, 1970년 국회 추경 예산에서 2,800여만 원을 지원받아 국기원 설립 재정을 확보했다.[31)] 이후 1971년에 김운용이 제7대 회장에 취임하여 국기원 설립을 이어받으면서 본격화됐다. 삼성을 비롯해 동양고속, 대농, OB, 진로, 동양방직 등 기업이 기부한 설립비가 모였고, 쌍용과 인천제철, 동아기업, 벽산, 한국유리, 동광유리 등은 건축자재를 지원하였다.

국기원이 건립되자 태권도와 관련된 대회와 교육이 국기원에서 열리게 되었다. 1973년 5월에 "제1회 세계태권도선수권대회"에 이어 "제1회 아시아태권도선수권대회"가 1974년 10월부터 3일간 국기원에서 열렸다. 대한태권도협회와 세계태권도연맹이 공동 주최한 이 두 대회에는 한국을 비롯해 대만과 필리핀, 싱가폴,

30) 강원식, 이경명, 앞의 책, 34쪽.

31) 서성원, 앞의 책, 144쪽.

말레이시아, 홍콩, 일본, 오스트레일리아, 베트남, 크메르, 괌 등의 선수들이 참가했다.[32)]

국내 대회 및 각종 강습회가 국기원에서 열렸고, 1979년부터 승품(단) 심사업무를 국기원으로 이양해야 한다는 움직임이 싹트기 시작했다. 단증의 권위를 확보하고 신속한 단증발급을 위해 국기원으로 이양해야 한다는 의견이 제시되었고, 1980년 3월부터 대한태권도협회에서 대행해 오던 승품(단) 심사업무가 국기원으로 이향되었다. 1983년 11월에는 국기원태권도지도자연수원이 국민체육진흥법 시행령 제22조 제2항의 규정에 의거하여 태권도교육원으로 지정되었다. 이에 따라 연수원에서는 1년에 2회 200여 명을 대상으로 연수를 실시하게 됐다. 당시에는 지도자 자격증을 소지한 사람을 3급으로 간주하고 연수 과정을 마친 사람을 체육부장관 명의의 자격증을 2−1급으로 수여했다.

태권도의 세계화

국내에서는 태권도의 세계화에 관심을 표명하고 해외 태권도협회의 발족을 위하여 1963−1965년에 말레이시아, 싱가포르, 서독, 이탈리아 그리고 터키의 협회 창설을 도와주면서 태권도의 해외 진출에 기초를 마련하였다. 1971년 김운용이 회장으로 취임하고, 그해 박정희 대통령으로부터 '국기 태권도' 휘호를 받게 된 태권도는 대한민국의 국기로 자리 잡았다. 국내외적으로 태권도가 급속히 확산되자 국기 태권도의 국제스포츠로서 역할을 뒷받침해 줄 기구의 필요성이 대두되었다. 이에 태권도의 기본 사업인 심사, 경기, 교육 등을 수행할 기구로 1972년 중앙도장(국기원)이 건립됨으로써 각 계파 간 완전 통합을 이루게 되어 태권도는 새로운 전기를 맞이하게 되었다.[33)]

1973년 창설된 세계태권도연맹(WTF)이 국제경기연맹총연합회(GAISF, 현 스포츠어코드)에 1975년 정식 가입함으로써 태권도의 세계화는 가속화된다. 1980년에

32) 강원식, 이경명, 앞의 책, 65쪽.

33) 강석재, 〈태권도 세계화에 따른 가치와 효과에 관한 연구〉, 미간행 박사학위논문. (경희대학교대학원, 2012), 34쪽.

모스크바에서 열린 IOC 총회에서 세계태권도연맹이 전 세계의 태권도를 관장하는 국제기구로 공식 승인을 받았다. 이어 태권도가 1986년 서울아시안게임 정식종목, 1988년 서울올림픽 시범종목, 1992년 바르셀로나올림픽 시범종목으로 선정되고, 1994년 파리에서 개최된 103차 IOC 총회에서 2000년 시드니올림픽 정식종목으로 채택된 이후 지금까지 올림픽 정식종목으로 거행되고 있다.

과거에는 올림픽 종목으로 일단 선정되면 큰 문제가 없는 한 계속 올림픽 종목으로 거행되었지만, 2005년부터 상황이 달라졌다. IOC가 2005년부터 모든 올림픽 종목을 매 4년마다 평가해 7년 후에 치러지는 올림픽 공식 프로그램을 확정하기로 규정을 바꾸었기 때문이다. 이러한 IOC의 새로운 정책에 따라 2005년 싱가포르 IOC 총회에서 28개 종목에 대한 개별 투표가 실시됐고, 야구와 소프트볼이 2012년 런던올림픽 공식 프로그램에서 제외됐다. 당시 탈락한 두 종목을 대체할 후보 종목은 공수도, 스쿼시, 골프, 롤러스포츠, 7인제 럭비였다. 이들 중 공수도와 스쿼시가 IOC 위원 1차 투표에서 최다 득표를 얻었으나 2차 투표에서 3분의 2 이상의 표를 얻지 못해 올림픽 정식종목 진입에 실패했다. 일본의 공수도는 2005년부터 올림픽 후보 종목에 계속 포함됐지만, 중국의 우슈는 처음 올림픽 후보 종목에 포함됐다. IOC의 올림픽 종목 주요 평가 항목에는 각 세계연맹에 가맹한 회원국 수와 올림픽 메달 분포, 방송 노출도, 올림픽 입장권 판매, 기업후원 및 금액 등이 들어있다.

태권도의 올림픽 정식종목 유지를 위한 노력의 일환으로 세계태권도연맹은 지난 2004년 10월에 개혁위원회를 발족해 200페이지 분량의 개혁보고서를 만들었다. 이후 연맹은 개혁보고서에 들어있는 권고안을 충실히 이행한 결과, 지난 2005년과 2009년 IOC 총회에서 태권도가 올림픽 종목으로 계속 살아남을 수 있었다.[34)]

태권도의 세계화에는 세계태권도연맹이 주요 역할을 수행해 왔다. 세계태권도연맹이 주최하는 주요 태권도대회에는 세계태권도선수권대회, 세계태권도품새선수권대회, 세계청소년태권도선수권대회, 태권도월드컵단체선수권대회 및 세계장

34) 《경기일보》. 2011년 10월 04일자.

애인태권도선수권대회가 있다. 또 태권도 인구의 저변확대를 위해 세계태권도연맹은 2006년부터 세계태권도품새선수권대회(World Taekwondo Poomsae Championships)를 매년 개최하고 있다. 세계태권도연맹은 국제심판(international referees)을 양성하는 교육을 강화해 왔으며, 1974년 제1회 국제심판 세미나를 실시한 이후 2012년 5월까지 총 69회의 국제겨루기심판 신규강습회 및 83회의 겨루기 보수교육, 그리고 16회의 국제품새심판 신규강습회 및 12회의 국제품새심판 교육을 실시하였다. 태권도 단일종목 국제대회 이외에도 태권도는 거의 모든 대륙/종합경기대회(continental/multi-sport games)에 정식종목으로 참가하는 등 국제 스포츠계의 참여를 끊임없이 확대해 왔다. 태권도는 2013년부터 지중해연안경기(Mediterranean Games) 및 세계마스터스경기(World Masters Games) 정식종목으로, 2017년부터 하계유니버시아드(Summer Universiade) 정식종목으로 채택이 결정되었으며, 2018년 영연방경기(Commonwealth Games) 및 2020년 장애인올림픽 정식종목을 추진하고 있다.

5. 나가며

태권도가 1984년 9월 28일 서울에서 개최된 OCA(Olympic Council of Asia) 총회에서 서울아시아경기대회의 정식종목으로 채택된 지 꼭 2년 만인 1986년에 제10회 서울아시아경기대회가 열렸다. 이 대회에서 8체급 중 7개의 금메달을 휩쓸면서 한국이 종합성적 2위를 달성하는 데 크게 공헌하였다. 그리고 개막식 공개행사는 1, 2, 3부로 나눠 진행됐는데, '약동'이라는 주제의 태권도 시범이 단연 하이라이트로 갈채를 받기도 하였다.

"86서울아시아경기대회" 개막식에 이어 처음으로 정식종목으로 채택된 태권도 경기는 수원에서 실시되었으며, 대회 기간 중의 점심시간과 결승전에 앞서서 초등학교의 어린이시범단과 국기원 시범단들의 화려한 퍼포먼스를 선보여 많은 관중으로부터 뜨거운 격려와 박수갈채를 받았다. 올림픽 사상 최다국(最多國)이 참가한 "88서울올림픽대회"에서는 처음으로 태권도가 시범경기종목으로 선정되었다. 32개국에서 남자 120명과 16개국에서 여자 63명의 선수가 출전한 가운데 서울올림픽대회는 9월 17일부터 20일까지 장충체육관에서 열전을 벌임으로써 세계스포츠 역사의 새로운 한 페이지를 장식하였다.[35)]

태권도는 1972년에 중앙도장 겸 경기장으로 국기원이 개원되고, 1973년 5월 28일에 세계태권도연맹이 창립되어 세계태권도대회가 개최되었으며, 1974년 10월 18일에 아시아태권도선수권대회가 개최되어 각각 2년마다 세계대회와 아시아대회를 개최하는 등 세계화 전략을 적극 추진하였다. 특히 미국에서 1974년 10월 미국체육회(AAU)에 정식종목으로 가입하면서부터 태권도는 세계화의 기틀을 다지게 된다. 이어 1975년 10월에 국제경기연맹연합회(GAISF)에 가맹 종목이 되었다. 그리고 1981년 12월 9일 86아시안게임에 정식종목으로 채택되고, 이어서 1982년 2월 5일 88서울올림픽 시범종목으로 채택되었으며, 1994년 9월 5일에는 103차 IOC 총회에서 올림픽 정식종목으로 채택되어 2000년 시드니올림픽부터는 정식종목으로 실시되면서 명실상부한 세계의 태권도가 되었다.

태권도가 외형적으로 체계화되고 세계화되면서 동시에 내적으로도 체계화되기 시작하여 태권도의 내실도 함께 이루어졌다. 한국체육대학교, 용인대학교, 경희대학교 등에 태권도학과나 태권도부가 설립되면서, 수많은 대학교와 전문대학 등에 태권도학과나 태권도전공이 만들어졌다.

또 국가적 차원에서 태권도공원의 조성사업을 추진하면서 2005년 7월 1일에 재단법인으로 태권도진흥재단이 만들어졌다. 이로써 세계태권도연맹과 대한태권도협회, 그리고 국기원 및 태권도진흥재단은 주요 태권도 4단체가 되어 태권도의 세계화에 기여하고 있다.

---

35) 최광근, 〈태권도 세계화에 따른 대표시범단의 창단〉, 《한국체육사학회지》. 16(3), (한국체육사학회, 2011), 33쪽.

택견

1. 들어가며

택견은 유연하고 율동적인 춤과 같은 동작으로 상대를 공격하거나 다리를 걸어 넘어뜨리는 전통무예이다. 1박자와 2박자를 포함한 3박자로 부드러운 곡선을 그리며, 품(品)자 형태로 움직이는 품밟기와 손을 자연스럽게 움직이는 활개짓이 큰 특징이다.[1] 택견은 1983년 6월 1일에 중요무형문화재 제76호로 지정되었고 송덕기와 신한승이 기능보유자로 인정되었다. 이후 정경화가 그 뒤를 이어 인간문화재로 등록되었다.

택견은 품 밟기, 활개 짓, 발질의 독특한 몸놀림으로 상대에게 타격점을 흐트러뜨리게 해 공격 기세를 둔화시킬 수 있고, 몸을 굼실댐으로써 충격을 완화해 자신의 몸을 보호하는 무예이다. 택견에서 가장 기본이 되는 몸가짐으로는 원품, 좌품, 우품이 있다.

대부분의 전통무예 지도자들은 물론 수련생들도 택견을 우리나라의 대표적인 무예라고 인식하고 있다. 그러나 택견이 얼마나 오래된 무예인지에 대해서는 일정한 한계가 있다. 그동안 이런 관계를 유추하거나 주장하는 데 인용된 자료는 정조 때의 이만영이 지은 것으로 알려진 『재물보』(1798)의 탁견(택견)이란 낱말 기사, 신윤복과 유숙의 대쾌도 그림, Stewart Culin의 『Korean Games』(1895)에

---

1) 허인욱, 《옛 그림에서 만난 우리 무예 풍속사》. (푸른역사, 2005), 261쪽.

나온 택견의 설명, 아펜젤러의 사진, 그리고 일제강점기 때에 나온 최영년의 『해동죽지』(1925) 자료, 예용해의 "택견무형문화재 조사보고서(1973)"나 송덕기의 구술 자료와 사진 등이 있으나, 이러한 자료만으로 택견이 삼국시대부터 지금까지 지속적으로 전승되어 왔다는 점을 밝히는 데에는 아직 상당한 한계성을 보이고 있다.[2]

택견에 관한 자세한 기록은 조선시대부터 살펴볼 수 있으며, 이후 조선시대를 거쳐 개화기에도 행해진 것으로 보인다. 그리고 일제강점기에는 택견 수련이 금지되었고, 광복 이후 전통무예가 부활되고 복원되면서 수련이 다시 시작되었다.

1958년 이승만 대통령 탄생 기념 경찰무도대회에서 송덕기는 택견시범을 보였으며, 1964년에는 한국일보사에서 송덕기를 인간문화재로 취재하기도 했다. 송덕기의 제자인 신한승의 노력으로 택견은 1983년 6월에 중요무형문화재(현 국가무형문화재) 제76호로 지정되었으며, 동시에 송덕기와 신한승은 기능보유자로 인정받았다. 택견 전수관인 "택견원"이 1997년 5월에 충주시에 설치되었는데, 1973년 10월에 신한승이 충주에 최초로 개설한 택견 수련장이 모태가 되었다. 택견은 국내적으로 무형문화재로 인정을 받았을 뿐만 아니라 세계에서도 인정받고 있다. 그리고 2011년 11월 28일에 인도네시아 발리에서 열린 제6차 유네스코무형유산위원회에서 무예로는 세계 최초로 유네스코인류무형유산으로 등재되었다.[3]

2. 택견의 역사

현재까지 알려진 조선시대의 택견 유물은 그렇게 많지 않다. 그중에서 조선 후기의 도화서(圖畫署) 화원이었던 혜산(蕙山) 유숙(劉淑, 1827－1873)이 그린 대쾌도(大快圖)에는 성벽 언덕 위에서 벌어지는 씨름판과 택견 모습이 그려져 있다. 대쾌도는 씨름과 택견을 하는 동자들, 그리고 그들 주위를 둘러싼 사람들을 높은 곳에서 바라다보는 듯한 시점으로 그렸다. 이 그림은 조선시대의 대표적인 무예인

2) 문화체육관광부, 《전통무예 지도자 연수교재》. (문화체육관광부, 2012), 188－189쪽.
3) 문화체육관광부, 위의 책, 188－189쪽.

씨름과 택견의 모습을 추정하는 데 매우 유용한 자료로 활용되고 있다. 그러나 이 그림은 문헌 자료가 아니므로 특정한 무예를 단정 짓기는 어려운 측면이 있다. 그림 상단에 위치한 경기 모습은 씨름이라고 하는 데 이견이 없으나, 하단에서 행해지는 무예가 택견인지는 명확히 단언할 수 없다. 다만, 전체적으로 겨루는 동작을 보아 두 손이 택견의 동작 중 하나인 활갯짓과 비슷해 보인다는 점에서 택견으로 유추하고 있다.[4] 조선 후기 김천택이 편찬(1728)한 『청구영언(靑丘永言)』 중 김민순(金敏淳, 1677－1732)의 사설 시조에 "少年 十五 二十 時에 ᄒᆞ던 일이 … 속곰질 ᄯᅱ움질과 씨름 '탁견' 遊山ᄒᆞ기"라는 대목이 수록되어 있고, 정조 22년(1798)에 이만영(李晩永)이 지은 것으로 알려진 『재물보(才物譜)』에는 수박, 변(卞) 그리고 탁견의 관련 기사가 보인다. 변을 설명하는 항목에서 "수박은 변이라 하고 각력은 무라 하니 지금의 탁견이라 하는 것과 같다(卞, 手搏爲卞 角力爲武 若今之 탁견)"라고 기록하였다.

18세기 당시에 탁견이라고 부르는 것이 조선 전기의 수박과 같고, 씨름이라 불리는 각력과 같이 무예라고 한 것은 매우 의미 있는 해석이라 생각된다. 탁견이 『재물보』의 기희조(技戱條)에 나오기 때문에 단순히 놀이로만 볼 것인지 아니면 무예로 볼 것인지 하는 해석의 문제가 남을 수 있다. 대쾌도 그림의 하단에 보이는 것은 분명히 당시의 탁견일 것이다. 그 구체적인 싸움의 형태가 군사적인 무예의 수준인지, 단순히 놀이인지는 명쾌한 논의가 필요할 것이다. 또한 『재물보』에는 "수박은 지금의 슈벽과 같다(手博仝今之슈벽)"는 내용도 나온다.[5]

택견에 대한 활자본 기록이 최초로 보이는 자료는 외국인들에 의해 이루어졌다. 리델(Ridel)의 주도로 만들어진 『한불ᄌᆞ뎐(韓佛字典)』(1880)의 '틱견ᄒᆞ다'에 "상대를 발이나 손으로 가하는 공격을 똑같이 발이나 손으로 막아내는 것으로 이루어진 어린이들 놀이(경기)"와 캐나다인 선교사 제임스 게일(Gale, J. S.)이 『한불ᄌᆞ뎐』과 언더우드(Underwood, H. G.)의 『한영ᄌᆞ뎐(韓英字典)』(1890) 등을 참고로 편찬한 『한영ᄌᆞ뎐』(1897)의 '틱견ᄒᆞ다'에 'To strike and kick'으로, '틱견'을

4) 허인욱, 앞의 책, 279쪽.
5) 문화체육관광부, 앞의 책, 170쪽.

'strike and kick'으로 번역하고 있다.[6] 택견은 조선 말 외국인들의 기록과 근대화 시기의 기록이 단편적으로 남아 있어서 그 편린이나마 전모가 추정된다.

1885년에 배재학당을 설립한 아펜젤러가 이 당시에 찍은 사진 중에는 어린이들의 택견 사진이 있다. 그는 이것을 레슬링이라고 표현하였다. 한편, 미국의 인류학자인 스튜어트 컬린(Stewart Culin, 1858-1929)은 그의 『Korean Games』(1895)에서 한국식 용어인 '택견하기(HTAIK-KYEN-HA-KI—KICKING(Fr. Savate)'라고 하면서, 발차기와 권투를 혼합한 프랑스의 '사바테'로 보고, 구체적인 경기방식을 다음과 같이 설명하고 있다.

> "택견은 두 명의 선수가 주로 발을 가지고 하는 격투이다. 그들은 서로 마주하고 두 다리를 벌려 자세를 취한 다음, 상대편의 발을 차려고 한다. 선수는 두 발 중 하나를, 한 발 뒤로 물러서게 해 제삼의 위치에 놓을 수 있다. 따라서 발은 언제나 세 위치 중 한 곳에 두어야 한다. 한 명이 상대편의 다리에 발차기를 가하면서 공세를 취한다. 상대편은 공격당한 다리를 뒤로 빼고, 차례로 공격을 한다. 높은 발차기가 허용되고, 그것을 손으로 막을 수 있다. 이 놀이의 목표는 상대편을 쓰러뜨리는 것이다. 이 경기는 일본에도 있지만, 광동 출신의 중국 노동자들은 그것을 잘 모르는 것 같다."[7]

이러한 택견은 20세기에 들어와 송덕기로부터 신한승에게 전해지면서 체계화되었다. 송덕기는 서울 종로에서 송태희의 7남 7녀 중 막내로 태어났다. 열두세 살 무렵부터 마을의 택견꾼이나 형들을 따라다니며 택견을 익히기 시작한 그는 열여덟 살이 되던 해에 임호를 만나서 택견을 제대로 배우게 된다.

송덕기의 택견 수련은 보통 초저녁에 한 시간 남짓 이루어졌는데 일정한 체계는 없었다고 한다. 당시에는 일종의 놀이 형태로 인식되었기 때문에 수련 장소도 사직공원 위쪽의 인왕산 밑의 황학정 근처 공터를 이용했고, 마을별로 편을 갈

6) 김영만, 심성섭, 〈조선 말 외국인의 기록을 통해 본 택견〉, 《한국체육과학회지》. 23(1), (한국체육과학회, 2014), 19쪽.

7) 문화체육관광부, 앞의 책, 172-173쪽.

라 편쌈을 하기도 했다. 송덕기도 10대 후반부터 마을의 택견꾼과 함께 사직골, 모화관, 유각골, 옥동, 애오개, 삼청동 등의 택견패들과 어울려 택견을 겨뤘다. 그러나 일제강점기에 들어서면서 민족문화 말살정책으로 택견을 하지 못하도록 억압받았기 때문에 무예로서의 전승과 보급이 순조롭지는 못했다고 한다.[8)]

송덕기가 택견을 세상에 주목을 이끌어 냈다면, 신한승은 택견에 체계를 부여한 사람이었다. 경기도 고양군 한지면 하왕십리에서 태어난 신한승은 증조부였던 신재영의 슬하에서 성장했다. 신재영은 삭녕면 일대의 대지주로 한량·재사들과 어울려 놀기를 좋아했다. 특히 택견을 잘하는 사람들을 집으로 초청해서 맞서기(겨루기)를 시켜 우승자에게 푸짐한 상을 주고, 술과 고기를 나누어 먹으며 그들과 재담을 즐겼다고 한다. 신한승은 1944년에 사평 산성진국민고등학교를 졸업하고, 1949년에 신흥대학(현, 경희대학교) 체육과에 입학하여 1951년 수료하기까지 레슬링에 온 힘을 기울였다. 그 뒤 충주로 내려와 유도에 몰두하기도 했으나, 1961년 문화재보호법이 제정되자 어린 시절 봐 왔던 택견의 원형을 정리하기로 마음먹고 전국을 돌아다니며 택견의 명인들을 찾아다녔다고 한다.[9)] 특히, 1970년에 신한승은 신문에 난 송덕기의 기사를 보고 그를 찾아가서 3년 동안 본격적으로 택견을 익히게 되었다. 이후 그는 김홍식, 이경천 등 택견에 식견이 있는 사람들을 만나 자료를 수집하고 정리하여 1972년 10월 충주에 택견 전수도장을 세우고 후진 양성에 힘썼다.

신한승은 1977년 4월에 서울의 YMCA 체육관에서 제1회 택견발표회를 열었고, 1981년 11월에 택견 관련 자료를 문화재관리국에 제출하여 없어질 위기에 있던 택견을 문화재로 지정해 줄 것을 요청했다. 이러한 노력에 힘입어 택견은 1983년 6월에 중요무형문화재 제76호로 지정되었고, 송덕기와 함께 기능보유자로 인정받았다.

---

8) 허인욱, 앞의 책, 264쪽.
9) 허인욱, 위의 책, 266쪽.

3. 택견의 특징

잘 알려져 있지 않지만, 송덕기에게서 배운 사람들이 전하는 택견도 전투무술이라 할 수 있다. 택견은 머리의 급소를 치고 낭심을 차는 그야말로 공격 대상을 가리지 않는 맨손 전투 무예이기에 현재 문화재로 지정된 신한승의 택견은 송덕기의 택견과는 상당히 차이가 있다. 원래 택견은 공격 부위나 공격 기법에 제한이 없다. 즉 급소를 가리지 않고 공격할 수 있다. 실제로 조선 말 외국인들의 기록에서도 그러한 살벌한 격투 기록이 보인다. 육태안[10]은 "신씨(신한승)가 전해준 말에 따르면 구한말까지 전국의 씨름판을 돌며 황소를 타가는 전문씨름꾼들처럼 경찰의 눈을 피해 은밀하게 거액의 돈이 걸린 결련태껸판이 벌어졌고, 패자는 반 죽음의 상태에 이르곤 했었다"라고 언급하고 있다. 신한승은 이 사실을 알았지만 사람을 살상하는 쌈수택견을 배울 기회를 얻지 못하여 현재의 택견만이 전하게 된 것이다. 그렇다 하더라도 궁중연회에 살상이 난무하는 수박을 여흥거리로 삼을 수만은 없었던 것이다.

과거에는 어린이들의 놀이문화가 발달하지 않아 어른들이 하는 모든 것이 아이들에게는 놀이문화가 되었다. 이러한 어린이들의 놀이문화로서의 택견은 단지 놀이였기에 사람을 살상하는 기법이 순화되었고, 『청구영언』의 「교본 역대시조전서」에 등장하는 '少年 十五 二十 時에 ᄒᆞ던 일이…속곰질 쒸움질과 씨름 탁견 遊山ᄒᆞ기' 등의 유희 속의 택견이 존재하고, 『신증동국여지승람(新增東國輿地勝覽)』에서 전해주는 여산군(礪山郡) 작지(鵲旨) 마을의 수박에 대한 기록은 연례행사처럼 순화된 수박이 민중들에게 유행하였음을 말해주고 있다.

택견과 씨름이 거의 한 공간에서 이루어졌다는 표현들은 적지 않다. 고서화(古書畵)에 헌종 12년(1846) 혜산(惠山) 유숙(劉淑)의 대쾌도(大快圖)라는 풍속도가 그러하고 『청구영언(靑丘永言)』 가운데 김민순(金敏淳)의 시조에서 "소년 15-20살 시절에 하던 일이 … 솟구치는 놀이, 뜀박질과 씨름, 택견, 산으로 놀러 다니기" 등이 보인다. 현대처럼 특별한 놀이가 없던 시절에는 어른이나 손위 형들을 흉내

10) 육태안, 《바람은 눈에 보이지 않나니》. (중토문화사, 1993).

내어 놀았던 것으로 소년에서 청소년 시기까지 즐겨 행해졌던 놀이로 보인다.[11)]

다른 하나는 서울지역에서 유통된 세본책일 것으로 보이는 『춘향전(春香傳)』의 이본(異本) 『남원고사(南原古詞)』에 왈자와 한량이 함께 등장하는데, 춘향이 옥에 갇혔다는 소식을 듣고 남원의 왈자들이 찾아가는 부분이다. 그런데 이들은 남원 왈자가 아닌 서울 왈자의 모습을 하고 있다. 그 내용의 일부를 발췌하면 "모든 왈자(日字)들이 가사(歌辭) 하나씩 하자하고 한 왈자 춘면곡(春眠曲)을 한다. …(전략) 한편에서는 노름한다. …(전략) 또 한 왈자 언문책을 본다. … 탁견, 씨름, 주정(酒酊)싸움 이렇듯이 분난(分亂)할 때 옥사장이 하는 말이, 여보시오 이리 구시다가 사또 염문에 들면 우리 등이 다 죽겠소…"[12)]

택견이 성행했던 계층은 아이들의 놀이에서 왈자나 한량들, 중인계층, 하급군인, 현대판 조직폭력배인 검계 등으로 알렌(安連, 1858－1932)[13)]의 표현처럼 "오랜 세월 일이 많지 않아서 여가는 많지만 놀이 문화가 발달하지 않아" 거의 모든 서민층에서 성행되었던 것으로 보인다.[14)] 심지어 조선 말에는 일부 양반들이나 몰락한 양반들이 택견을 하기도 했는데 박천군수를 지냈던 양익명이나 강원도와 함경남도 도지사를 지냈던 이규완은 몰락한 왕족의 후예로서 초년은 극히 불우하여 뚝섬 나무장사의 아들로 태어나 박영효의 청지기로 들어간 것이 출세의 계기가 되었다.

그는 당시에도 알려진 뛰어난 택견꾼이었다.[15)] 양반이면서 택견을 익힌 이들 가운데는 양반이면서 왈자인 경우가 있었는데 그들은 무반이었다. 원래 양반이 기방을 드나드는 것은 사회적으로 금지되어 있었으나 무반은 세상 물정을 알아야 한다는 이유로 출입이 가능하였다.[16)] 직업상 왈자의 세계에 접촉해야 했기

---

11) 김영만, 심성섭, 〈택견의 수련계층에 관한 연구〉, 《한국체육과학회지》. 27(1), (한국체육과학회, 2018), 4쪽.

12) 이태화, 〈조선 후기 왈자 집단의 구성과 성격〉, 《고려대학교 한국학연구》. 22, (고려대학교 한국학연구소, 2005), 179쪽.

13) 알렌은 미국의 선교사·의사로서 우리나라 최초의 장로교 선교사이다. 고종 황제의 시의(侍醫) 및 외교 고문으로 있었으며, 광혜원, 관립 의학교를 창립하였다.

14) 김영만, 심성섭, 앞의 글, 4쪽.

15) 김진구, 〈渾身膽勇의 二十靑年으로 甲申變亂의 急先鋒, 當年熱血 兒李圭完氏의 初冒險〉, 《별건곤》 21, (삼천리사, 1929).

에 택견을 익히게 된 것이다.

4. 나가며

한국 전역에 흩어져 있는 85개의 교육센터에서 택견을 보전하고 계승하는 노력을 한다. 택견의 중심지는 충청북도 충주시로, 한국택견협회가 이곳에 있다. 현재 인정을 받은 택견 전수자는 대략 50명이며, 한국택견협회는 이 전통 무술의 계승과 발전에 중요한 역할을 한다.

한국택견협회는 이 전통 무술의 계승과 발전에 중요한 역할을 하고 있다. 한국 전역에 흩어져 있는 85개의 교육센터가 택견 전수자의 주된 활동지이다. 보통 한국인은 이들 교육센터를 통해 쉽게 택견의 실전을 접할 수 있다. 택견은 또한 수습 전수제를 통해 전수되고 있다. 정경화 명인과 그의 조교들이 훈련 전수자이다. 현재까지 50명의 전수자가 택견 자격증을 받았으며, 120명 이상이 명인으로부터 교육을 받고 있다. 명인에게 훈련을 받은 이들 중 다수가 85개 교육센터를 이끌고 있으며, 전수자의 수를 늘리기 위해 노력하고 있다. 또 한국택견협회 본부가 소재한 충주시는 택견의 전수, 전파, 홍보를 위해 체계적이고 다양한 형태의 지원을 제공하고 있다.

예를 들어, 충주시립택견단은 충주시의 택견단 설치 및 운영 조례에 근거하여 설립되었는데, 이 조례는 전수 및 전파 활동을 지원하고 충주시와 충주세계무술축제를 홍보하고자 제정된 것이다. 충주시립택견단은 국내외에서 한 해 100회 이상의 시연을 하며, 일반인에게 무료 훈련 강좌도 제공한다. 한국에서 택견 수련은 대통령령 제6434호로 시행되는 "학점인정 등에 관한 법률"에 따라 대학 수강 학점으로 인정되고 있다.

1973년 문화재 당국에 의하여 조사된 택견의 기술은 송덕기로부터 채집한 불과 11가지 수였다. 그러나 1982년 제2차 조사보고서에는 기본수 30여 종에 응용수 100여 가지로 대폭 늘어났다. 이후 송덕기의 기술을 신한승이 정리하면서

---

16) 강명관, 《조선의 뒷골목 풍경》. (푸른역사, 2004), 269－270쪽.

기술을 세분화하고 응용수를 추가하였기 때문이다. 1910년대의 수련체계는 품밟기 등의 기본수를 개별적으로 익힌 다음 두 사람이 겨끔내기로 공방을 하는 '메기고 받기'가 중심이었다. 메기고 받기는 한걸음 가량 거리를 두고 하는 '얼러메기기'와 상호 간에 무릎을 맞대고 하는 '맞대걸이'가 있다(이러한 명칭은 신한승 이후에 만든 것이며 송덕기는 그냥 '연습'이라고 함). 그리고 짚으로 허수아비를 만들어 나무에 매달아 놓고 발길을 익히고, 나뭇둥치를 차기도 하고, 난간이나 나뭇가지에 손가락을 걸어 매달리는 신체단련을 하였다. 연습의 맨 마지막에 가서 실전과 같은 '겨루기'를 연습한다. 연습은 아침, 저녁으로 하는데 주로 개울바닥이나 공터, 동산의 풀밭에서 하였다.

1980년대에 들어서는 생활환경이 바뀌어 주로 실내에서 즐기는 무예로 변용되었다. 이에 따라 수련 과정과 연습방법도 달라졌다. 신한승이 재구성한 수련체계는 혼자 익히기를 서서 익히기와 나아가며 익히기로 구분하였고, 메기고 받기를 얼러메기기, 마주걸이, 마주차기, 막음질 등으로 가지 수를 대폭 늘렸다. 그리고 예전과는 달리 메기고 받기의 기본 수의 순서를 정하여 정형화하였다. 겨루기는 대걸이, 맞서기로 단계를 두고 따로 겨눔 수를 연습하도록 하였다. 신한승 자신이 창안한 본때뵈기(앞엣거리 8마당, 뒤엣거리 4마당)가 수련상 큰 비중을 차지하고 있으며, 본때뵈기는 기본 수를 연결하여 조합하고 정형화시킨 것이다. 종전의 겨루기 중심 구조의 경기 택견이 형식 위주의 가라데, 태권도, 우슈 등과 같은 근대화한 구조로 전환되었다. 따라서 택견은 현대에 와서 외형상의 변형과 함께 질적 변화가 불가피해졌고, 이러한 점을 고려해 대한택견협회는 1910년대의 경기형태 재현과 당시 학습체계의 발굴에 힘쓰는 한편, 1980년대 신한승이 재구성한 형태도 함께 전수하고 있다.

씨름

1. 들어가며

우리 민족의 전통무예인 씨름계를 이끌어나가는 대한씨름협회를 비롯해 많은 단체에서는 씨름을 인류무형유산으로 등재하기 위해 노력해 왔다. 2012년에는 씨름의 부활을 위해 '씨름진흥법'을 제정하여 씨름의 교육과 보급을 위한 지원 근거를 마련하였다. 2014년에는 대한씨름협회를 중심으로 유네스코 인류무형유산 씨름등재위원회를 구성하여 씨름을 북한과 함께 등재하는 방안을 다양하게 모색하기 위해 씨름백서를 발간하는 등의 노력 끝에 2018년 1월 26일에 모리셔스의 포트루이스에서 열린 제13차 무형유산보호협약 정부간위원회에서 씨름이 유네스코 인류무형문화유산 대표목록에 들어가게 되었다. 남한과 북한 간에 처음으로 공동으로 등재하는 쾌거를 이룩하였다. 공식명칭은 "씨름(Traditional Korean wrestling, Ssirum/Ssireum)"으로 유네스코 인류무형유산에 등재된 것이다.

지구상에 있는 많은 나라에는 '씨름'과 흡사한 형태의 무예나 스포츠가 활발하게 행해져 왔다. 세계 각국의 격투기는 인간의 본능으로서 서로 손과 발을 사용하여 상대를 붙잡고 넘어뜨려 제압하거나 관절을 부러트리거나 하는 원시적인 형태를 취하는 것이 대부분으로 각 나라의 문화를 바탕으로 한 민족이 공유하는 씨름, 또는 이와 비슷한 격투기의 형태로 존재해 왔다. 특히 고대시대부터 몽골을 비롯한 동아시아의 민족들은 거의 본능적으로 씨름이나 부흐(Böke), 각력(角力),

솔교(率跤), 스모(相撲)라 불리는 격투기를 통해서 많은 사람에게 자신의 힘을 과시하거나 상대를 제압하는 힘겨루기 기술로 사용했던 사실이 여러 고고학적 자료에 의해 밝혀지고 있다.

순수한 우리말로 알려진 씨름은 그 어원이 어떻게 생성되어 사용되어 왔는지에 대해서는 아직 정확히 밝혀지지 않았지만, 고대부터 씨름을 즐긴 역사적인 기록이 옛 고구려 땅인 통구(通溝)를 비롯해 한반도 전역에서 벌어져 왔다. 이 씨름에 대한 기록은 4－5세기경으로 거슬러 올라가는데, 묘주부부의 가내생활을 그린 각저총(角抵塚)이 가장 오래된 기록으로 알려지고 있다. 고려시대에 들어와 씨름에 대한 문헌기록(角力 또는 角抵)이 처음으로 나타나는데, 『고려사(高麗史)』에 보면 궁궐 안에서 왕과 신하가 각저희를 즐겼다는 기록이 전해지지만, 일반 서민들의 씨름에 대한 기록은 발견되지 않고 있다. 조선시대로 들어오면서 씨름에 대한 기록이 현저히 증가하는데 역대 왕들의 치적과 궁궐의 생활상을 전해주는 『조선왕조실록』을 비롯하여 일반 서민들의 세시풍속을 기록한 『동국세시기(東國歲時記)』와 『경도잡지(京都雜誌)』에 씨름이 기록되어 있다. 특히 『동국세시기』에는 단옷날이나 중추 때에 서민들이 어디에서 어떻게 씨름을 즐겼는지를 자세하게 알려주고 있다. 나아가 18세기 중반부터 서민들의 생활상을 그린 풍속화에도 씨름하는 모습이 그려져 있어 당시의 경기방식을 알 수 있게 해준다.

19세기 중반부터 선진 제국들의 침입을 받으면서 개항을 맞이한 한반도에는 서구문화와 함께 근대스포츠가 전파되었고, 새로운 문물에 대한 동경심과 당시의 위기에 빠진 사회를 구하기 위한 방편으로 서구스포츠가 교육수단으로 급속히 보급된다. 한편으로는 일본 제국주의의 억압 및 전통문화의 말살정책과 더불어 새롭게 전해지는 서양문물을 동경한 우리 사회는 자신들의 전통문화마저 비하하는 사회 분위기가 팽배해졌다. 그러나 몇몇 체육계 인사들의 노력으로 1927년에 들어와서야 전통씨름의 전국적 조직이 탄생하며 근대적 씨름대회가 열려 그 명맥을 유지하게 된다. 이를 계기로 씨름이라는 전통문화는 지역과 계층을 막론하고 대중적 지지를 받으며 전승되어 현대 자본주의적 생산방식에서도 일정한 전승력을 확보하게 되었다.

현대 씨름은 1970년대부터 1980년대를 거치며 우리의 민속적 신체문화를 대표하는 상징적 경기로 자리 잡았고, 정부의 스포츠진흥정책에 힘입어 사회적 붐을 일으키는 등 화려한 시기를 보내기도 하였으나 1990년대 후반부터 민속씨름은 경제위기에 따른 인기의 하락, 씨름협회의 분열로 인한 조직운영 및 팀 운영의 미숙, 지루한 샅바 싸움과 기술씨름의 퇴보 등 다양한 운영미숙을 드러내며 민속씨름은 해체되고 말았다. 지금은 각급학교 및 지방자치단체가 운영하는 씨름부로 그 명맥을 이어가고 있을 뿐이다.

우리 씨름의 기원이나 전파과정 등에 대한 학계의 의견은 아직 명확히 정리되어 있지 않지만, 씨름과 관련된 연구는 체육학계와 민속학계 등에서 오래전부터 다양하고 활발하게 진행되어 왔다. 그리고 씨름의 사적 전개에 대한 접근은 주로 고문헌에 나타난 관련 기록을 중심으로 이루어졌다. 일제강점기에 국어학자인 이극로가 잡지 『삼천리』에 기고한 기사에서는 우리 씨름을 무예의 하나로 파악하고, 그것이 발달 보급된 역사와 근대화 과정을 짧게 기술한 후, 씨름이 농촌의 건전한 전통오락으로 장려해야 한다고 언급[1]하면서 사회적 관심을 갖게 된다. 1945년 이후에 체육학에서는 씨름의 역사와 변천 과정 등을 고구려 고분인 각저총과 장천1호분의 씨름 벽화를 비롯해 『고려사』, 『조선왕조실록』, 『동국세시기』, 『경도잡지』 등의 기록에 의존하는 연구자들만의 관심 속에서 사실적 관계를 나열하며 논의를 풀어가는 접근법을 보여왔다.

본격적인 씨름연구는 최상수에 의해 시작되었다. 그는 1959년에 『한국일보』에 약 1주일 동안 민족경기의 중흥을 도모하는 차원에서 전국씨름대회를 개최하며 게재한 내용을 정리해 1974년에 본격적인 연구서로 발간하였다.[2] 이후 씨름의 역사적 변천 과정과 경기방법, 기술의 습득과 연습방법, 씨름이란 단어의 어원, 씨름의 경기방식에 따른 체육적 의의 등에 관한 체육사적 성격에 주목한 연구가 다수 발표되었다.[3] 더불어 북한의 라윤출은 일제강점기 시기에 자신이 씨름선

---

1) 李克魯, 〈鄕土藝術과 農村娛樂의 振興策: 씨름은 體育的 藝術〉, 《三千里》. 143(4月), (三千里社, 1941), 459－460쪽.

2) 崔常壽, 《韓國의 씨름과 그네의 硏究》. (成文閣, 1974).

3) 김종호 편저, 《韓國의 씨름》. (체육문화사, 1973); 박승한, 《씨름》. (지역개발연구센터출판

수로 활약한 경험과 북한으로 월북한 후에 씨름의 지역적 형태와 대중적 특성을 논한 연구서도 발간되었다.[4] 하지만, 이 당시의 연구물들은 주로 전통씨름의 유형과 기술에 대해 접근하는 방식을 채택하는 데 그쳤다.

민속학에서는 씨름이라는 놀이의 성격에 초점을 맞추어 연구한 경향이 뚜렷하게 나타난다.[5] 그중에서 한양명은 공동체 내에서 씨름의 존재 양상을 파악하고, 놀이문화의 보편적 존재 방식 아래서 그 존재 의의를 파악하려는 작업으로 일본 스모의 문화론적 연구물을 참조해 전근대와 근대 이행기에 전승되었던 전통씨름의 대동놀이적 성격을 보고하였다. 특히 경북의 청도와 달성지역에 대한 현지 조사를 통해 이 지역의 씨름이 동제와 깊은 관련 속에서 전승되었다는 점을 밝히며, 공동체 제의와 관련된 씨름의 양상을 확인하였다.[6]

고고학, 미술사학 등에서도 고구려 고분벽화의 씨름이 연구되었는데, 씨름 관련 자료가 개별적 연구 경향에 활용된 측면이 강하며, 그 내용도 씨름이 주요

부, 1994); 중앙대학교 한국문화유산연구소 엮음, 《국가무형문화재 씨름》. (문화재청, 2017) 등이 발표되었다. 연구논문으로는 나영일a, 〈한민족 씨름의 문화인류학적 기원〉, 《한국체육사학회지》. 22(1), (한국체육사학회, 2017), 1019쪽; 나현성, 〈韓國角抵(씨름)攷〉, 《경희사학》. 3, (경희사학회, 1972), 20－27쪽; 정찬모, 지춘만, 〈씨름의 유래와 고대 씨름의 발달과정〉, 《체육사학회지》. 5, (한국체육사학회, 2000), 1－20쪽; 조성환, 〈한국 고대의 민속놀이에 관한 연구〉, 《논총》. 51, (이화여대한국문화연구원, 1986), 363－392쪽; 조성환, 〈한국 중세의 민속놀이에 관한 연구〉, 《논총》. 53, (이화여대한국문화연구원, 1988), 423－459쪽; 조성환, 〈朝鮮 後期 民俗놀이 硏究〉, 《韓國文化硏究院論叢》. 59(1), (이화여대한국문화연구원, 1991), 531－549쪽; 주동진, 허용, 박승한, 〈한국 고대 씨름史〉, 《한국스포츠리서치》. (한국스포츠리서치학회, 2006), 1011－1028쪽; 최충환, 〈조선후기 민속씨름에 관한 소고: 세시풍속지를 중심으로〉, 《한국여가레크리에이션학회지》. 19, (한국여가레크리에이션학회, 2000), 329－343쪽; 허용, 김현수, 〈민속씨름에 내재된 민족정서: '興'을 중심으로〉, 《움직임의 철학》. 20(3), (움직임의 철학: 한국체육철학회, 2012), 65－82쪽; 홍장표, 〈한국 씨름의 역사적 성장과정 연구〉, 《용인대학교논문집》. 1, (龍仁大學校, 1985), 131－143쪽 등이 발표되었다.

4) 라윤출, 《朝鮮의 씨름》. (국립출판사, 1958).

5) 김선풍, 〈韓國 씨름의 역사와 祭儀〉, 《韓 · 日 民俗놀이 比較》. (민속원, 1996), 1－21쪽; 김효경, 〈씨름의 사회사: 역사적 변천을 중심으로〉, 《韓國民俗學》. 37, (한국민속학회, 2003), 5－52쪽; 박원길, 〈몽골축제: 할흐 몽골의 씨름에 대하여〉, 《중앙민속학》. 제9호, (중앙대학교한국민속학연구소, 2001); 이용복, 〈씨름과 택견의 민속학적 비교〉, 《韓 · 日 民俗놀이 比較》. (민속원, 1996), 29－43쪽 등.

6) 한양명, 〈전통씨름의 대동놀이적 성격에 관한 연구〉, 《비교민속학》. 8, (비교민속학회, 2000), 229－252쪽.

연구대상이 아니라 단편적인 연구에 지나지 않는 한계를 보이고 있다. 이 연구자들은 고구려 고분벽화에 나타난 씨름과 수박 자세를 취하고 있는 사람 중에 서역계 인물이 표현된 제재의 특징과 주변적 그림을 연계시켜 씨름과 같은 무예가 무덤 내부에 표현된 이유와 관념들을 파악해 씨름 벽화의 상징성을 찾아내는 데 주력하였다. 그중에 전호태는 씨름 벽화의 의미는 죽은 자가 타계로 들어가기 위한 통과의례의 하나라 주장하였다.[7] 하지만 이들의 관심사가 고구려 고분벽화와 그것이 보여주는 상징성에 두었기 때문에 서역과의 비교를 통한 연관성과 장례 의식으로 행해졌다는 점에 치중하고 있어 씨름에 대해서는 단편적으로 언급하고 있다.[8] 특히 임영애는 고구려 고분벽화의 씨름에 나타나는 서역인을 서왕모 신앙과의 관계로 파악하고, 씨름과 수박희는 근본적으로 동일한 규칙을 가지고 있던 경기로 중국의 각저(角紙)라 불리는 게임에서 파생되어 나온 것일 가능성을 제시하였다.[9] 또 1980년대 들어와 군사정권의 스포츠 붐 조성이라는 정책적 지원에 힘입어 1983년부터 프로화한 민속씨름의 부흥과 쇠퇴 과정, 운영상의 문제점 등을 문화사회 관점에서 고찰한 연구물이 발표되었다.[10] 그러나 2017년에 유네스코 인류무형문화유산으로 씨름이 등재되는 과정에서 거행된 "국가무형문화재지정기

---

7) 전호태a, 〈고구려 장천1호분벽화의 서역계 인물〉, 《蔚山史學》. 6, (울산대학교사학회, 1993), 1－38쪽.

8) 강현숙, 〈高句麗 古墳 壁畫에 표현된 觀念과 表現의 實際: 西域系; 人物을 中心으로〉, 《역사문화연구》. 48, (한국외국어대학교 역사문화연구소, 2013), 3－40쪽; 임영애, 〈고구려 고분벽화와 고대 사왕모 신앙: 씨름그림에 나타난 서역인을 중심으로〉, 《강좌미술사》. 10, (한국미술사연구소, 1998), 157－179쪽; 서종석, 임식, 〈고구려의 고분 벽화와 체육문화적 이해〉, 《한국스포츠학회지》. 17(2), (한국스포츠학회, 2019), 111－121쪽; 전미선, 〈고구려 고분벽화의 놀이문화〉, 《韓國古代史研究》. (한국고대사학회, 2006), 83－127쪽; 전호태b, 〈高句麗 角觝塚 壁畫 研究〉, 《美術資料》. 57, (국립중앙박물관, 1996), 1－42쪽; 전호태c, 《고구려 고분벽화의 세계》. (서울대학교출판부, 2005); 전호태d, 〈고구려의 음악과 놀이문화〉, 《역사와 경계》. 88, (부산경남사학회, 2013), 1－41쪽; 정수일, 〈高句麗와 西域 關係 考察〉, 《고구려발해연구》. 14, (고구려발해학회), 1－16쪽; 최미애, 〈회화에 나타난 한국의 씨름〉, 《한국체육학회지》. 46(2), (한국체육학회, 2007), 1－12쪽 등이 있다.

9) 임영애, 위의 글, 171쪽.

10) 黃順姬, 〈文化のなかのスポーツ〉, 《スポーツ文化を学ぶ人のために》. (世界思想社, 1999); 황의룡, 〈프로씨름의 구조적 변화에 관한 연구〉, 《한국체육학회지》. 41(3), (한국체육학회, 2002), 247－257쪽.

념학술대회"의 발표물을 한데 모아 간행한 『씨름』[11]은 지금까지의 선행연구들을 토대로 시대별로 총정리한 연구물이다. 이 연구서는 씨름의 역사적 전승 양상과 특징, 씨름의 현대적 전승실태와 특징, 씨름의 보존과 전승방안이란 주제를 내세워 고대사회의 씨름부터 현대사회에서 전통씨름을 보존하기 위한 활성화 방안 등에 대해 다양한 자료와 함께 시대별로 깊이 있는 논의가 전개되고 있으므로 주목된다.

우리 씨름과의 역사적 교류 양상에 관한 일본의 스모나 중국의 솔교, 몽골의 부흐와의 비교를 통한 씨름연구가 일본에서 다수 발표되었다. 일본어 연구로는 먼저 일제강점기에 발표된 『조선의 향토오락(朝鮮の鄕土娛楽)』[12]을 들 수 있다. 이 자료는 조선총독부조사자료 47집으로 무라야마 지준(村山智順)이 1936년 이후의 한반도에 있는 소학교 학생들이 즐기는 향토 유희를 지역별, 시기별, 방법 등으로 나누어 조사하여 이를 총정리한 보고서를 단행본으로 발간한 것이다. 여기에는 씨름뿐만 아니라 다양한 놀이가 망라되어 있으나 이 조사의 목적이 농촌지역 오락의 진흥책 일환이란 식민지 정책 중의 하나로 거행된 측면이 있고, 일제가 태평양전쟁에 들어가기 직전에 농촌의 수확률을 높이기 위해서라도 건전한 오락을 진흥해야 한다는 정치적 목적이 배경으로 깔려 있기는 하지만, 그래도 당시 우리 사회의 놀이문화를 파악하는 데 많은 도움을 주는 자료로 주목받아 왔다.

1990년대 들어와 일본과 중국의 민속학계나 스포츠사학, 비교문화학 등에서는 자국의 씨름의 원류를 찾으려는 연구가 활발히 진행되면서 한국의 씨름을 비롯한 일본의 스모, 중국의 솔교, 몽골의 부흐, 나아가 중앙아시아 민족들의 씨름과 같은 격투기와의 연관성을 탐구하는 비교연구가 다수 발표되고 있다.[13] 특히 하세가와 아키라(長谷川明)는 『스모의 탄생(相撲の誕生)』에서 스모의 원류가 북방이냐 남방이냐를 검토하기 위해 중국의 각력전(角力伝)을 통해 중국기원설을 살펴

11) 중앙대학교 한국문화유산연구소 엮음, 앞의 책.

12) 村山智順, 《朝鮮の鄕土娛楽》. (朝鮮總督府, 1941).

13) 中國科學院考古研究所, 《灃西發掘報告》. (文物出版社, 1962), 139쪽; 宇佐美隆憲, 〈草相撲の存続と変化〉. (東洋大学校大学院 未刊行博士学位論文, 1998); 黃順姬, 앞의 책; 黃義龍, 〈韓国シルムの研究〉. (日本体育大学校大学院　未刊行博士学位論文, 2002).

보고, 띠를 사용하는 오키나와(沖縄) 각력과 한국의 씨름을 논하였다. 특히 1992년에 한국을 방문해 조사하여 우리의 씨름 루트와 규칙, 역사, 최초의 문헌기록, 이조시대의 씨름 등 전체적인 발전과정을 언급하면서 씨름의 어원까지 정리하여 기술하였지만, 대부분 최상수의 연구를 인용한 한계를 보였다. 그리고 조선시대를 이조로 비하하는 잘못을 범한다.[14] 정연학(1996)은 중국에서 출토된 고고학적 유물을 중심으로 중국 씨름과 수박의 차이점, 중국씨름의 기원과 변천 과정 등을 통해 우리 씨름의 기원을 간접적으로 비교하였다. 그는 기원전 3-4세기로 추정되는 흉노족 유물에서 출토된 각저동패(角牴銅牌)와 투각도, 참빗수박도 등 고고학적 자료와 중국 한 대의 수박 문헌을 통해 진·한시대에 이미 수박과 씨름이 각각의 무예로 정착하였는데, 씨름은 힘을 겨루는 것이고, 수박은 체력과 기예를 다루는 것이라 보았다. 그 후 중국의 각저와 상박, 수박 등과 몽골의 부흐의 원류를 제시하였고, 일본의 스모는 중국의 수당시기의 씨름의 영향을 받았고, 선비족의 경기방식은 오늘날 중국 솔교로 연결되었으며, 몽골계통의 씨름은 조끼를 입고 벌이는 요나라를 세운 거란족에서 비롯되었다. 마지막으로 고구려의 씨름은 북방의 흉노족이 즐겼던 형식과 비슷하나 샅바씨름은 우리 민족만이 즐긴 독특한 창조물이라 보았다. 하세가와와 정연학의 연구는 동아시아 민족들의 고유한 씨름에 대한 교류사적 연구로 주목된다.[15]

이 글에서는 우리 민족의 역사와 함께 해 온 전통씨름에 대해 통사적으로 논하고자 한다. 우선 실크로드를 통한 교류사적 측면에서 고대 한·중·일과 관련된 고고학적 사료를 중심으로 씨름과 솔교, 스모를 비교, 검토하고, 우리 사회의 기록으로 전해지는 각저, 씨름의 어원을 검토한다. 다음은 기록으로 보는 씨름(각력, 각저, 각저희 등)의 발전과정을 삼국(고구려/백제/신라)와 고려, 조선시대의 기록을 정리한다. 근대사회로 접어들면서 변화하는 씨름의 종류와 지역적 특성을 탐색한 후, 씨름의 근대경기화와 경기방식의 표준화 등이 이루어진 근현대 시기의 씨름

14) 長谷川明, 《相撲の誕生》. (新潮社, 1993).

15) 정연학, 〈출토문물을 통해본 중국의 씨름과 手搏〉, 《비교민속학》. 13, (비교민속학회, 1996), 647-680쪽.

의 지속과 변화를 살펴본다. 특히 전통씨름의 근대화 과정을 논할 때 가장 중요한 요소인 샅바에 의한 씨름의 다양한 종류와 지역적 특성을 검토하고, 1920년대 후반부터 씨름 형태를 하나로 표준화하는 작업을 논한다. 마지막으로 1980년대 이후에 실시된 민속씨름의 융성과 쇠퇴에 영향을 준 문제점에 대해 개괄한다.

2. 고대 한·중·일의 씨름 검토

고고학 사료로 본 씨름의 유사성

현재까지 확인된 바에 따르면 우리의 씨름과 비슷한 모습을 한 격투기의 가장 오래된 자료는 중국의 협서성(陝西省) 객성장(客省庄)에서 출토된 각저(角觝) 문양 청동투조 동패(銅牌)로 알려져 있다.

이 사료는 1955년부터 3년간 협서성 장안(長安)현의 객성장에 있는 제140호 고분에서 출토되었다.[16] 이 동패의 크기는 가로길이가 13.1cm, 너비가 6.6cm이며, 아마도 매장자의 허리띠에 붙이는 고리인 것으로, 기원전 3－2세기경에 제작된 것으로 추정되고 있다. 이 동패를 보면, 두 명의 흉노인이 안장이 달린 각자의 말을 양옆의 나무에 매어두고 서로 어깨를 맞대고 있다. 두 사람 모두 윗옷을 벗고 통이 넓은 긴 바지를 입었는데 그중에 한 사람은 허리에 띠를 맨 것 같이 보이고, 발은 모두 신발을 신고 있는 듯하다. 두 사람은 오른손으로 상대의 허리를 둘러 잡고 왼손으로 넓적다리를 잡고 있다. 왼쪽 사람은 상대의 왼 다리를 잡고 있어 금방이라도 상대방을 들어 올려 넘어트리려는 자세를 취하고 있다. 나영일은 이 동패에 대해 왼쪽 사람의 허리에 띠와 같은 것이 보이고, 오른쪽 사람의 손목에 띠를 두른 흔적이 보이고 있어 허리에만 샅바를 사용한 띠씨름의 일종일 것이라 하였다. 두 사람의 좌우 손이 상대의 허리와 허벅지를 잡고 있어 허리샅바와 다리샅바를 잡고 하는 우리의 왼씨름(현 씨름방식)과 매우 유사한 장면이지만 다리에는 샅바와 같은 띠가 보이지 않는다는 차이점이 있다고 주장하였다.[17]

---

16) 박원길, 〈몽골 나담에 관한 역사 민속학적 고찰(하)〉, 《몽골학》. 제11호, (한국몽골학회, 2001), 155－156쪽.

또 하세가와 아키라(長谷川明)는 기원전 3-2세기 흉노인 부흐 모사도와 똑같은 각저문양동패라는 장식품으로 베를린의 동양미술관이 소장하고 있고, 두 동패에 똑같은 모습이 새겨져 있는 것을 보면 당시 이러한 장식품이 다량으로 생산되었을 것이라 주장하였다.[18] 이러한 점에서 당시 몽골과 중국 지역에 동패에서 보는 씨름방식이 매우 활발히 벌어지고 있었다고 추정할 수 있다. 나아가 중국의 샤오원량(邵文良)은 이 동패에 새겨진 인물들을 보고 명백히 흉노족이라고 주장하지는 않았지만, 이 같은 투각(透刻)한 장식품이 내몽골에서도 출토된 적이 있기 때문에 이 방식은 북방소수민족이 즐긴 몽골 부흐라고 언급하였다.[19] 한·중·일의 여러 학자는 이러한 분석들을 토대로 동패에 새겨진 인물은 한족(漢族)이 아니고 북방민족인 흉노족일 것이라 추정하는 것이 일반적이다.[20] 현재 내몽골의 서부지역에 속한 오르도스(Ордосбэхин барилдаан)와 샬보르 지역의 부흐[21]는 우리의 씨름과 비슷하게 띠를 허리와 다리에 묶고 한쪽 무릎을 굽히고 시작하는 우젬친(Узэмчин бэхийн барилдаан)[22] 부흐 등이 존재[23]하므로 이 주장에 타당성이 있어 보인다. 향후 이에 대한 정밀한 후속 연구를 기대해 본다.

---

17) 나영일b, 〈고대·중세에서의 씨름의 역사적 개요〉, 《씨름: 국가무형문화재지정기념학술대회》. (문화재청·중앙대학교 한국문화유산연구소, 2017. 05. 30), 16쪽.

18) 長谷川明, 앞의 책 142쪽.

19) 曽麗卿 外訳, 邵文良編著, 《中国古代のスポーツ》. (ベースボールマガジン社, 1985), 26쪽.

20) 金啓踪, 앞의 글, 527쪽; 長谷川明, 앞의 책, 143쪽; 朝克图, 入口豊, 太田順康, 앞의 글, 150쪽; 鄭然鶴, 앞의 글, 649쪽.

21) 오르도스 부흐는 유도복과 같은 바지와 장화를 신고 띠를 어깨에 X자로 걸고 서로 붙잡고 경기한다. 왼손을 어깨 위에 올리고 오른손을 겨드랑이에 고정한다. 하지만, 띠를 잡은 손은 바꿀 수 없다. 샬보르 부흐는 띠를 매고 서로 붙잡고 하는 방식에서 우리 씨름, 또는 오키나와(沖縄) 씨름인 시마(角力)라 쓰고 시마라 발음)와 매우 비슷하다. 상대를 던져서 쓰러뜨리는 것으로 승패를 가른다.

22) 이 부흐는 규칙과 의상 등이 여타 부흐와는 전혀 다른 성격을 갖고 있다. 이 부흐의 특징은 손은 손으로, 발은 발로만 겨룬다는 점이다. 즉, 손으로는 상대의 조도크(상의)만을 잡을 수 있고, 허리 아래를 잡으면 실격된다. 우젬친 부흐에서 주로 사용되는 기술은 발과 관련된 기술로 대표적인 것이 발로 미는 기술(Хэлээр хаях мэх)이다(박원길a, 〈몽골 축제: 할흐 몽골의 씨름에 대하여〉, 《중앙민속학》. (중앙대학교 한국문화유산연구소편, 2001)에서 인용).

23) 冨川力道, 〈ブフ文化とその再構築過程に関する文化人類学的研究〉, 未刊行博士学位論文, (千葉大学校大学院 社会文化科学研究科, 2002), 42-43쪽; 박원길b, 〈몽골 나담에 관한 역사 민속학적 고찰(하)〉, 《몽골학》. 제11호, (한국몽골학회, 2001), 165쪽.

또 정연학은 각저동패에 새겨진 씨름 장면과 씨름 장면과 18세기 말에 나온 『동국세시기』의 단오조의 기록을 비교하여 "오른쪽 사람의 자세가 샅바를 매지 않은 점을 제외하고는 우리네 씨름과 같다." 이어서 그는 "두 사람의 얼굴과 머리 모양, 옷과 말을 묶어 놓은 방식 등을 분석해 흉노족의 기사나 유목민의 씨름이라 하며, 이 형태는 중국 전역에 통용된 씨름이 아니라 북방지역에 성행하던 부흐였고 주장하였다. 따라서 북방민족의 씨름은 흉노족으로부터 시작된 것"이라 주장하였다.[24] 대부분의 일본 학자들은 이 고고학적 사료들을 참고해 보면 일본 스모(相撲)의 원류는 몽골 부흐에서 온 추정하기도 한다. 주변국들의 연구성과를 토대로 실크로드를 통한 문화교류사적 측면에서 부흐와 씨름, 스모의 연관성으로 생각해 보면, 몽골의 부흐와 중국의 솔교, 한국의 씨름, 일본의 스모와 같은 격투기는 매우 밀접한 문화교류사적 연관성을 지니고 있다는 추정이 가능해 보인다.

각저·씨름이라는 어원 검토[25]

중국을 비롯한 한자 문화권에서 씨름과 같은 격투기는 각저(角觝, 角抵)란 명칭으로 선사시대부터 이미 존재하고 있었다.[26] 그러나 한반도에서 씨름이 언제부터 시작되었는지에 대한 의견은 아직 분분하지만, 앞에서도 기술한 바와 같이 상고시대부터 존재했을 것으로 보는 것이 일반적이다.

그러나 우리가 '씨름'이라 부르는 이 말의 어원이 어떻게 생성되었으며, 언제부터 사용되었는지를 사료로 검증하려 해도 이를 밝혀내기가 어려운 것도 사실이다. 왜냐하면 20세기 초까지 기록된 자료를 검토해 보면 1920년대까지 거의 각력(脚力, 角力) 또는 각저(角抵, 脚觝), 각저희(脚抵戲) 등의 한자로 기록되어 왔기 때문이다. 물론 이것은 일반 대중들이 사용하는 말과 사료의 기록문자가 다른 데서 오

24) 鄭然鶴, 위의 글, 647쪽.

25) 황의룡, 앞의 글, 247-257쪽; 황의룡, 〈씨름의 유래와 경기 방법〉, 민족통일체육연구원엮음, 《남북통일기반조성과 민족전통체육》. (사람과사람, 2004), 30-63쪽; 황의룡, 〈근현대 시기 '씨름'의 지속과 변화〉, 중앙대학교 한국문화유산연구소 엮음, 앞의 책, 64-92를 보완, 수정해 집필하였음을 밝힌다.

26) 이진수, 《한국고대스포츠연구》. (교학연구사, 1996), 206쪽.

는 결과일 것이다. 한자 문화권에 속하는 우리나라와 중국, 일본이라는 세 나라의 선행 연구물을 중심으로 각저 또는 각력, 각력희 등 씨름을 가리키는 용어의 사용이 어떻게 변해 왔는지를 먼저 검토해 볼 필요성이 있다.

중국 고대 사회의 각저(角抵)란 격투기뿐만 아니라 잡기를 포함한 볼거리 위주의 연희에서 벌어진 격투기를 의미하였다. 푸치펑과 푸텅룽(傳起鳳, 傳騰龍)의 『중국잡기사(中國雜技史)』에 의하면 "현재의 하북성 일대에 일종의 민간유희가 유행하였다. 여기서는 뿔(角)을 붙인 가면을 쓰고 서로 무술이나 힘을 겨루었기 때문에 이를 보고 연기(演技) 또는 경기라고 불렀으며, 당시 일반인들은 이를 각저(角抵) 또는 치우희라 불렀다. 그리고 전국시대에는 강무의 의례, 또는 유희와 함께 서로를 과시하였고 진(秦)나라 때에는 각저라고 칭하였다. 이처럼 무희(武戲)에 속한 힘겨루기에는 거의 모두 각력이라는 요소를 포함하고 있었다. 각저는 후에 솔교(摔跤)라는 말로 변용되었으나 고대사회의 각저란 매우 넓은 의미를 지니고 있었고, 솔교는 그 일부분에 지나지 않았다. 각저는 나중에 솔교의 대명사가 되었지만, 고대사회의 각저의 의미와 범위는 매우 넓었기 때문에 솔교는 그 일부분을 가리키는 것에 지나지 않는다. 사서에 의하면 한 무제가 거행했던 연희대회의 상연종목을 하나로 묶어서 대각저(大角抵)라 칭하였기 때문에 각저는 단지 잡기로 구분하면 안 되고 가무나 간단한 볼거리 연극도 포함하고 있었다는 사실에 주목해야 한다. 당과 송나라 이후에 잡기라는 말이 나타나고 난 후에 각저는 오로지 솔교를 가리키는 대명사가 되었다"[27]고 분석하였다. 이 연구를 토대로 김학주는 "대체로 각저희는 본시 희(戲)자가 군사와 관계가 있는 글자인 점에서 두 사람이 몸을 부딪치며 힘을 겨루는 씨름 비슷한 놀이였다. 그것이 무술이나 재주를 겨루는 것으로 발전하고, 뒤에는 서로 겨루는 형식이 남아있는 놀이나 '가무희'로까지 발전하여 마침내는 여러 가지 잡기와 놀이 및 가무까지도 포함하는 말로 발전한 것으로 여겨진다"[28]고 하였다. 또 『史記(사기)』 「이사전(李斯傳)」에는 "황제의 뒤를 이은 이세(二世) 호해(胡亥)가 감천궁에서 각저와 잡기를 보고 즐거워할 때에

27) 傳起鳳, 傳騰龍, 《中國雜技史》. (上海人民出版社, 1991), 20－22쪽.

28) 김학주, 《중국 고대의 가무희》. (명문당, 2015), 135쪽.

재상인 이사(李斯)가 알현하러 왔지만 만나지 못했다"는 내용[29]에서 알 수 있듯이, 일반적으로 곡저(轂底)는 각저와 동의어로 취급하며, 우배(優俳)는 기예나 곡예를 행하는 사람을 가리키기 때문에 당과 송나라 이후에 잡기라는 말이 사용되기 전까지의 각저는 여러 가지 가무나 연극공연, 곡예 등과 같은 잡기를 포함하고 있어서 각저가 격투기로 인식된 것은 11세기경부터일 것으로 보는 것이 일반적이다. 이에 덧붙여 조은(烏恩)은 "옛날부터 솔교를 보고 각력, 각저라고 칭하였으며, 이것은 북방유목민들의 전통적인 스포츠의 하나였다. 각 민족에 따라 다른 형태의 솔교가 행하여졌다"[30]고 주장하였다. 이처럼 각저는 힘겨루기인 씨름을 포함한 일반 잡기와 기악을 가리키는 경우가 많았지만, 당·송시기 이후에 잡기에서 분리되어 솔교라 불리는 붙잡고 힘겨루는 격투기를 각저라 기록하게 되었다.

한편 하세가와 아키라(長谷川明)는 일본의 스모 또는 각력이라는 단어의 의미를 제대로 알려면 고대 중국의 각력과 수박, 솔교 등에 대한 시대적 명칭의 변화를 파악해야 한다. 하지만, 각력은 각저, 곡저 등 다양한 한자로 기록했기 때문에 내용적으로는 매우 문제가 있는 말인데, 실제로는 무악이나 기예를 포함해 매우 폭넓게 사용했기 때문에 각력과 관련된 단어를 시대별로 비교해 봐야 알 수 있다고 하며 그 내용을 다음과 같이 정리하였다.

- 하·상·주(夏商周)시대: 각력(角力), 수박(手搏)
- 춘추전국·진·한·삼국(春秋戰國, 秦, 漢, 三國)시대: 각저(角抵), 곡저(轂抵), 각력(角力), 수박(手搏)
- 양진·남북조(兩晉, 南北朝)시대: 각저(角抵), 각력(角力), 상박(相撲), 상차(相扠), 상비(相庳), 수박(手搏), 상전(相轉)
- 수·당·오대십국(隋, 唐, 五代十國)시대: 각저(角抵), 각력(角力), 상박(相撲), 수박(手搏), 상박(相搏), 백타(白打)
- 송(宋)시대: 각저(角抵), 각력(角力), 상박(相撲), 쟁교(爭交), 수박(手搏)

29) 是時二世在甘泉 方作轂抵優俳之觀(《史記》 卷八七 李斯列傳 第二七): 門田誠一, 위의 글, 11－12쪽.

30) 烏恩, 앞의 글, 65－66쪽.

- 금·원(金元)시대: 각저(角抵), 각력(角力), 상박(相撲), 솔교(摔跤), 상박(相搏), 패가(孛可), 발리속(跋里速)
- 명(明)시대: 각저(角抵), 각력(角力), 솔교(摔跤)
- 청(淸)시대: 각저(角抵), 각력(角力), 상박(相撲), 솔교(摔跤), 관교(貫交), 포보(布庫), 포가(布可), 발리속(跋里速), 솔각(摔脚), 관교(貫跤)[31]

또 하세가와는 금·원시기 이후에 나타나는 자주 보지 못한 단어, 즉 발리속(跋里速)이나 패가(孛可) 등이 등장하는 것은 몽골어와 여진족의 말이 포함되었기 때문으로 보았다. 그러나 가장 오래전부터 문헌에 나오는 단어는 각력과 각저이며, 그 후 상박이 첨가되어 청나라 말기까지 사용되었으나 지금은 솔교가 일반적인 호칭으로 자리 잡았다고 결론지었다.[32] 더불어 김광언은 한나라 시기부터 각저는 넓은 의미로 산악·백희를 이르는 말로 사용하였는데, 각저(角觝)는 연희이고 각저(角抵)는 씨름이라는 설은 이에서 나왔다고 하였다.[33] 이처럼 고대 중국에서의 '각저'란 씨름과 같은 격투기뿐 아니라 잡기를 포함한 다양한 볼거리를 공연하는 연희를 의미했다는 의견이 대다수를 차지하고 있다.

그러면 일본 내의 각력이나 각저(角抵, 角觝)에 대한 사전적 의미를 간단히 정리해보자. "각력이란 힘을 겨루는 것, 또는 스모를 가리킨다."[34] 또 "짐승의 뿔 형태를 만들어 쓰고 상대와 겨루는 것을 말하며, 이를 각저라 한다. 저(抵)란 힘을 모아 다른 사람과 부딪치는 것을 의미한다. 밀어낸다는 의미를 내포된 글자이다. 저(觝)에는 머리를 낮게 하여 적에게 덤벼드는 것을 말하며 저(抵)와 동일하다"[35] 고 해석한다. 니이타 이치로(新田一郎)는 "각력은 힘을 겨루는 경기, 각저는 힘찬 모습을 보여주는 곡예 및 기예를 겨루는 경기를 가리킬 때 사용한 말로 양쪽 모두 본래의 의미는 특정한 양식을 가진 격투경기를 가리키는 것이 아니라 일반적

31) 長谷川明, 앞의 책, 125－126쪽.
32) 長谷川明, 위의 책, 121쪽.
33) 김광언, 앞의 책, 268쪽.
34) 白川静, 《字通》. (平凡社, 1997), 160쪽.
35) 白川静, 위의 책, 103쪽.

격투기 또는 기예를 의미하는 한자로 쓰였다"[36]고 주장하였다.

이처럼 고대 사회부터 중국이나 일본에서는 각력, 각저 등의 단어가 빈번하게 사용되었음을 알 수 있다. 특히 일본에서는 19세기 말까지 스모(相撲) 이외에 각력과 각저가 동의어로 사용되었고, 고대 사회에서 각력 및 각저의 의미가 '격투'를 가리키는 이상 다양한 경기 형태의 겨루기, 또는 곡예적인 잡기 등을 각력이라 기록하였다. 따라서 전근대사회까지 동일하게 각력이라는 한자를 사용하던 씨름과 같은 겨루기는 반드시 그 형태가 동일한 것이라고 단정하기는 어려울 것으로 보인다. 중국과 일본의 각력 또는 각저, 수박, 상박의 사용 의미는 같은 한자 문화권인 우리나라에서도 적극적으로 받아들였다는 전제 속에서 조선시대까지의 각력, 또는 각저의 기록은 두 사람이 서로 힘을 겨루는 다양한 격투기나 겨루기를 지칭하는 말로 받아들여야 하지 않을까 생각한다. 예를 들어, 전호태는 각저나 상박은 오늘날 씨름, 택견으로 나뉘어 칭해지는 힘겨루기 기술을 통칭하는 용어라고 하였다.[37] 이러한 논의를 토대로 한국과 중국, 일본을 비롯한 동아시아 국가들의 씨름과 같은 격투기 단어를 비교, 분석하는 후속 연구가 절실해 보인다.

그러면 우리가 일상적으로 사용하는 '씨름'이라는 순수한 말에 대해서 살펴보자. 허인욱은 최초 씨름의 한글 표기는 1447년에 세종의 명령으로 소현왕후 심씨의 명복을 빌기 위해 간행된 『석보상절(釋譜詳節)』 제3권의 기록에서 '실흠'으로 찾아볼 수 있다고 하였으며, "조달이와 난다가 서로 '씨름'하니 둘의 힘이 같거늘 태자가 둘을 잡아 함께 넘어뜨리며 대신 염광(?)이라 하리"로 풀이하였다.[38] 이어서 "숙종 3년(1677)에 간행된 중국어 학습서인 『박통사언해(朴通事諺解)』에는 '시름'과 '시름'이 기록되어 있으며, 숙종 16년(1690)에 천문과 지리, 기후 등을 한글로 풀이한 『역어류해(譯語類解)』와 만주어 사전인 『한청문감(漢淸文鑑)』에는 '실홈ᄒᆞ다', '실홈ᄒᆞᄂᆞᆫ 사람(撩跤人)'이란 기록도 보인다. 『무예도보통지』에는 '씨름'으로 기록되어 있다. 순조 2년(1802)에 간행된 『물보(物譜)』에는 "角抵(각저)라 쓰고

36) 新田一郎, 《相撲の歴史》. (山川出版社, 1994), 29－30쪽.

37) 전호태, 〈고구려 각저총 벽화 연구〉, 《미술자료》. 57, (국립중앙박물관, 1996), 15쪽.

38) 調達이와 難陀왜 서르 실흠ᄒᆞ니 둘희 히미 ᄀᆞᆮ거늘 太子 둘흘 자바 ᄒᆞᆫᄢᅴ 그우리와ᄃᆞ시며 大臣 炎光이라 호리(허인욱, 《(옛 그림에서 만난) 우리무예 풍속사》. (푸른역사, 2005), 291쪽).

씨름(씨름)이라 표기하였다."[39] 또 김광언은 1463년에 간행된 『법화경언해』를 인용해 "상박은 실흠이라(相撲은 低角也) 하며, 실흠이 실흠으로 바뀌었다"고 하였다.[40] 이처럼 조선 초기에는 '실흠'이라 표기하였다. 지금까지 많은 연구에서 각저나 각희 등 한자어의 어원에 대한 다양한 해석이 진행되어 왔지만, 한글로 기록된 씨름이란 단어는 매우 드물게 발견되고 있다. 이러한 현상은 씨름이 기록문자를 거의 남기지 못한 민중들이 즐겼던 전통적 민속무예, 또는 유희라는 역사성을 지녔기 때문으로 보인다. 그리고 씨름에 대한 발음이나 표기가 지역적 방언, 또는 글을 남긴 인물에 따라 조금씩 달랐기 때문으로 추정할 수도 있을 것이다.

3. 기록으로 보는 씨름의 발전

삼국시대의 씨름[41]

중국사서의 『삼국지(三國志)』나 『후한서(後漢書)』를 보면 "고구려인은 기력이 있고 힘이 셌다"[42]는 기록이 나온다. 이러한 기록에서 유추할 수 있듯이 고구려인이 씨름을 즐겼다는 사실은 네 개의 고분벽화를 보면 잘 알 수 있다. 지금까지 많은 학자들은 이 고분을 씨름과 수박희로 나누어 연구해 왔다. 하지만, 우리 민족의 씨름(角觝戱)에 관한 가장 직접적이고 오래된 기록은 『후한서』 동이전(東夷傳) 부여국조(夫餘國條)에 다음과 같이 기록되어 있다.

> "순제(順帝)의 영화 원년(136)에 그 왕(부여)이 서울(경사)에 내조하였을 때에 순제가 황문고취(黃門鼓吹)하고 각저희(角觝戱)로 이를 보냈다."[43]

---

39) 이가원, 〈물보(物譜)와 실학사상(實學思想)〉, 《인문과학》. 5, (연세대학교인문학연구원, 1960), 95쪽; 허인욱, 위의 책, 292쪽.

40) 김광언, 앞의 책, 263쪽.

41) 여기서부터는 필자의 졸저인 「씨름의 유래와 경기방법」, 민족통일체육연구원 편저, 『남북통일기반조성과 민족전통체육』. (사람과사람, 2004), 30-63쪽을 보완하고 수정하여 기술한다.

42) 《三國志》 魏志 東夷傳과 《後漢書》 東夷傳 高句麗條.

43) 《後漢書》 東夷傳 夫餘國條: 順帝 永和元年(136) 其王來朝京師 帝作黃門鼓吹 角觝戱以遣之 (김효경, 앞의 글, 8쪽).

이 기록은 중국의 한나라 왕이 부여왕이 자기 나라를 방문했을 때에 환영행사로 연회를 열어 각저희를 보여주었다는 기록이지만, 어떤 형태의 각저희가 거행되었는지 그 내용을 파악하기는 어렵다. 김효경은 이때의 각저희는 백희를 가리키는 말로 힘겨루기(각력)가 포함되어 있기 때문에 순제가 부여왕에게 베푼 연희의 내용은 중국의 씨름을 포함한 백희이며, 씨름이 힘을 겨루는 경기이고 생존을 위한 자연발생적인 요소가 강하므로 한반도 내부에도 씨름이 존재했을 가능성이 농후하다고 주장하였다.[44]

중국 길림성 환인, 집안지역과 북한의 평양 및 황해도 안악지역에 고대국가였던 고구려가 남긴 다양한 고분벽화가 집중적으로 분포하고 있다. 이 벽화들은 2004년에 유네스코 세계문화유산으로 등재되어 한민족의 위대함을 보여주고 있다. 그 속에서 고구려인의 생활상과 정신을 볼 수 있으며, 특히 씨름이라는 우리의 전통적 신체활동 모습도 생생하게 표현되어 있다. 고구려 고분벽화에는 각저총[45]이라 불리는 그림과 장천1호분에 현재의 씨름 모습과 똑같은 모습으로 두 사람이 서로 맞잡고 힘을 겨루는 장면이 그려져 있지만, 안악3호분과 무용총의 널방 천장고임의 그림은 수박으로 이해되고 있다.

고구려의 각저총은 오늘날의 씨름방식과 가장 유사하게 그려져 있어 현존하는 씨름 자료 가운데 가장 오래된 직접적 기록이란 의미를 갖는다. 널방 왼쪽 동남벽의 오른편에 있는 씨름 그림은 왼쪽에 커다란 나무 한 그루에 검은 새가 앉아 있고, 중앙 부분에 씨름하는 두 사람이 서로 맞잡고 있으며, 이를 바라보는 지팡이를 짚고 머리를 길게 늘어트린 노인 한 사람, 나무 밑에는 곰과 호랑이로 보이는 두 마리의 동물, 역사들과 노인 사이의 허공에는 새구름무늬가 그려져 있다.

---

44) 이어서 김효경은 전경욱의 연구를 인용하여 각저지희(角觝之戲)는 짐승가면놀이, 남자가 여자복장을 하는 행렬용 가무놀이, 창우놀이, 배우잡기 등을 총망라하는 포괄적인 명칭으로 사용하였다. 각저희의 의미는 송나라에 이르러 본래의 힘겨루기(角力)로 환원된다. 이처럼 각저가 중시된 것은 다른 산악백희 종목에서 씨름이 차지하는 위상이 높았기 때문이다. 진시황이 각저를 중요하게 여겼기에 6국의 모든 기예를 진나라의 대표적 기예로 총괄했기 때문으로 보았다(김효경, 위의 글, 8-9쪽).

45) 이 무덤은 일제강점기인 1935년에 일본인 이케우치 히로시(池内宏)가 처음 조사했을 때 널방 왼쪽 벽에 두 역사가 씨름하는 모습이 그려져 있어 각저총이라 이름 붙였다고 한다(나영일b, 앞의 글, 20쪽).

씨름하는 두 사람이 중앙에 그려져 있는 것을 보면 씨름이 벽화의 중심 내용이기 때문에 각저총이라 이름 붙였을 것으로 추정된다. 그리고 씨름하는 두 사람 가운데 한 사람은 보통의 고구려인의 얼굴 모양을 하고 있으나 얼굴을 오른쪽으로 향하고 있는 사람은 눈이 크고 코가 높은 생김새로 보아 서역인(胡人)으로 이해하고 있다.[46]

또 5세기 중엽에 그려진 것으로 알려진 장천1호분 벽화의 씨름은 백희기악도와 함께 그려져 있다. 전실 북쪽에 여러 예능인이 벌이는 곡예와 악기를 연주하는 모습 등이 그려져 있는 백희기악도 왼쪽 맨 상단에 상투를 튼 두 사람이 허리 부분에만 옷을 걸친 나체로 두 사람이 서로 맞잡고 있는 모습에서 오늘날의 씨름과 동일한 것으로 인식하고 있다. 김광언은 각저총과 장천1호분의 씨름을 보고 고구려의 남녀가 모두 허리에 띠를 두른 점을 고려해보면 이 자세는 띠씨름이라 하였다.[47] 덧붙여 당시 고구려인들이 즐기던 씨름은 다른 유희들과 함께 연희 속의 한 장면으로 공연되었을 것으로 추정된다.

지금까지 각저총과 장천1호분에서 씨름하고 있는 역사에 대한 대다수 연구들은 한 쪽 사람을 서역인으로 보고 그들과의 교류사를 추정하고 있다.[48] 또 내륙 아시아의 여러 민족에게는 장례를 치를 때에 씨름을 거행하는 풍습이 있다는 연구와 일본에서 『일본서기(日本書記)』 중의 씨름(角力)기록이 장례와 관련된 행사의 하나로 인식되고 있다는 점[49]을 고려하면 벽화 속의 씨름장면들은 장례를 치를 때 행하는 의식 중의 하나로 그려졌을 것으로 보는 견해가 대다수를 차지하고 있다.

---

46) 김광언, 《동아시아의 놀이》. (민속원, 2004), 265쪽; 전호태, 〈고구려 각저총 벽화 연구〉, 《미술자료》. 57, (국립중앙박물관, 1996), 15－17쪽.

47) 김광언, 위의 책, 264쪽.

48) 박승한, 《씨름》. (지역발전연구센터출판부, 1994), 10쪽; 김효경, 앞의 글, 13쪽; 임영애, 앞의 글, 159－161쪽; 전호태a, 앞의 글, 13쪽; 전호태e, 〈고분벽화로 본 고구려와 중앙아시아의 교류〉, 《한국고대사연구》. 68, (한국고대사학회, 2012), 140－141쪽 등이 있다. 더불어서 안악3호분의 수박희를 하고 있는 두 사람 중에 한 사람은 코가 유난히 높고 눈도 커 서역인으로 파악하고 있다.

49) 斎藤忠, 〈高句麗古墳壁画にあらわれた葬礼儀礼について〉, 《朝鮮学報》. 91, (朝鮮学会, 1979), 11쪽; 寒川恒夫, 〈葬礼相撲の系譜〉, 《한·일 비교민속놀이론》. (민속원, 1997), 45－52쪽.

1990년대까지 씨름의 기원에 대해서는 각저총이 4세기 말경에 그려진 것으로 알려져 있기 때문에 이 시대를 우리 씨름의 기원으로 봐야 한다는 인식이 주를 이루어 왔다. 하지만, 이진수는 중국과 일본 자료를 비교, 검토한 후에 앞에서 제시한 『후한서』 동이전 부여국조에 "부여의 왕을 접대하기 위한 연희의 하나로 황문고취(黃門鼓吹)[50]와 각저희가 등장한다. 왜 이런 종목들이 부여왕을 환영하는 연희에서 거행되었을까? …(중략)… 그것은 중국 황제의 이름을 빌려 부여의 풍속을 간접적으로 표기한 것으로 이해해야 한다. 부여의 왕이 먼 낙양까지 방문하였으므로 환영을 겸한 공통의 주제로 마련한 것이 바로 각저희인 것이다. 만약 우리가 『후한서』의 이 대목을 부여 씨름의 이해를 위한 발판으로 삼는다면 고구려 씨름도 이것과 동일한 시간대에서 이해되어야 할 것이고 우리 씨름의 기원도 그 절대 연도를 훨씬 낮추어 잡아야 할 것"[51]이라는 주장을 폈다. 필자도 이는 매우 근거 있는 주장이라 생각된다.

한편, 유감스럽게도 백제의 씨름에 대한 기록은 우리나라에서는 아직 발견되지 않고 있다. 최근까지 백제 사회에서는 어떠한 형태의 무예를 즐겼는지 자료나 유물이 발견되지 않아 고구려와 신라의 유물을 통해 그 양상을 추정할 뿐이었다. 그러나 일본의 『일본서기』에 보면 하나의 기록이 전해진다. "교코쿠키(皇極紀) 원년(642년) 7월에 일어난 일로 백제에서 온 사절단 지적(智積)과 교기(翹岐) 등을 응접하는 연회석상에서 여흥으로 힘이 센 자들(건아, 궁궐의 무관이나 병사)을 불러 스모(角力)를 실시하게 하였고, 향연이 끝나자 사신이 물러갔다"고 기록되어 있다.[52] 여기서 교기(翹岐)는 백제의 왕족으로 정쟁에서 패하는 바람에 같은 해에 일본으로 추방된 인물이지만, 일본 천황은 그를 귀하게 대접했고 5월에는 기사(騎射)를 보여주고 마음을 달래주었다고 기록될 정도였으니 씨름을 보여준 것도 사

50) 황문고취란 중국 한나라 때에 왕의 행차 등의 궁중의식이 벌어질 때 군악 계통의 악기편성을 일컫는 고취의 일종을 말한다. 황문고취는 천자가 군신을 위해 베푸는 잔치 때에 연주되는 곳이다(나영일a, 앞의 글, 9쪽)

51) 이진수, 《한국고대스포츠연구》. (교학연구사, 1996), 206－207쪽.

52) 乙亥 饗百済使人大佐平智積等於朝 乃命健兒相博於翹岐前 智積等 宴畢而退拜翹岐門(《日本書記》. 巻第24 皇極天皇 元年 秋 7月).: 新田一郎, 《相撲の歴史》. (山川出版社, 1994), 29－30쪽; 長谷川明, 앞의 책, 64쪽.

실로 받아들일 수 있다. 그리고 이 기록을 통해 백제에서도 씨름이 있었을 것으로 추정할 뿐이지만, 씨름의 형태가 어떠하였는지 그 진상을 파악하기는 매우 어렵다.

이처럼 삼국시대의 씨름에 관한 자료는 많지 않지만, 고구려와 동일한 언어와 문화를 공유하였던 백제나 신라에도 남자들의 힘겨루기인 씨름과 같은 격투기가 존재하였으리라고는 쉽게 짐작할 수 있을 것이며, 이러한 신체 무예는 중국과 일본 등과의 빈번한 교류를 통해 서로에게 많은 영향을 주고받았을 것으로 추정된다.

고려시대

우리나라 문헌에 최초로 각저 또는 각저희 등이 기술된 것은 『고려사(高麗史)』이다. 『고려사』 충혜왕조(忠惠王條) 충숙황후(忠肅王後) 8년(1339) 3월조에는 "삼월에 왕은 정무를 폐신인 배전과 주주 등에게 맡기고 날마다 내시와 더불어 각력희를 하여 상하의 예절이 없었다"[53]고 기록되어 있다. 충혜왕후(忠惠王後) 4년(1343) 2월조에는 "갑진일에 왕이 용사를 거느리고 씨름놀이(角觝戱)를 구경하였다."[54] 또 5월조에 "신묘일에 공주가 연경궁으로 거처를 옮기니 왕이 연회를 베풀어 위로하여 주고 밤에는 씨름놀이(角觝戱)를 구경하였다".[55] 11월조에는 "11월 병인날에 왕이 고총보와 더불어 시가의 누각에 좌정하여 격구와 씨름놀이(角觝戱)를 구경하고 용사들에게 삼베를 수없이 하사하였다"[56]고 기록되어 있다. 이같이 『고려사』에는 씨름에 관한 네 개의 기록이 전해지는데, 조성환은 3월과 2월의 기록은 연등회와 관계가 있으며, 5월의 기록은 단오, 11월의 기록은 팔관회와 밀접한 관련성을 가지고 있다고 주장한다.[57] 즉 『고려사』의 각저희 기록은 씨름뿐 아니라 여러 가지 종목이 포함된 한바탕의 놀이판이라 하였다.[58] 따라서 그동안 씨름계

---

53) 三月 工 委機務於嬖臣佺裴朱柱等 日與內竪 爲角力戱 無上下禮.

54) 癸未四年 春二月甲辰 王率勇士 觀角觝戱.

55) 辛卯 公主移御延慶宮 王置酒慰之 夜觀角觝戱.

56) 十一月丙寅 王與高龍普 御市街樓 觀擊毬及 角紙戱 賜勇士布無算.

57) 조성환, 앞의 글(1988), 434쪽.

58) 김광언, 앞의 책, 266쪽; 심승구, 〈씨름의 정체성과 유산 가치〉, 《비교민속학》. (비교민속학회, 2018), 150쪽.

에서 주장해 왔던 각력희나 각저희는 씨름만을 가리키는 것이 아니라, 말 그대로 왕실과 귀족들의 볼거리용 유희 속의 씨름으로 판단하는 것이 좋을 듯하다.

공민왕 때에 씨름을 잘해 벼슬을 얻게 된 경우도 있었다. 고려 때에는 씨름을 잘하는 사람을 용사라 불러 씨름이 용사를 뽑는 기준이 되기도 하였다. 공민왕 14년(1365)에 "박강(朴强)이 용력이 있다는 말을 듣고 또 그의 아버지가 자기를 업고 다니던 공로를 생각하여 그를 불러 보고는 힘이 센 시위군(侍衛軍)과 씨름을 시켰더니 시위군이 잇달아 넘어지매, 상은 기뻐하여 늠미(廩米)를 내리고 바로 중랑장(中郎將)에 재수하여 숙위(宿衛)에 소속시켰다"고 한다.[59] 씨름을 잘한다는 것은 힘이 세다는 것을 말하기 때문에 힘이 센 사람을 우대하는 것은 당시 사회가 용사라 부를 정도로 무사를 중요하게 여겼음을 알 수 있다.

한편, 이러한 기록을 놓고 씨름이 몽골에서 전파된 것이라는 주장이 대두되기도 하였다. 즉, 당시 정치적으로 대륙을 손에 넣은 원나라의 힘에 눌려 고려는 원나라의 속국이 되었기 때문에 왕자가 태어나면 원나라의 궁궐에서 생활하거나 원나라 공주 또는 친척들과 결혼하는 일이 자주 일어났다. 정략결혼에 의해 원나라 공주가 개성에서 살게 되면서 몽골 의상이나 풍습이 일반 서민들에게까지 영향을 끼쳐 한동안 유행하였다는 점, 또 당시는 충숙왕이 원나라의 간섭에 염증을 느껴 왕위를 양위하기 바로 직전이라는 정치적 배경 때문에 충숙왕이나 충혜왕조에만 씨름기록이 보이는 것은 몽골 씨름이 유행하였기 때문이라고 주장하는 연구가 발표되기도 하였지만, 그보다는 씨름이 삶의 의욕이 없는 왕에게 매우 흥미 있는 위안거리였던 것 같다. 한편, 고려에는 씨름과 자주 비교되는 수박희 기록이 이 기록보다 더욱 많이 보이고 있으며, 이 단어들이 매우 애매하게 표현된 것이 많기 때문[60]에 확실하게 단정하기는 어렵다. 이점에 관해서는 씨름 어원과 관련된 분석에서 검토하도록 한다.

고려 때의 씨름기록도 많지 않기 때문에 경기방식을 파악하기란 매우 어렵다. 하지만 궁궐 내의 왕이 내시와 씨름을 즐겼다는 사실과 시가(市街)에서도 베

---

59) 《陽村集》. 傳類, 司宰少監 朴强之傳(김효경, 앞의 글, 19쪽 재인용); 김광언, 앞의 책, 266쪽.
60) 나영일b, 앞의 글, 19쪽.

풀어졌다는 사실로 보아 귀족들의 의상이나 풍습이 일반 서민들에게까지 번져 사회적으로 유행했다는 점에서 추정할 수 있듯이 지배계급에 의한 궁궐 내에서 행한 연회의 한 종목으로 거행된 씨름이 일반 서민들에서 전파되어 가는 과정이었을 것으로 추정된다.

조선시대

조선시대에 이르면 씨름에 관한 기록이 눈에 띄게 많아진다. 이 같은 현상은 시대적 거리가 짧고 비교적 많은 자료가 남아 전해졌기 때문일 것이고, 고려사회와는 달리 씨름에 대한 구체적인 모습을 유추하는 데 많은 도움을 준다.

조선 전기의 씨름은 왕실의 오락거리 중에 하나였다. 『조선왕조실록(朝鮮王朝實錄)』에 씨름에 관한 기록이 많이 나오는데 대표적인 것으로 『세종실록(世宗實錄)』 권4 원년(1419) 6월 15일조에 "상왕과 왕은 저자도(楮子島)에 행차해 중류에 배를 띄우고 종친과 함께 주연을 베풀고, 곧이어 각력희(角力戲)를 강변에서 보았다." 또 1426년 3월 25일조에 "명나라 사신이 목멱산(木覓山)에 올라 도성과 한강을 굽어보고 말하기를, "정말 좋은 땅이라" 하며 인하여 활을 쏘고 역사들에게 각력(角力)을 시켰다." 1430년에는 "형조에서 아뢰기를 안음현(安陰縣) 사람인 박영봉과 감부개가 서로 장난삼아 씨름하다가 잘못하여 부개를 죽였으니, 율이 교형에 해당합니다 하니 명하기를 1등을 감하여 장사치를 돈을 받아 주도록 하라." 1431년 3월조에 "경회루 북쪽에 행차하여 종친들의 활쏘는 재주를 구경하고 역사 안사의(安思義) 등으로 하여금 씨름을 하게 한 후 차등을 두어 하사하였다"는 등의 기록이 전해진다. 이러한 기록들에서 왕과 종친들의 연회가 끝나고 병사들에게 씨름을 시켰으며, 중국 사신을 대접하기 위한 향연에서 씨름경기를 볼거리로 제공하기도 하였다.

이순신 장군의 『난중일기(亂中日記)』에도 씨름기록이 보이는데, 임진왜란 도중 얼마간의 휴전 기간에 즐긴 놀이가 씨름이며, 일반 병사뿐만 아니라 장수들까지도 씨름을 즐기면서 전쟁의 불안과 고통을 잊었던 기록이 전해진다. 병사들 씨름이 배 위에서의 육박전에 대비한 군사훈련의 일환이자 오랫동안 바다를 지켜온 군사들을 위로하고 사기를 높이기 위한 오락수단이 되었던 것이다. 조선 사회의 씨름기록을 분석한 김효경은 "각저, 또는 각저희라는 한자의 사용례를 보면, 조선 사회의 씨름은 두 사람이 각을 잡고 서서 다리 힘을 겨루는 놀이이자 경기로, 특히 힘을 겨루는 방식으로 육체적 힘인 여력(膂力)이 강함을 분별하기 위한 놀이문화였다"[61]고 결론지었다.

16세기 이후부터 씨름은 세시풍속으로 완전히 자리 잡은 듯하다. 고위 관료였던 소세양(1486-1562)이 쓴 시에는 "오늘이 바로 단오이니 소년들이 무리지어 즐겁게 노네. 거리마다 다투어 씨름을 하고 나무마다 그네를 뛰네. 술잔에 창포를 띄어 따뜻하고 문에는 애호를 엮어 달았네. 노인들이 하는 것이 무엇인가? 밤새도록 책을 덮고 잠자는 것이네"라고 하여 한성 거리에서 씨름과 그네를 뛰는 모습을 시로 표현하고 있다.[62] 또 비슷한 시기의 이문건이 쓴 일기(李文楗, 1494-1567)에도 짧게나마 전해지는데, 명종 16년(1561) 5월 단옷날에 "길(吉, 저자의 아들로 보임)이 씨름을 보고 매우 즐거워 껑충껑충 뛰어다녔다"[63]는 기록이 전해진다. 이 외에도 『명종실록(明宗實錄)』 1560년 5월조에는 "단옷날에 동궁별감인 박천환(朴千環)이 시강원(侍講院)에 와서 호소하기를 어제 원계검(元繼儉)의 집으로 심부름을 가던 중에 길에서 양반 행색을 한 유생이 씨름을 하자고 하였지만 들어주지 않는다고 노하여 의복과 갓을 찢고 심지어 회사하는 글까지 찢어버렸다고 하자 임금께서 그 사람들을 추궁하였는데 사실은 박천환이 먼저 유생들을 때리고 욕하고 씨름하자 하였으니 이 무슨 풍속인가?" 하였다. 이 일로 사헌부에서는 씨름 금지령을 내리기도 하였다. 『현종실록(顯宗實錄)』 1664년 정월조에는 "광주 저자도(楮子島)에서 씨름을 하다가 이기지 못함에 노하여 칼로 찔러 죽였다"는 기록도 보일 정도로 씨름놀이가 과열된 나머지 상대를 죽이는 살인으로까지 번진 사건이 발생하였다. 유몽인(柳夢寅, 1559-1623)이 남긴 『어우야담(於于野談)』 권4 사회편(社會編)에는 "정읍, 용안, 함열 세 고을 사이에 광장에서 7월 15일에 호남 온 도내의

61) 김효경, 〈조선시대 씨름의 전승양상〉, 《국가무형문화재 씨름》. (문화재청, 2017), 44쪽.
62) 蘇世讓, 《陽谷先生集》. 卷六, 詩, 端午(심승구, 앞의 글, 152쪽 인용).
63) 이복규, 《묵재일기에 나타난 조선전기의 민속》. (민속원, 1999), 234-235쪽.

힘센 사람들이 양식을 싸 가지고 모여들어 씨름놀이를 하는데, 한 중이 힘이 뛰어나므로 도내의 씨름꾼이 싸워도 당하는 자가 없어 마침내 씨름판을 휩쓸었다"[64] 고 기록되어 있다. 이같이 조선 초기를 지나면서 양반들의 일기와 실록 등이 기록을 통해 씨름은 서민들에게 보급되어 일상적으로나 세시풍속의 단오절, 백중, 중추와 같은 절기에 거행되는 유희로 정착하게 되었다. 또 씨름으로 인해 사망하는 사고도 나는 등 사회적으로 적지 않은 폐단을 낳기도 하여 금지령이 내려졌지만, 잘 지켜지지 않았던 것으로 추정된다.

세시풍속과 관련된 씨름기록으로 조선 정조 때의 홍석모(洪錫謨)가 지은 『동국세시기(東國歲時記)』와 조선 현종 때의 유득공(柳得恭)이 지은 『경도잡지(京都雜誌)』[65]가 대표적이다. 동국세시기 5월 단오조(端午條)에는 "젊은이들이 남산의 왜성대나 북악산의 신무문 뒤에 모여서 씨름을 하여 승부를 겨룬다. 씨름하는 방법은 두 사람이 서로 맞구부리고 각자 오른손으로 상대방의 허리를 잡고 왼손으로는 상대방의 오른쪽 다리를 잡고 일시에 일어나며 상대를 번쩍 들어 메친다. 그리하여 넘어지는 자가 진다. 안걸이, 바깥걸이, 둘러메치기 등 여러 가지 기술이 있다. 그중에 힘이 세고 손이 민첩하여 재치있게 구사하여 많이 이기는 사람을 판막음(都結局)이라고 한다. 중국 사람들이 우리 씨름을 본떠서 고려기(高麗技)라고도 하고, 또는 요교(撩跤)라고도 한다. 단옷날 하는 씨름놀이는 매우 성하여 경향 각지에서 성행한다. …(중략)… 장평자(張平子)가 지은 『西京賦(서경부)』에 각저의 묘기를 드러냈다는 구절이 있다. 이것으로 미루어 볼 때 각저는 한나라 때 이미 있었음을 알 수 있고 오늘날의 우리 씨름과 비슷한 것이다." 그리고 7월 칠석조에도 "충청도 풍속에 15일에는 노소를 막론하고 거리에 나가 배불리 먹고 마시며 흥겹게 놀고, 또 씨름놀이도 한다. 또한 월내(月內)에는 충청도 풍속에 16일에는 씨름판을 벌이고 술과 음식을 차려 먹고 즐긴다. 농한기를 맞아 그동안의 노고를 풀고

---

64) 김효경, 앞의 책, 45쪽.

65) 이 책은 두 권으로 분리했는데 제1권은 「풍속편」으로 우리나라의 의복, 음식, 주택, 서화 등 문물제도에 대해 19개 항목으로 분류·기술하였고, 제2권은 「세시편」으로 서울의 세시풍속을 19개 항목으로 분류·서술하였다. 『동국세시기』보다 약 30년 정도 앞서서 저술되었다. 그 내용에 있어 연원을 모두 중국의 풍속에서 찾고 있다는 점은 동일하다.

자 하는 것인데 해마다 이렇게 한다"[66]고 기록되어 있다. 『경도잡지』의 단오조에도 "서울 안 소년들이 남산 밑에 모여 들어 씨름을 한다"고 기록되어 있다.

조선의 풍속화에도 씨름이 그려져 있다. 고구려 고분벽화의 다리 속곳과는 다르게, 특히 유숙의 대쾌도와 김홍도의 씨름도, 김준근의 각저 등에는 가느다란 끈을 다리에 걸치고 서로 맞잡고 씨름하는 장면들을 볼 수 있다. 그 후 1910년에 일본인이 한반도를 여행하며 그린 『조선풍속화보(朝鮮風俗畫譜)』에도 두 사람이 얇은 끈을 서로의 오른쪽 다리에 걸치고 씨름하고 있는 모습이 보인다.[67] 조선 후기에 들어와 씨름의 형태나 방식을 결정짓는 샅바에 대한 자료가 그림으로 전해지기 시작한 것이다. 이 샅바의 등장으로 인해 지역적으로 조금씩 다르게 나타나는 다양한 씨름방식이 꽤 오랫동안 지속되었다는 사실을 뒷받침해 준다. 그리고 이러한 씨름방식은 20세기 이후에 전통스포츠로서 씨름경기가 근대적 통일을 이루는 데 매우 중요한 항목으로 등장하게 된다.

4. 씨름의 종류와 지역성

씨름방식은 일제강점기가 끝날 때까지 몇 가지 종류가 공존하였는데, 지역적으로 운동형태가 조금씩 달랐다. 그것을 결정하는 가장 중요한 요인은 광목으로 만든 띠나 샅바라는 도구를 몸에 어떻게 매고 두르느냐? 아니면 어떠한 형태로 사용하는가에 따라 왼씨름, 오른씨름, 띠씨름(허리씨름 또는 통씨름), 빠씨름, 망걸이씨름 등으로 불렀다.

앞에서 살펴보았던 고구려 고분벽화를 비롯해 『고려사』와 『조선왕조실록』 등이 전하는 씨름기록은 물론이고, 유숙이 1846년에 그린 것으로 알려진 대쾌도에도 샅바는 볼 수 없다. 씨름의 형태가 어떠하였는지를 알 수 있는 사료로는 1849년에 홍석모가 지은 『동국세시기』의 5월 단오조에 "씨름하는 방법은 두 사

66) 崔大林, 《新譯 東國歲時記》. (弘新문화사, 1989), 86－93쪽.

67) 이 풍속화보는 김준근의 풍속화를 모사한 것으로 알려져 있다(中村金城, 《朝鮮風俗畫譜》. (富里昇進堂, 1910), 40쪽).

람이 서로 맞구부리고 각자 오른손으로 상대방의 허리를 잡고 왼손으로는 상대방의 오른쪽 다리를 잡고 일시에 일어나며 상대를 번쩍 들어 메친다. 그리하여 넘어지는 자가 지는 것이다"[68]라는 기록과 『경도잡기』에 "서울 안 소년들이 남산 밑에 모여들어 같이 씨름을 하는데, 그 방법은 두 사람이 서로 상대하여 무릎을 꿇고 각기 오른손으로 상대방의 허리를 쥐고 또 왼손으로 상대방의 오른 다리를 잡아 동시에 일어나 서로 힘을 겨룬다"고 나와 있을 뿐이다. 이처럼 당시 샅바와 같은 띠나 헝겊을 사용한 흔적은 기록으로 전해지지 않고 있으나 경기방식은 위에서 인용한 내용으로 어느 정도 유추할 수 있다.

샅바가 등장하기 시작하는 것은 김홍도(1745－?)가 18세기에 그린 것으로 추정되는 씨름도, 19세기 말－20세기 초에 그려진 것으로 알려진 김준근(미상, 19세기 말－20세기 초)의 『조선풍속도(朝鮮風俗圖)』, 그리고 일본인 나카무라 긴조(中村金城)가 김준근의 풍속도를 보고 모사했다고 전해지는 풍속화에는 샅바를 상대방의 왼 다리에 걸고 오른손으로 잡고 씨름하는 장면이 보인다. 하지만 샅바를 두르거나 손으로 잡는 방법이 조금씩 다르게 그려져 있다. 이러한 사실에서 18세기 이후에는 대체적으로 샅바를 이용해 씨름을 거행하였던 듯하다. 이때 샅바를 신체의 어느 부위에 매고, 어떻게 잡고 하느냐에 따라 씨름방식이 달라졌고 부르는 말로 달라졌던 것이다. 이처럼 각 지역마다 샅바에 대한 명확한 규정이나 방법이 결정되어 있지 않았기 때문에 지역적, 또는 그때그때 상황에 맞게 임기응변적으로 샅바가 이용되었던 것으로 추정된다.

현재 한국에서 거행되고 있는 씨름방식인 왼씨름은 샅바를 상대방의 오른쪽 다리에 감고 이를 왼손으로 쥐고 오른쪽 어깨를 맞대고 하는 씨름을 가리킨다. 이러한 씨름방식은 일제강점기까지 함경도와 평안도, 황해도, 강원도, 충청도, 경상도를 중심으로 성행하였다. 오른씨름은 경기도와 전라도에서 성행하였다. 또한 띠씨름(통씨름, 허리씨름이라고도 함)은 샅바를 허리에만 감고 그것을 양손으로 잡고 하는 씨름을 말한다. 띠씨름은 현재 일본 오키나와(沖縄)지방에서 행하는 시마(シ

68) 崔大林譯解, 《新譯 東國歲時記》. (弘新문화사, 1989), 93쪽.

マ)라 불리는 씨름과 동일한 형태를 취하는 방식이었다.[69] 빠씨름은 샅바를 동그랗게 묶어 자신의 왼팔에 두르고 상대방의 오른쪽 다리에 끼고 하는 씨름방식을 가리킨다.[70] 중국 연변지방의 조선족들이 즐기는 경기방식으로 알려져 있다. 이처럼 우리의 전통씨름이 다양한 경기형태로 전승되었던 것은 샅바라는 도구의 이용과 밀접한 관계가 있기 때문으로 추정된다.

그러면 일본이나 중국과 달리 우리의 씨름에서는 왜 샅바를 이용하게 되었을까? 이에 대해 간단히 정리해보면, 우리의 의복인 한복과 깊은 관계가 있었을 것으로 보인다. 조선시대는 양반들이 지배한 사회풍조 속에서 많은 사람들 앞에서 옷을 벗는 행위는 비도적적 행위로 치부되었고, 이러한 사회적 풍습은 민중들이 옷을 입고 씨름하는 형태로 변화하는 요인으로 작용하였을 것이다. 조선 때까지의 우리의 의복이 그다지 튼튼하거나 질긴 옷감이 아니었기 때문에 상대방을 넘어뜨리기 위해 바지나 옷깃을 잡고 순간적으로 힘을 주어 잡아당기면 쉽게 찢어지는 경우가 빈번히 발생할 것이고, 이러한 불상사를 방지하기 위해 띠나 헝겊과 같은 대용물을 손에 감거나 다리, 허리에 감고 씨름하는 방식으로 변화하였을 것이라는 점은 쉽게 추정할 수 있다. 여기에 샅바의 종류나 길이, 매는 법, 운동형태 등이 명확히 규정되어 있지 않았기 때문에 씨름이 벌어지는 각 지역, 또는 장소마다 즉흥적, 임시방편으로 띠나 새끼줄을 이용하게 되었을 것으로 생각할 수 있다.

---

69) 崔常壽(앞의 책, 40쪽)에 의하면 빠씨름은 예전에 서울의 왕십리, 뚝섬, 광나루 주변에서 샅바씨름의 일종으로 베로 만든 샅바를 자신의 오른쪽 팔에 몇 번 감아 상대방의 왼쪽 다리에 동여매고 허리 샅바를 잡지 않고 하는 씨름이었다고 설명하고 있다. 또한 홍장표 등은 최상수의 주장에 따르고 있다. 이 외에도 망거리 씨름이 있었다고 주장하고, 왼씨름을 전라도 지방, 오른씨름을 경상도 지방의 씨름으로 1960년대 규칙을 통일할 때 바른씨름으로 명명하여 현재까지 실시하고 있다고 주장한다(홍장표, 정위곤, 임희용, 〈한국 씨름의 시대적 발달사〉, 《무도연구소지》. 4(1), (대한체육과학대학교, 1992), 46쪽).

70) 宇佐美隆憲, 앞의 책, 63쪽.

5. 씨름의 근대경기화와 경기방식의 통일

조선씨름협회의 창립과 씨름의 통일화 과정

구한말에 들어와 서구의 근대스포츠가 전파되어 가는 가운데 한민족의 전통스포츠에 대한 부흥운동이 힘을 얻게 된다. 특히 각급학교가 설립되고 학교행사의 하나로 열리기 시작한 운동회에서도 힘을 경쟁하는 놀이로 자주 등장하게 된다. 1895년 5월 28일에 열린 관립외국어학교의 연합운동회를 시발점으로 1905년 일본 유학생들의 친목 단체인 태극학회의 운동회에서도 씨름은 경기종목으로 채택되어 학생들이나 민중에 의해 폭넓게 즐기는 전통스포츠로 지속되었다.[71)]

1910년 일본제국에 의해 식민지 통치가 시작된 이후에도 씨름은 다양하게 거행되었다. 그 당시 신문지면을 살펴보면, 각력 또는 각희보다는 씨름이라는 표기로 경기에 관한 기사가 빈번하게 게재된다. 1912년 『매일신보』에는 경성의 유각권(柔角拳) 구락부의 주체로 씨름과 유도, 권투가 열렸고, 1916년에는 "지난번 비 오기 전에 고양군 경찰서 관내 뚝섬에서는 매년 하던 대로 동중의 발기로 강언덕에 씨름판을 벌리고 고양과 광주의 씨름꾼을 청하여 승부를 갖던 중 구경꾼이 원근을 물론하고 수천 명이 구름 모이듯 하고 싸움은 점점 무르익어 가서 혹승혹패로 좌중을 결하였다"고 보도되었다.[72)] 매년 뚝섬이나 삼선평과 같은 넓은 장소에서 씨름대회가 개최되고 있었던 것을 알 수 있다.

학교의 운동회는 물론 민중들이 모인 곳이라면 어느 곳에서든 열렸던 씨름은 YMCA 관계자와 체육교사들에 의해 근대적 통일화 작업이 시작되었다. 그 첫 번째 작업이 전국적인 조직을 만드는 것이었다. 씨름의 근대화 작업은 당시의 체육계 인사들을 중심으로 1927년 11월 27일 YMCA 강당에서 조선씨름협회가 탄생된다. 이 조직은 일본에서 신교육을 받고 중등학교에서 체조를 가르치던 강진구(姜晋求), 강락원(姜樂遠), 서상천(徐相天), 한진희(韓珍熙), 이내학(李內學) 등과

---

71) 孫煥, 〈旧韓末期(1876－1910) における在日韓国留学生団体の体育に関する研究〉, 《スポーツ史研究》. 10, (日本スポーツ史学会, 1997), 61－62쪽.

72) 《매일신보》, 1912년 10월 09일자; 1916년 06월 21일자.

YMCA의 장권(張權), 김동형(金東瀅) 등이 주축이 되어 설립하였다. 이들은 씨름협회 창설에 앞서 각 지역마다 씨름의 경기형태가 다르다는 점을 깨달았고 그 시체를 파악하는 작업이 필요했다. 전국대회를 개최하려면 씨름의 형태를 하나로 통일시키는 작업이 선행되어야 했다. 그 작업으로 여름방학을 맞이하여 고향으로 돌아가는 학생들에게 고향 지역에서 행해지는 씨름의 종류와 방법을 조사하여 보고하도록 지시하였다. 그 조사를 취합한 결과 함경도, 평안도, 황해도, 경상도, 강원도, 충청도에서는 '왼씨름'을 하고, 경기도와 전라도에서는 '오른씨름'을 한다는 결론에 도달하게 되었다.[73] 이를 근거로 '제1회 전조선씨름대회'를 1927년 12월 20일부터 YMCA 체육관에서 개최할 때 전국적으로 가장 많이 즐기는 것으로 나타난 왼씨름을 정식경기라는 명칭으로 공식경기로 지정하였고, 오른씨름을 통씨름이란 이름으로 번외경기로 거행하였다. 또한 옷(유니폼), 샅바(당시는 삽바로 씀), 시합법, 심판원, 기록원 등을 두는 것으로 전국씨름대회를 거행하였던 것이다.[74]

이러한 씨름 관계자들의 활동에 대해 당시 『동아일보』는 "조선씨름협회가 체육계 유지의 발기로 창립되고, 나아가 조선 재래의 씨름경기를 장려할 목적으로, 또는 한 가지 방법으로 지도하기 위한 목적으로 창립되어 일반인의 기대가 크다"고 보도하였다. 이어서 "씨름은 조선에서 가장 오래된 경기이지만, 새로운 문물을 좋아하는 일반 체육계의 추이는 우리 문화를 버리고 현대적이랄까, 또는 과학적이라는 바다를 건너온 모든 경기를 즐기는 경향이 농후하다. 선조로부터 물려받은 씨름의 부활에 기대를 건다"는 논평을 내고 조선씨름협회가 추진하는 씨름의 근대화 작업에 큰 기대를 내비쳤다.[75] 조선씨름협회가 창립되고 전국대회를 개최함으로써 다양한 경기형태를 보여 왔던 씨름은 많은 지방 대회에서도 샅바가 중요한 도구로 사용되면서 왼씨름이 전국적 경기형태로 통일되기 시작한 것으로 보인다.

---

73) 李克魯, 앞의 글, 459쪽.

74) 李克魯, 위의 글, 460쪽.

75) 《동아일보》. 1927년 12월 05일; 1927년 12월 09일.

"전조선씨름대회"의 개최가 씨름의 근대화에 미친 영향

YMCA와 조선씨름협회가 주최하고 동아일보가 후원한 "전조선씨름대회"는 전통씨름이 근대경기로 변화하는 데 커다란 영향을 준다. 즉 샅바에 대한 규정이 제정됨으로써 다양하게 존재했던 씨름방식이 한 가지 형태로 통일되어 가는 데 일조한다.

앞에서도 기술한 바와 같이 전근대적 씨름의 운동방식을 논할 때 가장 애매한 점은 샅바를 어느 다리에 매고 어떤 손으로 잡고 하느냐에 달려 있지만, 전국적으로 통일된 규칙이 없었기 때문에 전국대회를 치르는데도 우여곡절이 많았다. 1927년부터 1937년까지 10년 동안 개최된 '전조선씨름대회'를 살펴보면 씨름방식을 하나로 통일하는 작업이 꽤 어려운 난제였음을 알 수 있다. 즉 정규씨름과 같은 명칭이 왼씨름으로 바뀌고, 통씨름이 오른씨름으로 바뀌거나 두 가지 씨름형태가 동시에 개최되는 등의 많은 시행착오를 겪었던 것이다. 그러나 매년 전국대회가 개최되고 여기에 참가한 선수들이 고향으로 돌아가 보급하거나 다른 지역에서 벌어지는 대회에 참가하면서 이 운동방식이 일반적 씨름으로 자리매김하여 갔다.

조선씨름협회가 이 대회에서 채택한 왼씨름과 통씨름(제2회 대회부터 오른씨름이라 명명)의 샅바 매는 방법에 대한 『동아일보』에 게재한 내용은 다음과 같다. "정규씨름(왼씨름)의 샅바는 왼 다리에 매고 통씨름은 오른 다리에 맨다."[76] 이 기사는 처음으로 샅바 매는 방법을 신문을 통해 규정한 것으로 전통씨름의 지역적 특성이나 경기형태를 하나로 통일하는 과정이라는 문화사적 의의도 있지만, 앞에서 검토한 바와 같이 여러 선행연구가 제시한 왼씨름과 오른씨름의 경기형태와는 정반대로 공지되어 씨름방식과 그 명칭이 잘못 기술되어 있는 오류도 발견된다. 번외경기로 벌어진 통씨름은 대회를 참관하던 관객들의 여흥 차원에서 공식경기에 패한 선수나 관람객 중에서 누구나 참가하여 승패를 겨룰 수 있도록 하는 판막음(都結局) 방식을 채택하여 거행하였다.[77] 경기 시간에는 제한이 없었으며, 3

---

76) 《동아일보》. 1927년 12월 15일.

77) 1981년 나현성은 『韓國 角抵(씨름)고』에서 씨름의 종류에서 왼씨름과 오른씨름이 있었으

선 2선승제를 채택하였고, 경기장으로는 YMCA 체육관에 매트를 깔고 그 위에서 경기하였다. 참가 신청자는 200여 명에 달하였으나 경기방식이 다르고 교통기관의 미비로 기권자가 속출하여 결국 50여 명만 참가하는 조촐한 대회로 치루어졌다. 제2회 대회부터는 “오른씨름이란 왼 다리에 샅바를 매고 오른손으로 샅바를 잡으며 서로 왼쪽 귀를 붙여서 잡는다. 왼씨름이란 오른씨름의 정반대로 잡는다. 지역마다 샅바 매는 방법이 다르므로 선수는 각별한 주의를 요함”이라는 규정을 정하여 지난 대회의 시행착오를 바로 잡았으나 경기장을 YMCA 체육관의 뒤뜰에 있는 공터에 복싱 링을 설치하여 실시하였다.[78)]

1936년에는 지방체육회가 개최한 씨름대회에서 중량별로 나누어 개최하게 된다. 이에 대해 『동아일보』는 “재래의 씨름형식을 개량하여 새로운 시험으로 씨름을 복싱과 같은 체급별(경중)로 나누어 개최하였다[79)]”고 보도하였다. 한편 학생을 대상으로 한 “학교대항전조선씨름대회”가 조선체육회와 조선씨름협회의 공동 주최로 1929년부터 1936년까지 매년 휘문고등보통학교에서 개최되었다. 왼씨름만을 공식경기로 채택하여 단체전과 개인전으로 실시되었다. 이처럼 씨름방식의 가장 중요한 요소로 작용하는 샅바 매는 방법과 손으로 잡는 법이 지역적 다양성을 배제하고 왼씨름으로 통일되기 시작하였다. 그러나 여러 가지 문제점이 해결된 것은 아니었다. 선수들 상호 간에 샅바를 손으로 잡더라도 지금과 같이 손을 집어넣어 손목 쪽에서 한번 비틀어 잡는 것이 아니라 샅바를 팔꿈치까지 끼워서 들어 올리는 선수(이러면 훨씬 수월하게 상대를 위로 들 수 있는 장점)들이 나타났기 때문에 이에 대한 불만을 표시하여 경기를 포기하거나 상대방의 행동을 문제 삼아 경기장에 난입하는 등의 많은 불상사가 일어났다. 따라서 이때만 해도 샅바 매는 방법에 대한 명확하고 합리적인 규칙이 정착되었다고 보기는 어렵기 때문에 전국적인 대회를 개최해 가면서 문제점을 하나씩 해결해 가는 과도기였다고 보여진다.

나 1931년 제2회 전조선씨름대회부터 왼씨름으로 전국적으로 통일을 기하였다고 언급하였으나 그 이후에도 왼씨름과 오른씨름 등은 계속해서 실시되었다(《동아일보》. 1927년 12월 22일).

78) 《동아일보》. 1929년 06월 10일; 1929년 06월 12일.

79) 《동아일보》. 1936년 08월 03일.

직업적 선수의 출현

일제강점기의 씨름은 전국적인 인기를 얻고 있었기 때문에 전국의 각지에서는 대회는 물론 시장을 개장할 때 열리는 행사 등에 빠지지 않고 등장하는 스포츠였다. 각 지역이나 시장이 서는 날에 벌어지는 씨름대회에만 전문적으로 참가하는 선수들이 많이 있을 정도로 씨름은 변화와 지속을 병행하여 갔다. 씨름대회에서 얻은 황소나 상금, 상품으로 생계를 꾸리는, 이른바 '전문씨름꾼'이 생겨날 정도도 전국적으로 씨름대회가 성황을 이루었다. 무라야마 지준의 『조선의 향토오락(朝鮮の鄕土娯楽)』에 보면 "씨름은 체위향상과 오락성이 주된 요인이지만 최근에 들어와 선수들의 직업화가 진행되고 있다"[80]고 기술할 정도로 씨름은 전국적인 지역 축제였으며 대회의 상금이나 상품도 적지 않았던 것으로 보인다.[81]

그러면 여기서 씨름과 관련된 재미있는 실화를 하나 소개해 보자. 1950년대 후반부터 일본 프로레슬링계의 영웅으로 알려진 역도산(김신락, 함경남도 홍원 출생)이 일본으로 건너가게 된 이유는 1938년 단오절을 기념하여 고향에서 개최된 씨름대회에 출전하여 좋은 성적을 거두었기 때문이다. 홍원군의 가난한 집안의 셋째 아들로 태어난 역도산이 씨름대회에 출전하겠다고 생각한 것은 오로지 대회의 상품(당시 대회의 상품으로 우승자에게는 황소 두 마리, 2위는 황소 한 마리, 3위는 광목 10필)을 타서 어려운 집안의 생계에 조금이나마 보탬을 주고자 한 것이었다. 타고난 신체를 자랑하던 역도산 집안의 내력은 이미 큰 형이 전문 씨름선수로 전국대회에 참가하여 받은 상금이나 상품으로 집안 살림을 거들어왔다. 역도산과 그의 형은 고향에서 열린 대회에 나란히 출전하여 형이 우승하였고 역도산은 3위에 입상하였다. 그리고 사업차 내한해 우연히 이 대회를 지켜보던 일본 스모도장의 후견인은 역도산의 체격과 힘, 기술에 매료되어 그를 스모에 입문시키는 역할

80) 村山智順, 앞의 책, 5쪽.

81) 예를 들어, 1930년 09월 14일자 『동아일보』를 보면 안성출(安聖出) 군은 8년에 걸친 각 지역의 씨름대회에 참가하여 우승상품으로 황소와 자전거, 광목 등을 수없이 받았다고 보도하고 있다.

을 하였던 것이다.[82] 집안의 반대를 무릅쓰고 일본으로 건너간 역도산은 일본 사회의 차별에 반발하여 스모계를 은퇴하고 미국으로 건너가 프로레슬링을 배웠고, 이를 일본에 도입하여 성공함으로써 사회적 명예와 부를 얻게 되었다.

이같이 일제강점기의 씨름경기는 전국적인 조직의 창립과 함께 경기방식의 통일화가 시작됨과 동시에 많은 전문씨름꾼이 전국을 돌아다니며 활동할 정도로 활발히 거행되었다. 그만큼 전통씨름은 민족의 울분을 달래는 민중적 스포츠로 기능하였으며, 전국 어디서나 볼 수 있는 전통적 신체문화의 하나로 사회적 볼거리를 제공하는 서민문화로 자리매김하고 있었다.

『조선의 향토오락(朝鮮の郷土娯楽)』을 통해 본 샅바의 다양성

1936년에 조선총독부가 향토오락 진흥운동의 일환으로 조선 전역의 민중 오락을 1년 6개월에 걸쳐 조사한 자료를 정리하여 1941년에 발간한 『조선의 향토오락』에 기술된 씨름의 전국적 형태를 확인해 보면 당시 씨름의 변화를 추정할 수 있다.

우선 경기도 서울 편에 보면 “각희(脚戲)는 상대의 오른 다리에 60cm 정도 길이의 띠(샅바)를 매고 그 띠를 앉은 상태에서 서로 거머쥐고 동시에 일어나면서 힘을 쓰기 시작한다. 장소에 제한이 없고 먼저 쓰러지는 자가 지게 된다. 승패를 겨루는 당사자보다도 승패를 지켜보는 구경꾼에게 유일한 오락이다. 고래로부터 전승되었다”[83]고 설명하고 있다. 이는 왼씨름을 가리킨다. 개성(開城)편에서는 “각희는 상대와 겨룰 때 자기에게 유리한 쪽의 다리에 띠를 매고, 무릎을 꿇고 있다가 힘내는 소리를 지르며 두 사람이 동시에 일어난다. 체력향상과 오락이 주된 목적이지만, 최근에는 직업화하고 있다”[84]고 기술할 정도로 씨름을 통해 금전적 이익을 추구하는 사람들이 많아졌음을 알 수 있다. 광주(廣州)편에서는 “어른은 다리에 거는 띠를 준비하지만, 어린이는 띠를 이용하지 않고 등급을 아희(兒戲),

82) 당시 많은 직업적 씨름꾼들이 일본 스모계에 입문한 것으로 알려져 있다(李淳馹, 《もう一人の力道山》. (小学館書店, 1998), 27－34쪽).

83) 村山智順, 앞의 책, 3쪽.

84) 村山智順, 위의 책, 5쪽.

중희(中戲), 상희(上戲)로 나누어 승패를 겨룬다"[85]고 설명하고 있다. 그러나 황해도 해주(海州) 편에서는 "각희(씨름)는 상호 상대방의 왼쪽 허벅지에 걸친 띠를 잡는다"[86]고 기술하였다. 이것은 오른씨름을 가리킨다. 그 외에도 평안북도의 의주(義州)와 함경남도의 원산(元山), 함경북도의 경성(鏡城)에서도 띠를 오른쪽 다리에 걸고 씨름한다고 기술되어 있다. 이러한 사실은 씨름에서 샅바를 매는 방식이 매우 다양했다는 것을 알 수 있으며, 지역적으로 씨름의 형태가 조금씩 달랐다는 점을 추정할 수 있다. 그만큼 씨름의 지역적 다양성은 뿌리 깊게 계승되어 왔으나 해방 이후 1950년대 말이 되어야 지금의 왼씨름 방식으로 통일되지만, 이러한 표준화는 각 지역마다 특색을 가지고 있던 씨름의 다양성을 사실상 단절시키는 반대의 결과를 가져오기도 하였다.

6. 근현대 씨름의 지속과 변화

전후 씨름의 사회적 인식

제2차 세계대전이 끝난 후 씨름계는 조직의 부흥을 위한 활동에 들어갔다. 1946년 11월에 서상천이 3대 회장으로 취임하고 대한체육회의 15번째 가맹단체로 등록하면서 재건을 위해 새롭게 출발하게 된다. 1947년 12월에는 조선씨름협회를 대한씨름협회로 개칭하였다. 그러나 이 당시는 사회적으로 혼란하였고 재정적으로 빈곤했기 때문에 전국대회를 개최하기가 어려워 소자본을 투자한 지역 대회만이 단발적으로 개최되었고, 경기규칙도 지역적 특색을 내세워 내규로 정하여 운영되는 등 명확한 규칙이 제정되지 못하면서 선수들의 혼란이 가중되던 시절이었다.

1950년대의 씨름계는 현역에서 명성을 쌓고 은퇴한 선수가 운영하는 '씨름도장'에서 후배를 양성하는 시스템이 생겨났다.[87] 씨름도장에 속한 선수들은 스

85) 村山智順, 위의 책, 15－16쪽.

86) 村山智順, 위의 책, 241쪽.

87) 당시 선수로 활약했으며, 2000년대 민속씨름위원회위원장을 맡고 있던 엄삼탁씨와의 면담 조사 내용(2001년 05월 24－25일).

승의 허락을 얻어 대회에 참가해야 했고, 대회에 입상해야만 상금이나 상품을 받아 겨우 생계를 꾸려나갔다. 또 대회에서 받은 상금을 자신이 속한 씨름도장의 운영자금으로 사용할 수밖에 없었던 선수들은 상대에게 이기지 못할 것으로 예상되면 대회 출전을 기권하거나 선수 간의 승부 조작이 벌이지는 등의 불법행위[88]가 만연하였다고 한다. 이를 방지하기 위한 규정 마련이 시급하였으나 각종 대회에 참가하는 것이 사제 관계에 의해 좌우되었고, 또 승패가 선수들의 일상생활과 깊은 관계를 맺고 있었기 때문에 이를 우선하는 씨름도장들을 통제할 수 있는 조직적 권한, 경기규칙의 정비나 강화에 돌입하기 쉽지 않았던 시기였던 듯하다. 즉 지역의 공동체가 개최하는 대회에 출전해 거기서 얻은 상금이나 상품에 씨름도장의 운명을 좌우하였지만, 선수 개인의 경제적 일상생활은 빈곤에 허덕이는 수준에 머무르고 있었다.

이 시기는 씨름이나 선수에 대한 사회적 인식도 매우 좋지 않았던 시기였다. 1950년대 대한씨름협회의 고문이었던 정덕섭(鄭德燮)의 말에 의하면 "내가 씨름을 시작한 것은 40년여 년 전으로 당시 가족들은 씨름선수가 되는 것을 반대하였다. 사회적으로도 씨름이라는 스포츠는 멸시당하고 있어 나는 언제나 사람들의 눈을 피해서 연습하거나 시합에 나갔다. 사회와 양친의 눈을 피해서 대전, 대구 등에서 벌어지는 대회에 참가하여 약 30회 정도 우승하였다. 30세 이후에는 후배 선수들의 양성을 위하여 경상북도에서 약 170여 명의 역사를 길러냈다"[89]고 하였다. 이는 서구의 근대스포츠는 물론이고 일본에서 전해진 스모문화의 영향으로 우리 민족이 계승해 온 전통문화는 구습이란 굴레를 씌워 업신여기던 시대적 그림자가 전통씨름에도 드리워져 있었음을 보여준다.

씨름을 둘러싼 전통의 잔존

전통씨름과 관련된 의례적 성격을 명확히 제시하는 것은 매우 어려운 작업

---

88) 씨름선수로 활약하는 선수가 얼마 안 되었기 때문에 선수들 간에 너무 잘 알고 있었고, 이들의 불법행위를 통제할 협회의 권한이 강력하지 못했기 때문에 이러한 불법 사례가 빈번하게 일어났던 것으로 보았다(권석조, 2001년 05월 29일 면담 조사 내용).

89) 《한국일보》. 1959년 09월 09일자.

이다. 그러나 조선시대까지 씨름은 정월 초하루나 정월 대보름, 단오, 칠석, 추석에 주로 즐겼던 것으로 알려져 있다. 라윤출에 의하면 경상도에서 행해진 씨름은 음력 1월 대보름과 2월에 주로 열렸다. 근처의 마을 사람들이 모여 성황당의 오래된 나무 밑에 제물을 바치고 농악대의 반주에 맞춰 풍요와 평안을 빈 후 마을 대항으로 나뉘어 씨름을 행하였다. 단체전과 개인전을 벌였으며, 단체전에서 이긴 마을에는 농번기 때 논에 물을 대는 순서에서 우선권을 부여하고, 패한 마을은 그 후에 물을 대는 농촌 공동체의 풍습을 보였다. 황해도에서는 씨름대회의 흥을 돋우기 위해 농악대를 동원하여 연주하였고, 우승자는 우스꽝스런 탈을 쓰거나 호랑이 탈을 쓰고 많은 구경꾼과 함께 춤을 추는 풍습이 있다고 설명하였다.[90)]

우리 민족에게는 예부터 유교적 사상에 기초한 남아선호사상이 사회적으로 강하게 지배하고 있었다. 이 남아선호사상이 씨름에도 전승되어 민간신앙의 풍습으로 이어졌음을 볼 수 있다. 즉 "남자아이가 없는 집안의 여성들이 씨름대회에서 우승한 역사가 둘렀던 샅바를 얻기 위해 치열한 쟁탈전이 벌어지기도 했다[91)]"고 한다. 김해 출신의 김대복(金大福)에 의하면, 우승한 선수의 샅바 가격이 우승상금과 맞먹을 정도였고, 우승자를 집으로 초대해 음식과 술을 대접하면서 선수가 사용했던 샅바로 속옷을 만들어 입으면 아들을 낳을 수 있다는 미신을 믿는 풍습도 1950년대까지 잔존하고 있었던 것으로 보인다.[92)]

현대적 씨름 규정의 성문화

1960년대에 들어와 씨름에 대한 상세한 규정이 처음으로 성문화된 것으로 보인다. 최상수에 의하면 "씨름규칙은 각 지역마다 다르고 규칙도 대회마다 내부 규정을 두어 다르게 결정하였다. 최근에 와서야 비로소 일반 경기와 같이 중지(衆智)를 모아 규칙을 정하고 또 이를 성문화시켰으니 이는 한국 씨름의 근대화를 말하는 것"이라고 설명하였다.[93)]

90) 라윤출, 앞의 책, 25－27쪽 재인용.

91) 권석조, 면접 조사 내용(2001년 05월 29일).

92) 《일간스포츠》. 1983년 12월 18일;

93) 현재 씨름 규칙에 관한 공식적인 자료로는 1966년 대한씨름협회가 제정한 규칙집이 가장

1966년에 제정한 씨름 규칙을 보면, 야외경기장의 바닥은 모래로 설치하는 것을 원칙으로 하고 모래의 높이는 50cm 이상으로 한다. 너비는 직경 7m의 원형으로 하며, 위험이 있다고 인정될 때에는 경기장 밖 1m 이상에 보조선을 둘 수도 있다. 실내경기장은 매트를 깔고 너비의 직경은 7m의 원형으로 한다. 위험선은 야외경기장과 같다. 그리고 경기장을 설치할 때는 경기장 밖 좌우편에 출입구를 표시해야 한다. 경기장의 크기는 1950년대부터 여러 번의 개정을 거쳐 7m로 축소되었다.

경기 용구에 대해서는 고등부 이상의 샅바는 광목의 전폭을 사용하는데 길이 320cm 이내로 하고 샅바 둘레의 크기는 허벅다리 둘레에 맞도록 신축성 있게 만들며, 소년부(초등학교 및 중등부) 샅바는 광목의 반 폭을 사용하여 길이 250cm 이내로 하고 둘레의 크기는 허벅다리 크기에 맞도록 신축성 있게 만들어야 한다. 1967년에 개정한 규칙에는 샅바를 매는 방법이 제시되어 있지만, 1972년의 개정에서는 샅바에 대한 조항이 빠져 있다. 이는 현재의 씨름방법이 전국적인 통일을 보았기 때문에 성문화의 필요성이 없었기 때문이다. 1955년부터 체급별 제도가 도입되었다. 체중별로 중량급과 경량급으로 나누어 시행하였으나 1967년부터는 다섯 개 체급으로 세분화하여 실시하게 된다. 이는 급격한 경제성장과 함께 선수들의 체격도 현저하게 커지는 현상이 발생하여 체급이 세분화된 것으로 추정된다.

1940년대까지는 경기 시간의 제한이 없어 승패가 결정될 때까지 실시되었지만, 1959년의 '전국장사씨름대회'부터 제한시간을 정하였다. 예전부터 씨름은 3전 2선승제가 일반적이었기 때문에 이 방법을 택하여 왔다. 한 경기의 시간을 10분으로 잡고 승부가 나지 않을 때에는 3분간의 휴식 후에 5분간 연장전을 벌이도록 하였다. 그래도 승부가 나지 않을 때에는 추첨으로 결정하였다. 승패의 결정은 무릎 이상의 신체 부분이 지면에 먼저 닿는 선수를 패자로 하였다.

1968년도부터는 경기 시간을 5분으로 하고 승부가 나지 않을 때에는 체중을

오래된 것으로 전해진다. 이 자료에는 경기장 규정부터 징계 규정까지 모두 17항으로 되어 있다. 이후 몇 번의 개정을 거쳐 1972년부터 시행된 규칙에서는 15장의 82조로 늘어났다(崔常壽, 앞의 책, 75쪽).

측정해 가벼운 쪽이 이기는 것으로 개정하였다. 또 상대를 들어서 경기장 밖으로 나가는 행위는 무효(재시합)로 하지만 경기장에서 밀어내면 미는 쪽이 이기는 것으로 하였다. 특히 1972년에는 처음으로 씨름이 TV를 통해 중계된 관계로 전면적인 규칙개정이 이루어졌는데, 경기장의 높이를 30cm에서 50cm로 높였고, 선수 상호 간에 샅바를 잡는 시간을 5분에서 2분으로 줄였으며, 경기 시간을 5분으로 결정하고 승부가 나지 않을 때에는 3분간의 연장전, 시합 중에 밖으로 나가면 재경기를 하도록 개정하였다.[94] 이러한 규칙개정의 배경에는 TV 중계의 시작과 끝을 조정하기 위한 조치였다. 1977년부터는 상대방을 들어서 경기장을 나가거나 밀어내는 선수가 이기는 것으로 결정하였지만, 1981년 개정에서는 경기장 밖으로 나가면 재경기를 하도록 바꾸었다. 이같이 해방 이후부터 민속씨름이 탄생하는 1980년대 초반까지 30여 년간 씨름경기는 매우 빈번하게 규칙을 개정해 가면서 변용을 계속해 왔다.

7. 민속씨름의 융성과 쇠퇴[95]

1980년대에 들어와 우리 스포츠계는 커다란 전환기를 맞이하게 된다. 정치적 혼란 속에서도 88올림픽 유치가 결정되고 이를 성공적으로 개최하기 위해 체육부가 발족한다. 이러한 정치적 움직임은 프로스포츠경기의 탄생에도 영향을 끼쳐 야구와 축구가 프로화를 실행한다. 씨름도 1981년부터 프로화를 추진하게 된다. 씨름협회 관계자와 KBS를 중심으로 20인의 발기인들은 특히 1972년부터 시작된 씨름의 TV 중계에 따른 인기 부활에 힘입어 대한씨름협회 내에 프로씨름준비위원회를 발족시키고 프로화를 추진하였다. 2년여의 준비 끝에 1983년 체육부의 승인을 얻어 "한국민속씨름협회"를 설립하고 같은 해 4월 14일부터 제1회 민속씨름대회를 개최하게 됨으로써 전통씨름의 프로화가 시작되었다.

94) 金鍾鎬, 앞의 책, 203쪽.

95) 황의룡, 〈프로씨름의 구조적 변화에 관한 연구〉, 《한국체육학회지》. 41(3), (한국체육학회, 2002), 247－257쪽을 보완, 수정하여 집필하였음을 밝힌다.

창립 초기의 민속씨름은 대회마다 약 8,000명에 가까운 관중을 동원하고 TV 중계가 높은 시청률을 올리는 대성황을 이룬다. 예를 들어, 경기 시간이 길어지면서 9시 뉴스가 연기되는 일이 일어날 정도로 국민적 인기를 얻었다. 이러한 인기를 등에 업고 매년 프로팀이 새롭게 창단되는 등 전성기를 구가하게 되었고 선수들의 인기는 날로 높아져 고액의 연봉선수가 늘어나는 현상도 나타났다.

민속씨름은 창립 초기에 한국민속씨름위원회가 대한씨름협회로부터 독립하여 운영하는 시스템을 취하였으나 운영방법과 권리에 대한 싸움이 계속되면서 씨름인의 대통합이란 전제 아래 민속씨름위원회는 대한씨름협회로 귀속되었다. 운영조직의 합병과 분리, 파벌싸움이 계속되는 가운데 1991년부터 대한씨름협회로부터 민속씨름협회는 프로씨름의 대표기구로 다시 독립하게 된다. 그러나 씨름계의 내분의 여파는 프로씨름의 인기를 쇠퇴시키는 가장 큰 원인이 되었고, 1995년에는 11개의 기업 팀이 운영되었으나 1997년 경제위기를 맞이하면서 많은 팀이 해체되는 쇠퇴기에 접어들었다.

씨름계의 내분과 선수들의 샅바 싸움으로 인한 경기지연, 체중만을 불리는 선수들의 이기주의에 영향을 받은 기술씨름의 퇴보, 심판판정의 불신 등이 발생하며 TV 시청률이 감소하고 대중적 인기가 하락하는 가운데 1996년 프로씨름을 관장하던 한국씨름연맹은 예전의 인기를 만회하기 위한 자구책 찾기에 돌입하였다. 즉 이때까지 추구해 왔던 표준화와 체계화를 통해 스스로를 전통과 절연시켜 온 과거를 버리고, 전통성의 강조를 통해 새로운 전통만들기에 나선 것이다.[96] 현대사회 속의 전통씨름으로 거듭나기 위한 새로운 길을 모색하는 방편으로 씨름이 지녀왔던 전통적 문화성의 구축이라는 명제를 내세우고 "씨름문화발전위원회"를 설치하고 민속성과 제의성을 강화하는 방향으로 전환하게 된다. 1996년에 "씨름문화발전위원회"는 그동안의 결과와 연구 조사 내용을 토대로 씨름문화에 대한 발전 계획안을 다음과 같이 발표하였다.

---

96) 허용호, 〈씨름의 민간전승 현황과 예술성 재고〉, 문화재청, 《국가무형문화재 씨름》. (문화재청, 2017), 135쪽.

"우리 민족의 고유의 문화유산인 씨름은 우리 철학(태극 및 음양오행)의 심오함을 기저로 하고 있는 오천년 민족혼이 담긴 스포츠이다. …(중략)… 이제는 씨름을 그 본질의 토대 위에서 발전시켜냄으로써 씨름을 단순히 스포츠가 아닌 한민족과 맥을 같이해 온 진정한 국기로 정착시켜야 하며 나아가 씨름의 세계화에 일보를 내딛고자 한다."[97]

일반 스포츠에서 벌이는 식전행사와 달리 선수들은 민소매 가운을 걸치고 입장하여 몸본(身本)의식을 통해 신에게 예를 올리고 경기장 주변에 소금을 뿌려 액땜을 하는 등 우리의 옛 민속을 살린 내용으로 실행하는 무리한 전통만들기는 많은 이들을 불편하게 했다.[98] 식전행사와 경기장, 선수 유니폼 등에 전통문화적 요소를 새롭게 도입함으로써 민족적 의식과 전통스포츠라는 의미를 고취하는 데 역점을 두었지만, 이러한 의식의 낯설과 함께 생겨난 불편함은 많은 이들에게 일본 스모를 연상시키는 행위들로 비추어졌기 때문이었다. 민족과 전통을 내세웠지만, 오히려 정반대로 일본 스모의 자취를 드러내는 등 전통만들기가 좌절되었다.[99] 이처럼 민속문화로서 민족적 상징성을 표현해 민속씨름의 이미지를 강화하는 데 노력하였으나 이러한 개혁 작업도 사회적 동감대를 이끌어내는 데 실패하고 민속씨름은 계속 나락 속으로 떨어져 과거의 영광을 되새기는 처지가 되고 말았다. 현재 각급학교와 몇몇 지방자치단체가 씨름단을 운영하며 대회를 치르고 있는 실정이다.

97) 한국민속씨름위원회, 《씨름대회문화발전안개요》. (한국민속씨름위원회, 1996), 5쪽.

98) 황의룡, 앞의 글(2002), 255쪽.

99) 허용호, 앞의 글, 139쪽.

8. 나가며

우리의 씨름은 민족의 역사와 더불어 진보, 발전되어 왔다. 씨름은 한민족과 생사고락을 같이해 온 살아있는 유산이다. 고구려 고분벽화에서 보듯 동아시아의 여러 민족들과 잦은 왕래를 통한 교류 속에서 씨름이 행해졌을 것이다. 지금까지 발표된 많은 선행연구를 검토한 결과 한국의 씨름은 지역적으로 매우 광범위한 곳에서 행해지던 무예로서 그동안 서역인이라는 고구려 고분벽화를 통해 서역과의 교류를 어렴풋하게 추정해 왔다. 하지만, 실크로드로 연결된 교류사적 유물로 보더라도 페르시아로부터 아랍, 몽골, 중국을 거쳐 한반도로 전해진 씨름을 살펴볼 수 있었다. 이러한 점에서 실크로드를 통한 문화교류 측면에서 좀 더 깊이 있는 비교연구를 기대해 본다.

시간이 흐르며 인간에 대한 교육적 효과와 사회적 윤리관이 점점 강조되어 가면서 우리의 씨름은 농공의례의 하나 또는 여흥적 오락으로 자리 잡아 간다. 씨름의 오락적 요소는 궁궐에서 임금이나 외국 사신을 접대하는 볼거리로, 또는 군사들의 힘겨루기를 통한 신체단련 방법으로 중시되어 왔다. 조선 초기를 지나면서 단오나 백중, 추석과 같은 세시풍속 행사의 대표 놀이로 자리 잡아 서민들 사이에서 가장 보편적으로 즐기는 유희가 되면서 조선 사회에 없어서는 안 될 전통유희로 그 토대를 마련한다. 조선 후기에는 사회의 질서를 어지럽히는 대상으로 씨름을 금지시켰지만, 이러한 조치에도 불구하고 서민들 사이에서 광범위하게 보급되어 유희화한다. 이 시기에 유교적 사상의 지배와 의복의 영향 등으로 씨름에 샅바가 등장하면서 각 지방마다 다양한 경기방식으로 즐기기도 하였다.

19세기 말 세계열강에 의한 강제적 근대사회의 태동으로 우리의 민족문화는 멸시를 받게 되면서 많은 풍속은 역사 속으로 사라졌다. 그러나 전통씨름은 대중적 사랑이 식지 않고 근대스포츠로의 전환을 모색하며 자생적 발전을 도모하게 된다. 일제강점기가 시작되고 1920년대 후반부터 서구 및 일본을 통해 전달된 근대스포츠를 거울삼아 씨름규칙이 통일되기 시작하고 전국대회를 통해 씨름방식이 1-2개로 통일되어 가는 과정을 거친다. 또 당시의 씨름은 민족의 울분을 달래주는 전통문화로 각인되었고, 각 지역에서 열리는 축제나 장마당에서는 빠질 수 없는 종목으로 진행되었다. 각 지역에서 열리는 씨름대회에 참가해 상금이나 상품으로 생계를 이어가는 직업적 선수가 탄생할 정도로 사회적 인기를 구가하기도 하였다.

제2차 세계대전이 끝나고 우리의 씨름은 자연적으로 지속적 행보를 보이지만 당시 우선시되던 사회의 근대화에 밀려 몇몇 유명선수들이 운영하던 '씨름도장'과 학교의 운동부 활동으로 그 명맥을 유지하였지만, 씨름과 관련된 남아선호 풍습은 민간 차원에서 지속되기도 하였다. 1960년대 중반 이후 지역적, 또는 임기응변적 규칙에 따라 벌어지던 씨름도 공식 규칙을 성문화함으로써 경기장 규격과 경기시간, 샅바 규격과 매는 방법, 체급별과 같은 제도적 작업이 이루어지며 운동형태도 하나로 완전히 통일된다. 1970년대부터 정부가 주도한 전통문화부흥 운동과 맞물려 전통문화에 대한 관심이 고조되었고, 때마침 TV가 대중적으로 보급되어 씨름이 국영방송을 통해 중계되면서 대중적 인기스포츠로 부상하였다.

1980년대 올림픽 유치와 더불어 제5공화국이 펼친 스포츠활성화 정책에 힘입어 씨름경기의 프로화가 추진되었다. 1983년에 제1회 민속씨름대회가 개최되며 전통씨름은 명실상부한 현대적 프로스포츠의 자리를 굳혀 갔다. 특히 민속씨름의 결승전이 저녁 9시의 황금시간대의 뉴스를 뒤로 연기하면서까지 중계될 정도로 당시 민속씨름 인기는 대단하였다. 이러한 사회적 현상은 많은 프로팀이 창단되는 등 전통씨름의 황금기를 구가하게 하였으나, 당시 씨름계를 이끌어온 조직운영의 불투명성과 내분, 승리지상주의에 매몰된 선수들의 지루한 샅바 싸움과 판정에 대한 불신, 게다가 선수들의 기술은 발전하지 않고 몸집만 키워 기술씨름이 퇴보하고 체격만 커지면서 대중적 인기는 급격히 시들해졌다. 1997년 때마침 찾아온 경제위기(IMF)로 한때는 11개 팀이 운영되던 것이 8개 팀이나 해체되어 많은 선수들이 하루 아침에 실업자로 전락하는 쇠퇴기를 겪게 되었다. 민속씨름계는 대중적 인기하락을 만회하기 위해 "씨름문화발전위원회"를 설치하고 태극사상과 음양오행을 바탕으로 한 경기장 조성과 전통적 의식행위를 다양하게 도입하는 등 씨름문화의 전통만들기를 꾀하였으나 이 개혁 작업도 실패로 끝났다. 한국의 전통적 문화 요소를 강조한 우리만의 독특한 신체문화를 만들어 보겠다는 개혁 작업은 일본 스모를 맹목적으로 뒤따르는 모양새가 되고 말았던 것이다. 즉 100년간 근현대적 경기화만을 추구해 왔던 씨름계가 반대로 전통적 문화 요소를 전면에 내세우고, 이를 통해 씨름문화의 뿌리를 찾으려는 새로운 전통만들기는 국민적 동감을 이끌어내는 데 실패하였다. 현재 학교 씨름부와 몇 개의 지자체가 운영하는 실업팀에 의존해 씨름대회가 열리고 있어 아쉬움이 남는다.

마상무예

1. 들어가며

말은 사람과 물자를 나르는 중요한 운송수단이었고, 먹을 것이 부족할 때에 식량으로 공급하는 주요 원천이자 부수적으로는 군사훈련의 방법인 사냥, 특히 전쟁을 위해서 꼭 필요하였다. 이처럼 말을 활용한 전쟁이 자주 벌어지면서 말 위에서 하는 마상무예가 발전하기 시작했다. 철기문화가 형성되면서 쇠로 만든 칼, 창, 세형동검, 동모, 동과 등과 같은 무기가 나타났으며, 이를 활용한 무예도 발전한다. 특히 말을 탈 때 사용되는 마구도 발달한다.[1] 마구의 발달은 마상무예가 활발하게 이루어졌음을 보여준다.

우리나라에서는 이미 부여에서 명마가 나왔다는 사실과 함께 활과 화살, 칼, 창 등을 쓰는 병사가 있었다는 점으로 보아 활을 쓰는 기병이 있었음이 추정된다. 따라서 마상무예는 기원전 5–6세기경부터 말 사육과 더불어 시작되었으며, 특히 수렵용과 전쟁용으로 함께 사용되었다고 할 수 있다. 삼국시대에 들어와서 대륙의 기마민족과 싸우면서 기마전의 필요성이 제기되었으며, 마정(馬政)과 전마(戰馬)의 확보가 필요하게 되었다. 특히 고구려는 북방 민족과의 싸움을 통해 기병의 중요성을 일찍부터 터득하였다. 따라서 기병 및 기마술에 대한 기록이 많이 전해

1) 이학래, 《한국체육사》. (지식산업사, 1994), 26–27쪽.

지고 있다.[2)]

우리나라의 대표적인 무기류는 활과 화살이었다. 특히 예맥족의 단궁(檀弓), 고구려의 맥궁(貊弓), 낙랑의 단궁(檀弓) 등은 대표적인 무구였다. 특히 중국 측에서는 우리 민족을 동이족이라 불렀는데, 이는 큰 활을 매우 잘 썼던 민족이란 의미이다. 동이족에서 '이(夷)'란 글자는 '궁(弓)'과 '대(大)'의 합자를 의미한다는 점에서 우리 민족의 무예로서 대표적인 것은 활쏘기라는 것을 알 수 있다. 그렇다고 우리 민족의 무예에 활쏘기만 있는 것은 아니었다. 활쏘기 이외에 말타기, 창술, 검술 그리고 맨손무예 등도 있었다. 고구려 고분벽화에는 이와 관련된 많은 무예가 등장한다.[3)] 이러한 무예들은 말 위에서 자유로이 몸을 움직일 수 있는 마구, 즉 등자(鐙子)가 개발되면서 기창, 마상쌍검, 마상월도, 마상편곤, 격구, 마상재 등 다양한 마상무예들이 등장하고 발전하기 시작했다. 마상무예와 관련된 기록들은 고구려의 고분벽화에서 찾아볼 수 있으며, 조선시대에 들어서 체계화되었다. 먼저 마상무예의 형성과정에 대하여 알아보자.

2. 마상무예의 역사

삼국(고구려/백제/신라)시대

마상무예의 모습은 고구려 고분벽화를 통해서 살펴볼 수 있다. 중국 길림성(吉林省) 집안현(集安縣)에 있는 5－6세기의 무용총 고분에는 "수렵도"가 그려져 있다. 수렵도를 보면 산악지대에서 4명의 말을 탄 무사가 활을 쏘며 사냥을 하는 모습이다. 전방을 향해 활을 쏘는 무사는 호랑이를 쫓아가면서 활시위를 당기고 있으며, 옆의 장면은 상체를 뒤로 돌린 무사가 활시위를 당기면서 우측 후방에 있는 사슴을 향해 쏘는 모습이 그려져 있다. 또 마상에서 거행하는 궁술인 기사(騎射)뿐 아니라 긴 창을 이용한 기창(騎槍)도 고구려 고분에 나타난다.

삼실총 고분에는 두 명의 기수가 말을 타고 매우 긴 창으로 교전하는 그림이

---

2) 국립민속박물관, 《마상무예》. (국립민속박물관, 2003), 18쪽.
3) 문화체육관광부, 《전통무예지도자연수교재》. (문화체육관광부, 2012), 127－128쪽.

그려져 있다. 말과 사람 모두 갑옷으로 중무장한 모습으로 달리는 말 위에서 양손을 놓고 말을 달리며 무기를 들고 전투를 한다는 것은 기마술과 함께 마상무예에 능통한 무사라야만 가능한 것이다. 약수리 고분벽화 "행렬도"에는 왼손에 장창(長槍)을 쥔 기수가 행렬을 따라가는 모습이 보인다. 이를 통해 고구려에서는 기창(騎槍)이 주요 무예의 하나였던 듯하다. 여러 고분벽화에서 보듯이 고대시대부터 우리 민족은 이미 뛰어난 기예가 동반되는 마상무예를 자유자재로 즐겼던 것으로 추정된다.

마상무예는 삼국시대부터 성행하였고, 말을 타고 활을 쏘는 기사술은 기마전이 전투에서 결정적인 역할을 하던 고대사회의 전장에서 중요한 전투 수행능력이었을 것이다. 그런 까닭에 국가에서는 기사술을 통하여 인재를 선발하였으며 수렵을 통하여 기사술의 능력을 배양시켰다는 기록도 보인다.[4]

현재 백제와 신라의 수렵도는 전해지지 않는다. 그러나 기마전에 대한 기록이 다수 나오는 것으로 보아 말을 타고 행하는 수렵의 형태가 있었을 것으로 보인다. 그리고 통일신라에도 무사가 말을 달리며 동물을 쫓는 수렵장면을 그린 벽돌(塼)이 발굴되었다. 이 그림을 보면 등에는 활을 메고, 오른손에는 칼을 세운 무사가 노루를 향해 쫓아가는 모습이다. 당시에 수렵이 성행하였음을 엿보게 한다. 『삼국사기』에는 기병에 대한 기록이 다수 나오는데 고구려, 신라, 백제 모두 기병을 매우 중요시하였다.[5]

삼국시대는 판갑 및 비늘 갑옷(찰갑) 등이 매우 발전된 모습으로 나타나고 있다. 이 갑옷의 발달은 마상무예의 발전에 결정적 역할을 하게 된다. 다시 말해 무장을 하고서도 그 무게가 가벼워야 기동력을 마음껏 발휘할 수 있게 된다. 이는 곧 전투능력과 직결되는 요소로, 말 위에서의 거동이 훨씬 자유스러워지면 그 위에서 다양한 기예를 구사할 수 있게 되므로 마상무예의 수준을 한층 더 끌어올리게 된다.

---

4) 국립민속박물관, 《한국무예의 역사·문화적 조명》. (국립민속박물관, 2004), 32쪽.
5) 국립민속박물관, 《마상무예》. (국립민속박물관, 2003), 19쪽.

고려시대

고려시대의 마정 조직은 중앙과 지방으로 나뉜다. 병부에서 관장하였으며, 역마, 전마의 목장관리에 관한 일을 맡았다. 고려 초기에는 마군(馬軍)이 있었다. 보군과 해군이 있었던 점으로 미루어 기병부대일 것으로 추정되나 정확한 편제는 알 수 없다. 한편 고려는 신기군(神騎軍)이라는 기병이 있었다. 1104년(숙종 9)에 여진을 정벌하기 위한 목적으로 윤관에 의해 별무반 설치가 건의되기도 하였으며,[6] 신기군과 보병을 중심으로 한 신보군(神步軍), 승려를 중심으로 한 항마군(降魔軍)이 있었다. 특히 신기군은 여진족의 기병에 대항하기 위해 편성된 특수부대로 문무 양반과 이서(吏胥), 상인, 노예 및 양인 중에서 말을 보유한 사람은 모두 편입시켰다. 그러나 신기군은 군마를 군인들이 각자 조달하도록 규정하였고, 이 조직은 양반자제들이 중심이었지만, 이들은 면군(免軍)의 대상이었기 때문에 자연히 약화되면서 소멸되었다.

한편 무인이 집권한 시기에는 마별초(馬別抄)에게 기사(騎射)를 단련시켰으며 수렵을 즐겼다. 마별초는 최씨가 잡은 무인정권의 기병부대를 말하는데, 최우가 몽골의 영향을 받아 편성한 것이다. 기록에 의하면, 최우는 1229년에 자기 집에서 도방(都房)과 마별초의 격구 및 기사를 관람하기도 하였다고 한다.[7] 마별초(馬別抄)는 기병 중에서 가려 뽑은 별초로, 최씨 무인정권의 가병(家兵)으로 그 편성은 호위체제에서 출발한다. 따라서 이로부터 기존의 보병에서 기동력이 강한 기병을 갖추게 되었다. 한편 마별초는 사열할 때 황금으로 장식된 장니(障泥)라는 마구를 달고 말의 머리와 꼬리에 금엽나화(金葉羅花)를 꽂아 의장대의 성격도 지녔다.[8]

조선시대

조선을 건국한 태조 이성계는 기사(騎射)뿐만 아니라 마상재에도 뛰어난 능력을 지닌 인물로 알려져 있다. 원나라 군대와 싸울 때 적장이 찌르는 창을 말 옆

---

6) 《高麗史》 지(志) 제35권 병1 병제 병제사.

7) 《高麗史》 권128, 열전 42, 최충헌.

8) 《高麗史》 열전 42, 최충헌.

으로 몸을 숨기면서 위험을 피했다는 『태조실록』의 기록에서 당시에 높은 난이의 기예를 요구하는 마상무예가 존재하였음을 추정할 수 있다.[9] 특히 조선 초기에는 격구가 중요시되었다. 그리하여 이를 무과시험 과목에 포함시켰다. 초시, 복시, 전시의 시험단계에서 마지막인 전시(殿試)의 경우는 어정(御庭)에서 치르게 되는데 격구를 통해 우열을 판가름할 정도로 중요하게 다루었다.[10]

한편 조선 태종 때 설치되어 왕의 친위대 역할을 한 겸사복(兼司僕)은 기마부대의 성격을 지니고 있었다. 겸사복의 선발시험을 보면 기사와 기마술이 보사(步射)와 함께 시행되었다. 기사는 3발 중에 2발을 표적에 적중시켜야 하며, 말을 다루는 솜씨가 빠르고 뛰어나야 한다. 겸사복에 대한 교열은 봄과 가을에 실시되는데 기사와 기창(騎槍)이 포함된다. 무과시험도 이와 유사하나 부분적으로 격구가 들어가게 되며, 후대에 기사의 연속 동작인 기추(騎芻)가 포함된다. 훈련도감에서도 봄, 가을로 다른 무기와 함께 마상무예를 고시하였다.[11]

마상무예는 1790년(정조 14) 간행된 『무예도보통지』에 의해 체계화되었다. 여기에는 기창, 마상쌍검(馬上雙劍), 마상월도(馬上月刀), 마상편곤(馬上鞭棍) 4기와 격구, 마상재 2기 등 모두 6기의 마상무예가 포함되어 있다. 『무예도보통지』에 따르면 마상에서 이루어지는 무예는 기창, 마상쌍검, 마상월도, 마상편곤, 격구, 마상재로 기록되어 있다. 따라서 마상 동작에 창과 칼, 편곤 등의 무기가 첨가되어 다양화된 것으로 보인다.

『무예도보통지』에 기록된 마상무예의 형성과정을 간략히 살펴보도록 하자. 기창은 창 자루의 앞 끝에 깃발을 단창이며, 길이가 다른 창에 비해서 짧아서 단창(短槍)이라고 한다.[12] 기창과 관련된 기록은 명나라 시기에 처음으로 나타난다. 명의 성조(成祖; 文皇帝)는 기창을 잘 사용했는데, 매번 적을 만나면 기병을 이끌고 중견으로 충돌해 들어가 적의 후방을 에워싸고 깃발을 펄럭여서 군사들이 분전하니 적이 크게 무너졌다. 『후한서』를 보면, 광무제는 중견으로 충돌해 들어갔는데,

---

9) 《太祖實錄》 총서, 태조와 나하추와의 전투.
10) 《世宗實錄》 세종 7년 4월 19일 무오 7번째 기사.
11) 국립민속박물관, 앞의 책(2003), 21쪽.
12) 俗稱短槍(正祖(1790), '旗槍'《武藝圖譜通志》. 서울대학교규장각소장).

이 대목에서 주(注)에 중군장은 지존이 되어 견고하고 예리하게 스스로를 돕기 때문에 중견이라고 한다고 하였다.[13] 『고려사』의 '여복지(輿服志)'에서는 왕의 수레를 의장 소기창대와 장교 2인이, 연등회 때에는 노부(鹵簿, 의장으로 진가 한조시기부터 노부라는 명칭이 있었다)와 은간(銀斡, 작은 대나무)을 20명 소기창대(小旗槍)가 호위하였다고 하였다.[14] 소기창은 명나라 성조의 말에서 쓴 창자루(마삭, 馬槊)와 같은 종류였다. 『고려사』의 '여복지'에 기재되어 있는 것처럼 노부가 쓰는 것이기도 하였다.[15]

『무예도보통지』에서 기창은 한 종류의 무예로 기술되어 있지만, 명나라 성조 때에는 무기로서 기창보다 호위나 왕이나 의장 등의 상징적인 위엄이나 권위를 나타내는 데 그 가치가 높았던 것으로 추정된다. 명나라 문황제(文皇帝)는 매번 적을 만날 때면 용감하게 기병을 거느리고 견고한 적진으로 돌진해 들어가서 적 후방을 에워싸고 깃발을 펄럭이며 싸워 적을 크게 붕괴시켰다고 한다.[16] 이때부터 기창이 형성, 사용된 것으로 추정된다. 기창은 치고 찌르는 기술로서 특히 『무예도보통지』의 기창은 창에 기를 달고 사용되었다. 때로는 기를 대신하여 호미와 같은 날카로운 것을 달기도 하였다. 기창은 출정할 때 지휘하는 것이 주요 역할이며, 적진에서는 적을 혼란시키는 역할을 하기도 하였다.[17]

명나라를 세운 주원장의 넷째 아들인 영락(永樂), 즉 성조가 다스린 기간 동안에 명나라 국력은 극성기였으며, 대내외적으로 국력을 떨쳤다. 성조는 실천하는 왕으로서 당시 명의 위상을 기창을 통하여 보여주려고 한 것 같다. 명의 성조 때에는 전쟁이나 연례행사에 기창이나 소기창이나 사용된 흔적을 볼 수 있지만,

13) 文皇每遇大敵 輒率驍騎衝中堅繞出(後漢書 光武衝其中堅中軍將 至尊居 以堅銳自輔 故曰中堅) 敵後擧旌飄之 士爭奮敵輒大潰(正祖(1790), '旗槍'《武藝圖譜通志》. 서울대학교규장각소장).

14) 高麗史 輿服志曰 法駕儀仗 小旗槍隊將校二人 燃燈(高麗有 八關燃燈會) 鹵簿(儀仗也 自秦漢始有其名) 銀斡(小竹也) 小旗槍二十(正祖(1790), '旗槍'《武藝圖譜通志》. 서울대학교규장각소장).

15) 文皇 所御馬槊之類也 麗志所載 鹵簿之器也 而以其帶旗之槍故引 爲故實然(正祖(1790), '旗槍'《武藝圖譜通志》. 서울대학교규장각소장).

16) 文皇每遇大敵 輒率驍騎衝中堅 繞出敵後擧旌飄之士 爭奮敵輒大潰(正祖(1790), '旗槍'《武藝圖譜通志》. 서울대학교규장각소장).

17) 裵錫榮 等,《中华古今兵械图考》. (人民体育出版社, 1999), 36쪽.

그 이전의 기술에는 기창과 관련된 내용은 보이지 않는다.

이상의 내용을 통해서 『무예도보통지』의 기창은 명나라에 기원을 두고 있다. 특히 책을 간행할 때에 참조하였던 『기효신서』의 저자 척계광이 기창의 창자루 허리가 약하다는 단점을 지적하였음에도 불구하고, 명나라 성조가 기창을 사용했던 것을 근거로 『무예도보통지』에 기술된 점은 주목할 만하다. 이러한 『무예도보통지』의 기창은 명나라 성조가 기창을 비교적 왕이나 의장 등의 위엄이나 위상을 보이기 위해서 사용된 것에 반해 『무예도보통지』에서는 무예의 한 기예로 기술된 점이 다르게 나타난다. 『무예도보통지』에 기창은 무예로서 장점을 살리며 효용성 있는 무기로 형성되었고, 그 활용도가 긍정적으로 평가되면서 수용되어 기술된 것으로 볼 수 있다.[18]

마상쌍검은 말 위에서 벌이는 쌍검 기예로서 보쌍검(步雙劍)과 같으며, 요도이다.[19] 모원의(茅元儀)는 단도(短刀)와 수도(手刀)는 대략적으로 같으며, 단도와 수도는 말 위에서 실용적으로 쓸 수 있다고 하였다. 조선에서는 쌍검을 단도로 사용하였으며, 녹영(綠營)에서 쌍도는 요도보다 짧았다. 모원의는 단도를 마상에 쓸 수 있다고 하였다. 쌍검은 대부분 양손을 쓰기 때문에 검이 길면 사용하기 어렵다. 진안(陳安)은 말 위에서 7척의 검 두 자루를 사용한 것은 비록 일반 사람의 용기를 넘어서는 것이지만, 영원히 변함없이 편리하게 쓸 기술은 아니다.[20] 마상쌍검은 앞에서 살펴본 쌍검과 대부분 같으며, 단지 마상쌍검이 말 위의 쌍검 기예라는 점에서 차이가 있다. 마상쌍검은 말 위에서 쌍검으로 말이라는 특수성을 활용하여 보쌍검과 다른 속도, 높이 등의 다양한 동작을 취할 수 있다. 마상쌍검과 관련된 검의 길이나 무게가 특별하게 기록되지 않은 점에서 보쌍검과 같은 검과 요도가 사용된 것으로 생각된다.

이상의 내용을 통해서 『무예도보통지』의 마상쌍검은 지상에서의 보쌍검과

---

18) 박귀순, 《동양무예의 연구》. (제일출판, 2017), 51－52쪽.

19) 與步雙劍同 卽腰刀也(正祖(1790), '馬上雙劍' 《武藝圖譜通志》. 서울대학교규장각소장).

20) 茅氏以爲 短刀可用馬上(正祖(1790), '馬上雙劍' 《武藝圖譜通志》. 서울대학교규장각소장); 我國雙劍 擇用短刀 綠營雙刀 短於腰刀 (中略) 茅氏以爲 短刀可用馬上 蓋其兩手用長 則難使也 陳安於 馬上能運七尺二刀 雖過人之勇 而非恒久 便利之術也(正祖(1790), '馬上雙劍' 《武藝圖譜通志》. 서울대학교규장각소장).

같으며, 보쌍검을 기본으로 말을 활용한 쌍검의 응용 기예인 것으로 보인다. 사용하는 쌍검이나 다른 검에서 사용되는 짧고 가벼운 요도는 보쌍검과 크게 다르지 않다. 『무예도보통지』의 마상쌍검은 명나라 이전부터 중국에서 사용된 것으로 보이며 『무예도보통지』에도 이러한 내용이 수용되어 기술된 것으로 추정된다.[21]

마상월도는 말 위의 월도기예로 보병의 월도와 같다.[22] 『삼재도회』에 따르면, 도를 쓰는 것에 있어서 왜구만큼 기묘한 것은 없다. 그런데 그 도법에 몇 가지가 있는데 기예가 높고, 파하는 것을 잘하면 방어하는 데 어려움이 없다. 관우의 언월도는 동작의 수가 많은데 36도법이어서 병장기가 부딪치면 굴하지 않은 자가 없다. 도의 종류 중에는 제일 좋은 도이며, 마상에서 쓰는 도는 길어야 하고, 앞은 말머리를 지나야 하고, 뒤는 말꼬리를 지나야 한다.[23] 마상에서 사용된 단병기는 보병의 병기보다 짧은 요도가 사용된 반면에 마상월도는 보병이 사용한 것보다 말의 크기에 따라서 다르겠지만, 최소한 말 위에서 말의 머리나 꼬리를 가장 좋은 길이로 여겼다.

또한 『도검록』에 관우는 선주(先主, 유비를 말한다)가 중히 여기는 사람이 되었음에도 자신의 생명도 아끼지 않았으며, 직접 도산(都山)의 철을 캐어 두 자루의 도를 만들었다. 도에 그가 패하면 그 도를 물속에 던지겠다고 새겼다고 기록되어 있다. 이때 만들어진 도는 청룡언월도라 불렸으며, 이는 『춘추번로(春秋繁露)』에서 유래되었다.[24]

『명사(明史)』의 유정전(劉綎傳)에는 월도가 강철로 기록되어 있으며, 120근의 도를 말 위에서 돌리면 하늘을 나는 것 같았는데 이를 유대도(劉大刀)라 불렀다고 기술되어 있다.[25] 이 월도는 언월(偃月)과 미첨(眉尖), 두 자루의 도는 넓고 자루

---

21) 박귀순, 앞의 책, 95쪽.

22) 增與步月刀同(正祖(1790), '馬上月刀' 《武藝圖譜通志》. 서울대학교규장각소장).

23) 三才圖會曰 使刀無如 倭子之妙然 其刀法 有數藝高 而能識破者禦之 無難惟關王 偃月刀刀勢旣大其三十六刀法 兵仗遇之 無不屬者刀類中 以此爲第一 馬上刀要長順 前過馬首 後過馬尾(正祖(1790), '馬上月刀' 《武藝圖譜通志》. 서울대학교규장각소장).

24) 刀劍錄曰 關公爲先 主 所重不惜 身命自採都山鐵 爲二刀銘曰 萬人及公敗公惜 刀投之水中(正祖(1790), '馬上月刀' 《武藝圖譜通志》. 서울대학교규장각소장).

25) 明史劉綎傳曰 所用鋼鐵刀 百二十斤 馬上輪轉 如飛天下 稱劉大刀(正祖(1790), '馬上月刀' 《武藝圖譜通志》. 서울대학교규장각소장).

가 길었으며 용도는 같았다. 그래서 『무경(武經)』에서 언월을 검 중에서 제일이라고 하였으며, 임진왜란을 일으킨 도요토미 히데요시(豊臣秀吉)는 미첨도를 너무 좋아해서 항상 옆에 두었다고 한다. 그러나 모원의는 앞의 월도에서 언급한 바와 같이 전쟁에서 쓸 수 없다고 하였다. 상순도 미첨도는 야도(野刀)이므로 사용하기가 어렵다고 하였다.

박귀순에 따르면, 『무예도보통지』의 마상월도는 월도와 같이 삼국 때의 관우의 언월도에 기원을 두고 있다. 말 위의 월도 기예로서 보병의 월도와 같았다. 검 중에서 제일이라고 칭송을 받았지만, 전쟁에서 사용하기에는 어려움이 있는 기예였다. 『무예도보통지』의 기록을 보면 중국의 언월도와 기예를 수용하여 마상월도라고 명명하고 기술하여 조선화한 무예로 만들고자 하였던 것으로 보인다.[26]

마상편곤은 말 위에서 편곤을 사용하는 기예이다. 모원의는 철로 만든 편곤인 철연협봉(鐵鏈夾棒)이 원래 서융(西戎)에서 말 위에서 사용하는 것을 들여와 한나라의 보병을 대적하였다고 하였다. 그 형태는 농가에서 보리를 털 때 쓰는 도리깨 모양인데 철로 장식하였다. 이것은 위에서 아래로 타격할 때 강점이 있었다고 한다.[27] 또한 『남풍잡기(南豊雜記)』에는 적청(狄靑)이 농지고(儂智高)를 칠 때 표패(鏢牌)를 가진 마군의 돌격을 받았으나 편곤으로 모두 물리쳤다고 기술되어 있다.[28] 편곤은 대나무의 속껍질을 모아서 힘줄을 삼고 붉거나 검은 칠을 하기도 하였다.[29] 이러한 마상편곤은 숙련이 되어 있으면, 말 위에서 아래로 내려치는 무기로서 철연협봉과 같이 상당한 위력을 가지고 있었음을 알 수 있다. 마상편곤은 말 위의 편곤 기예였으며, 일반 편곤을 곤이나 봉과 함께 사용되기도 하였지만, 마상편곤은 편곤만이 사용되었다. 마상편곤은 편곤과 같이 그 효율성과 효용성, 특히 특수성을 수용하여 조선 자체에서 편곤 제작 제도를 제정하며 조선의 하

26) 박귀순, 앞의 책, 101쪽.

27) 茅元儀日 鐵鏈夾棒 本出西戎 馬上用之 以敵漢之步兵 其狀如農家 麥之耞 以鐵飾之利 於自上擊下 故漢兵善用者 巧於西戎(正祖(1790), '馬上鞭棍'《武藝圖譜通志》. 서울대학교규장각소장).

28) 南豊雜記日 狄靑 …(中略)… 征儂智高 …(中略)… 鏢牌爲馬 軍所突皆 不能駐馬上鐵 連枷擊(正祖(1790) '馬上鞭棍'《武藝圖譜通志》. 서울대학교규장각소장).

29) 攢竹裹皮施筋 或朱或漆(正祖(1790), '馬上鞭棍'《武藝圖譜通志》. 서울대학교규장각소장).

나의 무예로서 기술된 것으로 생각된다.30)

3. 마상무예의 특징

마상무예는 삼국시대로부터 기마 전투의 필요성에 의한 국가의 가장 중요한 부분을 차지하는 무예이면서 평상시에는 수렵을 통하여 호연지기를 기르고, 전시에는 빠른 기동력과 정보력, 그리고 전쟁에 있어서 가장 두드러지게 나타나는 전면전의 중요한 무예였다.

말 위에서 여러 무예를 보여주는 마상무예가 언제부터 시행되었는지는 명확하지 않다. 이미 부여에서는 명마를 길러냈으며, 활과 화살, 칼, 창 등을 쓰는 병사가 많이 있었다는 점으로 보아 활을 사용하는 기병이 있었다. 따라서 마상무예는 기원전 5－6세기경부터 말 사육과 더불어 시작되었으며, 특히 수렵용과 전시용으로 함께 사용되었다고 추정된다. 따라서 삼국시대에는 대륙의 기마민족과 싸우면서 기마전이 필요하다는 점을 파악하였다. 마정(馬政)과 전마(戰馬)의 확보가 필요하게 되었던 것이다. 특히 고구려는 북방민족과의 전쟁을 통해 기병의 중요성을 일찍 터득하였다. 그래서 기병 및 기마술에 대한 기록이 많이 전해지고 있다.

고구려에서 마상무예의 모습을 잘 보여주는 것은 고분벽화이다. 중국 길림성(吉林省) 집안현(集安縣)에 전하는 5－6세기의 고구려 고분에는 수렵도(狩獵圖)가 그려져 있다. 무용총(舞踊塚)에 있는 수렵도는 산악지대에서 4명의 말을 탄 무사가 활을 쏘며 사냥을 하는 모습에 잘 나타나 있다. 고구려에는 해마다 봄과 가을에 사냥대회를 열었다. 왕은 말 타고 활 쏘는 재주가 뛰어났으며, 이때 짐승을 많이 잡은 사람에게 용사라는 칭호를 주었다. 한편 수렵에 뛰어난 기사의 모습을 남기고 있는 것으로 보아, 실제로 전시에 기마병이 사용되었음을 알 수 있다. 그리고 4세기의 안악3호분에 그려진 마사도(馬舍圖)에서 보듯 이미 말을 사육하는 마사가 있었다. 따라서 마정(馬政)이 이루어졌음을 알 수 있다.

---

30) 박귀순, 앞의 책, 124쪽.

4. 나가며

조선왕조의 몰락과 함께 일제의 지배가 시작되면서 개인적 기예의 전수라는 측면에서 마상무예의 맥은 끊어졌다고 볼 수 있다. 그러나 기마민족의 후예로서 기마문화의 방대한 유물과 역사적 문헌, 특히 『무예도보통지』와 같은 도해(圖解)가 중심이 된 병서(兵書)가 현존하고 있고, 『조선왕조실록』이나 국가의 법령집인 『경국대전』 등에 마상무예에 관한 기록들이 남아있어 우리는 비교적 상세히 마상무예의 원형에 도달할 수 있는 길을 확보하고 있다. 이러한 상황에서 1994년 김영섭 회장을 중심으로 하는 한민족전통마상무예 · 격구협회에서는 마상무예의 복원에 착수하였고, 1994년에 『무예도보통지』의 마상 기예, 1997년에는 고려 때의 격구, 1998년에는 조선무과시험 재연, 1999년에는 지상격구, 그리고 2002년 마상재의 복원을 완결함으로써 마상무예와 관련된 전체적 모습을 완전히 되찾는 데 성공하였다. 이러한 마상무예에 대한 복원작업은 『무예도보통지』를 중심으로 이루어졌다.

2019년에 정부가 지원하는 전통스포츠육성지원사업에 참가한 마상무예는 가장 큰 관심을 받았다. 말을 타고 활을 쏘는 기사(騎射, Horseback Archery)를 비롯해 말 위에서 무예를 펼치는 마상무예 전수자 교육은 2019년 1월 30일에 강원도 속초에서 개최되었다. 자체 평가에서 향후 마상무예가 대중스포츠로 활성화될 수 있다는 결론을 도출하고, 2020년 사업계획을 강화한 교육프로그램 개발이 진행되고 있다. 이 사업을 진행한 한민족전통마상무예 · 격구협회는 지난해 대한체육회의 공모사업에 채택되어 마상무예의 사회 접근성을 확대하고, 기사종목의 전문적인 강습에 몰두하고 있다.[31] 이처럼 마상무예를 활성화하기 위해 정부 지원 사업에 참여하고 지속적으로 대회를 개최하면서 보급 프로그램 개발, 참여자 확보 등을 통해 우리 사회에 계승, 발전시키려는 노력이 각계각층에서 계속되고 있다. 기사와 관련해 유네스코가 공식으로 후원하는 대회로 세계기사선수권대회가 매년 8월경에 속초에서 개최되고 있으며, 이와 비슷한 경기대회가 세계 10여 개 나라에서 국제대회를 개최하고 있다.

31) 《헤럴드 경제》, 2019년 02월 08일자.

격구

1. 들어가며

격구는 말을 타고 장시(杖匙)라는 채를 이용하여 공을 쳐서 구문(毬門)에 넣는 경기이다. 일반적으로 마상격구에서 출발하지만, 후에 지상격구도 나타나며, 구문을 통과하는 형태에서 일정한 구멍에 투입하는 형태로까지 다양하다. 격구는 예로부터 무관이나 민간사회에서 기마 무예의 하나로 행하여져 왔으며, 민간사회에서는 공치기 또는 장치기라고 하였으며, 한자로는 타구(打毬), 격구희(擊毬戲), 농장희(弄杖戲) 등으로 기록되어 왔다.[1]

격구는 페르시아에서 유래하여 티베트와 당나라를 거쳐 동아시아 각국에 펴져 나갔으며, 문화적으로 서로 밀접한 관련성을 가진 종목이다. 특히 말문화의 발달과 밀접한 관련이 있으며, 상류층의 유희에서 출발하여 무예 연마의 수단으로, 또 귀족 여성들의 여흥의 수단으로 변용되었다.[2] 김광언도 격구는 기원전 500년경에 페르시아에서 발생했으며, 티베트를 거쳐 중국, 한국, 일본으로 건너갔다고 한다.[3] 격구는 반대 방향으로도 전해져 페르시아에서 인도로 건너가 영국에 정착

---

1) 국립민속박물관, 《마상무예》. (국립민속박물관, 2003), 39쪽.

2) 정형호, 〈동아시아 격구의 전승 양상과 비교 연구〉, 《비교민속학》. 41, (비교민속학회, 2010), 254쪽.

3) 김광언, 《민속놀이》. (대원사, 2001), 73쪽.

하며 1871년부터 폴로라는 이름으로 전 세계로 전파되어 왔다.[4]

우리나라에서 격구의 유래와 관련된 기록을 살펴보면, 『조선왕조실록』「세종실록」에 보면, 당시 격구에 대한 찬반 논쟁이 일어나자 격구의 유래를 '중국 고대의 황제 때에 처음으로 시작하여 한나라의 축국과 당나라의 격환(擊丸)을 거쳐 송과 원나라 시기에 이르기까지 이어졌다'[5]고 기록되어 있다.

『무예도보통지』에서 격구는 축국의 두 종류 중에 한 종류로 구분하였다.[6] 격구는 한나라 축국과 당나라 격환(擊丸)의 그 이전의 제도였으며, 이전 시기에 격구를 수련하였던 것은 놀이를 통해서 전투에 대비했다고 한다. 이는 격구의 훈련을 통해서 기사와 기검(騎劍) 등에 능숙해지기 때문으로 알려져 있다.[7]

유향(劉向)의 『별록(別錄)』에서 축국은 황제(黃帝)가 만든 것으로 군대 병세의 기본이 된다고 하였다.[8] 또 축국을 통해서 전국시대에 무사를 훈련하여 재능을 알아내기도 했다고 하였다.[9] 그리고 사마천의 『사기(史記)』를 보면, 제나라 사람 중에 축국을 하지 않는 사람이 없을 정도였다고 하였다.[10] 이처럼 축국은 이미 전국시대부터 군사훈련의 일환으로 시작된 것으로 보이며, 축구(蹴毬), 기구(氣毬), 희구(戱毬), 격구(擊毬) 등으로 불리기도 하였다. 격구는 놀이의 한 종류이며, 무예 훈련의 일환이기도 했고 조선 때에는 최고의 스포츠로 각광받았던 종목이다.[11]

---

4) 정형호, 앞의 글, 256쪽.

5) 《世宗實錄》, 권28, 세종 7년, 4월 19일.

6) 蹴鞠者 流分爲二 途氣毬者 足踢者也擊毬者 騎馬 而以杖擊之者也(正祖(1790), '擊毬'《武藝圖譜通志》. 서울대학교규장각소장).

7) 兵曹啓 謹按古制 漢之蹴鞠鞠 唐之擊丸 乃黃帝蹴鞠之遺制 而其所以然者 皆因戲而習戰也 前朝盛時 擊毬之戲 實權輿於此矣 善擊毬者 可以善騎射 可以能槍劍(《宣祖實錄》 卷121 宣祖 33年 1月 23日 戊辰: 국립중앙도서관소장).

8) 蹵鞠者 傳言黃帝所作 或日起戰國之時 蹋鞠 兵勢也 所以練武士 知有材也 皆因嬉戲而講練之(《別錄》. 대만국가도서관소장).

9) 別錄日蹴鞠黃帝所作本兵勢也或日?戰國之時以鍊武士知有材也(正祖(1790) '擊毬' 《武藝圖譜通志》. 서울대학교규장각소장).

10) 臨菑之中七萬戶 臣竊度之 不下戶三男子 三七二十一萬 不待發於遠縣 而臨菑之卒固 已二十一萬 臨菑甚富而實 其民無 不吹竽鼓瑟 彈琴擊筑 鬭雞走狗 六博蹋鞠者(《史記》. 대만국가도서관소장).

11) 최형국, 〈격구〉, 문화재청 홈페이지: http://www.cha.go.kr/cop/bbs/selectBoardArticle.do?nttId=15051&bbsId=BBSMSTR_1008&mn=NS_01_09_01(2019.03.17. 검색).

2. 격구의 역사

격구는 지역에 따라 다양한 용어로 불렸다. 우리나라에서는 격구, 타구, 격구희(擊毬戱), 농장희(弄杖戱), 격방(擊棒)이라고 하며, 중국에서는 격구, 마구(馬球), 타구(打球), 목구(木毬), 보타구 또는 곤타구, 소수민족에서는 박복자(위구르족), 타우모구(만족), 모래구(요족), 타류구(회족) 등으로 다양하다. 일본에서는 타구, 격구, 기타구(騎打毬), 기마타구, 보타구, 보행타구, 도(徒)타구 등으로 불렸다.[12]

우리나라에서 격구에 대한 최초의 기록은 일본에 건너간 발해의 사신과 관련한 기록에 나타난다. 조선 때에 한치윤(韓致奫)이 저술한 『해동역사(海東歷史)』의 일본 관련 내용을 보면, "당나라 시기인 889년(822년의 오류)[13]에 발해 사신인 왕문구(王文矩)가 일본에 갔을 때 천황을 풍락전의 앞자리에 모시고 연회를 베풀었다. 이때 발해 사신이 격구하는 것을 보고 솜 200둔(屯)을 내렸다"고 기록되어 있다.[14] 이처럼 당시의 발해인들은 활쏘기, 타구, 격구 등과 같은 무예를 통하여 용맹성을 길렀던 것으로 보인다. 발해 유적에서 화살촉들이 많이 발견되고 있어

---

12) 정형호, 앞의 글, 254쪽.

13) 지금까지 격구와 관련된 선행연구에서 발해국의 왕문구가 일본에 사신으로 가서 타구를 행한 연도에 오류가 발견된다. 한국에서 발표된 선행연구들(한치윤, 나현성, 김광언, 임동권·정형호, 정형호 등)을 보면, 한치윤이 《해동역사》에서 "우다천황(宇多天皇, 889－897) 원년 때 발해의 사신 왕문구(王文矩)가 왔다. 왜왕이 풍락전에 나아가 5위 이상에게 잔치를 베풀었으며, 발해의 사신이 격구(擊毬)하는 것을 관람하고 솜 200둔을 하사하였다《일본일사》"고 기술하였는데, 연도를 우다천황 원년인 889년으로 기록하였다. 그러나 발해의 왕문구가 사신으로 가서 타구를 행한 연도는 사가천황(嵯峨天皇, 재위: 809－823) 때가 정확한 시기(弘仁 十三年, 822년)이다. 이처럼 필자가 확인한 자료를 포함해 이마무라 토모(今村鞆)와 가키미 슈지(垣見修司), 방학봉(《발해의 문화1》. (정토출판, 2005), 245쪽) 등의 연구에서도 왕문구가 사신으로 일본에 가서 타구를 했다는 기록은 822년(弘仁 十三年)으로 확인되기 때문에 우다천황 원년인 889년이 아니라 사가천황 때인 822년이 정확한 연도로 다음의 자료들의 내용을 수정할 필요가 있다(한치윤 저, 정선용 역, 《국역 해동역사Ⅳ》. (민족문화추진회, 2001), 256쪽; 나현성, 〈韓國蹴鞠·擊毬攷〉, 《民族文化研究》. (고려대학교 민족문화연구소, 1969), 158쪽; 김광언, 《동아시아의 놀이》. (민속원, 2004), 42쪽; 任東權·鄭亨鎬 공저, 《韓國의 馬上武藝》. (한국마사회 마사박물관, 1997), 256쪽; 임동권·정형호, 〈마상격구의 역사와 실연〉, 《한국의 馬 민속》. (집문당, 1999), 209쪽; 정형호, 〈한국 격구의 역사적 전승과 변모 양상〉, 《한국 민속문화의 지속과 변화》. (민속원, 2008), 250－251쪽; 정형호, 앞의 글, 258쪽.

14) 《海東繹史》, 권41, 교빙, 통일본시말 격구조(擊毬條).

사냥과 전쟁을 위해서 활쏘기가 많이 발달하였음을 알 수 있다.[15)]

당나라의 학자 장건장(張建章, 806-866)이 쓴 발해에 관한 역사책인 『발해국기(渤海國記)』를 보면, 발해는 거란에 망하여 유민들을 동경이 있는 홀한주(忽汗州)로 보내고, 이들에게 격구를 금지시켰다는 내용이 나타난다. 그리고 발해가 멸망한 뒤인 1038년에 그들의 유민들이 많이 살던 요나라의 동경 유수였던 소효충은 "동경은 매우 중요한 군사지역인데 사냥할 곳이 없으니, 만일 격구를 하지 않으면 무엇으로 무예를 닦겠습니까?"라고 건의하여 발해인들의 격구 금지 조치를 해제시켰다고 전해진다.[16)] 이런 내용을 통해 발해에서는 격구를 즐김과 동시에 무예 훈련의 하나로 병행하고 있었음을 알 수 있다.

격구는 고려 때에도 성행하였다. 당시 귀족들이 가장 좋아했던 놀이행사였다. 『고려사』에 따르면, 태조 원년에 상주의 오랑캐 아자개(阿字盖)가 사자를 보내어 귀순하려 함에 왕이 명하여 그를 맞이하는 의식의 예습을 격구장에서 하게 하였다는 기록이 나와 있다.[17)] 이에 따르면 고려가 성립할 당시에 이미 격구가 시행되고 있었음을 알 수 있다.

특히 무신정권이 들어서면서 격구는 군사적 목적에서 무관들의 훈련용으로 쓰였으며, 귀족들의 놀이로서 행해지기도 했다. 왕과 귀족들은 격구를 사열하고 즐겼으며 상으로 비단, 포목, 돈 등을 내리기도 하였다. 단오 때에는 젊은 무관이나 귀족의 자제들이 격구를 즐겼다. 장소는 사방으로 길이 통한 대로(大路)에서 실시하였다. 그리고 봉황이 그려진 장막과 구문의 양변에는 오색의 비단으로 장식하고 명화(名畵)로 채색하였다. 『고려사』를 보면, "최항(崔沆)은 재추(宰樞)를 그 집에 불러 연회를 베풀고 격구와 희마(戲馬)를 관람하였는데, 이때 마별초(馬別抄)는 황금으로 장니(障泥, 발디딤쇠)를 장식하고 금으로 장식한 잎과 꽃을 말 머리에 꽂았다"[18)]고 하여 그 화려한 모습을 묘사하였다. 격구를 하는 사람은 옷을 갖추어 입고 경기에 임했다. 한편 구경꾼이 인산인해를 이루었으며, 여기에는 기생들

---

15) 문화체육관광부, 《전통무예지도자연수교재》. (문화체육관광부, 2012), 143쪽.
16) 문화체육관광부, 앞의 책, 143쪽.
17) 《高麗史》, 세가 권1, 태조 무인원년, 9월 갑오일.
18) 《高麗史》 열전42, 반역, 최충헌.

까지 참여하였다.[19]

이처럼 격구는 당시 부녀자들이 즐길 정도로 대중화가 이루어졌다. 그러나 당시 격구자의 말안장 값이 보통사람들의 집 열채의 재산에 해당한다고 할 정도로 사치의 정도가 극에 달하였다. 특히 격구는 최씨 무인정권기에 한층 극성하였다. 무인집권기에는 무인들에 의해 권력이 유지되고 있었기에 무인들은 그들의 기량을 높이려는 의도에 따라 특별히 격구가 장려되었다. 최항(崔沆)은 자기 집에 귀족을 불러 향연을 베풀 때에 마별초(馬別抄)는 황금으로 장니(障泥)를 장식하고 금엽나화(金葉羅花)를 말머리와 꼬리에 꽂았을 정도로 사치하였다. 사치스러운 생활에 격구가 큰 역할을 하였던 것이다.

격구는 원래 기창, 기검, 기사를 잘하기 위한 놀이로서 행해졌다. 그 방법은 말타고 하는 법과 걸으면서 하는 방법이 있다. 실시장소는 약 200보(250m)가 되는 넓은 구정이었는데, 『고려사』에 보이는 구장(격구장)의 규모를 보면 승 3만 명이 식사를 할 수 있던 곳, 동서로 수백보로 된 바둑판같은 곳, 4백보 정도의 규모에 둘레가 수리에 달하던 곳이었다.[20] 즉, 격구는 초기에는 기사, 기창, 기검 등의 기본적인 말타기 훈련의 수단으로 행해졌다. 시대가 바뀌면서 왕과 신하 및 일반서민에게까지 파급되어 고려말에는 대중적인 스포츠로서의 성격을 띠게 되었다. 격구는 제왕들이 풍류생활의 수단으로서 널리 관람함으로써 보급되었고, 왕과 귀족이 직접 참여하던 운동경기였으나 건전한 대중스포츠로 승화되지 못하고 사치에 흘러 버리고 말았다.

한편, 공민왕의 천산대렵도(天山大獵圖)를 보면, 힘차게 말을 달리는 기마 인물의 모습이 기운차게 묘사되어 있는데, 이러한 "수렵도"는 고구려 고분벽화에 이어서 고려에도 전해지고 있어 예전 시대의 격구의 모습을 어느 정도 이해하는데 도움을 주고 있다. 또한 이제현의 기마도강도(騎馬渡江圖)는 호복(胡服)을 입고 활을 든 다섯 명의 무인들이 말을 타고 강을 건너는 모습을 그리고 있다.[21] 고려

19) 국립민속박물관, 앞의 책, 39쪽.
20) 문화체육관광부, 앞의 책, 149쪽.
21) 문화체육관광부, 앞의 책, 150쪽.

때의 격구의 모습을 추정할 수 있는 것은 조선시대에 발간된 『무예도보통지』에 나와 있는 격구도와 일제강점기에 이여성이 그린 "격구도"가 전해질 뿐이다.

조선시대의 격구는 고려의 격구를 그대로 받아들였다. 격구는 왕이 직접 참여하면서 널리 보급되었고, 또한 무과시험에 채택되어 체계화되었다. 그러나 조선 중기 이후에 이르러 격구는 화포와 총포류의 보급으로 인해 점차 쇠퇴하여 결국 효종 이후에는 소멸하게 되었다.

우선 태조 이성계는 마상무예와 궁술에 뛰어났다. 따라서 『태조실록(太祖實錄)』에 보면, 고려 격구에 대한 자세한 기록이 나오는데, 왕이 직접 격구에 참여하였다는 기록도 나타난다.

> "고려의 풍속에 매양 단오절(端午節)에는 무관(武官)의 나이 젊은 사람과 의관(衣冠)의 자제들을 뽑아서 격구의 기예를 익혔는데, 그 날이 이르면 구규(九逵)에 용봉(龍鳳) 장전(帳殿)을 설치하고, 길 복판에 구문(毬門)을 세우고, 왕이 장전(帳殿)에 나아가서 이를 구경한다. 연회를 베풀고 여악을 벌려 놓으매, 경대부(卿大夫)들이 모두 따르고, 부녀들도 또한 길 왼쪽과 오른쪽에 장막을 매고 금단(錦段)으로 장식하여, 이를 화채담(畫彩毯)이라 이름하니, 구경하는 사람이 많이 모이게 된다. 격구하는 사람이 의복과 장식을 화려하게 차려있어 다투어 사치를 숭상하니, 말안장 한 개의 비용이 중인 10가(家)의 재산에 해당되었다. 두 대열로 나누어 왼쪽과 오른쪽에 서고, 기생 한 사람이 공[毬]을 잡고 전전(殿前)에서 창(唱)하기를, "온 장내의 퉁소와 북은 공을 따라 모아 들고, 사간(絲竿)과 홍망(紅網)에 구경꾼의 머리 쏠리누나"하니, 앞으로 나아가고 뒤로 물러나는 것이 모두 음악의 음절에 맞았다."[22)]

이 기록에는 이성계가 1356년(공민왕 5)에 22세의 나이로 처음 벼슬길에 올라 격구를 좋아하는 공민왕 앞에서 뛰어난 격구술을 보여준 사실을 확인할 수 있다. 반면에 이 기록을 통해 고려의 격구가 호화롭고 사치가 심하였음을 간접적으

22) 《太祖實錄》 권1, 총서 35번째 기사.

로 비판하였다. 특히 기생이 참여하여 소리를 하고, 시작 전에 공을 던져 시구를 하였음을 알 수 있다. 『용비어천가』에도 이성계의 뛰어난 격구 실력에 대한 기록이 있다.

> 노ᄅᆞ샛 바오리실ᄊᆡ ᄆᆞᆯ 우희 니ᅀᅥ 티시나, 二軍 鞠手ᄲᅮᆫ 깃그니이다
> 軍命엣 바오리어늘 ᄆᆞᆯ 겨틔 엇마ᄀᆞ시니, 구규(九逵) 都人 다 놀라ᅀᆞᄫᆞ니

전절(前節)은 당나라 의종이 공치기를 매우 잘해서 말을 타고 공을 공중에 던져 수백 번을 계속치니 양쪽의 선수들이 모두 탄복하였다는 내용이다. 후절(後節)은 이성계가 공민왕이 참관한 대규모 격구에 선수로 뽑혀서 치니마기[防尾], 엇마기 등의 여러 뛰어난 기술을 발휘하여 큰 길 가에 모인 사람들이 모두 놀랐다는 내용이다. 여기서 '엇마기'는 공이 말의 왼쪽 옆으로 엇나갔을 때에 오른쪽 발의 등자를 벗고 몸을 왼쪽 아래로 날리면서 발을 땅에 대지 않고 공을 치는 기술이다. 이성계는 '엇마기' 이외에 '방미'에도 뛰어난 재능을 발휘하였다고 한다.[23]

격구는 무과시험의 한 종목으로 채택되기도 했다. 『세종실록』 7년 4월 19일 기사를 보면,

> "삼가 예전 제도를 상고하오니, 한(漢)나라의 축국(蹴鞠)과 당나라의 격환은 그것이 황제(黃帝)의 축국하던 옛 제도로서, 그렇게 하는 까닭은 모두가 유희를 이용하여 전투를 연습하는 것이었습니다. 전조(前朝) 전성시대의 격구하던 유희는 대개 그것을 모방하였던 것이었습니다. 격구를 잘 하는 자는 말을 타고 활을 쏠 수도 있으며, 창쓰고 칼쓰기도 능할 수 있사오니, 이제부터는 무과 시취(武科試取)하거나 춘추 도목 시험(都目試驗)에는 아울러 그 재주를 시험하여, 말타기와 손쓰는 것이 모두 빨라서 자세를 세 번 갖추어 능히 공을 쳐서 구문(毬門)으로 내보내는 자는 1등으로 하여 … (생략)"[24]

---

23) 국립민속박물관, 앞의 책, 42쪽.

24) 《世宗實錄》 세종 7년 4월 19일 무오 7번째 기사.

이 기록을 통해서 격구는 말타기와 활쏘기를 더 잘하기 위한 훈련방법으로도 이용되었음을 알 수 있다.

조선의 격구는 태조부터 태종 때까지 왕이 관심을 갖고 직접 챙겼으며, 세종부터 세조 때에는 무예시험으로 채택되었다. 그러나 성종 때부터 점차 약화되다가 정묘호란으로 인해 인조와 효종 때에 잠시 시행되었다가 소멸되어 정조 때에 『무예도보통지』를 계기로 무예를 체계화시키면서 다시 복원을 시도하였으나 문헌상의 정리에 그치게 되었다.

이상의 내용을 통해 격구는 말을 타고 장시로 구를 치며 구문에 넣은 경기형태로 이루어진 것을 알 수 있으며, 유희와 무예적 요소를 동시에 내포하고 있었다. 특히 말 위에서 행해진 무예의 기본훈련으로 이용되기도 하였다. 『무예도보통지』에는 격구가 유희적인 요소보다 무예적 요소에 비중을 두며 기술된 것으로 보인다. 왜냐하면 정조가 『무예도보통지』를 간행할 당시에 24반무예라고 정의를 내렸기 때문이며, 나아가 격구에는 공격과 방어라는 무예적 요소가 내포되어 있기 때문으로 생각된다. 『무예도보통지』에는 격구가 중국의 다양한 놀이적 요소와 무예적 요소를 수용하는 한편 훈련과 수련을 통한 다른 기마 무예의 기초훈련이 될 수 있었기 때문에 채택된 것으로 추정된다. 조선에서 격구가 최고의 군사 무예로 인정받은 결정적인 이유는 매우 섬세한 기마술 연마와 즐기면서 훈련할 수 있는 매력 때문이 아니었을까 추정된다.

3. 격구의 특징

격구는 앞서 언급한 바와 같이 말을 타고 막대기, 즉 장시로 공을 치는 것이다. 격구는 축국의 두 종류 중에 한 종류이기도 하다.[25] 격구는 한나라의 축국(蹴鞠)과 당나라의 격환(擊丸)을 본뜬 예전의 제도이며, 이 시기에 격구를 수련한 것은 훈련을 겸한 놀이를 통해서 전투에 대비하려는 목적이 있었다. 이는 격구 훈련

---

25) 蹴鞠者 流分爲二 途氣毬者 足踼者也擊毬者 騎馬 而以杖擊之者也(正祖(1790), '擊毬'《武藝圖譜通志》. 서울대학교규장각소장).

을 통해서 기사와 기검(騎劍) 등에 능숙해질 수 있도록 만들고 싶었기 때문이었다.[26] 『금사예지(金史禮志)』에 격구에 사용된 기구와 관련된 내용이 있는데, 국장(鞠杖)은 길이가 두어 발이나 되고 그 끝은 언월(偃月)과 같다. 공의 모양은 작은 모양이 주먹을 쥔 것과 같고, 가볍고 질긴 것을 텅 빈 나무속에 넣고 붉은 칠을 했다고 하였다.[27]

이러한 격구의 기구는 『무예도보통지』에서 자세히 살펴볼 수 있는데, 모구(毛毬), 붉은 칠을 한 목환(木丸), 장시, 무촉전(無鏃箭)이 있다. 격구는 앞에서 언급한 바와 같이 구문(毬門)에 모구(毬門)를 넣은 것이다. 『무예도보통지』에 그려져 있는 격구구장이 따로 있었으며 규정도 있었다.

간단히 격구장을 살펴보면, 출마표(出馬標)는 구(毬)를 놓은 지점으로부터 50보 거리가 좋으며, 구를 놓은 지점은 구문까지 200보 거리이고, 구문의 넓이는 5보이다.[28] 격구 채의 길이는 9촌이며, 넓이는 3촌이고, 자루의 길이가 3척 5촌, 공 둘레가 1척 3촌이다. 격구를 치기 위해 구문을 나가는 자에게 15분을 주며, 가로질러 가는 자는 10분을 주었다.[29]

4. 나가며

현대의 격구는 '(사)한민족전통마상무예격구협회'에 의하여 전승되고 있다. 『무예도보통지』를 비롯한 사적 문헌들을 치밀하게 고증하여 이를 현대에 맞게 재구성함으로써 전통스포츠로서 격구의 무한한 가능성을 확인하고 이를 계승하기

26) 兵曹啓 謹按古制 漢之 蹴鞫鞠 唐之擊丸 乃黃帝蹴鞠之遺制 而其所以然者 皆因戲而習戰也 前朝盛時 擊毬之戲 實權輿於此矣 善擊毬者 可以善騎射 可以能槍劍(《宣祖實錄》卷121 宣祖 33年 1月 23日 戊辰: 국립중앙도서관소장).

27) 金史禮志曰 鞠杖長數丈 其端如偃月毬狀小如拳以輕韌木枵 其中而朱之(正祖(1790), '擊毬' 《武藝圖譜通志》. 서울대학교규장각소장).

28) 自出馬標 至置毬標 五十步 自置毬標 至毬門二百 保毬門內 相距五步(正祖(1790), '擊毬' 《武藝圖譜通志》. 서울대학교규장각소장).

29) 經國大典曰 杖匙長九寸 廣 三寸 柄長三尺五寸 毬圓圍一尺三寸 出馬標距 置毬標五十步 置毬標距 毬門二百步 毬門內相 距五步 擊出毬門者 給十五分 橫過者給十分(正祖(1790), '擊毬' 《武藝圖譜通志》. 서울대학교규장각소장).

위해 내용을 다져가고 있다.

현대의 격구 역시 마상격구와 보행격구로 나뉜다. 마상격구는 쌍구문 격구를 주로 시연하고 있으며, 보행격구 또한 구기 종목의 활달함을 살려 하키와 유사한 형태로 복원하였다. 1997년 조직위원회에서 전통마상무예격구를 공식 복원하는 발표회를 가진 (사)한민족전통마상무예격구협회는 1998년 12월 1일에 순천향대학교 하키부와 지상격구(보행격구) 시합을 가짐으로서 최초로 순수 민족 구기 종목 중의 하나로 격구가 새로운 현대스포츠로서 무한한 가능성을 가지고 있음을 보여준다.[30]

30) (사)한민족전통마상무예·격구협회 홈페이지: https://kemaa.webnode.kr/(2019.06.28. 검색).

창술

1. 들어가며

고대의 전투에서는 병졸이 지녔던 기본 무기가 창(槍)이었다. 신석기시대와 청동기시대의 유물로 보면 주먹도끼, 돌날, 돌화살촉, 돌도끼, 돌창 등 원시적인 무기가 많이 나타난다. 원시시대에 행해졌던 활동으로는 달리기, 던지기, 뜀뛰기, 기어오르기, 흉내 내기 놀이, 씨름, 사냥, 무용과 같은 활동이었다. 사냥은 이 시대의 중요한 식물획득의 수단이자 스포츠이기도 하였다. 나무 오르기, 씨름과 같은 기술 그리고 활, 창, 돌도끼 등의 도구를 사용하는 방법은 하나의 기술로 인정되었으며, 이것은 먹을 것을 얻는 생산기술인 동시에 적으로부터 자신과 부족을 지키는 무예였다.[1]

이러한 무기 중에서 창은 긴 나무 끝에 날(창두)을 물려 찌르거나 던지는 도구로 수렵과 전쟁의 목적으로 사용되었다. 창의 가장 원시적인 형태는 긴 나무 자루의 끝을 뾰족하게 다듬은 것이었고, 구석기시대에는 동물의 뿔, 뼈나 돌로 만든 날을 달았다. 신석기시대에는 돌을 갈아 보다 발전된 형태의 창을 만들어 사용하였다. 청동기와 철기시대에는 청동이나 철로 만든 창두를 달아 사용하였다.[2]

---

1) 문화체육관광부, 《전통무예지도자연수교재》. (문화체육관광부, 2012), 125쪽.

2) 김산, 감주화, 김창우, 송일훈, 〈한·중·일 장병무예 장창 연구〉, 《한국체육학회》. 47(6), (한국체육학회지, 2008), 41쪽.

중국에서는 창을 장창(長槍), 제기지왕(諸器之王), 백병지왕(百兵之王) 등으로 기록하였다. 청의 오수(吳殳, 1611－1675)가 저술한 『수벽록(手臂録)』[3]에 보면, 장창은 모든 병기의 왕이며, 싸울 때는 장창과 맞서면 많은 무기가 패했을 정도로 효용성이 뛰어난 병기였다고 하였다.[4] 장창은 중국 고대의 다양한 창류의 병기가 진화되어서 명시기에 들어와 모(矛)를 직접 만들거나 개조되거나 장창이 출현하게 되었다[5]고 기록되어 있다.

창은 창(槍)과 모(矛)로 구분된다. 창은 슴베[6]를 만들어 자루에 끼워 쓰는 것을 말하고, 모는 봉부(鋒部) 아래에 있는 투겁[7]에 자루를 끼워서 사용하는 것이다. 유물에 따르면 삼국시대의 창은 주로 모를 사용했으며, 창의 출토는 극소수에 불과했다. 그리고 활은 정규군이 아닌 일반민도 소지할 수 있었지만, 창은 병사만이 지녔던 것으로 고고학계는 파악하고 있다. 후술하겠지만 이러한 창술은 삼실총 공성도에서 확인할 수 있다.[8]

또한 가야지역에서 출토된 토기는 국보 275호로 현재 경주국립박물관이 소장하고 있는 유물이다. 말 등에 두 개의 뿔과 같은 모양의 잔이 있고, 말의 몸체에는 갑옷이 입혀져 있으며, 말 등에 앉아 있는 무사는 투구와 갑옷으로 단단히 무장하고, 오른손에는 창을 들고, 왼손에는 방패를 들었다.[9]

이처럼 고대시대의 전쟁은 대부분이 말을 활용한 전투였다는 점을 알 수 있다. 따라서 말 갑옷과 비늘 갑옷이 발달하였고 말 위에서 다루기 적합한 장병기인 창이 적극적으로 활용되었다.

---

3) 《수벽록(手臂錄)》은 1678년에 청의 오수가 집필한 서적으로서 전5권으로 구성되어 있으며, 창법 설명이 주로 기술되어 있으며, 단도도설(單刀圖說), 제기총설(諸器總說), 요도설(腰刀說), 차설(叉說), 대봉설(大棒說), 낭선설(狼筅說) 등의 내용이 기술되어 있다.

4) 語云 槍爲諸器之王 以諸器遇槍立敗也(吳殳, 《手臂録》 (逸文出版社, 1996), 1쪽).

5) 裵錫榮 等, 《中华古今兵械图考》. (人民体育出版社, 1999), 33쪽.

6) 칼과 살촉 등에서 자루나 살대 속에 들어가는 부분을 말한다.

7) 자루와 같이 가늘고 길게 생긴 물건의 끝에 씌우는 것을 말한다.

8) 문화체육관광부, 앞의 책, 127쪽.

9) 문화체육관광부, 위의 책, 134－135쪽.

2. 창술의 역사

고대사회의 전투에서 병사들이 지니던 기본 무기는 창이었다. 활은 일반 백성들도 소지할 수 있었으나 창은 병사만이 지녔던 것으로 추측된다. 이는 고분에서 출토된 유물을 통해 파악할 수 있는데, 김해의 예안리 고분군에서 나온 화살촉은 여성이나 어린아이의 무덤에서도 발굴되는 데 비해 창의 머리인 철모(鐵鉾)는 장년 남성의 무덤에서만 출토되고 있다.[10)]

나아가 삼국시대 후기가 되면 신라가 보병으로 구성된 장창부대를 운용하게 된다. 『삼국사기』에 흑의장창말보당(黑衣長槍末步幢)이라는 기록에서 알 수 있다.[11)] 이들이 삼국을 통일한 전쟁과 나당전쟁에서 혁혁한 전공을 세운 사실로 미루어 보면 장창보병부대가 존재하였던 사실을 알 수 있다. 신라는 이런 장창보병부대를 만들어 철기 군단을 주축으로 한 고구려의 보기군(步騎軍)을 효과적으로 공략하였고, 당나라와의 전투에서 상대 기병을 무력화시키기도 하였다. 보병용의 장창은 기병을 상대하기 위한 무기였으며, 그 길이는 기병의 그것과 유사하다고 추정된다.[12)]

기창술에 관한 자료는 아직 부족한 실정이지만, 삼실총 공성도를 통해 그 내용은 조금 파악된다. 이 그림에는 성 밖에서 두 명의 중무장 기마무사가 성을 향하여 쏜살같이 달려가고 있는 광경이 묘사되어 있는데, 그중에서 앞의 갈색의 기마무사는 약간 뒤진 검은색의 기마병에게 쫓기고 있다. 앞선 기마무사는 갈색의 투구를 쓰고 갈색의 찰갑을 입었으며 오른쪽에 기마용인 삭을 쥐고 왼손으로는 뒤쫓는 기마무사가 찌르는 자루의 윗부분을 잡고 상반신을 말목 가까이 앞으로 구부리고 뒤돌아보면서 말을 달리고 있다. 이 기마무사의 머리 위에는 갈색의 장폭기가 바람에 휘날리고 있다. 뒤쫓는 기마무사는 좌우 양쪽에 뿔 같은 것이 달린

10) 국사편찬위원회, 《나라를 지켜낸 우리 무기와 무예》. (두산동아, 2007), 36쪽.

11) 黑衣長槍末步幢主 大幢三十人 貴幢二十二人 漢山二十八人 牛首二十人 完山二十人 紫衿二十人 黃衿二十人 黑衿二十人 碧衿二十人 赤衿二十人 靑衿二十人 綠衿二十四人 共二百六十四人 位自舍知至級湌爲之 (《三國史記》卷第四十 雜志 第九 武官).

12) 국사편찬위원회, 앞의 책, 38쪽.

검은 투구를 쓰고 검은 찰갑을 입었으며, 두 손으로 꼭 쥔 삭으로 앞의 개마무사를 찌르려고 상반신을 구부리고 말을 달리고 있다.[13)]

이 공성도는 기창술과 관련하여 다음과 같은 중요한 사실을 보여준다. 도망가는 기마무사가 뒤쫓는 기마무사가 찌르는 삭의 윗부분을 잡고 있는 장면이다. 이 장면은 단순히 보면 별 의미가 없어 보이지만, 삭과 관계된 기술로서 빈손으로 적의 삭을 빼앗는 '공수탈삭(空手奪矟)'과 연결된다. 즉 중무장 기마병이 삭을 마상에서 사용할 때에 적의 삭을 빼앗아 상대를 무력화시키는 것도 하나의 기술이었던 것이다. 그리고 자신의 가장 영광스러운 장면을 그린 무덤의 벽화에 이를 남긴 것은 탈삭(奪矟)이 기창술에서 매우 고난도의 기술이었을 가능성도 제시한다.[14)]

이러한 창은 삼국시대에 이어 고려에서도 중요한 무기로 여겨졌다. 1123년에 고려를 방문한 송나라의 사신으로 왔던 서긍(徐兢)이 보고 기록한 『고려도경(高麗圖經)』에는 "푸른 옷을 입은 용호군은 갑옷을 착용하고 과(戈)와 모(矛)를 들었다. 1만 명가량인 이들은 두 편으로 나뉘어 길 양쪽으로 행진한다"는 기록이 전해진다.[15)] 이를 통해 창을 무기로 하는 병사들이 많았던 것을 알 수 있다. 이는 당시의 북방 기마민족을 상대하기 위해 창은 효과적인 무기였고, 예리한 칼날을 이용하는 장병기란 점에서 기병전에 효과적이기 때문이라고 생각된다. 또 공민왕은 당시 관리들을 무장시키고 사열을 했는데, "윤3월 갑술 초하루 재추(宰樞)에서부터 이서(吏胥)에 이르기까지 사람마다 활 1개, 화살 50개, 검 1자루, 창 1자루씩 갖추게 한 다음 숭문관(崇文館)에서 사열하였다"라고 기록되어 있다.[16)] 이를 통해 당시의 무사들은 활, 검, 창을 기본으로 무장하였던 것을 알 수 있다. 이후 창은 보병들이 주로 사용하였고, 적의 선봉을 방어하는 역할을 하였다.[17)]

---

13) 국사편찬위원회, 앞의 책, 63쪽.

14) 국사편찬위원회, 위의 책, 62－63쪽.

15) 青衣龍虎軍 鎧甲戈矛 幾及萬卒 分爲兩序 夾道而行(《宣和奉使高麗圖經》 卷第二十四 節仗初神旗隊).

16) 閏月 甲戌朔 令宰樞至吏胥 人備弓一 矢五十 劍一 戈一 閱于崇文館(《高麗史》 卷38 世家 恭愍王 元年 閏三月).

17) 願自今 射御驍勇者 爲馬兵 其民軍 則爲步卒 皆賫槍劍白棒 隨其所用 以禦賊鋒 可也(《高麗史》 卷81 志 卷第35 丙1).

조선시대에 이르면서 무예훈련은 무기에 따라 크게 활쏘기, 창술, 검술로 나누어 볼 수 있다. 조선 전기의 문헌에서 주로 보이는 무기술은 활쏘기와 창술이다. 이는 당시의 전술과 관련이 있다고 할 수 있는데, 『경국대전(經國大典)』을 통해 추측할 수 있는 점은 당시에 규정된 무과의 시험과목이 주로 궁술과 창술이었기 때문이다.18)

창술은 활쏘기와 함께 장수의 자질을 테스트하는 기본적인 무예였다. 다만 보병용 창술이 아닌 기병용 창술, 즉 기창을 연마하였다. 당시 기창술을 보창술보다 중요하게 여긴 까닭은 기병 위주의 전술 때문이다. 따라서 세종대에 창술을 보창세(步槍勢)와 기창세(騎槍勢)로 구분하여 제도를 정비하였지만, 무과를 비롯한 각종 무예 시험에서는 보창술을 제외하고 모두 기창술만을 채택하였다.19)

> "기창세(騎槍勢)는 두 기군(騎軍)이 마주 서서 상거하기를 150보(步)로 하여 북소리를 듣고 말을 달려 각각 좌우로 창을 휘두르는 형세를 짓고, (말 채찍을 휘둘러 착창세(着槍勢)를 짓는다) 모두 앞으로 빨리 달려 3, 40보를 격하여 서로 창을 부딪치는 형세를 짓습니다. 서로 말을 머뭇거리면서 서로 보고 서로 부딪쳐 혹 물리치기도 하고 피하기도 하되, 3회(回)에 지나지 아니하며, 한 기병이 먼저 달아나서 배창세(背槍勢)를 지으면, 한 기병이 쫓아 달려서 창을 부딪치는 형세를 짓습니다. 달아나는 자는 혹 왼쪽으로 혹 오른쪽으로 가며, 쫓는 자는 좌우로 번갈아 창을 부딪치는 형세를 짓는데, 부딪친 뒤에 잘못 부딪쳐서 옆으로 나가면, 달아나던 자가 빼앗아 도로 쫓아서 왼쪽으로 휘두르며 부딪치고, 오른쪽으로 휘두르며 부딪치되, 또 그릇 부딪쳐 옆으로 지나가면 달아나던 자가 다시 창을 빼앗아 도로 부딪치고 치기를 위와 같은 형세로 합니다. 징소리를 듣고 말을 달려 돌아서 좌우로 창을 휘두르며 착창세와 배창세를 지으며 그칩니다. 보창세(步槍

---

18) 每一中 給五分 用勢具者 ○出馬後 以兩手執槍高擧 挾於左腋 卽回挾於右腋 到第一芻刺之 中正面者用 下同 挾於左腋 到第二芻刺之 又挾於右腋 到第三芻刺之 刺訖 飜身左顧 以槍指後 右亦如之 曳槍馳還出馬處 ○三芻人相距, 各二十五步 ○槍長十五尺五寸(《經國大典》 兵典 試取 騎槍).

19) 국사편찬위원회, 앞의 책, 131쪽.

勢)는 두 사람이 마주 서서 북소리를 듣고 각각 창을 휘두르는 형세를 짓고, (좌우로 휘두르며 착창세를 짓는다) 모두 빠르게 앞으로 나아가 창을 부딪치되, 서로 돌고 서로 부딪치며 혹 물리치고 혹 피합니다. 남은 것은 기창세와 같이 하는데, 좌우세(左右勢)는 취재(取才)할 적에 등급을 나누어 주기가 어려우니, 갑사 및 자원하는 사람은 춘추 습사(習射) 때에 이 예에 의하여 미리 익히게 하며, 만약 이유 없이 미리 익히지 아니한 갑사에게는 오는 임자년 도시(都試)에서 시작하여, 시험에 나가는 것을 허락치 아니하며, 무과(武科) 및 도시(都試)에서 하번 갑사(下番甲士)의 취재는 전례(前例)에 의하여 추인(芻人, 허수아비)을 쓰게 하소서."[20]

이처럼 당시 기창술은 말 위에서 창을 활용하는 정형화된 창법이 있었으며 '-세'라고 칭한 것을 알 수 있다. 무과에서 기창은 "무과(武科)의 마창법(馬槍法, 기창법과 동일함)은 두 사람을 하나의 상대로 하여, 두 말이 각각 130보씩 떨어져 있다가, 북을 친 뒤에 창을 휘두르며 달려가서 서로 접전하되 모두 세 차례씩 하고, 잘 맞혀 붉은 흔적이 있는 자는 7분을 주고, 한 번 맞힐 때마다 7분씩 가급(加給)하소서."[21] 즉 말을 탄 무사들이 일정 거리를 두고 신호에 맞추어 서로에게 달려가 창을 휘두르고 몸에 붉은 흔적을 내는 것으로 그 우열을 가렸던 것이다.

세조 때에는 무사를 뽑아서 3갑사(三甲射)와 3갑창(三甲槍)[22]을 익히게 하였다. 3갑창은 기창 교전에 대비한 실전용 마상무예의 하나였다. 3갑창의 훈련은 갑

20) 騎槍勢 兩騎對立 相距一百五十步 聞鼓聲 走馬各作左右揮槍勢 "揮馬鞭 作着槍勢" 皆疾前隔三四十步 相作着槍勢 兩騎旣近 互相盤馬 相看相着 或排之或避之 不過三回 一騎先走 作背槍勢 一騎追走 作着槍勢 走者或左或右 追者交作左右着槍勢而着之 後誤着胅 走者奪之返追 左揮而着 右揮亦着 又誤着過胅 走者復奪槍 反着擊如上勢 聞金聲 走馬而回 作左右揮着背勢而止 步槍勢 兩人對立 聞鼓聲 各作揮槍 "左右揮背作著槍勢" 皆疾前著槍 相廻相著 或排之或避之 餘皆如騎槍勢爲之 而左右勢 則於取才等第 分給爲難 甲士及自願人 春秋習射時依此列預習 若無故不預習甲士 來壬子年都試 始不許赴試 武科及都試下番甲士取才 則依前例用芻人爲之(《世宗實錄》 卷五十二 世宗 13年 6月 2日 甲午).

21) 兵曹上馬槍之法 啓曰: "武科馬槍之法 每二人作一對 兩騎隔一百三十步 擊鼓後揮槍馳走 相接凡三次 能中有朱痕者七分; 每一中加七分" 從之(《太宗實錄》 卷21 太宗 11年 3月 13日 癸酉).

22) 3갑창(三甲槍)은 날쌘 기마를 뽑아서 그 다소에 따라 갑, 을, 병으로 나누어 그 표식을 다르게 한다. 사람들은 대(隊)를 나누어 하여서 사람을 상(傷)하지 않게 한다. 북을 치면 갑을병이 각각 2인씩 두루 말을 달리면서 찌른다.

과 을, 그리고 병이라는 세 그룹으로 나누고, 표식을 다르게 한 뒤 각각 2인씩 두루 말을 달리면서 교전을 벌이는 방식이었다.[23] 이러한 창술은 무과에서도 시취를 할 때 시험과목이었고, 위의 방식과 유사하게 말을 타고 그 기술을 겨루었다.[24] 이처럼 조선의 창술은 삼국시대나 고려보다 체계화되었고, 『무예도보통지』를 통해 좀 더 구체화 되었다. 『무예도보통지』에는 장창, 죽장창, 기창이 기재되어 있으며, 각 창술의 형성과정 및 내용을 알 수 있다.

먼저 장창의 형성과정은 다음과 같다.[25] 『무예도보통지』에 기재된 장창의 길이는 1장(丈) 5척(尺)이다. 장창의 봉을 만드는 목재는 조밀한 나무로서 단단하고 가볍지만 유연성이 뛰어나다. 장창 그림의 우측에 "此處爲中 向後漸漸粗 向前漸漸細 不可輒加輒削"라는 기록을 볼 수 있는데, 창 자루는 중간에서 뒤쪽으로 갈수록 두껍고, 중간에서 창머리 쪽으로 갈수록 얇아져야 된다는 뜻이다. 또 창의 머리는 "此不可過四两"라고 한 것처럼 4냥을 초과해서는 안 된다고 하였다.[26]

『무예도보통지』의 장창을 보면, 창은 '목(木)'에서 온 글자라고 하였다. 또 『유편(類篇)』에 따르면, 창은 나무를 날카롭게 정리해서 상대에게 상해를 입히는 것이라 하였다. 일반적으로 창을 잘못 이해하고 있기도 하지만, 창을 종의 소리라든가 술을 먹는 술잔이라고도 알려져 있다고도 하였다.[27] 그러나 『수벽록』에는 청나라의 창법에 관해서 설명되어 있지만, 그 내용으로 『기효신서』와 『무예도보통지』에 기술되어 있는 24세 창이 그대로 기술되어 있다. 청나라 시기에도 명나라 시기의 장창 이상으로 더 뛰어난 창법은 없었던 것으로 추정된다. 청나라 시기

---

23) 上與中宮幸慕華館 百官及當番軍士與一應衣甲被點者 皆侍衛 又令坊里人丁分屬諸衛 御館門觀射 又擇武士習三甲射 三甲槍(《世祖實錄》 卷20 世祖 6年 6月 6日 辛亥).

24) 兵曹上武科用槍之法 啓曰: "《續六典》內 武科試取時用槍之法 但以中東草之人爲等 未便 今後兩人 執槍騎馬爭能 能中五人者爲一等 四人二等 三人三等" 從之(《太宗實錄》 卷26 太宗 13年 7月 21日 戊戌).

25) 장장, 죽장창, 기창과 관련된 내용은 필자(박귀순)의 《동양무예의 연구》. (제일출판, 2017)을 재인용하였다.

26) 戚繼光日 長一丈五尺(正祖(1790), '長槍' 《武藝圖譜通志》. 서울대학교규장각소장); 1丈은 10尺이며, 현재의 3.33m 정도이다. 1尺은 현재 3.03cm 정도가 된다. 1兩은 3.75g이며, 4兩은 15g이다.

27) 槍字本從木 類篇剡 音琰說利也 易繫 辭剡木 爲矢 木傷盜曰槍 俗用鎗字 蓋誤 鎗鍾聲也 又酒器也(正祖(1790), '長槍' 《武藝圖譜通志》. 서울대학교규장각소장).

에 들어서면서 이전에 혼용되었던 장창의 '창'은 '槍'이라는 문자로 채용되었다.[28)]

『무예도보통지』의 장창에는 목재와 창날로 구성되어 있으며, 창 자루의 목재로는 주목(綢木)이 가장 적합하다고 기술되어 있다.[29)] 주목은 명주실처럼 나무가 빽빽하고 촘촘한 것으로 나무의 재질이 상당히 강하면서 탄력이 있었다.

『무예도보통지』의 장창에는 화식(華式)과 금식(今式)으로 나뉘어 기술되어 있으며, 화식은 중국식, 금식은 조선식이다. 화식이 한쪽이 모로 이루어져 있는 반면에 금식은 양쪽이 모로 이루어져 화식보다 효율성을 더 강조한 것을 알 수 있다. 창 자루의 길이는 1장 5척이며, 영조척에 의거해서 환산하면, 창 자루의 길이는 450cm이며, 주척에 의거해서 환산하면, 창 자루의 길이는 315cm이다. 장창의 창날, 전체 길이, 전체 무게는 기술되어 있지 않으며, 창날에 따라서 그 길이와 무게가 다르다.

명나라 시기에 장병기가 다양한 개조 및 제조되었는데, 이러한 장병기는 자병기(刺兵器), 구병기(句兵器), 사병기(鍤兵器), 감병기(砍兵器), 산병기(鏟兵器), 차병기(叉兵器), 당병기(钂兵器), 선병기(筅兵器), 화병기(火兵器)로 분류할 수 있으며, 장창은 찌르는 무기로 자병기에 속한다.[30)] 이러한 장창과 관련된 내용은 현존하는 한국의 무예 서적 중에 『무예제보』와 『무예도보통지』에서 그 내용을 볼 수 있다.[31)]

『무예도보통지』에 기록되어 있는 장창의 길이와 재료, 창의 제조과정 등과 관련해 『기효신서』와 『무편』, 『병장기』, 『등단필구』, 『왜한삼재도회』, 『예기도식』, 『당운』, 『산해경』, 『본초강목』, 『당서』, 『명의별록』을 인용하고 있다.[32)] 앞에서 제시한 문헌 중에 『왜한삼재도회』 1권을 제외하면 모두 중국 문헌들이다. 즉, 『무예도보통지』에서는 장창의 형성 및 근거를 중국에 두고 있는 것으로 확인된다. 『기

28) 박귀순, 앞의 책, 41쪽.

29) 戚繼光曰 長一丈五尺 槍 桿(俗字俗訓 槍柄音汗木 梃也杆) 稠木第一(正祖(1790), '長槍'《武藝圖譜通志》. 서울대학교규장각소장).

30) 周緯,《中國兵器史稿》. (明文書局印行, 1981), 262쪽.

31) 박귀순, 앞의 책, 44쪽.

32) 正祖(1790), '長槍'《武藝圖譜通志》. 서울대학교규장각소장.

효신서』를 보면, 긴 창을 만드는 법은 양씨가 정통하였고, 그로부터 시작되었다고 하였다. 이것은 이화창이라고 칭해졌고 천하에서 중히 여겨졌다고 하였다. 『송사』에서도 이화창은 모든 창의 수장이며 천하무적의 무기라고 강조하였다. 이러한 기록에서 『무예도보통지』의 장창은 촉의 제갈량이 최초로 개발해서 병사훈련 및 군력 강화에 사용된 것이다. 중국 명나라 시기에 개조 혹은 창조된 자병기인 창의 최고로 이화창에 두고 있으며, 중국에서는 장창을 상당히 효용성 높은 병기로 중시되었다. 특히 『무예도보통지』의 장창은 명의 『기효신서』의 장창이 『무예제보』를 통해 조선으로 유입된 내용과 그 후의 『무비지』의 장창 등이 참조되었음을 알 수 있다. 이를 통해 조선에 맞는 장창을 개발하고 화식과 금식을 잘 활용한 장창이 형성되어 사용되어 왔다.[33)]

죽장창의 장창의 한 종류로서 명청 때에 형태가 갖추어졌다.[34)] 그 기원은 최초로 창을 개발한 제갈량의 고죽창(苦竹槍)에 두고 있지만, 형성과정과 관련된 구체적인 내용은 알 수 없다.[35)] 고죽창은 백엽죽(百葉竹)으로 이루어져 있다. 백엽죽은 한 가지에 백 개의 잎이 달리는데, 사람이 상해를 입거나 상처가 나면 반드시 죽는다. 이러한 죽장창에 대하여 명의 장군이자 『기효신서』의 저자인 척계광은 창의 허리가 약해서 전쟁에서 유용한 무기가 아니라고 하였다. 그러나 죽장창은 대나무를 붙여서 연결되어 이루어진 창으로 부드럽고 굳센 날이 매우 견고하고 날카롭고, 중간 부분을 굽혔다고 펴면 바로 펴지는 탄력성이 좋다.[36)] 곤봉을 제작할 때도 죽을 사용하기도 하는데, 중간 부분이 약해서 직접 찌르거나 공격을 할 때 위력이 뛰어나지 않지만, 대나무의 특성을 살려 굽혔다 펴지는 탄력을 활용한다. 죽장창도 대나무로 제작된 곤봉과 같이 탄력을 활용한 창술이 활용되었다.

『무예도보통지』에 죽장창의 명칭에 대한 설명이 기술되어 있다. 『단연록(丹

33) 박귀순, 앞의 책, 45쪽.

34) 康戈武 編,《中國武術實用大全》. (五洲出版社, 1996), 242쪽.

35) 續事始日 諸葛亮 製苦竹槍(正祖(1790), '竹長槍'《武藝圖譜通志》. 서울대학교규장각소장).

36) 續事始日 諸葛亮製若竹槍(華陽國志 百葉竹一枝百葉傷 人必死 案 若竹槍是百葉竹) …(中略)… 以木柯戚氏亦嘗歎 其腰歎 則非得勝之利器 …(中略)… 而渎入難拔腰 雖蹔屈族 卽伸直有彈之之勢也(正祖(1790), '竹長槍'《武藝圖譜通志》. 서울대학교규장각소장).

鉛錄)』에 따르면, “『주례(周禮)』의 주(注)를 보면, 수창(殳槍)은 대나무 여덟 쪽을 모아서 병차(兵車)를 만든 것이다”라고 하였다. 『설문』을 보면, “비(秘)를 대나무를 모은 것”이라고 하였으며, 『모시(毛詩)』에는 죽비(竹祕)가 보이고, 『주례』의 ‘고공기(古工記)’에도 대나무 지팡이라고 려기(廬器) 기술이 보인다.[37] 또한 『사서(史書)』의 극궁(棘矜)의 주(注)에 “극은 싸움에 쓰는 도구이며, 긍은 갈라진 창 자루라고 기술되어 있다”고 하였다. 『설문』의 주에 따르면, “적죽(積竹)은 대나무의 하얀 속 부분을 깎아내고, 겉의 푸른 부분을 모아서 다듬은 것”이라고 하였다. 이러한 문헌에서는 비, 죽비, 려기, 긍, 적죽 등의 명칭이 대나무 자루, 창 자루의 명칭으로 사용되었다고 한다.[38] 죽장창 제작방법을 구체적으로 알 수 없지만, 대부분 대나무를 쪼개서 아교로 근(筋)에 붙여서 굳게 한 후에 옻칠해서 편리하게 썼던 것으로 보인다.[39]

이러한 죽장창은 척계광이 언급했던 바와 같이 약하지만은 않았는데, 조선 때 한양의 경비와 군사훈련을 맡았던 훈국(訓局)에 있던 왜창(倭槍) 20자루가 단단한데, 모두 대나무를 모아 붙인 창 자루였다. 죽장창은 부드럽고 단단한 날이 견고하고 날이 서서 뾰족하였으며, 집 기둥을 시험 삼아 찔러 보았는데 힘을 조금 들여도 매우 깊이 들어가서 뽑기가 어려웠다고 기술되어 있다.[40] 죽장창은 주변에서 쉽게 구할 수 있는 대나무로 창 자루를 만들 수 있었으며, 대나무의 특성상 약하지만 탄력이 뛰어나고, 대나무를 쪼개 모아서 붙이는 형식으로 제작해서 허리 부분의 약한 단점을 보완하여 활용했던 것으로 보인다.[41]

『무예도보통지』의 죽장창을 보면, 창날과 창 자루, 근수(近手)라는 손잡이로 구성되어 있으며, 마디마디가 구분되어 있는 대나무가 주요 재료로 사용되었다.

---

37) 《說文》은 《說文解字》의 약칭이며, 《毛詩》는 《詩經》의 별칭이다.

38) 丹鉛錄曰 周禮注 殳以續 竹八觚建于兵車 說文秘竹攢也 毛詩竹秘 考工記爲廬器 史棘矜 注皆以績竹釋之 說文注日 積 竹爲 削去白取 其靑處合之 取其有功 卽今之積竹也(正祖(1790), ‘竹長槍’ 《武藝圖譜通志》. 서울대학교규장각소장).

39) 惟其繕造之法 不見蓋裂 竹攢聚膠 以屬之筋 以固之髤 以漆之可 得其便利(正祖(1790), ‘竹長槍’ 《武藝圖譜通志》. 서울대학교규장각소장).

40) 訓局所藏倭槍 柄可二十尺 蓋攢竹也 荏染而勁 刃甚犀利試 刺屋木少 用力而浤 入難拔腰 雖蹔屈旋 卽伸直有 彈之之勢也(正祖(1790), ‘竹長槍’ 《武藝圖譜通志》. 서울대학교규장각소장).

41) 박귀순, 앞의 책, 46쪽.

중국의 제갈량이 사용했던 고죽창의 길이는 2장 5척이었지만, 이 죽장창의 길이는 20척, 창 머리는 4촌(寸), 손잡이는 5척이다.[42] 죽장창은 영조척에 의거해서 환산하며, 창날의 길이는 12cm, 창 자루 길이는 600cm, 손잡이 길이는 150cm이며, 전체 길이는 762cm이다. 주척에 의거해서 환산하면, 창날의 길이는 8.4cm, 창 자루 길이는 420cm, 손잡이 길이는 105cm이며, 전체 길이는 533.4cm이다. 죽장창의 무게는 알 수 없지만, 앞에서 언급한 장창보다는 전체 길이가 5촌 이상 길다. 이는 죽장창의 유연성과 탄성을 효율적으로 활용하기 위해 길게 제작된 것으로 추정된다.[43] 이처럼 『무예도보통지』의 죽장창은 그 기원 및 무예 동작 명칭에 있어서 제갈량에 그 기원을 두고 있으며, 이러한 영향으로 중국에서 도입, 형성된 것을 알 수 있다.[44]

기창은 창 자루의 앞 끝에 깃발을 단창이며, 길이가 다른 창에 비해서 짧아서 단창이라고 하였다.[45] 기창과 관련된 기록은 명나라 자료에서 처음으로 찾아볼 수 있다. 명나라 성조는 기창을 잘 사용했는데, 매번 많은 상대를 만나면 기병을 이끌고 중견으로 충돌해 들어가서 적 후방을 에워싸고 깃발을 펄럭여서 군사들이 분전하니 적이 크게 무너졌다. 『후한서』를 보면, 광무제는 중견으로 충돌해 들어갔는데, 이 대목에서 주(注)에 중군장은 지존이 되어 견고하고 예리하게 스스로를 돕기 때문에 중견이라 한다고 하였다.[46]

『고려사』의 「여복지(輿服志)」에서는 왕의 수레를 의장대인 소기창대와 장교 2인이, 연등회 때에는 노부(鹵簿, 의장으로 진과 한나라 시기부터의 명칭)와 은간(銀幹, 작은 대나무)을 가진 20명의 소기창대(小旗槍)가 호위하였다고 하였다.[47] 소기창은

---

42) 長二十尺 頭刀四寸 近手五尺 …(中略)… 續事始日 諸葛亮製苦竹槍 …(中略)… 長二丈五尺(正祖(1790), '竹長槍'《武藝圖譜通志》. 서울대학교규장각소장).

43) 박귀순, 앞의 책, 47쪽.

44) 박귀순, 위의 책, 47쪽.

45) 俗稱短槍(正祖(1790), '旗槍'《武藝圖譜通志》. 서울대학교규장각소장).

46) 文皇每遇大敵 輒率驍騎衝中 堅繞出(後漢書 光武衝其中堅中軍將 至尊居 以堅銳自輔 故日中堅) 敵後擧旗飄之 士爭奮敵輒大潰(正祖(1790), '旗槍'《武藝圖譜通志》. 서울대학교규장각소장).

47) 高麗史 輿服志日 法駕儀仗 小旗槍隊將校二人 燃燈(高麗有 八關燃燈會) 鹵簿(儀仗也 自秦漢始有其名) 銀幹(小竹也) 小旗槍二十(正祖(1790), '旗槍'《武藝圖譜通志》. 서울대학교규장각소장).

명나라 성조 말기에 사용한 창 자루(마삭, 馬槊)의 한 종류였다. 『고려사』의 「여복지」에 기재되어 있는 것처럼 노부가 쓰는 것이다.[48]

『무예도보통지』에 기록된 기창을 보면, 기창은 깃발 하단에 1/5 부분이 흑백으로 색의 구분을 두고 있으며 한쪽에만 칼날이 꽂혀 있다. 기창의 석반(錫盤)을 기준으로 위쪽은 붉은 칠을 하고, 아래쪽은 검은색과 흰색을 교대로 칠한다. 또 다섯 마디 정도에 황색이나 홍색의 작은 기를 단다.[49] 흑과 백색으로 마디를 구분하고 마디 시작과 끝부분에 붉은색이나 황색, 홍색을 칠해 창 자루의 평형을 맞춘 것으로 보인다. 『무예도보통지』에서 기창은 한 종류의 무예로서 기술되어 있지만, 명나라 성조 때에는 무기로서 기창보다 호위나 왕의 의장 등 상징적인 위업이나 권위를 나타나는 데 그 가치가 높았던 것으로 추정된다. 『무예도보통지』의 기창의 전체 길이는 9척 9촌이며, 영조척에 의거해서 환산하면, 창날의 길이는 27cm, 창 자루의 길이는 270cm, 전체 길이는 297cm이다. 주척에 의거해서 환산하며, 창날의 길이는 18.9cm, 창 자루 길이는 189cm, 전체 길이는 207.9cm이다. 기창의 전체 무게는 확인할 수 없다.

앞에서 기술한 바와 같이 명의 성조가 적과 싸울 때부터 기창이 형성, 사용된 것을 알 수 있다.[50] 기창은 치고 찌르는 기술을 사용하는 창으로, 『무예도보통지』의 기창은 창에 기를 달고 사용되었다. 때로는 기를 대신하여 호미와 같은 날카로운 것을 달기도 하였다. 기창은 출정할 때 지휘하는 임무가 주요 역할이며, 적진에서는 적을 혼란시키는 역할을 하였다.[51]

명을 세운 주원장의 넷째 아들인 영락(永樂), 즉 성조가 다스리던 기간에 명나라의 국력은 극성기였으며 대내외적으로 국력을 떨쳤다. 성조는 실천하는 왕으로 당시 명의 위상을 기창을 통하여 보여주려고 한 것 같다. 이 시기에는 전쟁이

48) 文皇 所御馬槊之類也 麗志所載 鹵簿之器也 而以其帶旗之槍故引 爲故實然(正祖(1790), '旗槍'《武藝圖譜通志》. 서울대학교규장각소장).

49) 朱漆 自錫盤以下 塗黑白 凡五節帶小旗 或黃或紅(正祖(1790), '旗槍'《武藝圖譜通志》. 서울대학교규장각소장).

50) 文皇每遇大敵 輒率驍騎衝中堅 繞出敵後擧旗飄之士 爭奮敵輒大潰(正祖(1790), '旗槍'《武藝圖譜通志》. 서울대학교규장각소장).

51) 裘錫榮 等,《中华古今兵械图考》. (人民体育出版社, 1999), 36쪽.

나 연례행사에 기창이나 소기창이 사용된 흔적을 볼 수 있다. 그러나 그 이전의 기술에서는 기창과 관련된 내용은 보이지 않는다. 이처럼 『무예도보통지』에 기술된 기창은 명나라가 기원임을 알 수 있다. 특히 이 책이 간행될 때 참조하였던 『기효신서』에 기창의 창 자루 허리가 약하다는 단점이 지적되어 있음에도 불구하고, 명나라 성조가 기창을 자주 사용했던 점을 근거로 『무예도보통지』에 기술된 점은 주목할 만하다. 『무예도보통지』의 기창은 명나라 성조가 기창을 비교적 왕이나 의장 등의 위엄이나 위상을 보이기 위해 사용한 것에 비해서 이 책에서는 무예의 한 기예로 기술된 점이 달랐다는 점에 주목해야 한다. 『무예도보통지』의 기창은 무예로서의 장점을 살리며 효용성이 있게 형성되었고, 그 활용도가 긍정적으로 평가되면서 조선에 수용되었던 것으로 추정된다.[52]

3. 창술의 특징

창술은 창이라는 무기를 활용하는 무예이다. 창 무기는 각 시대별로 형태가 변용되었다. 삼국시대의 창은 보병용과 기병용으로 크게 나뉜다. 보병용은 길이가 대략 250cm 정도로 짧은 편이었다. 구조는 매우 단순하여 창대와 창 머리로 되어 있다. 창대는 보통 나무나 대로 만들었으며, 습기를 막기 위하여 옻칠을 하기도 하였다. 창 머리는 슴베가 있어 창대를 꼽는 조선의 것과는 달리, 날 아래에 긴 고깔처럼 생긴 투겁을 만들어 창대에 끼우는 투겁식이 대부분이다. 창 머리의 길이는 일반적으로 20－30cm 정도이다. 보통 보병용 창에는 창대 끝에 부착하는 금속제 고달은 박지 않았다. 삼국시대 전기의 창 중에는 창날이 30cm 정도로 지나치게 길고 투겁의 직경이 2cm 정도로 급히 좁고 비실용적인 형태의 초대형 창 머리가 확인되기도 한다. 이런 초대형 창 머리는 시신을 두는 시상대(屍牀臺) 위에 나란히 깔기도 하고, 다량으로 한 군데에 매납(埋納)하기도 했다는 점에서 부와 권력을 상징하는 의기로 만든 것으로 추정된다.[53]

52) 박귀순, 위의 책, 51－52쪽.

53) 국사편찬위원회, 앞의 책, 36－37쪽.

기병용 창은 삭이라고 부른다. 삭은 마상용 창으로 창대의 양쪽에 창 머리가 있어서 말 위에서 전후좌우로 공격과 수비를 하기에 편리한 길이와 구조로 만들어져 있다. 삼국시대 중기에 말과 무사 전체를 갑옷으로 무장한 중무장 기병이 전쟁의 총아로 등장하면서 삭도 중요한 병기로 부상하였다. 삭의 길이는 일반적으로 350cm 이상인데, 심지어 500cm가 넘는 것도 있었다. 전투에서 삭을 가지고 싸우는 모습은 삼실총의 공성도(功成圖)에 잘 나타나 있으며, 삭으로 무장한 중무장 기마단의 모습을 여러 고분의 행렬도에서 가끔 접할 수 있다. 고구려 고분벽화의 삭에는 대부분 깃발이 걸려 있는데, 부대를 나타내는 심벌과 같은 장식적, 상징적 용도도 활용, 상대와 접전할 때 깃발로 적을 현혹시켜 공격 효과를 극대화하는 구실을 하였던 것으로 추정된다.[54]

창을 부르는 명칭은 창, 모(矛), 모(鉾) 등으로 다양하나, 일반적으로 창날을 자루에 끼울 때 창날 아래의 슴베를 장대를 꼽으면 창(槍), 그에 비해 소켓 모양의 투겁에 창대를 삽입하여 고정시키면 모(鉾)라 한다. 고대의 창모(槍鉾)에는 투겁에 창대를 끼운 투겁창인 모(鉾)가 절대적 다수를 차지한다. 투겁창의 형식은 투겁의 끝이 제비 꼬리형인가 아니면 그냥 평탄형인가에 따라 연미형(燕尾形)과 직기형(直基形)으로 구분한다. 한편으로 창날과 투겁의 경계가 뚜렷하여 관부(關部)가 있는가 아니면 창날과 투겁의 경계가 없이 그냥 직선형인가에 따라 유관식(有關式)과 무관식(無關式)으로 나눈다. 따라서 투겁창의 형식은 크게 유관연미형(有關燕尾形), 유관직기형(有關直基形), 무관연미형(無關燕尾形), 무관직기형(無關直基形)으로 분류된다.

이런 전형적인 형태와 함께 특이한 모양의 투겁창도 확인된다. 3세기를 중심으로 영남지방에서는 창날이 칼날처럼 긴 데 비하여 투겁이 매우 짧고 비실용적 형태의 짧은 투겁식 창이 출토되었다. 이것은 재력과 권력을 과시하기 위한 부장품으로 추정되고 있다. 5세기 고구려와 신라에서는 투겁의 윗부분에 원반 모양의 철판을 끼운 석반부철모(錫盤付鐵鉾)가 대형 고분을 중심으로 발견되었다. 이는 고구려 고분벽화에서 빈번하게 확인되는 깃발 창으로 볼 수 있다. 7세기가 되면 투

54) 국사편찬위원회, 위의 책, 37쪽.

겹창의 길이가 짧아지고 특히 창날의 크기가 투겁 길이의 절반 정도로 축소되는데, 이는 투겁창의 다량 생산에 따른 결과로 추정된다.

4. 나가며

우리나라에서는 24반무예를 하는 단체 및 협회에서 창과 관련된 무예를 계승하고 있다. 대표적으로 수원시립예술단 24반무예단에서 매일 수원화성의 신풍루 앞에서 상설공연을 하고 있다.

국내는 물론 전 세계적으로 유명한 무예24기 시범단은 정조의 친위 부대인 장용영의 무예를 익혀온 최고의 전통무예 고수들이 담당하고 있다. 무예단의 공연은 다양한 동작과 무기를 갖추어 변화무쌍하며 간결한 멋과 호쾌함을 가지고 있어 수원을 찾는 관광객에게 손꼽히는 명물이기도 하다. 전통무예 연구자인 최형국의 지휘 아래, 학술적 근거와 고증이 한층 강화된 전통무예에 아크로바틱과 마샬아츠 등을 가미하여 한시도 눈을 뗄 수 없는 훌륭한 공연을 시연하고 있다. 이 밖에 매년 수원 화성문화제의 메인 공연으로 정조대왕의 야간 군사훈련을 재현한 '야조(夜操)'와 『무예도보통지』에 수록되어 있는 말 위에서 병장기를 다루는 마상무예 6기(마상무예 4기, 격구, 마상재)를 토대로 다양한 고증을 통해 재현된 마상무예 공연인 '선기대(善騎隊), 화성을 달리다' 등이 특별공연으로 연출되고 있다.[55]

또한 (사)대한24반무예협회는 국방부 소속 전통의장대의 지도 및 시범, 청와대 연무관에서 벌이는 시범, 광주비엔날레 시범, 조선무과대회와 웅치 전투 재현 등 창술과 관련된 시범을 계속해서 거행하면서 대중들에게 우리의 전통무예를 알리는 기회를 만들어 시민은 물론 외국의 관광객에게 보여주는 공연물로 삼고 있다.

---

55) 수원시립예술단 홈페이지: http://www.artsuwon.or.kr/esps/overview.php_ (2019.06.05. 검색).

검술

1. 들어가며

우리나라 고대의 전투에서 사용되었던 무기는 창과 도검, 도끼, 활 등이 주력 무기였다. 그중에 검은 인류의 역사가 시작되면서 생활을 영위하기 위한 도구로 다양하게 이용되어 왔다.

고대의 무기는 기원전 1세기경을 기점으로 청동 무기에서 철제 무기로 전환된다. 철제 무기는 주조로 제작되던 청동 무기에 비하여 단조로 만들어져 살상력이 강하였다. 먼저 칼과 창이 철제로 제작되었고, 한번 쓰고 나면 회수하기 어려운 화살촉은 기원후에 들어와 석제와 골제 등에서 철제로 대체되었다. 이러한 삼국 초기의 칼은 길이가 30cm 정도인 단검이 대다수였던 것으로 밝혀졌다.[1)]

이 철제 단검의 기본적인 형태는 한국식 청동단검과 유사하다. 칼 몸과 칼 손잡이, 칼코등이, 칼끝자루장식 등을 따로 만든 다음에 짜 맞추는 조립식이다. 용도는 기본적으로는 살상용이었을 것이지만, 벽사진경의 의미나 주술적 기능이 더 강하였다고 추정된다. 이는 광주 신창동 저습지 유적에서 한국식 동검을 모방하여 만든 비실용적 목검이 출토된 점, 창원 다호리 유적에서 무덤의 부장품으로 널리 애용되었고 다호리 1호분에서 단검과 함께 출토된 부채가 무속적 무구일 가능성이 있는 점, 김해 양동리 55호분에서 출토된 단검의 칼끝자루장식에 방울이

1) 국사편찬위원회, 《나라를 지켜낸 우리 무기와 무예》. (두산동아, 2007), 32쪽.

내장되어 칼의 의기성(儀器性)과 함께 주술성을 반영하는 점 등에서 그 근거를 찾을 수 있다. 이와 관련하여 무당이 잡귀를 물리치기 위하여 휘두르는 신(神) 칼이 무구인 사실은 주목할 만하다. 삼국시대의 칼은 양날 칼인 검이 초기에 잠시 유행한 것을 제외하면 2세기부터 줄곧 외날 칼인 도(刀)가 주류를 이루었다.[2)]

삼국시대의 도검은 칼 손잡이 끝부분에 둥근 고리가 부착된 환두대도(環頭大刀)였다. 둥근 고리 안에는 잎사귀 두 잎, 혹은 세 잎 문양, 혹은 용과 봉황문이 장식되어 있기도 하다. 장식은 신분에 따라 달랐다. 환두대도는 고구려를 대표하는 대도이며, 고분벽화에서 그 형태를 찾아볼 수 있다. 이처럼 무기체계에서 보듯, 우리나라에도 검술이 존재했다는 사실을 유추할 수 있으나 검술과 관련된 기록은 찾아보기 어렵다. 『조선왕조실록』을 보면, 우리나라에는 검술이 제대로 전해지지 않았다는 사실을 확인할 수 있다.[3)] 그렇지만 『무예도보통지』에는 검술의 흔적이 다수 기록되어 있다.

그러면 우선 『무예도보통지』에 수록된 24기 주에 검술과 관련한 선행연구로는 일제강점기에 정인보[4)]가 처음으로 동아일보에 해제한 것으로 시작된다. 해방 이후에 허선도[5)]는 한국의 명저서로 『무예도보통지』를 해설하였으며, 육군본부[6)]는 『무예도보통지』를 중요 병서로 구분하여 해설하는 작업을 통해 이 사료의 기초연구에 기여하였다. 이 책은 최초로 김위현[7)]이 한글로 번역하였고, 김광석과 임동규[8)]에 의해 실기를 재현하는 작업이 이루어졌다. 『무예도보통지』는 일본인에 의한 연구도 이루어졌고,[9)] 허인욱[10)]과 이종림,[11)] 김산,[12)] 곽낙현[13)] 등에 의

2) 국사편찬위원회, 앞의 책, 32쪽.

3) 今此投順倭人 有能用劍者 有能用槍者 我國自古劍術不傳 近日粗爲傳習 此萬世之益也(《朝鮮王朝實錄》 宣祖實錄 53卷 宣祖 27年 7月 11日 丁亥).

4) 정인보, 正祖御定 武藝圖譜通志, 《東亞日報》. 1931년 07월 06일자.

5) 허선도, 《御定武藝圖譜通志解題》. (현암사, 1969).

6) 육군본부, 《御定武藝通志: 古兵書解題》. (육군군사연구실, 1979).

7) 김위현, 《국역무예도보통지》. (민족문화사, 1984).

8) 김광석, 《武藝圖譜通志: 實技解題》. (동문선, 1987); 임동규, 《實演完譯: 무예도보통지》. (학민사, 1996).

9) 山本純子, 〈「武芸図譜通志」の研究その大要と時代背景について〉, 《日本武道学会第22会研究発表会大会号》. (日本武道学会, 1989), 117－119쪽; 朴貴順, 〈16世紀以降における中·

해 다양한 관점에서 연구가 진행되어 왔다.

한편, 1980년대 말에 들어와 우리나라에서 해동검도라는 단체가 생기면서 이를 필두로 진검수련에 대한 관심이 높아졌고, 더불어 각종 검술단체가 생겨나는 기회로 작용하였다. 그러나 각 검술단체들은 대체적으로 자신들의 무예 기법이 고래로부터 전승되어 온 한국 고유의 검술이라고 선전하고 있는 형편이지만 이에 대한 사료나 확증할 수 있는 근거를 제시하지는 못하고 있다. 거의가 직설적으로 그 상관성을 언급하지는 않더라도 우리 민족사에서 검술과 관련한 기록들을 끌어다 자신들의 검술사의 배경으로 인용하고 있음은 안타까운 일이 아닐 수 없다.[14]

이에 이 글에서는 검술의 내용을 가장 자세히 확인할 수 있는 『무예도보통지』를 중심으로 우리나라 검술의 역사적 전개를 개괄해 보도록 하자.

2. 검술의 역사

우리의 고대 사회의 검술 형태는 고구려 고분벽화를 통해 살펴볼 수 있다. 팔청리 벽화고분에는 여러 가지 기예 장면이 그려져 있는데, 그중에 두 남자가 격검을 하는 듯한 그림이 있다. 여기서 말하는 격검(擊劍)이란 검술이라는 큰 테두리 안에서 직접 검을 부딪쳐가며 기술을 익히는 것, 즉 '검 겨루기'를 가리킨다.[15]

日·韓武芸交流に関する研究: 『紀効新書』, 『兵法秘傳書』, 『武術早学』, 『武芸図譜通志』を中心に〉, 未刊行 博士學位論文. (日本国立金沢大学校, 2006).

10) 허인욱, 〈김체건과 무예도보통지에 실린 왜검〉, 《한국체육사학회지》. 11, (한국체육사학회, 2003), 36－43.

11) 이종림, 〈조선세법고〉, 《한국체육학회지》. 38(1), (한국체육학회, 1999), 9－21쪽.

12) 김산, 〈무예도보통지 세에 관한 연구〉, 《한국체육사학회지》. 13, (한국체육사학회, 2004), 1－12쪽.

13) 곽낙현, 〈《武藝圖譜通志》에 수록된 도검자세에 관한 고찰〉, 《한국체육사학회지》. 19, (한국체육사학회, 2007), 85－98쪽.

14) 이종림(1995) 《정통 검도교본》; 강영욱(1999) 《해동검도 교본》; 용인대학교무도연구소(2004), 《검도》; 김정호(2009) 《정본 해동검도》; http://cafe.daum.net/bonkukkumDS (2019.03.22. 검색) 등에 소개된 검도의 역사에서 이러한 정황을 읽을 수 있다.

15) 허인욱, 《옛 그림에서 만난 우리 무예 풍속사》. (푸른역사, 2005), 45－49쪽.

팔청리 고분벽화를 보면 한 사람은 오른손에, 다른 한 사람은 왼손에 긴 검을 쥐었다. 그림에 보이는 형태만으론 이 또한 베기보다는 찌르기 위주의 검술이 아닐까 생각된다. 5세기 무렵으로 알려진 약수리 벽화고분에도 오른손에 검을 쥔 '무사상'이 그려져 있다. 여기서 검의 형태는 팔청리고분벽화와 달리 한날 칼인 도로 보인다. 도는 찌르기보다는 베기 위주의 기술에 많이 쓰인다. 두 고분벽화에 찌르기와 베기 기술이 모두 나오는 것으로 봐서 고구려 검술에 다양한 기예가 있었던 것으로 추정된다. 고분벽화에 그려진 검술 장면은 여러 가지 기예를 그린 것 중 하나이므로 실제 무사들의 검술수련 모습과는 다소 거리가 있다. 그러나 검을 이용한 놀이 문화가 존재한다는 것은 그만큼 고구려에 검과 관련된 문화가 발전했음을 보여준다.16)

『화랑세기(花郞世記)』에는 신라 때의 검술과 관련된 내용이 기록되어 있다. 이 문헌의 발견 경위와 내용을 둘러싼 진위 여부에 대해 아직도 논란이 계속되고 있지만, 검술과 검도라는 용어를 찾아볼 수 있는 문헌으로 주목받고 있다. 『화랑세기』에는 구체적인 검술의 형태를 알 수 없지만, 문노라는 인물이 어린 화랑들에게 검술을 지도했음이 기록되어 있어 화랑들이 검술을 수련했던 사실은 알 수 있다.17)

고려의 검술과 관련된 직접적인 기록은 아직 발견되지 않고 있다. 조선에 들어서면서 활쏘기와 장거리 무기 위주의 전술로 인해 검술은 점차 쇠퇴하였던 것으로 보인다. 이후 임진왜란을 겪으면서 검술의 필요성을 인식하게 되었고, 명나라와 일본의 검술을 한국에 도입하게 되었다.

조선 후기에 군사들이 공식적으로 수련한 검술은 척계광이 창안한 쌍수도(雙手刀)와 중국으로 전해졌다가 다시 역수입된 예도(銳刀), 일본에 파견해서 배워온 왜검(倭劍)과 왜검교전(倭劍交戰), 명나라 군인에게 배운 제독검(提督劍), 조선에 계승되어 오던 본국검(本國劍), 두 개를 검을 양손에 들고 사용하는 쌍검(雙劍)이 있다. 위의 검술에 대한 자세한 내용은 『무예도보통지』에 기록되어 있다.18)

---

16) 허인욱, 앞의 책, 50쪽.

17) 허인욱. 위의 책, 53쪽.

18) 《무예도보통지》의 검술에 관한 내용은 박귀순, 《동양무예 연구》. (제일출판, 2017)을 수정

먼저 쌍수도(雙手刀)의 형성과정을 살펴보자.[19] 쌍수도의 본 명칭은 장도(長刀)이며 용검(用劍)이나 평검(平劍)으로 부르기도 하였다.[20] 『무예도보통지』를 보면, 척계광은 왜구가 중국을 침입했을 때 장도의 위력을 알게 되었다고 기록하였고,[21] 『무예도보통지』를 간행할 당시에는 쌍수도라는 명칭이 사용되었지만, 실제로는 수련이나 연습할 때는 요도가 사용되었다.

요도(환도)에 대해 살펴보면, 요도는 명나라 장군인 척계광에 의해서 제작되었다. 명나라 시기인 1522년부터 1566년 사이에 왜구의 침입이 극심했을 때에 명나라 병사들은 자신들의 도를 가지고 일본의 왜도에 맞섰지만, 싸움에서 매번 지고 말았다. 이때 척계광은 명나라의 검이 왜도보다 못한 것을 인식하고 일본의 장도, 즉 왜도를 극찬하였다. 그래서 척계광은 이왜제왜(以倭制倭) 책략으로 왜도를 모방한 요도를 제작하게 되었다. 그는 중국의 단도법(單刀法; 한손으로 사용하는 도법)에 왜도법(倭刀法)을 융합한 신유도법(辛酉刀法)을 고안해 군사훈련에 활용하였던 것이다. 이 도법은 왜구를 전멸하는 데 주요한 수단이자 방법이었다. 『무비지』에도 요도가 보이는데 척계광의 요도와 외형이 같다.[22]

『무예도보통지』에 기록된 쌍수도의 형성과정은 『기효신서』와 『무예제보』, 『무비지』의 내용을 통해서 구체적으로 살펴볼 수 있다. 모원의(茅元儀, 1594－1640)에 의하면 장도는 왜도이며, 보병들에게 좋은 병기라고 하였다. 또 명나라 전에 중국에서는 장도의 체계를 제대로 갖추지 못하였다고 하였다. 그러나 그는 『중화고금주(中華古今注)』에 장도가 한나라 때부터 전해져 내려왔으며, 고제(高帝)는 백사검(白蛇劍)으로 베었는데 그 검의 길이는 7촌이었다고 하였다. 그리고 한서에 광천

보완함.

19) 쌍수도의 형성과정은 박귀순, 신영권, 〈《무예도보통지》의 쌍수도의 형성과정에 관한 연구: 《기효신서》, 《무예제보》, 《무비지》, 《무예도보통지》의 무예 동작 비교를 중심으로〉, 《대한무도학회지》. 12(3), (대한무도학회, 2010), 17－34쪽을 수정 보완함.

20) 本名長刀 俗稱用劒平劒(正祖(1790), '雙手刀' 《武藝圖譜通志》. 서울대학교규장각소장).

21) 雙手刀 …(中略)… 戚繼光日 …(中略)… 倭寇中國始有 …(中略)… 茅元儀日 倭奴之制(正祖(1790), '雙手刀' 《武藝圖譜通志》. 서울대학교규장각소장); 此自倭犯中國始有之(戚繼光(1562), '長刀解' 《紀效新書》. 대만 국가도서관소장).

22) 張伯夷, 《中國兵器大全》. (逸文出版, 1996), 25－26쪽; 박귀순, 〈《무예도보통지》의 예도에 관한 연구〉, 《한국체육과학회지》. 22(5), (한국체육과학회, 2013), 6－7쪽.

혜왕은 한나라 경제의 아들이 월을 건립하기 전에 손거가 7척 5촌의 검을 만들었다고 하였다.[23] 이러한 기록을 통해서 모원의는 중국 고대의 장도 제작이나 사용된 근거 문헌들을 제시하며 왜구의 장도보다 중국의 장도의 역사성을 강조하고자 하였다.

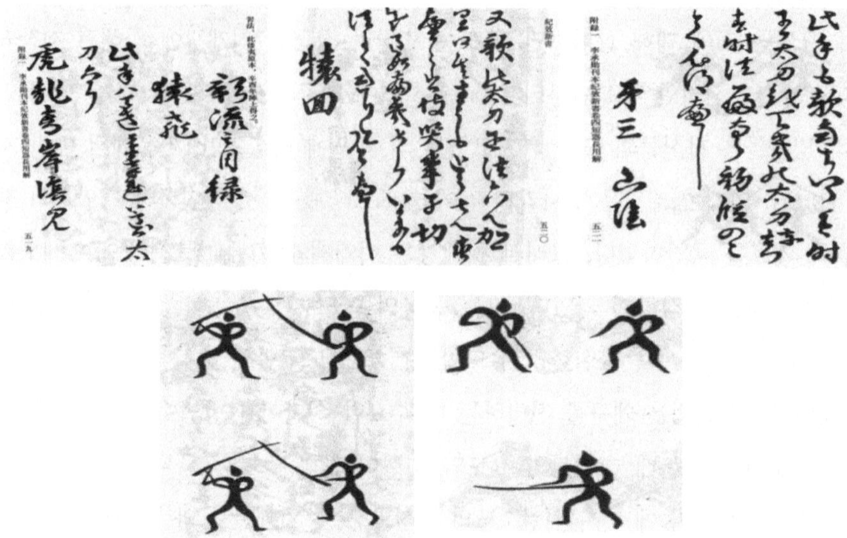

『기효신서』의 도의 '습법'[24]

『기효신서』의 장도에는 '습법(習法)'이 기술되어 있는데, 『무예문헌자료집성』에 따르면 '습법'은 왜구가 그의 스승에게 얻은 비결서로서 척계광이 1561년에 왜구와의 전쟁 중에 획득한 것이라고 하였다.[25]

위 그림은 『기효신서』에 기술되어 있는 '습법'의 원문이다. 이 '습법'에는 '창류지목록(彰流之目錄)'에 사람의 형상을 띈 그림자 형태의 2인 1조로 대련하는 모

---

23) 茅元儀曰 長刀倭奴之制 甚利於步 古所未備然 中華古今注曰 漢世傳高帝 斬白蛇劍 長七尺 …(中略)… 漢書 廣川惠王越(漢景之子也) 孫去作七尺五寸劍(正祖(1790), '雙手刀' 《武藝圖譜通志》. 서울대학교규장각소장); 長刀則倭奴 所習 世宗時進犯 東南故 始得之 戚小保於辛酉 陳上得其習法 又從而演之(茅元儀(1621), '刀' 《武備志》. 대만국가도서관소장).

24) 戚繼光(1562), 《紀效新書》. 대만국가도서관소장.

25) 국립민속박물관, 《무예문헌자료집성》. (국립민속박물관, 2004), 307쪽; 박귀순, 신영권, 앞의 글, 21쪽.

습이 세 가지 그려져 있다. 한 사람의 움직임을 한 동작으로 취급하여 네 동작으로 기술되어 있다. 이 '창류지목록'은 에도시대의 초서체로 기술되어 있는 특징을 보이는데, 그 내용은 위와 같다.[26]

이 '창류지목록'의 내용을 살펴보면, 판독하기 어려운 네 글자로 인해 정확한 전문의 뜻을 이해하기는 어렵지만, 엔삐(猿飛)나 엔카이(猿回) 등의 문자를 통하여 일본의 전국시대에 존재했던 검술 계통 중에 엔삐카게류(猿飛陰流)의 검술과의 관련성을 추정할 수 있다. 그러나 그 구체적인 내용은 확인할 수 없다.[27]

『무비지』에서도 장도의 '습법'을 볼 수 있는데, 『기효신서』와 같이 '창류지목록'이 있으나 그림에서 보는 바와 같이 무예를 행하는 자가 원숭이로 묘사되어 있다. 『무비지』의 '습법'에 보이는 창류지목록의 내용과 동작, 그리고 동작의 수는 『기효신서』와 동일하다. 단지 무예자가 『기효신서』는 그림자 형태로 그려져 있으나 『무비지』는 원숭이로 묘사된 점이 다를 뿐이다. 특히 『무비지』에는 『기효신서』보다 더 구체적으로 엔삐나 엔카이와 함께 원숭이 신이 전한 기술이라는 엔삐가케류와의 연관성이 깊다는 점을 추정할 수 있다. 현존하는 일본의 가케류 전서에서 엔삐가케류는 원숭이를 무사로 그리고 있다는 특징을 볼 수 있다. 이를 통해 『무비지』의 '습법'을 통해서 일본의 무로마치와 전국시대의 아이스 히사타다(愛洲久忠)의 가케류나 엔삐가케류와의 관련성을 생각할 수 있다.[28]

---

26) 판독은 본 원고의 집필자인 박귀순(영산대학교)이 하였으며, ㅁ은 판독 불가능하다는 점을 밝힌다.

27) 彰流之目錄: 猿飛 此手ハてき十四架惑ㅁㅁㅁ太刀上り 虎龍寿岸隠見 又歌此太刀王法候ハん加 宜何其直ニもㅁ先直 扁々善枝笑事子切 さぬへ幾上りいうにも 従事へ用りて有へし 猿回 此手も教南いたす時 有太刀を天幾の太刀与左門 其時法爲なう動段のゝて心得へし 第三 山陰(박귀순, 신영권, 앞의 글, 21쪽).

28) 박귀순, 신영권, 앞의 책, 25쪽.

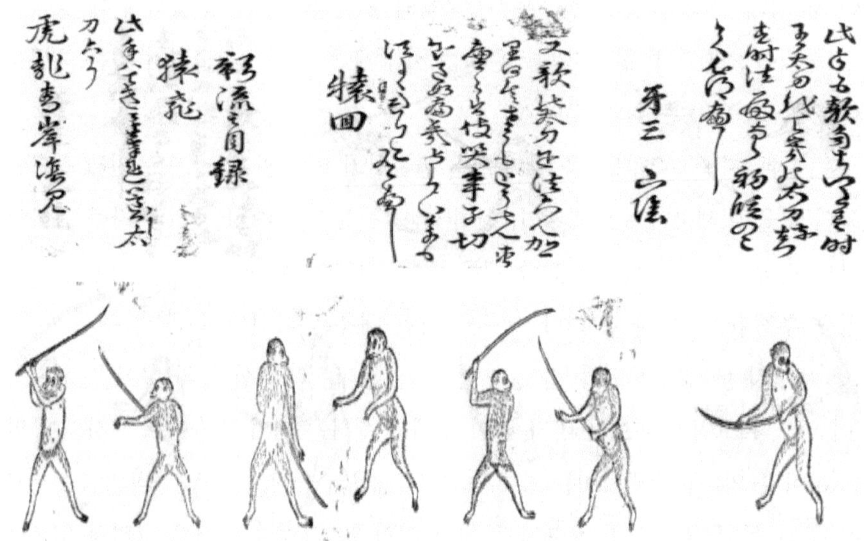

『무비지』의 도의 '습법'[29]

『기효신서』와 『무예제보』는 『무예도보통지』와 같이 장도라는 명칭으로, 『무비지』는 도라고 기술되어 있지만, 실제 네 권 모두 장도는 쌍수도에 관한 기예를 말한다. 처음 왜구의 장도에 대한 우월성을 체험한 척계광은 신유년에 왜구와의 전투에서 비결서를 획득하고 이에 따른 '습법'을 통해서 훈련하였으며, 『기효신서』에 대한 기술을 남겼다.

여기서 잠시 왜구에 대해서 살펴보고자 한다. 왜냐하면 왜구에 대한 논의를 통해서 '습법'에 대한 출처가 더욱 명확해질 수 있기 때문이다. 왜구는 13세기부터 16세기에 한국과 중국 연안을 휩쓴 일본 해적을 일컫는다. 이 무리에는 기타큐슈(北九州) 지역의 일본인(파산한 지주, 일본 무사, 낭인 등)뿐만 아니라 조선인과 중국인 등의 다양한 민족이 속해 있었다. 왜구의 구성원 수를 보면, 순수한 일본인(眞倭者)은 3할에 불과하고, 그 나머지는 중국인이나 다른 지역 출신 사람으로 구성되어 있었던 것이다.[30] 이처럼 왜구나 왜노가 일본인이라고 확정할 수 없기 때문에 '습법'의 출처에 대한 의문은 아직도 남아 있다. 현 단계에서 '습법', 즉 이

29) 茅元儀(1621), 《武備志》. 대만국가도서관소장.
30) 柳町敬直, 《日本歷史館》. (小學館, 1993), 531쪽.

에 관한 비결서를 확인할 수는 없지만, 『기효신서』와 『무비지』에 기록되어 있는 '창류지목록'의 내용과 동작을 통해서 일본의 문헌인 것만은 확인할 수 있다. 아쉽게도 그 내용과 장도 제조법은 전해지고 있지만, 훈련법이나 구체적인 내용 등은 확인할 수가 없다. 장도와 관련된 내용은 『무예제보』와 『무비지』에 보인다. 이 두 권에 기술된 장도는 척계광의 영향을 받아 기술되었음이 밝혀졌다. 따라서 『무예도보통지』의 쌍수도가 이 세 권의 영향을 받아 기술된 것으로 보는 것이 현재까지는 타당해 보인다.

이 세 권에 그려진 특징을 비교해 보면, 모든 시범자가 중국풍의 복장과 모자, 그리고 신발을 착용하고 있다는 점이다. 특히 『무예제보』의 시범자는 조선의 무예서임에도 불구하고 중국풍의 복장을 착용하고 있다. 이는 『무예제보』의 간행이 전란 중에 간행되었다는 점에서 전쟁 중에 시급하게 활용할 수 있는 무예 중심으로 기술하는 바람에 시범자의 복장과 같은 항목에 대해서 고려할 여유가 없었기 때문이 아니었을까 추측하고 있다.

『무예도보통지』의 쌍수도는 왜구가 명나라를 침략하는 과정 중에 척계광이 '습법', 즉 비결서를 손에 넣으면서 명에 소개된 것으로 알려져 있다. 척계광은 왜구들이 쓰던 장도의 우월성을 인정하였으며, 이들을 격퇴하기 위해서는 반드시 장도를 이해해야 한다고 보았다. 그는 자신의 부대원들에게 장도를 익히도록 하였다. 그 후 장도는 『무예제보』에 그대로 장도라는 이름으로 기술되었고, 『무비지』에는 도라고 기술되었다. 특히 『기효신서』와 『무비지』에 '습법'의 창류지목록 내용과 동작을 통해 단지 이것은 왜구의 무예가 아닌 일본의 무예이며, 현재까지 계승되고 있는 무예 중에 하나로 강조하였다. 나아가 무예도보통지』에는 쌍수도라고 기술되었으며, 척계광이 강조했던 장도의 우월성을 계승하고, 장도의 길고 무거운 점을 고려해서 병사들이 배우고 훈련할 때에는 요도를 사용하게 하는 효율적이고 체계적인 훈련법이 보완되어 있다.

『무예도보통지』의 쌍수도는 왜구에 의해서 일본의 장도가 명나라로 알려졌으며, 명나라의 척계광이 장도의 우월성을 수용하면서 『기효신서』에 체계적으로 기술되었다. 그 내용은 『무예제보』와 『무비지』에 계승되었고, 『무예도보통지』로 이어졌다. 그러나 『무예도보통지』에는 쌍수도라는 명칭 변경과 요도의 활용이라는 새로운 훈련법의 보완 등 조선 사회 나름의 효율적 방안을 고려하는 고민을 통해서 형성, 기술된 것으로 추정된다. 따라서 『무예도보통지』의 쌍수도를 통해 일본에서 중국(명)으로, 그리고 조선으로 전해진 무예의 복합적이고 문화적인 교류 양상을 찾아볼 수 있다.

다음은 예도의 형성과정에 대하여 살펴보도록 하자.[31] 예도는 날카롭고 빠른 도의 의미로, 원래 명칭은 단도(短刀)이며, 당시 우리나라에서는 환도(環刀)라고 하였다.[32] 『무비지』에는 예도가 조선세법이라고 명명되어 있다. 『무비지』에 따르면, 옛날의 검은 전투에 사용되었는데, 당 태종은 이러한 검을 사용할 수 있는 검사(劍士) 천명을 거느리고 있었다. 현재 그 기법은 전하지 않고, 중간 중간 연결 부분이 단절된 문헌인 '단간잔편' 중에 관련된 시나 노래가 있으나 그 내용이 상세하지 못하다고 하였다.[33] 또 당시 일 만들기를 좋아하는 호사자(好事者)가 조선에서 그 세법을 얻었는데 여기에 검의 내용이 구비되어 있었다고 한다.[34] 그 내용은 『무예도보통지』의 예도와 『무비지』의 조선세법을 통해서 확인할 수 있다. 『무예도보통지』의 예도는 두 권의 간행 시기 및 『무예도보통지』의 예도 내용을 통하여 『무비지』의 조선세법을 참조, 간행된 것으로 파악된다. 그러나 두 서적의 검법 명칭이 달랐고, 각 동작 명칭을 명명하는 이유나 배경이 빠져 있어 자세한 내용은 알 수 없었다.

---

31) 연구자는 본 연구 과제를 수행하기 『무예도보통지』의 각 항목별 연구를 진행하였고, 『무예도보통지』의 예도의 형성과 관련한 연구 성과를 《대한체육과학회지》에 발표하였다. 『무예도보통지』의 예도의 형성과 관련된 부분은 이 연구 성과 내용을 중심으로 수정 보완하였다(박귀순, 앞의 글, 3－12쪽).

32) 本名短刀 今制環刀(正祖(1790), '銳刀'《武藝圖譜通志》. 서울대학교규장각소장); 박귀순, 위의 글, 7쪽.

33) 電掣昆 吾晃太陽 一升一降 把身藏 …(中略)… 搖頭進步 風雷𡚒 滚手連環上下防 …(中略)… 左進青龍 雙探爪 …(中略)… 右行單鳳 獨朝陽 …(中略)… 撒花蓋頂遮前後 …(中略)… 馬步之中 用此方 蝴蝶雙 飛射太陽 …(中略)… 梨花舞袖 把身藏 …(中略)… 鳳凰浪翅乾袖小 …(中略)… 掠膝連肩劈兩旁 進步滿空飛白雪 …(中略)… 回身野 馬去思鄉(茅元儀(1621) '斷簡殘篇'《武備志》. 대만국가도서관소장).

34) 茅子曰 古之劍 可施戰鬪 故唐太宗有 劍士千人 今其法不傳 斷簡殘編中 有訣歌 不詳其說 近有好事者 得之朝鮮 其勢法俱備 固知中國而求之四裔 不獨西方之等韻 日本之尙書也 備載於左(茅元儀(1621), '劍'《武備志》. 대만국가도서관소장).

『무예도보통지』에는 『무비지』의 검결가(劍訣歌)와 같은 내용을 볼 수 있고, 그 내용을 그대로 따르고 있다. 『무예문헌자료집성』을 보면, 『무비지』의 검결가(劍訣歌)는 검의 극의(極意)를 시나 노래로 만들어 수련자들로 하여금 잊지 않도록 하고, 그것을 깨닫도록 끊임없이 연습하도록 만든 것이라고 하였다[35]

『무예도보통지』의 예도는 우리나라의 환도인데, 환도는 중국의 요도이다. 구보(舊譜)에 기술되어 있는 쌍수도, 예도, 왜검, 쌍검, 제독검, 본국검, 마상쌍검 등은 도법은 달랐으나 모두 요도가 사용되었다.[36] 이는 병사들이 훈련할 때에 요도의 크기와 무게가 가장 효율적이고 용이하였기 때문일 가능성을 고려할 수 있다. 『무예도보통지』의 예도는 『무비지』의 조선세법을 참조로 기술된 것으로 파악된다. 또한 『무예도보통지』에 이전에 간행된 『무예신보』의 예도의 무예 항목을 통해서 『무예도보통지』의 예도가 『무예신보』를 통한 『무비지』의 조선세법의 소개로 기술되었을 가능성도 배제할 수 없다. 그래서 『무예도보통지』의 예도의 기술과정은 첫째, 『무비지』의 조선세법이 직접 참조되었을 가능성이 있다. 둘째, 『무예신보』를 통한 조선세법의 소개 및 동시, 혹은 이후에 『무비지』의 조선세법이 참조되었을 가능성을 고려할 수 있다. 현 단계에서 문헌을 통해서 확인할 수 있는 유력한 기술 영향 가능성은 『무비지』의 조선세법이 직접 인용되었을 가능성이 높다고 할 수 있을 것이다. 따라서 『무예도보통지』의 예도는 『무비지』의 직접적인 영향과 『무예신보』를 통한 조선세법의 소개 및 이후에 『무비지』의 조선세법 항목의 참조를 통해서 형성되고 기술되었을 가능성이 농후하다. 특히 『무비지』의 조선세법의 다른 관점에 따른 해석과 이해로 학계나 무예계에 『무예도보통지』의 예도의 기원에 대한 논쟁이 뜨거운 실정이다. 이러한 논쟁을 학술적으로 해결하기 위해서는 『무비지』의 조선세법 이외에 다른 문헌을 발굴하거나 수집할 필요가 있으며, 이를 통한 객관적이고 과학적인 논의와 논쟁이 이루어져야 한다고 생각된다.

왜검은 일본의 검(혹은 도)이다. 왜검은 명나라 말기에 중국에도 알려졌는데, 청나라에 이르기까지 사용되었다. 칼의 길이는 전체가 155cm이고 날은 약 118cm

35) 국립민속박물관, 《무예문헌자료집성》. (국립민속박물관, 2004), 565쪽; 박귀순, 앞의 글, 8쪽.
36) 正祖(1790), '鋭刀' 《武藝圖譜通志》. 서울대학교규장각소장.

로, 길이로는 중국의 단병기보다 우월하였으며, 장병기와 서로 겨룰 수 있는 정도였다. 칼날이 상당히 예리하였으며, 공격할 때나 방어에도 뛰어났고, 대부분 양손으로 사용하였다. 왜검은 당시 중국의 병기에는 없는 세 가지 장점이 있었다. 첫째로 베기 위한 이상적인 형태, 둘째로 상당히 뛰어난 강철로 제작, 셋째로 위력에 비해 가볍고 용이하게 취급할 수 있다는 점이다.[37)]

일본의 검이 중국에 처음 알려진 것은 송나라 시기였다. 이때는 병기로서가 아닌 감상을 하기 위한 미술품으로 취급되었다. 중국에서 왜검이 병기로 이해되기 시작한 것은 왜구들이 화승총과 함께 침략하여 싸울 때 사용하면서부터였다. 왜구들이 사용한 왜검은 근접전에서 큰 위력을 발휘하였다. 명의 병사들이 사용하는 종래 방식의 장병기들은 왜검에 의해서 잘려지는 경우가 많았다. 명군에게는 왜검이 화승총보다 더 두렵게 하였다. 왜구와 싸운 명장 척계광을 시작으로 명의 장군들은 일본도의 위력에 주목하였으며, 왜구와 같이 화승총과 왜검으로 병사들을 무장시켰다. 이를 계기로 왜검이 명나라 말부터 청나라까지 군대의 정식 병기가 되었다. 황제의 근위병의 검도 왜검의 형태를 따랐다. 중국은 이러한 왜검을 수입에만 의존하지 않고 중국에서 직접 왜검을 생산하기도 하였으며, 당시 무예가들은 일본의 검인 왜검을 제대로 연구하여 중국의 기법에 응용, 활용하여 독자적인 검법으로 발전시켰다.[38)] 명나라 말기부터 청나라 시기 동안에 왜검은 그 위력을 인정받았으며, 오히려 중국의 검이나 도의 기법에 채용되어 새로운 기법의 발전으로까지 이어지게 되었다.

모원의(茅元儀)에 따르면, 일본도는 크고 작고 길고 짧은 다양한 종류가 있으며, 사람마다 장도 한 자루씩을 가지고 있는데, 이를 '패도(佩刀)'라 하였다. 그 칼 위에 작은 칼을 꽂아서 잡용으로 편리하게 쓴다고 하였다. 또한 '자도(刺刀)'까지 세 가지를 몸에 가지고 다녔는데, 특히 자도는 매우 강하고 날카로워서 중국 칼도 이것만 못하다고 하였다.[39)] 중국에서는 왜검을 중국의 검과 비교하며 그 효율성

37) 篠田耕一,《武器と防具: 中国編》. (新紀元社, 2005), 43쪽.

38) 篠田耕一, 위의 책, 43－44쪽.

39) 茅元儀日 日本刀大小 長短不同 每人有一長刀謂之 佩刀 其刀上 又挿一小刀 以便雜用 又一刺刀長尺者 謂手解長尺 餘之急拔 亦刺刀之類 此三者 乃隨身 必用者也 刀極剛 利中國不及

과 효용성 등을 높이 평가하였던 것이다.

이 왜검과 관련된 내용은 중국의 다양한 문헌에서 볼 수 있는 한편, 조선에서도 왜검을 직접 배워 조선에 소개한 이가 있는데, 그가 바로 김체건(金體乾)이다. 그는 숙종 때에 군교(軍校)로서 잘 달리고 무예도 출중하였다. 사신을 따라서 일본에 가 검보를 얻어 그것을 배워 조선으로 돌아왔다. 숙종이 그를 불러서 시험하니 검을 휘두르고 돌며 거꾸로 도립하여 엄지손가락으로 걸었다고 한다. 이 내용은 『숙종실록(肅宗實錄)』의 기술을 통해서도 확인할 수 있다. 숙종 8(1103)년 유혁연(柳赫然)이 동래의 왜검을 배운 이를 추천하여 왕 앞에서 시연하게 하였다.[40) 숙종 때에 김체건은 왕 앞에서 왜검 시범을 할 정도로 기량이 뛰어났으며, 그를 통해서 왜검이 조선에 소개, 도입된 것을 알 수 있다.

앞에서 언급한 바와 같이 김체건이 사신을 따라 일본에 들어가 검보를 얻어서 그 검술을 배웠는데, 왜검의 유파는 토유류(土由流), 운광류(運光流), 천류류(千柳流), 유피류(柳彼流)가 있었다. 이때의 '류(流)'는 의경(義經)의 파로 신도류(新道流)라 하였으며, 신강(信綱)의 파는 신음류(新陰流)라고 하였다. 김체건은 그 검술을 전하였는데, 당시 운광류만이 전하고 있고, 나머지는 실전되었다. 김체건은 그 기법을 연출해서 새로운 의미로 교전하는 자세라고 해서 교전보(交戰譜)라 하였다. 또 구보의 다른 하나의 보가 되어서 왜검보에 부가하였다.[41)]

『무예도보통지』의 단병기 수련이나 훈련 시에 요도가 사용된 이유는 『기효신서』와 『무비지』에서 볼 수 있었다. 중국의 척계광은 왜도의 우월성을 인정하고, 이를 모방해서 요도를 제작, 활용하였다. 이에 대해서 모원의도 요도의 효율성 및 가치의 인정을 대변(代辯)하듯이 그 내용을 그대로 기술하고 있다. 『무예제보』나 『무예신보』에서도 훈련과정 중에 요도의 효율성이 검증되었다고 생각되며, 『무예도보통지』에도 이러한 경험과 내용이 전승된 것이라 추정된다.[42)]

也(正祖(1790), '倭劍'《武藝圖譜通志》. 서울대학교규장각소장).

40) 仍言訓局軍兵中 有趫 捷有力 善武藝者一人 柳赫然在時 下送東萊學 倭人劍術 近者移屬禁營 請於今行率往 俾學彼中技藝 上並許之(《肅宗實錄》卷13 肅宗 8年 10月 辛巳(1682)).

41) 其本荥倭譜也 且交戰譜所 書刀皆兩刃 今改正爲單刃腰刀 兩人習交戰之勢 慮其刺劆(音團截也)也(正祖(1790), '倭劍'《武藝圖譜通志》. 서울대학교규장각소장).

42) 박귀순, 앞의 글, 6-7쪽.

일본의 왜검은 중국에서는 명나라 말기부터 청나라 시기에 알려진 것에 비해 조선에는 중국보다 먼저 왜검이 소개, 보급되어 있었다. 특히 중심에는 숙종 때에 군교 김체건이 있었으며, 평소 무예가 뛰어난 그가 왜검을 익히면서 그 기량을 더욱 출중하였던 것으로 추정된다. 그를 계기로 일본의 대표적인 유파의 검술이 조선에 도입되었으며, 임진왜란과 정유재란이라는 일본에 의해서 겪은 국난은 『무예도보통지』를 통해서 왜검을 충분히 이해하고 극복하고자 하였던 것으로 보인다.

이상의 내용을 통해서 『무예도보통지』의 왜검은 형성되고 기술과정과 관련된 가능성은 세 가지로 구분하여 고려할 수 있다. 첫째, 숙종 때에 김체건이 사신을 따라서 일본에 가서 구한 검보를 직접 배우고, 돌아와서 왜검을 직접 소개, 보급에 따라서 형성되고 기술되었을 가능성이 있다. 둘째, 『무예도보통지』의 간행할 때에 무예의 기초가 되었던 『기효신서』와 『무비지』를 참조로 형성되어 기술되었을 가능성이다. 셋째, 앞의 두 가능성이 모두 포함되었을 가능성이 있다. 즉, 『무예도보통지』의 왜검에는 김체건에 의해서 소개되고 보급된 내용과 명나라 『기효신서』와 『무비지』의 내용이 모두 포함되어 있기 때문이다.

왜검 교전보는 앞에서 언급한 바와 같이 김체건이 왜검의 기법을 연출해서 새로운 의미로 교전하는 자세이기 때문에 교전보라 하였다. 왜검 뒤에 다른 하나의 보가 더해져 만들어진 것이다. 『무예제보번역속집』의 왜검보와 『무예도보통지』의 왜검 교전보와의 직접적인 동작이나 내용의 관련성을 찾기 어렵지만, 『무예도보통지』를 간행할 때에 『무예제보번역속집』을 참고하였던 점과 김체건이 만든 새로운 기법인 대타 형식으로 이루어진 점을 고려할 때, 이 두 개는 매우 깊은 연관이 있을 가능성이 높다고 본다. 따라서 참고하라는 의미로 『무예제보번역속집』의 왜검보 내용을 부가하였다고 추정된다.

이상의 내용을 통해서 『무예도보통지』의 왜검 교전보는 왜검을 조선에 처음 소개한 김체건이 본인의 무예 기량을 토대로 새로운 기법을 만든 것이 왜검 교전보의 탄생으로 이어졌다. 김체건은 왜검을 배워서 조선에 소개하고 보급하는데 그치지 않고, 새로운 기법을 개발하여 대타 형식의 왜검 교전보를 만들어 왜검 뒤에 덧붙여 기법의 다양화와 구체화 등을 꾀했던 것으로 보인다.

제독검은 예도와 같이 허리에 차는 요도(腰刀)가 사용되었다.[43] 제독검의 14세 동작은 이여송법(李如松法)이다.[44] 이여송은 명나라의 제독으로 조선에 파견된 장군이었다. 앞에서 언급하였듯이 임진왜란이 발발한 후에 조선과 명의 연합군이 평양성 전쟁에서 일본을 격파하고 승리를 거두는 데 일조하였다. 이여송의 5대손인 이원(李源)에 따르면, 그가 조선에 머무르는 동안에 통진(通津) 금씨(琴氏)의 딸을 취하였으며, 중국으로 돌아갈 때 몸에 가지고 있던 검을 주면서 아들을 낳으면 천근(天根)이라 이름지으라 하였다. 그녀는 천근을 낳았으며, 당시에 거제 지역에 천근의 후손들이 많이 살았다고 한다. 영조(英祖) 병인(1746)년에 통제사인 이언상(李彦祥)은 천근의 증손자인 무춘(茂春)을 찾아가 그가 가지고 있던 칼자루와 칼집에 이름을 새기고 그 칼을 바로 제독 자손에게 돌려주었다. 제독검의 칼날 옆에 원안에 '張(장)'이라는 해서(楷書) 양각이 쓰여 있으며, 글 위에 세로로 난 틈에 용이 꿈틀거리는 문양이 새겨져 있다. 당시까지도 녹슬지 않고 깔깔하게 만져졌다고 한다. 이것이 비록 격자(擊刺)의 법과 다르지만, 다들 제독검이라 부르므로 이를 취하여 그림을 그리고 기록을 하였던 것이다.[45] 이 기록을 통해서 제독검의 명칭의 기원이 밝혀졌는데, 조선에 파견된 이여송이 체제하는 동안 아내로 맞은 금씨에게 자신이 지니고 있는 검을 주었고, 이 검이 그의 아들인 천근의 후손에게 이어지고 명의 제독이었던 그의 직위가 검에 명명되면서 제독검이 탄생되었던 것이다.

그렇다면 제독검의 기예는 어떻게 조선에 정착하게 된 것일까? 그 내용은 조선 중기의 유성룡이 저술한 『징비록(懲毖錄)』에 기록되어 있다. 『징비록』은 유성룡이 임진왜란 중에 경험한 사실을 기록한 책으로 스스로 징계해서 후한을 대비하다는 의미이다. 『징비록』에 따르면, 계사년 여름에 유성룡이 병으로 서울 묵사동에 누워 있는데, 명나라 장군인 낙상지가 병문안을 왔다. 그는 조선이 미약하기

43) 與銳刀同 卽腰刀也(正祖(1790), '提督劍'《武藝圖譜通志》. 서울대학교규장각소장).

44) 提督劍十四勢 相傳爲李如松法(正祖(1790), '提督劍'《武藝圖譜通志》. 서울대학교규장각소장).

45) 此雖異於擊刺之法 而喜其爲提督劍 故取而圖之 并錄其事(正祖(1790), '提督劍'《武藝圖譜通志》. 서울대학교규장각소장).

때문에 아직 적이 변경에 있으므로 뛰어난 명군이 아직 돌아가지 않았으니 병법을 배워서 나라를 지키라고 조언하였다. 이에 유성룡은 상서를 올려 금군(禁軍) 한사립(韓士立)에게 70여 명 사람을 모아서 낙상지(駱公)에게 배우게 하였다. 낙상지는 그의 장하(帳下)의 장육삼(張六三)을 비롯한 10인을 뽑아 교사(教師)로 삼고 창과 검, 낭선 등의 기예를 가르치게 하였다. 낙상지는 이여송의 부하였으므로 이것이 바로 이여송의 기예이며, 제독검의 기예 명칭의 시작이었다고 본다.[46] 낙상지의 배려로 조선 병사들은 명나라 진영에서 창과 검, 낭선 등을 배울 수 있었으며, 특히 그중에서 이여송의 부하인 낙상지의 명령으로 조선 군사들에게 제독검의 기예를 익힐 수 있게 되었던 것이다.

이와 같이 『무예도보통지』의 제독검은 임진왜란 때에 명나라 지원군으로 파견된 이여송이 조선에 체제하는 동안에 아내로 맞은 금씨의 딸에게 자신이 지니고 있었던 검을 훗날 출생할 아들(天根)을 기약하며 준 것이 제독검이 되었다. 이 검법은 조선에 함께 파병된 낙상지의 배려에 의해 조선인 70여 명이 명나라 진영에서 창과 검, 낭선 등의 무예를 익힌 것이 시발점이었다. 『무예도보통지』에는 이여송과 낙상지, 그리고 유성룡의 복합적인 환경과 관계가 영향을 미쳐 제독검이 조선의 검법으로 수용되면서 기술되는 과정을 잘 보여주고 있다.

본국검은 신검이라고 하며, 예도와 같이 허리에 차는 요도(腰刀)가 사용되었다.[47] 『무예도보통지』에 보면, 황창랑(黃倡郎)은 신라 사람으로 7살 때 백제에 들어가 시중에서 칼춤을 추었는데, 백제왕이 이를 듣게 되었고, 백제왕은 이를 듣고 그를 불러서 왕 앞에서 춤을 추게 하였다. 황창랑은 기회를 틈타 왕을 찔렀으며,

---

46) 提督劍 十四勢 相傳爲李如松法 …(中略)… 懲毖錄日 癸巳夏病卧 漢城墨寺洞 天將駱尙志防余卧次 因言朝鮮微弱而 賊猶在境 桀天兵未 廻習鍊兵法 可以守國 余卽馳啓 使禁軍 韓士立招募 七十餘人 徃駱公請敎 …(中略)… 駱撥帳下 張六三等 十人爲教師 鍊習 槍 劍 狼筅等技云 則駱是李提督票下 提督劍之名 出於此歟(이재호 옮김, 柳成龍 저,《懲毖錄》. (위즈덤하우스, 2005), 373쪽).

萬曆癸巳 提督李如松 大破倭奴干平壤 宣廟辛提督營問前 後勝敗之 李如松日 前來北將 恒習防胡 故戰不利 今來所用 乃戚將軍紀效新書 禦倭所以全勝也 上請見戚書 如松祕不出 上難曉卿 其講解使 可效法成 龍與從事官李時發等 討論仍力 薦嶠嶠 以儒生 爲郎官 專掌 質問先是參將駱上志 勸成 龍桀天 兵廻之法 成龍馳 啓行在挌 募七十餘人 尙志撥帳下 十八爲教師 日夜鍊習 槍劍狼筅(正祖(1790), '技藝質疑'《武藝圖譜通志》. 서울대학교규장각소장).

47) 俗稱新劍 …(중략)… 與鋭刀(正祖(1790), '本國劍'《武藝圖譜通志》. 서울대학교규장각소장).

이를 본 백제인들은 황창랑을 죽이게 되었다. 신라인들이 황창랑을 애통하게 여겨서 그의 얼굴 모양을 본뜬 가면을 쓰고 칼춤을 추었다는 설이 조선 때까지 전해지고 있었다.[48] 이 내용은 『신증동국여지승람』에도 기록되어 있다.[49] 『무예도보통지』에 황창랑은 황창이라고도 하며 신라의 화랑이었다. 황창랑이 춤을 추었던 칼은 신라가 일본과 이웃하고 있어서 반드시 그들과 서로 교류를 하며 전해진 것으로 알려져 있지만, 아직 이에 대한 자료는 발견되지 않고 있다. 하지만, 이러한 연유로 이때부터 황창랑을 본국검의 기원으로 삼고 있다.[50] 본국검의 기원을 신라의 황창랑으로 보는 것이 일반적인 인식이다. 본국검은 『무예신보』에도 기록되어 있는데,[51] 『무예신보』의 본국검이 『무예도보통지』로 계승, 기술된 것으로 추정된다. 본국검은 현재까지도 전해지고 있으며, 일부 협회에서 수련하고 있다.

조선의 다양한 병기와 수련 내용은 중국과 일본의 무예에 많은 영향을 받았다. 이러한 연유인지 조선은 자체 검법보다 중국이나 일본의 검법이 더 많이 수용되어 정착하였다. 심지어 『무예도보통지』에는 중국의 모원의가 본국에서는 없어져 버린 검법인 조선세법을 조선에서 되찾아 왔다는 점을 자신의 저서에 기록하고 있으며, 서역의 등운이나 일본의 상서와도 비교하고 있다. 덧붙여서 이웃 국가에서는 자기들 것에 대해 정리하고 있는데, 조선 사람들은 왜 자신들의 것을 계승하고 익히지 않는가? 왜 모원의의 『무비지』를 교본으로 배우고 있는지 모르겠다며 그 안타까움을 언급하고 있다.[52] 이는 본국검과 같은 조선의 검법이 있는데,

---

48) 黃倡郎新羅人也 諺傳年 七歲入 百濟市中 舞劒觀者如堵 百濟王聞之名 觀命升堂 舞劒倡郎因刺王 國人殺之 羅人哀之 像其容爲 假面作舞 作劒之狀 至今傳之 案 黃倡一作黃倡郎 卽新羅所置花郎(正祖(1790) '本國劒'《武藝圖譜通志》. 서울대학교규장각소장).

49) 百濟王聞之名 觀命升舞 倡郎因刺王 國人殺之 羅人哀之 像其容爲假 面作 舞劍之狀 至今傳之(李荇, 尹殷輔, 申公濟, 洪彦弼, 李思鈞(1530), 《新增東國輿地勝覽》. 국립중앙도서관소장); 신영권 〈《무예도보통지》에 관한 연구: 단병기의 기술과정을 중심으로〉, 미간행 석사학위논문. (경상대학교대학원, 2102), 93－94쪽 재인용.

50) 且新羅隣於倭國 則其舞 劒器 必有相傳之術 而不可攷矣 今因黃倡郎 爲本國劒之緣起(正祖(1790) '本國劒'《武藝圖譜通志》. 서울대학교규장각소장).

51) 正祖(1790) '兵技總書'《武藝圖譜通志》 서울대학교규장각소장.

52) 茅元儀 以爲劒譜得之 朝鮮旣譬 於西域之等韻書 則是朝鮮 自刱本國之譜也 …(中略)… 本國之人 何不自傳 自習必待 茅氏武備志 而傳習之 亦未可知也(正祖(1790), '本國劒'《武藝圖譜通志》. 서울대학교규장각소장).

이를 중시하지 않는 점에 대한 안타까움의 표현이다.

이상과 같이 『무예도보통지』에 기술된 본국검은 신라의 화랑이었던 황창랑에 기원을 두고 있으며, 그 형성 배경에 대해서도 일본과의 상호 교류 가능성을 고려한 것으로 보이지만, 구체적인 근거는 제시하지 않았다. 또 현존하지 않기 때문에 그 구체적인 내용을 확인할 수 없지만, 이미 『무예신보』에는 본국검이 기술되어 있었던 것으로 파악된다. 『무예도보통지』에 따르면, 본국검이 탄생하기 전의 형태는 알 수 없지만, 모원의의 『무비지』에 기술된 검법에만 의존하는 당시 풍조를 빗대어 조선검법에 대한 중시와 수련방법 및 필요성에 관한 내용은 파악할 수 있다. 특히 본국검이라는 명칭도 이러한 기술 내용을 배경으로 해 붙여진 것으로 추정된다. 결론적으로 『무예도보통지』에 기술된 본국검은 신라의 황창랑에 기원을 두고, 조선 무예에 대한 반성과 자각, 그리고 더 많은 보급을 위해 체계적으로 재구성할 필요성을 염두에 두고 정리된 것이라 추정된다.

쌍검은 좌우 양손에 각각 검을 들고 수련하는 2자루 검의 기예이다. 쌍검에서도 수련이나 훈련 시에 예도, 제독검, 본국검과 같이 요도가 사용되었는데, 요도 중에서도 가장 짧은 것을 선택하였다. 『무예도보통지』를 보면, 중국 문헌에 보이는 쌍도와 관련된 기록들이 기술되어 있다. 먼저 『예기도식(禮器圖式)』에 녹영 쌍도는 가장 짧은 칼이며, 쌍도를 한 칼집에 꽂는데 그 법을 취할 만하다고 하였다. 『무편(武編)』에는 송나라 태종이 용사 수백 명을 선발하여 칼춤을 가르쳤다. 칼춤을 보여줌으로써 외교상 방문했던 사신이 전쟁 시에는 적에게 무언의 위협으로 다가왔다. 또 『원사(元史)』의 '왕영전(王英傳)'에 따르면, 방걸(邦傑)인 영(英)은 쌍도를 잘 써서 도왕(刀王)이라고 하였다. 『병략찬문(兵略纂聞)』에 유현은 적을 만나면 투구와 갑옷을 입지 않고 칼 두 자루를 들고 뛰어오르고 내리며 민첩하게 움직여서 칼이 마치 나는 것 같아 칼날만 보이고 유공은 보이지 않았다고 기술되어 있다. 『사기(史記)』에는 항우(項羽)가 유방(劉邦)을 만났을 때 항장(項莊)과 항백(項伯)이 칼춤을 추었는데, 이것은 부월(斧鉞, 도끼)를 가지고 추는 춤과 같았다. 이때 사용한 칼이 쌍도였다. 그 외에도 『춘추번로(春秋煩勞)』와 『열사전(烈士傳)』의 기록이 전해지고 있다.[53] 이러한 기록에서 쌍검은 실제 전장이나 병사들의 훈련에 사용되기보다는 칼춤이나 쌍검의 현란한 동작 등을 시연을 통해서 적을 위협하거나 무예 기량을 볼거리로 제공할 때 이용된 듯하다. 쌍검에 사용된 요도는 다른 도에 사용된 요도보다 짧았는데, 이는 좌우 양손으로 검을 들어야 하기 때문에 너무 길면 그 효율성이 떨어지기 때문으로 추정된다.

『무예도보통지』에 기록된 쌍검은 기원을 명확히 파악할 수 없지만, 중국 문헌에 기록된 쌍검의 장점을 받아들여 기술된 것으로 보인다. 쌍검은 전장에서 전투적인 병기라기보다는 칼춤이나 시연을 통한 위협, 그리고 무예의 기량을 나타내는 등의 볼거리인 연희에서 거행된 경우가 많았던 것으로 추정된다. 물론 좌우 양손에 칼을 들고 적과 싸우면 단검(單劒)을 든 것보다 효용성이 있었을 것이지만, 아직 이에 대한 근거를 찾기는 어렵다. 특히 쌍검의 훈련이나 수련 시에 대체로 사용되었던 요도가 다른 검에서 사용된 요도보다 짧고 가벼웠다는 점은 쌍검의 특성을 고려해서 훈련이나 공연의 효과를 높이기 위한 것으로 볼 수 있다.

3. 검술의 특징

검술은 도검을 무기로 하는 무예이다. 검은 양날을 지닌 단병기로 기본적으로 베는 기능보다는 찌르는 기능이 강조된 칼로 방패와 함께 사용한다. 외날인 도(刀)와 비교할 때 가장 큰 차이는 양날을 가지고 있다는 점과 심(鐔)이라고 불리는 칼코가 있다는 점이다. 따라서 쌍날칼은 보병이 백병전을 거행할 때에 가장 유효한 병기이다. 이에 비해 외날 칼인 도는 "한쪽 면에 날을 세워 물건을 베고 써는 데 사용한 연장"이라 정의되고 검과 구별하여 사용된다. 이런 도는 중국에서 기마전의 성행과 더불어 찌르는 기능보다는 베는 기능에 적합한 단병기에 대한 선호

---

53) 史記日 項羽會沛公項 莊項伯拔劍起舞 夫以劍爲舞 若持干戚(戚與鏚同斧鉞也禮記朱干玉戚冕而舞大武) 而舞焉 則寓刺之術 而豫武備也 至若舞劍 當用雙刀 以其非干 與戚之楯(木長也)且中也 春秋繁露日劍之 在左靑龍象也 刀之在右 白虎象也 烈士傳日干將(劍工也) 爲晉君作劍 有雌雄此可引 爲雙刀劍之 使用云爾(正祖(1790), '雙劒'《武藝圖譜通志》. 서울대학교규장각소장).

도에서 생겨났다고 보고 있다. 후대에는 패도(佩刀)로서 의기적(儀器的) 기능을 지닌 의도(儀刀)로 발전한다.[54] 한국 고대의 도는 베는 기능을 주목적으로 만들어진 까닭에 손을 보호하기 위한 보호장구인 검코(심, 鐔)가 없는 형태가 뚜렷한 특징으로 자리 잡는다.[55]

이런 도는 환두대도(環頭大刀)라 부르는 고리 칼이 기본형이고 길이는 대략 70cm 전후이다. 형태상 칼 손잡이 끝부분에 둥근 고리가 붙어 있는 점이 가장 특징적이다. 둥근 고리가 있는 것으로 미루어 일본도(日本刀)처럼 두 손으로 사용하지 않고 한 손으로만 휘두르던 것으로 판단된다. 형태상의 또 다른 특징은 칼 손잡이와 칼 몸 사이의 경계에 칼 코가 없다는 점이다. 칼 코가 없다는 것은 보병용이라기보다는 기병용일 가능성이 크다. 중국에서 고리 칼의 등장이 기병 전투의 등장과 궤를 같이 한다는 주장 역시 이런 추측을 뒷받침한다.

고구려 고분벽화에는 고리에 긴 끈을 매단 칼이 확인되는데, 장식 효과뿐만 아니라 접전을 벌일 때 손에서 칼이 떨어지는 일을 방지하거나 상대편의 피가 손으로 흘러드는 것을 막기 위한 목적이 아닌가 추정된다. 또 벽화에는 누비갑옷을 입은 무사가 칼을 손으로 공손히 잡고 있는 모습이 보이는데, 조선의 벼슬아치들이 임금을 만날 때 손에 쥐던 물건인 홀(笏)과 같은 용도로 칼이 사용되었을 가능성이 있다. 4세기 후반에 들어서면 거대한 고총(高塚)이 만들어지고 무덤에 넣는 부장품의 양이 급증하고 종류도 다양해지며 재질도 고급화된다. 이런 문화사적 흐름에 동반하여 무기도 권위를 상징하는 칼이 등장하는데, 이른바 장식대도(裝飾大刀)가 그것이다. 장식대도란 보통 금, 은, 금동으로 칼자루와 칼집을 꾸민 칼을 말하는데, 장식은 주로 칼자루 끝장식인 고리에 집중된다. 여기서 장식의 재질인 금, 은, 금동은 신분적인 차이를 반영하며, 장식문양은 시대적 혹은 지역적 차이를 나타낸다. 장식문양은 크게 삼엽문(三葉文), 세고리문, 용봉문(龍鳳文) 등으로 나눌 수 있다.[56]

54) 楊泓, 〈劍和刀〉, 《中國古兵器論叢》. (明文書局(臺北), 1983), 123－138쪽.

55) 국립민속박물관, 《한국무예의 역사·문화적 조명》. (국립민속박물관, 2004), 12쪽.

56) 부산복천박물관, 《고대 전사(특별전 도록)》. (부산복천박물관, 1999), 28－35쪽.

삼국시대 칼의 크기는 소형과 중형, 대형이 있었으나 길이 70cm 정도의 중형 대도가 일반적이며, 고구려 지역에서는 소형도 출토된다. 이런 소형은 중무장 기마병이 비상시를 대비하여 패용하였던 것으로 추정된다. 이는 중국 지린성(吉林省) 통구 12호분 전투도를 보면 알 수 있는데, 이 벽화에는 갑옷과 투구로 온몸을 무장한 갑주무사(甲冑武士)가 적장으로 추정되는 갑주 무사를 소도(小刀)로 참살하려는 장면이 묘사되어 있다. 따라서 소도는 전투 시 위급한 상황에 대비하기 위하여 몸에 지니고 다니거나, 아니면 장수들이 지니고 있다가 적의 목을 베는 데 사용한 것으로 추정된다. 한편 중형 대도는 고구려 고분벽화에서 행렬의 호위무사나 무덤 문을 지키는 문지기들이 차거나 들고 있다. 이를 통하여 중형 대도는 호위용으로 썼을 가능성이 있다. 한편, 칼은 병졸에게 지급되지 않았던 무기로, 장군과 하급군관에게만 지급된 것으로 파악된다. 용도는 위급한 때를 대비한 휴대용, 지휘용, 호위용 등으로 제한적이었다. 따라서 현대 무기의 권총과 쓰임새가 비슷하였다고 볼 수 있다.

한편 검은 전공(戰功)에 대한 포상으로도 하사되었다. 『삼국사기』에는 661년(문무왕 1)에 전쟁에 나가 공을 세운 사람들 가운데 각간(角干)과 이찬(伊飡)으로 총관(摠管)을 맡았던 장수에게는 검(劍)을, 파진찬(波珍飡)과 대아찬(大阿飡)으로 총관을 맡았던 장수에게는 극(戟)을 포상으로 준 기록이 전한다.[57] 이 기록을 통하여 전공에 따라 포상을 하되 신분에 따라 포상물이 달랐고, 그중에서 최고 신분과 최고 지휘자에게는 검을 하사하였던 사실을 엿볼 수 있다. 이 밖에도 김유신이 적군이 쳐들어오자 깊은 산속으로 들어가 천관(天官)에게 신령(神靈)을 청하자 3일째 되는 밤에 허성(虛星)과 각성(角星)의 두 별의 끝이 내려와서 칼을 흔들게 되었다는 설도 전해진다.[58] 검을 통해 신통한 힘을 얻게 되고 그 힘으로 적을 물리칠 수 있다는 믿음이 배어 있다. 이와 같이 검은 전쟁에서 무기로 활용되기도 하였으나,

---

57) 論功 賜角干校勘 伊飡爲摠管者劍 迊校勘 飡校勘波珍飡大阿飡爲摠管者戟 已下各一品位(《三國史記》 권6, 신라본기6, 문무왕 원년)

58) 建福二十九年 鄰賊轉迫 公愈激壯心 獨携寶劒 入咽薄山深壑之中 燒香告天祈祝 若在中嶽誓辭校勘 仍禱 "天官垂光 降靈於寶劒" 三日夜 虛角二星 光芒赫然下垂 劒若動搖然(《三國史記》 권41, 열전1, 김유신 상).

주술적 의미와 포상의 의미도 동시에 가지고 있었다.

4. 나가며

우리나라의 검술은 기록이 많지 않아 그 형태나 깊이를 제대로 알기 어렵다. 그나마 『무예도보통지』를 통해 그 흔적을 살필 수 있다. 『무예도보통지』의 검술은 중국의 『기효신서』와 『무비지』 등 중국의 검술을 받아들여 조선화 하였다는 점에서 전통적인 우리의 검술이 아닐까? 『무예도보통지』의 검술은 임진왜란 이후 자국 내 상황에 맞추어 변용시켰고 당시의 실정에 맞추어 하나로 집대성한 결과물이기 때문에 전통을 계승한 문화자원이기 때문이다.

1980년대 말 우리나라에서 해동검도라는 단체를 필두로 진검 수련에 관한 관심이 크게 일어나면서 각종 검술단체가 생겨났다. 각 단체들은 대체로 자신들의 기법이 고래로부터 전승되어 온 한국 고유의 검술이라고 소개하고 있다. 간혹 그 상관성을 언급하지는 않더라도 우리 민족사에서 검술과 관련한 기록이나 내용을 끌어다 붙여 자신들이 수련하고 있는 검술사의 배경으로 인용하고 있지만, 역사적 사료의 불충분으로 그 실태를 파악하는 데는 어려움이 있다.

현재 많은 전통무예 단체들이 『무예도보통지』에 기술된 그림과 내용을 통해 검술을 복원해 수련하는 등 보급에 힘쓰고 있다. 이처럼 전통 검법과 관련해 많은 단체들의 노력은 계속되고 있으며, 현재는 하나의 공연 예술문화로 그 영역을 확장하고 있다.

활쏘기

1. 들어가며

활쏘기는 활과 화살을 사용해 표적을 맞히는 무예이다. 예로부터 활쏘기는 사예(射藝)라 하여 선비가 반드시 익혀야 할 무예의 하나로 인식되었고, 대중적인 전통놀이이자 무예로 널리 인정받아왔다. 활쏘기는 사대부를 중심으로 광범위하게 전승되었으며, 지금도 전국의 사정(射亭)에서 활 쏘는 모습을 볼 수 있다.[1)]

활과 화살이 언제 어디서 사용되기 시작하였는지, 세계의 각지에서 독립되어 발달된 것인지, 그 기원이 한 지역에 있는 것인지에 대해서는 밝혀지지 않았으나 고고학적 조사에 따르면, 활과 화살은 이미 구석기시대 말부터 동아시아의 여러 민족이 사용한 것으로 조사되었다. 신석기시대에 이르면 활은 수렵민족들 사이에서 급속히 보급되어 사냥은 물론 외적 방어용으로도 사용되었다. 처음에는 먹을 것을 얻기 위한 생활 도구로 창안되었다가 점차 전쟁 무기로 발전하면서 활의 쓰임새가 커졌던 것이다.[2)]

활과 화살의 발명에 의해 동물을 사냥하는 기술이 비약적으로 발전하면서 인류는 만물의 우위에 서게 되었으며, 또한 활은 수렵뿐만 아니라 고대 인류의 전투 무기로서도 없어서는 안 될 필수품의 하나가 되었다. 이와 같이 활이 공격무기

1) 허인욱, 《옛 그림에서 만난 우리 무예 풍속사》, (푸른역사, 2005), 109쪽.
2) 허인욱, 위의 책, 109쪽.

로 위력을 발휘하자, 고대인들은 타민족과의 패권경쟁에서 승리하고 타민족을 지배하기 위해 활의 제작기술과 활을 다루는 솜씨를 발전시키는 데 주력하였다. 활이 중요 공격무기로 인정받은 고대에서는 타민족보다 기능이 우수한 활을 만들어 내고 이 활을 잘 다루는 부족이 지역 패권을 차지하였다. 그리하여 각 부족은 활을 다루기에 힘을 기울였고, 활은 민족과 지역별로 다양하게 개발되었다.[3)]

우리나라에서 활쏘기는 고대로부터 주요한 무예의 하나였으며, 사대부를 중심으로 기품 있는 운동 또는 놀이로서 광범위하게 전승되었다. 활은 시대에 따라 형태 변화와 제작기술이 진보하였는데 전시용, 수렵용, 연악용(宴樂用), 습사용 등으로 그 종류를 구분할 수 있다. 이에 따라 정량궁(正兩弓), 예궁(禮弓), 목궁(木弓), 철궁(鐵弓), 철태궁(鐵胎弓), 고궁, 각궁(角弓) 등 7종류가 있었으나 신식무기의 발달로 현재 각궁만이 전해지고 있다.[4)]

이처럼 활쏘기는 근대에 이르기까지 우리 민족에게 중요한 무기이자 대중화된 무예였다. 그러면 활쏘기의 역사적 발전에 대하여 개괄해 보도록 하자.

2. 활쏘기의 역사

기원전 5－4,000년경인 신석기시대 말기부터 현재의 중국 동해안 일대와 남만주, 발해만 일대, 그리고 한반도 전역에 거주하던 동이족(東夷族)들은 나름의 문화권을 형성하여 타문화권과 교류하기 시작하였다.

이들 동이족은 큰 활을 매우 잘 썼던 민족으로 각종 역사서에 기록되고 있기도 하다. 동이족이란 말의 이(夷)란 궁(弓)과 대(大)의 합자로 이루어진 글자다. 즉 동이족이란 중국 측에서 보면 동쪽에 사는 큰 활을 잘 쏘는 민족이란 뜻으로 쓰였던 것이다. 당시의 백성들은 전투원 역할을 해야 했기에 무예는 당시인의 삶 그 자체였고 생존을 위한 필수불가결한 기술이었다. 부족국가시대에는 개인과 부족국

3) 손환, 〈한국에 있어 활쏘기의 변천과정에 관한 연구〉, 《체육과학회지》. 14(1), (한국체육과학회, 2005), 24쪽.

4) 손환, 위의 글, 25쪽.

가 모두 전쟁을 위한 무예는 당연히 생존을 위한 일상적 필요조건이었던 것이다.

『진서(晉書)』「동이전」 마한조에 보면, 마한 사람들은 활과 방패, 창과 큰 방패(櫓)를 잘 쓰고, 비록 싸움에서 지더라도 서로 존귀하게 여긴다고 하여 무인정신의 예절도 나타나고 있다. 또한 『삼국지』「위서(魏書)」 동이전 부여조에 따르면, "활과 화살, 칼, 창(弓矢刀矛)으로 병기를 삼고 집집마다 제각기 갑옷(鎧杖: 개장)을 갖고 있다"고 하였다. 이러한 기록을 통해 당시 우리 민족에게 활쏘기는 매우 활발한 무예였던 것이다.

삼국시대에 들어서 활쏘기는 무예훈련, 인재 등용, 경쟁과 놀이 성격을 띠며 행해졌다. 삼국에서는 각 무예와 관련된 교육이 이루어지기 시작했는데, 대표적으로 고구려의 경당과 신라의 화랑도를 들 수 있다. 고구려 교육기관이었던 경당의 주된 교육은 경서와 활쏘기였다. 『구당서(舊唐書)』를 보면 "풍속이 서적을 좋아하여 귀족의 집안이나 짐승을 기르는 집안이나 마찬가지이며 거리에 큰 집을 지어 이를 '경당'이라 하고, 미혼의 청년들이 여기에서 밤낮으로 독서하고 습사한다"고 기록하였다.[5)]

신라에는 6세기 전후부터 10세기까지 귀족이나 왕족의 청소년 조직이었던 화랑이 있었는데, 이들은 평상시에는 심신을 단련하고 교양을 쌓으며 사회생활의 규범을 배우고 국가 비상시에는 전투원으로써 사회의 중심인물을 양성하는 집단이었다. 이들은 단체생활을 통해 심신을 연마하였고 검술, 기창술, 궁술, 기마술 등의 무예를 수련하였다.[6)]

백제의 경우도 신라의 화랑이나 고구려의 경당과 같은 제도가 있었을 것으로 추정되지만, 아직 어떠한 모습으로 존재하였는지 밝혀지지 않고 있다. 다만, 말타고 활쏘기는 고구려나 신라에 못지않게 많이 거행하였다는 사실은 확인할 수 있다. 『수서(隨書)』에 보면, 백제 풍속으로 기사(騎射)를 숭상한다고 하였다. 『삼국사기』에 의하면, 236년에 고이왕(古尒王: ?－286)은 40마리의 사슴을 맞추기도 하

5) 俗愛書籍 至於衡門廝養之家 各於街衢造大屋 謂之扃堂 子弟未婚之前 晝夜於此讀書習射: 《舊唐書》 卷一百九十九上 列傳 第一百四十九上 東夷 高麗(한국사데이터베이스: http://db.history.go.kr/(2019.11.22. 검색)); 하남길, 《체육사신론》. (경상대학교출판사, 2010), 572－574쪽.

6) 문화체육관광부, 《전통무예 지도자 연수교재》. (문화체육관광부, 2012), 134쪽.

였는데, 242년에 서문(西門)에서 활쏘기를 구경하였다는 기록이 있다. 또 비류왕(比流王: 304－344)의 경우에 320년에 궁의 서쪽에 사대(射臺)를 만들고 매달 초하루와 보름에 활쏘기 연습을 하였다는 기록이 있고, 아신왕(阿莘王: ?－405)도 398년에 그곳에서 활쏘기를 연습시켰다는 기록이 나와 있는 것을 보면 백제에도 무사들을 위한 수련 장소로 서대(西臺) 또는 서문(西門)이라 하는 곳에 활터를 만들고, 그들을 교육시켰을 것이라는 사실을 짐작하게 한다.7)

고구려 건국신화에 보이는 동명성왕은 성이 고씨(高氏)이고 이름은 주몽(朱蒙)이다. 주몽이란 이름은 부여말로 '활을 잘 쏘는 명궁수(善射者)'를 뜻한다. 그는 일곱 살 나이에 스스로 활과 화살을 만들어 쏘았는데 백발백중이었다고 한다. 또 주몽이 부여에서 탈출하여 졸본천 부근의 비류국(沸流國) 왕인 송양(松讓)과 활을 쏘아 재주를 겨루는 기록이 나온다.8) 고려의 이규보(李奎報)에 의해 편찬된 『동국이상국집(東國李相國集)』에는 이와 관련한 구체적인 내용이 다음과 같이 기록되어 있다.9)

"비류왕 송양(松讓)이 나와 사냥하다가 왕의 용모가 비상함을 보고 이끌어 함께 앉아서, "바다 한쪽에 치우쳐 있어 일찍이 군자(君子)를 만나보지 못하였는데, 오늘 우연히 만났으니 얼마나 다행한 일인가. 그대는 어떠한 사람이며 어느 곳에서 왔는가?" 하니, 왕이, "과인은 천제의 손자요 서국(西國)의 왕이다. 감히 묻노니 군왕은 누구의 후손인가?" 하니, 송양이 "나는 선인(仙人)의 후손인데 여러 대 왕 노릇을 하였다. 지금 지방이 대단히 작아서 나누어 두 왕이 될 수 없고 그대는 나라를 만든 지가 얼마 되지 않았으니, 나의 부속국이 되는 것이 좋을 것이다" 하였다. 왕이 "과인은 천제의 뒤를 이었지마는 지금 왕은 신(神)의 자손도 아니면서 억지로 왕이라 칭하니, 만일 내게 복종하지 않으면 하늘이 반드시 죽일 것"이라 하였다. 송양은 왕이 여러 번 천제의 손자라 자칭하는 것을 듣고 마음에

---

7) 문화체육관광부, 앞의 책, 134쪽.

8) 《三國史記》 卷13 高句麗 本紀 始祖 東明聖王條.

9) 문화체육관광부, 앞의 책, 127－128쪽.

의심을 품어 그 재주를 시험하고자 하여 "왕과 활 쏘기를 원하노라" 하고, 그린 사슴을 100보 안에 놓고 쏘았는데, 그 화살이 사슴 배꼽에 들어가지 않았는데도 힘에 겨워하였다. 왕이 사람을 시켜 옥가락지[玉指環]를 가져다가 100보 밖에 달아매고 쏘았는데 기왓장 부서지듯 깨지니 송양이 크게 놀랐다."

주몽은 100보 밖에서 옥지환을 꿰뚫는 솜씨를 발휘하여 자신이 천제의 손자라는 사실을 밝히고 그곳을 고구려의 터전으로 잡았다. 뛰어난 활 솜씨는 하늘에서 인정해 주지 않으면 가질 수 없는 신기한 기술이기에 이러한 능력을 가진 주몽은 곧 천제의 손자라는 증표라고 주장을 한다. 이처럼 뛰어난 활 솜씨는 한 나라를 이루는 기반이 되기도 하였다.

활쏘기는 우리 민족이 부족국가부터 삼국시대로 이어져 오면서 익혀야 할 필수무예로 여겼다. 이후 고려시대에 들어서도 삼국의 활쏘기를 계승하며 널리 권장되었다. 국가에서도 병사나 관료들에게 궁술을 익히도록 하였고, 신라의 궁술로 인재를 뽑던 전통도 계승되었던 것이다.[10]

『고려사』에는 현종(顯宗) 9년(1018) 9월에 왕이 선화문(宣化門)에 가서 3위(衛) 응양군(鷹揚軍) 공신자손(功臣子孫) 및 문무 6품 이하로서 무예가 있는 자들을 모아 시험하여 등급을 정하였다는 기록이 있다.[11] 또 1029년에 현종은 문관 4품 이상, 60세까지는 교외에 나가 활쏘기를 하도록 권장하였으며, 1086년에 선종은 양경의 무관을 서울에 불러 동쪽 정원(東庭)에서 궁사들을 사열하고, 12월에는 문관의 경우도 무관과 같이 활을 쏘게 하였다. 예종 역시 1105년부터 1122년까지 재위기간 동안 문무 신하와 시종관들에게 활쏘기를 시켰으며, 활을 잘 쏘는 자에게 상을 주어 이것을 장려하였다. 이후 1091년에 선종은 사장(射場)을 설치하도록 명령했다. 모든 군졸이 활쏘기를 익히도록 하였고 과녁을 맞히는 자에게는 상을 주도록 하였다. 『고려사』「병지(兵志)」에 따르면, 당시 활쏘기 능력은 관직을 임용하고 녹봉을 책정하는 데까지 영향을 미쳤다. 군인을 뽑는 중요한 자질로 평가

10) 하남길, 《체육사신론》, (경상대학교 출판부, 2010), 588쪽.
11) 《高麗史》 卷81 志 卷35.

되었던 것이다.[12)]

또 『고려사』에 따르면, 각종 군부대의 편제에 신기(神騎)반, 신보(神步)반, 경궁(梗弓)반, 정노(精弩)반, 석투(石投)반, 강노(剛弩)반, 사궁(射弓)반, 발화(發火)반 등의 특과병을 두었는데, 이 중 활쏘기와 관련하여 경궁반, 정노반, 강노반, 사궁반을 두고 있음이 확인된다. 그리고 『고려사』에는 활쏘기는 내기를 걸고 많이 이루어졌다고 한다. 음식을 걸고 활쏘기를 해 무예를 익히는 자는 돈과 물건을 걸어도 죄가 없다고 할 정도로 활쏘기의 상무적 가치를 높이 평가하였다.[13)]

이와 같이 고려의 활쏘기는 무관뿐만 아니라 문관에게까지 권장되었다. 당시 무예훈련의 일환으로 국방력 강화라는 차원에서 활쏘기가 장려되기도 했지만, 유희적인 요소를 포함하고 있기도 하였다.

조선의 궁술은 무인에게는 무과시험의 한 과목으로서 중요하게 다루어 졌을 뿐만 아니라, 문인에게는 덕을 함양하고 평가하는 수단으로 사용되었기에 국가적으로나 교육적으로 권장되었다. 군사들의 활쏘기 훈련을 적극 장려하기 위해 서울에 8곳의 사정(射亭)과 궁 안에 2곳의 사정을 설치할 정도였다.[14)] 사정이란 사전적 의미로 한량들이 어울려 놀기 위하여 활터에 세운 정자라는 뜻이다. 그러나 조선 시대의 사정은 무예를 교육하고 무사를 양성하기 위한 장소로 이용되었다. 이러한 내용은 세종실록을 통해 검증된다.[15)]

> "세종 17년에 왕은 활쏘기의 시급한 급무를 의당 강습해야 할 것이다. 그러나 수 많은 군사들이 모두 훈련관에 모여 활쏘기를 연습하기 때문에, 하루 동안 연습하는 것이 수십 명에 불과하여 한낱 활쏘기 연습의 이름만이 있을 뿐 그 실효가 없으니, 이제부터 궁성 안과 민가가 드문 곳에 사장을 설치하고 군사들을 나누어 집합하게 하여 활쏘기 훈련을 권장, 시험하게 하되 …(생략)"

---

12) 한국체육사학회, 《한국체육사》. (대한미디어, 2015), 47－48쪽.
13) 문화체육관광부, 앞의 책, 151쪽.
14) 《世宗實錄》 卷67 世宗 17年 1月 6日 戊寅.
15) 하남길, 앞의 책, 159－600쪽.

당시 무사를 양성하기 위한 공식적인 교육기관은 훈련원(訓鍊院)이었지만, 전국적인 무사 양성 기능을 대신했던 장소가 사정이었던 것을 알 수 있다.

이처럼 조선의 활쏘기는 무인과 문인, 그리고 일반 백성들도 익히고 즐겼다. 일반 백성들은 사정을 중심으로 활동이 이루어졌다. 또 경기 성격을 띤 편사(便射)가 실시되기도 하였다. 편사는 팀을 나누어 구성하고 실시하는 활쏘기 대회였다. 5인 이상으로 편을 나누어 활을 쏘는 경기를 말하는데 당시 단체대항전을 개최하고 경기를 하는 것이 지금의 스포츠 단계까지 발전된 것으로 보인다.[16] 편사의 종류는 아래에 제시하였다. 특히 편사놀이는 상무정신의 함양에도 의미가 있지만, 여가를 위한 활동과 조직의 결성, 그리고 경기와 규칙 등으로 미루어 보아 현재 사회체육의 하나인 클럽활동으로 볼 수 있다.[17]

편사의 종류[18]

종류	내용
사정편사(射亭便射)	터편사라고 하는데 사정 간에 열리던 경기
동편사(洞便射)	동네 간에 열리던 경기
장안편사(長安便射)	도성 안의 3개팀이 벌이던 경기
사랑편사(舍廊便射)	사랑을 중심으로 한 경기
사계편사(射契便射)	계원 사이에 행해지던 경기
한량편사(閑良便射)	사정 간의 편사로 한량으로 참가가 제한된 경기
한출편사(閑出便射)	사정의 한량과 출신(出身, 무과 합격자) 사이의 경기
삼동편사(三同便射)	당상관급의 퇴직자, 출신, 한량 3계급의 연합경기
남북촌편사(南北村便射)	고종 병자년(1876)에 거행된 남촌과 북촌 간 한량들 경기
아동편사(兒童便射)	동리 단위로 열리던 16세 미만의 총각들 경기

활쏘기는 소양교육의 일환으로 장려되기도 하였다. 성균관에서는 대사례를 거행하였고 교육적 성격을 띠고 정착되었다. 성균관은 문묘와 명륜당(明倫堂)을 비롯하여 교육에 필요한 13종의 건물이 있었으며, 그중에 육일각(六一閣)에서 활

16) 하남길, 위의 책, 607쪽.

17) 김상철, 〈궁술의 사적 고찰〉. 《무도연구지》. 8(1), (용인대학교무도연구소, 1997), 41쪽.

18) 한국체육사학회, 앞의 책, 61쪽 재인용.

쏘기 교육이 실시되었다. 육일은 육예(六藝)의 하나라는 뜻이며, 대사례도 육일각에서 실시되었다. 대사례에서는 활쏘기가 뛰어난 실력자를 뽑아 나라의 대제사에 참례하도록 하였다. 즉 성균관의 유생들도 활쏘기 훈련을 하였던 것으로 추정된다. 또 향교에서도 일종의 과외활동으로 활쏘기 활동과 경기를 즐겼다. 조선의 태조가 즉위한 이후에 전국의 주, 부, 군, 현에 향교가 설립되어 경서를 가르쳤고, 해마다 두 차례 봄가을에 거행되는 향사례에서 술을 먹고 활쏘기와 음악을 즐겼다.[19)]

조선시대에는 무사를 선발하는 각종 무과시험이 마련되었는데, 활쏘기도 그 일환으로 행해졌다. 무과는 고등무관시험으로 고려 말기에 시행되어 조선으로 계승되었다. 무과는 소과와 대과의 구분 없이 초시(230명), 복시(28명), 전시(28명, 갑 3, 을 5, 병 20)의 3단계 시험으로 치러졌다. 시험과목은 활쏘기와 기창(騎槍), 격구, 조총(鳥銃) 등의 무예 종목과 경서, 병서 등의 문예시험이 있었다.[20)] 이처럼 조선왕조는 600년 동안에 각종 무과시험을 800번 정도 실시하였다. 무과에서 활쏘기는 가장 중요한 시험과목이었다. 활쏘기는 조선의 왕으로부터 일반 무사들에 이르기까지, 그리고 심지어는 문관과 일반 양민에 이르기까지 가장 기본적인 신체활동으로서 예의작법이고 놀이이며 심신단련 수단으로 자리 잡고 있었다.[21)]

서민들의 활쏘기 활동도 풍속화에서 볼 수 있다. 김홍도의 활쏘기 그림에서 보는 바와 같이 김홍도의 풍속화첩은 관이나 활터로 보이는 곳에서 관군의 훈련 모습을 그리고 있다. 전복을 입은 교관의 입회 하에 상투만 틀어 올리고 갓은 쓰지 않았으며 바지저고리를 입고 바지에는 윗 대님을 하고 오른팔에는 손목에서 약간 위쪽으로 팔찌를 한 서민풍의 성인 남성들이 차례로 활을 쏘고 있는 번상병(番上兵) 제도의 군사훈련으로서 활쏘기를 묘사하였다. 그림은 직접 자세를 교정

---

19) 하남길, 앞의 책, 602－603쪽.

20) 文武科初重試 欲於一時親試 文科則令時散中直以下 武科則時散保義以下 許赴試 文科初試館試漢城試 以策問各取五十人 武科初試觀試 以步射一百五十步 騎射弄槍擊毬 取一百人 殿試文科初重試 以表策取之 武科初重試 以二百步 一百五十步 七十步 騎射 弄槍 擊毬取之(《世宗實錄》卷35 世宗 9年 3月 3日 辛卯); 하남길, 앞의 책, 597쪽.

21) 나영일, 〈武科總要에 보이는 활쏘기〉, 《스포츠인류학연구》. 12(1), (한국스포츠인류학회, 2017), 47쪽.

해 주는 마치 활쏘기 교수법을 보는 듯하다. 활을 쏘기 전의 화살 고르기에서 화살이 곧은가를 확인하고 활시위를 교정하는 등 준비과정과 군관의 갓, 눈동자의 시선 처리 등도 잘 표현하고 있다.[22] 이처럼 조선의 활쏘기는 무사들에게는 군사훈련이었고, 체력단련 수단이었으며, 문관들도 당연히 해야만 하는 교양과목이었던 것이다.

구한말과 일제강점기에는 서구의 근대스포츠 도입과 일제의 탄압에 의해 우리만의 전통무예를 일상적으로 수련하기에는 매우 힘든 여건이었다. 그러나 활쏘기는 뜻있는 사람들이 모여 1928년에 "조선궁술연구회"를 조직하여 전국적인 궁술대회를 개최하였다. 당시 활쏘기는 동아일보를 비롯한 민족신문들의 지원으로 조선적이고 대중적인 무예로 주목받았던 것이다. 이때의 궁술대회는 전통스포츠로서 편사대회와 근대적 스포츠 경쟁방법이 결합된 형태로 개최하게 된다. 그러나 일제가 전쟁을 격화시킨 1940년 이후에는 궁술도 거의 실시하지 못하였다.[23]

고종이 1899년에 활쏘기를 장려한 이후로 일제강점기인 1940년대까지만 하더라도 200여 개의 사정에 1만여 명의 회원이 즐길 정도로 전국적인 전통스포츠로 자리매김하고 있었다. 당시 신문을 살펴보면 97개의 각종 궁술대회가 있었고, 활을 쏘는 사람들은 거의 6,000여 명에 달하였으며, 관중들은 3,000명에서 1만 명이 모일 정도로 성황을 이루었다고 한다. 일제의 식민지 정책 속에서 활쏘기는 역설적이게도 장려된 면이 있었으나 한편으로 흥행화되고 오락화되어 볼거리로 타락하는 현상도 일어났다.[24]

3. 활쏘기의 특징

우리나라 활의 역사는 고조선의 단궁(檀弓)에서 비롯되는데, 단궁은 목궁(木弓)으로 삼국시대에 이르러 비로소 나타나는 신식무기 각궁의 전신이라 할 수 있

---

22) 최미애, 〈회화에 나타난 한국 전통 활쏘기의 특성〉, 《한국체육학회지》. 47(5), (한국체육학회, 2008), 5쪽.

23) 문화체육관광부, 앞의 책, 178쪽.

24) 문화체육관광부, 위의 책, 178쪽.

다. 단궁에 관한 기록으로 『삼국지』 「위서」 동이전을 들 수 있는데, "예(濊)는 창[矛]을 만드니 길이가 3장(丈)이나 되어 몇 사람이 이를 들어야 한다. 또 보전(步戰)에도 능하고 낙랑단궁(樂浪檀弓)은 이 나라에서 나온다"는 기록이 전해진다.[25)]

이 단궁은 부여와 동옥저 등 여러 나라에서 모두 사용된 활이며, 삼한(三韓)에서도 사용한 것으로 추정된다. 낙랑단궁이란 조선 단궁을 말하는 것으로서 중국과 다른 우리 고유의 활, 즉 각궁의 원조라 할 수 있다. 유득공(柳得恭)의 『사군지(四郡志)』에 보면 "속(俗)에 단(檀)을 일컬어 박달(朴達)이라 하는데 박달나무로 활을 만든다"고 기록하고 있다. 그러나 단궁의 궁재(弓材)가 과연 박달나무였는지는 아직 확실하지 않다.[26)] 『진서(晉書)』 숙신전(肅愼傳)에 "석노(石弩)와 피골(皮骨)로 만든 갑옷이 있는데, 단궁은 3척 5촌이요 그 화살인 호시(楛矢)는 길이가 1척 8촌이다"라는 기록이 보인다. 이 단궁이 단궁(短弓)이었던 것을 알 수 있다.

『삼국지』 「위서」 동이전에는 "읍루(挹婁)는 그 활의 길이가 4척이니 그 힘이 노(弩)와 같으며, 화살은 광대싸리[楛]나무를 사용하니, 그 길이가 1척 8촌이며 청석(靑石)으로 화살촉을 만든다. 옛날의 숙신국은 활쏘기를 잘하여 사람을 쏘매 모두 맞고 화살촉에 독(毒)을 발랐으므로 사람에게 맞으면 모두 죽는다. 그 인구는 적으나 살고 있는 곳이 험한 산중인 데다 이웃 나라 사람들이 그 활을 두려워하여 마침내 그들을 정복하지 못한다"라는 기록도 보인다.[27)] 이익(李瀷)이 쓴 『성호사설』에는 "숙신의 호노(楛弩)는 천하가 보배로 삼는다"고 언급하고 있다. 이것은 호시가 쇠를 뚫는 위력을 가졌기 때문이며 그 비결이 후세에 전수되었기 때문으로 본다. 호(楛)란 광대싸리나무를 말하는데, 주산지가 두만강구의 서수라(西水羅)였으므로 일명 서수라목이라고도 하였다. 서수라(함경북도 경흥군 노서면 서수라동)에는 진(鎭)이 있어 국경을 수비하는 군대가 상주하고 있었으며 주 무기는 활이었다. 활을 잘 쏘기로 유명하였던 조선 태조도 이 호시를 사용하였던 것으로 추정되

25) 少寇盜 作矛長三丈 或數人共持之 能步戰 樂浪檀弓出其地(《三國志》 卷三十 魏書三十 烏丸鮮卑東夷傳第三十).

26) 한민족문화대백과사전: http://encykorea.aks.ac.kr/Contents/SearchNavi?keyword=활&ridx=0&tot=79(2019.06.27. 검색).

27) 其弓長四尺 力如弩 矢用楛 長尺八寸 青石為鏃 古之肅慎氏之國也 善射 射人皆入 因矢施毒 人中皆死(《三國志》 魏志 東夷傳).

는데, 「용비어천가」 27장에 "태조께서 대소명적(大哨鳴鏑)을 쏘기를 좋아하시어 대나무를 쓰지 아니하시고 광대싸리로 화살을 삼으셨다"고 하였으며, 『성호사설』에도 "우리 태조께서는 늘 대우전(大羽箭)을 쓰시어 화살로 삼았다"고 하였다. 이로 미루어 숙신의 호시는 고구려를 거쳐 고려와 조선으로 이어졌을 뿐만 아니라 여진(女眞)이 이를 계승하여 천하를 통일하는 무기로 삼았던 것이다.

『고려사』「세가(世家)」 권5에 보면 "현종 21년 여름 4월에 동여진의 만투(曼鬪) 등 60여 명이 과선(戈船) 4척과 호시(楛矢) 11만 7,600을 내헌(來獻)하다. 5월에 동여진의 봉국대장군(奉國大將軍) 소물개(蘇勿蓋) 등이 말 9필과 과선 3척, 그리고 호시 5만 8,600 및 기장(器仗)을 내헌하다"라는 기록이 보인다.

한편, 화살촉으로 사용되던 청석은 백두산에서 시작되는 장백산맥에서 나오던 특수한 돌이었다. 즉, 『삼국지』「위지」 읍루전에 "청석으로 화살촉을 만든다"고 하였고, 『진서』「숙신전」에는 "이 나라의 동북쪽에 산이 있어 돌이 나오니 그 특징이 쇠를 뚫으며 이 돌을 캘 때는 반드시 먼저 신에게 기도를 드린다"고 하였다. 오늘날의 함경북도 경흥군의 서수라를 기점으로 하여 성진과 종성, 회령, 부령 등지에서 백두산에서 나는 흑요석제(黑曜石製)의 화살촉이 출토되고 있으므로 청석이란 바로 흑요석을 말하는 것이다.

이와 같이 예리한 화살촉에 독약을 발랐는데 매년 7－8월이 독약 채취의 적기였다고 한다. 그러나 원료가 무엇인지는 알려져 있지 않다. 화살촉에 바른 독약은 치명적이어서 고구려를 침략한 당태종(唐太宗)의 사인이 안시성에서 맞은 화살 때문이었다는 유명한 일화가 남아있다.

이처럼 단궁의 맥은 고조선에서 삼국시대를 거쳐 조선시대까지 이어지고 있는데, 이는 삼국시대에 새로 등장한 각궁 이후에도 여전히 단궁에 쓰였다는 사실을 말해주는 것이다. 그러나 각궁의 등장과 함께 단궁은 쇠퇴한 것으로 추정된다.

각궁은 단궁과 달리 그 재료가 다르다. 즉 각궁은 속칭 산뽕나무로 알려진 자(柘)와 아주까리씨[山蓖麻子]를 재료로 하는 등 매우 다양하다. 이 두 재료는 예로부터 궁간상(弓幹桑) 또는 궁간목(弓幹木)으로 알려져 있어 좋은 활은 반드시 활 전체의 재료로 이것을 사용하며, 보통의 활은 궁간의 속 알맹이로만 쓴다고 알려져 왔다.

『동국여지승람』에 보면 각궁의 재료인 아주까리씨는 평안북도 의주와 창성, 삭주, 영변, 황해도 서흥과 수안, 곡산, 경상북도 영덕에서 나며, 산뽕나무는 평안남도 운산과 개천, 경상남도 남해, 강원도 강릉과 삼척, 울진, 정선 등지에서 난다고 기록되어 있다. 단궁에서 각궁으로의 이행기는 삼국시대 초로 추정되는데, 고구려의 맥궁은 분명 각궁이었으며 백제와 신라 역시 각궁을 사용하였던 것으로 보인다. 또, 이 시대에는 쇠뇌[弩]라는 신무기, 즉 포노(砲弩)가 등장하여 이를 수레에 싣고 다니는 차노(車弩)까지 나타났다. 그러나 단지 화살만은 남북이 서로 달라서 고구려에서는 호시, 신라와 백제에서는 죽전(竹箭)을 사용하였다. 죽전의 원료인 살대[箭竹]는 전국에서 생산되었으나, 특히 지리산의 것이 유명하였고, 조선에서는 그 재식(栽植)을 보호하고 장려하였다.

고려시대에 이르러서는 한층 활의 종류가 늘어나고 있는데, 그 일부는 삼국시대부터 이미 사용하였던 것으로 추정된다. 고려의 군제에 경궁(梗弓), 사궁(射弓), 정노(精弩), 강노(剛弩) 등 특과병이 있으며, 활에는 동궁(彤弓), 장엄궁(莊嚴弓), 세궁(細弓)의 세 종류, 화살에도 세전(細箭), 유엽전(柳葉箭), 대우전(大羽箭), 편전(片箭)의 4종류가 있는 것을 알 수 있고, 쇠로 만든 철전(鐵箭)이 나타났다는 것이 눈길을 끈다.

서긍(徐兢)의 『고려도경(高麗圖經)』에 보면 "고려 궁전(弓箭)제도는 그 형상이 간략하고 마치 탄궁(彈弓)과 같고, 그 몸체의 길이가 5척이며 화살은 대를 사용하지 않고 많이는 버드나무 가지[柳條]를 사용하며, 또한 짧고 작다"고 한 것으로 보아, 유전(柳箭)이 보급되어 있었던 점을 알 수 있다

조선시대의 활은 대체로 일곱 가지에 이르렀다고 할 수 있으니 전투용, 수렵용, 의식용, 연습용 등 그 용도에 따라 대별된다.

- 정량궁(正兩弓): 속칭 큰활이라 하며 길이는 5척 5촌이고, 그 모양이 각궁과 유사하나 크고 두꺼워 힘이 세다. 무과 응시자는 모두가 이 활로 시험하였으니 무인으로 이 활을 쏘지 못하는 자가 없었다.
- 예궁(禮弓): 대궁(大弓)이 본래 이름이며 길이는 6척이고, 모양은 각궁과 유

사하나 궁중연사(宮中燕射)와 반궁대사례(泮宮大射禮) 및 향음주례(鄕飮酒禮)에 쓰였으므로 예궁이라 불렸다.

- 목궁(木弓): 일명 호(弧)라고도 한다. 순전히 궁간목과 궁간상으로 제조하여 전투와 수렵에 쓰였다.
- 철궁(鐵弓): 철제 활로 전투용이다.
- 철태궁(鐵胎弓): 각궁과 모양이 같으나 간(幹)을 쇠로 만들며 전투와 수렵 공용이다.
- 고궁(弧弓): 속칭 동개활로서 가장 작은 활이다. 활과 살은 동개에 넣어 등에 지고, 달리는 말에서 쏘는 활로서 전투용이다.
- 각궁(角弓): 일명 후궁(帿弓) 또는 장궁(長弓)이라 한다. 현재 사용되는 가장 보편적인 국궁이다. 전투와 수렵용 및 연회, 연습용의 두 종류가 있다.

화살의 종류는 모두 8종으로서 그중에 유엽전만 오늘날까지 전하고 있다.

- 목전(木箭): 이름과 같이 나무로만 만든 활로서 무과에서 쓰인다.
- 철전: 3종이 있다.
  - 육냥전(六兩箭): 무게가 6냥이라 육냥전이라 하며 정량궁에 쓰인다 하여 정량(正兩)이라고도 한다.
  - 아량(亞兩): 무게가 4냥이다.
  - 장전(長箭): 무게가 1냥 5, 6전(錢)으로 전투용이다.
- 예전(禮箭): 예궁에 쓰이는 화살로서 깃이 큰 것이 특징이다.
- 편전: 속칭 아기살이라 하며 길이가 8촌, 사정거리가 1,000보에 이르는 데다가 화살의 부착력이 강하고 화살촉이 예리하여 철갑을 뚫는 위력을 발휘한다.
- 동개살: 일명 대우전이라 하며 동개활에 쓰이는 기사용이다.
- 장군전(將軍箭): 순전히 쇠로 만든 화살로서 무게가 3－5근이며 포노(砲弩)로 발사, 적선을 파괴하는 위력을 가졌다.
- 세전: 일명 가는대라고도 하며 적진에 격문을 보낼 때 사용하는 활로서 연

습 때에는 280보를 쏘아야 한다.

- 유엽전: 연습용 각궁에 쓰이는 화살로 120보가 표준이다. 화살촉은 날카롭지 않아야 한다.

역사적으로 볼 때 활의 종류는 다양하나 현재는 조선의 각궁 제작방법밖에 알려진 것이 없다. 따라서 여기에 소개하는 활의 제작방법은 각궁의 제작기술이다. 먼저 각궁 제작에 쓰이는 재료로서는 물소뿔(黑角, 水牛角), 소힘줄, 대나무, 뽕나무조각, 민어부레풀(魚膠), 화피(樺皮) 등을 들 수 있고, 연모로는 뒤짐, 도지개, 밧줄, 조막손, 궁창(弓窓), 사련톱, 사련칼, 덧피, 전판, 못탕, 도가니, 환, 심풀빗, 톱 등이 사용된다. 앞에 제시한 재료와 연모가 준비되면 제작에 들어간다. 활을 만드는 최적기는 일 년 중에 10월부터 다음해 3월까지이다. 그 이유는 활의 재료로 쓰이는 민어부레풀과 같은 동물성접착제는 습기가 많고 기온이 높은 계절에는 접착하지 않기 때문이며, 완성된 활을 관리하는 데에도 습기가 있어서는 안 되기 때문이다.

활을 만들기 위해서는 먼저 대나무조각, 뽕나무조각, 물소뿔 등을 궁창 위에 올려놓고 다듬는다. 그리고 대나무와 뽕나무는 화롯불에 쬐어 구부린 다음 연결시킨다. 이것을 연심(聯心)이라 한다. 이때 대나무 끝을 V자형(노루발 또는 제비부리)으로 도려내고 뽕나무 끝은 V자형의 반대모양으로 엇물리게 하여 풀칠하여 끼운다. 다음에는 물소뿔을 표면에 붙인다. 물소뿔을 붙일 때에는 뒤짐을 안쪽에 대고 조막손으로 밧줄을 감아 밀착시킨다. 18℃ 이하의 온도에서 3시간 지난 뒤 밧줄을 풀어 뒤짐을 제거하고 참나무(대림목)를 붙인다. 그리고나서 소힘줄을 활에 올리는 '심놓이' 작업을 7－8일간 반복해서 실시한다.

이와 같은 과정을 거친 뒤 약 1개월간 25－34℃까지 올리면서 밀폐된 장소에 보관한다. 이 건조과정을 점화관리(點火管理)라 한다. 건조과정이 끝나면 고자깎기를 한다. 이상의 공정으로 활의 몸체가 대개 완성되는데, 해궁작업(解弓作業)이 남아 있다. 해궁작업에서는 활 사용자의 체력에 맞추어 활의 강연(剛軟)이 조절된다. 그 뒤에는 활의 단장 작업이 남게 되는데, 활 하나를 만드는 데 약 4개월의 기간이 소요된다. 각궁의 제작과정은 매우 복잡하며 그 보관 방법도 까다롭다. 각궁은 습기를 피하여 늘 건조한 장소에 보관해야 하며, 여름에는 30－34℃, 겨울에는 27－30℃의 온도를 유지해야 한다. 따라서 우리나라의 온돌방이 각궁 보관에 가장 적당한 장소로 알려져 있다.

현재 사용되고 있는 화살은 죽시(竹矢)로서 원래의 이름은 유엽전이다. 유엽전의 길이는 약 80cm(2자 6치 5푼)이며, 쏘는 사람의 팔과 활의 길이에 따라 조금씩 다르다. 무게는 7돈쭝(26－25g)이 평균이다. 화살의 몸체는 대나무이며 오늬는 싸리나무, 깃은 꿩 깃이다. 화살의 재료는 대나무와 광대싸리나무, 도피(桃皮), 깃(羽), 둥근 촉, 소 힘줄, 민어부레풀 등이다.

제작과정을 보면, 화살의 몸체로 마디 있는 시누대(식대 또는 海藏竹)를 골라 쓰며, 충분히 건조시켜 곧게 잡은 뒤 오늬와 깃을 다는 작업에 들어가는데 활을 만들 때처럼 공정이 까다롭다. 현재 중요무형문화재 제47호로 지정된 궁시장(弓矢匠)의 기능보유자로는 김장환(金章煥), 장진섭(張鎭燮), 권영록(權寧錄), 이석훈(李碩薰)의 4명이 있다.

다행히도 『조선의 궁술』에 그 대강이 적혀 있어 소개하기로 한다. 활을 쏘는데 왼손잡이가 있고 오른손잡이가 있는데, 전자를 좌궁(左弓), 후자를 우궁(右弓)이라 한다. 그러나 궁술과 궁체(弓體), 즉 활 쏘는 자세에 있어서는 서로 다름이 없다. 궁체는 몸과 발, 불거름[膀胱], 가슴통, 턱끝, 목덜미, 줌손(弝手), 죽머리(肩髆), 중구미(肘), 등힘(弝手背力)으로 나누어 설명된다. 예를 들어 "몸체는 곧은 형세로 서서 과녁을 정면으로 바라보아야 한다. 발은 '丁'자 모양도 아니요 '八'자 모양도 아닌 체형으로 벌려 서지만, 앞과 뒤 두 발에다 고루 중량을 실어야 한다. 불거름은 팽팽해야 한다. 팽팽히 하는 법은 두 다리에 단단히 힘을 쓰는 것이다. 가슴통은 비어야[虛] 한다. 턱 끝은 들려서는 안 된다. 목덜미는 항상 오므리거나 구부리지 말아야 한다"는 등의 사격 자세에 대한 설명이 그 경우이다.

그 밖에도 "줄에 힘이 들면 맞추기가 어렵다. 살이 한 배를 얻어야 많이 맞는다. 방사할 때에 시위가 뺨을 치거나 귀를 치는 것은 턱을 든 때문이다"라는 등 사법(射法)의 설명이 있다.

4. 나가며

우리나라의 전통무예인 활쏘기는 우리 민족 고유의 전통무예이자 정신문화로서 오천 년이 넘는 오랜 역사를 지니고 있는 자랑스러운 전통스포츠이다. 그런 관계로 일제강점기 때에 들어와 조선총독부는 완전한 식민지를 구축하기 위해 우리 민족의 전통문화를 말살시키려 했고, 그 결과 수천 년 동안 면면히 이어져 온 활쏘기가 크게 위축되었다.

우리나라에서는 1894년 과거제도가 폐지되면서 전통 활쏘기가 개별 사정을 중심으로 이루어지게 되었다. 이에 뜻있는 사회인사들이 우리의 전통무예인 궁도의 맥을 잇기 위해 노력한 결과 "조선궁술연구회"가 1922년 7월 11일 서울 황학정에서 창립되었다. 1926년 5월 20일에는 조선궁술연구회를 "조선궁도회"로 개칭하였으나, 1945년 광복 때까지 유명무실하다가 광복 후인 1946년 2월 10일 조선궁도회로 부활하여 활동을 시작하다가 1948년 8월 25일 조선궁도회를 대한궁도협회로 개칭하여 현재에 이르고 있다. 1954년에 대한체육회 정식가맹단체로 가입하였고, 1962년 3월 전통 궁이 아닌 양궁을 도입하여 각급학교에 보급시켰으며, 1963년 7월 27일 국제양궁연맹(FITA)에 정식 회원국으로 가입하였다. 1983년에 양궁 분야를 대한양궁협회로 분리시켜 대한궁도협회에서는 전통무예인 궁도만 전담하게 되었다.[28)]

우리나라의 활쏘기는 대한궁도협회를 중심으로 궁도를 국민들에게 널리 보급하여 국민 체력향상을 도모하고 아마추어 궁도 경기인 및 단체를 통괄하기 위해 설립되었다. 2004년 18개 시도지부 및 1개의 해외지부(아르헨티나)를 두었고, 산하에는 383여개의 사정이 등록되어 있다. 2016년에 대한궁도협회는 『궁도 90년사』[29)]를 발간하며, 그동안 논란이 되어 왔던 "조선궁술연구회"의 활동을 포함

---

28) 대한궁도협회 홈페이지: http://kungdo.sports.or.kr:8088/servlets/org/front/app20/action/app20_10 (2019.06.27. 검색).

29) 조중성, 안상문, 권병학, 김정훈, 박종관, 최화경, 허창봉, 대한궁도협회편찬위원, 《弓道90年史》. (대한궁도협회, 2016), 129－155쪽.

한 근현대사를 재정립하였다.[30] 현 대한궁도협회에서는 그동안 개인의 솜씨를 자랑하던 활쏘기에서 근대적 경쟁 활쏘기 대회를 도입하여 경기를 거행하고 있다. 그 방식은 단체전과 개인전으로 나뉜다. 단체전에는 시도대표 7명이 출전해 상위 5명의 기록합계로 순위를 정하는 시도대항전과 사정 대표 5명이 출전하는 사정대항전이 있고, 개인전에는 남자개인전과 여자개인전이 벌이며 옛 활쏘기를 다시 활성화하는 데 정진하고 있다.

30) 나영일, 앞의 글, 33쪽.

제 2 부

전통무용

탈춤

1. 들어가며

원시시대 이후의 동물의 탈놀이, 신라 이래의 처용무와 사자놀이 및 가면검무 등이 우리 민간에 전승되어 온 것을 감안하면, 민속 탈놀이는 신라시대에 이미 있었으며 연극적인 민간의 오락 형식, 명절놀이의 의식적 측면 및 당악가무와 결합되어, 한편으로 산대잡극으로 발전했고 또 한편으로는 계속 민간에 전승되면서 산대잡극과의 상호 영향 및 서민생활의 변화 및 발전과 함께 전승되어 왔다. 이것이 오늘의 탈놀이를 형성하게 되었다고 본다.[1)]

탈춤에 대한 논의는 정병호에 의하면 김재철과 송석하로부터 시작되었다. 김재철은 나(儺)가 처용무가 되었고, 처용무가 산대희로 발전되었다는 동일계통설을 주장했다.[2)] 그는 고려 때의 산대극은 신라의 검무, 처용무와 서역계의 무애무와 오기 등을 집대성하고 중국의 나례를 받아들여 형성시킨 것이라 하여 이를 계승한 것이 산대도감극이라고 본 것이다. 하지만 산대도감극의 처음과 뒤에 무속행사가 있고 무가(巫歌)와 같은 것이 있는 것 등으로 미루어 무굿 기원설을 제시하기도 한다. 그 후에 나례기원설은 최상수와 김학주, 김동욱, 조원경, 양재연, 이두현 등에 의해 주장되었고, 나례의식은 구나부(驅儺部)와 잡희부(雜戲部)로 나뉘며

1) 김일출, 《조선민속탈놀이연구》. (한국문화사, 1998), 103－104쪽.
2) 김재철, 《조선연극사》. (민속원, 1995), 74쪽.

탈춤은 잡희부의 가무백희를 선행예능으로 하여 형성되었다는 논지를 폈다.[3] 그러나 송석하는 처용무나 산대희가 벽사의식무인 점에서 상통하나 놀이나 가면의 형태와 제작 면에서는 유사성이 없어 동일계통이 아니라고 주장하였다.[4] 이와 달리 이혜구는 서역계의 탈춤인 백제의 기악이 산대도감극을 형성했다고 보았으며,[5] 이를 받아들인 임석재는 기악과 산대도감극의 관련성을 인정하고 있고, 최정여는 기악기원의 관련성을 재조명하고 있다.

반면에 김동욱은 병자호란 이후의 나례잡희 중에서 광대의 소학지희(笑謔之戲)에서 분화한 민속극이라 하였다.[6] 그런데 조동일은 가면극의 기원을 풍농을 비는 농악대의 모의적인 주술행위에서 찾으며[7] 무속적 원리를 배제시켰는데 김열규, 최길성, 유동식, 서연호, 서대석 등은 탈춤의 기원을 무속굿과 관련하여 보았다. 이상일은 풍요제의 축제성과 극화에서 탈춤이 형성되었다고 보았으며,[8] 전경욱은 북청사자놀음을 전남의 가장(假裝)농악과 함께 농악대굿과 탈놀이의 중간 형태로 보았다.[9]

한편, 탈춤의 기원을 풍농제의와 무굿에서 찾는 작업이 정상박, 박진태, 이미원 등에 의해 시도되었다.[10] 이두현은 역사적으로 부족한 문헌 기록의 보완을 민간전승을 통해 극복하려 했다. 그는 고대 제천의식의 유속을 강릉단오굿, 하회별신굿으로 보고 이것이 한국연극의 기원이 된다고 보고, 동시에 문헌기록과 민간전승 민속극의 구체적인 내용을 총체적으로 활용하면서 중국, 일본의 연극, 민속과 비교했으며, 서구제의기원설, 장의기원설까지 폭넓게 수용하여 탈춤의 기원론에 대한 다원적인 접근을 시도했다. 그는 이러한 논지를 통틀어 탈춤의 기원을 이

---

3) 정병호, 《한국의 민속춤》. (삼성출판사, 1992), 61쪽.

4) 송석하, 〈처용무 나례 산대극의 관계를 논함〉, 《진단학보》. 2(1), (진단학회, 1935), 87–114쪽.

5) 이혜구, 〈산대극과 기악〉, 《연희춘추》. 1(4·5), (1953), 6쪽.

6) 김동욱, 〈판소리 發生攷〉, 《서울대학논문집》. (서울대학교대학원, 1955).

7) 조동일, 〈농악대의 양반광대를 통해 본 연극사의 몇가지 문제〉, 《동산 신태식박사頌壽기념논총》. (계명대학출판부, 1969).

8) 이상일, 〈축제의 극화에 대한 비교연구〉, 한국연극학회, 《한국연극학》. (새문사, 1985).

9) 정병호, 앞의 책, 62쪽.

10) 박진태, 《탈놀이의 기원과 구조》, (새문사, 1990).

원화하여 산대도감계통과 서낭굿 계통으로 정립하였다.[11] 이후 이러한 이두현의 설을 인정하면서 탈놀이의 기원을 해명하는 데 농악굿 기원설과 무당굿 기원설을 통합하여 보고 있으며, 또 한편으로는 기악이나 산대희의 영향까지도 부인하지 않는 견해가 제기되어 가면극의 기원에 대한 견해는 양분된 제의기원설을 통합하려는 연구 방법을 취하는 경향도 보여왔다.[12]

이상의 기원설에 대한 보다 적극적인 비판으로 임재해는 탈춤의 기원설을 자생설과 전파설로 나누어 분석하였다. 그는 탈춤의 기원을 고조선 이전의 신시 고국의 문화에서 찾으면서 자생설을 주장하는 한편, 이후의 발전단계에서 중국의 영향을 받았을 것으로 추론하고 있다. 그는 전파설을 주장하려면 프리츠 그레브너가 제시하는 형태의 준거, 양적 준거, 계속의 준거에 상징의 준거와 생태학적 준거가 입증되어야 한다고 하면서 (가)지역과 (나)지역의 두 문화가 닮은 점이 있다고 해서 서로 전파되어 형성되었다고는 할 수 없다는 것이 '독립발생설'이자 '다원발생설'이라고 하였다.[13] 전파설과 유사한 전래설은 자문화의 문화 수준이 후진적이자 열등하다는 것을 전제로 하는 것으로, 우리의 북방문화 전래설은 문화 종속적인 한계를 가진다고 언급하였다. 즉, 전파론은 강대국이나 선진국 학자들의 자문화 중심주의를 뒷받침하는 학설이라면, 전래설은 후진국 학자들의 자문화 종속주의를 심화시키는 학설이라고 비판했다. 그러면서 이러한 전파론의 한계를 비판적으로 극복하는 기원론으로 독립발생설과 다원발생설이 출현했다고 밝히고 있다.[14]

탈춤의 경우, 지명이 앞에 붙은 민속예술은 지역적 특성이 강한 것을 나타내며, 이는 독립발생설과 다원발생설을 이루는 중요한 자료가 되기 때문에 일원적 발생론이나 전파론으로 설명할 수 없다는 것이 임재해의 견해이다.[15] 결론적으로

---

11) 박진태, 위의 책, 16－17쪽.

12) 정병호, 앞의 책, 62쪽.

13) 임재해, 〈탈춤기원론의 쟁점과 상고시대 탈춤문화의 뿌리〉, 《한국민속학》. 50(1), (한국민속학회, 2009), 589쪽.

14) 임재해, 앞의 글, 597쪽.

15) 임재해, 앞의 글, 604쪽.

그는 탈춤에 관한 기원과 역사는 굿 문화의 맥락 속에서 해명되며 이를 입증할 고대 자료는 제사 터이자 굿터였던 암각화와 탈 유물을 통해서 드러난다고 하면서 홍산문화에서 출토된 옥으로 만든 제의용 신탈과 주술물 구실을 한 것으로 추정되는 탈들을 통해 고조선시기 이전부터 굿 문화가 발전하였고, 이것이 전승되어 오늘의 탈춤에 이르게 된 것이라고 주장하였다.[16)]

각각의 기원설을 구체적으로 정리하면 다음과 같다.

첫째, 산대희 기원설이다. 산대희는 산대잡극에서 생겨났고 그 전파로 각 지방의 가면극이 이루어졌다는 설이다. 산대잡극은 7세기 이전부터 우리나라 민속행사 중에 채붕을 만들고 가무를 연출하는 의식절차가 있었고, 이것을 '채붕잡희', '산붕나희'라고 했으며, 산대잡극이란 이 채붕잡희가 가진 산과 같은 대의 외관상 측면에서 명명된 것이라 한다.[17)] 즉 산대잡극은 전문 연기자들이 '채붕산대'에서 공연하는 가무와 잡기, 연극을 총칭한 것이다.[18)] 일찍이 신라에서 시작되어 고려를 거쳐 조선 초에 와서 국가적인 행사로서 계속되다가 인조 때에 일단 중단, 영조 이후에는 사라졌다. 국가적인 행사로서의 산대희는 없어졌으나 그 연희자인 반인들이 민간에서 산대놀이, 즉 가면극을 시작하였다. 따라서 가면극의 연기는 규식지희의 연장이고 대사는 소학지희가 발전한 것이란 논지를 펴고 있다.[19)]

둘째로 기악기원설인데, 백제인 미마지가 중국 남조의 오나라에서 배운 기악을 일본에 전파했다는 것이다. 하지만 보편적 학설에서 제기된 오나라에서 전교했다는 주장은 시대상 오나라가 존재하지 않았으며, 612년 일본의 남경에 기악을 전파했을 당시 그곳에서 유행했던 노래가 '오성가곡(吳聲歌曲)'이었다는 주장이다. 이것은 미마지가 오나라가 아닌 다른 곳에서 기악을 익혔을 가능성을 제시한다.[20)] 13세기에 간행된 일본의 『쿄군쇼(教訓書)』에 전하는 기악은 묵극이기는 하

---

16) 임재해, 〈고조선시기 탈춤문화의 형성과 연행예술수준〉, 《비교민속학》. 40, (비교민속학회, 2009), 257쪽.

17) 김일출, 앞의 책, 91쪽.

18) 김일출, 위의 책, 102쪽.

19) 위키백과: https://ko.wikipedia.org/wiki/%ED%83%88%EC%B6%A4 (2018.11.14. 검색)).

20) 손대환, 정염방, 〈탈춤과 경극의 형성배경 비교연구〉, 《한국엔터테인먼트 산업연구》. 10(6), (한국엔터테인먼트산업학회, 2016), 44쪽.

나 그 내용이 오늘날의 양주별산대놀이나 봉산탈춤과 흡사하므로 기악이 가면극으로 전승되었음을 알 수 있다고 한다.[21)]

셋째, 굿(마당굿, 농악굿) 기원설은 기악기원설의 문제점을 극복하려는 차원에서 제기된 것으로, 특히 농악 굿 기원설에 주목하고 있다. 사람의 갈등을 예술적으로 표현하는 의미로 전환되어 성장한 민중의식의 기반으로 상인층과 결합되면서 양식화된 도시가면극이라는 것이다.[22)] 제의기원설에 토대를 두며 마을 굿의 형태도 진행된 풍농 굿의 농경의례에 뿌리를 두고 있다. 조동일에 의해 제기된 이 기원설은 산대희기원설과 기악기원설이 모두 상층문화에서 하층 문화로 이행했다고 보는 침강문화재설을 따른 것이라 비판한다. 탈춤은 처음부터 민중적 성격을 지닌 것으로 민중문화의 전반적인 발전추세와 관련하여 그 기원을 찾아야 한다는 입장이다. 이에 따라 그는 마을 굿을 농악대가 하는 행사, 무당이 하는 행사, 제관이 하는 행사로 나누면서 탈춤은 농악대가 주관하는 풍농 굿에서 비롯되었다고 주장했다. 그는 후에 풍농 굿 기원설의 내용을 수정하여 농촌의 마을 굿에서 기원, 발전한 농촌 탈춤이 도시 탈춤과 여러 지역의 탈춤 형성에 영향을 주는데 매개 역할을 한 것으로 남사당패 같은 전문적 떠돌이 예인집단의 존재를 들고 있다.[23)]

넷째, 제의기원설은 가면극의 사방신무 성행위를 하는 춤으로 풍농풍어를 비는 굿의 흔적으로 보고 가면극의 기원을 고대 제의설에 초점을 맞춘 것으로 논의하는 것이다.[24)] 고대 제천의식에서 베풀어졌던 무당의 굿에 가면극의 발생 기원을 두는 입장인 것이다. 다시 말해, 무당의 의식이 처음에는 단순했지만, 점차 복잡한 가무로 발달하게 되면서 가면극이 발생했다고 보는 것이다. 이를 추정할 수 있는 예로 산대극의 첫 과장에 고사 장면이 있는 점, 미얄할미의 죽음 후에 하는 넋두리 등 여러 부분에서 무속과 관련된 부분이 많다는 것을 예로 들었다. 이러한

21) 위키백과: https://ko.wikipedia.org/wiki/%ED%83%88%EC%B6%A4 (2018.11.14. 검색).

22) 조동일, 〈조선후기의 가면극과 민중의식의 성장〉, 《창작과 비평》. 7(2), (창비, 1972), 18－32쪽.

23) 문화콘텐츠닷컴: http://www.culturecontent.com/search/search.jsp (2018.11.14. 검색).

24) 손대환, 정염방, 앞의 책, 44쪽.

제의 기원설은 연극 발생의 일반론적 관점에 기초하고 있으면서 탈춤이 지닌 무속적 성격을 밝혀내고 특히 하회별신굿 탈놀이와 같은 서낭굿 계통 탈춤의 발생과 그 성격을 해명하는 데 크게 기여하였다.[25)]

이러한 학설 이외에도 탈춤과 관련한 기원설은 생활의 실제적 목적에서 탈춤이 발생했다는 주장도 있는데, 대표적으로 김일출을 들 수 있다. 그는 원시인이 짐승의 목소리를 흉내 내거나 사냥하려고 짐승의 모피를 뒤집어쓰고 행하는 수렵방식에서, 혹은 호랑이나 곰 등을 숭배하는 토템의식에서, 혹은 종족 간의 전쟁에서 적을 위협할 목적 등으로 탈춤이 발생했다고 주장했다. 더 나아가 통합기원설이 제기되었는데, 그것은 탈춤의 기원을 단일한 관점에서 보는 것이 아니라 여러 기원론 가운데 타당성이 있는 주장을 통합하면서 한층 발전적으로 탈춤의 기원을 파악하자는 논지였다. 현재까지 제시된 통합적 기원론은 크게 두 가지로 구분되는데 하나는 무당굿 기원설과 풍농굿 기원설을 통하는 경우이고 또 하나는 산대희 기원설과 풍농굿 기원설을 통합하는 경우이다.

2. 탈춤의 역사와 발전 과정

고대사회의 탈춤

고대 사회에서 가장 성행했던 예술행위는 가면춤으로 탈춤에 관한 최초 기록은 『오경통의(五經通義)』에 '東夷之樂 持矛舞 助時生也'[26)]라는 대목을 들 수 있다. 원시무용은 전투적 성격의 무속적인 가면춤이었을 것이며, 그 대표적인 춤이 지모무 혹은 주리무일 것으로 추측하고 있다.[27)] 나아가 정병호는 고조선의 가면춤은 사회가 수렵생활에서 점차 농경생활로 변화함에 따라 수렵 가면춤으로부터 농경과 관련된 풍농제의 가면이 점차 성행하기 시작했을 것이라고 언급하였다.

---

25) 문화콘텐츠닷컴, 〈탈춤의 발생, 형성, 전승〉, (2018.11.14. 검색).

26) 지모무는 고대 동이의 춤이 아니라 중국 고대 주나라와 관련된 춤 종목으로 고조선과는 무관하다고 하였다(이종숙, 〈동이지악 '지모무'에 대한 고찰〉, 《공연문화연구》. 27, (한국공연문화학회, 2013)에서 주장하고 있다.

27) 정병호, 앞의 책, 60쪽.

또한 고대 제천의식에서 탈춤의 모태를 찾고자 하여 『삼국지』「후한서」의 "名曰 迎鼓 是郎巫祝神事", 「위서」 부여전의 "以殷正月祭天 國中大會", 『삼국지』「후한서」 예전의 "常用十月祭天", "巫覡紛若 鼓舞以妥之 名曰 都堂祭", 『삼국지』 고구려전의 "立大屋祭鬼神", 『삼국지』 마한전의 "馬韓諸國邑各以一人主祭天神" 등의 기록을 근거로 무당이 사제가 되어 제의적 가무를 한 사실이 전해지고, 『삼국지』 마한전에는 "祭鬼神 群聚歌舞飮酒", "其舞數十人俱起相隨踏地 低昻手足相應節奏 有以鐸舞"를 통해 농악대와 같은 신악대가 무당과 합동으로 제의한 사실이 있음을 주장하였다. 고구려와 예, 마한의 춤들을 통해 고대는 수렵가면의 무용을 거쳐 무속적 농경가면으로 이행되는 동안에 형성된 전투적인 성격의 벽사가면 무용으로서 주로 제의에서 추었다고 하였다.[28] 결국 『삼국지』 동이전 서문에 밝힌 바와 같이 "동이들은 그곳에 토착한 백성들을 데리고 즐겁게 술 마시고 노래하고 춤추었다"고 하여 우리 민족 대부분이 일반적인 의례에서 술 마시고 춤추는 일을 좋아한다는 풍속이 기록되어 있다.[29]

임재해에 따르면 고대 이전, 즉 고조선 이전 시기부터 제의적 탈춤이 존재했으며, 그것은 신시고국의 홍산문화를 통해 증명된다고 했다. 홍산문화의 옥탈이나 뼈탈의 출토는 고조선 이전 시기에 우리 민족이 문화적으로 수준 높은 위치에 있었으며, 따라서 중국에서의 문화유입 이전 시기에 자생적으로 탁월한 춤과 음악이 있었다는 것이다. 그의 주장이 아니더라도 고대인들이 춤과 음악을 얼마나 즐겼는지, 그 수준은 어느 정도였는지는 중국의 고문헌을 통해서도 입증되고 있다.

삼국시대의 가면극

신라 및 통일신라 때는 검무와 처용무, 오기 등의 탈춤이 있었다. 검무는 화랑이었던 관창과 관련한 이야기로 가면을 쓰고 전투적인 춤을 추었다는 점이 전해지지만, 정확한 문헌이나 유물은 없다. 다만 『동경잡기』 풍속 조에서 이 가면검무는 중국 북제 난릉왕의 고사(故事)를 놀음으로 만든 대면희(代面戲)와 어린 관창

28) 정병호, 앞의 책, 63쪽.
29) 김영희, 김채원, 김채현, 이종숙, 조경아, 《한국춤통사》. (보고사, 2015), 27쪽.

의 이야기를 춤을 통해 놀음으로 만든 것이라고 한다. 또한 같은 책 처용 조에 처용무 역시 가면으로 연희하였음을 기록하고 있으며,[30] 『삼국유사』 「처용랑」 조에는 처용이 동해 용왕의 아들로 잡귀의 침입을 막는 노래와 춤으로 물리쳤다는 기록이 있다.[31] 이를 통해 처용무는 벽사진경의 양면성을 갖는 구나가면으로 발전하게 된 것으로 볼 수 있다. 오기는 신라의 가무백희를 가장 잘 보여주는 가면무로 최치원의 "향악잡영(鄕樂雜詠)" 5수에 나타나는 5기, 즉 월전, 대면, 금환, 속독, 산예를 말한다. 오기 가운데 금화를 제외한 나머지는 모두 가면춤이며, 오기는 산대잡극이나 조선조의 나례잡희의 선행예능이었다. 지금까지 오기는 외래 특히 서역의 가면춤 영향을 받은 것이라는 의견이 지배적이었으나 오기가 외래의 것이라 하더라도 그 본원의 모습에서 변화가 있었을 것이며, 또 서로 간에 혼합이 있었을 것이라는 점이 지적되고 있다. 따라서 오기는 영남의 오광대 연희형태에 그 맥이 닿아있는 것으로 보고 있다.[32]

고구려는 고분벽화를 통해 일상적으로 춤이 생활화되었을 것이라는 추정을 할 수 있지만, 탈춤의 근거로 볼 수 있는 자료는 찾기 어렵다. 다만 고구려인의 기질처럼 진취적이고 활달한 가면무가 발달했을 것이라는 추정만이 현존하는 해서지역 탈춤을 통해 가늠해 볼 수 있을 뿐이다.

백제는 『일본서기』에 백제인 미마지(味摩之)가 남중국에서 배워 온 기악을 일본에 전했다는 기록이 있다.[33] 이때 전한 기악무는 가면을 쓰고 추는 춤으로 원래는 불교를 포교할 때 추는 춤이었지만, 백제 멸망과 함께 그 흔적을 찾을 수 없게 되었다. 다만 이혜구 등의 현존하는 산대극과 기악 비교를 통해 탈춤과의 관련성을 짐작해 볼 수 있을 뿐이다.

---

30) 自號處容 年月夜歌舞於市 中略 名爲月明巷 因作處容歌處容舞 假面以戲(《東京雜記》 風俗條).

31) 東海龍王喜 乃率七子現於駕前 讚德獻奏樂 具一子隋驚人京輔佐王政 名日處容王以美女妻之 中略 疫神欽慕之 變爲人夜至其家 輿之宿 處容自外至其家 見寢有二人 乃唱作舞退(《三國遺事》 處容浪條).

32) 정병호, 앞의 책, 67쪽.

33) 百濟人 味摩之歸化日 學干吳得伎樂舞則安置櫻井而集少年 令習伎樂舞(《日本書紀》 推古天皇 20年條)

고려시대의 산대잡희

고려시대의 문화는 불교가 주도하였다. 국가적 제전으로 토속신에 대한 제전인 팔관회와 불교의례인 연등회가 있었다. 이런 국가적 행사에 가면을 쓰고 하는 나례 행사와 산대잡희가 연희되었다.

나례는 연중의 재앙 및 병마의 근원인 악귀를 쫓아내고 즐겁고 경사스런 새해를 맞이하기 위해 음력 섣달 그믐날 밤에 행하던 의식으로 『문헌비고(文獻備考)』에 의하면 이 행사는 고려 정종 6년에 한반도에 들어와 조선 인조 때까지 행해졌다고 한다. 고려 말엽 산대잡희로서 행해진 처용무와 같은 가면무는 조선조에 들어 더욱 성행하였다.[34]

조선시대의 산대나례

고려의 나례와 산대잡희는 조선시대에 그대로 계승되어 인조 때에 공의(公儀)로써 폐지될 때까지 행해졌다. 조선 조에서는 산대도감(나례도감)이 설치되어 여러 가지 놀이를 주선하였으며 조정의 여러 의식이나 외국 사신의 영접 등에도 이와 같은 놀이가 거행되었다.

그러나 인조 12년에 들어와 산대잡희 및 나례가 혁파(革罷)되자, 이러한 놀이에 종사해오던 연희자들은 그들의 생계를 위해 재출발을 해야만 했다. 연희자들은 그들 자신의 발의에 의해 민간인들을 상대로 신생면(新生面)을 개척해 나가면서부터 단순한 가면놀이에서 하나의 연극으로 점차 발전해 갔다. 이러한 흐름에서 산대잡희가 아닌 산대가면극으로서의 산대놀이가 연희되었던 것이다. 그러므로 연극으로서의 산대가면극의 형성은 산대잡희 및 나례가 공의로써 폐지된 뒤의 일이었다.

그런데 여기에 산대놀이로써 특히 가면놀이를 위주로 하여 일단이 형성된 데에는 이유가 있었다고 보인다. 당시 나례도감에 예속되어 있던 연희자들은 하층민이었다. 그들은 궁중에서 가면을 쓰고 나례 행사를 하던 나자(儺者)들이었다.

---

34) 위키백과: https://ko.wikipedia.org/wiki/%ED%83%88%EC%B6%A4 (2018.11.14. 검색).

물론 이들은 나례행사 외에 산대잡희 때에도 연희를 하였다. 그들은 그들만의 도중(都中)을 형성하고 있었는데, 공의로서 궁중의 나례 및 산대잡희가 폐지되자 생계를 이어가기 위해 그들은 자신들의 가진 재주를 활용할 도리밖에 없었다. 그리고 공의가 폐지된 후에도 이들은 가끔 궁중에 불려가 연희하였다. 따라서 그들의 생활비는 국가에서 직접 주지는 않았으나 그들에게 계방(契房)의 도인(都印)을 주어서 생계를 보조해 주었다. 도인(都印)이란 관가에서 발급하는 증명서의 일종으로 민간인에게 기부금을 받을 수 있는 허가증 같은 것인데, 봄철에는 매미인(蟬印), 가을철에는 호랑이인(虎印)이 찍혔다. 그들은 이것을 가지고 연 2회 나루터나 시장, 절 등지에서 돈과 곡물을 받아 생계를 꾸려나갔다.

3. 탈춤의 계통

탈춤의 계통은 크게 세 가지 흐름으로 구분할 수 있다고 보는 것이 학계의 대세론이다.[35] 첫 번째는 농촌 탈춤이다. 농촌에서 오랫동안 이어온 행사로 향촌사회의 동제나 농악대굿 등에서 마을신을 즐겁게 하여 역병을 몰아내고 마을의 안녕과 평화를 기원하기 위해 행해졌다. 대표적으로는 고려 때부터 거행된 하회별신굿 탈놀이가 있다. 이 탈춤은 지배계층에 대한 노골적이고 통렬한 풍자를 담고 있으며, 향촌 양반의 묵인과 지원까지 받아가며 행해진 것에 주목한다. 백성들이 가진 양반에 대한 반감을 일정부분 해소시켜 줌으로써 궁극적으로는 향촌 사회의 안정을 꾀하기 위함이었다고 한다.

두 번째는 농촌 탈춤에서 파생한 떠돌이 탈춤(본산대놀이)이다. 조선 후기에 들어와 경제 발전으로 도시가 형성되면서 농촌에서 살 수 없어 떠돌이 놀이패로 나선 가난한 유랑민 무리들과 산대희나 나례희와 같은 국중대회에서 공연했던 놀이패들이 탈춤을 흥밋거리로 만들어 서울 근교의 여러 도시를 떠돌아다니며 상업적으로 행한 탈춤이다.

세 번째는 도시 탈춤(별산대놀이)이다. 전술했듯 조선 후기에 경제의 발전으

35) 나무위키: https://namu.wiki/w/%ED%83%88%EC%B6%A4 (2018.11.14. 검색).

로 도시가 형성되자 떠돌이 놀이패들이 도시를 전전하며 탈놀이를 거행했고, 사람들이 많이 모이게 하려고 도시의 유지와 상인들은 이들을 초청했다. 하지만 떠돌이 놀이패와의 약속이 잘 이행되지 않자 도시의 유지와 상인들은 자체적으로 놀이패를 만들어 본산대놀이와 다르다 하여 별산대놀이라 칭하게 되었다. 도시에서는 농촌과 달리 양반에게 직접 예속되지 않아 훨씬 자유로운 분위기 속에서 탈춤이 발달할 수 있었기에 양반을 풍자하는데 거리낌이 없었고, 대사의 분량과 내용도 풍부해졌다. 대표적으로는 봉산탈춤, 양주별산대놀이, 송파산대놀이, 동래야류, 하회별신굿 탈놀이, 오광대놀이, 북청사자놀이 등이 있다.

4. 탈춤의 종류

양주별산대놀이

양주 별산대놀이는 서울을 중심으로 경기지방에서 전래되어 온 산대도감극(山臺都監劇)의 일분파로 본산대라고 불리던 녹번과 아현, 구파발, 퇴계원, 송파, 사직골 등지의 산대놀이와 구별해서 별산대라고 부르고 있다. 18세기 무렵 양주에 사는 이을축이 서울의 사직골 딱딱이패를 본따서 가면을 제작하고 공연을 하기 시작하면서부터 양주 땅에 정착하였으며, 이를 별산대라고 불렀다. 현재 본산대가 소멸된 상태에서 가장 오래된 산대놀이의 옛 형태를 전승하고 있는 것이 양주 별산대놀이이다.[36]

조선시대 양주목의 관아가 있었던 유양리를 중심으로 전래되어 온 독특한 탈춤이다. 대개 음력 4월 초파일, 5월 단오, 8월 추석에 주로 연희되고 크고 작은 명절 외에 가물 때의 기우제 같은 때에도 공연되었다.[37] 밤 10시에 시작되면 다음날 새벽까지 계속되었으며 형편에 따라 3－4시간으로 줄이는 수도 있다고 한다. 전체 8과장 8경으로 되어 있으며, 각 과장과 배역이 세분화되어 있고, 중 관

36) 한국민속대백과사전: http://folkency.nfm.go.kr/kr/mainSearch/양주별산대놀이, (2019.06.10. 검색).

37) 이두현, 《한국가면극선》. (교문사, 1997), 4쪽.

련 과장이 다양화된 것이 특징이다. 순서는 길놀이와 서막고사에 이어 제1과장 상좌춤, 제2과장 옴중춤, 제3과장 옴중과 먹중, 제4과장 연잎과 눈끔적이, 제5과장 제1경 염불놀이 · 제2경 침놀이 · 제3경 애사당 법고놀이, 제6과장 제1경 파계승놀이 · 제2경 신장수놀이와 제3경 취발이놀이, 제7과장 제1경 의막사령놀이와 제2경 포도부장놀이, 제8과장 신할아비와 미얄할미의 순으로 진행한다.

1929년 조선박람회에서 공연한 것을 끝으로 없어졌다가 해방 후인 1957년 서울의 이화여자고등학교 운동장에서 처음으로 재연되었으며, 1964년 중요무형문화재 제2호로 지정되었다. 1960년대 후반부터 유양초등학교[38] 학생들에게 양주별산대놀이의 춤사위를 가르치기 시작했으며, 국가의 지원금[39]은 1975년부터 겨우 받을 수 있게 되었다.[40]

봉산탈춤

황해도지역의 해서지방에 전해지는 가면극을 대표하는 것이 봉산탈춤이다. 봉산탈춤은 약 200여 년 전에 봉산의 이속 안초목이 나무탈을 종이탈로 바꾸는 등의 개혁이 있었고, 연희자는 지방의 아전들이 역할을 대대로 세습했으며, 외부의 사람이 역할을 따내려면 금전이 필요했다.[41] 현재는 서울 강남구의 무형문화재 전수회관에 보존회를 두고 있다.

봉산탈춤은 1930년대까지 황해도 사리원, 봉산을 중심으로 행해졌으며 황주, 서쪽의 평야지대인 안악, 재령, 신천, 은율, 송화, 동남으로는 기린, 신원, 단흥, 평산, 신막 등의 지역, 해안지대는 해주, 강령, 송림, 추화, 금산, 연백 등에서도 같은 가면극이 행해졌다. 연중행사의 하나로 5월 단옷날 밤에 모닥불을 피우고 새벽까지 계속되는 연희이다. 시기적으로 보아 곡식의 씨앗을 뿌리고 난 직후로

---

38) 양주 별산대놀이를 행하는 연희자들이 모여 거주하는 마을에 위치한 초등학교이다.

39) 1993년도의 문화재관리국 자료에 의하면, 1975년부터 기 · 예능 보유자에게 월 3만 원, 조교에게 2만 원의 전승비를 지원했으며, 동시에 전승회관의 건립과 전승을 위한 유지비가 지급되게 되었다.

40) 高正子, 〈韓国の仮面劇「固城五広大」の伝承と演戯者: 解放後の韓国社会における民俗芸能の変遷から〉, 未刊行　博士学位論文. (総合研究大学院大学, 2005), 17쪽.

41) 이두현, 앞의 책, 127－127쪽.

모내기할 때까지의 망중한의 시기이기도 하여 벽사와 기원의 행사, 나아가서는 하지의 축제를 베풀기에 알맞은 때이다. 주로 농민과 장거리 상인들을 상대로 한 놀이였던 황해도 탈춤은 그 외에도 군수의 생일이나 취임하는 날, 관아의 경사나 중국의 사신 접대에서도 연희되었다.[42)]

봉산탈춤은 종교성보다 오락성과 연극성이 강하며, 지방의 아전들 가운데서도 남자들만으로 세습되었기 때문에 사회적으로는 천시되는 일 없이 전승되었다고 한다. 연희장소는 1915년 행정기관이 사리원으로 옮겨지자 이 놀이도 사리원으로 옮겨져 경암루 앞 광장에서 놀게 되었다고 한다. 1920년대에는 기생조합[43)]이 조직되자 기생이 상좌와 소무역을 받아들여 가면을 쓰지 않고 등장하였다.[44)]

봉산탈춤의 과장은 크게 7과장으로 나누어 1과장 사상좌춤, 2과장 팔목중춤, 3과장 사당춤, 4과장 노장춤(신장수 놀음, 취발이놀음 포함), 5과장 사자춤, 6과장 양반춤, 7과장 미얄춤 등으로 구성된다. 결국 목중, 노장, 양반 및 미얄의 독립된 네 개의 놀이에 사당춤, 사자춤, 원숭이 놀이가 곁들여 전체를 구성하고 있다.

내용은 7마당 5거리로 제1은 사상좌 춤마당으로 사방신에 배례하는 의식무 장면이며, 제2는 팔먹중 마당으로 첫째 거리는 팔먹중 춤놀이이며 둘째 거리는 법구놀이이며, 제3은 사당춤마당으로 사당과 거사들이 흥겨운 노래를 주고받는 장면이며, 제4는 노장춤 마당으로 첫째거리는 노장 춤 놀이로 노장이 소무의 유혹에 빠져 파계하는 장면이다. 둘째거리는 신장사 춤놀이로 신장사가 노장에게 신을 뺏기는 장면이다. 셋째거리는 취발이 춤놀이로 취발이가 노장으로부터 소무를 빼앗고 살림을 차리는 장면인데, 여기서 모의적인 성행위와 출산은 풍요제의적 성격을 띠고 있다. 제5는 사자춤마당으로 사자로 하여 노장을 파계시키고 파계승들인 먹중들을 징계하는 장면이다. 제6은 양반춤마당으로 양반집 머슴인 말뚝이가 양반 형제들을 희롱하는 장면이며, 제7은 미얄춤마당으로 영감과 미얄할

---

42) 이두현, 위의 책, 128쪽.

43) 조선시대의 기생은 관기와 민기가 있었다. 궁중에서는 기생을 담당하는 기생청이 있고 거기서 가무나 시가, 예의작법을 배운다. 하지만 대한제국시대가 되면 기생청이 폐지되고 권번으로 불리게 된다. 식민지시대에는 이 권번이 모여 조합을 조직했다.

44) 이두현, 《한국가면극》. (서울대학교출판부, 1994), 280쪽.

멈과 영감의 첩덜미리집과의 삼각관계를 그리다가 영감에게 맞아 죽은 미얄할멈의 원혼을 달래는 무당굿으로 끝난다.[45] 한국에서는 한국전쟁 때 월남한 김진옥, 민천식 등에 의해 복원되어 1967년 중요무형문화재 제17호로 지정되었다.

하회별신굿탈놀이

하회별신굿 탈놀이(河回別神굿 탈놀이)는 경상북도 안동시 풍천면 하회마을에서 12세기 중엽부터 상민들에 의해서 연희되어 온 탈놀이이다. 정월 초이튿날에서 보름 사이에 주민들이 병을 앓지 않고 평안하게 지내기를 기원하며 서낭신을 위안하는 부락제를 마친 후 벌이는 가면극이다. 이 부락제는 반드시 마을주민들이 지내게 되어 있는데, 서낭신이 대제를 원하는 경우에 10년마다 주민들이 대제를 지내지 않으면 서낭신이 벌을 내려 병자가 생길까 염려해 제사를 지낸다.

하회별신굿은 국가무형문화재 제69호로 지정되어 있으며, 마을의 수호신(성황신)에게 안녕과 풍년을 기원하는 서낭제에서 연희되는 가면극이다. 부락제를 대표하는 하회별신굿 탈놀이는 매년 지내는 동제와는 달리 일정한 주기(10년 또는 5년 또는 신탁이 있을 때)에 한 번에 12월 30일부터 다음 해 1월 15일까지 정기적으로 행해지며 이것을 특별히 행하는 굿이라는 의미에서 "별신굿"이라 부른다. 별신굿은 무당을 불러서 무당에 의해 굿을 하거나 또는 마을주민들이 중심이 되어 큰 굿을 하게 되는데, 하회의 경우는 후자에 속한다.[46]

순서는 1과장은 주지놀음, 2과장 무녀가 주연하는 삼석놀음, 3과장 파계승놀음, 4과장 양반선비놀이, 5과장 떡다리와 할미의 살림살이과장, 6과장 백정이 나와 소를 잡는 살생과장, 7과장 환자놀이, 8과장 총각과 각시의 혼례과장, 9과장 신방과장으로 진행된다. 다음으로 헛천굿(거리굿)이 별신행사 최종일인 정월 보름날 마을 앞 길거리에서 거행되고, 이날 밤 자정에 상당에 올라가 당제를 지낸 다음에 서낭대는 당에 봉납하고, 하당과 삼신당에 차례로 제를 올림으로서 별신 행사가 끝난다.

---

45) 한국민족문화대백과사전: http://encykorea.aks.ac.kr/Search/List, (2019.05.25. 검색).
46) 하회별신굿탈놀이보존회 홈페이지: http://hahoemask.co.kr/, (2019.06.01. 검색).

하회별신굿 탈놀이는 마을 사람뿐 아니라 양반도 지원했다. 그것은 마을에서 재앙을 물리침으로써 풍작이 되는 것이 그들에게도 경제적인 의미에서 절실한 문제였기 때문이다. 이때만은 하인이 가면을 쓰고 양반을 능멸하는 것도 허용되었다. 이처럼 민중과 양반의 이해가 일치했기 때문에 하회별신굿 탈놀이는 오랫동안 계속되었지만, 1928년을 끝으로 더 이상은 행해지지 않게 되었다.[47] 이후 1978년부터 재현 활동이 시작되었고 같은 해 "전국민속예술경연대회"에서 문화공보부대상을 수상하였다. 이를 계기로 1980년 11월에 하회별신굿 탈놀이가 중요무형문화재로 지정되었다.[48]

고성오광대

낙동강 서쪽 지역의 가면극을 오광대라고 부르며, 오광대라는 명칭은 다섯 과장으로 연희되기 때문이라는 설과 다섯 개의 가면을 사용하여 연희한다는 데서 유래했다는 두 가지 설이 있다. 모두 동양사상의 오행에 기원을 두고 있는 것이다. 경상남도 고성군에서 정월 대보름날 연중행사의 하나로 행해지며, 중요무형문화재 제7호로 지정된 가면극이다.

1960년대 초반까지 고성오광대놀이는 음력 정월 대보름날에 주로 연희되었다. 정월 초순에 일심계원(一心契員)들이 농악대를 편성하여 고성읍내의 각 가정과 상점을 돌며 걸립을 하여 오광대놀이 비용을 마련했다. 공연하기 7－8일 전에는 도독골 산기슭에 있는 잔디밭에서 오광대 탈놀이 연습을 했다. 마을 전체의 행사이면서 구나의식과 축원의 의미를 지닌 일종의 종교적 행사였음을 알 수 있다. 그리고 놀이 당일 저녁 오광대패가 풍물을 울리며 읍내를 한 바퀴 돌고 탈놀음 장소인 고성장터 넓은 마당으로 가서 밤새워 놀았다. 이 밖에 객사마당이나 무량리 잔디밭에서 놀이를 한 적도 있었다.[49]

연희는 제1과장 문둥북춤, 제2과장 양반과장, 제3과장 비비과장, 제4과장 승

47) 문화컨텐츠닷컴: http://www.culturecontent.com/search/search.jsp, (2019.06.01. 검색).
48) 高正子, 앞의 글, 21쪽.
49) 이두현, 앞의 책(1997), 315－316쪽.

무, 제5과장 저밀주(제밀주) 순으로 공연한다. 춤은 굿거리장단에 따라 덧뵈기[50]를 춘다. 덧뵈기춤은 영남지방의 대표적인 토속무로 일자사위와 활개춤이 주류를 이루며 한 번씩 배기는 허튼춤이다.[51]

고성오광대도 다른 오광대와 마찬가지로 처음부터 끝까지 하나의 줄거리로 된 연희가 아니라 주제가 다른 몇 개의 과장으로 구성되어 있다. 그 과장의 주제는 다른 오광대와 같으나 앞뒤에 오방신장무나 사자무 같은 벽사진경의 의식무가 없고, 주로 오락성이 강한 과장들만으로 구성되어 있다.

북청사자놀이

함경남도 북청지방에서 정월대보름에 행해지던 탈놀음으로 북청군 전 지역에서 행해졌다. 동리마다 제각기 사자를 꾸며서 놀았고, 각 처에서 읍내로 사자놀음패가 모여들어 자연히 경연이 붙었다. 그중에도 북청읍의 사자계(獅子契), 가회면의 학계(學契), 구양천면의 영락계(英樂契)의 사자춤이 유명하였으며, 특히 구청해면 토성리 사자놀음은 관원놀음과 함께 행하여지므로 더욱 유명하였다. 현재 국가무형문화재 제15호로 지정되었다.[52]

이 놀이는 주로 대륙계와 북방계인 사자춤이 민속화된 대표적인 사례로, 음력 정월 14일 밤부터 15일 새벽까지 놀고 서당과 도청(마을공회당)에 모여 술과 음식을 갖춰놓고 논 뒤 16일부터는 초청받은 집을 돌며 놀았다. 사자와 사령, 양반, 꺽쇠, 무동, 꼽새춤과 기타 잡배들이 일단이 되어 집집마다 돌아다니며 사자춤을 추고 부엌의 조왕과 집안의 조령에게 절을 한다. 사자놀이의 주목적은 잡귀를 쫓고 마을의 평안을 비는 데 있었다.

1950년 한국전쟁 뒤에 월남한 연희자들에 의하여 서울을 중심으로 전승되고 있는 북청사자놀이는 길놀이, 마당놀이, 애원성, 사자춤, 칼춤, 무동춤, 꼽새춤, 사

---

50) 덧배기춤 혹은 배김새춤이라고도 부른다. 대체적인 의미는 "장단을 배긴다", "장단을 메긴다" 또는 "힘차게 박는다"는 의미에서의 배김새로 추측한다(정병호, 《한국춤》. (열화당, 1985), 35쪽).

51) 고성오광대보존회 홈페이지(2019.05.17. 검색).

52) 이두현, 앞의 책(1994), 381쪽.

자춤, 재담, 넋두리춤으로 노는 경우가 많으나 순서는 바꿀 수 있다.

북청사자놀음의 반주음악에 쓰이는 악기는 통소, 장구, 소고, 북, 꽹과리, 징이다. 통소는 2개를 쓰나 많이 쓸 때에는 6개까지 쓴다. 해서나 경기지방의 탈놀이가 삼현육각의 반주로 되어 있고, 영남지방 탈놀음이 매구풍장(농악)으로 되어 있는 데 반해 북청사자놀음만이 통소풍장으로 되어 있는 것이 매우 특이하다.

5. 나가며

탈춤은 우리 민족 대부분이 일반적 의례에서 술 마시고 춤추는 일을 좋아하였다는 풍속기록으로 보아 신라시대 이전부터 즐겼으며, 원시탈춤은 전투적 성격의 무속적인 가면춤이었을 것으로 추정된다. 이후에 당악가무와 결합하여 산대잡극으로 발전했고, 서민 생활의 변화와 발전에 상호 영향을 받으며 전승되어 왔다고 본다.

탈춤은 산대희기원설과 기악기원설이 있으며, 농악굿기원설, 제의기원설 등이 논의되고 있으며, 고구려 고분벽화에서 보듯 우리 민족에게 춤이 일상화되었을 것으로 추정할 수 있기 때문에 진취적이고 활발한 가면무가 발달했다. 고려시대의 문화는 불교가 지배했기 때문에 나례행사와 산대잡희가 연희될 때 가면을 썼다. 조선시대에는 산대도감이 설치되어 다양한 춤과 놀이가 연희되었다. 조선의 궁중에서 나례 및 산대잡희가 폐지되자 생계를 이어가기 위해 나례도감에 속해 있던 연희자들이 자신들이 가진 재주를 활용하기 위해 일단을 형성해 전국 각지를 돌아다니며 공연하게 되었다.

탈춤의 계통으로 농촌 탈춤과 떠돌이탈춤, 도시 탈춤(별산대놀이)의 세 가지 흐름으로 일반 서민들에게 전파되어 자유로운 분위기 속에서 탈춤이 발달하였다. 서울을 중심으로 활동한 양주별산대놀이가 있으며, 황해도의 해서지역에서 매년 4월 초파일과 5월 단오에 연중행사로 서민들이 즐겨 온 봉산탈춤, 경북 안동시 지역의 하회별신굿탈놀이, 낙동강 서쪽지역에서 5개의 가면을 사용하는 고성오광대놀이가 중요무형문화재로 지정되어 있다. 또 함경북도 북청지방에서 정월대보름에 벌어지던 탈춤이 북청사자놀이로 국가무형문화재로 지정되어 계승에 힘을 쏟고 있다. 이렇듯 현재 우리가 계승해 온 탈춤은 민속무용의 오랜 역사적 흐름 속에서 도태되지 않고 가면무 전통을 집대성한 것이며, 서민들의 계급적 의식과 생산 의욕을 높이는 데 일정한 역할을 수행해 왔던 우리의 뛰어난 전통무용의 잔존문화이자 전통의 소산이다.

검무(劍舞)

1. 들어가며

검무는 검기무(劍器舞), 칼춤 등으로 불리는데, 일반적으로 칼을 들고 추는 춤으로 우리나라에서 가장 오래된 전통무용 중의 하나이다. 검(劍)은 고대로부터 일상생활과 수렵활동, 전쟁의 도구로 사용되었기 때문에 검무는 인간의 역사만큼이나 오랜 연원을 지닌 춤이다. 따라서 검무는 상고시대의 수렵무용, 의례무용 또는 전쟁무용에서 유래되어 점차 예술무용으로 발전하였음을 짐작할 수 있다.

검무와 관련된 가장 오래된 자료는 고구려 고분벽화이다. 4세기 중반으로 추정되는 황해남도 안악3호분 벽화를 살펴보면 오른손에 칼, 왼손에는 활을 쥐고 춤을 추고 있는 그림이 묘사되어 있는데, 행군 도중 혹은 진영 안에서 펼쳐지는 이러한 춤은 실제 놀이와 훈련을 겸한 행위라고 할 수 있다.[1] 또한 '대행렬도'를 보면 수레를 탄 주인공과 그를 호위하는 수백 명의 의장행렬 가운데에 고취악대(鼓吹樂隊)와 검무가 의식무로 행해졌음을 짐작하게 한다. 여러 가지 재주가 그려져 있는 평안남도 팔청리벽화에는 뿔나팔 연주, 농환(弄丸), 긴장대다리걷기(高蹺) 외에 두 사람이 검을 들고 대무(對舞)하는 모습도 등장한다. 이렇듯 고구려에는 씩씩하고 활기찬 고구려인의 기상을 반영하는 검무가 폭넓게 추어졌음을 짐작할 수 있다. 오늘날 전승되는 검무는 신라에 그 유래를 두고 있는 것으로 고려, 조선

1) 전호태, 《고분벽화로 본 고구려 이야기》. (풀빛, 2000), 198쪽.

를 거쳐 일제강점기에도 널리 성행한 중요 종목으로 오랜 세월을 거쳐 민간과 궁중에서 다양한 유형으로 변화하여 발전, 전승되었다.

검무의 선행연구는 전승 기간만큼 많은 성과가 이루어져 있어 일일이 열거할 수 없을 정도이기 때문에 여기에서는 개괄적으로 살펴보자. 문화재관리국에서 조사한 진주검무, 호남검무, 평양검무, 경기검무의 「무형문화재 조사보고서」는 무형문화재 지정 당시의 현장조사 내용을 기록한 초기 결과물로서 그 중요성이 인정되고 있다. 단행본으로는 성계옥, 차옥수의 『진주검무(2002)』,[2] 엄옥자의 『승전무(2004)』, 임순자의 『호남검무(2013)』, 이봉애의 『평양검무(2016)』 등이 출판되어 개별 검무에 관한 연구가 상세히 이루어졌다. 특히 임수정의 『한국의 교방검무』[3]는 무형문화재로 지정된 진주검무, 통영검무, 평양검무, 경기검무를 비롯한 호남검무, 궁중검무, 해주검무 등 7종목의 이론적 배경 및 지역적 특징, 예술적 형식 등 역사, 춤사위, 복식, 음악, 무구 등을 총망라하여 상세히 기술한 서적으로 연구성과가 돋보인다.

연구논문으로는 대체로 초기에는 검무의 개별적 연구 및 비교연구, 변천과정 및 전승 등의 역사적 측면을 다룬 연구가 주를 이루었으며 이외에도 검무시(詩) 등의 문학적 측면이나 무예적(武藝的) 측면에서의 검무, 검무 복식 등과 관련된 연구성과도 적지 않다. 이후에는 오늘날의 상황을 반영한 문화콘텐츠적 가치와 개발에 관한 연구[4] 등 무척 다양한 방면의 연구가 이루어지고 있다.

검무 관련 사료는 신라와 고려의 여러 기록이 전해지며, 조선에는 『진연의궤(進宴儀軌)』, 『진찬의궤(進饌儀軌)』, 『진작의궤(進爵儀軌)』, 각종 『홀기(笏記)』 및 문인들의 시 외에도 병풍도, 민화 등의 도상학적 자료가 전해지고 있어 검무사적으로 중요한 근거가 되고 있다.

이와 같이 검무에 대한 선행연구와 문헌 자료가 풍부하지만, 대부분의 연구

2) 성계옥, 차옥수, 《진주검무》. (화산문화, 2002).

3) 임수정, 《한국의 교방검무》. (민속원, 2011).

4) 정은영, 〈아시아(Asia) 문화원형으로서 검무의 문화콘텐츠적 가치〉, 《한국체육철학회지》, 25, (한국체육철학회, 2017); 강미선, 윤미라, 〈경기검무를 활용한 글로컬문화콘텐츠 개발 연구〉, 《대한무용학회논문집》. 75(5), (대한무용학회, 2017).

가 미시적(微視的) 시각으로, 무형문화재로 지정된 검무를 중심으로 연구되었거나, 혹은 특정 검무를 민속지 입장에서 기술하거나, 소수의 검무를 비교 연구하였다. 이에 필자는 거시적(巨視的) 시각에서 우리나라에서 연행되는 검무의 전반에 대해 검토, 논의하고자 한다. 이를 위해서 연구자는 선행연구를 토대로 검무의 유래 및 변천 과정, 지역별 검무의 예술적 특징 및 절차 등을 살펴보고, 나아가 중국을 통한 서역과의 연관성에 관해 통사적으로 기술하고자 한다.

2. 검무의 유래 및 변천

검무의 유래

우리나라 검무의 유래에 관련하여서는 신라의 황창무(黃昌舞,黃倡)에서 유래되었다는 견해가 지배적이나 이를 정확히 단정하기는 어렵다. 유래와 관련하여 고대 문헌 사료에 전하는 내용을 살펴보자.

우선 신라소년 관창(官昌)에 기원을 두는 관창설로 검무와 관련된 현존하는 가장 오랜 기록인 『삼국사기』 권47 「열전(列傳)」 제7 「관창조(官昌條)」에 전하는 내용을 요약하면 다음과 같다.

> "신라 품일(品日)장군의 아들로, 화랑인 관창은 16세에 말을 타고 활쏘기를 잘 하여, 당(唐) 현경 5년(660)에 어린 나이로 황산 싸움에 출전하였다가 백제군에게 사로잡혔으나, 계백장군은 그가 어리고 용맹한 데에 탄복하여 죽이지 않고 돌려 보냈다. 그러나 관창은 이를 분하게 여겨 다시 적진으로 돌진하여 싸우다가 또 적군에 사로잡히자 계백이 이번에는 목을 베어 말안장에 매달아 돌려보냈다. 그의 죽음을 보고 신라군이 모두 강개하여 진격하니 백제군을 대파하고 평정하였다. 태종대왕이 급찬의 직위를 추증하고 예로써 장사를 지내게 하였다."

이 기록에서 신라 화랑인 관창(645-660)은 태종 무열왕(604-661) 시기에 실존했던 인물로 16세 어린 나이에 백제와 싸우다 전사하여 큰 공을 세웠음을 알 수 있으나, 정작 검무와 관련된 기록은 찾을 수 없다. (이것을 최초의 기록으로 보는 이유는?) 이와 동일한 내용이 『신증동국여지승람』과 『동경잡기』 「관창조」에도 전한다.

두 번째는 신라소년 황창(黃昌)에서 유래되었다는 황창설이다. 황창랑(무)의 기록이 보이는 것은 고려 말부터로 『쌍매당집(雙梅堂集)』, 『동경잡기』, 『동국여지승람』, 『증보문헌비고(增補文獻備考)』 등 조선 후기까지 여러 문헌[5]에서 기록하고 있지만, 대부분 내용이 대동소이하다. 『동경잡기』 권1, 「풍속조」에는 아래와 같은 내용이 전해진다.

> "무검지희: 황창랑은 신라 사람이다. 민간에 전하기를, 7세에 백제 저자로 들어가 검무를 추니 구경꾼이 담처럼 모였다. 백제왕이 이를 듣고 불러서 보고는 당으로 올라와 추라고 명하였다. 창랑이 백제왕을 찔러 죽이자 백제 사람들이 그를 죽였다. 신라 사람들이 그를 애도하여 그의 형상을 본뜬 가면을 만들어 쓰고 검무를 추었다. 지금까지 그 검무가 전해진다."[6]

이 기록에서 비로소 검무의 유래와 초기의 검무가 가면무였음을 명확히 밝히고 있다. 그러나 신라와 백제 전투를 배경으로 하는 시대적 상황을 제외하고는 황창과 관창, 이 둘의 이름과 나이 그리고 실제 검무의 연행 여부와 백제왕의 시해 여부 등에 관해서는 두 기록이 차이를 보인다. 옛 사람들도 이 둘의 관계에 대해 줄곧 의견이 분분하다.

세 번째로 황창은 관창의 와전이거나 동일한 사람으로 보는 견해이다. 황창설의 가장 초기 기록인 『쌍매당집』에서, 여말선초(麗末鮮初)의 문인 이첨(李詹)은 역대 역사서에는 관창의 기록만 있음을 이유로 들어 "황창은 필시 관창일 것으로 잘못 전해진 것(黃昌此必官昌也, 傳者誤耳)"이라 하였으며, 조선 후기 이유원(李裕元)

---

5) 《佔畢齋集》, 《續東文選》, 《星湖全集》, 《熱河日記》, 《洛下生集》, 《教坊歌謠》, 《林下筆記》.

6) 舞劍之戲: 黃倡郎新羅人也. 諺傳 年七歲入百濟市中 舞劍 觀者如堵 濟王聞之 召觀 命升堂舞劍 倡郎因刺王 國人殺之. 羅人哀之 像其容 爲假面 作舞劍之狀. 至今傳之. (《東京雜記》 卷一 風俗條).

도 『임하필기(林下筆記)』 권38, 「해동악부(海東樂府)」에서 "황창은 관창의 와전(官昌訛誤黃昌郎)"이라 하였다.

그러나 이에 대해 김종직(金宗直)의 『점필재집(佔畢齋集)』 권3 「동도악부(東都樂府)」에서 '황창무는 후세에 가면을 만들어 그를 상징해서 처용무와 함께 베풀었는데, 역사에 전하는 바를 상고하면 전혀 증거될 것이 없으나 와전된 것'이라는 견해 역시 "억설이므로 믿을 수 없다"고 반박하였다. 조선 후기 정현석(鄭顯奭)의 『교방가요(敎坊歌謠)』 「황창무조」에는 황창을 "혹은 관창이라고도 한다(或云官昌)"며 둘을 아예 동일 인물로 보았다. 이렇듯 황창을 관창의 와전이라고 본 시각이 고려 말부터 조선 말까지 지속적으로 문헌에 제기되고 있다는 점은 주목할 만하다.

실제로 관창은 15-16세의 신라 화랑으로 삼국시대 정사(正史)인 『삼국사기』에 전하는 실존 인물이나, 황창은 실존 인물로 보기 어려운 점이 있으니 김종직은 동도악부에서 '황창랑이 어느 시대 사람인지 알 수 없다'고 하였다. 만약 7-8세의 어린 황창이 백제왕을 찔러 죽였다면 이는 역사에 남을 큰 사건임에도 두 나라의 역사서에 전혀 기록되지 않은 점과 더구나 어린 소년이 적국에서 왕을 시해했다고 보기 어렵다는 점 등을 들어 황창랑의 존재를 부정하고 관창의 와전이라 판단한 견해[7]는 설득력이 있다.

이 외에도 황창랑과 관련된 또 다른 유사한 이야기가 전해진다. 조선 후기 『동환록(東寰錄)』, 『국로추사조선역사(菊露秋寫朝鮮歷史)』의 내용을 종합하면 '황창은 본래 신라인이었으나 낙랑(樂浪)에 망명하였고, 백제 분서왕(汾西王, 재위 298-304)이 낙랑을 습격하여 서쪽 현(西縣)을 빼앗자 낙랑태수가 황창랑을 자객으로 보냈다. 황창이 백제에 들어가 검무를 추니 소문이 퍼져 분서왕 앞에서 추게 되자 왕을 찔러 죽이고, 죽임을 당하였다"고 전한다. 이는 황창랑이 낙랑에 망명한 자객이라는 점과 백제왕이 분서왕임을 구체적으로 명시한 부분을 제외하고는 기존의 황창랑설과 기본적으로 대동소이하다.

분서왕은 실제로 낙랑태수가 보낸 자객에게 살해되었음을 『삼국사기』에 전하나 자객의 이름이 거론되지는 않았다. 따라서 이는 조선 후기로 가면서 시대 흐

---

7) 《쌍매당집》, 《동경잡기》, 《증보문헌비고》.

름에 따라 분서왕설이 파생되어 황창설과 함께 병존하여 혼재되어 나타난 현상으로 보인다. 황창랑설은 실존 인물인 분서왕의 자객설과 결합됨으로써 부족한 역사성이 보완되어 보다 완전하게 되었다고 할 수 있다.

이상 검무의 유래와 관련된 여러 기록을 종합해보면, 신라 소년이 나라를 위해 적국 백제인에게 죽임을 당한 이후 민간에서 신라인들에게 회자되다가 후대에 그의 충절과 넋을 기리기 위해 그의 형상을 본뜬 가면을 쓰고 검무를 추게 된 것으로 볼 수 있다. 그러나 신라시대부터 오랜 기간 전승되면서 관창설과 황창설에 관련된 이견이 문헌상에 지속적으로 제기되고 있는 것과 같이 이후에 보다 심도 있는 연구가 필요해 보인다.

검무의 시대적 변천

우리나라 검무는 신라에 유래를 두고 있으나, 앞에서 언급했듯이 『삼국사기』에 전하는 관창은 검무를 춘 기록이 없는 연유에서인지 황창무에서 유래되었다는 학설이 통상적이다. 그러나 황창 설화의 구체적 기록은 신라가 아닌 고려 말에 이르러서야 이첨의 『쌍매당집』에 나타나며, 관창과 황창의 관계는 앞서 언급하였다. 『동경잡기』 권2, 「인물조」에는 관창 이야기 외에도 이첨이 관람한 황창랑무(가면을 쓴 동자(童子)의 검무) 두 가지가 모두 전하는데, 황창랑무는 다음과 같다.

> "이첨이 변백(辨日)? 하여 말하기를, "을축년(1385) 겨울, 계림에 객으로 갔을 때 부윤 배공이 향악을 베풀어 위로하였는데, 가면을 쓴 동자가 뜰에서 검무를 추기에 물었더니, 신라에 황창이라는 자가 있었는데 나이가 15－16세 정도로 춤을 잘 추었다. 그는 왕을 뵙고 말하기를 "원컨대 제가 왕을 위하여 백제의 왕을 쳐서 왕의 원수를 갚고자 합니다." 하니 왕이 허락하였다. 그는 곧 백제로 가서 큰 거리에서 춤을 추니 구경하는 사람들이 담처럼 둘러섰다. 백제왕이 소문을 듣고 궁으로 불러 춤을 추게 하고 관람하자 황창이 자리에서 왕을 살해하고 자신도 좌우의 신하들에게 해를 당하였다."[8]

8) 李詹辨日 乙丑冬 客于鷄林府尹裵公設鄕樂以勞之 有假面童子舞劍於庭 問之云 羅代有黃昌者

또 '황창의 어머니가 그 소식을 듣고 울다가 실명하였는데, 사람들이 그를 위해 뜰에서 칼춤을 추도록 하고는 거짓으로 황창이 와서 칼춤을 춘다고 하자 기뻐서 눈을 다시 뜨게 되었다'[9]는 색다른 후속 이야기도 전해진다. 이첨이 동자가 면무를 본 시기가 을축년, 즉 고려 말인 1385년이므로 신라의 검무는 고려 말까지도 가면무로 계승되어 왔음을 알 수 있다. 또한『동경잡기』풍속 조에는 황창설이, 인물 조에는 관창설과 동자가면무가 모두 기록되어 있는 것은 흥미로운 일이다. 그러나 아쉽게도 고려까지도 검무의 무보(舞譜) 등 관련 자료가 전해지지 않아 춤의 구성 등 구체적인 내용은 알 수 없다. 조선에는 신라의 검무가 고려를 거쳐 계속 전승되었을 뿐 아니라 처용무(處容舞)와도 함께 연희[10]되기도 하였는데, 조선 전기 문신인 김종직은 동도(東都: 경주)에서 본 검무를 동도악부(東都樂府) '황창랑'에서 아래와 같이 생생하게 묘사하고 있다. 신라의 수도였던 경주에서는 조선 전기까지도 황창랑무가 성행하였음을 짐작할 수 있다.

若有人兮纔離齠	이 어떤 사람이뇨, 겨우 칠팔 세가 되어
身未三尺何雄驍	석 자 키도 안 되는 애가 어이 그리 웅용했는고
平生汪錡我所師	평생에 왕기를 자기의 스승으로 삼아서
爲國雪恥心無憀	나라 위해 설욕했으니 마음에 여한 없겠네
劍鐔擬頸股不戰	칼날이 목을 겨누어도 다리도 떨지 않았고
劍鍔指心目不搖	칼날이 심장을 가리켜도 눈도 안 흔들렸지
功成脫然罷舞去	공을 이루고는 춤 그만두고 유유히 떠나니
挾山北海猶可超[11]	겨드랑에 태산을 끼고 북해도 뛰어넘겠네

年可十五六歲 善舞 此謁於王曰 臣願爲王 擊百濟王以報王之仇 王許之 則往舞於通衢 國人觀者如堵 王聞 召至宮中 使舞而觀之 昌擊王於座 殺之 遂爲左右所害(《東京雜記》卷2, 人物條).

9) 母聞號哭 遂喪明人有爲其母謀還明者 令人劍舞於庭 紿之曰 昌來舞矣 前言誣身(耳)母喜泣之卽還明.

10)《점필재집》권3;《증보문헌비고》황창랑무, 권106, 악고56.

11) 한국역사정보통합시스템(http://www.koreanhistory.or.kr/(2019.06.26. 검색))

신라 검무를 계승하여 고려 말까지 수백 년 동안 가면무로 추어졌던 검무는 조선 중기 숙종조(1637－1672)에 이르러 또 다른 형태가 등장하는데, 가면을 벗은 여기(女妓) 검무가 그것이다. 즉 숙종 때 김만중(金萬重, 1637－1692)의 『서포집(西浦集)』「관황창무(觀黃昌舞)」 중에 '취미여아황창무(翠眉女兒黃昌舞)'라는 시구는 이 때부터 여기에 의한 검무가 있었음을 짐작케 한다.[12] 18세기 단원 김홍도(金弘道, 1745－?)의 평양감사환영도 중에 부벽루연회도와 혜원 신윤복(申潤福, 1758－?)의 쌍검대무를 통해서도 민간에서 추어졌던 여기 검무의 형태를 엿볼 수 있다. 부벽루연회도를 보면, 당시까지도 검은 길고 직선이며 칼 목이 돌아가지 않는 것이었으나 조선 후기 이후 민간에서는 점차 칼이 짧아지고 칼 목이 돌아가는 형태로 무구화(舞具化)되었다.

이렇듯 민간에서 성행하고 처용무와도 함께 추어지던 검무가 궁중에 유입된 시기는 언제일까? 조선 전기의 대표적 악서인 『악학궤범(樂學軌範)』에 처용무는 학·연화대·처용무합설로 무보가 전해지는 반면, 검무의 기록은 없는 것으로 보아 이 시기까지는 궁중에 유입되지 않은 것으로 짐작된다. 현재까지 궁중에서 검무가 연행된 최초의 기록은 1795년(정조 19) 『원행을묘정리의궤(園幸乙卯整理儀軌)』로, 검무는 늦어도 조선의 정조 시대에 궁중에 유입[13]된 것으로 보인다. 궁중에 유입된 검무(검기무)는 첨수무(尖袖舞), 공막무(公莫舞)로 파생되어 다양한 양상으로 추어졌으며, 그 후 순조대를 거쳐 조선말까지 궁중 연향에 빠짐없이 연행되었던 인기 종목이었음을 『진연의궤(進宴儀軌)』, 『진찬의궤(進饌儀軌)』, 『진작의궤(進爵儀軌)』 등을 통해 알 수 있다.

이 외에도 조선 후기 고종 계유년(癸酉, 1873)에는 평안남도 선천(宣川)지방에 유행하던 항장무(項莊舞)가 궁중에 처음 유입되었다.[14] 항장무는 '항장이 추는 춤' 곧 검무를 의미하는 것이나, 중국 사마천의 『사기』「항우본기」에 수록된 홍문연(鴻門宴)의 고사(古事)를 무극화(舞劇化)한 것으로, 항우와 항백이 서로 대무하는

12) 임수정, 《한국의 교방검무》, (민속원, 2011), 27쪽.

13) 조경아, 〈일제 강점기 기록을 통해 본 검무의 계승양상〉, 《한국음악사학보》. 51, (한국음악사학회, 2013), 119－120쪽.

14) 張師勛, 《韓國傳統舞踊研究》. (一志社, 1990), 332쪽.

검무가 포함되어 있다. 검무는 조선 후기 선천지방에서 홍문연의 고사와 결합된 극 형식의 항장무로 희극화되어 특색있는 교방정재로 자리매김하였으며, 이우준(李㙖駿)의 『몽유연행록(夢遊燕行錄, 1848)』과 홍순학(洪淳學)의 『연행가(燕行歌, 1866)』 등이 선천과 안주, 의주에서 관람한 항장무 기록[15]으로 전해진다. 항장무는 1848년 당시 평남 선천을 중심으로 이미 안주와 의주 등 관서지방의 주요 교방(敎坊)에 보급되어 관변의 공사(公私) 연향에 두루 공연되던 특색 있는 교방정재[16]였으며, 경남 진주 교방청에서도 연행한 기록이 『교방가요』에 전해진다.

한편, 조선 중기 궁중에 유입된 검무는 이미 가면을 쓰지 않는 형태로 각종 궁중 행사에서 연행되었고, 조선 후기로 가면서 점차 짧은 목검으로 바뀌었으며 대체로 부드럽고 유연한 춤사위로 변모하였다. 이렇듯 검무가 신라 이후 수백 년간 민간에서 성행하다가 조선 중기에 이르러서 궁중에 유입되었으나 칼의 재료도 위험성이 없는 나무로 만든 짧아진 목검으로 바뀌었고, 남자가 아닌 가면을 벗은 여령[17]이 주로 추는 부드러운 형태로 변모한 이유는 '검무를 추다가 백제왕을 찔러 죽였다'는 검무의 유래를 상기해보면 미루어 짐작해 볼 수 있다.

조선의 궁중 연향에는 때로 적지 않은 여령들이 동원되어 정재를 담당하였는데, 후기로 갈수록 부족한 인원은 전국의 지방 교방청에서 뽑아 올린 관기, 즉 선상기(選上妓)들로 충당하였다. 뽑혀온 선상기들은 장악원(掌樂院) 소속 악사들에게 정재뿐 아니라 음악, 노래 등을 전습 받아 궁중 잔치에 참여하였다. 잔치가 끝난 후에 선상기들이 각 지역 교방으로 복귀하면서 궁중 악무가 전파되었고, 이를 바탕으로 진주, 통영, 호남, 해주, 평양 등 각 지역별 특색 있는 검무로 정착되어 전해지고 있다.

1910년 한일합방을 전후로 궁중의 악무기관인 장악원이 이왕직아악부(李王職雅樂部)로 대폭 개편, 축소되고 관기제도가 폐지되기에 이르자 수많은 악공과 여

15) 성무경, 〈정재「항장무」의 연희전승과 극 연출 방식〉, 《민족문화연구》. 36, (고려대학교민족문화연구원, 2002), 182－187쪽.

16) 성무경, 위의 글, 185쪽.

17) 여령(女伶)이란 조선시대 궁중 연회나 의식에서 춤과 노래를 맡아 거행하던 여자로, 여악(女樂), 여공인(女工人), 여령(女伶), 기악(妓樂), 여기, 기생, 기(妓), 창기, 관기라고도 하였다. 여령의 명칭은 각 시대마다 달리 통칭되었다.

기들은 민간으로 흩어져 기생조합을 결성하여 궁중악무의 맥을 이어나갔다. 이후 기생조합이라는 명칭은 일본식 이름인 권번으로 바뀌었으며 서울, 대구, 수원, 진주, 통영, 광주, 목포, 함흥, 평양, 해주 등 전국 각 지역에 설치되었다.[18] 기생조합에 이어 권번에서도 궁중무는 민속무와 함께 기녀들에게 교습, 전수되었다. 검무는 일제강점기에도 민속춤 승무와 함께 빠지지 않는 중요한 종목이었으며, 대부분 4인 구성으로 지방마다 특색을 띠고 있었다.[19] 1945년 해방 이후 권번이라는 명칭은 완전히 사라지고 대신 국악원이라는 명칭 속에서 그 명맥이 유지되었다.[20] 이렇듯 조선 왕조가 몰락한 이후에도 궁중 악무는 민간에서 조합 또는 권번에서 기녀들에 의해 학습, 계승되어 왔다.

3. 검무의 종류 및 특징

그러면 궁중에서 연행된 검무와 전국 각지에서 전승되는 민속의 검무로 분류하여 역사적 유래 및 춤의 절차, 복식, 무구 등을 조명해 보자. 왜냐하면 민간에서 유행하던 검무가 궁중으로 유입되고, 이는 다시 궁중 연향에 참여한 선상기들에 의해 전국으로 전파되는 등 상호 연관성을 가지고 있지만, 유교의 예악사상을 중시하던 조선왕조 궁중 문화의 꽃이라 할 수 있는 정재인 검무와 민간에서 추어지던 민속의 검무는 유래와 풍격과 복식, 무구 등에서 차별성을 보이며 발전, 전승되고 있기 때문이다.

궁중의 검무

조선 중기에 궁중에 유입된 검무는 검기무, 첨수무, 공막무 등 유사한 형태로 파생되어 궁중 연향에서 주요 종목으로 연행되었다. 이외에 무극(舞劇) 항장무에서의 검무는 춤의 절차가 자세히 전하지 않아 본고에서는 다루지 않았다. 문헌

18) 임수정, 앞의 책, 33쪽.
19) 김영희, 〈기생엽서 속의 한국 근대춤〉, 《엽서 속의 기생읽기》. (국립민속박물관, 2008), 186쪽.
20) 성기숙, 《한국 전통춤 연구》. (현대미학사, 1999), 89쪽.

자료는 조선의 궁중 연향에 관해 기록한 『진연의궤』, 『진찬의궤』, 『진작의궤』 및 『정재무도홀기』는 2종[21]이 전해지기 때문에 이를 토대로 하였다. 춤의 유래와 간단한 진행 절차에 관해서는 의궤의 정재악장(呈才樂章)을, 복식과 출연 인원은 공령(工伶), 그리고 춤의 절차는 『정재무도홀기』를 근거로 하였다.

1) 검기무(劍器舞)

검기무의 유래가 신라시대가 아닌 중국 진(秦)나라 말기의 "홍문연의 고사"에 두고 있으며, 여기 4인이 전복을 입고 추었다. 검기무는 춤의 시작 전에 악사가 검기를 놓고 나가면 춤이 시작된다. 검기무 정재여령복식은 두 종류로 나타나지만, 기본적으로는 전립을 쓰고 쾌자를 입고 남전대를 둘렀다. 즉 전투할 때 착용하는 전복 형태로 일반적인 정재여령복식과는 다른 형태이다. 또한 소매가 좁은 옷을 입은 연유는 검을 휘두르기 위한 편리성에 기인한 것으로 볼 수 있다.

- 유래에 관련된 여러 의궤 기록[22]: (이 이하는 단지 정재만 올리고 창사(唱詞)를 하지 않았기에 기재하지 않는다) 『잡무곡』에서는 「건무(巾舞)」라고 하였다. 항장이 검무를 추자 항백이 소매로 이를 막으며, 항장에게 "공막(公莫: 그대 그러지 마시오)"이라고 말하는 것 같다. 후에 검무가 되었는데, 검기무라고도 하며 향악에서 이것을 사용하였다. 여기 4인이 전립(戰笠)을 쓰고 전복(戰服)을 입고 각각 검을 2개씩 들고 2대로 나뉘어 마주 보며 춘다.[23]
- 춤의 절차: 음악은 무령지곡(향당교주)을 연주한다. 악사가 중앙에 검기를 두고 좌우로 나간다. 박을 치면, 무작하여 마주 보고 무진, 무퇴한다. 자리를 바꾸어 서서 혹은 등지고 혹은 마주 보며 춤춘다. 서로 마주 보고 꿇어앉아 춤추며 검을 어르다 잡고 회오리바람에 날아 뒤집히듯 소매를 어르

---

21) 《정재무도홀기》는 국립국악원 소장으로 고종 계사년(1893)으로 추정되는 것과 한국학중앙연구원의 장서각 소장으로 1994년 출판된 것의 두 종류가 있다.

22) 純祖 己丑年(1829), 憲宗 戊申年(1848), 高宗 癸酉年(1873), 高宗 丁丑年(1877), 高宗 丁亥年(1887), 高宗 壬辰年(1892)의 《진찬의궤》 및 高宗 辛丑年(1901)의 《진연의궤》와 《진찬의궤》 등.

23) 此以下只呈才而不呈唱詞故不載 ○雜舞曲云巾舞也 項莊舞劍項伯以袖隔之 若語莊云公莫 後爲劍舞又稱劍器舞 鄕樂用之 ○女妓四人戴戰笠 着戰服 各持二劍分二隊相對而舞.

고 같이 일어선다. 무작하여 각기 재주를 부린다. 연귀소, 연풍대를 추고 무진, 무퇴하면 음악이 그친다.[24]

- 복식
  - 정재여령: 전립을 쓰고, 홍초상(紅綃裳)에 아청갑사괘자(鴉靑甲紗掛子)를 입고 남전대(藍戰帶)를 두르고 초록혜(草綠鞋)를 착용한다.
  - 정재여령: 전립(戰笠)을 쓰고, 금색 장식의 소매가 좁은 옷(협수의)과 자주색 갑사괘자를 입고 남전대를 착용한다.[25] (고종 계유년(1873) 『진찬의궤』에만 나타난 다른 형태)
- 무원(舞員): 무동이 아닌 여기만 추었으며, 무원 수는 궁중 연향의 규모에 따라 2인, 4인, 8인이 2명씩 짝을 이루어 상대하며 추었다.

2) 공막무(公莫舞)

공막무는 조선 후기인 순조 때에 창제된 향악정재로, 연행기록은 1828년 『진작의궤』에 처음 등장한다. 그러나 춤의 절차는 장서각 소장의 홀기가 1994년에 『정재무도홀기』로 출판되어 비로소 밝혀졌다.

공막무는 검기무와 마찬가지로 중국 홍문연의 고사에 유래를 두었으며, 공막무는 무동, 검기무는 여기가 연행한 점이 다르다. 공막무는 '공(公)이여, 한왕(漢王, 유방)을 해치지 마시오(莫)'라는 뜻에서 유래된 것으로, '공막(公莫)'은 진나라 홍문(鴻門)에서 잔치를 열어 초패왕 항우의 모신(謀臣) 범증이 항장으로 하여금 칼춤을 추게 하여 유방(劉邦)을 죽이려 하자, 유방 측의 항백이 옷소매로 이를 막으며 한 말이다. 공막무 외에 홍문연의 이야기 전체를 무극화한 작품으로 항장무(項莊舞)가 있다.

- 유래: 『잡무곡』에서는 「건무(巾舞)」라고 하였다. (이하 검기무와 동일) 두 무동이 고운계를 쓰고 전복을 입고 각 두 개의 검을 들고 서로 마주 보며 춤

---

24) 樂奏武寧之曲 鄕唐交奏 樂師置劍器於殿中 左右而出 ○拍舞作相對舞進舞退換立 或背或面而舞 相對跪舞 弄劍執劍 翻飄而弄袖劍舞 並起立 無作各用才 鷰歸巢 筵風擡 舞進無退 樂止.
25) 劍器舞呈才女伶 戴戰笠 着金香狹袖 紫的甲紗掛子 藍戰帶.

춘다.[26]

- 춤의 절차: 음악은 무령지곡(향당교주)을 연주한다. 박을 치면 무(舞) 2인이 마주 보고 무작하여 무진, 무퇴하고 혹은 마주 보고 혹은 등을 지고 회선하며 춤춘다. 악사가 중앙에 검기를 두고 좌우로 나간다. 무 2인이 마주 보고 꿇어앉아 춤추며 검을 어르다 잡고 번표이무(翻飄而舞: 회오리바람에 날아 뒤집히듯 춤)하고 같이 일어선다. 연귀소, 연풍대를 추고 무진, 무퇴하면 음악이 그친다.[27]
- 복식
  - 무동: 고운계(高雲髻)를 쓰고, 석죽화가 그려진 전복(石竹花戰服)에 은속대(銀束帶)를 매고 호화(胡靴)를 신는다.[28]
- 무원: 2인의 무동이 연행

공막무는 검기무와 달리 '악사가 춤을 추는 중간에 등장하여 검을 놓고 나가는' 부분만 다를 뿐, 첨수무(검을 들고 추는 형태)와는 곡명만 다르고 기본적으로 동일하다. 즉 검기무는 처음부터 악사가 검을 놓고 퇴장한 후 춤을 추는 점이 공막무, 첨수무와 다른 부분이다. 무동이 전복(戰服)을 착용하고 양손에 검을 들고 춤을 추었다.

3) 첨수무(尖袖舞)

첨수무의 기록은 각 의궤[29]와 『정재무도홀기』에 전하며, 검기를 들고 추는 형태와 영종조 이전에는 엽무(葉舞)라고 불렸던 검기를 들지 않고 추는 형태인 두 종류로 나타난다. 이는 춤의 절차를 통해 보다 확연해진다.

- 유래: (이 이하는 정재만 싣고 창사는 실지 않는다.) 무자(舞者)는 손에 잡은 것

---

26) 雜舞曲云巾舞也 項莊舞劍項伯以袖隔之 若語莊云公莫 後爲劍舞 鄕樂用之 ○兩舞童戴高雲髻 着戰服 各持二劍相對而舞.

27) 樂奏武寧之曲鄕唐交奏 拍舞二人相對舞作舞進舞退 或背或面回旋而舞 樂師持劍器入置於殿中左右而出. 舞二人相對跪而舞 弄劍執劍翻飄而舞並起立而舞 燕歸巢筵風擡 舞進無退樂止.

28) 公莫舞舞童 戴高雲髻 着石竹花戰服 銀束帶 胡靴.

29) 正祖 乙卯年(1795) 《整理儀軌》, 純祖 戊子年(1828) 《進爵儀軌》, 純祖 己丑年(1829) 《進饌儀軌》, 高宗 丁亥年(1887) 《進饌儀軌》, 高宗 光武5年, 辛丑年(1901) 《進饌儀軌》.

이 없이 그 손을 박자에 맞추어 뒤집으며 춤을 추는데, 속칭 “엽무”라고 한다. 영종조 때에 악원(樂院)에 명하여 첨수무라 개칭하였다. 두 무동이 피변을 쓰고 첨수의(尖袖衣)를 입고 각 두 개의 검을 들고 서로 마주 보며 춘다.[30]

• 춤의 절차: 음악은 경춘화지곡(향당교주)을 연주한다. 박을 치면 4명의 무인이 두 조로 나뉘어 춤추며 나아간다(무진). 박을 치면 서로 마주 보며 춘다. 엽무로 혹은 등지고 혹은 마주보며 손을 뒤집으며 진퇴하고 돌면서 춤춘다. 박을 치면, 대(隊)를 바꾸어 등지고 춤춘다. 박을 치면, 남북이 서로 향하여 춤춘다. 박을 치면, 대를 바꾸어 등지고 춤춘다. 박을 치면, 동서가 서로 향하여 춤춘다. 박을 치면, 대를 바꾸어 등지고 춤춘다. 박을 치면, 남북이 서로 마주 보고 춤춘다. 박을 치면, 대를 바꾸어 등지고 춤춘다. 박을 치면, 동서가 서로 향하여 춤춘다. 박을 치면, 좌우로 한 번씩 돌면서 춤춘다. 박을 치면, 돌면서 춤추고 박을 치면 춤추며 나간다. 박을 치면 춤추며 물러나고 음악이 그친다.[31]

음악은 만천춘지곡(향당교주)을 연주한다. 박을 치면 무 2인이 무작하여 서로 마주 보고 무진, 무퇴하고 혹은 마주 보고 혹은 등을 지고 회선하며 춤춘다. 악사가 검기를 가지고 들어와 전 중앙에 검기를 두고 좌우로 나간다. 박을 치면 무 2인이 마주 보고 꿇어앉아 춤추며, 검을 어르다 잡고 번표이무(翻飄而舞: 회오리바람에 날아 뒤집히는 듯한 춤)하고 같이 일어선다. 연귀소, 연풍대를 추고 무진, 무퇴하면 음악이 그친다. (고종 계사년(1893) 정재무도홀기)

• 복식

– 무동: 피변(皮弁)을 쓰고 녹문첨수의(綠紋尖袖衣)에 홍자문반비의(紅紫紋

30) 舞者手無所執 反覆基手按節而舞 俗稱葉舞 英宗朝命樂院改稱尖袖舞○兩舞童戴皮弁着尖袖衣 各持二劍相對而舞. (순조 무자(1828) 《진작의궤》)

31) 樂奏慶春和之曲鄕唐交奏○拍舞四人分二隊舞進○拍相對而舞 葉舞或背或面以手翻覆進退旋轉而舞○拍換隊而背舞○拍南北相向而舞○拍換隊而背舞○拍東西相向而舞○拍換隊而背舞○拍南北相向而舞○拍換隊而背舞○拍東西相向而舞○拍左右一轉而舞○拍回旋而舞拍舞進○拍舞退樂止. (고종 신축년(1901) 여령각정재무도홀기)

半臂衣)를 입고 남전대(藍纏帶)를 두른다. 청색 버선에 자색 행전을 착용한다(무자 진작의궤, 1828).

- 무동: 홍질남선상(紅質藍線裳), 녹색단령(綠色團領) 화화방보(畫花方補), 이상은 중단의(中單衣), 관(冠), 대(帶), 화자(靴子)는 모두 초무(初舞) 무동과 동일하다.
- 정재여령복식: 각 정재여령복식과 같고 홍단첨수(尖袖)를 맨다(정해 진찬의궤, 1887).
- 정재여령: 여기 4인이 오색한삼(또는 홍색첨수에 오색한삼)을 맨다.
- 각 정재여령: 화관을 쓰고 황초단삼(黃綃單衫)에 치마는 이남색상표홍초상(里藍色常表紅綃裳)을 입고 홍단금루수대(紅緞金縷繡帶)를 두르고 오색한삼을 매고 초록혜(草綠鞋)를 신는다.

• 무원: 여기와 무동이 각 2인 또는 4인으로 춤

이상의 내용에서 알 수 있듯이 검기무, 공막무, 첨수무는 서로 혼합된 공통점과 또 각각의 특징을 갖고 있다. 검기무와 공막무는 중국 진나라 말기 홍문연의 고사에서 유래되었으며, 첨수무는 영조·정조 이후 엽무가 개칭된 것이다. 춤의 절차에서 공막무와 첨수무는 춤의 중간에 악사가 검기를 놓고 나가는 반면, 검기무는 악사가 검기를 놓고 나가면 춤이 시작되는 차이점이 있다. 또한 검기무는 여기, 공막무는 무동이 추었으나 첨수무는 여기와 무동이 모두 출연하였을 뿐 아니라 검기를 들고 추는 형태와 검기 없이 오색한삼에 홍색첨수를 매고 추는 형태 등 다양성을 보이고 있다. 복식은 각각의 특징이 있으나 검기무와 공막무는 기본상 전복의 형태를 착용하였으며 첨수무도 소매가 좁은 첨수의(尖袖衣)와 괘자 형태의 반비의(半臂衣) 등 검무를 표연하기 적합한 복식을 착용하였다.

무원의 수가 세 작품 모두 2인, 4인, 8인 등 짝수로 서로 마주 보고 상대하며 추는 검무의 특징이 나타나며, 향당교주 형태의 음악을 사용한 점과 한삼을 착용하지 않는 점, 창사(唱詞)를 부르지 않는다는 공통점을 보인다. 한삼 착용과 창사를 부르는 것은 궁중무용 특징의 하나로, 창사를 부르지 않는 것은 민간에서 유입된 연유이거나 또는 유래와 관련된 중국의 당송대 검무에도 창사가 없는 것과 연관하여 생각해 볼 수 있다.

이렇듯 조선 말까지 궁중 연향에서 연행되던 검기무, 공막무, 첨수무는 일제강점기 관기제도의 폐지에 따라 맥이 끊어졌다가 1950년대 이후 이왕직아악부원양성소 제2기 출신인 김천흥(金千興, 1909－2007)에 의해 재현, 안무되어 '궁중검무'라는 명칭으로 국립국악원 무용단에서 전승되었다. 이후 검기무, 첨수무도 춤의 절차가 동일하다. 그러나 검기를 들지 않고 추는 첨수무는 현재 재현작업이 이루어지지 않았으며, 공막무는 1994년 장서각의 홀기가 출판되면서 무동 복식이 재현되었고, 춤의 절차 역시 궁중검무와 기본상 동일하다. 항장무는 1993년 12월 국립국악원 무용단 전통무용 발표회에서 이흥구(李興九, 학연화대합설무 보유자)에 의해 처음 재현되었다.

민속 검무

조선시대 궁중연향에 참여했던 각 지역 교방청의 선상기들에 의해 궁중악무가 전파되고 이를 바탕으로 진주, 통영, 호남, 해주, 평양 등 각 지역별 특색을 지닌 검무로 정착되었다. 전국 여러 지역에서 전승되는 검무는 몇 가지 공통점이 나타난다. 먼저 인원 구성은 주로 8인(2인 4열 종대)이 일반적이나 상황에 따라 2인, 4인, 6인이 추기도 하고, 반드시 짝수로 상대하며 춘다. 복식은 일반적으로 전립을 쓰고 치마저고리에 쾌자를 걸치는 전복(戰服)을 입으며, 지역에 따라 한삼을 끼고 추다가 벗고 검을 들고 춘다. 대체로 경기, 이북지역의 경기검무와 평양검무, 해주검무는 한삼을 끼지 않고 맨손 춤으로 시작하는 반면, 남부지역의 호남검무, 진주검무, 통영검무 등은 한삼을 착용하고 느린 염불장단으로 시작하는 특징이 있다. 춤의 절차는 주로 느린 염불장단에서 시작하여 점차 빨라져 타령, 빠른타령, 연풍대 순으로 구성된다. 이에 따라 먼저 한삼 끼고 추는 한삼춤(지역차 있음)으로 시작해 맨손으로 추는 손춤, 마지막에 칼을 들고 추는 칼춤 순으로 구성된다.

1) 진주검무(晉州劍舞): 국가무형문화재 제12호(1967년)

경남 진주지역에서 전승되는 진주검무는 조선시대 진주감영에 소속된 교방청의 여기들에 의해 추어졌는데, 여기였던 최순이(崔順伊, 1884－1969)가 13세 때 선상기로 뽑혀 1906년경 고종황제 앞에서 춤을 추었으며, 고종 조부터 순종 조까지 궁중무용을 익히고 1910년 한일합방 때에 낙향하여 진주권번에서 제자들에게 전승하였다.[32] 따라서 진주검무는 무용사적으로 가장 오랜 역사와 전통을 지니고 있다. 또한 예술적으로도 높이 평가되고 있으며, 연출형식, 춤가락, 칼 쓰는 법 등 모든 기법이 과거 궁중에서 연희하는 검무의 원형을 보유[33]하고 있는 것이 입증되어 검무 중에는 제일 먼저 1967년에 국가무형문화재 제12호로 지정되었다. 당시 김수악(金壽岳, 1926－2009)과 이윤례, 이음전, 최예분, 강귀례 등이 예능보유자로 지정되었으며, 1978년에는 성계옥(成季玉, 1927－2009)이, 현재는 보유자인 김태연, 유영희 등이 그 뒤를 이어 전승 활동을 하고 있다. 숙은사위, 쌍오리, 방석돌이 등의 독특한 춤사위가 특징이다.

복식은 공작털을 단 검은 전립을 쓰고 남색 치마와 옥색 삼회장저고리에 남색 쾌자를 입고 홍색 띠를 가슴에 맨다. 초록 술띠로 치마를 동여매고 7가지 색동의 화려한 한삼을 낀다. 붉은 술 장식이 달린 백동(白銅)의 칼을 사용하는데, 무형문화재 지정 당시는 칼 목이 돌아가는 것을 사용했으나 이윤례, 김자진 보유자의 증언에 따라 1970년대 말 이후 원형을 복원하여 목이 돌아가지 않는 칼을 사용[34]함으로써 손목을 많이 돌려쓰는 것이 특징이다. 조선의 진주검무에 관해서는 진주 교방청의 악무를 기록한 정현석(鄭顯奭, 1817－1899)의 『교방가요(敎坊歌謠)』를 통해 그 내용을 추정할 수 있다.

---

32) 임수정, 앞의 책, 55쪽.

33) 金千興, 朴憲鳳, 劉起龍, 《무형문화재 보고서》. 18, (문화재관리국, 1966), 175쪽.

34) 임수정, 앞의 책, 67쪽.

2) 통영검무(統營劍舞): 국가무형문화재 제21호(1968년, 1987년)

경남지역의 통영검무는 통영북춤과 함께 삼도수군 통제영에 설치되었던 교방청의 기녀들에 의해 연희된 춤이다. 임진왜란 때 충무공이 싸움터나 병선 위에서 병사들의 사기 진작을 위해 추게 하였는데, 후에 충무공의 제사 때와 탄신제 등에 헌무(獻舞)됨에 따라 점차 통영시의 대표적인 민속무용으로 정착되었다. 일제강점기 통제영이 폐쇄된 후 일시 단절될 뻔 하였으나 교방청 출신의 김해근이 다시 발굴하여 정순남(鄭順南, 1907－1984)으로 이어졌고, 그 중요성을 인정받아 1968년에 국가무형문화재 제21호로 지정되었다. 현재 정순남의 계보를 이어 북춤에 한정자(韓貞子), 검무에 엄옥자(嚴玉子)로 전승되고 있다. 예능보유자 정순남이 승전무는 반드시 검무와 북춤을 함께 추어야 한다고 주장하였으나, 초기에는 북춤만이 문화재로 지정이 되었다가 1987년 검무도 추가로 지정되어 완전한 승전무로 보존하게 되었다.[35] 즉 통영검무는 통영북춤과 함께 승전무에 속해 있는 춤이다.

복식은 흑색 전립을 쓰고 홍치마, 흰 저고리(남색의 깃, 고름, 끝동)에 검은 쾌자(안감은 자주색)를 입고 중앙에 흰색 학이 수놓인 홍색띠를 맨다. 9가지 색동의 한삼을 매고, 백동으로 만든 목이 돌아가는 칼을 사용한다.

3) 호남검무(湖南劍舞)

호남검무는 신방초, 신영수, 이장선, 한진옥으로 이어지는 전남 옥과지역 출신들에 의해 전수되어 온 '옥과검무'로서, 시대변천에 따라 옥과 예인들이 광주 등 타지로 무대를 옮겨 검무가 전수되면서 '호남검무'로 명칭이 굳어졌다.[36] 한진옥(1911－1991)류 호남검무는 전라남북도 권번에서 추어졌고, 권번에서 국악원으로 전수되어 왔다.

1928년에 설립된 광주권번은 호남의 대표적 권번으로써 가·무·악을 교습하

35) 임동권, 김옥진, 《중요무형문화재 제21호 승전무 조사보고서》. 223, (문화재관리국, 1996), 339쪽.

36) 박정하, 〈옥과 호남검무의 전승양상과 전승의의〉, 《남도민속연구》. 34, (남도민속학회, 2017). 59쪽.

는 기생 양성기관으로, 한말 관기(官妓)로 유명했던 조앵무, 신방초, 이장선, 이창조, 신갑도 등과 그 뒤를 이어 김금옥, 박영구 등이 춤 선생으로 명성을 날렸다. 호남검무는 당시 명무, 명창이던 신방초에 의해 집대성되어 집안의 동생인 신영수, 고창 출신 안두은에게 전수되었고 다시 이장선에게 전수된 것으로 나타난다.[37] 이장선과 신갑도, 이창조는 궁중 진연에서 춤을 추어 고종에게 옥관자를 하사받아 망건에 달고 다닌 구한말의 전설적인 춤꾼들이다. 한진옥은 전국 8도의 검무를 꿰고 있을 정도로 검무에 특출했던 신갑도에게도 검무를 배웠으니, 한진옥의 검무는 당대 최고의 춤꾼들인 신갑도를 포함한 이장선, 이창조의 검무를 습득하여 체계화한 것이다.[38]

해방 이후 광주권번의 전통은 광주국악원, 광주시립국악원으로 이어졌고, 한진옥이 춤사범(1973－1987)으로 활동하며 맥을 계승하였다. 그 뒤를 이어 임순자가 한진옥류 호남검무를 개관한 『호남검무(1998/2013)』를 출판하고 호남검무보존회를 설립하는 등 전승활동을 활발히 하였으나 2013년 작고하여 현재는 광주지역을 중심으로 그의 제자들에 의해 전승되고 있다.

호남검무의 춤사위는 아기자기하며 대체로 시원스럽고 활달하며, 특히 '우마(牛馬)발 사위'는 소와 말이 엇박자로 뛰는 모습을 표현한 것으로 호남의 넓은 평야의 농경사회 문화의 일면과 상통한다.[39] 음악 구성은 느린 염불장단으로 시작하여 대체로 빠른 타령의 반주로 춘다. 복식은 공작 털과 흰 깃털을 단 붉은색 전립을 쓰고 이마에 검정 머리띠를 두르며, 홍색 치마에 색동저고리, 남쾌자를 입고 홍색 띠를 매는데 쾌자의 가장자리와 치마단과 홍띠에는 금박을 찍었다. 손에는 6가지 색의 긴 한삼을 끼므로 속에 막대를 들고 뿌리는 것이 특징이다. 철재로 만든 목이 돌아가는 칼을 사용한다.

---

37) 박정하, 위의 글. 70－71쪽.

38) 林順子,《湖南劍舞》. (태학사, 1998), 46쪽.

39) 林順子, 위의 책, 52－53쪽.

4) 경기검무(京畿劍舞): 경기도 무형문화재 제53호(2011년)

경기검무는 근대에 유명한 고수이자 민속 무용가로 활동하던 한성준(韓成俊, 1875－1941)에 의해 체계적인 틀을 갖추었으며, 그의 제자인 태평무 보유자 강선영(국가무형문화재 제92호)에 이어 김근희(金槿姬)로 계승되고 있다. 경기검무는 한삼을 끼지 않고 추며, 칼춤사위의 특징은 양팔을 수평으로 펴서 칼을 돌리는 옆돌림사위가 많고 상대방과 만나 힘을 겨루는 듯한 동작이 궁중검무에 비해 다양하다는 점이다. 또한 음·양머리 윗사위는 경기검무만의 독특한 칼춤사위이다.[40] 반주음악은 음량이 큰 피리를 중심으로 장고, 대금, 해금 그리고 아쟁 등이 함께 비슷한 선율을 연주하는 대풍류(죽풍류)를 반주음악으로 삼는데, 이 또한 경기검무의 특색 중 하나이다. 복식은 공작 깃털을 단 검은 전립을 쓰고 홍치마, 노랑 저고리(남색 끝동, 자주 고름)에 검은 쾌자를 걸치고 홍띠를 가슴에 맨다. 홍띠와 쾌자 앞섶에 금박을 박아 화려함을 더했다. 은색 철제로 만든 목이 돌아가는 칼을 사용한다.

5) 평양검무(平壤劍舞): 평안남도 무형문화재 제1호(2001년)

평양검무는 평양에서 추어진 춤으로, 현재 북한에서조차 오래전 전승이 끊어진 것을 평양권번에서 검무를 배운 적이 있는 이봉애(1923－2019)가 남한에서 복원하여 전해지고 있다. 평양은 조선시대 지방 교방청이 설치되었던 곳으로 그 맥을 이은 평양권번에서는 검무와 승무를 조선의 기본춤으로 삼아 매우 중시하였다. 이봉애 보유자는 14세 때 평양권번 출신 김학선으로부터 3년간 평양검무를 비롯하여 여러 가지 춤을 학습하였다.[41]

1985년경부터 평양검무의 재현작업을 시작하여 그해 5월 안양에 평양검무보존회를 설립하여 활동하였다. 1992년에는 전국민속예술경연대회에 참가하여 공로상을 수상한 후 매년 참가함으로써 점차 그 가치와 정통성을 인정받아 2001년

---

40) 문화재청국가문화유산포털(http://www.heritage.go.kr/heri/idx/index.do, 2019.06.27. 검색).

41) 평양검무보존회(http://www.pygeommu.com/27, 2019.06.26. 검색).

평안남도 무형문화재 제1호로 지정받았으며, 정은진(순임) 보유자로 계승되고 있다. 이북5도위원회에서는 1998년부터 '이북5도 무형문화재'라는 명칭으로 이북의 문화재를 지정해 왔는데, 제1호로 지정된 것이다. 평양검무는 다른 검무에 비해 춤사위가 단아한 멋이 있으면서도 동적이고 활달하여 북방춤의 특징을 나타낸다고 할 수 있다. 한삼을 끼지 않으므로 입춤의 기본동작으로 시작하며, 느린 염불장단으로 시작할 때 오른손으로 전복 옷자락을 잡고 춤추는 것도 특징 중의 하나이다. 평양검무는 음악 구성에 차이가 있는데, 평안도식 피리장단을 주조로 한 장구장단의 볶음타령이 삽입되어 있다는 점과 만장단을 특징으로 볼 수 있다. 칼은 조선말까지 목이 구부리지 않는 것을 사용했으나, 1900년대 이후부터 칼목을 자유롭게 돌릴 수 있는 형태로 변형되었다.[42] 칼의 양쪽 가장자리에는 7개의 나비가 달려있어 화려함을 더한 것이 평양 칼의 특징이기도 하다. 공작 털을 단 검은 전립을 쓰고 남색 치마, 노랑 삼회장저고리에 남색 쾌자를 입는다. 홍색 띠를 가슴에 매고 어두운색 술띠로 허리를 동여맨다. 평양검무는 조선 후기 평양감사환영도의 부벽루연회도에서 그 흔적을 찾을 수 있다.

6) 해주검무

황해도 해주지역의 해주검무는 일찍이 봉산탈춤과 강령탈춤의 보유자인 양소운(梁蘇云, 1924–2008)이 해방 전 해주권번의 장양선으로부터 전수받아 1983년 재현한 것으로 알려져 있다.

1990년 제31회, 1994년 제35회 전국민속예술경연대회에서 각각 문화부장관상, 문화체육부장관상 등을 수상하였으며, 황해도 전통예술을 대표하는 예술인 양소운이 작고한 이후, 2010년 인천에 설립된 '양소운전통예술보존회'에서 서도소리, 황해도 배뱅이굿, 성인인상무 등과 함께 그 맥을 이어가고 있는 문화재적 가치가 충분한 춤이다. 번개사위, 부채사위, 떡메사위 등 호방하고 활달한 춤사위가 북방지역의 특징을 나타낸다. 한삼을 끼지 않으며, 공작털이 달린 자주색 전립을

42) 임영순, 정은영, 〈평양검무의 무용사적 가치〉, 《한국체육철학회지》. 23(3), (한국체육철학회, 2015), 188쪽.

쓰고 홍치마, 노랑 삼회장 저고리에 남색 쾌자를 입고 홍색 띠를 가슴에 두르고 홍색 술띠로 허리를 동여맨다. 놋쇠 재질의 붉은 수술이 끝에 달린 칼을 사용하는데, 월남 이후 목이 돌아가는 칼을 사용하게 되었다. 이외에도 밀양검무, 함흥검무 및 장검무, 구음검무 등 다양한 종류의 검무가 연행되고 있다. 민간에서는 대부분 여기 검무가 추어지는 반면, 북청사자놀이에 칼춤은 남자 2인이 추고 복식도 전립과 전복이 아닌 상투를 틀고 일반 바지저고리를 착용하는 점이 색다르다.

4. 한 · 중 검무와 서역 악무와의 연관성

신라에 기원을 두는 궁중무용 검기무와 공막무는 조선의 의궤에 의하면, 신라가 아닌 중국 홍문연의 고사에 기원을 두고 있어 고대 중국과의 연관성을 암시하고 있다. 이 외에 홍문연의 이야기를 무극화한 항장무가 있다. 이렇듯 궁중에서 연행된 검기무, 공막무, 항장무의 유래를 고대 중국의 고사에 둔 연유는 무엇인지 당나라와 송나라 시대에 유행했던 검무를 중심으로 연관성을 찾아보았다.

실크로드 개통과 서역 악무의 유입

중국의 전통무용인 검무는 그 역사가 오래된 것으로 동주(東周)시대에 기원을 두고 있으며, 한당(漢唐) 때 성행하여 오늘날까지 전해진다.[43] 사마천의 『사기』 「항우본기」에는 초·한이 서로 다툴 때 홍문의 잔치(鴻門宴)에서 항장과 항백이 검무를 춘 이야기가 있고, 한나라의 화상석(畫像石)과 화상전(畵像磚)에는 장검이 새겨져 있는 것으로 보아 한대(漢代)에 이미 매우 유행했음을 알 수 있다. 춘추전국시대부터 한대에 이르기까지 무장이나 지식인, 예인 모두 검무를 출 만큼 이 춤은 상당히 보편적인 춤이었다.[44]

검무의 새로운 변화는 기원전 1세기인 한무제 때에 장건(張騫)에 의해 실크로드가 처음 개통됨에 따라 중국과 서역 간에 물류 교역뿐 아니라 문화예술교류

43) 中國藝術研究院 舞蹈研究所,《中國舞蹈詞典》. (文化藝術出版社, 1994), 52쪽.
44) 王克芬,《中國舞蹈史: 隋唐五代部分》. (文化藝術出版社, 1987), 31쪽.

도 활발하게 이루어지기 시작하면서부터이다. 실크로드가 열리자 서역의 동적이며 쾌활한 이색적인 음악과 무용을 비롯한 연희가 점차 중원에 유행하게 되었으며, 이는 기존의 악(樂)을 예(禮)와 더불어 다루던 전통적 한문화에 새로운 변화를 가져오게 되었다.[45] 서역의 민간악무인 호악(胡樂)과 호무(胡舞)는 남북조시대 및 수대(隋代)를 거쳐 당대(唐代)에 이르러 더욱 광범위하게 퍼지며 성행하였는데, 수나라의 칠부기(七部伎)와 초당(初唐) 때에 제정한 십부기(十部伎)와 건무(健舞), 그리고 연무(軟舞) 등에도 서역의 악무가 적지 않게 포함되어 있음이 입증되고 있다. 건무에 속하는 검무는 전통적인 무술과 무무(武舞)를 계승하고 타민족의 민간악무 요소를 흡수하여 재창조한 결과이며, 예술적으로 비교적 높은 수준에 도달해 있다.[46]

당대(唐代) 검기무와 서역 악무

중국 무용 예술의 황금기인 당대에 이르러 검무의 예술적 수준은 매우 높아졌으며 새롭게 발전하였다. 단안절(段安節: 의미 추가할 것)의 『악부잡록(樂府雜錄)』을 살펴보면, 당대에 유명했던 검기와 서역에서 전래된 호선(胡旋), 호등(胡騰), 자지(柘枝) 등은 건무로 분류되어 있다.[47] 힘차고 민첩한 건무의 특징을 잘 나타내는 검기무는 규모가 크지 않은 독무 또는 2인무로 추어지는 등 당대 궁중 연악의 특징을 보이고 있다. 성당(盛唐) 시대에 검기무로 이름을 떨친 공손대낭(公孫大娘)은 전통 검무와 서역 검무를 융합하는 등 과감한 예술적 창조를 시도하였고, 이로써 검기무는 더욱 환상적이고 아름답게 완성되었다.

공손대낭의 기예는 매우 뛰어나서 능히 비할 자가 없는 당대 최고였을 뿐 아니라 서하검기(西河剑器), 검기혼탈(剑器浑脱), 배장군만당세(裴将军满堂势) 등 여러 종류의 검기무를 모두 잘 추었다. 검기혼탈에서 '혼탈'은 서역에서 전래된 풍속성

45) 윤광봉, 〈두시(杜詩)에 나타난 「검기무」 고(考)〉, 《동악어문학》. 16, (동악어문학회, 1982), 10쪽.

46) 王克芬, 《中國舞蹈發展史》. (上海人民出版社, 1991), 214쪽.

47) 中國戲曲研究院, 《中國古典戲曲論著集成1: 教坊記, 樂府雜錄, 碧雞漫志》. (中國戲劇出版社, 1960), 48쪽.

무용으로 검기혼탈은 본래 다른 두 민족의 전통 악무가 서로 흡수되어 융합된 것이므로, 당시에는 대담한 창조라 하겠다.[48] 또한 서하검기의 '서하'는 '목림하(木林河)'라고도 하는 오늘날 감숙성 서북부지역으로, 서하검기는 서하지역의 민간무용과 무술을 상당히 수용하였을 것이다.[49] 감숙성은 오늘날 신장 위구르족(新疆維吾爾族)의 거주 지역이다. 특히 고대부터 실크로드를 거쳐 가는 중요 요충지인 돈황(燉煌)인 서하지역의 무용은 중원과는 다른 풍격인 호무임을 알 수 있다. 즉 공손대낭은 중원과 서역, 동서양의 악무를 융합하는 새로운 시도를 한 것으로, 당시 서역의 악무가 얼마나 성행하고 또 중원문화에 깊이 영향을 미쳤는지 보여주는 일례라 하겠다.

유년시절 공손대낭의 검기 혼탈을 관람했던 두보(杜甫)는 그의 나이 56세 때 사천성 기부(夔州)에서 공손대낭의 제자 이십이낭(李十二娘)의 검기무를 보고(大曆 2년, 767) 매우 감개하여 관공손대낭제자무검기행(观公孙大娘弟子舞剑器行) 한 수를 지었다. 그는 52년 전(715)에 하남성 언성(郾城)에서 본 공손대낭이 춘 검기 혼탈 정경을 회상하며 그 장면을 매우 생동감 있게 묘사하였다.

> "옛날에 공손씨란 아름다운 여인이 있어 한바탕 검무를 추면 사방이 감동했다. 구경꾼이 산처럼 들이닥쳐 넋을 잃으니 춤추느라 아래위로 낮았다 높았다 했다. 빛남은 후예가 아홉 태양 쏘아 떨어뜨리듯 올라갈 땐 뭇 시신이 용을 타고 날듯. 내려올 땐 우레가 크게 노함을 거두는 듯 춤을 마치니 바다에 맑은 달이 엉킨 듯."[50]

그녀가 민간에서 검기무를 추면 구경꾼이 산처럼 몰려들 정도로 뛰어났으므로 궁중의 요청으로 가서 춤을 추었는데 능히 비할 자가 없었다고 한다. 신라 황창랑 고사와도 상통하는 부분으로 이 둘의 목적은 다르나 결국 민간에서 검기무로 유명해져 궁중으로 불려가 추었다는 점은 일맥상통한다. 당나라 현종의 재위

---

48) 王克芬,《中國舞蹈史: 隋唐五代部分》. (文化藝術出版社, 1987), 25－26쪽.

49) 王克芬, 위의 책, 27쪽.

50) 昔有佳人公孫氏 一舞劍器動四方 觀者如山色沮喪 天地為之久低昂 㸌如羿射九日落 矯如群帝驂龍翔 來如雷霆收震怒 罷如江海凝清光.

기간이 712－756년이고, 황창무의 최초 기록이 고려 말인 점을 감안하면 전혀 무관하지 않을 수도 있다. 또 '옥 같은 용모에 비단옷(玉貌錦衣)'을 입었다는 두보의 표현처럼 공손대낭이 착용한 복식은 예술적인 가공을 한 아름다운 군복으로 조선의 검기무가 전립과 전복을 착용한 것과 같은 맥락으로 이해할 수 있다. 당시 공손대낭의 신기에 가까울 정도로 뛰어난 검기무를 관람한 사람들은 수많은 시와 글로 기록을 남겼으며, 당대 유명한 초서가(草書家) 장욱(張旭)과 회소(懷素)는 깨달음을 얻어 초서가 크게 발전할 정도였다고 전한다. 이 이야기는 흥미롭게도 5대 10국의 혼란기를 거쳐 송대(宋代)에 이르러 새로운 대곡(大曲) 형태의 검무로 표현된다.

송대 검기무의 희곡화

송나라에는 당대의 예술성 높은 독무, 2인무 형식의 건무, 연무류의 전통을 계승하여 수십 명이 출연하는 새로운 대무(隊舞) 형식으로 발전하였다. 대무에는 '여제자대(女弟子隊)'와 '소아대(小兒隊)'가 각 10종씩 전하는데, 소아대 중에는 검기대(劍器隊)가 있으며 취호등대(醉胡騰隊), 자지대(柘枝隊) 외에도 서역에서 유입된 종목도 다수 포함되어 있어 호악과 호무가 송대에도 여전히 유행했음을 짐작할 수 있다.

이외에 송대에 이르러서는 새로운 검기무 형식이 궁정악무에 나타나는데, 남송시대의 사호(史浩)의 『무봉진은만록(鄮峰真隱漫録)』 권46, 대곡(大曲)조에 전하는 '검무'이다. 송대 대곡 중 유일하게 검무는 순수한 무용 형식이 아닌 악무와 스토리가 있는 극형식으로 전개되는데, 바로 한대 홍문연과 당대 장욱과 공손대낭의 일을 극으로 표현한 것이다. 검무 전반부에는 아래와 같이 무인 2인과 한나라 복식을 입은 2인이 등장한다.

> "악부가 곡자(曲子)를 부르니 검기곡파 한 대목을 춘다. 춤이 끝나면 두 사람이 양측으로 나누어 선다. 한나라 복식의 다른 두 사람이 마주 앉고 탁자에 술과 과일을 차린다. 죽간자가 낭송[念]한다. …(중략)… 좌측에 서 있는 한 사람이 자리에 올라가 춤추며 우측의 한나라 복식을 한 사람을 찌르려 한다. 또 한 사람이

춤추며 앞으로 나와 날개(소매)로 그를 막는다."[51]

이상의 내용에서 탁자 위에 술과 과일을 차려놓고 검무를 추며 찌르려 하는 것은 바로 홍문연의 고사를 표현한 것으로, 한나라 복장을 하고 검무를 추는 사람은 바로 항장(項莊)과 항백(項伯)임을 알 수 있다. 이는 죽간자가 이러한 내용을 낭송함으로써 보다 분명해진다. 한나라 복장의 두 사람이 퇴장하고, 후반부에는 다시 당나라 복장의 2인과 무인 2인이 출연한다.

> "당나라 복장의 두 사람이 나와 마주 앉아 탁자 위에 붓, 벼루, 종이를 놓고, 무자 한 사람이 여인으로 분장하고 자리에 서면, 죽간자가 낭송(念)한다. …(중략)… 악부에서 곡자를 부르고 검기곡파(劍器曲破) 일단(一段)을 춤춘다. 용과 뱀이 우아하게 나는 듯한 몸짓으로 춤춘다. 당나라 복장의 두 사람이 일어나고 무자 2인은 남녀로 대무(對舞)하면 검기곡파가 끝난다."[52]

후반부는 공손대낭과 그녀가 춘 검기무를 보고 감흥을 받아 초서에 크게 발전을 이룬 장욱의 이야기를 묘사하고 있다. 즉 이 두 이야기는 각각 기원전 3세기, 진(秦)나라 말기의 홍문연 고사와 8세기 당대 현종 때의 공손대낭과 장욱과의 이야기는 약 천 삼백 년의 시간 차이가 있으나 '검기무'라는 공통된 주제로 묶어 표현되었다. 이렇듯 송나라 대곡 검기무는 순수한 음악과 무용 외에 최초로 인물의 줄거리를 표현하는 희곡적인 요소가 가미된 새로운 형식으로 등장하였고, 이는 이후 원, 명, 청나라에 성행한 희곡예술의 전조현상이라 할 수 있다. 한편, 사

---

51) 樂部唱曲子 作舞劍器曲破一段 (舞罷二人分立兩邊) 別兩人漢裝者出對坐 卓上設酒果 竹竿子念(伏以斷蛇大澤 逐鹿中原 佩赤帝之真符接 蒼姫之正統 皇威既振 天命有歸 勢雖盛於重瞳德難勝於隆準 鴻門設會 亞父輸謀 徒於起舞之雄姿 厥有解紛之壯士 想當時之賈勇 激烈飛颺宜後世之效颦 回旋宛轉 雙鸞奏技 四座騰歡) 樂部喝曲子 舞劍器曲破一段 一人左立者上裀舞有欲刺右漢裝者之勢 又一人舞進前翼蔽之 舞罷 兩舞者並退 漢裝者亦退.

52) 有兩人唐裝者出 對坐 卓上設筆硯紙 舞者一人換婦人裝 立裀上 竹竿子念 …(중략)… 樂部唱曲子 舞劍器曲破一段 作龍蛇蜿蜒曼舞之勢 兩人唐裝者起 二舞者 一男一女對舞 結劍曲破曲徹 竹竿子念.

호(史浩)가 기록한 검무 대곡에 음악은 있으나 가사가 없음을 알 수 있는데, 이는 창사가 없는 조선의 향악정재인 검기무, 공막무, 첨수무 형식과도 상통한다. 그뿐만 아니라 죽간자의 등장과 낭송, 춤, 노래, 악기연가가 번갈아 연주되고, 곡파(曲破) 이후 부분을 표현하는 양상은 바로 송에서 고려로 유입된 당악정재와의 밀접한 연관성을 보여주고 있다. 이후 당·송의 검기무는 비록 유실되었으나, 이후 경극 '패왕별희(霸王別姬)'에서 우희가 항우와 이별 직전에 추는 쌍검무 등 전통극인 희곡 속으로 흡수되었다. 근대 이후에는 고도의 훈련체계를 갖춘 새로운 중국고전무용의 주요 종목으로 폭넓게 전승되고 있다.

5. 나가며

현전(現傳)하는 가장 오래된 전통무용 중 하나인 검무는 신라시대부터 오늘날까지 1,000여 년 이상의 긴 세월 전승되면서 다양한 유형으로 변화되어 발전해 오고 있으며, 그만큼 풍부한 문헌 자료와 연구 과제를 갖고 있기도 하다. 우선 검무의 유래를 황창랑 설화에 두는 의견이 일반적이나 조선 말까지도 관창과 황창을 혼동하는 등 여러 논의가 계속 제기되고 있어 향후 지속적인 연구를 기대해 본다.

신라 때에 발생한 검무는 고려 말까지도 가면을 쓴 가면동자무로 연행되었으며, 이후 가면무인 처용무와 함께 추어지기도 하였다. 검무는 적국 백제왕을 검무를 추다 찔러 죽일 정도로 신라 소년의 상무적이고 강개한 기상의 춤이었을 것이나 조선 중기에 가면을 벗은 여기 검무가 등장함에 따라 새로운 풍격의 형태로 점차 변모하게 된다. 검의 변화도 영향을 미쳐 궁중에서는 아예 목검을 사용하였고, 민간에서는 조선 후기 이후 칼 목이 돌아가는 짧고 무구화된 칼로 바뀌면서 이미 검무로써의 본질적 의미가 퇴색되어 상무적, 여협적인 동작보다 아름답고 칼사위가 다양한 예술무용으로 발전했을 가능성을 시사한다. 조선조 문인들의 관검무시(觀劍舞詩)가 다수 전하는 것은 당시 여기 검무가 상당히 유행하였음을 의미한다.

신라 이후의 수백 년간 민간에서 성행했던 검무는 조선 정조시기 전후로 궁중에 유입되었으며, 검기무, 공막무, 첨수무 등 유사한 형태로 파생되어 발전하였다. 궁중의 검기무 등은 궁중 연향에 참여한 지방 교방청 출신의 향기(鄕妓), 즉 선상기에 의해 전국 각 지역으로 전파되어 진주검무, 통영검무, 경기검무, 평양검무, 호남검무, 해주검무 등 지역적 특색을 지닌 여기 검무로 정착하여 일제강점기에도 조합과 권번을 통해 오늘날까지 전승되고 있다.

한편 조선의 의궤에는 검기무와 공막무의 역사적 유래를 신라가 아닌 중국 홍문연의 고사를 언급함으로써 고대 중국과의 연관성을 암시하고 있으며, 이를 극화한 항장무도 연관이 있다. 이는 물론 단순한 연관성을 의미하는 것일 뿐 조선 검무가 중국에서 유입되었다는 의미는 결코 아니다.

중국의 검무도 그 역사가 오래된 것으로 한대에 실크로드를 통해 서역의 호악, 호무가 유입되었다. 이후 그 인기와 영향이 점차 커져 수, 당대에 이르러 궁중에서 제정한 칠부기, 십부기에도 서역 악무인 호무(胡舞)가 다수 포함될 정도였다. 당대에는 검기무로 이름을 떨친 공손대낭이 중국과 서역의 악무를 혼합하는 과감한 시도를 하였으며, 문인들이 검무 관람 후 묘사한 수많은 시와 문장은 당시의 인기와 영향을 짐작하게 한다.

당대의 악무 전통을 계승한 송나라에는 새로운 대무(隊舞) 형식이 나타남에 따라 검기무도 수십 명이 출연하는 검기 대무로 변화하여 발전하였으며, 이외에 최초로 극 형식의 검무 대곡(大曲)이 등장한다. 검기 대곡은 한나라의 홍문연의 고사와 당대의 공손대낭과 장욱의 이야기를 악무와 함께 극적으로 표현한 것이다. 오늘날 전승되는 당악정재가 고려에 송에서 유입되었고, 당송시대에 한·중 간의 문화예술교류가 상당히 활발했음을 고려하면, 조선 검기무 등의 중국 관련 기록은 같은 맥락선상에서 이해되어야 한다. 이렇듯 한국과 중국은 고대로부터 동일한 한자문화권에서 오랫동안 밀접한 문화적 교류를 하며 발전해왔다. 기원전 1세기인 전한시대에 실크로드 개통에 따라 유입된 서역 문화는 고대 중국 전통예술에 큰 영향을 미쳤으며, 실크로드의 연장선상에 있는 고대 한국의 악무 예술에도 일정한 부분이 반영되었다.

처용무(處容舞)

1. 들어가며

고대로부터 불가항력적 자연재해에 대처하기 위한 인류의 축귀(逐鬼) 의식은 일찍부터 있었을 것으로, 악귀를 물리치고 평온을 기원하는 인류의 염원은 점차 벽사진경(辟邪進慶)의 나례 의식으로 정착되어 고대 한국뿐 아니라 중국에서도 각 지역에 널리 성행하였다. 궁중에서 나례 의식으로 연행되었던 처용무는 신라시대에 발생하여 오늘날까지 다양한 유형으로 전승되고 있는 가장 오래된 궁중무용이다. 궁중무용에서는 유일하게 사람 형상인 처용 가면을 쓰고 추는 가면무이다. 신라 처용설화에서 기원한 처용무는 고려를 거쳐 조선시대에는 오방처용무로, 또 학연화대와 합설(合設)로 나례 의식에 연행되었으며, 일제강점기에는 맥이 중단될 뻔한 위기를 거치면서 약 천백여 년 동안 질곡(桎梏)의 세월을 함께하였다. 해방 이후 다행히 전통성과 예술성을 인정받아 1971년 1월, 국가무형문화재 제39호로 지정되었으며, 2009년 9월에는 유네스코 인류구전 및 무형유산 걸작으로도 선정된 우리네 소중한 문화유산이다.

『삼국유사』에 전하는 처용설화는 일찍부터 국문학계, 민속학계, 예술학계에서 의상학계에 이르기까지 다양한 분야에 걸쳐 주목을 받으며 연구 주제로 다루어져 왔다. 일찍이 1930년 손진태와 안자산의 논문은 처용과 처용가의 발생 시기,

연원을 연구한 가장 조기의 연구[1]라 할 수 있다. 이후 처용에 관한 연구는 국문학계의 향가 처용가와 처용설화 연구를 비롯하여 처용과 나례, 가무희, 산대잡극 등 민속학, 연극학적 측면에서 다룬 연구에서 무속, 음양오행, 복식 등 문화적 측면의 연구에 이르기까지 다양한 분야에서 지속저인 연구가 이루어졌다. 실지로 처용에 대한 논문만도 300편이 훨씬 넘고, 1989년에 『처용연구논총』이 간행된 데 이어 2005년에는 7권에 이르는 방대한 양의 『처용연구전집』이 간행되어 처용학(處容學)이라고 지칭해도 될 만큼 엄청난 규모의 연구성과[2]가 이루어져 있다. 무용학계에서의 연구는 이보다 조금 늦은 1970년에 이애주의 「처용무의 사적 고찰과 그 전승 문제에 관한 연구」를 기점으로 처용무의 사적 고찰과 비교, 동작의 분석, 나례 및 학연화대무 등의 연구성과가 주를 이루며, 박사논문으로는 정은혜의 음양오행 측면에서 처용무를 심층 연구한 성과가 돋보인다. 연구서로는 문화재 지정을 위한 현장 조사기록이 『무형문화재 조사보고서』(문화재관리국, 1973)로 출판되었으며, 이흥구의 『처용무』(문화재청, 2000)와 『한국궁중무용총서』(2008) 외에 무보(舞譜)집으로는 국립국악원이 발행한 『궁중무용무보』(1986)와 처용무 보존회에서 발행(이종숙 글)한 『처용무보』(2008)등은 처용무를 이론적으로 체계화한 연구 성과물이다.

처용설화에서 기원한 처용무, 즉 춤과 관련된 문헌 사료는 조선 초 성현(成俔)의 『악학궤범』(1493)과 조선 후기 고종 계사(癸巳)년 『정재무도홀기(呈才舞圖笏記)』(1893)에 무보(舞譜)가 전하며, 여러 『의궤(儀軌)』에 궁중 연향에서 추어진 기록이 전하고 있다.

1) 손진태, 〈처용랑 전설고〉, 《신생》. 3(1), (신생사, 1930); 안자산, 〈처용가에 취하야〉, 최철, 설성경엮음, 《향가의 연구》. (정음사, 1984).

2) 최진형, 〈처용전승의 계승과 변천〉, 《泮橋語文硏究》. 24, (반교어문학회, 2008), 152쪽.

2. 처용무의 유래와 정립

처용이라는 단어가 나타나는 문헌 사료는 『삼국유사』를 비롯하여 『동경잡기』, 『익재난고(益齋亂藁)』, 『용재총화』, 『대동운부군옥(大東韻府群玉)』, 『동국세시기』, 『경도잡지』 등에서 볼 수 있다. 일연의 『삼국유사』 권2 「처용랑과 망해사(處容郎望海寺)조」에는 처용무의 발생 과정에 관해 소상히 기록되어 있다. 통일신라의 제49대 헌강왕(재위: 875–886) 시기를 배경으로 하는 처용설화의 주요 부분은 다음과 같다.

> "왕이 아름다운 여인을 처용에게 아내로 주어 그의 생각을 잡아 두려 했으며 또한 급간의 벼슬을 내렸다. 그 처가 매우 아름다워 역신이 그녀를 흠모해 사람으로 변하여 밤에 그 집에 가서 몰래 함께 잤다. 처용이 밖에서 집에 돌아와 잠자리에 두 사람이 있는 것을 보고, 이에 노래를 부르고 춤을 추며 물러났다. 노래는 이렇다.
>
> 동경 밝은 달에 밤들어 노니다가
> 집에 들어와 자리를 보니 다리가 넷이더라
> 둘은 내 것이고 둘은 뉘 것인고
> 본디는 내 것이다마는 앗은 것을 어찌할꼬
>
> 이때에 역신이 형체를 드러내어 처용 앞에 무릎을 꿇고 말하기를, "제가 공의 아내를 탐내어 지금 그녀를 범했습니다. 공이 이를 보고도 노여움을 나타내지 않으니 감동하여 아름답게 여기는 바입니다. 맹세코 지금 이후로는 공의 형용(形容)을 그린 것만 보아도 그 문에 들어가지 않겠습니다"라고 하였다. 이로 인해 나라 사람들(國人)이 처용의 형상을 문에 붙여서 사귀를 물리치고 경사를 맞아들이게 되었다."[3)]

---

3) 王以羙女妻之欲留其意 又賜級干職. 其妻甚羙 疫神欽慕之變無人 夜至其家竊與之宿. 處容自

이렇듯 처용설화에서는 사람의 형상을 한 용왕의 아들 처용이 역귀를 물리치는 주술적(呪術的), 벽사적(辟邪的) 성격의 문신(門神)으로 신격화되는 과정을 보여주고 있으며, 이는 민속신앙과도 결부된다. 역신을 물리치는 벽사적 성격의 처용 형상의 가면을 쓰고 축귀(逐鬼)의 춤을 추는 것이 처용무인 것이다. 역신에서 '역(疫)'이란 글자는 돌림병, 전염병 열병, 돌림병을 퍼뜨리는 귀신이란 뜻으로 풀이되므로 유행성 전염병의 상징인 역신이 처용 아내를 범하려다 도망가는 과정을 극적으로 묘사한 것이라 할 수 있다.

고려시대 나례 의식을 가장 잘 보여주고 있는 것은 이색(李穡, 1328－1396))의 『목은집(牧隱集)』 21에 수록된 「구나행(驅儺行)」 후반부이다.

"충의가 넘쳐 병장방(屛障房)을 대신하고
묵은 기괴한 것들 물리치자 뭇 악공이 나오네
오방귀(五方鬼) 춤추고, 백택(白澤)이 뛰어나오며
불을 토하고 칼을 삼키네
서천(西天)의 정령인 고월(古月)이 있어
흑색 가면, 황색 가면, 눈은 파랗도다
그중 노인이 허리가 구부정하고 머리가 길어
사람들이 '남극성'이라며 놀라네
강남서 온 상인들이 두런대며
진퇴하는 것이 바람 속 반딧불처럼 빠르네
신라의 처용이 머리에 칠보(七寶)를 이었는데
꽃가지 머리 눌러 향기로운 이슬 방울짓네
긴 소매 낮게 돌리며 태평 시대를 춤추고
취한 붉은 얼굴 아직 술이 덜 깨었네

外至其家見寢有二人 乃唱歌作舞而退. 歌曰 東京明期月良 夜入伊遊行如可 入良沙寢矣見昆脚烏伊四是良羅. 二肹隱吾下於叱古 二肹隱誰支下焉古. 本矣吾下是如馬於隱 奪叱良乙何如為理古. 時神現形跪於前曰"吾羡公之妻今犯之矣 公不見怒 感而美之 誓今已後見畫公之形容不入其門矣" 因此國人門帖處容之形 以僻邪進慶(《三國遺事》 卷二 處容郎 望海寺).

누런 개방아 찧고, 용은 여의주를 다투고
가득찬 백수무(百獸舞) 요임금의 뜰이구나."[4]

이 시는 나례의식 후 각종 잡희를 연행하는 모습을 상세히 묘사한 것으로, 처용무 모습을 묘사한 것은 진한 글씨체 부분이다. 머리에 칠보와 꽃가지로 장식한 모습과 긴소매를 휘두르는, 취한 듯 붉은 얼굴로 묘사한 처용의 모습은 오늘날의 그것과 흡사하다. 한삼 대신 긴 소매를 휘두르는 복식 형태와 유광적면(油光赤面)인 처용의 얼굴빛을 술에 취해 덜 깬 것으로 묘사한 것은 흥미롭다. 조선 초 『악학궤범』 처용탈의 모습과 일맥상통함을 알 수 있는데, 기록에 처용탈은 팥죽색 피부에 치아가 하얗고, 납 구슬을 단 주석 귀고리가 달려있으며, 검은색 사모에는 칠보는 아니나 모란 2송이와 복숭아 열매 7개를 꽂아 장식한다. 팥죽색과 복숭아 열매는 벽사(辟邪, 잡귀를 물리침)를, 하얀 모란은 진경(進慶, 기뻐할만한 일로 나아감)을 상징한다. 성현의 『용재총화』에는 이와 비슷한 처용의 형상을 묘사한 익재(益齋) 이제현(李齊賢)의 시가 전한다.

具齒頳顔歌夜月　　조개 같은 이와 붉은 얼굴이 달밤에 노래하는데
鳶肩紫袖舞春風　　솔개인 양 으쓱한 어깨에 붉은 소매가 봄바람에 춤춘다

이렇듯 처용무가 연행되는 나례는 구나(驅儺), 대나(大儺), 나희(儺戱), 나(儺)라고도 하며 원래 중국에서 유래한 것이다. 중국에서 언제부터 나례가 행해졌는지 단언할 수 없지만 적어도 춘추시대(기원전 770－475) 이전부터 행해졌다는 것만은 틀림없다.[5] 우리나라에는 고려 정종(靖宗) 6년(1040)에 처음 나례를 행한 기록이 나타나지만 실지로 그 이전에 들어온 것으로 추정된다.[6] 우리나라 초기의 나

---

4) 忠義所激代屛障 畢陳怪詭趨群伶 舞五方鬼踊白澤 吐出回祿呑青萍 金天之精有古月 或黑或黃目青熒 其中老者傴而長 衆共驚嗟南極星 江南賈客語侏離 進退輕捷風中螢 進退輕捷風中螢 新羅處容帶七寶 花枝壓頭香露零 低回長袖舞太平 醉瞼爛赤猶未醒 黃犬踏碓龍爭珠 蹌蹌百獸如堯庭(이혜구, 〈목은 선생의 구나행(驅儺行)〉, 《한국음악연구》, (민속원, 1996).

5) 김학주, 《한.중 두나라의 가무와 잡희》. (서울대학교출판부, 2001), 3쪽.

6) 전경욱, 《한국의 전통연희》. (학고재, 2004), 185쪽.

례 의식은 『고려사』 권64, 「군례(軍禮)」의 계동대나의(季冬大儺儀)에서 찾아볼 수 있다. 고려 말에는 나례에서 축귀의식보다 점차 잡희의 성격이 비중이 커지면서 나례희(儺禮戲), 즉 나희(儺戲)로 인식되어 갔다.

3. 조선시대 처용무의 다양화

고려 말까지도 가면을 쓰고 어린 소년이 검무를 추는 가면동자무(假面童子舞)와 함께 추어지기도 했던 처용무가, 언제 어떠한 경로로 궁중에 유입되었는지, 아니면 궁중 나례의식에 연행되고 있었는데 기록이 전하지 않는지는 알 수 없으나 궁중에서 추어진 처용무 최초 기록은 조선 초에 가서야 학무, 연화대무와 함께 『악학궤범』에 나타난다. 처용설화에서 기인한 처용무는 원래 남자 1인이 추는 독무였으나, 조선 초에 이르러 출연 인원과 구성 형태면에서 큰 변화가 생기게 된다. 출연 인원면에서 독무 형태가 다섯 사람이 추는 오방처용무(五方處容舞)로 재편성되었음이 성현(成俔, 1439-1504)의 『용재총화』에 다음과 같이 전한다.

> "처음에는 한 사람으로 하여금 검은 베옷에 사모(紗帽)를 쓰고 춤추게 하였는데, 그 뒤에 오방처용(五方處容)이 있게 되었다. 세종(世宗)이 그 곡절을 참작하여 가사(歌辭)를 개찬(改撰)하여 봉황음(鳳凰吟)이라 이름하고, 마침내 묘정(廟廷)의 정악(正樂)으로 삼았으며, 세조(世祖)가 이를 확대하여 크게 악(樂)을 합주(合奏)하게 하였다."[7)]

위의 기록에 의하면, 현재까지 전승되고 있는 오방처용무는 조선 초기에 재편성되었으며 '봉황음'도 세종조에 가사를 개찬하여 처음 만들어졌음을 알 수 있다. 세종이 봉황음이라고 명명한 것은, 중국 요순(堯舜) 때부터 봉황을 성군이 나와 태평성세를 이루면 날아온다고 하여 상서로움의 상징으로 여겼으므로 태조 이

---

7) 初使一人黑布紗帽而舞 其後有五方處容世宗以其曲折 改撰歌詞 名日鳳凰吟 遂爲廟廷正樂 世祖遂增其制 大合樂而奏之(《慵齋叢話》 卷一).

성계를 성군으로 비겨 붙인 이름일 것이다. 이는 세종대왕이 태조 및 6대조의 왕을 해동의 육룡(六龍)으로 비유하여 칭송한 향악정재를 창작하여 '봉래의(鳳來儀)'라 이름 붙인 것과 같은 맥락으로 이해될 수 있겠다. 봉황음 역시 나라와 왕가에 대한 송축가로서, 그 가사만 개찬하였으니 처용가의 가사만 봉황음으로 바꾸고 처용가의 악곡은 그대로 사용하도록 지은 작품이다. 『세종실록』 권146에 악보와 가사가 실려 있으며, 『악학궤범』에도 전해진다.

또한 세조조에는 이를 확대하였다 하였으니, 이는 성종조에 편찬된 『악학궤범』에 수록된 '학연화대처용무합설(鶴蓮花臺處容舞合設)'을 일컫는 말일 것이다. 처용무는 조선 초에 학무(鶴舞) · 연화대무(蓮花臺舞)와 함께 대형 악무인 '학연화대처용무합설'로 재편성되어, 섣달 그믐날 묵은해와 함께 역귀와 잡신을 몰아내고 길한 것을 받아들이려는 벽사진경(辟邪進慶)의 의미로 궁중 나례의식에서 추어진 것이다.

구나(驅儺) 이후, 합설에서 처용무는 전도(前度)와 후도(後度) 두 번 추는데 전도에는 학연화대 회무가 없이 처용무만 춤춘다. 봉황음의 만, 중, 삭 빠르기에 따라 춤도 빨라지며 여기(女妓)가 '신라성대소성대(新羅聖代昭盛大)'와 '산하천리국(山河千里國)'으로 시작되는 처용가를 부르고 세 번 회무(回舞)하면 전도가 끝이 난다. 후도는 불교적인 길놀이 형식이다. 청학, 백학 한 쌍과 연화대, 그리고 정절, 개, 봉화무동, 집박악사, 향악공 등이 등장하여 영산회상에 맞추어 영산회상불보살을 같이 부르며 세 번 회무한다. 처용무, 학무, 연화대무 순으로 춤을 추고 불교음악인 미타찬, 보타찬, 관음찬 가사를 기녀들이 부르고 앞에서와 같이 돌고 제자리로 오면 끝이 난다.

이렇듯 불교음악에 맞춰 많은 인원과 장시간을 요했던 학연화대처용무합설은 이후 거의 연행되지 않은 듯하며 현재에 전승되지 않는다. 억불숭유 정책을 표방했던 조선 왕조 때에 궁중에서 매년 불타찬, 미타찬 등 불교적 성격의 학, 연화대, 처용무 합설을 연행한 일에 대한 의구심이 생긴다. 이에 대해 조선 초기에는 정작 궁중에서조차도 고려의 불교 습속을 예사로 하였음이 다음과 같이 언급되어 있다.

> "신라·고려는 불교를 숭상하여 장례는 오로지 부처를 공양하고 중에게 밥먹이는 것[飯僧]을 상례(常禮)로 하였다. 본조(本朝)에 이르러 태종(太宗)께서 사사(寺社)의 노비까지 개혁했으나, 그 풍습이 아직도 남아 있어 공경(公卿)·유사(儒士)의 집에서도 빈당(殯堂)에 중을 불러 설경(說經)하는 것을 예사로 하고 이름을 법석(法席)이라 한다."8)

1인 독무에서 다섯 사람이 추는 오방처용무로의 변화는 축귀의 기능과 역할이 더 확대되고 강해졌다고 보여진다. 즉 동서남북 중앙의 방위를 의미하는 청(東, 봄), 홍(南, 여름), 황(中央), 흑(北, 겨울), 백(西, 가을)의 오방색 복식을 착용하고 역신을 물리치는 호방하고 활기찬 동작을 하는 처용무는 1인의 독무일 때보다는 오방의 모든 방향과 사계절 일 년 내내 역신을 막고 물리친다는 더욱 강하고 확대된 벽사진경의 의미로 받아들여진다. 가면무이며 역신을 물리친 문신(門神)으로서의 처용 이미지와 부합하는 것이라 하겠다. 나례가 매년 창경궁과 창덕궁에서 축귀의식으로 연행한 기록이 전해진다.

> 매번 섣달 그믐날 밤이면 창경궁(昌慶宮)과 창덕궁(昌德宮)의 전정(殿庭)으로 나누어 들어가는데, 창경궁에서는 기악(妓樂)을 쓰고, 창덕궁에서는 가동(歌童)을 쓴다. 새벽에 이르도록 주악하고 영인과 기녀에게 각각 포물(布物)을 하사하여 사귀(邪鬼)를 물러가게 한다.9)

처용무의 색다른 기록은 남자 무동(舞童) 외에 여기도 추어졌다는 사실이다. 세종 25년(1443)에는 관습도감(慣習都鑑)에 "이 뒤로 처용무에 기생을 그만두고 남자 재인을 쓰라."10)고 지시하였는데, 이는 고려말은 물론 조선 초기인 당시까지

---

8) 新羅高麗崇尙釋敎。送終之事。專以供佛飯僧爲常。逮我本朝。太宗雖革寺社奴婢。而其風猶存。公卿儒士之家。例於殯堂聚僧說經。名日法席。(《慵齋叢話》, 권1)

9) 每於除夜則一日夜。分入昌慶昌德兩宮殿庭。昌慶用妓樂。昌德用歌童。達曙奏樂。各賜伶妓布物。爲闢邪也。(《慵齋叢話》, 권1)

10) 傳旨慣習都鑑 今後處用舞除女妓 用男夫(《世宗實錄》 卷99. 25年(1443 癸亥) 1月 25日)

도 여기가 처용무를 추었음[11]을 나타내고 있다. 처용설화에서 기인한 처용은 남자인데 후일 여기가 추어졌음은 시대 흐름에 따라 축귀의 역할만이 중시된 것이 아닌가 생각된다.

조선 중기 연산군 때에 이르면 여령 처용무는 더욱 활기를 띤다. 연산군은 본인이 직접 처용무를 즐겨 추었다는 사실은 유명하며, 여기에게 처용무를 추게 하라고 명한 것이다. 당시 환관 김처선이 연산군에게 충언을 하다가 처형된 뒤, 연산군이 그의 이름인 '처(處)'자에 대해 금지령을 내려 처용무가 '풍두무(豊頭舞)'로 이름이 바뀐 적도 있다고 한다.

조선중기 정조 때의 『정리의궤』 및 후기 순조 무자년(戊子, 1828), 기축년(己丑, 1829)에는 오방처용무와 여령, 혹은 무동이 함께 추어져서 인원이 더욱 많아지고 다채로워진 새로운 형태가 등장한다. 이렇듯 조선 후기까지 쌍처용무로, 또 여령 혹은 무동이 추가, 확대되어 더욱 다채로워진 처용무는 이유는 알 수 없으나 순조 이후 연향에서 자취를 감추었다. 기록에 의하면 처용무의 마지막 연향은 순조 기축년(1829)에 거행된 진찬으로 보인다. 이후 1900년대 진연이나 장서각 소장 『정재무도홀기』에 수록된 각종 무보에는 처용무의 기록이 보이지 않는다. 한일합방 이후 이왕직아악부에 의해 다시 재현되기에 이른다. 한편 처용무는 궁중뿐 아니라 민간에서도 연행되어, 18세기 김홍도의 평양감사환영도 중 부벽루연회도를 통해 평양지역에서도 처용무를 추어졌음과 19세기 진주지역 목사를 지낸 정현석의 『교방가요(敎坊歌謠)』에서 그 흔적을 찾아볼 수 있다.

4. 일제강점기의 이왕직아악부와 처용무의 계승

1910년 한일합방 이후에 일제에 의해 조선 왕조 왕립음악기관인 장악원(掌樂院)이 이왕직아악부로 개편, 축소됨으로써 수많은 악공과 관기들이 해산되어 민간으로 흩어지게 되자, 조합(이후 권번으로 개칭)을 조직하여 기녀들에게 궁중의 춤과 음악을 가르침으로써 궁중악무가 근근히 맥을 잇게 되었다. 관기제도가 폐지되고

11) 처용무보존회 발행, 이종숙 글, 편집, 《처용무보》. (민속원, 2008), 229쪽.

악공과 여기들이 민간으로 흩어짐에 따라 그 후 궁중에는 무용을 담당할 여기가 없게 되고 또 춤을 출 기회도 없어졌다. 1910년부터 1922년까지 10여 년간은 궁중에서 정재를 연희하지 않았으니 이때가 궁중무용의 맥이 끊어질 위기에 놓인 시기였다.[12)]

한편, 궁중 이왕직아악부에 남은 약 50여 명의 악관들은 단절 위기에 놓인 궁중악무의 전승 방법을 모색하던 중 1923년도 이왕직아악부(李王職雅樂部) 소속의 양성소를 개설하여 아악생(雅樂生) 1·2기생을 모집하여 궁중악무를 전수하게 되었다. 그러던 1923년 봄, 창덕궁 인정전에서 열린 순종황제 탄신 50주년 축하연에서는 이왕직아악부원 양성소 1기와 2기의 아악생들이 세 분 선생에게 정재를 익혀 무동(舞童)으로 참여함으로써 자칫 단절될 뻔한 무동정재가 맥을 잇게 되었으니, 이때 처용무를 『악학궤범』 등에 근거하여 재현한 것이다. 처용무는 궁중 나례를 비롯하여 관아의 연향에서 연행되었으나 고종 때 이후에 전승이 끊어졌던 것을 1928년에 김영제(金甯濟), 함화진, 이수경(李壽卿)이 『악학궤범』과 장악원에서 쓰던 계사(癸巳)년 『정재무도홀기』(1893)를 참작하여 안무한 것이다. 궁중의 음악 세습가의 후손인 아악사(雅樂師) 김영제와 함화진, 아악수장(雅樂手長) 이수경이 세 사람이 정악(正樂: 궁중음악)과 정재(呈才: 궁중무용)를 훈련시켰는데, 춘앵전은 함화진, 처용무는 김영제, 그 밖의 정재는 거의 이수경이 지도하였다.[13)] 처용무는 가면을 쓰는데다 역귀를 물리치는 축귀의 의미를 지닌 힘찬 동작들이 많으므로 어린 무동이 아닌 주로 키가 큰 선배급과 선생급이 맡았으며 이수경 선생이 지도하였다. 5명이 추는 처용무는 예비팀까지 3조로 구성되어 연습되었는데, 본팀인 1조에는 박노아, 고영재, 김계선, 박성재, 이병성[14)]이 추었고, 중무(中舞)인 김계선은 대금의 귀재로 당시에는 악기 전공 외에 춤을 같이 습득하였던 것이다. 이때 연행된 정재는 모두 12종으로 처용무 외에 봉래의(鳳來儀), 장생보연지무(長生寶宴之舞), 향령무(響鈴舞), 보상무(寶相舞), 춘앵전(春鶯囀), 가인전목단(佳人剪牧

12) 김천홍 글, 하루미, 최숙희, 최해리 엮음, 《우리춤 이야기》. (민속원, 2005), 435쪽.
13) 성경린, 《노을에 띄운 가락》. (휘문출판사, 1978), 336쪽.
14) 성경린, 위의 책, 336쪽.

丹), 수연장(壽延長), 만수무(萬壽舞)[15], 무고(舞鼓), 포구락(抛毬樂) 등이다.

이 종목들은 대부분 조선 후기에 창작된 것으로, 처용무는 신라에 연원을 두는 가장 오래된 작품이며, 포구락(抛毬樂)은 고려에 송나라에서 유입된 당악정재(唐樂呈才)이며, 무고(舞鼓)는 고려의 향악정재(鄕樂呈才)이다.

이후 처용무는 이왕직아악부원 양성소 아악생들에게 계승되어 1951년 장악원의 후신인 국립국악원(國立國樂院)이 개원되어 그곳 정악단과 무용단에 의해 전승되었다. 1971년 1월, 국가무형문화재 제39호로 지정되면서 양성소 제2기 김천흥(1909-2007)과 봉해룡(1911-1995), 4기인 김기수(1917-1986), 5기인 김태섭(1922-1993)과 김용이 보유자로 인정받아 오늘날에 이르고 있다. 현재는 김기수 선생으로부터 전수받은 김용(金龍, 1933생) 선생만 생존해 있고, 김중섭(金重燮, 1940생)이 2007년에 보유자로 인정되었으며 이진호, 인남순이 전수교육조교로 전수 활동을 펼치고 있다. 이외에도 이왕직아악부의 후신(後身)인 국립국악원 무용단에서도 처용무를 중요 종목으로 공연하고 있다. 그러나 학연화대처용무합설은 조선 초기의 규모와 빛을 되찾지 못하고 김천흥에 의해 새롭게 무대화된 형태로 재구성되었으니 『악학궤범』을 토대로 한 복원작업이 숙제로 남아있다고 하겠다.

5. 나가며

현재까지 전하는 가장 역사가 오래된 전통무용으로는 단연 처용무와 검무를 꼽을 수 있다. 신라에 기원을 둔 이 작품들은 최소한 1,000여 년 이상의 세월 동안 질곡의 역사를 함께 하며 전승되어 왔다. 『삼국유사』의 처용설화에서 발생한 처용무는 기이(記異)편에 수록된 설화인 만큼 기이하고 현실 세계와는 다소 동떨어진 처용의 형상을 바탕으로 발생되었다. 그의 특이한 용모와 당시 활발했던 동서 문화교류의 영향으로 처용이 서역 아랍인일 것이라는 주장에 힘이 실리기도 하지만, 옛 개운포인 울산지역의 국제형이라는 학설도 설득력이 있다고 본다. 어

15) 이왕직아악부원 출신인 김천흥과 성경린은 같이 연향에 참가하였으나 김천흥은 12종, 성경린은 무고와 포구락을 제외한 10종의 정재를 춘 것으로 기록하고 있다. 그러나 당시 1932년 무동정재 영상을 근거로 하면 무고와 포구락이 추어진 것으로 보인다.

쨌든 처용은 실제 인물이 아닌 용왕의 아들이며 역신, 즉 전염병인 열병을 쫓아내는 문신(門神)으로서의 의미를 갖는 민간신앙의 신격화된 존재로 숭상되었으니 국문학계에서는 처용을 무속신앙에 기초한 강신무(降神巫)로 보는 견해도 제시되었다. 그리고 김학주는 문신으로서 역신을 물리치는 처용을 중국의 나례신인 종규(鍾馗)와 비견된다고 하였다. 처용과 종규는 발생 설화, 문신으로서의 성격, 또 가면무희로서의 특징과 나례에서 차지하는 구역신으로의 위치 등 모든 면에서 공통점이 있어 처용이 중국의 종규에서 영향을 받은 것이라는 의견도 있다.[16]

고려시대에 중국에서 나례가 유입된 이후 가면무인 처용무는 나례 의식에서 추어졌다. 본래 처용은 남자이므로 고려를 거쳐 조선 초까지 남자 독무로 연행되었으나 세종조에 처용가(處容歌)의 가사를 개조하고 청, 홍, 황, 흑, 백의 방위색을 의미하는 복식을 입고 다섯 사람이 추는 오방처용무로 증원되었다. 더 나아가 세조 때에는 학무, 연화대무와 합설로 추어지는 대형 악무로 재편성되어 궁중나례에서 연행되었으니 축귀의 역할과 의미는 더욱 증폭되었다고 본다. 이렇듯 조선에 성행한 처용무는 학무, 연화대무와 단독으로도 추어지며 함께 합설로도 추어지며 조선 후기까지 전승되었으나 고종 이후 연행기록이 보이지 않는다. 일제강점기에 들어와 역사의 소용돌이를 피해갈 수 있는 전통예술은 없었으니 관기 제도의 폐지와 장악원의 축소로 궁중 악무와 함께 처용무의 맥이 끊어지는 듯하였다. 다행히 1923년에 거행된 순종황제의 오순 경축 잔치를 계기로 궁중연향에서 처용무와 무동정재가 재현되어 오늘날까지 전승되고 있음은 천운이라 할 수 있다. 현재 우리나라 국가무형문화재로 지정된 정재 종목은 제39호인 처용무와 제40호인 학·연화대합설무 두 작품 뿐이다. 이것을 포함한 우리의 전통예술은 일제강점기를 거치지 않은 종목이 없으니 소중한 문화자산을 제대로 계승함은 물론 조선 초기의 합설로 추어진 학연화대처용무합설의 복원은 아직도 우리의 과제로 남아 있다.

16) 전경욱, 《한국의 전통연희》. (학고재, 2004), 139쪽.

경기도당굿

1. 들어가며

경기도당굿은 경기지역에 전승되는 마을굿으로, 경기는 행정구역상 경기도를 가리키는 것이 아니라 서울 인접 지역을 가리키는 용어로 서울 외곽지역을 의미하며, 도당이란 마을의 수호신을 모신 당(堂)을 의미한다. 따라서 경기도당굿은 서울 외곽지역에 전승되는 마을신앙으로, 대대로 무업을 계승한 세습무인 화랭이(男巫)와 강신무인 미지(女巫)가 연합, 주도하여 연행하는 굿이다. 특히 화랭이는 어려서부터 굿판에서 성장하여 무가(巫歌)뿐만 아니라 재담, 춤, 악기 연주 등 뛰어난 재능을 갖추고 있으므로, 이들이 주도하는 도당굿은 노래와 춤을 위주로 하고 있어, 음악과 춤이 상당히 발달하였다.[1] 경기 북부와 동부지역의 도당굿은 서울굿을 연행하는 강신무(降神巫)가 맡고 있어, 현재의 도당굿은 경기 남부지역에만 분포한다.

경기도당굿의 역사는 분명하지 않다. 일제강점기에 간행된 『조선무속의 연구』에 보면 오산지역의 부부(巫夫)였던 이종만(李鐘萬)의 무속 및 무가(巫歌)가 기술되어 있는데, 이 사람은 오산의 세습 화랭이 집안 출신으로 훗날 경기도당굿이 국가무형문화재로 지정될 때 보유자였던 오수복의 스승인 이용우(李龍雨, 1899-1987)와 같은 집안사람이다. 일제강점기에 한국을 대표하는 무속으로 이종만의 굿

1) 김헌선, 《중요무형문화재 제98호-경기도 도당굿》. (국립문화재연구소, 1999), 4쪽.

이 조사된 것을 보면 경기도당굿이 상당한 영향력을 가지고 있었음을 짐작하게 한다. 이후 경기도당굿은 더 이상 조사가 이루어지지 않다가 1980년대에 들어와 장주근 선생에 의해 이용우와 조한춘(趙漢春, 1919－1995)의 도당굿 연행이 확인되면서 널리 알려졌다. 1990년에 국가무형문화재 98호로 지정되어 현재에 이르고 있다. 당시에는 화랭이 조한춘과 미지 오수복(吳壽福, 1924－2011)이 보유자로 지정되어 경기도당굿의 진면모를 만방에 알렸으나, 현재 화랭이는 단절되었고, 오수복을 잇는 미지는 있지만, 학습 경력이나 무업 경력이 부족해 전승이 끊길 위기에 처해 있다.

경기도당굿은 경기 남부지역의 세습무인 산이(사니)[2)]와 강신무인 미지가 주로 연행하던 굿이다. 도당굿이라는 말처럼 마을굿으로 존재했다. 여기에서 '존재했다'라는 과거형을 쓴 것은 이미 전통적인 의미의 마을굿으로 경기도당굿은 남아 있지 않다고 판단되기 때문이다. 물론 국가무형문화재로 지정된 경기도당굿은 경기도 부천에 보존회가 결성되어 나름대로 활동하고 있다. 하지만, 전승 기반이 될 마을이 실제로는 거의 존재하지 않는다고 판단하여 이렇게 과거형을 쓴 것이다. 현재 경기도당굿은 수원 평동, 부천 장말, 수원 거북산당 등지의 마을에서 한 해 한 번씩 굿을 하고 있지만, 마을 주민들의 참여도가 낮아 본격적인 마을굿이라고 보기는 어렵다. 앞으로 전승 기반을 확고히 다지는 것이 경기도당굿의 과제로 대두된다.

실상 국가무형문화재로 지정된 종목 중에는 이러한 사례가 여럿이다. 서해안 배연신굿 및 대동굿도 동일하게 전승 기반이 매우 취약한 종목이다. 전승 기반이 황해도 포구이다 보니 인천 등지에서는 배연신굿 및 대동굿을 연행할 마을이 없어 해마다 공개행사를 위해 포구를 찾는 것이 정례적인 일이 되었다. 남해안별신굿도 동일하다. 통영과 거제 등지의 여러 포구에 전승되던 남해안별신굿은 포구문화가 사라지면서 제대로 된 전승 기반을 확보하지 못해 주로 통영시 죽도나 거제 구조라 마을에서 연행되는데, 마을 주민들이 참여는 하고 있지만 본격적인 마을굿이라 보기 어렵다. 잔삭다리라 불리는 앞부분의 굿거리는 연행되지만, 큰굿

2) '사니'라고도 쓴다. 무악을 집안 대대로 세습하는 남성 악사를 일컫는 용어이다.

으로 불리는 핵심적인 남해안별신굿은 거의 연행되지 못하고 있는 형편이다. 국가무형문화재로 지정된 마을굿들이 과거와 사뭇 다른 마을 문화를 기반으로 하다 보니 이러한 이들이 연이어 벌어지고 있는 현실이 매우 안타깝다.

경기도당굿은 매우 중요한 마을굿이다. 산이와 미지로 불리는 담당층의 특성과 다양한 장단 활용으로 인한 높은 예술성으로 한국 무속 문화의 중심축이었다. 지금은 한강 남부지역인 과천, 수원, 안산, 시흥 등지에서 강신무가 주로 활동하면서 서울굿이 깊이 침투해 있지만, 과거에는 세습무가 중심이 되어 굿을 연행하던 지역이었다. 1960－1970년대에 조사된 무속 사례를 찾아보면, 한강을 경계로 하여 한강 이북은 강신무, 한강 이남은 세습무가 주도하는 굿으로 뚜렷하게 구분되고 있었다[3]. 따라서 경기도당굿의 정체성을 다시 확립하고, 전승 기반을 확고하게 하는 것은 굿 문화의 다양성 확립을 위해서도 매우 필요한 일이다.

경기도당굿에 대해서는 그동안 상당한 연구성과가 이루어졌다. 일찍이 1983년 이보형이 조사한 이래[4] 경기도당굿의 사설을 집중적으로 살펴본 연구[5]도 있고, 경기도당굿의 전승 지역인 경기 남부를 중심으로 경기도굿의 양상을 살핀 성과[6], 보유자였던 오수복을 중심으로 경기도당굿 무가 전체를 정리한 성과[7]도 있다. 임수정의 연구는 경기도당굿 장단의 특성을 잘 나타냈고,[8] 개별 굿거리를 바탕으로 한 음악 짜임과 굿거리의 의미를 살핀 연구[9]도 발표되었다. 이와 함께 경기도당굿을 대상으로 한 변집섭과 목진호의 연구는 그동안 이루어진 경기도당굿 연구성과를 집약하면서도 총체적으로 살펴 경기도당굿이 가지고 있는 다양한 의

3) 김태곤 선생이 1964년 당시의 영등포구 흑석동에서 조사한 집가심 자료를 보면 서울굿 자리걷이 자료와는 다르다. 이는 이 지역이 경기굿 권역이었다는 의미이다(김태곤, 《한국무가집 2》. (원광대학교 민속학연구소, 1976), 313－318쪽).

4) 이보형, 〈경기도 남부 도당굿의 춤과 음악〉, 《한국의 굿2: 경기도도당굿》. (열화당, 1983).

5) 김헌선, 《경기도 도당굿 무가의 현지 연구》. (집문당, 1995).

6) 하주성, 《경기도의 굿》. (경기문화재단, 1999).

7) 하주성, 《경기도당굿의 무가》. (경기문화재단, 2000).

8) 임수정, 〈경기도 도당굿의 장단 분석〉, 미간행 석사학위논문. (중앙대학교예술대학원, 1996); 임수정, 《한국의 무속 장단》. (민속원, 1999)

9) 박정경, 〈경기도 남부굿 중 제석굿 무가의 음악적 분석〉, 미간행 석사학위논문. (한국정신문화연구원, 2002).

미를 드러내는 데 기여했다[10]. 특히 목진호는 경기도당굿의 담당층인 화랭이에 대해 다각도로 접근하는 방법으로, 지금은 거의 사라진 화랭이의 여러 특성과 의미를 드러내는 소중한 성과를 보여준다. 이 밖에도 국가무형문화재로서 경기도당굿의 전모를 기록한 연구[11], 경기도당굿을 녹음한 후 각각 무가를 채록하고 소리를 채보한 국립국악원의 자료[12]는 경기도당굿의 일차적인 자료로써 그 의미가 크다. 또한 경기도당굿 길군악에 관해 연구한 최상화의 성과[13]도 경기도당굿의 실체를 드러내는 데에 기여하였다.

춤에 관련해서도 다양한 연구가 이루어졌다. 이애주는 경기도당굿춤을 한국의 굿춤이라는 시각에서 접근하였고[14], 목진호와 이종숙은 오수복과 조한춘 등의 악무를 깊이 있게 비교, 분석하였다.[15] 임수정과 김기화 등은 김숙자류의 도살풀이춤과 부정놀이에 관해 연구[16]하였으며, 원명숙은 도당굿 춤장단,[17] 정주미와 김고운은 이동안의 화성재인청춤과 도당굿춤의 관계[18]를 종목별로 연구하였다.

---

10) 변진섭, 〈경기도 남부 제석굿 연구〉, 미간행 박사학위논문. (경기대학교대학원, 2012); 목진호, 〈경기도당굿의 화랭이 연구〉, 미간행 박사학위논문. (중앙대학교대학원, 2013).

11) 김헌선, 《경기도 도당굿》. (국립문화재연구소, 1999).

12) 국립국악원, 《한국 음악30: 경기도당굿》. (국립국악원, 1998).

13) 최상화, 〈경기 무속 음악 대풍류〉, 《한은 풀고 복은 나누며》. (중앙대학교 국악교육대학원, 2005).

14) 이애주, 〈한국의 굿에 나타난 굿춤〉, 《민족과 문화》. 10, (한양대학교 민족학연구소, 2001).

15) 목진호, 〈경기 도당굿의 악무(樂舞) 고찰〉, 《韓國舞史學》. 14, (한국무용사학회, 2013); 이종숙, 〈경기도도당굿 군웅거리 선굿춤 연구〉, 《무용역사기록학》. 33, (무용역사기록학회, 2014).

16) 李愛京, 〈京畿巫俗에 관한 硏究〉, 《同大論叢》. 11, (동덕여대, 1981); 우선영, 〈도당굿 「도살풀이」의 구조 분석〉, 미간행 석사학위논문. (세종대학교대학원, 1992); 이향미, 〈도살풀이춤에 내재된 표성에 관한 연구〉, 미간행 석사학위논문. (세종대학교대학원, 1999); 임수정, 〈김숙자의 부정놀이춤 연구〉, 미간행 석사학위논문. (중앙대학교대학원, 2000); 김기화, 〈경기도당굿 군웅춤과 김숙자류 부정놀이춤의 비교연구〉, 《한국무용연구》. 24(1), (한국무용연구회, 2006); 이미란, 〈김숙자의 삶을 통해 본 도살풀이춤에 내재한 의미 연구〉, 《체육사학회지》. 23, (체육사학회, 2018).

17) 원명숙, 〈경기도당굿 춤장단이 한국통무용에 끼친 영향에 관한 연구〉, 미간행 석사학위논문. (용인대학교대학원, 2002).

18) 정주미, 〈이동안 춤세계 연구〉, 미간행 석사학위논문. (중앙대학교대학원, 1998); 김고운, 〈경기도당굿 유형이 화성재인청 이동안류 춤 형성에 미친 영향〉, 미간행 석사학위논문. (경희대학교대학원, 2010).

이러한 성과들은 도당굿춤 및 거기에서 파생되는 민속춤과 장단을 이해하는 데 기여했으며, 또한 노래와 춤이 발달한 도당굿의 무용학적 연구의 중요성을 의미하고 있기도 하다.

2. 경기도당굿의 굿거리 절차 및 내용

경기도당굿의 굿거리 구성에 대해서는 그동안 여러 사례를 바탕으로 논의되었다. 마을굿이어서 마을별로 굿거리 구성이 조금 다르지만 일반적인 흐름을 장단 구성과 함께 정리하면 다음과 같다.

당주굿

정식 굿거리 명칭이라기보다는 당주(堂主) 집에서 도당굿을 하기 전날 어울려 놀면서 정성을 올리는 것을 말한다. 무녀가 당주의 복을 빌어주는 간단한 고사가 있기도 하다.

거리부정

당주 집에서 굿당까지 사람들이 올라가는 동안 무녀가 양손에 술잔을 들고 사람들을 그 밑으로 지나가게 하여 부정을 물리는 것이다. 무녀가 덩더궁이 장단에 맞추어 진행한다. 생략하는 마을도 있다. 길군악을 울리며 사람들은 당으로 간다. (장단: 덩덕궁이)

안반고수레

당에 도착하여 여러 음식을 상에 올린 후 무녀가 평복으로 장단 없이 두 손으로 비는 것을 말한다. 잔고수레라고 하는 마을도 있다. 부정을 물리면서 신들에게 탈없이 도와달라고 비는 내용이 주가 된다. 다른 지역의 신청울림, 주당물림과의 성격 비교가 필요하다.

부정굿

산이가 부정상을 앞에 놓고 장고를 치면서 앉은 부정을 친다. 장단은 청배장단이다. 창세부터 조선시대, 오늘에 이르는 역사풀이인 치국잡이를 부른다. 다음으로 도살풀이장단에 맞추어 선부정을 미지가 진행한다. 세상에 있는 여러 부정을 물리치고 마을의 안녕을 비는 의미이다. (장단: 도살풀이)

도당모셔오기

대잡이가 필요하다. 참나무대를 꺾어와 당시루가 놓인 굿당앞 쌀을 담은 그릇 위에 대를 세우고 앉아 신이 오르기를 축원한다. 대가 떨리면 대잡이는 당가리까지 간다. 당가리에 가서 삼당주가 절을 한 후 신을 모셔서 다시 당으도 돌아온다. (장단: 도드리)

돌돌이

사방에 있는 장승이나 우물에 가서 간단히 빌고 재담을 하는 것이다. 길군악을 연주한 후 타령장단에 맞춰 당 주위를 돌다가 사방에 있는 장승에게 간다. 화랭이는 고사상 앞에 가서 장첨지라고 부른 후 스스로 대답을 한다. (장단: 허튼타령, 길군악, 휘모리, 자진모리, 도살풀이)

장문잡기

돌돌이 마치고 돌아와 좌정해 있는 것으로 여기는 군웅님 앞에서 대취타 연주, 각도 소리 등 온갖 재주로 군웅님을 기쁘게 하는 일종의 장기자랑이다. 대개 마지막 부분에서는 도살풀이 장단에 맞추어 동네 사람들의 정성이 지극함을 아뢰기도 한다. (장단: 길군악, 휘모리, 허튼타령, 취타, 자진모리)

시루말(칠성굿)

도당할아버지 내외가 신을 잘 받았는지를 알기 위해 하는 것으로 시루도듬이라 한다. 무녀가 대잡이와 마주 앉아 방울을 울리면 신이 저절로 시루를 들어올린다. 잘 받았으면 시루가 번쩍 올라간다. 다음으로 칠성무가를 부른다. 수명장수를 칠성님께 비는 내용으로 하늘의 칠성님이 땅의 매화부인을 만나 아들을 얻었는데 그 아들이 대한국, 소한국의 주인이 된다는 내용이다. 그래서 시루말을 칠성굿이라고 칭하기도 한다. 지역에 따라서는 잽이들의 장기자랑이라 할 수 있는 공새면이 이어지기도 한다. 잽이들이 삼현을 잡혀 풍악을 늘어지게 치는 것을 말한다. 동네 사람들이 가져온 꽃반이 당안에 가득 차면 꽃반살 위에 부채를 세운다. 한 번에 서면 복이 있고 재수가 좋다는 믿음이 있다. 이를 꽃반 세우기라 하며 지역에 따라 있기도 없기도 한다. (장단: 도살풀이)

제석굿

산이가 먼저 제석섭채라 하여 제석굿을 한다. 섭채장단에 맞추어 진행한다. 다음으로 미지가 당금애기 무가를 도살풀이 장단에 맞추어 길게 부른다. 장단이 점차 빨라져 덩덕궁이, 모리, 발뻐드레 등으로 마무리한다. 산이와 미지가 함께 진행한다. 산이는 앉아서 미지는 서서 진행한다. 서울굿 기대의 존재 가능성음 암시한다. (장단: 도살풀이, 발뻐드래, 모리, 덩덕궁이)

본향굿

도당할아버지, 할머니굿이라고 한다. 도당할아버지, 할머니가 들어와 굿을 잘 받았다고 공수를 준다. 그리고 정성에 감응하여 복과 덕을 내린다는 내용이다. 산이 혼자 진행하는 것이 본래 모습이다.

터벌림

화랭이들이 노는 것이다. 개인적인 기교를 보여주는 것으로 장단을 바꾸어 가며 춤을 춘다. 굿거리를 본격적으로 진행하기 전에 굿터를 벌여놓는다는 의미를 담고 있다. 터벌림 장단에 맞추어 터벌림 춤을 춘다. 마을굿의 주민들은 아무런 제상도 차리지 않아 공거리라고 부른다. 산이들의 기량을 마음껏 보여주는 의미가 있다.

손굿

마마신을 위한 거리이다. 미지가 먼저 손님을 청배하고 쌍손님춤을 추다가 물러나면 산이가 그 뒤를 이어받아 손님노정기를 부른다. 화랭이 둘이 꽹과리를 들고 나란히 춤을 추다가 장단이 빨라지면 씨름하는 시늉을 하는데 이를 깨낌이라 한다. 그리고 노정기를 길게 부른다. (장단: 덩덕궁이, 삼공잽이, 자진모리, 중중모리, 휘모리)

군웅굿

장수신의 일종인 군웅신을 모셔내는 거리로 가장 인기 있는 거리이다. 미지가 먼저 들어와 군웅을 청배한 후 마을에 가득 차 있는 액을 화살을 쏘아 물리는 시늉을 한다. 산이와 미지가 상을 앞에 놓고 함께 쌍군웅춤을 춘다. 이를 방수 밟는다고 한다. 미지가 물러나고 산이가 굿을 맡아 진행한다. 먼저 덩덕궁 장단에 맞추어 천지조판, 치국 등을 문답으로 풀어내는 방수담을 전개하다가 장고장단에서 북장단으로 넘어가며 산이는 군웅노정기를 부른다. 노정기를 부르는 동안 마을 사람들이 별비를 쓴다. 군웅노정기는 산이가 혼신의 힘을 다해 부르는 것으로 선증애꾼, 선굿꾼이라 부르며 이들은 일찍 죽는 경우가 많았다 할 정도로 힘든 거리이다. 자진머리 장단에 맞추어 축원 덕담을 주고 화살을 쏘아 액을 물리는데 화살이 잘 나가지 않는 경우에는 억울하게 죽은 수비와 영산이 있다 하여 이들을 풀어먹인 후 액을 물린다. (장단: 도살풀이, 반설음, 올림채, 덩덕궁이, 자진모리, 삼공잽이, 중중모리)

도당모셔다 드리기

새벽이 되면 도당할아버지를 다시 당에 모셔드린다.

중굿

구경꾼을 위한 일종의 유희적인 거리이다. 도당신을 모셔 드린 후, 졸면서 이 잡아먹는 시늉, 계집을 끼고 농탕이질 치는 모습 흉내 내기 등을 하면서 탈춤의 노장춤과 같은 춤을 춘다. 지역에 따라서는 신장굿이라고도 하는데 신중굿이 아닌가 한다. 산이 혼자 진행한다.

뒷전

대접받지 못한 여러 잡귀들을 풀어먹이는 거리이다. 각 부분에서 귀신의 모습과 행위를 묘사하여 웃음을 유발한다. 굿당 옆에 세워 둔 정애비를 태워 버리고 화살을 쏜 다음 활을 꺾어 버리고 음식을 조금씩 모아 버린다. (장단: 허튼타령, 반설음, 올림채, 덩덕궁이, 자진모리, 삼공잽이, 중중모리)

이러한 도당굿의 의미는 다음과 같이 정리된다.

- 굿판 정화하기: 당주굿, 거리부정, 안반고수레, 부정굿
- 도당신 모시기: 도당신모시기, 돌돌이
- 군웅신 대접하고 확인기: 장문잡기, 시루말(칠성굿)
- 여러 신 모셔 복 나누기: 제석굿, 본향굿, 손굿, 군웅굿
- 놀면서 굿판 축제화하기: 터벌림, 중굿
- 굿의 마무리: 뒷전

다른 지역의 굿과 비교할 때 기본구조는 동일하다. 다만 도당신을 모셔와서 놀리고 모신 후 다시 보내는 구조는 강신무권이 아니라, 세습무권이어서 그렇다. 다양한 장단 속에 신들을 놀리는 굿거리가 있는 것도 특징적이다. 그러나 군웅거리에서 화살을 쏘는 것은 서울지역과 흡사하다. 손굿이나 제석굿, 본향굿 등은 신령을 모셔 공수를 듣는 거리로 다른 지역에서도 볼 수 있는 거리이다.

3. 주요 거리별 춤과 장단

부정굿

부정놀이장단, 도살풀이장단, 모리장단, 발뻐드래장단, 자진굿거리장단, 오니섭채장단 등이 사용된다. 부정굿은 미지가 하는 선부정굿과 산이가 하는 청배(請拜)로서 부정굿이 있다. 미지가 처음에 부채방울을 들고 부정놀이춤을 출 때 나오는 장단이 부정놀이장단이다. 따라서 부정놀이장단은 춤 반주 장단이다. 도살풀이장단부터, 모리장단, 발뻐드래장단은 모두 점차 빨라지는 장단 배열로 이 대목에서 미지가 청배 무가를 부른다. 그러므로 도살풀이장단, 모리장단, 발뻐드래장단은 모두 무가 반주 장단이다. 춤장단과 무가 반주 장단의 구별이 분명하다. 다시 춤이 나오게 되면 부정놀이장단이 있게 되고 자진굿거리장단으로 바뀌면 기악이 함께 연주되며 무구를 놀리면서 공수를 준다. 자진굿거리장단을 자진모리장단이라고도 부른다. 미지가 부정굿을 한 다음에는 산이가 앉은청배를 할 때에는 4박인 오니섭채장단을 쓴다. 오니섭채는 청배장단, 배다리장단이라고도 부르는데 산이의 부정청배에만 나타난다. 그리고 도살풀이장단에 맞춰 청배 무가를 부른다. 이처럼 부정굿에서는 연행자에 따라, 또는 연행 방식에 따라 장단이 다르다. 춤을 출 때와 무가를 부를 때 장단이 달라진다. 경기도당굿은 이처럼 연행자, 연행 방식에 따라 장단이 세분화되어 있다.

제석굿

오니섭채장단, 오니섭채모리장단, 발뻐드래장단, 섭채장단, 섭채모리장단, 도드리장단, 자진굿거리장단, 당악장단, 염불말이장단, 굿거리장단, 만수받이장단, 가래조장단 등이 사용된다.

제석굿 역시 연행자와 연행 방식에 따라 장단의 변화가 있다. 산이가 앉은 청배를 할 때는 오니섭채장단, 오니섭채모리장단, 발뻐드래장단을 사용한다. 부정굿에서 산이가 부정청배를 할 때와 사용한 장단이 공통된다. 그러므로 이 장단들은 연행자가 산이인 경우에만 사용한다. 미지가 청배를 할 때는 섭채장단, 섭채모리장단, 발뻐드래 장단에 맞춰 진행한다. 그리고 뒤이어 나오는 장삼춤에는 반주 장단으로 도드리장단, 자진굿거리장단, 당악장단이, 바라춤에는 부정놀이장단과 흡사한 염불말이장단을 사용한다. 그리고 청배가 아니어도 섭채장단을 사용하는데 이때는 시주를 하라는 의미이다.[19] 이어서 당공수를 주고, 굿거리장단에 맞춰 만수받이를 한다. 자진굿거리장단에 맞춰 전물을 놀리는 춤을 추고, 장삼춤, 공수, 바라들고 바라춤, 당공수가 이어진다. 이때에는 앞에 제시한 장단과 동일하게 장단이 반복된다. 섭채장단에 맞춰 천태산노래를 부르고, 기악이 없이 거리노랫가락을 부른다. 거리노랫가락에 사용하는 장단은 가래조장단으로 3+2+3의 구조이다. 초장은 미지가 부르고, 중장은 장구가 부르고 종장은 함께 부른다.[20] 그리고 자진굿거리장단에 맞춰 춤이 이어지면서 제석굿이 끝난다.

손굿

터벌림장단, 터벌림모리장단, 겹마치지장단, 자진굿거리장단, 도살풀이장단, 모리장단, 발뻐르대장단, 부정놀이장단, 자진굿거리장단 등이 사용된다. 춤으로 시작하는데 이때 장단 빠르기를 달리하여 춤반주를 한다. 터벌림장단, 터벌림모리장단, 겹마치지장단, 자진굿거리장단으로 장단이 바뀌면 춤이 빨라지다가 자유로운 형식의 춤을 춘다. 그러므로 다른 굿거리에 사용된 것처럼 춤에만 등장하는 장단이 손굿에서도 그대로 있어 춤 반주 장단이 되는 것이다. 도살풀이장단(섭채장단)에 맞춰 청배무가를 부르고, 모리장단, 발뻐드래장단으로 진행하면서 무가를 계속 부른다. 발뻐드래장단에서 수비를 푼다. 다시 부정놀이장단에 맞춰 춤을 추다가 자진굿거리장단이 나오면서 기악 반주가 함께 나오며 이때 무구를 놀리고 공수를 주는 행동이 이어진다.[21] 뒤이어 산이가 곧장 손님노정기를 한다.

---

19) 제석굿과 군웅굿에는 청배가 아니어도 섭채장단을 사용한다.

20) 거리노랫가락은 과거에는 군웅굿에도 있었다고 하지만 지금은 제석굿에서만 한다.

21) 산이가 터벌림장단에 맞춰 깨끼춤을 추었다고 하지만 지금은 하지 않는다.

군웅굿

가래조장단, 가래조모리장단, 자진굿거리장단, 도살풀이장단, 모리장단, 발뻐드래장단, 부정놀이장단, 자진굿거리장단, 올림채장단, 겹마치장단, 섭채장단, 터벌림장단, 터벌림모리장단, 겹마치지장단 등이 사용된다. 군웅굿도 연행자에 따라, 연행 방식에 따라 장단이 다양하게 변화한다. 군웅 청배를 산이가 하는 경우에는 가래조장단이 따른다. 가래조모리가 이어지고 자진굿거리에서 수비를 푼다. 미지가 등장하여 다시 군웅굿을 연행한다.

도살풀이장단(섭채장단)에 맞춰 청배무가를 부른다. 모리장단, 발뻐드래장단을 거쳐 무가를 계속 부르는데 발뻐드래장단에서 수비풀이를 한다. 다시 춤이 나오면 기악반주가 없는 부정놀이장단, 기악 반주가 있는 자진굿거리장단이 이어진다. 올림채장단에 철릭자락을 들고 춤춘다. 장단이 겹마치장단으로 바뀌면 전물을 드는데 대개 소머리를 든다. 겹마치장단은 발뻐드래장단이라고도 부른다. 다시 징을 들고 사각형으로 도는데 방향을 바꿀 때마다 장단을 변화시킨다. 기악은 없다.

천근이 이어지고 섭채장단에 맞춰 복잔을 내린다. 자진굿거리장단에 맞춰 활놀음을 하고 터벌림장단, 터벌림모리장단, 겹마치지장단, 자진굿거리장단에 맞춰 쌍군웅춤을 춘다. 이 춤은 산이가 주도하여 산이는 끝까지 춤을 추고, 미지는 중간에 밖으로 빠진다. 그리고 이어서 군웅노정기를 산이가 부른다.

지금까지의 내용을 정리하면 연행자와 연행 행위에 따라 춤과 장단이 어떻게 달라지는지를 알 수 있다. 특히 미지와 산이가 함께 등장하는 굿거리를 중심으로 정리한다.

군웅굿에서는 미지와 산이가 쌍군웅춤을 추기 때문에 춤반주 장단이 동일하다. 손님노정기와 군웅노정기를 산이가 부를 때에는 중중모리, 자진모리 등 판소리와 유사한 장단을 사용한다. 이 때문에 경기도당굿 산이 소리와 경기도의 판소리의 연행 방식이 유사하다는 지적이 있다.

굿거리의 노래와 춤

<table>
<tr><th rowspan="2">굿거리</th><th colspan="2">연행자: 미지</th><th colspan="2">연행자: 산이</th><th></th></tr>
<tr><th>노래 반주</th><th>춤반주</th><th>노래 반주</th><th>춤 반주</th><th>춤</th></tr>
<tr><td>부정굿</td><td>도살풀이장단
모리장단
발뻐드래장단</td><td>부정놀이장단
자진굿거리장단</td><td>오니섭채장단
도살풀이장단</td><td></td><td>부정놀이춤</td></tr>
<tr><td>제석굿</td><td>섭채장단
섭채모리장단
발뻐드래장단
굿거리장단
가래조장단</td><td>도드리장단
자진굿거리장단
당악장단
염불말이장단</td><td>오니섭채장단
오니섭채모리장단
발뻐드래장단</td><td></td><td>제석춤
(장삼춤,
바라춤)</td></tr>
<tr><td>손굿</td><td>도살풀이장단
모리장단
발뻐드래장단</td><td>부정놀이장단</td><td>덩덕궁이
삼공잽이
중중모리
자진모리
휘모리</td><td>터벌림장단
터벌림모리장단
겹마치지장단
자진굿거리장단</td><td>축귀무
(터벌림춤:
방수밟음)
괭과리춤
쌍손님춤</td></tr>
<tr><td>군웅굿</td><td>도살풀이장단
모리장단
발뻐드래장단</td><td>부정놀이장단
자진굿거리장단
올림채장단
겹마치장단
터벌림장단
터벌림모리장단
겹마치지장단</td><td>가래조
가래조모리
도살풀이
중중모리
자진모리
삼공잽이장단</td><td>터벌림장단
터벌림모리장단
겹마치지장단</td><td>축귀무
(터벌림춤)
진쇠춤
쌍군웅춤
올림채춤</td></tr>
</table>

경기도당굿에서는 무가를 연행할 때 장단이 빨라지는 경우가 많다. 부정굿, 손굿, 군웅굿에서 도살풀이장단으로 무가 구송을 시작한 후 도살풀이모리장단으로 장단이 빨라지고, 다시 자진모리장단과 속도가 비슷한 발뻐드래장단으로 이어진다. 이처럼 무가를 연행하면서 장단에 변화를 주는 것은 세습무권의 일반적인 현상이다.

경기도당굿에서는 춤 반주 장단에도 빠르기를 달리하여 연행한다. 손굿에서 산이가 춤을 출 때 터벌림장단으로 시작하고, 이것이 빨라지면서 터벌림모리장단이 되고, 다시 겹마치지장단을 거쳐 자진굿거리장단으로 가면서 춤이 더 빨라지고 자유로운 형식의 춤이 나오기도 한다. 서울굿에서도 굿거리장단에 맞춰 춤을 추다가 당악장단으로 장단이 빨라지면 무당은 뛰는 동작으로 빠르게 춤을 춘다. 그런데 실상 이는 굿의 흐름을 고려할 때 지극히 당연한 현상이다.

경기도당굿은 경기 남부를 대표하는 무당굿이다. 여러 사정으로 미루어보아

마을굿인 도당굿에 이렇게 다양한 장단과 춤을 가지고 있었다면, 개인굿인 집굿에도 다양한 장단이 활용된 굿이 있었을 가능성이 높다. 하지만 산이가 모두 사라지면서 이들이 집굿을 어떻게 연행했는지 밝혀진 것이 없다. 앞으로 경기남부 세습무의 집굿의 구성 방식에 대해서는 좀 더 살펴볼 필요가 있어 보인다.

4. 춤과 장단에 나타난 무속적 의미

경기도당굿의 장단을 무속 상황과 연결해보면 몇 가지 특징이 보인다. 먼저 각 개별 장단이 단순하게 장단으로만 존재하는 것이 아니라, 각 거리별 흐름에 따라 무속적 의미를 가지고 있다는 것이다. 앞에서 정리한 것처럼 춤 반주장단, 무가 반주장단이 확연하게 구분된다. 기악과 결합하는 장단도 있고 기악이 없이 오로지 장구 반주로만 이어지는 장단도 있다. 동일한 춤 반주장단이지만 부정놀이장단에 맞춰 춤을 추는 경우에는 기악 반주가 없지만, 자진굿거리장단에 맞춰 춤을 추게 되면 기악반주가 있다. 부정놀이장단이 청신(請神)의 의미를 갖는다면, 자진굿거리장단은 오신(娛神)의 의미를 가진다는 것이다. 그래서 부정놀이장단에서는 부채와 방울을 들고 춤만 추지만, 자진굿거리장단이 나오면 무구(巫具)를 놀리거나 공수를 주는 다양한 연행이 이루어진다. 이는 춤장단이라는 공통적인 성격은 갖고 있지만, 연행 방식에 따라 장단에 변화를 주는 것이다. 이는 미지라는 강신무가 있지만, 산이라는 세습무가 있어 장단에 다양한 변화를 주고 있기 때문이다.

낙궁장단은 돌돌이장단이라고도 부르는데 이는 행진할 때 사용하는 장단이다. 그런데 돌돌이를 연행할 때에는 춤장단이 부정놀이장단이 아니라 허튼타령장단이고, 고사소리를 할 때에는 자진굿거리장단이 나온다. 이는 돌돌이가 다른 여느 굿거리와는 달리 마을을 순력돌면서 연행하는 의미를 가지기 때문이다. 따라서 굿청이 아닌 공간에서 연행하는 돌돌이는 일반적인 장단 구성이 아닌 독특한 장단 구성을 가지는 것이다.

위에 기술한 것처럼 연행자가 미지인가 산이인가에 따라 사용하는 장단이 다르고, 춤 반주 장단과 노래 반주 장단도 다르다. 연행자와 연행 방식에 따라 사용하는 장단이 다르며, 무가 반주 장단은 절대 춤 장단에 사용하지 않는다. 이처럼 춤과 노래에 따라 장단이 다양한 것은 경기도당굿이 세습무권이기 때문이다.

강신무가 가지고 있는 신력의 표현이 아니라, 예술적인 장치로 굿을 진행한다. 한강을 경계로 하여 이북지역은 강신무권이었고, 이남지역은 세습무권이었다는 것이 일반적 정설이다.

그런데 두 지역의 굿거리 구조는 흡사한 점이 있고 장단 체계도 공통성이 상당이 있지만, 장단 종류만큼은 사뭇 다르다. 미지라는 강신무가 있음에도 불구하고 장단의 활용이 다양한 것은 세습무인 산이가 굿 연행에 주도적인 역할을 하기 때문이다. 단순하게 반주자로만 참가하는 것이 아니라, 직접 굿을 연행하고 있어서 강신무 중심의 단조로운 장단이 아니라 세습무 중심의 다양한 장단이 굿에 나타난다. 이러다 보니 장삼춤에는 반주장단으로 도드리장단, 자진굿거리장단, 당악장단이, 바라춤에는 부정놀이장단과 흡사한 염불말이장단을 사용하는 식으로 춤의 종류에 따라 장단의 활용이 달라진다. 이러한 예술적인 장치의 활용은 산이가 노정기를 부를 때 중모리, 중중모리, 자진모리 등 판소리 장단을 활용하고 있음에서도 나타난다. 이는 경기도당굿이 판소리와 갈래적 접변이 있었음을 알려주는 것이다.

여기에서 경기도당굿을 맡은 악사와 서울굿을 맡은 악사의 교류에 관심을 가질 필요가 있다. 과거에는 경기도당굿의 음악은 산이를 중심으로 한 연행집단이 맡았다. 따라서 단순하게 선율악기만을 맡는 것이 아니라, 장구 연주, 선굿의 연행 등 다양한 기능이 있는 집단이 산이였다. 그러므로 이들 굿판에 선율악기를 맡아 불려온 악사는 경기도당굿의 핵심적인 연행 주체가 되기 어려웠다. 따라서 서울굿을 감당하는 악사가 경기도당굿판에 들어가기는 쉽지 않았다. 하지만 경기도당굿의 악사가 서울굿판에 들어가기는 쉬웠다. 서울굿판에서는 악사로서의 기능, 악기 연주자로서의 기능만 보았지만, 경기도당굿판에서는 악기 연주 기능과 함께 다양한 장단의 활용, 선굿에 대한 이해가 있어야 하기 때문이다.

최근에는 산이가 모두 사라지면서 선굿을 맡은 세습무가 더 이상 존재하지 않는다. 따라서 경기도당굿 굿판에 불려온 악사에게 다양한 기능을 요구하기보다는 악기 반주의 역할을 요구한다. 이러한 과정에서 악사는 오로지 악기 반주에만 집중할 뿐, 장단의 활용이나 선굿의 연행은 할 수도 없고 관심도 없다. 즉 과거 경기도당굿판에는 산이와 악사가 뚜렷하게 구분되었고, 산이가 모든 주도권을 가지고 있어 다른 지역의 악사들이 경기도당굿판에 들어오기가 쉽지 않았다. 하지만, 산이가 사라지면서 산이 역할을 배운 이가 감당함으로써 기능의 세분화가 이루어졌다. 그래서 현재는 선굿만을 맡은 연행자와 단순하게 음악 반주만을 맡은 연행자로 기능의 분화가 일어났다. 종합예술인으로 존재했던 산이가 사라지면서 그 자리에는 기능을 익혀 과거 산이의 역할을 하는 이와 음악 반주 만을 맡은 이가 등장하게 된 것이다.

5. 경기도당굿과 서역의 관련성

경기도당굿에서 서역의 관련성을 찾기는 쉽지 않다. 다행히 강남 또는 서쪽에서 들어온 질병으로 알려진 손님신에 대한 인식이 분명하여 관심을 가질 만하다. 손님신은 천연두를 옮기는 질병신으로 지역에 따라 호구, 별성 등으로 불리고, 전국의 모든 굿에 손님굿이 있다. 특이하게 경기도당굿에는 손굿을 한 후 손님노정기를 한다. 이 손님노정기에 각별한 관심이 필요하다. 손님굿 무가는 전국적으로 다음과 같은 유형으로 전승된다.

- 유형 1: 특별한 줄거리가 없는 손님굿 무가(전승지역: 호남 일부 지역)
- 유형 2: 손님네가 조선국으로 나온다(전승지역: 호남 일부 지역)
- 유형 3: ① 손님네가 강남국에서 조선국으로 나옴
  ② 손님네가 강을 건너는 과정에 사공과 다툼이 있음
  ③ 각지를 다니며 정성덕을 베풂(전승지역: 호남 전역, 경기·충청 전역)
- 유형 3-1: 유형3과 흡사한데 손님노정기가 있어 손님신이 강남에서 조선으로 나오는 과정, 즉 노정기에 대한 묘사가 치밀하다(경기도당굿 전승지역).
- 유형 4: ① 손님네가 강남국에서 조선국으로 나옴
  ② 손님네가 강을 건너는 과정에 사공과 다툼이 있음

③ 손님네를 후대하는 인물인 노구할머니를 만남

④ 노구할머니 부탁으로 장자네 아들에게 복을 주기로 함

⑤ 장자가 거절하고 손님네를 박대함

⑥ 손님네가 장자의 아들에게 어머니로 변신하여 접근, 병을 줌

⑦ 장자가 거짓으로 뉘우침

⑧ 손님네가 장자 아들 병을 낫게 하자 장자가 약속을 어김

⑨ 마침내 손님네가 장자의 아들을 죽임

⑩ 장자의 집은 패가하고 노구할머니는 안락한 삶을 삶(전승지역: 동해안 · 남해안지역)

이러한 손님굿 무가 유형의 성격은 다음과 같다.

- 유형 1: 일반무가로 존재
- 유형 2: 일반무가와 서사무가의 중간 모습으로 존재
- 유형 3: 사건 전개가 간략한 서사무가로 존재
- 유형 3-1: 유형 3과 같으면서 노정기를 통해 복합적으로 전달 내용 존재
- 유형 4: 갈등이 있으며 사건 전개가 복잡한 서사무가로 존재

따라서 경기도당굿의 손님노정기 내용 전체에 대한 고찰이 필요하다. 경기도 당굿 손님노정기의 내용은 다음과 같다.

① 손님네가 들어온다.

② 손님이 타고 갈 나귀를 손질한다.

③ 나귀의 안장을 손질한다.

④ 노정기가 나온다. 강남서 압록강까지 나오는 여정이 나온다.

⑤ 배를 타고 건너오다 고사를 드린다.

⑥ 고사 음식을 물에 넣는다.

⑦ 압록강을 건너 평양까지 온다.

⑧ 평양 기생을 점고한다.

⑨ 한양까지 와서 한양을 구경한다.

⑩ 각종 비단을 구경한다.

⑪ 손님네를 맞아 들여 각종 음식으로 대접한다(술과 안주 타령).

⑫ 집터를 잡고 지경을 닦는다.

⑬ 집을 짓고 온갖 것으로 치장한다.

⑭ 오곡 풍년이 들어 고사를 올린다.

강남에서 건너온 손님을 대접하여 집을 짓고 살림을 요족하게 하고 풍년이 들고 고사를 올리는 내용으로 강남, 서천(서쪽)에 대한 인식은 분명하지 않지만 잘 대접해야 복을 받을 수 있다는 인식이 있다.

6. 나가며

경기도당굿은 경기도 서남부 지역의 마을신앙이 현재까지 어떻게 전승되고 있는지를 알려주는 귀중한 자료이다. 세습무와 강신무가 결합하여 굿을 연행하고, 다양한 장단이 활용되고, 손님노정기 및 군웅노정기가 전승되고 있어 국가무형문화재 제98호로 지정되어 있다. 하지만 현재는 전승이 위태로운 지경이다. 경기지역의 도시화와 개발로 전통적인 마을이 붕괴되면서 토속신앙의 구심점인 도당이 사라졌다. 도당을 중심으로 계속되던 전통마을신앙이 사라지면서 도당굿도 사라지게 되는 운명에 처해 있다. 그래서 현재는 국가무형문화재 공개행사로 겨우 명맥을 유지하고 있지만, 경기도당굿의 전승 배경이 되는 전통마을문화의 새로운 정립이 시급한 과제로 대두된다.

이용우와 오수복, 조한춘으로 대표되던 걸출한 경기도당굿의 연행은 이제 영상과 음원, 사진으로만 남아 있다. 뒤를 이은 연희자들은 대부분 학습을 통해서 경기도당굿을 접한 사람들로 생동감 있는 마을문화로의 경기도당굿을 접하지 못했던 사람들이다. 과거 우리의 마을신앙의 한 축이었던 경기도당굿은 현재 공연물로 변화되어 겨우 그 명맥을 유지하고 있을 뿐이다. 하루빨리 유능한 전승자를 찾아 계승에 필요한 국가적 정책 지원이 필요해 보인다.

진오귀굿

1. 들어가며

한국의 무속 의례 중에서 대표적인 것이 바로 굿이다. 굿은 원시시대, 곧 기원전 3－4세기경부터 자연 발생하였으며, 농경의례의 계절제를 비롯하여 인간의 화복을 위하여 상고시대의 촌락 공동체 굿에서부터 발생되어 부족국가 형성과 더불어 국가적인 연중행사로까지 발전하게 되었다.[1] 한국에 불교가 전래되는 과정에서 민간신앙과 결합함으로써 샤머니즘 성격을 띠는 대표적인 의식 무용으로 굿이 발전하게 되었다. 불교가 민중 속으로 들어가 무속신앙과 더욱 습합됨에 따라 굿에 지대한 영향을 미치면서, 그 영향은 무무(巫舞), 민속춤에서 구체적으로 찾아볼 수 있다. 무속은 문학, 미술, 무용, 음악 등 다양한 상태의 예술로 지금까지 전승되고 있으며, 우리 민족의 기층적인 신앙으로서 전통문화예술의 원류라고 할 수 있다.

박진태(2014)는 굿이란, 신이 인간 세상에 왔다가 가는 과정을 연출하고 신의 현신은 빙의와 가면, 인형 그리고 가장 등의 방법으로 표현되어 진다고 하였다. 그리고 빙의는 신이 인간의 몸이나 물체에 접신하는 방식이며, 가면은 인간이 신의 얼굴을 조형화한 것이다. 무당은 빙의에 의하여 직접 신으로 변신하기도 하고, 신대를 이용하여 간접적으로 신을 강신시키기도 한다고 하였으며, 무당이 아닌

1) 김성옥, 〈서울 새남굿 춤 연구〉, 미간행 석사학위논문. (이화여자대학교대학원, 1998), 1쪽.

민간인도 신에게 접신되기도 한다.[2)]

굿의 형태는 자연환경과 사회의 변화, 생활풍습 등에 의하여 각기 다른 형태로 나타났으며, 인간의 사고와 사회적 성격에 따라 독특한 특성을 지니며 발전하였다. 특히 무당이 주제(主祭)가 되어 행해지는 굿은 우리나라 각 지역에 다양하게 분포되어 있으며, 각기 다른 형태의 지역적 특성에 맞는 무속의 형식을 취하게 되었다. 이처럼 무속은 사회적 특성을 반영하면서 춤의 구조적인 면을 형성하여 우리의 전통문화예술로 승화하는데 기여하였다.

굿의 기원을 정확하게 알 수는 없으나 굿은 죽은 영혼을 천도하기 위한 인간의 자연스럽고 본능적인 행위로 오래전부터 있어 왔음을 알 수 있다. 굿의 종류에는 여러 가지가 있으며, 그중 사령굿은 대체로 중부지역에서는 '진오기' 또는 '상문풀이'라 하고, 남부지역에서는 '씻김굿' 또는 '오구굿'이라고 하며 전해진다.[3)] 그리고 망자를 위한 굿을 지칭할 때 지역마다 다른 용어를 사용하는데, 서울과 경기지역에서는 진오귀굿이나 새남굿, 경상도와 강원도, 충청도 지역에서는 오구굿, 호남지역에서는 씻김굿이라는 용어를 사용한다. 이들 굿은 형식 면에서 차이가 있으나 내적 속성은 동일하다.

진오귀굿이 기본적으로는 망자를 위한 굿이지만 살아있는 사람을 위로하는 내용을 많이 내포하고 있다. 망자의 원혼을 해원하고 업보를 소멸시켜 깨끗한 상태로 저세상에 정주하도록 하는 진오귀굿의 내용은 유가족에게 편한 마음을 갖게 함은 물론, 흉화소멸(凶禍消滅)과 길복강녕(吉福康寧)의 기대를 갖게 한다. 제주도에서는 시왕맞이라 하고 평안도지역에서는 다리굿, 함경도지역에서는 망묵굿으로 불렸다.

진오귀굿은 무당에 의해 직접 주제되면서 춤으로 표현되는데 굿의 목적을 달성하기 위해서는 춤이 중요한 역할을 담당한다. 진오귀굿에서 볼 수 있는 춤들은 여러 가지 굿의 형태를 포함하고 있는데, 그중에서 도령춤은 바리공주인 망자

---

2) 박진태, 《한국 탈놀이의 미학》. (태학사, 2014), 34-67쪽.

3) 김숙, 〈서울 진오귀굿의 춤 연구〉, 《이화체육논집》. 5, (이화여자대학교체육대학보건체육연구소, 2001), 47쪽.

를 위한 극락왕생하는 과정을 모두 춤으로 표현하고 있다. 주목할 점은 굿을 이루고 있는 각 거리들은 춤과 노래로 신과 교섭하여 신을 즐겁게 해드리는 것에 있다. 즉 노래하고 춤추는 고대 디오니소스(Dionysus)[4] 제의의 형태인 무용의 발생과 유사하다고 하겠다. 역사적으로 춤의 기록과 흔적을 찾아볼 수 있는 것은 고대 그리스의 주술적 제 의식 형태인 디오니소스 축제이다. 춤은 종교적 영역 안에서 인간의 본능을 충족시키기 위해 육체적, 정신적 부분을 담당하여 왔다. 이러한 춤은 인간만이 가지고 있는 의식과 목적의 종교적 행위로서 생존하고 발전하였다. 고대 그리스 시대의 종교적 행위에서 춤은 일정한 유형의 움직임으로 유일한 표현 수단이었다.[5]

춤을 통해서 신을 맞이하고 신을 즐겁게 하며 신의 뜻대로 모든 일을 이루어 망자를 보내는 굿은 단순한 형태의 기술적이고 물리적인 움직임이 아니라 인간 삶에 대한 총체적 유형으로 관찰된다. 특히 서울 진오귀굿 춤은 자유로운 형식으로 즉흥성을 발휘하기도 하는데 강신무(降神巫)가 주관하는 종교의식에서 춤의 본질인 탈아(脫我)의 경지, 즉 엑스타시스(ekstasis)를 경험한다. 한국적 신체활동이 움직임을 통한 절정 체험을 중요시한다는 정체성을 가지고 있다고 볼 때, 이렇듯 춤을 통해 망아적 상태로까지 몰입하게 되는 것은 단지 움직임을 통한 몰입의 경지를 지나 열락의 경지에서 기(氣)를 체험하는 것으로까지 이를 수 있다.[6] 이처럼 한국의 춤은 무속신앙으로 무교적 성향이 강한 춤으로서 접신을 통해 자아를 해방하고 죽은 자와 소통하는 엑스타시스의 몰입에 뛰어난 무무(巫舞)를 행하고 있었다. 이것은 무용의 기원인 제천의식에서 하늘에 제사를 올려 접신(엑스타시스)을 하고 굿을 통해 평안과 안정(카타르시스)을 찾았던 것으로 도취와 광기(황홀경), 정

---

4) 역사적 기록에서 최초의 춤은 디오니소스 축제에서 사제가 행하는 춤이다. 사티로스극(Satyr Play)에서 춤은 원시적 제의나 의식과 관련하고 음악과 시와 노래와 결합되어 있다. 또 고대 희랍의 춤은 문헌학자 찌린스키(T. Zieliński)에 의해면 무용은 종교적 의식의 일부인 춤이 중심을 이루고, 거기에 음악과 시가 첨가된 '삼위일체의 코레이아'(triune choreia)(W. Tatarkiewicz, 1970: 16)라고 묘사된다.

5) 박미영, 〈니체의 '디오니소스적인 것'과 한국무용〉, 《한국체육철학회지》. 19(2), (한국체육철학회, 2011), 218쪽.

6) 이철진, 김정명, 〈한국전통춤 해석에 관한 연구: 현상학적 분석〉, 《한국체육학회지》, 39(3), (한국체육학회, 2000), 79쪽.

화의 단계에 이르는 우리 민족의 모습을 볼 수 있다. 이러한 의미에서 춤과 굿은 불가분의 관계에 있으며 예술적 본질을 구명하기 위해서 우선적이고 일차적인 위치에 놓일 수밖에 없다.

특히 진오귀굿의 독자적인 형식과 내용은 굿이 춤으로 승화될 수 있는 토대를 마련해주었다. 또한 굿 의식에 대한 긍정적인 인식을 갖게 하였다. 진오귀굿에 대한 연구는 한국 무속의례의 정립과 굿의 공연예술화, 우리의 전통문화를 보존하고 계승하는 데 중요한 작업이다. 따라서 이 글은 우리 전통문화의 모태가 되는 굿을 통하여 춤으로 승화된 진오귀굿의 예술적 가치를 조명하고자 한다. 이를 위해서, 진오귀굿의 기원과 유래에서 춤의 발전과정과 진오귀굿의 구성과 내용, 지역적 특성에서 춤의 예술적 가치를 파악하고자 한다.

2. 진오귀굿의 기원과 유래

굿의 기원은 고대시대부터 행해졌던 제 의식에서 그 유래를 찾을 수 있으며, 한국의 굿 역시 우리 민족의 무속 의례, 샤머니즘에서 그 기원을 찾을 수 있다. 한국 샤머니즘의 기원에 대해서 선구적 연구자들은 일찍부터 북방 샤머니즘의 지류로 보는 견해가 우월하였다. 헐버트(H. B. Hulbert)는 한국 무당의 기원을 중국으로부터의 전래라고 주장하고 있다. 한국에서는 여성 샤먼이 중심이고, 여성 샤먼이 남장을 하거나 남자 샤먼이 여장을 하는 등의 성적 전환성에 있어서도 여성 샤먼이 명칭상 보편적이라고 하면서 굿이 주로 밤에 행하여지는 점, 악신을 달래어 병을 치료하는 점, 한국의 샤먼이 재를 가지고 점을 치는 점 등을 대비시켜 한국의 샤머니즘이 시베리아의 샤머니즘과 공통된다고 주장하였다.[7] 무속적인 성격이 강한 굿은 무당이 악령과 소통하여 살을 풀고 접신을 통해서 극적 흥분의 상태를 평온과 안정으로 되찾아가는 의식이다. 단군신화의 기록에는 '굿'이란 무당이 가무오신(歌舞娛神)을 비는 제의라고 하여 굿의 기원과 유래를 두고 있다.

7) 안정연, 〈굿의 연극성에 관한 고찰: 진오귀굿을 중심으로〉, 미간행 석사학위논문. (이화여자대학교대학원, 2011), 7쪽.

우리 민족은 유교와 불교 사상의 영향으로 귀족들은 주로 불교를 신봉했으며, 서민층은 무속신앙으로 무교를 가졌다. 무교는 접신을 통해 자아를 해방하고 죽은 자와 소통하는 엑스타시스의 몰입을 경험하는 무무(巫舞)로 발전하게 되었다. 서민층의 무속신앙으로서 굿은 우리의 정서와 생활 습관이 담겨 있는, 시각과 청각을 자극하며 다양한 형태로 발현되는 춤으로서의 특징과 같다.

진오귀굿은 죽은 사람을 위한 굿이다. 죽은 영혼이 저승을 찾아가는 과정에 헤매지 말기를 기원하며, 사는 동안 몸에 붙었을 수많은 잘못과 업보를 깨끗이 닦아 무구(無垢)의 상태가 되게 한다. 살았을 때 마음속에서 앙금으로 남았던 나쁜 감정, 돌처럼 가슴을 짓눌렀던 많은 원혼도 진오귀굿에서 해원된다. 다양한 의미를 품고 있는 것이 진오귀굿이지만 요약하면, 극락왕생(極樂往生)을 기원하는 굿[8]이라고 할 수 있다. 진오귀굿에서 기원하는 극락왕생은 원래, 불교용어였지만 무속에 일상어처럼 녹아들었다. 극락왕생은 윤회의 고통에서 벗어나기를 발원한다는 내용을 핵심으로 하는데 무속에서도 그 의미는 그대로 강조된다.

진오귀는 한자에서 유래된 것이 아니라 순수 우리말이다. 그러나 '오귀'는 퉁구스족의 언어 가운데도 'orgi'는 해가 지는 서방 하계의 뜻을 지니고 있으며, 샤먼이 저승을 드나드는 굿을 'orgiski'라고도 하며 '오구굿'이니 하는 것은 바로 이 퉁구스어와 그 어원을 같이 하는 말로 보인다.[9] 그러나 서울과 경기지역에서 행해지고 있는 무속 의례의 일종인 큰 굿 중에 망자천도를 목적으로 하는 굿을 진오귀라 하는데 때로는 지노귀, 진오기 등으로 표기되기도 한다.[10] 진오귀굿은 한자로는 '指路鬼'라고 쓰며[11] 진오귀가 죽은 지 1년 정도 된 사람을 위한 굿은 진진오귀, 죽은 지 1년 이상 된 사람을 위한 굿을 묵은 진오귀라고 부른다. 살아있을 때 이런 내용으로 하는 굿을 산오구라고 한다. 불교에서도 이런 내용의 의례로 생전예수재(生前預修齋), 영산재(靈山齋), 수륙재(水陸齋) 등이 있는데 무속의 진오

8) 조흥윤, 《한국의 샤마니즘》. (서울대학교출판부, 1999), 23쪽.

9) 김숙, 앞의 글, 48쪽.

10) 조흥윤, 《서울 진오귀굿》. (열화당, 1993), 78쪽.

11) 임학선, 〈진오귀굿의 무당춤에 대한 고찰〉, 미간행 석사학위논문. (이화여자대학교대학원, 1975), 5쪽.

귀굿류와 서로 상당한 영향 관계 속에 있다고 볼 수 있다.

진오귀굿은 사후제의에 해당한다. 죽은 이의 넋을 좋은 곳으로 천도하는 목적으로 진오귀굿을 하는 것이다. 살아 있는 사람을 위한 굿은 산 자의 길복강녕을 추구하는 목적으로 행해진다. 마을굿은 마을을 수호하는 당산신이나 동신(洞神), 골매기신에게 주민들이 정성을 모으는 제의로 봄가을에 혹은 1년 또는 10년을 주기로 마을의 액을 막고 풍농이나 풍어를 비는 것이 주된 목적이다.

진오귀굿류의 명칭들은 지역마다 상이한데 서울과 경기지역에서는 대체로 진오기, 진오귀, 지노귀, 평진오귀, 새남, 얼새남, 쌍궤새남, 상문풀이[12]라 하고, 호남지역에서는 씻김굿, 오구굿이라 부르고 강원과 경북지역에서는 오구라고 부른다. 진도의 경우 씻김굿과 비슷한 다시래기라는 넋굿 형태의 의례도 있다. 진오기는 죽은 지 얼마 되지 않은 사람을 위한 굿으로 진은 아직 마르지 않은 의미[13]로 받아들인다.

진오귀굿의 가장 특이한 제차(祭次)는 말미를 드리는 것에 있는데, 여기서 바라공주, 7공주, 바라데기, 오기풀이, 오구물림 등으로 불리는 신화 한 편을 읊는데에 그 특징이 있다.

> "주상금 마마와 중전부인이 결혼하여 자식을 낳는데 계속 딸만 낳았다. 태자 낳기를 바랐지만 마음대로 되지 않았다. 일곱 번째 출산에 또 딸을 낳자 왕은 그 딸을 버리라고 한다. 근심이 커진 왕은 죽을병에 걸리고 나을 수 있는 방법은 저승에 있는 약수를 가져다 먹어야만 한다고 하나 이 약수를 길어 올 사람이 없었다. 딸 여섯 명 모두도 이를 거부한다. 결국 버려졌던 딸 바리공주를 찾아 의중을 물어보니 바리공주는 엄청난 난관이 있을 것을 모르지 않음에도 아버지 살릴 약수를 구해오겠다고 한다. 바리데기는 갖은 난관을 극복하고 결국 약수를 구해와 아버지 오구대왕을 살리고 무조신의 신직을 부여받아 '오구신'이 되었다. 바리공주가 약수를 구해오는 동안 여러 해가 흘렀고 결혼을 하여 자식도 낳았다. 그

12) 조흥윤, 앞의 책, 78쪽.
13) 임학선, 앞의 글, 5쪽.

자식들은 칠성신이 되었고 남편은 걸립신이 되었다."[14]

진오귀굿에는 바리공주 무가가 구송된다. 바리공주는 오구신으로 죽은 생명을 살리고 희생적 존재의 상징으로 기능한다. 바리공주는 죽은 영혼들이 저승으로 잘 천도되는 안내자이자 지도자 역할을 하는 존재다. 바리공주의 아버지가 오구대왕이다. 진오귀굿에서는 바리공주의 탄생과 신직에 오르는 과정을 이야기로 만들어 무당이 구송한다. 바리공주 무가 구송은 말미를 드린다고 하는데 바리공주를 오신하여 바리공주가 이 굿을 잘 받아 망자를 저승에 잘 천도하기를 바라는 마음이 반영되었다고 볼 수 있다.

바리공주 무가는 전국적 분포를 보인다. 서울과 경기지역의 진오귀굿에서는 굿의 종반부에 굿의 참관자들을 모두 물리고 무당 혼자 장구를 두드리며 무난한 망자천도를 기원한다. 강원과 영남지역에서의 바리공주 무가는 보통 새벽 시간에 구송한다. 바리공주 무가 구송에는 두 시간 이상이 소요되는데 강원과 영남지역의 경우 바리공주 무가가 구송되는 동안 굿을 보러 온 할머니들 중에는 베개를 베고 누운 채 무가를 듣기도 한다. 바리공주 무가는 대체로 전국이 비슷하다. 표현의 묘미나 구송 방법, 강조하는 부분 등은 지역이나 무당마다 차이는 있으나 내용의 근간은 대체로 비슷하다.

진오귀굿은 사회 계층에 따라 세 가지로 나뉘는데, 쌍궤새남, 얼새남, 평진오귀가 그것이다. 쌍궤새남은 상진오귀라고도 불리던 것으로 사회의 상류층이나 부유층 집안에서 행하였다. 중류층 사람들이 하던 진오귀굿은 얼새남이다. 평진오귀는 하층민들이 하던 망자를 위한 굿으로 현재 가장 많이 행해지고 있다. 다른 지역의 오구굿은 살아있는 사람을 위한 산오구, 씻김은 산씻김 등의 명칭 외에는 대체로 오구굿이나 씻김굿이라는 명칭을 쓴다.

진오귀굿의 중심이 되는 재차(祭次)는 죽은 영이 돌아와 넋두리하는 '영의'란 것과 망령을 잡아가는 '사자놀음', 그리고 말미를 드린다 하여 '바리공주'의 본생

---

14) 김숙, 〈서울 진오귀굿의 춤 연구: 김유감을 중심으로〉, 미간행석사학위논문(이화여자대학교대학원, 2001), 3쪽.

을 풀이하는 긴 서사무가를 읊는 대목이다.[15] 여기에서 무당은 죽은 이의 원한을 풀어주기 위해서 옷을 들고 춤을 추는데, 못다 산 죽음 자체에 관한 억울함을 넋두리로 나타낸다. 진오귀굿에서 넋두리가 행해지는 과정은 무당이 긴 광목이나 삼배를 가르면서 저승으로 가는 길 안내를 하는데, 이때 영을 상징하는 넋전을 들고 극락문을 지나간다. 시왕다리를 가른다고도 하는 배를 찢는 장면은 이승길과 저승길을 갈라서 저승으로 인도하는 의미를 담고 있다. 특히 이 장면은 전형적인 춤의 형식을 갖추고 있어서 오늘날의 공연 예술화된 굿의 예술성을 무대에서 자주 접할 수 있게 되었다.

3. 진오귀굿의 구성과 내용

한국 무속에서 굿의 종류는 크게 개인굿과 마을굿으로 나눌 수 있다. 개인굿은 무당이나 무당이 되려는 사람들이 자신을 위해 하는 기자굿, 내림굿, 진적굿 등과 일반 신자들의 복과 수명장수를 비는 재수굿, 천신굿, 안택굿 등과 망자를 위한 굿 등이 있다. 마을굿은 당제나 풍어제 형태로 마을에서 오래전부터 전승되어 온 의례 굿이다. 한국 무속의 굿을 범박하게 요약하면 대체로 네 가지가 있다. 개인 굿으로 첫째는 무당굿, 둘째는 재수굿, 셋째는 넋굿, 넷째는 마을굿으로 동제, 당제, 별신굿 등이 있다. 굿의 분류에 따라 진오귀굿은 개인굿으로 넋굿에 해당한다.

개인 굿에서 무당 개인을 위한 굿은 성무(成巫)와 성무를 위한 굿으로 나눌 수 있다. 성무를 위한 굿은 자신의 무력(巫力)을 유지하기 위한 측면이 강하다. 신령굿, 대택굿, 신질바르는굿, 진적, 꽃맞이굿, 단풍맞이굿 등이 무력 유지를 통한 자신의 영험함을 유지하는 데 기여한다. 성무를 위한 성무의례(成巫儀禮)로는 내림굿, 신굿, 명두굿, 하직굿 등으로 불리는 내림굿 류와 봄과 가을에 자신이 모시는 신을 위한 굿을 연행한다. 일반 신자를 위한 개인 굿으로는 살아있는 사람을 위한 굿과 죽은 사람을 위한 넋굿이 대표적이다. 산자를 위한 굿으로는 재수굿과 안택

---

15) 김숙, 위의 글, 8쪽.

굿 등이 대표적이다. 넋굿으로 진오귀굿, 씻김굿 등이 있는 것이다.

진오귀굿[16]은 크게 등급에 따라, 죽은 망자의 죽은 시기에 따라 구분이 된다고 한다. 등급에 따른 구분은 경제적으로 여유가 있는 대가집에서는 새남굿을 하고, 일반 가정에서는 평진오귀굿을 행한다고 한다. 망자의 죽은 시기에 따라서는 망자가 죽은 지 얼마 되지 않은 경우는 진진오귀, 망자가 죽은 지 그 시기가 오래된 경우는 묵은 진오귀라 불린다. 진오귀와 새남의 의례절차는 다음과 같다.

진오귀는 부정－가망청배(앉아서 행함)－진적－상산－별성－신장－영실－구조상－대감－창부－시왕사자－말미－도령돌기－배째기－상식－후영실－뒷전 순이다. 새남굿은 재수굿을 먼저 행하고 진오귀를 행한다. 새남굿과 재수굿과의 차이점은 재수굿 중간에 초영실이 거리가 추가된다는 점이다. 재수굿의 순서는 산거리－부정－(가망청배)－불사거리－대내림－군웅거리－대감거리－조상－제석－성주－창부－뒷전 순이며, 진오귀의 순서는 앞과 같다.

진오귀굿에서도 가장 중요한 거리는 망자를 저승으로 데려간다는 시왕사자거리를 시작으로, 망자를 저승으로 천도해주는 바리공주를 위한 거리인 말미거리, 그리고 저승문을 상징하는 도령돌기로 이어지며, 망자가 조상의 반열에 올랐음을 상징하는 상식거리 등이 천도굿으로서의 특징을 나타내 준다.

진오귀굿의 전체적 구성은 다음과 같다.

첫째, 굿터를 깨끗이 정화하여 신령(神靈)을 맞아들인다.[17]

둘째, 신령들에게 굿 행사를 알리고 신들을 음복(飮福)하게 하여 굿이 잘 되게 빈다.

셋째, 망자의 혼과 조상신들, 그리고 인간들이 서로 만나 함께 가무(歌舞)를 즐긴다.

넷째, 저승의 사자는 망자의 혼을 잡아가려고 위협하고 이를 막으려는 제가집 식구들과의 연희를 벌인다.

---

16) 조흥윤, 앞의 책(1999), 23쪽.

17) 안정연, 〈굿의 연극성에 관한 고찰: 진오귀굿을 중심으로〉, 이화여자대학교 석사학위논문(이화여자대학교, 2011), 34쪽.

다섯째, 바리공주가 극락의 길을 인도해 주고 무명과 베를 찢어 이승길과 저승길을 열어주며 저승의 좋은 곳으로 인도해 가는 과정으로 되어 있다.

말미가 끝난 무당은 불사다리를 가르며 이승에서는 소멸되고 저승으로 옮겨간 영을 상징하는 넋전을 불사른다. 결국 진오귀굿의 구성을 보면 굿터를 정하게 하고 여러 무속의 신들을 대접하여 모시는 앞부분, 망자의 영혼을 불러 넋을 위로하고 한을 풀어주며 저승사자를 대접하고 극락으로 가는 길을 닦고 터놓아 영혼을 고이 보내는 중심부, 그리고 잡귀들을 풀어먹이는 후반부로 되어있음을 알 수 있다.[18] 안정연에 의하면, 진오귀굿 특징은 영실, 사재삼성, 말미, 도령 및 무명과 베 가르기인데, 이 부분에서는 이미 죽은 사람이 등장하여 산 사람들과 만나고 저승으로 사람을 잡아가는 무서운 사재가 사람들과 한바탕 재담을 나누는가 하면 마지막으로 등장한 바리공주는 엄숙하게 망자를 극락으로 인도한다. 즉 죽은 사람이 굿터로 산 사람을 만나러 오고 망자를 데리고 온 사재가 등장하여 저승세계까지 잘 모시고 가겠다고 약속을 한 후, 바리공주의 일대기가 구술되고 바리공주에 의해 망자는 극락으로 인도되어 마지막으로 무당이 망자와 이 세계와의 인연을 완전히 끊기 위해 무명과 베를 가른다.[19] 이 장면은 무속신앙에서 죽음에 관한 내용을 무당에 의해 연출되는 특별한 부분이다. 결국 진오귀굿의 내용이 담고 있는 의미는 죽은 자의 한풀이를 통하여 산 사람에 대한 원한을 갖지 않도록 하고 죽은 자를 극락왕생시키는 것이다.

---

18) 최길성, 《민간신앙 <한국의 풍속사>》, (문화재관리국, 1970), 244쪽.
19) 안정연, 위의 글, 34쪽.

4. 진오귀굿의 지역적 특성

서울 진오귀굿

진오귀굿은 진진오귀와 묵은진오귀 두 가지로 나뉘는데 예전에는 3년을 기준으로 진진오귀와 묵은진오귀로 나뉘었으나 요즘은 보통 1년 안팎을 그 기준으로 삼는다. 진진오귀와 묵은진오귀의 특성을 살펴보면, 진진오귀는 넋굿의 목적인 망자천도의 의미를 강하게 가지고 있으며, 묵은진오귀는 이승세계 사람들의 길복, 즉 재수를 받는다는 데에 중점을 두고 있다. 진진오귀에는 죽은 사람이 부정탄 것이라고 생각하기 때문에 삼신제석이 노는 불사거리가 제외된다. 다시 말해서 죽은 사람만을 위한 순수한 망자 천도의 제의가 이루어지며, 묵은진오귀는 재수굿의 12거리를 중심으로 하여 제의가 이루어진다. 묵은진오귀는 대체로 주당물림－부정거리－가망청배－불사거리－도당거리－조상거리－상산거리－별상거리－신장거리－대감거리－성주거리－창부거리－사재삼성거리－말미－도령－상식－뒷영실－베가르기－시왕군웅－뒷전 순으로 연행되며 진진오귀는 주당물림－진진오귀부정－가망청배－상산거리－별상거리－신장(사재신장)거리－초영실－창부거리－대감거리－사재삼성거리－말미－도령－상식－뒷영실－베가르기－시왕군웅－진오귀뒷전 순으로 연행된다.

각 제의 절차의 내용은 다음과 같다.

주당물림이란 주당살을 물리는 굿이다. 홍천익을 처마 밑에 걸어놓고 주당살을 물리는 장단을 연주하면서 굿을 시작한다. 홍천익은 흔히 군웅할아버지를 상징한다. 굿을 하게 되면 이 주당이 사람의 몸속에 파고든다고 생각하므로 이를 물리치는 일을 하는 것이 주당물림이다. 홍천익은 군웅할아버지의 상징체로 주당을 물리는 활을 쏘는 존재로 인지한다. 집안에 있는 액살을 밖으로 내몰아서 굿장을 깨끗하게 하는 과정[20]인 것이다. 주당살이라고 불리는 일종의 악하고 신비한 위력이 간혹 신이나 조상 또는 굿을 하는 당주의 집 어느 곳에라도 침범해 있으면

20) 김태곤, 《한국무속연구》. (집문당, 1981), 137쪽.

그 굿은 무효가 된다. 따라서 굿하기 전에 이 살을 풀어내는 것으로 젯상이 차려지고 모든 굿의 준비가 끝나면 무당들은 그 굿에 참여하는 모든 제가집 식구들을 집 밖으로 내보낸 다음 무당 혼자서 평상복을 입고 바깥을 향해 앉아서 장고와 제금을 치며 행한다. 이 주당물림이 끝나면 물러갔던 제가집 식구들은 다시 당안으로 들어와 자리 잡고 나서야 굿이 시작한다.

부정과 청배거리에 이어지는 댄주는 진적의 다른 말로 술을 뜻한다. 부정을 쳐낸 당 안이 맑고 깨끗한 도량이 되어 어느 때라도 신이 강림할 수 있는 정화된 장소가 되면 무당들은 둘러앉아 장고와 제금, 징, 피리 등으로 반주하기 시작하고 굿을 준비한 제가집은 그제서야 굿상에 불을 켜고 향을 피운 뒤 큰상을 기준으로 하여 골고루 술잔을 올린다.

진오귀 부정거리는 십대왕 및 망자의 혼백을 인도해 간다는 사재(使者)에게 망자가 발생했음을 알리고, 망자의 혼이 편안히 왕생극락하도록 기원하는 거리다. 가망청배는 가망은 조상 즉 먼저 돌아가신 선망들을 의미한다. 망자천도를 위하여 저승을 관장하는 신령들을 모시는 거리인 것이다. 상산마누라거리는 최고의 산신을 모시는 거리이다. 상산은 개성의 덕물산을 이르는데 이곳에 최영 장군을 모신 신당이 있다. 그래서 상산의 산신이 곧 최영 장군신이 된다. 상산거리에서는 장군신을 상징하는 삼지창과 월도를 양손에 들고 남철육에 홍빗갓을 쓴다. 최영 장군 신령님께 제가댁의 소원 성취와 재복을 기원하고 망자를 좋은 길로 인도해 달라는 거리이다. 이 거리의 끝에는 신령들에게 술을 올리고 제가집 식구는 물론 이 굿에 참석한 모든 사람들도 명잔, 복잔, 또는 재수잔이라 부르는 한잔 술을 받아 마신다. 서울지역 모든 굿 의식에서 가장 비중 있고 중요한 거리의 하나다.

별상거리는 별상 신격을 모시는 거리이다. 별상이란 한자의 별성(別星)이 와전된 말이며 호구별성(戶口別星) 또는 마마별성이라고 하는 것인데 마마신, 즉 두신(痘神)을 뜻한다고 보기도 하며 별상을 연산군, 광해군, 사도세자와 같이 왕위를 비극적으로 잃고 죽임을 당한 이들이 신격화된 것으로 보기도 한다. 어느 쪽이든 평안과 재수의 신으로 믿어지는데 망자를 좋은 길로 양도하고, 산사람에게 길복강녕을 도와 달라고 비는 과정으로 여기서는 제가 집에만 술을 주며, 부속거리로 망자가 물구를 잘 받았는가의 여부를 알아보기 위해서 사슬을 세운다. 삼지창 사슬이 서면 삼지창 자루 주위를 술잔으로 두 바퀴 돌리고 대주에게 주며 끝으로 장군님 노래 가락을 부른다. 월도 사슬은 장군님께 드리는 정성이며, 삼지창 사실은 별상님께 드리는 정성으로 삼지창에다 우족과 돼지머리를 제물로 바친다. 그 이유는 돼지가 부정이 없는 동물이라고 여기기 때문이라 한다.

신장거리는 무속에서 모든 인간사에 있어 길흉과 재물을 관장하는 신령님이 있다고 한다. 따라서 이 거리는 한 나라 한 마을에 계시는 각기 길(吉)과 흉(兇)을 관장하는 신령님에게 올리는 치성거리이다. 신장은 동서남북 가운데의 오방신장으로 초상 중에 중복살, 상문살, 사재삼성살의 모든 부정을 풀어주고 동서남북 사방의 잡귀를 쫓아버리는 거리이다. 여러 신장들은 놀고 나서 오방신장기를 들고 오방신장을 불러 제가집에게 그중 하나를 뽑게 하여 길흉을 점친다. 오방색 중 빨간색은 큰 재수를 나타내며, 하얀색은 칠성기라고도 하며 천신을 상징하고 있고, 노란 기는 기도에 더 많은 정성을 쏟아야 하고, 파란 기는 청춘기로 우환이 많다고 하고 검은 기는 죽음을 나타내는 것이다. 그래서 무당들은 푸른색이나 검은색의 기를 뽑았을 때는 아주 운이 좋지 않다고 하여, 이를 뽑은 사람을 위하여 주술적인 의례를 행한 다음에 다시 뽑기도 한다.[21] 요즘에는 검정기가 파란기로 변했고, 파란기가 연두색 기로 변했는데 이것은 단골들이 검정색 기와 파란색 기를 기분 나쁘게 여기므로 무당들이 단골의 비위를 맞추기 위한 것이라고 한다.

진오귀굿에서의 춤의 성격은 강신무로써 소위 샤먼의 유형으로 볼 수 있다. 대체로 우리나라 북쪽으로 갈수록 귀족적이고 비교적 양식화되었으며 활발하게 도약하는 형태의 춤으로 보인다.[22] 특히 우아하고 담백하며 귀족적인 춤의 성격을 보이는 것이 다른 지역의 굿과는 차이가 있다. 대부분 도약하는 춤 동작이 많은데 옷고름, 무명수건, 부채, 남천릭 자락, 월도와 삼지창, 전복자락, 신장기, 대신칼을 잡고 추는 춤과 소반을 머리에 이고 추는 춤, 부채와 방울을 들고 추는 등

21) 이애현, 〈평안도 다리굿 춤 연구〉, 미간행 석사학위논문. (이화여자대학교대학원, 1984), 7쪽.
22) 신은진, 〈불교재의식과 무속 진오귀 의식 춤 비교 연구: 영산재, 씻김굿, 진오귀굿을 중심으로〉, 미간행 석사학위논문. (이화여자대학교대학원, 1992), 41쪽.

의 종류가 있다. 이처럼 서울 진오귀굿에서 춤은 굿을 위한 중요한 역할을 하는데 오신(娛神), 접신(接神), 축귀(逐鬼), 천도(薦度) 등의 기능을 담당한다.

서울 새남굿[23)]

새남굿은 서울굿의 하나로 망자를 천도하는 굿 가운데 가장 규모가 큰 굿이다. 새남굿은 흔히 단독으로 쓰지 않고 진오기새남, 즌오구새남 등으로 말이 합쳐져 쓰이고 있으며 새남굿을 하는 신분적 지체나 굿의 규모에 따라서 얼새남, 원새남, 천금새남, 만근대도령, 쌍괘새남 등 다양한 명칭이 있다. 얼새남은 온전한 새남이 아니라 얼치기 새남이라는 말이다.

원새남은 본디의 새남을 말하는 것으로 원래의 새남굿을 의미한다. 천근새남과 만근대도령은 규모를 매우 확대해서 하는 새남굿을 말하는 것이고, 쌍괘새남은 새남굿 가운데 규모가 가장 큰 새남굿으로 절차와 굿의 구성이 복합적으로 구성된 굿을 말한다. 불가의 재받이 승려 참여 여부가 굿의 규모를 결정하는 구성요인이 된다.

새남굿의 활발한 전승은 서울굿에서 확인된다. 전반적 절차가 분명하고 굿의 기능과 용도가 확실한 쪽이 바로 서울 새남굿이기 때문이다. 서울 새남굿의 실상은 굿거리 구성에서 확인된다. 굿은 크게 두 가지로 구분된다. 하나는 집안의 재수굿을 겸하는 안당사경치기로 굿의 전반부에 속한다. 안당사경치기는 전통적으로 밤에 하는 굿이므로 이를 밤굿이라고 한다. 이승에서 상산 최영 장군과 같은 높은 신에게 죽은 사실을 고하고 망자의 넋두리가 중심이기 때문에 이승굿이라고도 한다.

새남굿 안당사경치기굿은 주당물림－안당사경부정－가망청배－진적－불사거리－도당거리－본향바라기－가망거리－말명거리－초영실－조상거리－관성제

23) 조흥윤, 앞의 책(1999); 이능화 저, 이재곤 역, 《조선무속고》. (동문선, 1995); 서울새남굿보존회, 조흥윤 감수, 《서울새남굿신가집》. (문덕사, 1996); 김헌선, 〈한국의 무속신앙〉, 《한국민속의 세계 9》. (고려대학교민족문화연구원, 2001), 364－368쪽; 김헌선, 〈서울무속 죽음의례의 유형과 구조적 상관성 연구〉, 《한국학연구》. 27, (고려대학교한국학연구소, 2007), 33－104쪽.

군－금성대군－상산거리－별상거리－신장거리－대감거리－제석거리－성주거리－창부거리－계면거리－뒷전 순으로 연행되고 새남굿 진진오기굿은 진오기부정－시왕가망청배－중디밧산－재부치기－뜬대왕사재삼성－말미－밖도령돌기－문들음－연지당영실－안도령－돗삼－맞조와－상식－뒷영실－베가르기－섬김－시왕군웅－뒷전 순으로 연행된다.

부정청배는 새남굿에서 안당사경부정 또는 새남부정이라고 이른다. 부정청배는 부정장단에 맞춰 굿에 따라 들어온 부정을 물리는데, 물리쳐야 할 부정의 종류를 장차 진행될 거리별로 나열하고 굿을 하는 이유와 목적, 그리고 원만하게 굿이 마무리되기를 희망하는 바람을 담는 것이 기본적이다. 부정청배장단에 부정의 의례적인 말을 모두 열거하고, 다음으로 부정잿물과 부정맑은 물, 그리고 소지 종이를 태워서 부정청배를 마무리한다.

가망청배는 이제 신이 강림할 자리가 맑게 되었으므로 신을 본격적으로 청하여 응감하도록 하는 내용이 주를 이룬다. 다음으로 안당사경치기가 행해진다. 여기서 긴요한 절차는 재가집에서 술잔에 술을 붓고 전물이 차려져 있는 굿당에 절을 하는 것이다. 진적을 할 때 잔을 올리고 절을 하면서 본격적인 신의 응감과 함께 다음의 절차를 해나가는 것이 일반적인 순서이다. 본향노랫가락과 상산노랫가락 등은 새남굿뿐 아니라 서울지역의 내림굿, 진적굿, 진오기굿 등 다른 굿에서도 아주 중요한 기능을 담당한다. 본향가망이라고 하는 으뜸 조상신과 상산이라고 하는 무속의 으뜸 신을 청하는 노랫가락을 앉아서 올리면서 굿의 결정된 면모를 보여주기 때문이다. 새남굿에서 불사거리를 놀게 되는 것은 탈상이 끝난 후에나 가능하다. 전통적인 방식으로 탈상은 흔히 100일을 기준으로 삼기 때문에 이 과정을 거쳤다면 불사거리를 놀 수 있다. 초영실은 망자의 넋두리를 듣는 과정이다. 무당 집안과 예사 집안에서 하는 대감과 조상에는 차이가 있다. 무당 집안에서는 초영실을 하고, 대감과 조상을 하지만, 예사 집안에서는 조상을 먼저 하고 대감을 나중에 한다. 이 둘의 진행 순서 차이는 매우 중요한 것으로 서울굿에서 발견되는 독특한 현상이다. 안당사경뒷전은 안당에서 하는 사경의 뒷전을 이른다. 가진뒷전처럼 여러 굿놀이를 행하지 않고 간단하게 뒷전을 하는 것으로 굿거리를 마치게 된다. 묵은진오기굿의 굿법으로 새남굿을 하게 되면, 진진오기굿의 굿법에 의한 불사거리, 산바라기, 성주거리, 창부거리 등을 하면서 비교적 재수굿에 가깝게 연행하는 것이 있다.

서울새남굿의 앉은굿 가운데 비교적 전통 있는 소리로 '중디박산'이라는 굿거리가 연행된다. 이 굿거리는 새남굿의 전통 속에서만 전개되는 독자적인 굿소리다. 선굿으로 된 굿거리 가운데 첫 번째가 바로 뜬대왕과 사재삼성이다. 이 굿거리는 단계적으로 구분되는 저승신을 청해서 노는 굿거리이다. 시왕, 중디, 말명, 사재, 삼성 등이 그 신격이다. 이 신들은 저승의 신격 위계를 명확하게 보여주는 존재들이고, 이들이 앉은 청배에서 청해진 바 있지만 개별적인 굿거리에서 초청되고 놀아진다는 점에서 주목할 만한 특징이다. 이 가운데 '중디'는 신격의 성격이 불분명한 신격이다. 위계상 중디는 시왕과 말명 사이에 있으므로 높낮이가 가늠된다.

한편 뜬대왕과 사재삼성 굿거리에서 가장 현실적이고 인간의 죽음과 관련되는 신격은 사재와 삼성, 그 가운데서도 사재이다. 사재가 등장하면서 인간의 죽음에 대한 실상을 다시 체험하고 상주와 사재 간에 재미있는 재담이 이어지고 한바탕 소란이 일어난다. 인간의 죽음을 객관화하고 이를 다시 되돌아보는 성찰의 시간이다. 성찰은 죽음에 대한 엄숙한 사실과 함께 산 사람들의 한바탕 잔치가 재현된다. 사재는 단순한 저승사자라기보다 오히려 흥미로운 익살꾼으로 변화되었다. 이어 말미가 이어진다. 말미는 바리공주의 복색을 한 만신이 바리공주의 본풀이를 길게 풀어간다. 밖도령돌기는 연지당에서 출발한 바리공주가 대상을 뒤로 하여 돌아서 가시문 또는 대설문에서 도령돌기를 하는 대목을 말한다. 도령돌기는 흔히 나비도령－손도령－부채도령－칼도령을 차례대로 도는 것을 말한다. 문들음은 가시문인 대설문을 통과해서 연지당으로 가는 장면을 연출하는 굿거리다. 문들음에서는 문들음영실을 한 차례 구슬퍼 하면서 인간의 삶이 지니는 허망함을 달래며 새로운 존재로 전환하는 면모를 보여준다. 문안으로 들어서는 어려움을 사재와 재담을 나누면서 눈물과 웃음으로 한껏 고조시키게 된다. 연지당은 지장보살이 있는 곳이다. 연지당은 생과가 장식되고 연꽃이 아로새겨져 있는 곳임을 알 수가 있다. 이곳에서 망자는 진정하게 좋은 곳으로 전환할 수 있는 계기를 부여받게 되므로 이를 알리기 위해 한 차례 고맙다는 내용의 연지당 영실을 길게 연행한다.

돗쌈에서는 망자를 온전하게 꺼내어 극락으로 가게 되는 것이 중요한 과정이다. 돗쌈 뒤에 하는 것이 새로운 존재의 전환을 분명히 하는 맞조와이다. 생과 또는 유과를 들고 사재와 바리공주가 망자가 새로운 인격적 존재로 전환한 사실을 한 차례 말하게 된다. 맞조와 노랫가락을 하면서 대설문에서 망자가 변화하고 저승의 존재로 인지되는 과정을 연출하게 된다. 이어 상식과 명두청배를 한다. 상식은 망자에서 조상으로 전환하는 인격적 전환을 말하는 것이고, 명두청배는 망자가 새로운 존재로 태어날 것을 축원하는 과정이라고 할 수 있다. 즉 상식과 명두청배는 망자가 새로운 존재로 전환하는 것을 말하는 대목이다. 뒷영실은 마지막으로 상주와 복쟁이와 관련된 영실을 하고서 이승과 저승의 경계인 다리를 갈라 망자와 그의 가족이 별도의 존재가 되는 분리과정이다. 이 과정에서 세 가지 다리를 가르게 되는데, 새남다리, 이승다리, 저승다리 등을 갈라 망자와의 경계를 분명히 한다. 이승과 저승의 경계면에 머물던 존재가 새로운 존재로 부각되는 것이다. 다음으로 다리를 섬기거나 바리공주의 몸에 장식되었던 모든 것을 섬기는 갖가지 바리공주의 위대함을 말하는 대목이 부각된다.

시왕군웅과 뒷전은 굿거리를 마치는 의례적 절차이다. 시왕군웅은 바리공주의 남편인 무장승의 존재가 시왕군웅으로 된 것을 말한다. 시왕군웅채를 받아먹기 위해서 이 굿거리를 하는 것으로 인지한다. 진오기뒷전은 안당사경치기의 뒷전과 대응하면서 굿을 마치는 구실을 하게 된다. 새남굿의 구조적 가치와 의의를 완벽하게 보여주고 있는 사례는 서울새남굿이다. 다른 지역에도 새남굿을 표방하고 있는 사례가 더러 있지만, 굿의 구성과 가치를 완전하게 지니고 있는 사례는 흔치 않다. 굿의 가치와 의의는 내적인 것과 외적인 것으로 규명하여 해석할 수 있다.

새남굿의 각 거리마다 춤의 내용[24)]

번호	거리	춤
1	새남부정	춤 없음
2	가망청배	춤 없음
3	중디밧산	춤 없음
4	사재삼성	허리베를 손에 걸어쥐고 추다가 방울을 흔들며 춘다.
5	말미거리	의자에 앉아서 왼손으로 방울을 흔들며 장구를 세워서 친다.
6	밖도령거리	도령춤(평도령, 손도령, 부채도령, 칼도령)
7	문들음	앞으로 갔다 뒤로 갔다하면서 춘다.
8	영실거리	영실 논다(넋을 논다)
9	안도령거리	밖도령과 같다.
10	상식거리	제금을 들고 명주청배한다.
11	뒷영실거리	망자의 옷을 도무(跳舞)한다.
12	베째(베가르기)	길 가름 춤(베 사이를 가르며 지나간다)
13	시왕군웅거리	부채, 건구대를 들고 춤을 추다가 조금 뛴다.
14	뒷전	좌우를 오가며 춘다.

서울새남굿에서의 춤은 극락의 문을 열어주는 평도령(나비도령춤), 망자가 극락으로 가는데 한눈을 팔지 않도록 끌고 당기며 가는 손도령(한산 도령춤), 극락으로 편안히 갈 수 있도록 하는 부채 도령춤, 그리고 망자의 한을 칼로 풀어서 보내는 칼 도령춤으로 구성되어 있다.[25)] 새남굿에서 자주 보이는 춤은 안당 사경맞이에서 상현도드리에 맞추어 추는 삼현춤, 별상장단에 맞추어 추는 별상춤, 굿거리에 맞추어 추는 굿거리춤, 막장단에 맞추어 추는 막춤이 있는데, 춤의 특징은 각 거리별 춤이 유사하지만 신에 따라 같은 춤사위라도 굴신의 정도, 어깨춤의 정도가 달라지고 무구의 가지 수가 많고 복식은 화려하며 신에 따라 무복을 바꿔 입는다는 점이다.[26)] 서울 새남굿의 각 거리마다의 춤을 김성옥은 위와 같이 정리하였다.

24) 김성옥, 위의 글, 24쪽.

25) 김정녀, 〈굿춤의 구조고〉, 《한국무용연구회》. 3, (한국무용연구학회, 1984), 41쪽.

26) 김성옥, 앞의 글, 22쪽.

강원 · 영남지역의 오구굿

오구굿이란 서울 진오귀, 전라도 씻김굿, 함흥 망무기굿, 평안도 수왕굿, 제주도 시왕맞이와 같이 강원도 영동지방에서부터 경상도에 이르기까지 망자를 천도하는 굿을 일컫는다. 오구는 지역에 따라 오귀라고도 하는데, 이는 저승세계를 관장하는 오구대왕을 뜻한다. 한편 망자가 물에 빠져 죽은 경우는 수사자(水死者)의 넋을 건져오기 위해 배를 타고 나가거나 혹은 산 닭과 주발을 바다에 던져 청혼(請魂)하는데, 이를 특별히 "수망오구굿"이라 한다. 수망오구굿의 제차는 청혼(넋건지기)－안비나리－망자자리말기－부정굿－골매기굿－조상굿－(발원굿과 묶어 한 거리로 진행)초망자굿－놋동우굿－시무염불－망자넋일받기－대내림－초롱등노래－뱃노래－등노래－해반 순서로 연행된다.

한국인의 사령관(死靈觀)에서 볼 때 바다에서 익사하여 정상적인 죽음을 맞이하지 못하고 객사한 원혼이다. 객사나 사고사, 병사, 자살, 행방불명의 죽음, 그 외 원한을 품고 죽거나 혼인하지 못하고 죽은 이는 그 혼이 저승으로 가지 못하고 이승을 떠돌기 때문에 조상의 지위로 전이되지 못한다.[27] 다시 말해, 비정상적인 죽음은 불안정한 상태이기 때문에, 정씨는 오구굿이라는 의례를 통해 가족·친지들과 분리되어 저승으로의 전이의 단계를 거쳐 조상의 반열로 통합[28]될 수 있는 것이다.

오구굿과 같은 의례가 행해지기 위해서는 속된 일상생활과 분리된 성스러운 공간이 필요하다.[29] 이러한 성스러운 공간은 속된 공간에서 성스러운 공간으로의 이행 상징이자 신과 교류하기 위한 매개체로서 신현(神顯)의 공간적 징표이다.[30] 성스러운 공간 내의 성화(聖化)된 물체나 특별한 상징으로 치장된 의상 등은 초자

---

27) 김상우, 〈한국의 도시화에 따른 무속적 죽음관의 변화〉, 《사회과학연구》. 23(2), (사회과학학회, 2007), 311쪽.

28) 반 겐넵, 《통과의례》. (을유문화사, 1995), 40쪽.

29) 조병련, 전중현공역, 대니얼 팰스저, 〈사회의 신성한: 에밀 뒤르켐〉, 《종교에 대한 여덟가지 이론들》. (한국기독교연구소, 2013), 188－189쪽.

30) 심재중 옮김, 미르치아 엘리아데저, 《영원회귀의 신화》. (이학사, 2006), 26쪽.

연적인 힘을 나타내며 의례에 주술적 힘을 부여한다고 인식되기 때문에[31] 굿당은 제단, 의례구, 무복 등의 무구(巫具)로 장식된다. 다시 말해, 굿당의 무구가 굿당을 저승과 이승을 잇고 신과 교류하는 성스러운 공간으로 변화시키기에, 본 의례의 공간인 보덕사굿당은 무구의 장식을 통해 수사자의 혼을 모시고 와 바리공주의 인도하에[32] 군웅·장수들이 축원하고[33] 조상들이 이끌어[34] 망자를 저승으로 보내는 전이 단계의 공간이 될 수 있다.

오구굿은 망자의 영혼을 천도하는 굿이다. 오구굿은 망자가 살았을 때 가졌던 원과 한을 풀어주고 망자의 과오와 죄업 등을 씻어서 영원한 안식처에 정착하도록 인도하는 한편, 유가족의 모든 근심과 재앙을 소멸시켜 길복을 누리게 하는 것을 목적으로 한다.

동해안에서는 오구굿을 오구자리라고 한다. 별신굿과는 달리 밤을 새워 이루어지기 때문에 밤저(夜祭), 물에 빠져 죽은 넋을 위한 수망굿, 망자의 넋을 천도(薦度)하기 위한 천도굿 등으로 불린다. 동해안 사람들은 바다 일을 통해 빚어진 해상사고나 미혼 또는 자살이나 지병으로 죽은 이들을 위해서 오구굿을 했다. 굿하는 날을 받으면 무당들은 굿에 쓸 지화(紙花)·용선(龍船)·탑 등과 기타 장식 등으로 사용할 소품들을 준비하고 나서, 전날 또는 굿이 시작되는 날에 굿당을 장식한다. 이렇게 하여 굿 준비가 끝나면 늦은 오후나 저녁부터 굿을 시작하여 다음날 오전에 마친다.

굿당은 전면에 제물과 지화 등을 차려놓은 제단을 두고 제단 뒤에는 병풍을 둘러쳐서 가린다. 제단의 양쪽 옆에는 열대왕, 칠여래, 오방불, 지옥단, 오색초롱, 지전 등을 걸어 놓고 오른쪽에 용선, 왼쪽에 탑등을 매단다. 굿당의 바깥에는 들

---

31) Durkheim, 《The Elementary Forms of the Religious Life》. (The Macmillan Company, 1915), 188쪽.

32) 2012년 수망오구굿에서 초망자굿과 합쳐서 연행된 발원굿은 송명희 무녀가 바리공주 무가를 구송하며 바리공주가 망자를 저승으로 인도하는 거리를 구연하였다.

33) 본 오구수망굿에서 연행된 놋동우굿에서는 여러 장수 또는 군웅들이 청해져 망자의 저승길을 축원하고 가족들의 명복을 기원하였다.

34) 본 굿에서 연행된 조상굿에서는 먼저 세상을 떠난 조상들이 청해져 망자를 저승으로 잘 인도하고, 이승에 남아 있는 가족들을 잘 보살펴 달라고 기원하였다.

어오는 입구에 굵은 대나무에 허개등을 높이 달고, 좌우의 기둥에는 길이가 4−5m 정도 되는 대나무로 만든 골매기대(서낭대)와 인로왕대(천왕대)가 세워져 있다.

오구굿은 일반적으로 망자의 집에서 거행하나 망자의 집이 비좁을 경우에는 가까운 근처 해변에서 행하기도 한다. 망자의 집에서는 안방에 조상상(祖上床)을 차리고 그 위에 망자의 위패와 부모님의 위패를 함께 모셔 놓는다.

동해안의 오구굿 역시 별신굿과 마찬가지로 세습무가 담당하는데 경북에서는 주로 송씨 일가와 강원, 부산의 김씨 일가에서 주로 맡는다. 마을굿인 별신굿에 비해 오구굿은 가족 제의인 집안굿이지만, 친인척이나 동네 사람들이 참석해서 도와주고 함께 울고 웃으며 밤을 지샌다.

오구굿은 망자 그리고 남겨진 그의 가족들에게 중요한 의미를 지닌다. 오구굿은 망자를 천도한다는 목적에서 동일하나, 시대에 따라 지속과 변화를 동반한다. 또한 동해안 북부·중부·남부 지역의[35] 정체성에 따라 제차에 차이가 있다.

동해안 북부지역에서는 무속의 죽음의례를 개인적인 제의로 인식하여 집안에서 행한다. 이 지역에서는 오구굿을 시작하기 전 집 안에서 망자자리에 망자넋을 눕힌 다음 부정을 가시고 골매기신을 청한다. 오구굿에서 골매기신은 저승문을 관장하기 때문에 망자가 굿을 받으러 오게 해준다. 골매기굿을 마치면 망자의 혼을 굿당으로 청하고 이어서 조상굿을 한다. 조상은 오구굿에서 망자를 도와주는 중요한 신격이다. 이후 신을 청하는 뱃노래와 산 자손들을 위한 세존굿을 한다. 세존굿을 한 다음에는 망자를 위한 초망자굿이 행해지는데, 망자의 한을 풀어주고 현실 세계와 분리시키는 의례이다. 초망자굿을 하고 나서는 망자의 혼이 무당 자신에게 실려서 신탁하는 '혼갬이'가 있었다.

---

35) 동해안 북부·중부·남부의 권역은 현재 각 도의 경계와 거의 일치한다. 그러나 이 글에서 강원도·경상북도·경상남도로 구분하지 않은 것은 지방 제도의 정비과정에서 각 시군을 도로 편입하는 것이 다를 수 있기 때문이다. 예를 들면 강원도의 관할하에 있던 울진군은 1962년 11월 21일 경상북도로 편입되었다(울진군, 《울진군지(上)》. (울진인쇄사, 2001), 348쪽). 이 경우 울진의 문화권역을 강원에 포함시킬 것인지 혹은 경북에 포함시킬 것인지 혼란스럽다. 또 동해안 남부지역을 경상남도로 표기하는 것에도 문제가 발생한다. 현재의 행정구역상 울산과 부산은 광역시로 독립되어 있기 때문이다.

대부분의 동해안 오구굿에서는 망자의 넋을 내릴 때 망자의 가족이나 친지들이 대(신태집)를 잡는 경우가 일반적이다. 그러나 혼갬이는 동해안 북부지역에만 있는 굿거리로 무당이 직접 망자의 혼을 빙의(憑依)하여 가족 또는 친지들과 소통한다.

동해안 남부지역 오구굿의 제차는 안비나리(집안굿)－골매기굿－문굿－이운맞이－망자굿－방오구(망자일받기, 관욕, 대받이)－수리굿－시왕탄일굿－하직굿－영산맞이－뱃노래－꽃노래－초롱가－등노래－(허개시루기)－전정밟기－시석 등으로 이루어진다.[36] 먼저 집 안에서 부정을 치고 망자자리(영뚝)를 말고 집안의 조상·세존·성주에게 빈다. 그런 다음 굿당으로 가서 간단하게 수부(부정)를 물리고 골매기굿을 한다. 이 지역 오구굿에서는 동해안의 중부나 북부지역과는 달리 골매기상을 따로 차린다.[37] 문굿과 이운맞이에서는 신을 청하고 망자굿에서 망자를 천도하기 위한 굿이 행해진다. 망자굿은 동해안 중부지역에서 행하는 초망자굿과 같은 굿이지만 부르는 명칭에 차이가 있다.

방오구(방심굿)에서는 무녀가 지화 한 송이를 머리에 꽂고, 홀로 앉아 장구를 치며 바리데기(오구대왕)풀이를 구연한다. 방오구에서 구송되는 바리데기풀이는 망자를 재생시키기 위한 것이라고는 할 수 없다. 굿의 의뢰자나 무당 어느 쪽에서도 재생의 관념은 드러나지 않는다. 바리데기풀이의 내재적 의미를 살펴보면 사령(死靈)의 전환, 즉 사령에서 조상으로 전환시키는 관념이 내포되어 있다.[38]

서사무가로 구연하는 바리데기풀이는 인근 지역에도 영향을 미쳐 1950－1960년대에는 동해안 중부와 북부지역에서도 행해졌다.[39] 동해안 중부와 북부지역 오구굿의 발원굿에서는 동해안 남부지역과 형식을 달리하여 무녀가 지화를 머리에 꽂고, 관객을 향해 서서 구연한다.

---

36) 2007년 3월 1일 부산 기장 자택에서 김영희의 제보에 의한 것이다.

37) 김석출오구굿(2005년 10월 1－2일)은 망자인 김석출의 고향이 경북 포항이기 때문에 동해안 중부지역 오구굿의 형식을 따랐다. 그러나 행해진 장소가 부산 기장군 일광해수욕장이어서 제상차림은 동해안 남부지역 오구굿의 형식을 취했다.

38) 최길성, 〈바리공주신화의 구조분석〉, 《한국무속의 연구》. (아세아문화사, 1978), 250－271쪽.

39) 오구굿에 바리데기는 남도서(남도에서) 물고 와 가지고 여도(동해안 중부지역도) 하지. 경북하고 강원도는 원래 없었지(송동숙 구술내용, 2005.02.22. 경북 영덕군 영해면 자택).

이후 망자가 저승길을 잘 밟아가라는 의미에서 수리굿을 하고, 시왕탄일굿에서는 망자가 지옥을 면하고 극락으로 가기를 기원한다. 하직굿에서 망자는 이승과 이별하고 떠나게 된다. 영산맞이에서는 망자가 극락세계로 잘 가기를 기원하는 염불을 하고 뱃노래, 꽃노래, 초롱가, 등노래, 허개시루기 등에서 송신의 과정을 현시한다. 마지막으로 굿당에 장식된 지화(紙花), 용선(龍船), 탑등(塔燈), 돈등(錢燈), 번(幡) 등을 소각하고 잡신을 풀어먹이면 굿이 끝난다.

동해안 남부지역 오구굿에서는 동해안 중부와 북부지역의 제차에는 없는 이운맞이, 수리굿, 하직굿, 영산맞이 등이 있고, 동해안 중부와 북부지역에 있는 놋동이굿이 없다.[40]

부정굿을 먼저 연행하고 굿을 망자집에서 행했던 안비나리, 대잡이, 망자자리말기 이후의 굿을 이어간다. 오구굿의 부정굿도 여느 굿에서의 부정굿과 마찬가지로 굿을 부정하는 기운을 정화하고 본격적으로 굿을 시작한다는 의미를 담고 있다. 이어 골매기굿을 연행한다. 골매기굿은 망자가 굿을 받을 수 있도록 문을 열어주는 굿이면서 굿을 잘 받고 극락으로 잘 천도되도록 극락문도 열어달라는 내용이 포함된 굿이다.

오구굿에서 골매기신이 별신굿과 다소 차이가 나는 부분은 오구굿의 골매기신은 문을 여닫는 존재이다. 골매기신이 문을 열어 주어야 망자가 굿을 받으러 올 수 있고, 또 굿을 잘 받은 후 극락으로 갈 수 있기에 동서남북문과 시왕문, 극락문을 열어달라고 기원한다. 갖은 액살도 막아달라는 기원도 드린다. 골매기굿에서는 골매기대와 인로왕대를 들고 춤을 추기도 하며 유가족들에게 축원하듯 골매기대와 인로왕대를 흔든다. 이 과정은 망자에 대한 그리움을 달래고 소통하는 한 과정으로 볼 수 있다. 골매기굿은 조상굿, 초망자굿, 놋동우굿, 발원굿, 용왕굿 등과 같이 신이 모셔지는 굿으로 쾌자를 입고 연행한다. 다른 굿에서는 일상적 한복을 입고 연행한다.

문굿에서는 망자를 추념하는 사설과 함께 넋이라도 돌아오라고 구송한다. 그

40) 경상남도에는 오귀굿을 하게 되면 놋동이굿을 안 합니다. 경상북도나 강원도에서는 오귀굿에서 놋동이굿을 다 합니다(빈순애 구술, 2005.10.18).

리고 망자가 이승을 완전히 떠나 극락정토로 좌정하기를 기원한다. 문굿에서는 신태집을 든 무녀와 장구를 맨 화랭이 맞춤을 춘다. 청혼은 굿당 밖에서 연행한다. 무당은 망자를 극락으로 인도한다는 인로왕보살의 의미가 담긴 인로왕대를 잡고 망자의 이름을 세 번 부른다. 고복 의식과 비슷하다. 이후 망자의 집으로 간다. 사진1리의 경우 망자가 바다에서 사망하였기에 넋건지기를 오구굿이 시작되기 하루 전에 하였다. 바닷가에 용왕상을 차리고 자그마하게 굿과 넋을 건져내는 청혼 목적의 작은 굿을 하였다.

정정밟기는 망자가 거처하던 집 안방에서 진행한다. 망자가 이제는 영원히 이곳을 떠나 극락정토로 간다는 의미를 지닌 굿으로 조상님께 이 사실을 고하고 자손들의 복락도 기원한다. 문답설법에서는 명부책에 망자 이름을 적어 대왕전에 바치면 망자가 극락에 갈 것이라는 내용을 중심으로 연행한다. 남무인 양중이 무녀와 하늘의 유래, 사재법, 땅의 유래, 나무아미타불의 의미와 함께, 굿당을 장식하고 있는 지화, 오색초롱등, 용선, 탑등, 굿당 밖의 허개등 내력 등을 묻고 대답한다. 지화는 지장보살의 피가 피워낸 것으로 사람을 살리는 영험을 갖고 있으며 초롱등은 인로왕보살이 망자를 극락으로 인도할 때 밝히는 것이라는 문답이 오고 간다. 용선은 노도 없고 닻도 없으며 용선은 오직 염불로만 움직인다는 문답도 한다. 굿당 안팎에 진설된 여러 장식들에 종교적 혹은 신화적 의미가 들어 있음을 알려주는 내용인데 이 문답설법의 내용은 실제, 망자에게 하는 것이다. 망자가 오구굿의 의미를 듣고 그 뜻에 감응하여 극락왕생하라는 의미를 담고 있다고 한다.

오는뱃노래는 망자와 그 위의 조상들이 용선을 타고 굿을 받으러 오는 모습을 묘사한다. 용선에 무명천을 길게 늘어뜨리고 무녀들이 잡아당겼다 놓으며 노래를 부른다. 청혼에서 망자의 혼을 좌정시키기 위한 굿을 하고 정정밟기에서는 망자와 조상이 이별을 고하는 굿을 하였는데 오는뱃노래에서는 망자와 조상이 확실하게 굿당에 좌정함을 선언하는 굿이다. 조상굿은 크게 세 가지 내용을 담았다. 조상에게 본격적인 굿이 시작되었음을 고하는 내용, 망자도 조상신 반열에 오르게 됨을 고하는 내용, 망자와 조상을 만나게 하는 내용이 담겼다. 조상굿을 하기 전에 정정밟기를 통해 조상에게 망자의 오구굿이 열린다는 점을 고하였고, 오는

뱃노래를 통해 망자와 조상이 굿당에 좌정하였음을 선언하였는 바 이제는 본격적으로 굿이 시작된다.

본격적인 굿의 서두에 조상 기리는 굿을 연행하는 것이다. 부정을 치고 골매기신의 문열음이 있어 굿의 서두 부분이 마무리되었기에 굿이 본격적인 단계에 접어들었음을 알 수 있다. 그 본격 단계의 첫머리에서 조상굿을 하는 것이다. 조상굿의 내용에는 조상에 관한 내용보다 망자에 관한 내용이 더 많다. 망자를 조상신들에게 소개하여 망자와 조상신의 만남을 주선하는 형식이면서 망자도 조상신 반열에 오름을 알리는 목적이 있는 굿이라 할 수 있다. 망자의 삶을 구송하면서 극락에서 선망하는 조상들을 만나 잘 지내라면서 오구굿을 마련한 자손들에게 복도 내려주기를 기원한다.

초망자굿은 망자의 혼을 불러와 망자의 서러움을 풀어주는 내용과 유가족에게 자신의 지나온 삶을 풀어 놓는 형식 속에서 축원을 내려주는 내용으로 구성된다. 유가족에게 넋두리하듯 과거 이야기를 하면서 축원을 내려주는 이 시설은 유가족과 아름다운 이별을 보여주는 내용의 굿이라 할 수 있다. 유가족과 망자가 슬프지 않게 그리고 섭섭하지 않게 이별하도록 한다. 이런 이별을 한 후에나 망자가 극락에 갈 수 있을 것이다. 시설은 초망자굿 외에도 골매기굿, 조상굿, 놋동우굿에서도 연행되지만, 초망자굿의 시설이 제일 길고 구슬픈 내용으로 연행된다. 초망자굿에서 무녀는 손대를 들고 굿을 한다. 손대는 대나무에 한지를 매단 형태가 아니고 한지만으로 수술 모양으로 만든다. 손대는 망자가 강신하는 신대역할을 하거나 시설을 하면서 나오는 눈물을 닦는 수건 역할도 한다. 초망자굿에는 오귀쌀이 등장하는데 망자가 저승갈 때 먹을 양식이다. 발원굿에서도 오귀쌀이 등장한다. 초망자굿 끝부분에서는 망자가 극락갈 것을 확신하는 듯 극락소리를 하겠다면서 시조창과 청춘가 등의 민요도 부른다.

극락다리놓기는 망자의 극락천도를 위한 굿이다. 정성공덕 많이 받아 극락으로 잘 가시오라면서 극락천도를 기원한다. 이때 망자뿐만 아니라 선망 조상들의 극락천도를 함께 기원한다. 굿 비용이 많은 큰 굿에서 주로 연행된다. 극락다리놓기에서는 여러 명의 무녀와 한 명의 양중이 도포에 고깔을 쓰고 나와 망자상에 연봉을 놓고 그 주위를 돌며 연행한다. 마지막에는 반야심경을 암송한다. 놋동우굿은 사자의 힘을 빌려 망자가 극락으로 가는데 방해받는 일이 없도록 기원하며 망자의 넋을 불러 유가족에게 축원을 내린다. 별신굿에서는 군웅장수의 넋을 불러주지만, 오귀굿에는 시설로 망자의 넋을 불러주는 것이다. 별신굿에서는 쾌자위에 활옷을 하나 더 입지만, 오귀굿에서는 활옷을 입지 않는다. 별신굿의 놋동우굿에서 모셔지는 신격은 장수신으로 액을 막아주는 역할을 한다고 믿어지는데 놋동우굿은 영가의 극락길에 동행하여 잡귀잡신을 막아주는 의미로 생각한다. 신태집과 망자자리를 들고 놀리기도 한다. 청춘가와 백구사를 부르기도 한다.

발원굿에서는 서사무가 바리데기가 불려진다. 오구굿은 밤을 새워 진행되는 경우가 많은데, 이러한 경우에 발원굿은 보통 새벽 시간에 연행된다. 연행시간은 대략 네 시간 전후가 된다. 바리데기를 부르는 이유는 첫째 망자를 위로하기 위함이다. 망자가 굿당에 좌정한 후 극락천도를 기원하는 여러 굿이 진행된다. 이 과정에 망자에게 즐거움을 주는 굿도 진행한다. 발원굿은 이 목적을 위해 연행된다. 둘째 발원굿은 망자와 높은 신격과의 만남을 주선하면서 신격상승의 목적도 담는다. 오구굿이 모시는 신격은 골매기신이나 조상신, 성주신 등이다. 이러한 신들은 무속 신격의 변방에 위치한다고 볼 수 있다. 오구대왕이나 바리데기 공주는 무속 신격의 중심에 위치한다고 볼 수 있다. 망자가 극락에서 신의 반열에 들었을 때 변방이 아닌 중심에 위치한 신들과 만날 수 있는 가능성을 열어주면서 바리데기처럼 변방에서 중심으로 이동한 예를 통해 망자 역시 정성공덕 많이 받아 중심의 신이 될 수 있다는 신격상승의 목적을 내포한 굿이라고 볼 수 있다. 발원굿에서는 민요와 대중가요도 부른다.

시무염불은 망자의 극락천도가 점점 분명해지는 내용을 담고 있다. 주로 저승사자의 이야기로 구성되는데 저승사자가 오는 절차 즉, 저승사자의 길을 닦아주는 풀이라고 할 수 있다. 망자가 뜻하지 않게 저승사자에게 강제로 선택되어 저승으로 가게 되었는데 십대왕들에게서 심판을 받던 중 이승에서의 업을 씻기 위해서는 오구굿을 해야 한다는 말을 듣는다. 그 말처럼 오구굿을 하게 되어 망자의 극락천도를 확신하는 분위기를 고조시킨다. 발원굿이 새벽 시간에 연행되고 나면

시무염불이 연행된다. 넋일굼은 오구굿을 시작할 때 망자자리에 눕혔던 얇은 한지로 만든 넋전을 지화를 이용하여 일으키는 굿이다. 망자자리를 풀어 눕혀 놓았던 넋전을 지화로 찍어 들어 올린다. 지화와 종이로 만든 넋전이 철과 자석처럼 잘 붙어 들려지지는 않지만 몇 번 시도하면 지화와 넋전은 살짝 붙는다. 지화에 붙은 넋전을 유가족 한 사람 한 사람 머리 위로 쓰다듬듯 지나가는데, 이때 넋전이 특정인에게 떨어지면, 무녀는 망자가 더 애착을 갖는 사람이라고 설명한다. 이 절차를 마친 후 넋전은 연봉에 붙인다. 이 순간부터 망자는 이승에서의 연과 업과 한을 풀고 극락세계로 간다고 생각한다.

대내림은 망자넋받기굿이다. 망자의 넋을 내림받는 의례이다. 양중이나 무녀가 바라를 들고 내림을 시도하고 유가족 중의 한 사람이 신태집을 잡고 앉아 망자의 넋을 받는다. 신태집을 잡은 유가족 중 한 사람에게 망자가 실리는 것이다. 망자가 실린 유가족을 통해 망자는 하고 싶은 말을 한다. 마치 공수내려 주듯 망아상태에서 이런 저런 이야기를 한다. 유가족과 망자가 마지막으로 소통하는 굿이다. 오구굿 시작할 때 안비나리를 하면서 망자의 혼을 내려받아 망자자리말기를 하는데 오구굿이 끝나가는 상황에서는 굿을 잘 받았는지 등을 묻는 굿이다. 판염불은 망자가 지옥을 면해 극락에 천도하라는 기원을 주 내용으로 한다. 불경인 천수경과 무가인 지옥풀이를 부른다. 유가족들은 종이로 만든 지옥단의 철망을 걷어낸다. 지옥을 면하기를 기원하는 유가족의 바람이 표현되는 것이다.

꽃노래는 별신굿에서의 꽃노래와 유사하다. 제단을 장식했던 지화를 들고 춤을 추면서 연행한다. 지화는 지장보살의 피에서 피어난 것인데 죽은 사람도 살리는 불동화 꽃이다. 바리데기의 남편 동수자가 관리하던 꽃밭의 꽃이다. 극락세계에서 영생하라는 의미를 담은 굿으로 생각된다. 꽃노래굿에서 부르는 꽃노래는 각종 꽃들을 비유적으로 노래한다. 초롱등노래는 오색초롱에 불을 밝혀서 극락을 가는데 불을 밝혀서 가야된다는 내용을 담은 굿이다. 뱃노래는 오는뱃노래의 댓구가 되는 굿이다. 가는뱃노래인 것이다. 배는 부처님이 냈고, 극락세계를 갈 때 이 배를 타고 가야 한다. 여러 보살들의 도움으로 배는 유수강을 건너 극락으로 들어간다. 등노래에는 망자가 조상님네를 모시고 등을 타고 극락을 들어간다는 내용이 담겼다. 수박등 탑등 등의 이름과 그 유래도 설명한다. 무가 구송이 끝나면 무녀는 탑등을 들고 춤을 춘다. 돌리기도 하고, 하늘에 던졌다 받기도 한다. 별신굿의 등노래굿에서도 이와 같은 춤을 춘다. 오구굿에서는 이런 행위에 덧붙여 가족들 머리 위로 쓰다듬듯 하며 시설을 한다.

길가름에서는 망자가 유가족들과 최종 이별한다. 이별을 고하는 하직소리를 부르면서 무명천 위를 위패, 연봉, 넋전 등으로 쓸어가며 길을 닦는다. 이 굿에서는 제단 아래에 놓아두었던 쟁반 위의 밀가루 위의 흔적을 보고 망자가 극락으로 천도되었음을 확인한다. 새발자국 표적 확인이라고 하는데 밀가루를 뿌려 놓은 양철쟁반을 굿 시작할 때 제단 아래에 놓아둔다. 길가름이 끝난 후에 그 쟁반을 꺼내어 뿌려진 밀가루 표면을 보면 새발자국 같은 흔적들이 있는지를 확인한다. 흔적이 있으면 망자가 극락 천도되었다는 것을 확신한다.

소진은 오구굿 연행에 사용되었던 지화, 극락문 등을 불태우는 의례이다. 제구들을 불에 태우기 전 염불을 외면서 몇 바퀴 돈다. 시석은 굿에 따라왔지만 굿당 안에 좌정하지 못한 채 굿당 밖을 서성이던 잡귀 잡신을 풀어먹이는 굿이다. 별신굿에서는 여러 영정과 수부를 위로하면서 비어를 사용하는가 하면 재미있는 일정한 이야기가 있는 일인극을 보여주는데 오구굿에서는 잡귀와 잡신을 위로하는 간단한 구송으로 풀어먹이는 의례를 한다.

대부분 동해안 지방의 굿은 세습무라서 굿을 전수받는 과정에서 다른 지역의 굿보다는 예술성이 뛰어나다고 볼 수 있다. 오늘날 별신굿은 마을의 축제나 오락적인 측면으로 발전하였다면 오구굿은 인간의 넋을 천도시키기 위한 제의적인 성격이 더 강하다. 굿에서 추어지는 춤의 종류는 다양하지만 오구굿에서만 볼 수 있는 춤은 신태집춤이다. 신태집춤은 춤사위가 세련되고 기교적이며 제의적인 성격이 강하다. 특히 무당이 무무를 할 때에 제상을 향하기보다는 굿꾼들을 바라보며 춤을 춘다는 점이다. 죽은 망자의 길을 의미하는 신태집은 신태집 춤을 통해, 영가를 어르고 달래고, 산사람과 죽은 사람을 연결시켜 주고 영가를 귀신에서 신으로 승격시켜주는 과정 속에서 신태집춤의 예술적인 면과 심성의 면을 관찰될 수 있다.[41)]

---

41) 임미영, 〈동해안 오구굿에 나타난 신태집춤 연구〉, 미간행 석사학위논문. (부산대학교대학원, 2016), 3쪽.

오구굿은 진오귀굿과는 다른 지역에 전승되는 굿이지만 진오귀굿과는 굿을 하는 구조가 매우 유사하다. 단지 차이가 있다면 죽음관인데, 진오귀굿에서의 죽음은 삶의 또 다른 모습으로 이승과의 단절이 쉽지 않아서 이승과의 단절을 위해서는 의식을 필요로 한다. 반면에 오구굿에서는 죽음이 오면 삶과는 바로 단절이 된다. 그래서 충격을 받은 망자의 혼령을 굿판을 벌여 위로해 주는 것이다. 오구굿은 무속 춤으로서의 완성된 기능과 형태를 갖추고 하나의 예술로 승화된 춤이라고 할 수 있다. 무속 춤의 모든 춤사위를 갖추고 있는 오구굿은 무녀들 사이에서 중요한 춤인 동시에 춤꾼들에게도 완성된 춤으로써의 중요한 교육적 기능을 담당하는 무무이다.

경상도 남해안의 오귀새남굿[42]

경상남도 통영을 중심으로 하는 진오귀굿류를 오귀새남굿이라 부른다. 이 굿은 통영을 중심으로 거제·남해 등 이른바 경상남도 남해안에 분포되었다. 오귀새남굿은 1박 2일 정도로 진행되는 것이 일반적인데, 다음과 같은 굿거리 구성으로 정리될 수 있다. 먼저 부정굿을 하고 넋건지기굿, 당산굿, 문넘기, 방안오귀, 손굿(말미), 영둑굿, 길닦기, 대내림, 염불축원굿(고금역대, 황천문답, 축문, 환생탄일, 시왕탄일), 대신풀이, 시석의 순서로 연행된다.

부정굿은 굿을 하기 전에 굿판을 정화하는 것이 목적이다. 굿을 하는 공간, 그리고 굿에 참여한 이들에게 따라온 부정을 없애는 절차다. 넋건지기는 망자가 바다에서 죽었기 때문에 그곳에 가서 넋을 건져오는 제차이다. 만약 물에 빠져 죽지 않았으면 무덤에 찾아가 혼백을 모셔오는 메맞이를 한다. 당산굿은 지역을 관장하는 신격인 당산신령에게 이 행사를 알리고 굿의 허락을 맡는 의미에서 진행되는 절차다. 남해안에서 어떤 굿을 하던지 마을에서 가장 웃어른이라고 관념하는 당산신령에게 아뢴 후에 본격적인 굿을 하게 된다. 문 넘기는 명칭대로 문(門)을 넘는다는 의미로 망자의 영혼을 집으로 모셔와 굿당에 앉히는 절차이다. 방안

42) 정병호, 《통영오귀새남굿》. (열화당, 1989); 김형근, 〈남해안 굿 갈래 연구〉, 미간행 박사학위논문. (경기대학교대학원, 2009).

오귀는 서사무가인 바리공주의 내력을 구연하는 무가를 구연하는 제차다. 본격적인 굿이 마당에서 행해진다면 방안오귀는 방안의 망자상을 바라보고 하기 때문에 이러한 연유로 방안오귀라 명명된다. 손굿(말미)부터는 마당에서 이루어진다. 손굿은 천연두 마마신을 손님이라 부르고 이 신격을 대접하는 굿을 가장 중요하게 취급하는 굿거리다. 손님과 조상을 함께 모시는 굿거리다. 영둑굿은 실제 오귀새남의 대상이 되는 망자의 넋을 옷과 함께 준비한 것이다. 영둑에 담겨진 영혼을 씻어서 보내는 것이 영둑굿의 실제이다.

길닦기는 망자의 넋을 천도하는 굿거리로 망자의 극락왕생을 기원한다. 길베에 얹어서 이승과 저승의 경계를 갈라놓아 망자를 새로운 존재로 전환시킨다. 대내림은 신이 내려 무당이 된 강신무가 망자의 넋을 대에 내림 받아 가족들과 대화를 하는 제차이다. 염불축원굿(고금역대, 황천문답, 축문, 환생탄일, 시왕탄일)은 망자에게 새로운 존재로의 전환을 알리는 것으로 다양한 절차가 합쳐진 굿거리다. 여러 조상과 그 내력을 말하는 대목이고 축문은 유교식 상장례 과정에 읊어지는 축문을 차례대로 읊는 절차다. 앞의 환생탄일 무가를 마치면 바로 이어서 읽는 것이 축문이다. 축문의 구체적 절차는 개토제(開土祭), 계빈제, 일포제, 천구취여, 발인제, 평토후 산신제, 반혼제, 초우제, 재우제, 삼우제, 졸곡제, 소상, 대상, 담제, 기제사 축문 등을 읽는다. 황천문답(黃泉問答)은 망자가 저승 심판 과정에서 문답을 잘하여 극락으로 간다는 내용의 무가이다. 즉 이 굿을 받고있는 망자도 장차 시왕에 가서 심판을 받을 때 문답을 잘하여 극락을 가라는 축원이 담긴 제차이다. 망자에게 새로운 세계로 들어갔음을 알리는 절차이다. 시왕탄일은 육십갑자를 배분한 저승 십대왕의 내력을 푸는 것으로 시왕의 원불, 시왕의 명호, 다스리는 지옥, 망자가 매인 소속 육갑 등이 내력으로 밝혀진다. 무가의 문면에 십대왕풀이라는 이름으로 달리 불리기도 한다. 대신풀이는 굿을 하다 돌아가신 무당의 조상과 선생들을 굿의 끝에 대접하는 제차이다. 관찰자의 시점에서 보면 이 대신풀이는 앞의 시왕탄일 마지막에 붙어 시왕탄일의 한 종속 제차로 보기 쉽지만 굿을 하는 이들은 명확히 대신풀이 내지는 신살풀이라는 명칭으로 구분해낸다. 시석은 굿의 중간에 청배되지 못했던 잡귀잡신들을 풀어먹이는 제차이다. 남해안굿 시석에 등장하는 잡귀잡신들은 수부사재와 혼신들로 명명된다. 시석 이전에는 모든 굿상과 치장물을 거두고 굿의 끝을 알리는 절차를 행한다.

진도씻김굿

씻김굿의 종류로는 망자의 시신 옆에서 직접 행하는 '곽머리 씻김굿', '탈상 씻김'이라고도 하는 '대상 씻김굿', 초상 때 굿을 하지 않고 소상에 하는 '소상 씻김굿', 집안에 우환을 끼친 망자를 위해 날을 받아 행하는 '날받이 씻김굿', 초분이장 때 하는 '초분장 씻김굿', 물에 빠져 죽은 망자의 넋을 건질 때 행하는 '건지기 씻김굿', 처녀와 총각으로 죽은 망자끼리 혼인을 할 때 행하는 '사혼 씻김굿', 비석을 세우거나 집안의 경사가 있을 때 행하는 '영화 씻김굿', 객사(客死)하여 고혼(孤魂)이 된 망자를 위하여 행하는 '혼맞이 씻김굿'과 '제삿날 씻김굿' 등이 있으나, 굿을 행하는 일시와 장소, 굿의 내용 등에 따라 구분되며, 구성내용은 대부분 비슷하다. 진도씻김굿의 순서는 먼저 안땅, 혼맞이, 초가망석, 쳐올리기, 제석굿, 고풀이, 영돗말이, 이슬털기 순으로 연행된다.

곽머리씻김굿은 초상이 났을 때 관을 방에다 두고 하는 굿이다. 넋과 망자옷을 관에 올려놓고 한다. 소상·대상 씻김굿은 소상과 대상날에 하는 굿이다. 상청 앞이나 차일을 치고 한다. 소상은 상 난 지 1년이 지난 후, 소상날에 하는 씻김이고 대상은 상을 치룬지 3년이 지난 후의 상당한 날에 하는 굿이다. 날받이 씻김굿은 좋은 날을 잡아서 굿을 하는 것이다. 소상 때나 대상에 곽머리씻김 때 하지 못해 조상을 천도하지 못했다고 할 때도 한다. 초분씻김굿은 초분을 치른 후 묘를 쓴 날 밤 마당에서 차일을 치고 한다. 혼맞이굿은 혼건지기굿이다. 객사한 혼을 모셔 행하는 굿이다. 용굿 또는 용신굿이라고도 하며 물에 빠져 죽은 망자나 집을 떠나 다른 곳에서 죽은 망자를 불러들여 하는 굿이다. 혼이 집 안으로 들어와 편안하게 안주하기를 기원하는 씻김이다. 저승혼사굿은 망자혼사굿이다. 총각이나 처녀 상태로 죽은 혼을 혼인시키는 굿이다. 영화 씻김굿은 집안에 경사가 있을 때 조상의 음덕을 보답하기 위해 하는 굿이다.

진도씻김굿은 안당-가망석-손님굿-제석굿(제석차림, 제석본풀이, 제석춤, 앉은조달, 염불, 시주받기, 명당터잡기, 성국터잡기, 지경다지기, 집짓기, 입춘붙이기, 성주경,

벼슬궁, 축원, 노적청하기, 업청, 군웅, 조상굿, 액막음) – 고풀이 – 씻김(이슬 털기) – 넋올리기 – 길닦음 – 종천맥이 순으로 춘다.

안당은 씻김을 하는 날 그날 굿의 목적과 내용을 조상에게 알리는 거리이다. 굿으로 집안의 악령이나 부정함을 몰아내고 수호신인 성주와 조상께 망자를 씻긴다고 알리며 많이 흠양하여 좋은 굿 되게 비는 굿이다. 가망석은 망자를 비롯 조상과 신에게 고하며 청하는 굿이다. 모든 선망 신들이 굿자리에 와 망자를 좋은 곳으로 깨끗이 씻겨 천도하는 일을 도와 달라고 비는 굿이다. 손님굿은 죽은 망자의 친구, 벗님네들을 모셔 많이 흠양하기를 비는 굿이다. 제석굿은 살아있는 사람들을 위한 굿이다. 제석에서는 앉은 조달이 있는데, 이때는 아니리라 할 수 있는 말로 제석님의 내력을 일러준다. 제석의 본과 안찰을 받고 제석을 맞이하며 제석이 복과 명을 가득 싣고 와 집안에 그리고 굿을 보러온 사람들에게도 좋은 일만 가득 하라고 비는 굿이다. 성주경은 집안의 앞날을 축원하는 내용으로 되어 있고 벼슬궁은 자식의 무병장수와 축원 덕담을 하며 노적청하기는 풍년을 기원하는 내용이며, 업청하기는 부를 기원하는 내용이다. 고풀이는 망자가 원한을 깨끗이 풀어 세상 가실에 죽은 망자의 한과 액을 맞고 고를 풀어 좋은 곳으로 가게 해주는 굿이다.

영돗말이는 죽은 망자의 옷을 돗자리에 살아있는 사람이 입는 모양 그대로 펼쳐 놓고 이를 말아 감아 입곱매로 묶어 세운다. 그 위에 도가리를 얹은 다음 놋쇠주발 속에 사람의 형태인 넋을 잘라 넣어 뚜껑을 닫은 다음 다시 도가리를 얹은 다음 솥뚜껑을 올린다. 죽은 이의 넋을 깨끗하게 씻기는 의식이라 하여 씻김이라고도 한다. 이슬 털기라고도 한다. 쑥물, 향물, 청계수 맑은 물을 빗자루에 묻혀 쑥물, 향물, 청계수 맑은 물의 순서로 머리부터 아래로 깨끗이 씻기는 굿이다.

각 거리에 따른 춤의 종류[43)]

순서	굿의 거리	굿의 내용	춤의 종류
1	안당	여러 조상에게 오늘 누구를 위한 굿을 한다고 고하는 굿	안당굿
2	혼맞이	객사를 한 망자가 있을 경우에만 하는 굿	
3	초가망석	씻김을 하는 망자를 비롯하여 상을 차려놓은 조상들을 모두 불러들이는 굿	지전춤, 손대춤
4	손님굿	마마신과 망자와 친했던 모든 사람들을 청하고 그들을 위해 행하는 굿	지전춤
5	계석굿	집안의 평안과 재들의 번성을 기원하는 굿	복개춤, 정주춤, 입춤, 명태춤
6	조상굿	씻김굿에 모신 조상신들을 대접하고 보내드리는 굿	지전춤
7	고풀이	이승에서 풀지 못한 원한을 의미하는 고를 하나하나 풀어가며 영혼을 달래주는 굿	고풀이 춤
8	영돈말이	시신을 뜻하는 영을 돗자리에 마는 대목	
9	이슬털기	영혼을 목욕시키는 과정	지전춤, 신칼춤
10	넋올리기	집주인의 머리에 넋을 올려놓고 망자의 한이 풀어졌는가를 보는 대목	지전춤, 넋춤
11	희설	저승의 육갑을 풀어주는 거리	
12	길닦음	망자가 가는 저승길을 깨끗이 닦아주는 대목	지전춤, 넋당석춤
13	종천	마지막 거리로서 망자를 상징하는 모든 물건들을 태우면서 극락왕생을 비는 대목	

올리기는 이슬 털기가 끝나고, 올리기를 하는데 씻김굿을 하는 유족의 머리에 올려놓은 뒤 망자의 한이 잘 풀리는지를 알아보는 굿이다. 넋이 지전을 따라 잘 올라가면 망자가 해원되었다고 본다. 길닦음은 마지막 단계의 씻김의식의 하나이다. 망자의 마지막 가는 길을 잘 가도록 길베에 노자돈을 놓아준다. 반야용선을 들고 길을 닦는다. 종천은 씻김을 다하고 마지막으로 여타 귀신들을 대접하는 절차이며 굿에 따라 잡신들을 보내는 굿이다.

진도씻김굿에서 추는 춤은 가장 많이 알려진 지전춤이다. 서희경은 지전춤은 넋전이라고도 하며 호남지방의 씻김굿에서만 볼 수 있는데, 이는 망자의 천도 의례를 향한 춤으로서 흰 창호지로 만든 지전을 내려뜨려 양손에 쥐고 휘저으며 추는 것을 특징으로 하고 있다. 지전은 씻김굿의 중요한 춤의 도구이기도 하고 돈을

43) 서희경, 앞의 책, 29쪽.

상징하기도 하는데, 이는 저승 가는 길에 넉넉하게 노잣돈을 주고 이승에서 못다 누린 부를 저승에서라도 누리고 환생할 때에는 부자로 태어나라는 기원에서 행해진다.[44] 지전을 들고 춤을 추는 지전춤은 수건을 들고 추는 살풀이춤에서 살을 풀어 액을 막는 의미와 비슷하다.

진도지방의 춤은 동작이 단아하고 우아하면서 절제되고 응축된 힘을 강하게 발산하고 있다. 이러한 특징은 그 지역의 환경과 생활양식에 따른 의식적이고 상징적인 춤 정신이라고 할 수 있다. 서희경은 진도씻김굿의 각거리에 따른 춤의 종류를 위와 같이 정리하였다. 진도씻김굿은 중요무형문화재 제72호로 지정된, 한국의 춤을 대표하는 우리의 전통문화예술 중 하나이다. 진도씻김굿에서만 추어지는 지전춤은 민속춤의 토대를 이루는 독특한 춤사위로 예술적 가치가 매우 뛰어나다.

5. 나가며

굿에 관한 연구는 우리 춤의 원류를 찾아서 우리의 전통문화를 계승 발전하는데 중요한 과제이다. 한국 춤은 무속신앙으로 무교적 성향이 강하고 제천의식에서 하늘에 제사를 올리며 평안과 안정을 찾았던 우리 민족의 모습을 볼 수 있다. 춤과 굿은 불가분의 관계에 있으며 우리 전통문화의 모태가 되는 굿은 춤으로 승화된 예술적 토대가 되었다. 특히 독자적인 형식과 내용으로 굿 의식에 대한 긍정적 인식을 품게 하는 진오귀굿은 굿이 공연예술로서의 발전과 한국 무속 의례의 정립에 중요한 역할을 하였다.

진오귀굿은 망자의 극락왕생(極樂往生)을 기원하는 굿이다. 무속에 일상어처럼 녹아든 극락왕색은 죽은 영혼을 천도하기 위한 인간의 자연스럽고 본능적인 행위이다. 망자(亡者)를 위한 굿을 지칭할 때 서울과 경기지역에서는 진오귀굿이나 새남굿, 경상도와 강원도, 충청도 지역에서는 오구굿, 호남지역에서는 씻김굿

44) 서희경, 〈진도씻김굿의 상징적 특성에 관한 연구〉, 미간행 석사학위논문. (숙명여자대학교 대학원, 2003), 31쪽.

이라는 용어를 사용한다. 진오귀굿의 내용은 유가족에게 편한 마음을 갖게 함은 물론, 흉화소멸(凶禍消滅)과 길복강녕(吉福康寧)을 기대한다. 진오귀굿은 무당이 직접 주재하면서 굿의 목적을 달성하기 위해서는 춤이 중요한 역할을 담당한다. 그 중에서 도령춤은 모두 춤으로 표현하고 있으며 각 거리들은 춤과 노래로 신과 교섭하여 그를 즐겁게 해드리는 점에 있다. 무용은 역사적으로 제의의 형태로 춤의 기록과 흔적을 찾아볼 수 있는데, 종교적 행위에서 춤은 일정한 유형의 움직임으로 유일한 표현 수단이다.

진오귀굿은 강신무로서 샤먼의 유형으로, 우아하고 담백하며 귀족적인 춤의 성격을 보이며 다른 지역의 굿과는 차이가 있다. 대부분 도약하는 춤 동작이 많은데 기술적이고 세련된 맛으로 예술적 특징이 있다. 특히 춤을 통한 접신은 자아를 해방하고 엑스타시스와 카타르시스를 경험하는 뛰어난 무무(巫舞)로서의 인간 사고에 따른 독특한 특성을 지닌 예술적 가치가 있다. 진오귀굿의 자유로운 형식과 즉흥성은 자연환경과 사회적 변화, 생활풍습 등에 의하여 다양하게 나타난 것으로, 진오귀굿만의 특성에 맞는 무속의 형식을 취하게 되었다. 이처럼 무속은 사회적 특성을 반영하면서 춤의 구조적인 면을 형성하여 우리의 전통문화예술로 승화하는 데 기여하였다.

제3부

전통유희

축국

1. 들어가며

축국(蹴鞠)은 공을 이용해 발로 차는 것을 가리키며, 고대시대에는 놀이나 군사훈련이나 무예 수련의 일환으로 행해졌다. 공을 매개로 하는 신체문화는 한국, 중국, 일본을 불문하고 동양이나 서양에서 다양한 형태로 발생하였다. 특히 동양에서 공을 매개로 한 문화이자 신체활동인 축국은 언제 발생했는지 정확한 기록을 확인할 수 없지만, 중국에서 가장 오래된 기록을 볼 수 있다. 서한시대 유향(劉向)의 『별록(別錄)』을 보면 다음과 같이 기록되어 있다.

"蹵鞠者 傳言黃帝所作 或曰起戰國之時 蹹鞠 兵勢也 所以練武士 知有材也 皆因嬉戲而講練之"

이처럼 축국은 황제가 만든 것으로 전해지고 있으며, 전국시대부터 군대의 세력이 되었다고 하였다. 그래서 무사들은 축국을 훈련수단으로 삼을 때에는 대부분 이를 잘 알고 있었으며, 모두가 즐기며 훈련을 했다고 하였다. 또 사마천의 『사기(史記)』에도 축국과 관련된 기록을 볼 수 있다.

"臨菑之中七萬戶 臣竊度之 不下戶三男子 三七二十一萬 不待發於遠縣 而臨菑

之卒固已二十一萬矣 臨菑甚富而實 其民無不吹竽鼓瑟 彈琴擊筑 鬪雞走狗 六博蹋鞠者”

글의 내용은 제(齊)나라 사람들의 대부분이 축국을 했다고 한다. 당시 중국에서 축국이 축구(蹴毬), 기구(氣毬), 희구(戱毬) 등의 다양한 이름으로 불린 것도 알 수 있다.[1] 이때 축국은 황제가 직접 만든 것으로 전해올 정도로 가치가 있던 활동이었으며, 군대에 속한 무사들의 놀이나 훈련으로 거행되었던 것으로 보인다. 특히 제나라의 많은 사람들이 축국을 했다는 기록을 통해서 유희적 목적으로도 거행된 것으로 추정된다. 또 당시 전쟁이 잦았던 시대적 상황을 고려한다면, 군대와 같이 민간에서도 군사나 무예훈련이나 수련 과정의 하나로 이루어진 점도 고려해야 한다. 당시 축국은 유희나 군사훈련 형태 등으로 존재했던 것으로 보이며, 이미 중국 전국시대(戰國時代)부터 행해진 것을 알 수 있다.

중국의 축국과 관련된 문화는 이웃 나라인 우리나라와 일본에도 전해졌다. 중국 축국은 우리 고대사회나 일본에 전해지면서 각국의 특수한 문화로 변용되어 자리 잡은 것으로 보인다. 일본의 경우에는 게마리(けまり, 蹴鞠)라 하여 일본 왕실이나 공가들, 즉 귀족들의 전용놀이로 정착하였다.

중세시대의 일본 귀족들은 저택 마당에서 게마리를 즐겼다. 네모난 정원의 네 모서리에 각각 나무를 세워 놓고 여덟 명이 나무 사이에 서서 공을 발로 차는 놀이였다. 이 게마리라 부르는 공놀이는 중국이나 한국과는 조금 다른 형태로 이루어졌다.[2] 앞에서 언급한 중국의 축국은 황제와 무사를 비롯한 많은 이들이 즐겼던 반면, 일본은 에도(江戸, 1600－1867)시대까지 왕과 그 주변의 신하들인 공가들이 즐겼던 놀이로 일본화하였다.

주지하다시피 한국과 중국 그리고 일본은 한자 문화권 속에서 많은 문화적 공동성을 향유하였지만, 실크로드를 통해 전파된 각각의 문화가 지리적, 환경적,

---

1) 박귀순, 〈韓國足球文化的變化過程之探討〉, 《蹴鞠與齊文化: 第22屆國際歷史科學大會淄博衛星會議文集》. (中國齊文化博物院, 2019), 67쪽.

2) 한국(2권), 일본(3권), 중국(4권)의 축국의 기원과 전파 등에 따른 문화교류사적 특징 등과 관련한 내용은 5년차 연구 과제의 결과에서 깊이 있는 논의가 이루어질 것이다.

사회적 변용 과정을 거쳐 국가마다 특별한 자문화로 정착하는 경향을 보이기도 하는데, 그중의 하나가 중국의 축국을 받아들여 자문화로 만들어가는 과정에서 볼 수 있을 것이다. 예를 들어, 씨름과 비슷한 격투기의 경우에 우리는 씨름이라고 하지만, 중국은 각저(角抵), 각력(角力), 솔각(摔角) 등으로 불리며, 일본에서는 스모(相撲)라 부른다. 물론 경기형태나 방식 그리고 규칙 등도 달리한다. 그런데 축국은 삼국 모두 동일한 蹴鞠(축국)으로 기록하여 왔으며, 서로 즐기는 방식은 다르지만 공통적으로 발과 공을 사용하는 유사한 형태의 놀이로 즐겨왔던 것을 알 수 있다. 특이한 점은 공놀이의 경우에 손과 발을 사용한 형태가 많은데, 축국은 삼국 모두 공통적으로 손을 전혀 사용하지 않았다는 점에서 다른 국가나 지역의 공놀이와 성격을 달리한다.

우리나라의 축국에 대한 연구는 나현성을 통해 시작되었다.[3] 그 후에 조복덕과 이상봉,[4] 김광언,[5] 박귀순 등이 연구물을 발표하는데 그칠 정도로 연구가 폭넓게 진행되지 못하고 있다. 우선 나현성은 한국의 축국이 중국의 한나라와 당나라 때에 한반도에 소개되었으며, 제기차기와 다른 공차기로 전파되었다고 주장하였다. 박귀순은 한국의 축국은 시대별로 다양한 요소가 내포되어 이어져 왔으며, 유희와 세시풍속, 무예, 체육적인 특징을 보이며 발전해 왔다고 언급하였다.[6] 이처럼 중국을 통해 전파되어 정착한 우리 사회에서의 축국의 역사와 특징을 살펴보는 것은 현재까지 계승되었던 축국에 대한 지식을 넓히고 이웃 국가와의 교류사적 이해를 도모하는 동시에 그 역사적 가치와 의미에 관해 기술해 보자.

3) 나현성, 〈韓國 蹴鞠·擊毬攷〉, 《민족문화연구》. 3, (고려대학교민족문화연구소, 1969), 141－180쪽.

4) 조복덕, 이상봉, 〈古代 蹴鞠에 對한 考察〉, 《체육과학연구소논집》. 2, (부산대학교부설체육과학연구소, 1986), 1－14쪽.

5) 김광언, 《동아시아의 놀이》. (민속원, 2004), 390－403쪽.

6) 이 글은 필자(박귀순)의 〈한국의 축국에 관한 연구〉, 《한국체육사학회지》. 20(4), (한국체육사학회, 2015), 1－14쪽의 논문을 보완하고 수정해 집필하였다.

2. 축국의 역사

우리 문헌 중에 축국과 관련된 가장 오래된 기록은 중국보다는 조금 늦은 『삼국사기(三國史記)』에서 볼 수 있다. 『삼국사기』「신라본기(新羅本紀)」의 '문무왕조(文武王條)'를 보면, 다음과 같은 기록이 전해진다.

> "文武王立 諱法敏太宗王之元子 母金氏文明王后蘇判舒玄之季女 庾信之妹也 其妹夢 登西兄山頂坐 旋流徧國內覺 與季言夢季戱曰 予願買兄此夢 因與錦裙爲直後數日 庾信與春秋 公蹴鞠因踐落春秋衣紐庾信曰 吾家辛近 請往綴紐 因與俱往宅"[7]

신라의 화랑이었던 김유신(金庾信, 595-673)과 춘추공(春秋公, 604-661)이 축국을 했다는 기록이다. 그 내용을 살펴보면 다소 설화적인 내용이 있지만, 당시 왕위에 오른 문무왕은 이름이 법민(法敏)이며, 태종왕(太宗王)의 원자였다. 그 어머니는 김씨 문명왕후(文明王后)였으며, 소판(蘇判) 서현(舒玄)의 막내 딸이자 김유신의 누이였다. 그녀의 언니는 어느 날 서형산(西兄山) 꼭대기에서 오줌을 누었는데 온 나라 안에 가득 퍼지는 꿈을 꾸었다. 그녀의 언니는 이 꿈에 대해서 그녀에게 말했는데, 그녀는 비단 치마를 주고 언니의 꿈을 샀다. 이러한 일이 있은 후 며칠 되지 않아서 유신은 춘추공과 축국을 하다가 춘추의 옷고름을 밟아 떨어뜨렸다. 유신은 춘추공에게 집이 가까우니 가서 옷고름 달기를 청하고 함께 집으로 갔다는 의미이다.[8] 이러한 사실을 더욱 구체적으로 뒷받침해 주는 기록이 있는데, 바로 『삼국유사(三國遺事)』이다. 『삼국유사』의 「태종춘추공(太宗春秋公)」에 축국이라는 단어가 두 개 전해진다.[9]

이 기록은 앞에서 언급한 『삼국사기』의 신라본기 문무왕조의 내용을 구체적

---

7) 《三國史記》, 新羅本紀 文武王條.

8) 박귀순, 앞의 글, 4쪽.

9) 初文姬之姊寶姬 夢登西岳捨 溺瀰滿京城旦與妹說夢文 姬聞之謂日 我買此夢 姊日 …(중략)… 旬日庾信與春秋公 正月午忌日 見上射琴匣事乃 崔致遠之說 蹴鞠于庾信宅前 羅人謂蹴鞠 爲弄珠之戱 故踏春秋之裙裂 其襟紐請日入吾家縫之公(《三國遺事》 太宗春秋公).

으로 뒷받침해 주고 있다. 즉 문희는 언니 보희에게 꿈의 내용을 듣고 꿈을 샀던 사실을 두 사람의 이름과 함께 볼 수 있고, 이 일이 있고 얼마 후인 정월 어느 날 오후에 유신과 춘추공이 축국을 했으며, 춘추공이 바지를 밟혀 유신의 집에서 옷깃 수선을 청했던 것으로 나온다. 이때의 인연으로 문희는 춘추공과 결혼을 하고 아들 법민을 낳았는데, 그가 바로 문무제였다. 이 기록은 당시 축국이 행해진 사실을 확인할 수 있는 중요한 대목이기도 하다.

그러나 이 『삼국유사』와 『삼국사기』의 내용 중에 다른 점을 볼 수 있는데, 최치원은 유신의 집 앞에서 두 사람이 한 것은 축국이며, 신라 사람은 축국을 농주지희(弄珠之戱)라고 했다고 기록하였다. 최치원은 『삼국사기』의 「잡지(雜誌)」편에 실려 있는 '향악잡영(鄕樂雜詠)'의 5수(首)[10] 중 금환(金丸)에서 축국과 관련된 내용을 언급하였다. 그 내용은 다음과 같다.

廻身掉臂弄金丸	몸을 돌려 팔을 휘둘러 금환을 노니
月轉星浮滿眼看	달을 돌고 별은 눈 안에 가득하네
縱有宜僚那勝此	어떠한 것이 이를 이길 수가 있으리
定知鯨海息波蘭	바다 파도 소리도 알고 잠잠하네

최치원이 찬양했던 금환에 대해 앞에서 제시한 두 기록을 통해 추정해 보면 그것은 축국과 농주였던 것으로 생각된다. 미화적으로 가미된 의미나 구체적인 재질, 형태는 알 수 없지만, 시에서 묘사된 금환도 축국이나 농주와 같은 의미로 금색 공놀이였던 것으로 보이기 때문이다.[11] 이러한 김유신과 김춘추가 축국을 했던 기록을 통해서 왕족이나 귀족도 축국을 즐겼다는 것을 파악할 수 있다. 이들이 행했던 축국은 신체단련에 목적을 둔 훈련이기보다는 유희적으로 거행된 놀이였던 것으로 보인다. 그리고 축국을 농주 혹은 금환으로도 불리었던 것으로 추정된다.

한편, 중국 수나라의 역사서인 『수서(隋書)』의 「백제전(百濟傳)」을 보면 축구

10) '향악잡영(鄕樂雜詠)'의 5수에 묘사된 다섯 가지 연희는 금환, 월전, 대면, 속독, 산예가 있음.
11) 박귀순, 앞의 글, 4쪽.

에 대해 다음과 같이 기록하였다.[12)]

> "畿內為五部 部有五巷 士人居焉 五方各有方 領一人 方佐貳之 …(중략)… 人雜有新羅高麗 倭等亦有中國人 其衣服與高麗略同 …(중략)… 投壺圍棋樗蒲 弄珠握槊等雜戲也"[13)]

백제에는 투호와 위기(圍棋), 저포(樗蒲), 악삭(握槊), 농주 등의 잡희, 즉 다양한 유희가 있었다. 투호는 화살을 던져 항아리에 넣은 것이며, 위기는 바둑, 악삭은 나무로 만든 주사위를 던지는 것이고, 악삭은 지금의 주사위 놀이이며, 농주는 공놀이다. 여기 농주는 백제에서 즐긴 축국일 가능성도 없지 않으나 그보다는 두 손으로 공을 여러 개 공중으로 던지고 받는 놀이였을 것으로 추정하고 있다. 농주는 농환이라고도 하는데, 앞에서 언급한 『삼국사기』의 「악지(樂志)」에 수록된 내용과 최치원이 쓴 5개의 시인 『향악잡영오기(鄕樂雜詠五伎)』 중의 하나인 금환을 볼 수 있다. 바로 이것을 농환이라 하였다. 최치원의 시에 등장하는 금환은 5세기에 만들어진 고구려 강서(江西) 수산리(水山里) 고분벽화에 등장하는 재주꾼이 여러 개의 공을 하늘에 던져서 주고받는 모습과 같은 형태로 추정한다. 이와 관련해서 『북사(北史)』의 백제 항목에 그 내용을 볼 수 있다.

> "兵有弓箭刀矟 俗重騎射 兼愛墳史 …(중략)… 投壺 樗蒲 弄珠 握槊等戲 圍棋尤尙奕碁"[14)]

이 기록을 보면 백제에는 활과 화살, 도, 창의 병기가 있었으며, 말을 타고 활을 쏘는 기사를 풍속으로 삼아 중시했고 고서와 사서를 즐겼다. 또 당시 투호, 저포, 농주, 악삭 등의 유희가 있었는데, 백제에서는 위기를 특히 즐겼다고 한다.

---

12) 박귀순, 앞의 글, 5쪽.

13) 《隋書》 百濟傳.

14) 《北史》 百濟.

『태평어람(太平御覽)』의 「고구려(高句驪)」에도 축국과 관련된 기록이 전한다.

"唐書曰 高麗者 出自扶餘之別種 其國都於平壤城 …(중략)… 好圍棊投壺之戲 人能蹴鞠"[15]

『태평어람』은 송나라 이방(李昉)이 편찬한 백과사서인데, 당서에 고구려는 부여와 다르며, 수도가 평양성이라고 기록되어 있다. 고구려인은 바둑과 투호를 좋아했으며 축국에 능했다. 중국 『구당서(舊唐書)』의 「동이전(東夷傳)」에도 고구려의 축국에 관한 기록을 볼 수 있다.

"國人衣褐戴弁 婦人首加巾幗 好圍棊投壺之戲 人能蹴鞠 食用籩豆 簠簋 罇俎 罍洗 有箕子之遺風"[16]

글의 내용을 살펴보면, "고구려인들은 베옷(褐)을 입고 고깔(弁)을 썼으며, 부인은 머리에 머리쓰개(머리수건, 巾幗)를 썼다. 바둑(圍棊)과 투호놀이를 좋아했으며, 사람들이 축국에 능하였다. 특히 고구려는 그릇을 다양한 변두(籩豆)를 사용했는데, 이는 기자(箕子)의 풍습으로 계승되었다. 기자는 은(殷)나라의 성인이고, 은나라가 멸망한 후에 그와 백성들이 동쪽인 한반도로 이주해가면서 다양한 중국문화가 전파된 것으로 알려져 있기 때문에 중국 축국의 영향을 받지 않았을까? 특히 당시 "고구려 사람들이 축국에 능하다(人能蹴鞠)"는 기록을 통해서도 평소에 자주 축국놀이에 빠져 살았던 것은 아니었을까? 『신당서(新唐書)』의 동이(東夷)에서도 축국과 관련된 내용이 다음과 같이 기록되어 있다.

"高麗 本扶餘別種也 …(중략)… 俗喜弈 投壺 蹴鞠"[17]

---

15) 《太平御覽》 高句驪.

16) 《舊唐書》 東夷傳.

17) 《新唐書》 東夷傳.

『신당서』에는 『구당서』와 동일하게 고구려에서는 바둑과 투호, 축국을 풍속의 하나로 즐겼다고 기록하였다. 또한 『후한서』의 「고구려전(高句麗傳)」에는 고구려 사람들이 축국을 했다는 기록도 전해진다. 축국은 원래 공차기를 포함하여 공놀이 전체를 포괄하는 개념으로 사용된 용어였다.

당연하게도 축국은 고려에도 전승되었는데, 『고려사』의 「악지(樂志)」 당악(唐樂)의 포구락(抛毬樂)에서 관련된 기록을 찾을 수 있다.

> "兩行花竅占風流 縷金羅帶繫抛毬 玉纖高指紅絲綱 大家着意勝頭籌訖 頭一人進毬門前唱 …(중략)… 滿庭簫鼓 簇飛毬 絲竿紅網惣臺頭 作抛毬戲中 則全隊拜訖 右隊六人舞 一背訖齊 入 樂止全隊唱小抛毬戲中 則全隊拜訖 左二人如上儀唱"[18)]

글의 내용을 풀어보면, 두 줄로 된 꽃 구멍인 화규(花竅)에 풍류를 점유하기 위해서 얇은 금실로 새긴 비단 띠에 던질 공을 매달았다. 화규는 축국의 구문이다. 포구희가 시작되기 전이나 포구희가 끝나면 가무를 즐겼다. 우측 팀 6명이 춤을 추었다고 하는 내용을 통해서 최소 한 팀에 6명 이상으로 구성되어 놀이했던 것으로 추정된다. 『악학궤범(樂學軌範)』의 포구락에서도 이러한 기록을 볼 수 있다.

> "兩行花竅占風流 縷金羅帶繫抛毬 玉纖高指紅絲綱 大家着意勝頭籌 隊頭一人進毬門前唱"[19)]

『악학궤범』의 포구락과 『고려사』의 포구락의 내용에서 보듯, 축국은 골문과 같은 구문을 세우고, 양 팀으로 나누고, 모두 노래와 춤을 추며, 궁중 놀이로 축국을 즐겼던 것으로 보인다. 또 이규보(李奎報, 1168－1241)의 『동국이상국집(東國李相國集)』에도 고려의 축국과 관련된 내용을 찾아볼 수 있다.

---

18) 《高麗史》 樂志 唐樂 抛毬樂.

19) 《樂學軌範》 抛毬樂.

氣滿成毬體	공기가 가득 차서 공이 되었을 땐
因人一蹴冲	사람에게 한 번 채여 하늘 높이 올랐는데
氣收人亦散	공기가 빠지자 사람 역시 내버리니
縮作一囊空	쭈그러져 하나의 빈 주머니가 되었구려

이 내용은 공기가 가득 차 팽팽한 공을 사람이 차면 공 안의 공기가 빠져 쭈그러진 빈공이 되었다는 시의 한 구절이지만, 당시 축국이 거행되었다는 점을 알 수 있는 대목이다.

고려 때에는 삼국시대보다 축국과 관련된 기록이 많지 않다. 단지 이때의 축국은 양 팀을 구분해서 노래와 춤을 추며 즐겼던 놀이, 궁중의 연희 종목의 한 형태로 행해졌던 것으로 보인다. 고려의 축국은 돼지 방광 또는 태(胎) 등에 바람을 넣어 공을 높이 차는 것으로 제기차기에 가까운 형태의 공놀이였다.

조선시대의 축국은 중국의 영향을 받아 전승되었는데, 『별록(別錄)』과 조선의 『무예도보통지(武藝圖譜通志)』[20]를 보면, 그 기원을 중국의 황제에 두고 있다.

> "蹴鞠者 傳言黃帝所作兵勢 或日 起戰國之時时 蹴鞠 兵勢也 所以練武士知有材也 因嬉戲 而講習之 …(중략)… 陝書通志日 蹴毬始于唐 植兩脩竹高數丈 絡網于上爲以度毬"

이 기록을 보면, 축국은 황제가 만든 병세의 기본 또는 전국시대부터 군사훈련과 이를 통해서 재원을 뽑아 쓰기 위한 수단으로 이용되었다. 축국을 하는 이는 모두가 즐기며 배웠다고 한다. 『섬서통지(陝書通志)』에서는 축국이 당나라 때에 시작되었다고 기록되어 있다. 여기에 축국이 아닌 축구(蹴毬)로 기술된 것이 특이

---

20) 『무예도보통지』는 조선의 22대 왕인 정조(正祖)가 선부의 뜻을 계승하고, 국방을 강화하기 위한 무예를 정립할 필요성을 인식해 간행된 무예 서적이다. 정조의 명령을 받은 규장각의 이덕무(李德懋)와 박제가(朴齊家), 그리고 장용영의 초관이었던 백동수(白東脩)가 중국문헌 128권, 한국문헌 14권, 일본문헌 3권 등을 참조로 간행하였다(박귀순, 〈『무예도보통지』의 예도에 관한 연구〉, 《한국체육사학회지》. 22(5), (한국체육사학회, 2013), 4쪽).

하다.[21] 축국은 당나라에 기원을 두기보다는 당나라 때에 변화, 변용된 것으로 볼 수 있다. 진나라 황제 때에 시작된 축국은 당나라 시기에 격구로 변화된 형태가 나타나기도 하였다.

> "中山時話曰 鞠皮爲之 實以毛而戲 晚唐已不同云者 古之毛丸變爲皮丸及木丸而古之足踢 變爲馳馬之謂也"[22]

이 글의 「중산시화(中山時話)」에 따르면, 국(鞠)은 가죽으로 만드는 것이었으나, 실제 털로 놀이를 했다. 당나라 말기에 이미 다르다고 말하는 것은 예전에 털로 만들었던 공이 가죽이나 나무 공으로 변했고, 발로 찼던 것이 말로 타고 치는 것으로 변화되었다고 한다.[23] 이 내용에서 알 수 있는 사실은 당나라 말기에 들어서면서 발로 차던 축국이 말을 타고 달리며 나무 막대기로 치는 격구 형식으로 변화되어 갔음을 알 수 있다.

축국은 조선 초에 격구와 함께 사회적 폐단이 많이 대두되어 폐지가 논의되기도 하였다. 세종 7년(1425)에 사간원에서 격구(축국)를 폐하자는 청을 올렸던 것이다.

> "司諫院 臣等 竊觀兵曹關 武科試取及 春秋都試 并試擊毬之藝 此令士卒 習武藝之探廬也 然吾東方擊毬之戲 始於前朝盛時 及其季世 徒爲遊觀戲謔之具 而豪俠之習日盛 聞有補於國家也 漢唐之蹴(掬鞠)擊丸 亦皆類此 雖曰習戰 皆爲戲事 非萬世之規範也 …(중략)… 今我國家於 訓鍊武藝 旣有騎射弄槍之習 何待擊毬之戲 然後爲有助乎 然則是法也 非徒無益於當時 恐有流弊於後世也 伏望停擊毬之法 以杜將來之弊"

21) 박귀순, 앞의 글, 9－10쪽.

22) 《朝鮮王朝實錄》 世宗實錄.

23) 박귀순, 앞의 글, 10쪽.

이 글의 내용을 풀어보면, 무과 시취에 격구 항목이 있고, 무예 연습과 훈련을 위해 격구가 성행했는데, 고려 말부터 격구가 하나의 놀이 도구가 되어 국가에도 도움이 되지 않는다. 이러한 격구는 한나라 시기나 당나라 시기의 축국 및 격환과 같이 전투를 위해서 익혔지만, 놀이로 전락했다는 내용이다. 또 조선에서 이미 기사와 창으로 무예훈련을 하고 있는데 놀이성이 강한 격구 훈련은 도움이 되지 않다고 강조하고 있다. 따라서 격구는 후세에도 폐단의 영향이 있으니 격구법을 제정하자고 청하였다. 그러나 세종은 사간원의 격구법 금지 주청에 대해서 다음과 같이 언급하였다.[24]

> "上曰 予謂擊毬之事 不必如此極言之 …(중략)… 上曰 此法創自黃帝 歷漢唐以至宋元 代各有之 彼豈不知弊而爲之 祇欲其習武耳 前朝之季 亦行此事 其亡國 豈擊毬之所致哉 予之設此非爲 戲謔 欲令軍士習武藝爾 且擊毬之所 在於郭外 何弊之有"[25]

세종이 말하기를, 격구를 즐기는 법은 이미 중국의 황제 때부터 시작되었으며, 한나라, 당나라, 송나라, 원나라에도 있었는데, 그들은 작은 폐단이 있어도 무예훈련을 위해서 행해졌다. 전 왕조인 고려가 망한 것은 단지 격구 탓이라고만 할 수 없을 뿐만 아니라, 격구는 놀이를 위한 것이 아니라 군사의 무예훈련을 위한 것이라고 하였다. 특히 격구는 성안에서 행해지는 것이 아니라 성 밖에서 이루어지므로 폐단은 없다고 강조하였다.[26] 이 두 기록에서 격구가 중요하게 논의되었지만, 축국과도 관련이 있다. 격구가 축국과 같이 놀이인 동시에 무예훈련으로 행해졌다는 중요한 근거가 되기 때문이다. 축국이 놀이뿐만 아니라 군사훈련으로 행해진 것은 또 다른 기록에서 찾아볼 수 있다.

1592년 임진왜란이 일어나 전쟁이라는 비상 상황 속에서 선조는 군사훈련에

---

24) 박귀순, 앞의 글, 7－9쪽.

25) 《朝鮮王朝實錄》 世宗實錄.

26) 박귀순, 앞의 글, 7－9쪽.

대해서 신하들과 논의하였다. 이때 군사훈련의 수단으로 축국이 언급되었다.

"上曰 科道官 未知因何事來乎 …(중략)… 上曰 予嘗以教人急走事傳教矣 紀效新書亦有之 古人 亦有荷沙而走者 此乃習其血氣之强也 德馨曰 天兵有拳鬪之戲(博搏)肩博膝 未嘗少休忠謙曰 李提督有時 與其兄弟爲之蹴鞠云 上曰 中國將官 無不身習各藝 我國人性緩 袖手而莫之爲 亦習俗使然也"[27)]

이 내용을 풀어보면, 선조와 신하들 간에 벌어진 군사훈련에 대한 논의 과정 중에 신하인 충겸(忠謙)은 명나라 제독인 이여송(李如松)이 시간이 날 때마다 군사들과 축국을 한다. 이 훈련은 명나라 군사들이 빨리 달리고 움직이는 데 도움이 되었다고 하였다. 선조는 우리 군사들에게 빨리 달리지 못하는 것을 한탄하며 우리의 습관과 풍속이 이러한 결과를 초래했다고 지적하였다. 현대 군대에서도 놀이나 게임의 일환으로 축구를 하지만, 체력훈련이나 팀의 단합 등을 위하기도 축구를 한다. 이처럼 명나라 이여송과 그의 군사가 행한 축국이 놀이를 비롯한 군사훈련이나 단합과 같은 정신훈련의 일환으로 이루어졌던 것으로 추정할 수 있다. 이러한 내용은 『무예도보통지』에서도 볼 수 있다.

"蹴鞠者 流分爲二途 氣毬者足踢者也 擊毬者騎馬 而以杖擊之者也"

이 기록을 풀어보면, 격구는 발로 차는 기구(氣毬)와 말을 타고 막대로 치는 격구로 구분된다고 하였다. 여기서 기구는 축국과 같은 의미로서 혼용된 것으로 추정된다. 조선에는 축국이 세시풍속이나 연중행사에서도 행해지기도 하였다. 홍석모(洪錫謨)의 『동국세시기(東國歲時記)』에는 다음과 같은 기록을 볼 수 있다.

"丁壯年少者 以蹴鞠爲戲 如大彈丸 上揷稚羽 兩人脚勢 相交以連蹴 不墜爲善技"

---

27)《朝鮮王朝實錄》宣祖實錄.

이 내용을 보면, 젊은 장정들이 유희로 축국을 하는데, 큰 탄환과 같은 크기의 공 상단에 꿩 깃을 꽂았다. 두 사람이 서로 발로 받아 차는데, 땅에 떨어뜨리지 않는 것이 잘 차는 기술이라고 하였다.[28] 참고로 땅에 떨어트리지 않고 차는 축국은 일본의 게마리(蹴鞠)와 동일한 방식이다. 홍석모가 기록한 축국은 어떤 훈련이나 경기보다는 재미를 위한 놀이로 행해진 것으로, 고단위 기술에 대한 언급을 통해서 평소 연습을 많이 한 것으로 보인다. 세시풍속으로 행해졌던 축국은 비교적 유희적인 성격을 띠고 두 사람이 한 조가 되어서 이루어졌다. 축국은 고려에서는 다양한 유희 또는 잡희의 하나로 행해졌으며, 조선에 들어와서는 섣달 그믐날에 악귀를 몰아내는 행사인 나례에서 거행되기도 하였다.

『삼국사기』, 『삼국유사』, 『향악잡영오기(鄕樂雜詠五伎)』이나 중국의 『후한서』, 『수서』, 『태평어람』, 『구당서』, 『신당서』, 『북사』와 같은 문헌 기록을 통해서 축국이 1세기에서 3세기에 이미 한반도에 있었으며, 고구려에서는 축국, 백제에서는 농주, 신라에서는 축국, 농주, 금환 등으로 불렸던 것을 알 수 있다. 이러한 삼국시대에는 축국은 단지 발로 차는 형태가 아니라 손으로 던지고 받거나 발로 공을 높이 차는 등의 놀이, 게임, 시연 형태로 행해졌다.

고려시대에 들어서면서 엄밀한 의미의 격구가 발달하게 되었는데 그 이유는 격구가 기병들이 기병술을 연마하는 데 도움이 되었기 때문일 것이다. 다시 말해, 후삼국시대(後三國時代)에 발달된 격구가 고려에 이르러서는 말 타기와 활쏘기에 능숙한 북방민족의 침입에 대비한 기병술 향상에 중점적인 목표로 삼았기 때문에 그 중요성이 더욱 강조되었던 것이다. 격구의 발달은 보병훈련의 수단이었던 축국을 위축시키는 데 영향을 주었다. 그러나 이 격구의 발달로 축국이 민간을 중심으로 성행하게 되는 계기로 작용한다. 비록 축국은 격구에 비해서 성행되지 못했지만, 포구락이 손으로 주고 받고 던지는 놀이의 형태라는 점을 고려한다면, 삼국시대와 같이 다양한 형태의 축국이 행해졌을 가능성도 충분히 고려해 볼만하다.

조선시대에도 고려의 격구와 함께 축국이 전승되었는데, 축국은 공에 깃털을 단 축국을 축치구(蹴雉毬)라고 했으며, 척구(踢毬), 답국(蹋鞠) 등 다양한 이름으로

---

28) 박귀순, 앞의 글, 10쪽.

불렸다. 그리고 주로 겨울에 행해지는 세시풍속으로 변화한다. 특히 놀이와 같은 유희적 성격과 함께 군사훈련 성격을 현저히 드러내며 행해졌다. 이는 세종이 사간원에서 격구의 폐단을 논하며 격구와 함께 축국 등을 정지시키자는 신하들 요청에 대해서 그렇게 할 수 없다는 굳은 의지를 표명한 것만 보아도 알 수 있다.

세월이 흘러서 선조가 신하들과 군사훈련에 대한 논의 과정 중에 명나라 이여송과 그의 군사들이 평소 축국을 통해서 훈련을 하고 있는 반면에, 우리 군사들은 그렇게 하지 않고 있다는 것을 한탄했던 점도 축국이 군사 훈련의 중요한 수단이었음을 파악할 수 있다. 고려와 달리 조선에서 축국은 전국적으로 보급되었고, 특히 유소년들의 놀이로 정착되어 갔다. 그러나 그 형태는 공을 이용해 만든 제기차기와 엽전을 이용한 제기차기의 형태로 변용되었으며, 조선시대 후기까지 겨울철의 세시풍속으로 아이들이 가장 즐기던 놀이로 자리 잡았던 것으로 추정된다.

결론적으로 축국이 한반도에 유입된 가능성을 찾아보면, 첫째, 기자가 한반도로 이주했을 때 한반도로 유입된 가능성이 있고, 둘째, 고구려나 백제를 통한 한반도로의 유입 가능성이 제기된다. 셋째, 한국과 중국의 다양한 교류를 통한 한반도로의 유입 가능성을 고려할 수 있다.[29] 현재 축국은 서양에서 제도화된 사커(Soccer)가 도입되면서 혼합과정을 거쳐 현대 경기 축구로 변화되었다. 현재 전통 축국의 자취를 더듬는 것은 그다지 쉽지 않은 작업이다.

3. 축국의 특징

한국의 축국은 놀이 형식에 따라 양 끝에 구멍을 파놓고 공을 넣거나 마당 양쪽에 설치된 공문에 공을 넣는 형태, 그리고 오늘날 제기차기(踢毽子)와 같은 형태가 있었다. 축국에서 사용한 공은 털이나 가죽 등으로 만들어졌는데, 조선시대 이전과 이후에 다른 형태를 보이기도 하였다. 이에 관한 내용은 『무예도보통지』에서 볼 수 있다.

---

29) 박귀순, 앞의 글, 12-13쪽.

"風俗通日 丸毛謂之鞠 三蒼解詁日 毛丸可蹋 初學記日 鞠卽毬字今蹴鞠日 戱毬古用毛糾結爲之 今用皮以胞(兒生裏也 案此卽用牛膀胱爲毬裏也) 爲裏嘘氣閉 而蹴之仲無頗(唐詩人)氣 毬賦日 彼跳丸之 與蹴鞠又何 足以加之 …(중략)… 漢書枚棄(漢淮陰人 官弘農都尉)傳注 蹴足蹴 之也 鞠以韋爲之中實 以物蹴蹋爲戱樂也"

이를 풀이해 보면, "풍속 통에 따르면 둥근 털을 국(鞠)이라 했으며, 『삼창해고』에서는 둥근 털로 차기를 할 수 있다고 하였다. 『초학기(初學記)』에 따르면, 국은 구(毬)이며, 공놀이로서 이전에는 털을 얽어서 사용했다고 하였다. 그리고 가죽으로 싸고 태보[30]를 속으로 삼아 허기를 막고 찼다. 당나라 시인이었던 중무파(仲無頗)의 「기구부(氣毬賦)」를 보면, 저쪽에서 뛰면서 굴려서 찼으며, 어느 발이든 관계없이 발로 찬다"고 쓰여 있다. 또한 『한서(漢書)』의 매승(枚棄)은 축(蹴)이라고 하는 것은 발로 차는 것이라 하고 국(鞠)은 다룸가죽(韋)으로 중간에 물건을 넣어 채우고 차는 것으로 즐거운 놀이라고 하였다. 조선시대 이전에는 털로 만든 공이 사용되었으며, 조선시대에는 소의 태보나 소의 방광을 속으로 해서 가죽으로 싸고 공기를 넣은 공이 사용되었다. 조선시대 축국은 속을 채운 가죽 공을 발로 차는 놀이였으며, 그 기본 원리가 축, 다시 말해 발로 차는 것이었다.[31] 삼국시대와 고려의 축국은 손으로 주고받거나 발로 차는 다양한 형태가 존재했다면, 조선에서는 축국의 기본 원리가 발로 차는 것으로 체계가 변용된 것으로 보인다.

조선의 축국은 무예적인 요소도 갖추게 되었는데, 이에 관한 내용도 『무예도보통지』가 기준을 삼아 다음과 같이 분류하였다.

"史記正義日 蹴鞠書 有或說篇 卽今之打毬也 蹴踘譜日 每人兩踢名打 二曳開 大踢名白打 武經第十八般武藝(一弓二弩三槍四刀五劍六矛七盾八斧九鉞十戟十一鞭十二簡 十三撾十四殳 十五叉十六杷頭十七綿繩套索十八白打)有白打 韋莊時上相 閒分白打錢者是也"

30) 소의 방광을 공의 속으로 삼았다.

31) 박귀순, 앞의 글, 9쪽.

『사기정의(史記正義)』[32]에 따르면, 「축국서(蹴鞠書)」의 역설편(域說篇)에 당나라에서 축국은 타구(打毬)라고 하였다고 쓰여 있다. 「축국보(蹴鞠譜)」에는 사람마다 두 번 차는 것을 타(打)라고 불렀으며, 두 번 끄는 것을 개(開), 크게 차는 것을 백타(白打)라 하였다. 『무경(武經)』의 18반(般) 무예[33] 중에 백타가 있다. 위장(韋藏)의 시에 상상(上相; 영의정)들 사이에 백타전을 했다는 기록이 바로 이 내용이다. 여기서 사람마다 두 번 차는 것을 타(打)라고 했고, 크게 차는 것을 백타(白打)라고 한 것을 알 수 있다. 『무경』의 18반 무예 중에 백타가 있는 것을 강조한 것은 축국 또한 백타로 보고 있음을 알 수 있다. 이를 통해 당시의 축국은 백타와 같이 기본적인 무예로서 수련되고 훈련되었을 가능성이 충분히 고려된다.[34] 백타는 맨손무예를 뜻하는 것으로 모든 병기 무예의 기본이자 기초였다. 여기서 축국을 백타와 같은 것으로 취급하고 있다는 것은 축국 역시 병기 무예의 기본으로 여겼다는 점을 추정할 수 있다.

나현성(1969)은 앞에서 언급한 『동국세습기(東國歲習記)』의 축국과 관련된 내용을 통해서 조선 축국의 형태를 분석하였다.

"丁壯年少者 以蹴鞠爲戲 如大彈丸 上揷稚羽"

그는 대탄환(大彈丸)을 오늘날의 공 크기로 처음에는 모발이나 겨(糠)를 가득 넣어 만들었고, 점차 발달하여 공에 공기를 넣어 기구(氣毬)를 만들어 사용되었을 것으로 추정하였다. 이어서 그는 당시 사용하였던 공 모양의 크기와 모양을 국립박물관에 소장된 완석(玩石)과 단석(團석)의 일람표를 참고로 조선시대에 사용되었던 축국의 형태를 다음과 같이 분석하였다.

---

32) 『사기정의(史記正義)』는 사기의 주석서로 당나라 장수절(張守節)이 저술하였다. 『사기집해』, 『사기색은』과 함께 사기3가주(史記三家注)라 불리며 30권으로 되어 있다. 서문에 의하면 당나라 개원(開元) 24년(736년)에 저작되었다고 한다.

33) 명대의 사조제는 18반 무예를 궁(弓), 노(弩), 봉(鋒), 도(刀), 모(矛), 순(盾, 방패), 부(斧). 월(鉞), 극(戟), 편(鞭), 강(鐧), 괴(拐, 지팡이), 타(朶, 팔각 몽둥이), 차(叉, 삼지창), 파두(爬頭, 갈고리), 면승투삭(綿繩套索, 밧줄던지기), 白打(백타, 맨손무예)라 하였다.

34) 박귀순, 앞의 글, 10쪽.

축국의 크기와 모양[35)]

완석(琬石)	별대완구(別大琬球)	大琬球	中琬球
내원경(內圓徑)	1尺 8寸 5分	1尺 3寸 5分	1尺
단석양(團石量)	120斤	45斤	35斤

축국의 경기방식은 영국 길거리 축구와 같이 일정한 규칙이 없었으며, 넓은 운동장이나 구문(球門)이 없어도 평평한 잔디밭이나 추수를 마친 논, 또는 밭과 같은 곳에서 하였다. 보통 두 편으로 나뉘어 서로 공을 빼앗아 자기편끼리 가지고 놀거나 마당 양 끝에 종점선을 그어 놓고 공을 몰아가다가 그 선 밖으로 차 넘기기 내기를 하였다. 다른 방법으로 구문(毬門)을 설치하는 방법도 있었는데, 그중에 하나는 운동장 양 끝에 구문을 하나씩 세우고 양편에서 각각 한 문씩 맡아 공을 먼저 구멍으로 몰아넣기를 하는 것으로 오늘날의 축구와 비슷한 방법이고, 다른 하나는 운동장의 중간에 구문을 세우고 그 양쪽에 두 편이 갈라서서 공을 차 넘기는 방법이었다. 구문의 아래 부분에는 그물을 쳐서 공이 지나가지 못하게 하였는데, 이는 오늘날의 발로 하는 배구와 같은 족구와 같은 형태로 추정된다. 그 밖에 옛 기록에 보이는 것처럼 공을 땅에 떨어뜨리지 않고 서로 주고받거나 오래 차는 방식도 행해졌을 것이다.[36)]

축국의 또 다른 형태로 변용된 짚공차기는 주로 남자아이들이 겨울철 논배미에서 짚으로 만든 공을 차고 노는 놀이였다. 남자아이들, 또는 어른들이 두 편으로 나뉘어 가을철 수확기에 벼를 벤 텅 빈 마른 논배미에서 짚공을 축구공처럼 차고 노는 것을 말한다. 짚공차기는 요즘의 축구와 같이 일정한 구역 안에서 양쪽에 골대를 만들어 놓고 거기에 서로 공을 차서 많이 넣는 쪽이 이기는 놀이였다. 놀이 방식을 보면, 먼저 양편으로 갈라 사람 수를 정한다. 특별히 몇 명이라고 정해진 것은 없으나 양편을 공평하게 나누고 문잡이(문지기)를 세운다. 특별한 입체식 골대나 돌 더미 등을 설치하는 것은 아니고 빙 돌려 금만 그려놓고 놀았다. 그리고 놀이판의 중앙에도 꼬챙이를 가지고 요즈음의 축구장처럼 금을 그려서 경기

---

35) 나현성, 앞의 글, 145쪽.

36) 네이버지식백과: 축국(2019.06.01. 검색).

장 표시를 한다. 문잡이는 공을 잡을 수 있고 대부분 골문만을 지키도록 되어 있다. 짚공이 놀이터의 금 밖으로 나가게 되면 다시 하게 되고, 이때 심판은 따로 없고 공이 골문 안으로 들어가면 점수를 인정받게 된다. 그러다 보면 경기가 과열되어 격렬하게 진행되어 어떤 경우에는 큰 싸움으로 변해 난장판이 되기도 한다.

짚공차기는 경기 시간을 특별히 정하지 않았으며, 무한정 즐기면서 공을 많이 넣는 편이 이기는 경기였다. 점수를 매기는 방식으로는 한쪽 땅바닥에 작대기로 넣는 숫자만큼 금을 그을 때도 있고, 작은 돌멩이를 점수가 난 만큼 갖다 놓는 경우도 있다. 보통 열댓 살 아이들이 노는 놀이인데, 그보다 더 어린아이들은 위의 형들이 만들어 준 짚공을 가지고 그들대로 놀았다. 때로는 열댓 살 먹은 아이들이 동생들을 불러다가 짚공차기 싸움을 붙이기도 하였다. 1950년대 초에 많이 놀았던 놀이라고 할 수 있다. 그 이전에 축국은 도시를 비롯해 전국적으로 발달한 것으로 보인다. 돼지 오줌보로 공을 만들어 차는 것은 도시지역을 중심으로 행해졌고, 그 이외에 농촌지역에서는 추수를 한 후에 짚으로 공을 만들어 차며 놀았다. 농경시대에 한국인들은 짚을 이용하여 여러 도구를 만들어 사용했고, 짚으로 공을 만들어 사용했는데 이를 짚공차기의 연원으로 추정할 수 있다. 이처럼 축국은 조선 말기까지 겨울철 세시풍속으로 가장 신나는 아이들의 놀이였다고 할 수 있다.[37)]

짚공차기의 도구는 역시 둥글게 만든 짚공이다. 짚공은 새끼를 가늘게 꼬아 둥글게 망을 짜고 그 속에 짚을 넣어 만든 것이다. 짚을 넣고 겉을 단단히 얽어매면 안에 있는 내용물이 밖으로 나오지 않고, 맨발로 공을 차도 아프지 않다. 짚공차기의 놀이 장소는 주로 논배미를 활용하여 놀거나 공터, 또는 골목길을 이용했다. 여기에 짚공을 차서 넣을 수 있도록 구멍을 짚으로 엮어 만들거나 적당한 목표물을 설치해 두고, 그것을 맞추었다. 때로는 설치물 없이 흙바닥에 금을 그어 공을 차 넣을 수 있도록 놀이 장소를 설정하여 두기도 하였다.[38)]

짚공차기는 농경문화가 정착한 이후 발생되었으며, 늦가을 벼농사 수확을 마

---

37) 네이버지식백과: 짚공차기(2019.06.01. 검색).
38) 네이버지식백과: 짚공차기(2019.06.01. 검색).

친 이후에 빈 공터와 같은 장소에서 유희적인 짚공차기를 하였다. 때로는 윗동네와 아랫동네와의 격렬한 경기가 전개되었으나, 고된 농사를 마치고 수확의 기쁨을 함께 공유하는 축제와 같은 유희성의 경기였음을 알 수 있다.

이러한 내용을 통해서 삼국시대부터 근대에 이르기까지 공을 이용한 다양한 놀이가 있었으며 즐겼던 것을 알 수 있다. 조선시대 기록에 등장하는 축국은 요즘의 제기차기와 비슷하면서도 조금은 달랐다. 공에 깃털을 단 축국을 축치구(蹴雉毬)라고 했고, 축국은 척구(踢毬), 답국(蹋鞠) 등 다양한 이름으로 불렸으며, 주로 겨울에 행해지는 세시풍속으로 발전해왔다. 그러나 1882년에 서양의 축구가 인천을 통해 들어오면서 제기차기 위주로 발전하던 축국은 다시 골문에 골을 넣는 축구로 발전하였다.

축국은 원래부터 공차기를 포함한 공놀이 전체를 포괄하는 개념으로 사용한 용어였기 때문에 공차기, 공 던지기, 공 던져 넣기 등의 운동형식을 모두 총칭해서 축국이라는 용어로 사용되었다. 이처럼 축국의 종류가 다양했기 때문에 그 특징도 각양각색으로 나타나는데, 지금까지 한반도에서 행해진 축국의 형태를 다음과 같이 구분할 수 있다.

첫째, 운동장 양 끝에 구멍을 파놓고 공을 넣는 형태

둘째, 운동장 양쪽에 설치된 공문에 공을 넣는 형태

셋째, 오늘날 제기차기와 같은 형태

이러한 형태 중에 첫 번째와 두 번째 형태는 주로 군사훈련에 이용되었고, 세 번째는 민간에서 놀이로 발달하였다. 즉 한국의 축국은 오늘날 어린이들이 즐기는 제기차기와 같은 형태의 공차기로 땅에 떨어뜨리지 않고 차올려 경쟁하는 놀이로 발달했다고 보는 것이 타당할 것이다.

우리의 축국의 기원은 중국에 두고 있으며, 시대별로 다양한 특징이 내포되어 있다. 시대별 문헌의 기록을 통해서 중국에서 한국으로 축국이 도입되는 가능경로를 고려할 수 있다. 축국의 축(蹴)은 발로 차는 것을 의미하지만, 통일신라시대 이전의 손으로 던져서 주고받은 기록을 통해서 차는 것에 국한된 의미만은 아닌 것으로 보인다. 또한 국(鞠)은 풀이나 털 등을 얽거나 태보, 공기 등을 넣거나 주입해서 겉을 싸는 공을 의미하였다.

이러한 내용들을 통틀어 결론을 내린다면, 통일신라시대 이전의 축국은 고구려, 백제, 신라에서 다양한 이름으로 명명되었다. 고구려에서는 축국, 백제에서는 농주, 신라에서는 축국, 농주, 금환이 있었다. 당시의 축국은 놀이나 풍습 등으로 행해졌다고 추정된다. 그리고 고려시대에 들어와 축국은 손으로 던지거나 주고받거나 발로 공을 높이 차는 형태의 공놀이, 게임, 시연 등의 형태로 이루어졌다. 무인정권 때에는 시대적 배경과 함께 격구가 유행했던 반면 축국은 그다지 성행되지 못했던 것으로 추정된다. 또 조선시대의 축국은 일정한 형식에 구애받지 않고 이루어진 공놀이, 공을 땅에 떨어뜨리지 않고 서로 주고받는 형태, 양쪽의 구문에 공을 넣은 형태 등으로 행해졌으며, 세시풍속으로도 거행되었다. 한자어인 '축국'에 우리말 음을 넣어 '적이'라 하였다고 한다. 그 후에 '적이'란 발음이 '제기'로 바뀌어 제기차기가 되었다는 설도 회자되고 있다. 조선시대에는 축국이 놀이와 함께 무예수련 항목으로 대두되기도 하였다.

4. 나가며

우리의 축국은 중국으로부터 전래되어 다양한 이름으로 보급되었지만, 고려시대에는 왕을 비롯한 귀족들의 신체 수련과 오락으로 기능하며 활발히 거행되었다. 조선시대에는 군사들의 훈련방법의 하나로 『무예도보통지』에 기록될 정도였다. 조선 말기의 문호개방과 사회개혁이 시작된 이후에 근대적 제도가 보급되는 과정에서 서양 축구가 도입되면서 축국의 흔적을 찾기가 어렵게 되었다. 특히 1882년 서양의 축구가 인천을 통해 들어오면서 어린이들의 놀이로 정착한 제기차기 위주의 축국은 다시 골문에 골을 넣는 영국식 축구로 대체되는 신세로 뒤바뀐다.

예전의 제기차기 형태의 공차기나 족구 등과 같은 축국은 1970년대까지만 해도 많은 어린이들이 동네 골목이나 운동장에서 차고 노는 놀이로 남아 있었지만, 축구의 인기로 현대사회에서는 거의 제기차기하는 모습을 보기가 더욱 어려워졌다. 한국의 축구 인구는 늘어 세계적인 선수가 나오고 있고, 올림픽경기나 월

드컵 경기에서 좋은 성적을 거두기도 하였지만, 옛 축국에서 파생된 제기차기와 같은 놀이에 관심을 갖는 아이들을 볼 수 있는 시절을 기대해 본다.

편쌈(석전)

1. 들어가며

석전(石戰)[1)]은 많은 사람이 두 팀으로 나뉘어 돌을 던지며 싸우는 것을 의미하는데 대부분 강변이나 거리 등지에서 행해졌으며, 원래 고대시대의 부족이나 민족 간에 행해져온 싸움이나 전쟁에 사용된 전투법 중 하나에서 파생되었다고 보인다. 시대적으로 싸움과 유희의 경계가 없던 문화에 관해 네덜란드의 요한 하위징아(Johan Huizinga, 1872－1945)는 고대 전쟁의 유희적 요소에 대해 “고대인의 생각 속에서는 싸움과 유희의 두 아이디어가 절대적으로 혼용되어 있다”고 설명하였으며, “일정한 규칙을 따르는 싸움은 바로 그 제약 때문에 유희의 형태적 특징을 띠게 된다”고 하였다.[2)] 특히 남성적이고 열정적이며 전투적인 성격이 강한 석전은 전쟁을 방불케 하는 싸움놀이 중의 하나라고 할 수 있는데, 이처럼 싸움의 문화적 속성이 포함되어 있다는 점을 가장 잘 보여주는 전통 놀이이다. 한국에서 1960년대까지 여러 지방에서 자주 즐겼던 석전은 돌이라는 무기를 사용하여 마을 단위의 사람들이 개천이나 넓은 도로 등을 경계로 삼고, 서로 편을 나누어 일정한 거리를 두고 돌팔매질을 하여 달아나는 편이 지는 것으로 승부를 보는 놀이이다.

---

1) 편쌈의 명칭표기가 다양하나 필자는 연구물에서 가장 많이 사용되는 석전(石戰)이라는 명칭으로 서술하고자 한다.

2) 이종인 역, Johan Huizinga 저, 《호모루덴스: 놀이하는 인간》. (연암서가, 2010), 179쪽.

예전부터 전해져 온 석전은 명칭의 표기 역시 다양하여 편쌈, 편싸움, 돌싸움, 돌팔매라고도 하는데, 한자 문화권에 속하는 우리나라에서는 석전희(石戰戱), 석편전(石便戰), 편전(便戰), 척석전(擲石戱戰), 변전(邊戰: 편싸움)으로 표기하기도 하였다. 우리 석전이 벌어지는 기간은 일본과 비슷해 주로 정월대보름과 단오절 행사로 거행되어 왔다.

19-20세기 초 한양을 방문한 외국인들은 서로 돌을 던지며 전투를 방불케 하고 사상자가 발생하기도 하는 이 과격한 전통놀이에 관해 매우 큰 호기심을 가지면서 민속학적 연구가 시작되었다.[3] 특히 우리 문화와 관련된 항목들이 대부분 일제강점기를 전후해 일본인 학자들에 의해 시작되는 경우가 많았는데, 석전에 관한 연구도 그러한 과정을 피해 가지 못했다.

잠시 일본인들의 연구를 살펴보면, 야기 소자부로(八木奘三郎, 1866-1935)는 석전에 대해서 원시시대에 돌을 던지던 것이 고대 사회에서 전투에 필요한 연습을 위한 행사로 변하였고, 이 현상이 고려와 조선으로 이어지면서 민속놀이로까지 확산되었다. 다시 말해서 석전은 원시시대부터 전해 내려오는 전쟁법을 가리키는 하나의 유풍이었다.[4] 일제강점기의 경찰이자 민속학자였던 이마무라 토모(今村鞆, 1870-1943)는 일본의 석합전(石合戰)과 한국의 석전은 많이 닮아있고 통하는 점이 많다. 풍속계통으로 보아도 고대 사회부터 동일한 것이었다는 점을 고증할 수 있기 때문에 민속학적으로 연구해야 할 가치가 충분하다.[5] 이노 카노리(伊能嘉矩, 1867-1925)는 석전이 두 무리로 나뉘어 서로 돌을 던지며 싸우는 패싸움의 하나로 조선뿐만 아니라 중국과 일본에서도 발견할 수 있는 보편적인 전통문화[6]라고 언급할 정도였다.

---

3) 김창석, 〈석전의 기원과 그 성격 변화〉, 《국사관논총》. 101, (국사편찬위원회, 2003), 1쪽.

4) 八木奘三郎, 〈朝鮮の石戰風習〉, 《人類學雜誌》. 32(1), (1917), 1-6쪽.; 『손진태선생전집2』. (태학사, 1981), 155-171쪽.

5) 今村鞆, 〈日本竝に朝鮮の石合戰〉, 《歷史民俗朝鮮漫談: 第2版》. (南山吟社, 1928), 38쪽. 이마무라 토모는 1908년에 조선으로 건너왔다. 충청북도 경찰부장을 시작으로 강원도, 평양, 제주경찰서장을 지내며 민속학에 관심을 두고 자료를 수집하였다. 조선민속학회와 긴밀한 관계를 가지며 민속학 분야 연구에 몰두하였다. 1912년 처음으로 『조선사회고(朝鮮社会考)』를 출판한 후 『조선풍속집(朝鮮風俗集)』과 『조선만담(朝鮮漫談)』 등을 출판하였다.

6) 伊能嘉矩, 〈石戰風習に就きて思ひ出づるまにく〉, 《人類學雜誌》. 32(3), (1917), 77-80쪽.

근대에 들어와 한국에서도 전통문화에 관한 관심이 커지면서 석전과 관련된 연구가 시작되었다. 우선 민속학자인 손진태(孫晉泰, 1900-?)가 한반도의 각 지역에서 거행하고 있는 석전의 풍습을 조사하여 이것이 보이는 현상과 유래에 대해 전체적으로 검토하였다.[7] 그는 석전의 유래에 관해 『신증동국여지승람(新增東國輿地勝覽)』의 「김해풍속조(金海風俗條)」의 기록을 토대로 우리나라 석전은 군사적인 목적으로 시작하여 병사를 훈련하거나 특수한 부대를 편성하기 위한 것[8]이라 하였는데, 이는 어쩌면 일제강점기라는 시대적 상황에 처해 있던 당시의 형편에서 보면, 우리 민족의 전통문화와 정신을 고무시켜 민족적 정체성을 표상하는 수단으로 삼으려는 의식이 크게 작용한 결과로 보인다. 손진태의 연구 이후 석전은 민속학의 영역을 넘어 역사학, 체육학 등 다양한 연구 분야에서 관심을 표명하기 시작하면서 본격적인 연구가 진행되었다. 그러한 영향으로 석전 연구는 세시풍속과 관련된 한국의 전통 놀이문화로 보는 관점에서 진행한 연구, 석전의 탄생과 변화 과정에 관한 연구, 군사적 전투역량 및 무예로서의 연구, 신체문화와 관련된 연구 등이 진행되어 왔다.

이 외에도 우리 민족의 민속놀이나 무예 또는 세시풍속에 관련된 그림이나 자료에도 석전과 관련된 내용들이 다수 포함되어 있다. 이 글에서는 이러한 사료와 근대자료들을 바탕으로 한국에서 전개된 석전의 기원과 변천 과정을 검토하고, 석전의 의미와 양상 등의 변용을 토대로 한국과 일본, 그리고 중국과의 교류사적 측면을 종합적으로 다루어보자.

2. 석전의 기원설

고대 사회부터 한국에서 거행되던 석전이 언제부터 시작되었는가? 그 기원에

7) 孫晉泰, 〈石戰考〉, 《民俗學論考》 5-8, (民俗學會, 1933); 孫晉泰, 《孫晉泰先生全集2》. (太學社, 1981).

8) 《京都雜誌》, 《高麗史》, 《高麗史節要》, 《東國歲時記》, 《三國史記》, 《隋書》, 《新增東國輿地勝覽》, 《永嘉誌》, 《朝鮮王朝實錄》, 《拙翁集》, 〈石戰考〉(손진태, 《민속학논고》. (대광문화사, 1988)) 등.

관해 명확한 답을 얻을 수 있는 자료가 아직 발견되지 않고 있으나 몇몇 연구에서 기술한 선행연구들을 살펴보면 다음과 같다.

현재까지 진행되어 온 연구들을 토대로 석전의 기원을 살펴보니, 석전의 가장 오래된 기록은 『수서(隋書)』의 권81 열전(列傳), 제46 동이(東夷) 고려조(高麗條)[9]에 다음과 같은 내용이 나온다.

> "매년 초에 浿水(패수)가에 모여 놀이를 하는데, 왕은 가마(腰輿)를 타고 우의(羽儀)를 벌여놓고 이를 지켜본다. 끝나면 왕은 의복을 입은 채로 강물에 들어간다. 좌우 두 무리로 나뉘어 물과 돌을 서로 뿌리고 던지며 크게 소리를 지르고 달려 쫓기를 두세 차례 한 다음 그친다."[10]

이 내용을 바탕으로 이학래, 곽형기, 이진수, 임영무는 "유희하는 시기가 연초라는 것과 강가에서 무리를 지어 놀이라는 것, 왕이 직접 옷을 입고 물에 들어갔다는 것, 편을 좌우 둘로 나누고 물과 돌을 뿌리고 던지며 소리를 지르고 쫓고 쫓기고 했다는 행위에서 돌싸움이라는 용어가 보이지는 않지만, 서로에게 물을 뿌리고 돌을 던지는 석전으로 해석할 수 있다"고 보았다.[11] 김창석은 "연초에 강가에서 사람들이 무리를 이뤄 돌을 던지며 각축전을 벌였다는 점에서 근대의 석전과 기본 양상을 같이 한다"고 주장하였다.[12] 김영준은 "이 기록은 돌싸움뿐만 아니라 '왕이의입수(王以衣入水)'라는 왕이 물에 들어가는 의식도 포함하고 있어 단순히 돌싸움 자체가 신년 의례의 한 부분이라는 점을 보여준다." 그다음 기록에 나온 '취려과패수상(聚廬戈浿水上)'에 근거를 둔 '패수희(浿水戱)'라는 용어"[13]에 대

---

9) 중국 정사(正史) 동이전(東夷傳) 가운데 위의 수서 외에 『북사(北史)』 고구려전(高句麗傳)에서도 비슷한 내용을 언급하고 있으나 편찬시기에 의해 『(수서)隋書』에 수록된 기록을 가장 오래된 기록으로 보고 있다(井上秀雄他譯注, 《東アジア民族史: 2》. (平凡社, 1976), 90-92쪽).

10) 每年初聚戱於浿水之上王乘腰輿列羽儀以觀之事畢王以　衣服入水分左右爲二部以水石相濺擲諠呼馳逐再三而止(《隋書》 卷81, 列傳46, 東夷高麗).

11) 이학래, 곽형기, 이진수, 임영무, 《한국체육사》. (지식산업사, 1994), 61쪽.

12) 김창석, 앞의 글, 11쪽.

13) 김영준, 〈고구려 패수희(浿水戱)에 관한 고찰〉, 《한국학연구》. 31, (인하대학교한국학연구연구소, 2013), 480쪽.

한 정의의 필요성을 제기하였다. 『수서』의 기록을 살펴보면 현재 우리가 이미지하고 있는 석전과는 조금 다른 형태를 띠고 있지만, 대부분의 연구자들은 이것이 석전을 가리키는 최초의 기록이라고 주장하고 있다. 그러나 그 원본의 번역된 내용에는 연구자마다 조금씩 다르게 해석하는 내용도 있고, 같은 문장이 서로 다른 의미로 기술되는 부분도 발견된다. 이 부분에 대한 의미와 해석을 명확히 규명해야 할 필요가 있어 보인다.

석전은 그 기원에 대한 기준과 견해가 다양하고 복합적인 형태로 나타나 많은 연구자들은 '자연발생설'과 '모의전투설', '농경의례 기원설'이라는 3가지로 분류하고 있다.

먼저 '자연발생설'에 관한 연구를 살펴보자. 근본적으로 인간은 살아남기 위해서, 먹을 것을 얻기 위해서 가장 먼저 사냥기술을 익혔다. 무기가 없던 시절의 사냥기술은 맨손과 맨몸으로 할 수 있는 단순한 동작에서부터 시작되어 여기에 좀 더 강한 충격을 주는 방법으로 가장 구하기 쉬운 돌을 활용하였을 것이기 때문에, 어떤 대상에게 돌을 던져 충격을 주는 행위가 전쟁에 활용되었다고 보는 자연발생설로 이어진 것이라고 본다. 김재휘는 석전의 자연발생설을 보면, 이것은 인류가 생존을 위해 본능적으로 해왔던 신체활동으로 오랜 역사 속에서 자연적으로 생성되었다고 주장하고 있다.[14] 김창석은 원시시대의 생존과 방어를 위한 무기로 돌을 사용하였고, 이때 행해졌던 돌 던지기에서 석전은 탄생했을 것이다.[15] 또 일본의 기우치 아키라는 돌을 던진다는 행위는 원시사회에서 매우 중요한 생존 수단의 하나였다고 하였고,[16] 조준호 역시 다양한 무기 등이 개발되기 이전에 돌 던지는 행위는 뒤로 도망치면서도 멀리서 따라오는 적을 맞출 수 있어 생존에 필요한 본능적 활동이었다고 한다.[17] 이처럼 많은 학자들이 주장하고 있는 석전

14) 김재휘, 〈朝鮮石戰에 關한 體育的 考察〉, 《한국체육학회지》, 22(2), (한국체육학회, 1983), 10쪽.

15) 김창석, 앞의 글, 11쪽.

16) 기우치 아키라, 〈韓國 石戰에 關한 硏究〉, 미간행 박사학위논문. (서울대학교대학원, 1996), 9쪽.

17) 조준호, 〈石戰의 스포츠속성에 관한 史的 해석〉, 《한국체육학회지》, 48(6), (한국체육학회, 2009), 3쪽.

의 자연발생설은 인류가 생존을 위해 무의식적으로 행하는 행동 중의 가장 기본적인 것에서 파생되었다고 보는 견해이다.

두 번째로 '모의전투설'은 무기가 발달하지 못했던 시기에 맹수에 의한 공격이나 인간과 인간 간의 싸움, 세력다툼으로 인한 전투상황에서 돌을 무기로 활용하기 위해서 실시하던 신체 훈련의 하나로 시작된 것이 석전의 기원일 것으로 보았다. 이는 심우성이 주장하였는데, 쇠붙이를 가공하여 사용할 줄 몰랐던 때에는 돌을 갈거나 나무를 잘라 무기로 사용하였기 때문에 짐승을 잡거나 적과 대적할 경우에 돌을 던지고 몽둥이를 휘두르며 싸웠을 것이다. 따라서 자주 일어났던 전쟁을 대비한 훈련으로 석전이라는 훈련 형태가 탄생했을 것이라고 보았다.[18] 또 김재휘는 수렵시대에서 시작된 돌싸움이 이후에는 실전에 대비하는 훈련으로 형체화하여 석전으로 자리 잡게 된 것으로 이해하였다.[19] 장성수는 원시시대의 생활문화가 자기방어를 위해 실전에 대처했던 행위들이 놀이문화로 발전함으로써 석전의 실질적인 기능인 전투력을 상실하고 있다고 하였다.[20] 최상수는 전시상황에 대처할 수 있도록 연무의 가치를 내포하고 있는 석전은 전투적 성격의 남성놀이로 자리 잡은 세시풍속이었다.[21] 김창석은 석전이 고대 사회에서 전투 훈련을 위한 무예 체육으로 시작되었고,[22] 남도희, 조성균은 석전희라는 이름으로 사회적으로 공인된 전투놀이로 어느 정도 체계를 갖추기 시작한 시점은 조선 초기라고 설명하고 있다.[23] 이처럼 여러 연구자들이 주장하는 석전의 모의전투설은 인류의 생존을 위해 자연적으로 발생한 돌 던지기가 자기방어의 수단으로 활용되거나 실제 전투에서 사용할 수 있는 전투술로 이어져, 이를 대비하는 모의훈련이란 의미와 동시에 청소년들의 싸움과 놀이가 뒤섞인 것으로 설명하고 있다.

---

18) 심우성, 《우리나라 민속놀이》. (삼일각, 2000), 294쪽.

19) 김재휘, 앞의 글, 10쪽.

20) 장성수, 〈餘暇文化 活動으로서의 石戰과 씨름에 대한 統辭的 理解〉, 《한국체육학회지》. 39(3), (한국체육학회, 2000), 33쪽.

21) 崔常壽, 《韓國의 歲時風俗》. 1960, (高麗書籍, 1960), 60쪽.

22) 김창석, 앞의 글, 9쪽.

23) 남도희, 조성균, 〈공인된 전쟁놀이 석전(石戰)과 관련된 세시풍속 연구〉, 《무예연구》. 11(1), (한국무예학회, 2017), 22쪽.

농경의례기원설은 한 해 농사의 풍년과 흉년을 점치며, 농경의 풍요를 기원하는 하나의 의식으로부터 시작된 기원일 것이라고 보았다. 김열규는 석전이 상무적 훈련보다는 농경의례가 먼저였을 것으로 보고, 이것은 일 년의 풍요를 기원하는 제의에서 비롯되었다고 보았다.[24] 김창석은 『수서』의 내용을 토대로 농경의례의 연속선상에서 다음과 같이 해석하였다. 즉 석전은 그해의 풍흉을 예측하는 주술적 행사로 추정할 수 있는데, 국왕이 강물에 들어가는 행위, 또는 그것을 형식화하여 의복을 던져 넣는 행위는 생산력의 원천인 물과 일신(日神)의 자손과의 결합을 상징한다. 이것이 곧 그해의 풍년을 기약하는 의식에서 비롯된 것이라고 하였다.[25] 김영준도 역시 석전에 대해 농경의 풍요를 기원하는 의식으로 『경도잡지(京都雜誌)』에도 언급되어 있는 것에서 알 수 있듯이, 이기는 마을에 풍년이 든다는 의식이 깃들어있는 풍성한 한해를 기원하는 대규모 의례라고 하였다.[26] 즉 그 이전부터 돌을 가지고 연초에 행해져 오던 점복의 의례를 고구려가 국가 차원에서 실행한 행위가 패수(浿水)가의 석전이라고 보았고,[27] 석전을 농경의례의 일종으로 보고 농업의 풍요를 점치는 행사였음을 의미하는 것[28]이라는 등 농경의례기원설에 관한 학자들의 의견이 대동소이하다. 이처럼 다양한 연구자들이 주장하고 있는 석전의 농경의례기원설은 돌이나 바위에 신의가 깃들어 있다는 관념이 존재한 이상 이를 통해 미래를 예측하려는 적극적인 행위가 더해서 원하는 목표물에 돌을 던져 점을 치는 일반적인 형태에서 시작된 과정 중 하나라고 볼 수 있다.

많은 연구자들이 석전과 관련된 기원설은 이 세 가지로 분류하고 있다. 최근에 여기에 한 가지 추가된 학설을 보면 서낭기원설인데, 조준호는 "전쟁과 의식의 동반관계인 선사시대의 원시적 전쟁인 석전과 원시적 신앙 공간인 서낭 사이에서 그들의 상호관계로부터 석전이 발생되었다"[29]는 점을 근거로 제시하며 서낭기원

24) 金烈圭, 《韓國民俗과 文學硏究》. (일조각, 1971), 176쪽.
25) 김창석, 앞의 글, 11쪽.
26) 김영준, 앞의 글, 481쪽.
27) 김창석, 앞의 글, 11쪽.
28) 장성수, 앞의 글, 34쪽.
29) 조준호, 앞의 글, 4쪽.

설을 주장하였다. 그러나 이보다 먼저 신복룡은 서낭이 석전을 위한 일종의 군사기지 혹은 무기고와 같은 군사시설로 만들어 사용한 것에서부터 시작되었다고 하였으며,[30] 현재는 무속화되었지만, 서낭당은 본래 원시부족국가시대에 돌싸움으로 부락이나 마을을 방어하던 무기(돌멩이)의 저장소였다고 한다.[31] 또 김명자는 석전의 전설에 대해서 "조선 명종 초기에 국가 외란의 우국(憂國)으로 신앙성을 부수시키기 위해 영토에 돌을 모아 누석단을 쌓게 하여 전시에 석전용으로 사용하려는 데에서 서낭당을 만든 것이 시초"라고 설명하고 있어,[32] 서낭기원설에 대한 주장을 뒷받침하고 있다. 이처럼 석전과 서낭의 밀접한 관계를 통해서 제의적 관점에서는 민속신앙으로, 군사적 관점에서는 국가나 마을 방위의 군사시설이라는 상호관계 속에서 석전의 서낭기원설도 유추해 볼 수 있다.

3. 석전의 변천 과정 및 양상

삼국시대 석전의 기록과 양상

석전은 매우 남성적이며 과격하고 전투적인 놀이이다. 우리 민족은 아무런 도구도 없는 원시시대부터 돌을 생활의 도구이자 무기로 사용해왔으며 사냥을 하거나 자신의 몸을 보호할 때, 그리고 전시상황에도 활용하였다. 선사시대의 석전은 전투적 성향이 강하게 나타났으며, 고대의 석전은 전쟁에 이용되기도 하면서 유희나 제의적(주술적) 성향의 다양한 양상이 나타났고, 그것이 점점 서민들의 풍속으로 정착하였다.[33] 석전의 전체적인 변천 과정을 살펴보면, 군사적 성격과 주술적 성격, 놀이적 성격이 복합적으로 나타나며 계승되어 온 것을 볼 수 있는데,

---

30) 신복룡, 〈서낭의 軍事的 意味에 관한 硏究〉, 《學術誌》. 26(1), (건국대학교, 1982), 231쪽.

31) 신복룡, 〈[신복룡 교수의 한국사 새로보기 7] 서낭당에 얽힌 비밀〉, 《동아일보》. 2001년 05월 11일자: https://news.naver.com/main/read.nhn?mode=LSD&mid=sec&sid1=102&oid=020&aid=0000063545(2019.02.20. 검색).

32) 김명자, 〈서낭당〉, (한국민속대백과사전, 2019): http://folkency.nfm.go.kr/kr/topic/detail/2336(2019.02.26. 검색).

33) 국사편찬위원회, 〈한국문화사-전쟁의 기원에서 상흔까지를 내면서〉, 《국사편찬위원회》, 7, (두산동아, 2006), 8쪽.

이 현상은 다양한 무기의 발달에 따라 석전이 가지고 있던 군사적 의미가 약화되면서 주술적인 성격과 유희적인 성격이 강화된 것이다. 이러한 석전이 삼국시대와 고려, 조선시대를 거치면서 다양한 형태로 변화되어 본 내용은 각 시대별로 전해지고 있는 자료를 토대로 기술해 보자.

앞에서 기술했던 『수서』에 수록된 석전과 관련된 내용은 636년에 편찬된 수(隋, 581－618)나라의 정사이다. 여러 연구자들이 고구려의 석전을 언급할 때 이 『수서』 기록을 바탕으로 견해를 제시한다. 먼저 손진태는 이 문장을 "실전연습으로서의 연중행사"로 번역하였으며,[34] 송석하는 "국민의 정신을 진작시키려는 데서 나온 것"이라고 추정하였다.[35] 이학래 등은 "이 행사의 의의가 무엇이었는지 명확하지 않으나 고구려인의 상무정신을 나타내기 위한 한 가지 수단이라 생각한다"[36]고 하면서 이것을 실전에 대비할 수 있는 모의전투를 통한 신체훈련의 방법으로써 군사적 성격이 강한 행사로 보았다. 또 다른 관점인 제의적, 의례적 행사로 보는 연구들을 살펴보면, 김열규는 수석전(水石戰)에 대해 "수변(水邊) 제의(祭儀)의 기능을 증진시키고 그 목적 달성을 촉진시키고자 하였을 것으로 추정할 수 있다"[37]고 하였고, 김영준은 "고구려가 도읍을 압록강변의 국내성에서 대동강변의 평양성으로 옮긴 이후에 새롭게 등장한 의례 형태로 볼 수 있다. 대중이 즐기는 놀이라기보다 매년 초에 국왕이 직접 참석하고 관여하는 형태의 풍습은 국가적으로 매우 중요한 의례일 가능성이 높다"고 하였다.[38] 나아가 김창석은 이에 대해 "연초에 그해의 풍요와 안녕을 기원하는 농경의례로서 일종의 파종제적 성격을 갖고 있다.[39] 이는 고구려왕이 이곳에서 국가 의례를 주재함으로써 귀족들의 연립정권 체제 하에서 약화된 왕권을 수복하려 했다"[40]고 설명하였다. 이는

34) 손진태, 앞의 책, 215쪽.

35) 宋錫夏, 〈韓國民俗考〉, 《한국민속》. (日新社, 1960), 329쪽; 송석하, 〈농촌 오락의 시작과 역사〉, 《역사, 문화》. (온이퍼브, 2017), 36쪽.

36) 이학래, 곽형기, 이진수, 임영무, 앞의 책, 61쪽.

37) 金烈圭, 앞의 책, 150쪽.

38) 김영준, 앞의 글, 480쪽.

39) 김창석, 앞의 글, 11쪽.

40) 김창석, 위의 글, 29쪽.

시기적으로 귀족회의 중심으로 국정이 운영되고 있었을 당시의 상황으로 볼 때, 석전의 근저에는 이미 군사적 성격이 잠재해 있었다고 볼 수 있다.

이러한 고구려의 국가적 의례와 풍습은 통일 이후에도 영향을 주었고, 석전 역시 마찬가지였을 것이다. 하지만 고구려의 석전은 대부분 제의의 일환으로 행해졌던 반면에 신라의 석전은 전투를 목적으로 행해지면서 상무적 성격이 강하게 나타났다.

> "11년 왜인이 병선 백여 척을 보내 해변의 민호(民戶)를 약탈하자 6부의 굳센 병사들을 보내 이를 막았다. 낙랑은 우리 내부가 비었다고 여겨 매우 급하게 금성(金城)을 공격해 왔다. 밤에 유성(流星)이 나타나 적의 진영에 떨어지자 그 무리들이 두려워 물러가다가 알천(閼川)가에 주둔하면서 돌무더기 20개를 만들어 놓고 떠났다. 6부의 군사 1천 명이 이를 추격했는데, 토함산(吐含山) 동쪽으로부터 알천에 이르기까지 돌무더기가 있는 것을 발견하고 적이 많다고 여겨 중단했다."[41]

위 내용은 『삼국사기』 권1 「신라본기」에 나타나는 기록이다. 시기적으로 중국의 『수서』보다 늦게 발간되었으나 시대적으로는 1세기 정도 빠른 상황으로 설명하고 있다. 하지만 이 기록에 대해서는 해석 자체도 다양하고 그마저도 불분명한 것이 많다. 먼저 강종훈은 "기년(紀年)은 물론이고 6부병(六部兵)의 존재 여부도 분명치 않다. 금성(金城)을 내습했다는 낙랑군(樂浪)의 실체 역시 진한(辰韓) 세력으로 보인다"[42]고 하였다. 그리고 김창석은 삼국사기의 내용을 토대로 "신라군이 '견석퇴지적중(見石堆知賊衆)'이라 했으므로 이를 꼭 많은 무기로만 볼 이유는 없다. 전쟁 과정에서 새로이 확보한 영토의 경계 표시 혹은 승전의 상징으로 돌을

41) 十一年 倭人遣兵船百餘艘 掠海邊民戶 發六部勁兵以禦之 樂浪謂內虛 來攻金城甚急 夜有流星墜於賊營 衆懼而退 屯於閼川之上 造石堆二十而去 六部兵一千人追之 自吐含山東至閼川見石堆知賊衆 乃止(《三國史記》 第一卷 新羅本紀 第一 南解次次雄).

42) 강종훈, 〈《三國史記》 初期記錄에 보이는 '樂浪'의 實體: 진한연맹체의 공간적 범위와 관련하여〉, 《한국고대사연구》. 10, (한국고대사학회, 1995), 123-151쪽.

쌓는 예도 보이기 때문이다. 당시 신라의 군사들은 석퇴(石堆)를 방어시설이나 적병의 형체 혹은 식량을 쌓아 놓은 것으로 오인했을 수도 있다"[43]고 설명하고 있다. 일본인 학자인 야기 소자부로는 "이 기록의 해답을 정확하게 내릴 수 있는 사람은 어디에서도 본 적이 없다.", "이 문장은 전적으로 낙랑군이 퇴석을 만들어 놓은 것처럼 기록하고 있다. 알천(閼川)이라고 하는 신라 금성의 정문, 즉 남방에 있는 문에 해당하고 또 토함산이라고 불리는 경주의 동방 5리 떨어져 있는 장기(長耆)로 통하는 도로가 있어 위의 군대는 아마 일본의 병사일 것이다. 오른쪽을 낙랑군의 출입으로 본다면 전혀 맞지 않는다. 전적으로 기재상의 오류로 보고 일본군으로 해석하는 것이 적당하다"[44]고 설명하고 있어 서로 다른 관점과 기준에서 해석하고 있음을 알 수 있다.

삼국사기에는 신라의 군제에 관한 석전의 기록도 언급되어 있으며 그 기록은 다음과 같다.

> "사설당(四設幢)을 설치하였다. 첫째는 노당(弩幢), 둘째는 운제당(雲悌幢), 셋째는 충당(衛幢) 넷째는 석투당(石投幢)이라 하였으며 무금(無衿)이라 하였다."[45]

사설당(四設幢)은 신라의 부대로써 이 부대는 쇠뇌를 쏘는 부대인 노당(弩幢), 성을 공격할 때 쓰는 긴 사다리 부대인 운제당(雲梯幢), 성벽을 공격하는 부대인 충당(衝幢), 돌을 발사하는 투석기를 다루는 투석부대인 석투당(石投幢)으로 편제되어 있음[46]을 기록하고 있다. 이것으로 보아 신라의 석전은 군제에 편성될 만큼 실제로 전투 형태의 성격이 강했다고 볼 수 있다. 또 일본의 역사학자인 다케다 유키오(武田幸男)는 "이런 군제가 6세기경 법흥왕 때에 설치되어 100년간 신라의

43) 近仇首王 卽位前紀(《三國史記》 卷24 百濟本紀1; 김창석, 앞의 글, 13쪽).

44) 八木奘三郎, 앞의 글, 1-6쪽.

45) 四設幢 一日弩幢 二日雲悌幢 三日雲悌幢 四日衛幢 無衿(《三國史記》 卷40 雜志9職官(下) 武官條).

46) 《舊唐書》 卷197 下 列傳149 東夷高麗; 김성태, 〈한국 고대의 노(弩)〉, 《석계(石溪) 황룡혼(黃龍渾)교수정년기념논총》, (간행위원회, 1995).

기본적인 군사 기반이 되었다”[47]고 설명하였다.

이러한 관점에서 손진태는 고대의 석전이 군사적 목적에서 탄생했을 것이라고 주장하였는데,[48] 신라에는 공·수성 전문부대인 석투당이 있었고[49] 고구려 역시 포차(抛車)를 활용하였다.[50] 시기는 다르지만 고려시대에도 석포(石砲)를 제작하여 변경에 배치한 바가 있다[51]는 기록들이 남아 있어 이러한 주장에 힘을 실어주었다. 하지만 김창섭은 “삼국시대에 돌이 유력한 무기였음은 분명하나, 이를 가지고 석전이 전투행위나 군사훈련 같은 전쟁을 목적에서 출발한 것이라고 이해한다면 이는 논리적 비약”이라고 주장하면서, “그 대상에 따라 석전의 의미는 달라질 수 있는 것”이라고 설명하였다.

고려 및 조선에 나타난 석전의 변화

석전은 신라 중기 이후부터 고려시대까지 계승된 것을 알 수 있는데, 고려사회의 석전에 대한 문헌은 말기의 몇몇 자료에만 발견되고 있다. 이러한 자료들을 통해 본 석전은 그 양상이 더욱 커지고 강대해진 것으로 추정된다. 우선 “별호제반을 설치하여 신기(神騎), 신보(神步), 경궁(梗弓), 정노(精弩), 석투(石投), 대각(大角), 철수(鐵水), 강노(强弩), 도탕(滔蕩), 사궁(射弓), 발화(發火) 등 특수군을 편성[52]하였다고 기록되어 있어 고려 말까지 석전이 군제에 편성된 것으로 보아 군사적

---

47) 武田幸男, 〈中古新羅의 軍事的 基盤〉, 《민족문화논총》. 1, (영남대학교민족문화연구소, 1981), 103－112쪽.

48) 손진태, 앞의 책, 132쪽; 기우치 아키라, 앞의 글, 11－13쪽.

49) 法幢主 百官幢主三十人 京餘甲幢主十五人 小京餘甲幢主十六人 外餘甲幢主五十二人 弩幢主十五人 雲梯幢主六人 衝幢主十二人 石投幢主十二人 共一百五十八人 無衿(《三國史記》 卷40 雜志9 職官下武官).

50) 高句麗將軍惱音信與靺鞨將軍生偕合軍來攻述川城 不克 移攻北漢山城 列抛車飛石 所當陴屋輒壞: 신라 태종무열왕 8년(661)에 고구려의 장군인 뇌음신(惱音信)이 신라의 북한산성을 공격할 때 포차로 돌을 쏘는데, 날아가는 돌에 성 위의 담과 집이 맞는 대로 무너졌다(《三國史記》 卷5 新羅本紀5 太宗武烈王 8年).

51) 德宗元年三月 尙舍奉御朴元綽 請令有司作革車繡質弩雷騰石砲 又請以八牛弩二十四般兵器置邊城 從之(《高麗史》 卷81 志35 兵1 兵制).

52) 《高麗史》 卷81 志35 兵(一) 條.

효용성이 있음을 확인할 수 있다."[53] 또 석전이 다른 형태로 등장하기도 하는데, 단오가 되면 '무뢰지도(無賴之徒)'라 불리는 무리들이 편을 나누고 네거리나 갈림길에 모여 기왓장 또는 돌을 던지거나 몽둥이로 싸워 승부를 보는 것으로 놀이라기에는 전투 양상이 너무도 격렬하였다. 이에 충목왕 원년(1345)에는 석전의 위험성을 우려하여 형법에 이를 금지함을 명시하였다.[54] 공민왕 23년(1374) 역시 왕이 직접적으로 이를 금지하게 하였으나[55] 석전이 워낙 활발하게 벌어져 위와 같은 금령에도 불구하고 존속되었다. 이후 고려 말의 우왕 때에는 석전이 다시 부활하여 풍속으로 정착된 모습을 볼 수 있으며, 다음 『고려사』에 나타난 우왕 때의 석전과 관련된 기록은 다음과 같다.

> "5월에 우왕(禑王)이 석전희(石戰戲)를 보고자 하니, 지신사 이존성(知申事 李存性)이 '이는 주상께서 관람할 것이 아닙니다'라고 간하였다. 왕이 불쾌히 여겨 소견(小竪)로 하여금 이존성을 때리게 하니 뛰쳐 달아났다. 왕은 탄환을 가져다 그를 쏘았다. 나라 풍속에 단오가 되면 무뢰배들이 떼를 지어 사방으로 통하는 큰 거리(通衢)에 모여 좌우의 두 무리로 나누고 서로 기왓장과 돌을 던지거나 짧은 몽둥이를 사용하여 승부를 가르는데 이를 석전(石戰)이라 한다."[56]

> "우왕(禑王)이 동교(東郊)에서 말을 달리고 불일사(佛日寺)의 들에서 놀았다. 또 석전희(石戰戲)를 관람했다. 우왕이 치암(鴟巖)에서 석전희(石戰戲)를 보고 능숙한 자 몇 명을 불러 술과 몽둥이(杖)를 내리고 그 온갖 기예를 다하도록 했다."[57]

> "을사(乙巳)에 우왕이 비를 무릅쓰고 나가 놀고, 저물도록 환자(宦者) 5인과 함께 시(市)에서 다투어 말을 달렸다. 신해(辛亥)에 곽사동(郭沙洞)에서 석전희(石戰

53) 남도희, 조성균, 앞의 글, 5－6쪽.

54) 《高麗史》 卷85 志39 刑法2 禁令.

55) 《高麗史》 卷44 世家44 恭愍王 23年 5月 5日.

56) 《高麗史》 卷134 列傳47 辛禑 6年 5月.

57) 《高麗史》 卷135 列傳48 辛禑 9年 4月.

戱)를 관전하고 호곶(壺串)에서 사냥했다."[58]

"우왕이 연암(鳶巖)에서 석전희(石戰戱)를 관전하고 이튿날도 이와 같이 했다."[59]

이처럼 고려 우왕 때에 석전 관련 기록이 집중되어 있는 것은 신하들의 만류에도 불구하고 석전을 직접 관전할 만큼 다른 왕들에 비해 매우 즐겼기 때문이다.[60] 이를 관람한 왕이 석전에 뛰어난 자들을 따로 불러 술과 몽둥이를 하사하였다는 기록을 통해 단순히 세시풍속적 유희에서 벗어나 전투에 사용된 전문화된 석전의 형태가 존재했음을 확인할 수 있다.[61]

고려 말기까지만 해도 석전은 단오절의 풍속으로 왕들이 참관하는 가운데 어느 정도의 규칙과 의식을 갖추어 행해진 국가행사의 성향이 강하게 나타났으며, 조선사회의 석전 역시 군사적 효용성과 농경의례 혹은 주술 및 종교행사가 특징인 고려 왕조와 비슷하다고 볼 수 있다. 먼저 『조선왕조실록』에는 석전에 관한 다양한 기록이 남아 있다. 특히 기록에 자주 등장하고 있는 석전부대인 척석군(擲石軍)은 조선시대 전 기간에 걸쳐 오랫동안 이어져 왔음을 알 수 있으며, 그와 관련된 기록이 다양하게 남아 있다.

"척석군은 고려 때에 설치된 것인데, 근년에 와서 이를 폐지하였다가, 지금 다시 예전 군졸을 거두어 모으고, 또 사람을 모집하여 이에 충당하게 하였다."[62]

"임금이 청심정(淸心亭)에 올라서 돌싸움의 놀이[擲石戱]를 구경하였다."[63]

---

58) 《高麗史》 卷136 列傳49 辛禑 12年 4月.

59) 《高麗史》 卷136 列傳49 辛禑 12年 5月.

60) 남도희, 조성균, 앞의 글, 7쪽.

61) 남도희, 조성균, 위의 글, 7쪽.

62) 擲石軍 高麗所設 而近年罷之 今復收舊卒 且募人以充之(《世宗實錄》 券12 世宗3年 5月 4日(乙丑)).

63) 上登淸心亭 觀擲石戱(《太祖實錄》 券3 太祖2年 5月 2日(丙午)).

"임금이 동량청(東涼廳)에 앉아서 척석희(擲石戲)를 구경하였다."[64)]

"명하여 성중(城中)의 돌 던지는 놀이[擲石戲]를 하는 사람을 모집하여 척석군(擲石軍)이라 이름하였다."[65)]

조선의 태조와 태종 때에는 시기적으로 단오에 맞추어 4월 말부터 5월 초쯤에 장소는 시가지의 넓은 도로 및 골목길 또는 화원 등 도성 안에서 석전이 벌어졌으며, 이 시기의 왕들은 대부분 석전을 즐겨 본 것으로 기록되어 있다. 먼저 태조는 민간 유희로 전승되어온 석전을 보고 즐긴 것으로 나타났으며, 정종 또한 석전을 구경하였다고 기록되어 있다. 왕자의 난으로 권력을 잡아 왕에 오른 태종 역시 석전을 즐겨 구경하였는데, 다음 문헌에서 살펴볼 수 있다.

"임금이 궁성(宮城)의 남문에 거둥하여 돌을 던져 싸우는 놀음을 구경하였다. 절제사(節制使) 조온(趙溫)은 척석군(擲石軍)을 거느리고, 판중추원사(判中樞院事) 이근(李懃)은 여러 위(衛)의 대부(隊副)를 거느리고 좌우편으로 나누어 서로 쳐서, 해가 질 때까지 하였으니, 죽고 상한 사람이 자못 많았다."[66)]

"청화정(淸和亭)에 올라가서 석전을 구경하였다."[67)]

"한첩목아(韓帖木兒)가 화원(花園)에 이르러 석전놀이를 구경하였다."[68)]

"문화부(門下府)낭사(郎舍)에서 사헌시사(司憲侍史) 김효공(金孝恭)을 탄핵하였

---

64) 上坐東涼廳, 觀擲石戲(《太祖實錄》 券5 太祖3年 5月 5日(癸卯)).

65) 命募城中擲石戲者 名擲石軍(《太祖實錄》 券5 太祖3年 4月 1日(庚年)).

66) 幸宮城南門 觀擲石之戲 節制使趙溫領擲石軍 判中樞院事李懃領諸衛隊副 分爲左右相擊 至于日晩 死傷頗多(《太祖實錄》 券14 太祖7年 5月 5日(辛亥)).

67) 登淸和亭, 觀石戰(《太宗實錄》 卷3 太宗2年 5月 5日(丁亥)).

68) 韓帖木兒至花園, 觀石戰戲(《太宗實錄》 卷7 太宗4年 4月 29日(己亥)).

다. 국속(國俗)에 5월 5일에 넓은 가로(街路)에 크게 모여서 돌을 던져 서로 싸워서 승부를 겨루는 습속이 있는데, 이것을 석전이라고 한다. 시사 김효공이 길을 벽제(辟除)하고 가는데, 돌을 던지던 자가 피하지 않았다. 복례(僕隸)정리(丁吏)를 시켜 잡으려고 하였으나, 잡지 못하고 어떤 자가 정리(丁吏)를 치고 도망하였다. 문하부에서 왕명을 욕되게 하였다 하여 탄핵한 것이다."[69]

특히 태종 때에 척석군(擲石軍)이 문하부 낭사 김효공에게 돌을 던진 일이 일어났고, 김효공은 그 사람을 잡으려 하였으나 놓치게 되었다. 하지만 이에 대해 왕은 돌을 던진 척석군이 아닌 돌이 날아 왔다고 화를 낸 김효공을 탄핵하는 일이 벌어졌는데, 이것은 석전이 왕명에 의해 시행되었기 때문이 아닐까 생각된다. 또한 석전으로 죽는 사람까지 발생되었을 정도로 과격했던 듯하다. 하루해가 질 때까지 싸움하였다는 것은 그만큼 정신적 무장과 신체적 단련이 중요하였음도 암시하고 있다. 이는 조선 건국 초기에 강력한 군부의 힘과 석전을 통한 남성다움을 과시한 기록으로 추정된다. 특히 임금이 석전을 통해 자신의 군부 통솔력을 과시하려는 행위이기도 했다. 하지만 태종의 집권 말기에 들어와 갑자기 석전에 참여한 관리를 처벌하면서 한때 석전을 금지하기도 하고 또다시 재개하기도 하였다.[70]

세종 때에도 석전과 관련된 기록이 다수 확인되는데 그 내용은 다음과 같다.

"상왕이 이질(痢疾)을 앓으니, 임금이 풍양궁에 나아갔다. 상왕이 서울에 들어가서 석전(石戰)놀이를 보고자 하니, 박은이 아뢰기를, "성체(聖體)가 피로하실까 염려됩니다." 하였다. 상왕이 말하기를, "석전은 내가 보기를 즐겨하는 것이니,

---

69) 門下府郎舍劾司憲侍史金孝 恭國俗以五月五日 大集街路 擲石相鬪 以角勝負 謂之石戰 侍史金孝恭辟道而行 有擲石者不避 使僕隸丁吏等捕之未獲 有人擊丁吏而逃 門下府以辱命劾之(《太宗實錄》 卷1 太宗1年 5月 5日(丁亥)).

70) 禁擲石戲 上謂代言曰: 石擲之戲 汝等何不禁乎? 卽命巡禁司司直宋寘往禁之 寘捕二十九名囚于獄: 척석희(擲石戲)를 금하였다. 임금이 대언(代言)에게 이르기를, "돌 던지는 놀이를 너희들이 어찌하여 금하지 않는가?" 하고, 곧 순금사 사직(巡禁司司直) 송치(宋寘)를 명하여 가서 금하게 하니 송치가 29명을 잡아 옥에 가두었다(《太宗實錄》 卷19 太宗10年 5月 5日(辛未)).

만약 이 놀이를 보고 나면 어찌 병이 나을는지 아는가." 하였다."[71]

"상왕이 병조 참판 이명덕(李明德)을 보내어 석전(石戰)할 사람 수백 명을 모집하여 좌우대(左右隊)로 나누게 하였다."[72]

"…(전략)… 오늘 내가 주상(主上)과 같이 석전을 보려 하나, 주상이 굳이 사양한다. 내가 생각하기에는 지난 봄에 무예(武藝)를 연습할 때에 또한 주상과 같이 갔는데, 지금 석전을 보는 것도 놀이하는 것이 아니고, 무재(武才)를 시키는 것이다. 또 내가 혼자 가면 적적하여 이야기할 자도 없으니, 경 등의 의사는 어떠한가." 하니, 병조 판서 조말생 등이 아뢰기를, "신 등의 의사도 또한 그러합니다. 전하께서 혼자 가시고 주상께서 따라 가시지 아니하시면, 실로 편하지 못합니다." 하였다. 임금이 마지못하여 상왕을 받들어 종루(鍾樓)에 행차하여 석전을 보았다. …(후략)"[73]

위의 기록에서는 석전을 즐기던 상왕인 태종은 이질을 앓고 있음에도 석전을 보고 싶다고 하였고, 석전할 척석군을 모집하였다. 이후 세종과 함께 석전을 구경하였고, 싸움에서 이긴 척석군에게는 상까지 내렸다[74]는 기록이 전해진다.

---

71) 上王患痢 上詣豐壤宮 上王欲入京觀石戰戲 朴訔曰: 恐勞聖體 上王曰: 石戰 予之所樂觀也 若觀此戲 安知疾之愈也?(《世宗實錄》 卷12 世宗3年 5月 2日(癸亥)).

72) 上王遣兵曹參判李明德 募石戰人數百 分爲左右隊(《世宗實錄》 卷12 世宗3年 5月 3日(甲子)).

73) (중략)… 今日予欲與主上觀石戰 主上固辭 予以爲 去春講武 亦與偕行 今觀石戰 非戲事 乃是武才也 且予獨往則寂寥 無與談論 卿等之意以爲何如? 兵曹判書趙末生等啓曰: 臣等之意亦然 殿下獨往 而主上不從行 實爲未便 上不得已奉上王 幸鍾樓觀石戰…(생략)(《世宗實錄》 卷12 世宗3年 5月 4日(乙丑)).

74) 丙寅 上王御鍾樓吹角 軍士登時趨令 結陣如令 上在昌德宮應之以角 上王命判兵曹事李原 兵曹參議尹淮如昌德宮迎待 上乃率昌德宮入直軍士 以黑衣 烏帶 詣右軍之後 上王預令兵曹參判李明德齎牙牌 出軍門迎入 上卽下馬承命 還上馬入軍門 同御鍾樓觀之 上王親命李原 趙涓 李和英爲三軍帥 賜織紋旗 軍士旣聽令 無敢失伍亂行者 旣而命解嚴 仍觀石戰 以擲石軍 分爲左右隊 募善戰者充之 左立白旗 右立靑旗爲標 相去二百餘步 令曰: 毋敢越旗窮逐 以奪旗爲勝 勝者厚賞 左强右弱 每不勝 權希達 河敬復與騎士擊之 左軍固拒 石如雨 希達中石墜馬而走 騎士憤之 呼叫逐之 左軍潰 乃奪白旗以獻 上王召左軍牌頭方復生曰: 奪旗 辱也 宜更勠力 復生等奮擊大勝 置酒樓下奏樂 宗親 議政 六曹判書等侍 賜擲石軍酒肉 賞緜布百匹 正布二百匹 楮貨四千張(《世宗實錄》 卷12 世宗3年 5月 5日(丙寅)).

세종이 집권한 초기의 4년 동안은 태조 때부터 석전을 보고 자란 태종의 석전 관람 기록이 실록에 기록되어 있다.

그리고 세종 8년과 9년, 두 차례에 걸쳐서는 명나라 사신에게 석전을 보일만큼 큰 행사로 발전하였다는 것을 기록을 통해 알 수 있지만, 국가적인 행사로까지 흥행했던 석전은 얼마 가지 못하여 판부사 허조의 건의로 폐지되는데, 석전을 행하고 관람한 사람들을 추방하거나 벌하였다는 내용을 다음 기록에서 파악할 수 있다.

"두 사신이 모화루(慕華樓)에 가서 돌 던지는 놀이를 구경하였다."[75)]

"세 사신이 종루(鍾樓)에 올라 돌싸움하는 유희를 구경하였다."[76)]

"단옷날의 돌 던지는 놀이[石擲戲]는 옛날부터 있었던 까닭으로 국가에서 이를 금하여도 능히 그치지 못했습니다. 태종 때에 사신이 보기를 요구하므로 인하여 병조(兵曹)에서 날랜 사람을 모아 석척패(石擲牌)를 만들어 해마다 단옷날에 종루가(鍾樓街)에 모여서 서로 싸워 용맹을 겨루다가 몸을 상하여 목숨이 끊어진 사람도 많았습니다. 신(臣)은 또한 강하고 사나운 무리들이 서로 붕당(朋黨)을 맺어, 혹시 뜻하지 않은 변고가 발생할까 두려우니 국가에서 아무런 이익도 없는 것인데, 어찌 앉아서 보기만 하고 금하지 않겠습니까. 석척군(石擲軍)을 폐지하기를 청하오니, 만일 사사로이 서로 싸우는 사람이 있으면 유사(有司)가 엄중히 금하게 하소서." 하니, …(중략)… 빨리 석척군을 폐지하고, 그 패기(牌記)를 회수하라. 하고, 또한 병조로 하여금 금지하게 하였다."[77)]

75) 兩使如慕華樓 觀擲石戲(《世宗實錄》 卷32 世宗8年 5月 1日(甲午)).

76) 三使登鍾樓 觀石戰戲(《世宗實錄》 卷36 世宗9年 5月 3日(庚寅)).

77) 戊寅 受常參 視事 判府事許稠啓 端午石擲戲 自昔有之 故國家禁之 而不能止 太宗朝 因使臣求見 兵曹聚驍勇者 作石擲牌 每歲端午 會于鍾樓街 交戰鬪勇 以至傷軀殞命者多矣 臣又恐强悍之徒交結朋黨 或生不虞之變 甚無益於國家 安可坐視不禁乎? 請罷石擲軍 如有私相戰鬪者 有司嚴禁 上曰 每歲使臣有欲見之者 故不得已而然耳 必欲見之 則如之何? 稠對曰 如欲見之 則臨時募人可也 不必作牌 上曰 然 卽命代言等曰 亟罷石擲軍 收其牌記 且令兵曹禁止(《世宗實錄》 卷44 世宗11年 6月 3日(戊寅)).

> "당초에 서울 사람들은 단옷날만 되면 넓은 거리에 모여 돌 던지는 놀이를 벌이고는 막대기로 치기도 하여 사람을 상하게 하는 수가 많아서, 시속에서는 석전이라 하는 것을 일찍이 의금부로 하여금 금지시켰다는 것인데, …(중략)… 양녕대군 이제(李禔)는 종사(宗社)에 죄를 짓고 외방으로 추방되어 온 것을, 이제 돈독한 우애의 은혜를 입고 서울 안을 출입하며 또 복종(僕從)까지 하사받았으니, 의당 조심하여 개과자신(改過自新)함으로써 우대하는 뜻에 부응해야 할 것인데도, 이제 금하시는 일에 그 자제를 인솔하고 가서 관람하였으니, 이는 전혀 근신하는 의사가 없는 것이요, 또 혜와 겸이 무뢰한들을 불러 놓고 좌우로 분주히 말을 달리며 지휘 독전하였을 뿐 아니라, 혹은 작대기를 잡고 추격하여 사람을 상해하는 지경까지 이르렀는데도 대군이 그냥 보고 금하지 않았으니, 그의 광망(狂妄)스런 행동은 전일과 다름이 없습니다. 다시 그 복종을 거두시와 방자함을 징계하옵소서." 하니, 모두 윤허하지 아니하고, 다만 이치(李)를 원평(原平)으로, 혜(譓)를 진천(鎭川)으로, 겸(謙)을 문화(文化)로 추방하였다."[78]

조선의 석전이 신라와 고려를 거쳐 조선 초기의 역대 왕조에 이르기까지 투석부대를 일부 군제로 편성하였다는 점은 군사훈련을 바탕에 두었다고도 할 수 있지만, 또 다른 한편으로는 한 해의 풍년과 흉년을 점치는 것도 염두에 두고 행해진 것이라 추정하기도 한다.[79] 이기동은 이러한 석전에 대해 "매우 과격하고

---

78) 初 都人每當端午日 聚于廣衢 爲石擲戲雜 以杖擊之 多傷人 俗云 石戰 曾令義禁府禁之 至是爲此戲於盤松亭 讓寧大君 禔 與益寧君 瑞山君 譓 順成君 譖 元尹 祿生 正尹 謙及茂生等往觀之 譓 謙等以金春子等二十餘人爲能石擲 竝皆招集 分爲左右隊 各令統屬相戰 親自馳馬縱橫指揮督戰 又執杖親赴 相逐大戰 頗多傷人 或有死者 憲府聞之 請下諸宗親于有司劾之 上曰 予當親問 乃召譓 謙于承政院 令都承旨辛引孫詰問 仍命悉召往觀諸君問之 皆服 遂命引孫責之 憲府又啓曰 石擲之禁 著在令甲 春子等公然犯法 義禁府掌禁石擲 宗簿寺糾察宗親 皆不堪職 請劾之 從之 憲府遂劾而啓曰 春子等二十人不從條令 累日石戰 義禁府官吏等不能禁之 宗親等或詐病或告暇 不赴宗學 累日往觀 宗簿寺官吏不能糾察 請皆依律抵罪 讓寧大君 禔得罪宗社 放黜于外 今蒙友愛之恩 出入京中 且賜引從 宜當小心改過自新 以副優待之意 而今於教禁之事 率其子弟而往觀 殊無謹愼之意 譓 謙招集無賴之徒 左右奔馳 或執杖追逐 以至傷人 大君縱觀 不禁其狂妄之行 不異前日 請還收引從 以懲不悛 皆不允 只放 于原平 譓于鎭川 謙于文化(《世宗實錄》卷81 世宗20年 5月 19日(壬寅)).

79) 岸野雄三,《最新スポーツ大事典》. (大修館書店, 1987), 76－79쪽.

호전적임에도 불구하고 과거 『고려사』에서는 석전을 '석전희'라는 말로 기록하고 있으며, 『조선왕조실록』에서는 '척석희' 또는 '척석지희'라고 기록하고 있다. 여기서 '희'란 고대 전쟁의 유희성을 잘 나타내 주는 좋은 예이며, 당시 석전이 민속놀이로써 전승되는 것만이 아니라 군사훈련을 목적으로 실행된 것"[80]이었다.

이 점은 조선의 인문지리서인 『신증동국여지승람(新增東國輿地勝覽)』의 내용에서도 잘 나타나는데, "매년 4월 초파일부터 아이들이 무리로 모여서 성 남쪽에서 석전을 연습하고 단옷날이 되면 장정들이 다 모인다. 좌우 패로 갈려져서 기를 세우고 북을 두드리고 소리를 지르면서 뛰놀고 돌을 비 쏟아지듯 던져서 승부가 결판난 다음이라야 그만둔다. 비록 죽거나 다치는 사람이 생기더라도 후회하지 않아서 수령도 금하지 못한다. 경오년에 왜(倭)를 정벌할 때에 돌을 잘 던지는 자를 선봉으로 삼았더니, 적군이 앞으로 나아오지 못하였다"는 기록이 전해진다.[81] 특히 평양지역의 석전은 영조가 그 위험성을 논할 만큼 가장 규모가 크고 매우 치열하였는데, 영조가 놀란 점은 많은 지방에서 지방관들이 석전을 금지시키기는 커녕 오히려 장려했다는 사실이다. 이규경(1788–1856)의 저서인 『오주연문장전산고』에 보면 석전은 "백성이 무예를 익히는 방법"으로 다음과 같이 설명하였다.

> 이 풍속은 고려시대부터 시작되어 본조(本朝)에 들어온 것인데, 상원절을 기하여 시골의 장정이나 어린이가 모여 편을 갈라 서로 대결하는데, 혹은 돌을 던지고 혹은 목봉을 사용하여 동서로 충돌하고 고함치면서 죽음을 생각하지 않는다. 또 눈이 부어오르고 눈알이 빠져나오며 머리가 깨지고 뇌장(腦漿)이 흘러도 무서워하지 않으면서 모래와 돌을 날리며 기세를 타 상대를 짓밟고 하나가 선창하면 여럿이 호응해서 기회를 보아 용맹을 뽐낸다.[82]

---

80) 李基東,《新羅骨品制社會와 花郎徒: 第41輯》. (一潮閣, 1984), 19–20쪽.

81) 金海都護府 風俗(《新增東國輿地勝覽》 卷32).

82) 李圭景,《五洲衍文長箋散稿》. 經史篇5, 風俗.

최남선도 『조선상식(朝鮮常識)』 「풍속편」에서, 평양을 '석전향(石戰鄕)'으로 손꼽을 정도였가. 현재 서울대학교 박물관에 소장되어 있는 작자 미상의 '평양도(平壤圖)'에도 치열했던 석전의 모습이 다음과 같이 묘사되어 있는데, "두 패로 나뉜 참가자들과 산등성이를 따라 둘러선 구경꾼들이 그려져 있으며, 돌이 공중을 날아다니지 않고 두 패거리들이 막대기를 들고 싸우고 있는 풍경으로 보아 후반부인 백병전(白兵戰) 상태에 돌입한 듯하다"[83]고 평양도의 석전 풍경에 관해 언급하였다.

이처럼 석전은 조선 전기부터 후기까지 그 과격함과 호전성으로 인하여 금지되기도 하고 통제하기도 하였지만, 대원군 때에는 일시적으로 장려하였다고 한다. 조선의 석전은 16－17세기까지도 상무적 의미가 남아 있었음을 알 수 있으나, 구한말에 이르면서 마을 대항의 세시풍속이자 풍년과 흉년을 점치는 주술적 의미가 더 많이 부각되면서 무예와 주술, 축제의 요소들이 혼합된 채 근대로 넘어오게 되었다.[84] 아마도 석전이 이처럼 오랜 세월에 걸쳐 전승될 수 있었던 이유는 바로 왕족 혹은 귀족들의 관심과 지지가 있었기 때문이라고 생각된다.

근현대사회의 석전의 모습과 단절(소멸)

석전은 대부분 특정 명절에 행해졌으며, 조선 후기인 18세기 말에 들어오면 석전은 정월대보름에 행해지면서 세시풍속으로 정착하여 한해의 풍흉을 예측하는 농경의례 요소가 강해진다.

이 시기의 석전에 관하여 "사실 석전의 시기가 정확히 언제, 어떠한 과정을 통해 단오에서 정월대보름으로 옮겨가게 되었는지 알 수 없으나, 세종 때부터 되풀이된 폐지와 부활의 과정에서 이를 어긴 왕실, 고관, 양반, 양민을 불문하고 귀양 보내거나 구금을 당하는 처벌이 뒤따랐기 때문에 단오절 국가 의례이자 무예 훈련으로서 척석희가 정월대보름에 한 해의 풍흉을 예언하는 부락 대항 투기놀이로 재배치되었을 것"으로 유선영은 추측하였다.[85] 한 사례로 서울 삼문 밖 사람

83) 허인욱, 《옛 그림에서 만난 우리 무예 풍속사》. (푸른역사, 2005), 204－208쪽.

84) 유선영, 〈편쌈 소멸의 문화사: 식민지의 근대주의와 놀이 대중의 저항〉, 《사회와 역사》. 86, (한국사회사학회, 2010), 13쪽.

85) 유선영, 앞의 글, 12－13쪽.

들과 아현 사람들이 만리재 고개에서 싸울 때 삼문 밖 사람들이 이기면 경기도에 풍년이 들고 아현 사람이 이기면 다른 도에 풍년이 든다면서 심할 때는 '천지를 울리는 함성과 이마가 깨지고 팔이 부러져도 후회하지 않는' 격전이 벌어지곤 했다.[86] 따라서 이 시기의 석전은 상무적 요소에서 농경사회의 부락 대항 축제 요소, 그리고 주술적 요소의 전면화를 반영하는 변화로 볼 수 있으나, 여전히 군사적, 무예적, 전투적, 투기적, 남성적 용맹성을 표상했던 석전의 의미는 남아 있었다.[87] 이 시기의 석전에 대한 다양한 기록을 조선 후기에 집필된 『동국세시기』와 『임하필기』, 『경도잡지』, 『지봉유설』, 『려계명람집』, 『매천야록』 등에서도 찾아 볼 수 있으며, 19세기 중엽에 조선을 방문한 서양 선교사들이 석전의 모습을 다양하게 묘사하고 있다.

먼저 당시 조선에서 활약했던 프랑스 선교사인 달레(ClaudeCharles Dallet, 1829–1878)[88]에 따르면, "주먹 쌈으로 시작해서 돌과 몽둥이를 동원한 격렬한 싸움으로 번지는 이 투기가 부락 대항 또는 도시의 각 구(區) 대항으로 며칠간 계속되며, 보통 4–5인의 사망자가 나고 부상자와 불구자가 부지기수임에도 불구하고 정부는 간섭하지 않고 유희라는 구실로 방임하여 버린다"고 기록하였다.[89] 또 길모어(G. W. Gilmore, 1857–?)[90]는 "싸움에 참여하는 숫자는 마을의 크기에 비례하는데, 한 마을에서 대략 800–1,000명이 참여한 돌싸움이 내가 보았던 가장 큰 규모였다. 그러나 부락의 인구가 10여 명을 넘지 않는 곳에서도 이 돌싸움은 일어난다. 소년들이 오후 일찍 싸움을 시작하며 저녁 무렵까지 산만한 싸움이 지속된다. 이후에 어른들이 도착하여 여기에 참가하면 전쟁은 격렬해진다. 해가 지면

86) 유득공의 『경도잡지(京都雜志)』에 묘사된 석전의 모습이다(박권규, 〈조선시대의 세시풍속에 관한 고찰: 석전을 중심으로〉, 《교양교육연구소논문집》. 3, (교양교육연구소, 1998), 3–5쪽에서 재인용).

87) 유선영, 앞의 글, 13쪽.

88) 조선에서 프랑스 선교사로 활약했던 이들의 보고서를 토대로 조선교회사(1874)를 저술하였음.

89) Charles Dallet, 《Histoire de l'Église de Corée(조선교회사)》. (Librairie Victor Palmé, 1874), 270쪽.

90) 영국 런던출신의 선교사로 미국으로 건너가 신학교를 졸업하였고, 서울풍물지(1892년)를 저술하였다.

싸움이 끝난다. 참가자들의 무기는 손이나 밀짚 줄로 만든 줄로 던지는 돌과 곤봉이다. 곤봉은 짧고 딱딱하고 이따금씩 그랬듯이 이를 휘둘러 상대방을 즉사시킬 수도 있다"고 기록하였다.[91)]

1905년에 발행된 『더 코리아 리뷰』에는 "미국 도시주민들이 자기 도시 소속의 야구선수들을 자랑스러워하는 것만큼 한국 사람들도 마을의 투석꾼들을 자랑스러워한다"고 기사화할 정도였다.[92)] 이처럼 외국인들에게는 사상자가 발생하는 일 또한 놀이의 일부라고 당연하게 여기며, 마을 대항으로 벌어지는 다소 과격하고 잔인해 보이는 석전의 모습이 신선하고 신기한 구경거리였던 것이다.

19세기 후반 이후부터 2월 말부터 4월 초까지 벌어진 석전에 대해 『독립신문』은 "금지 자체는 반대하지만, 일부 피해를 줄이고 어디까지나 작란답게 하는 것이 옳다"는 입장을 제시하였으며, 석전의 폐해를 강조하면서도 아예 금지하기보다 법률에 맞게 할 수 있도록 유도하고 규칙과 법률의 경계를 벗어난 석전군은 불한당으로 규정해야 한다[93)]는 기사를 게재하였다. 또 영문판의 사설에서는 "백성들 사이에 호전적 정신을 고양하기 위한 목적으로 조선 왕조의 창시자에 의해 도입되어 세시풍습으로 전해졌다는 마을 간의 싸움인 석전이나 편싸움 등은 참가자나 구경꾼의 생명을 위협하지 않는 한 중단되어서는 안 된다"[94)]고 주장하였다. 당시만 해도 상당히 거칠고 야만스럽고 잔혹해 보이는 석전을 『독립신문』이 열정적으로 옹호하고 있음을 알 수 있다.

『매일신문』은 "경무청에서 더 엄격히 지속적으로 단속해서 영영 못하게 해야 '석전을 하는 병'이 사라지고 개명한 제국의 백성이 될 것"[95)]이라는 기사를 내보냈으며, 일본어의 『경성일보』는 "1908년 2월 초에 서울 서호에서 천여 명이 모

91) G. W. Gilmore, 〈Korea from its Capital: with a Chapter on Mission〉, 《Presbyterian Board of Publication and Sabbath-School Work》, (Philadelphia, 1892); 신복룡 옮김, 《서울풍물지》. (집문당, 1999), 132쪽.

92) 정성화 역, 로버트 네프 저, 《서양인의 조선살이, 1882-1910》. (푸른역사, 2008), 225-226쪽.

93) 《독립신문》. 1897년 02월 27일자(3).

94) 독립신문영인간행회편, 《독립신문》 7권, 198쪽.

95) 《매일신문》. 1899년 02월 20일자.

여 밭을 사이에 두고 석전을 벌였는데, 그 가운데 곤봉을 든 사람을 체포하자 석전군들이 경관들을 포위 공격했고 이에 경관들은 발포하여 포위망을 뚫고 도주했다"는 내용에서 일제가 석전을 탄압하는 양상을 발견할 수 있다.[96] 『독립신문』(1896－1899)을 제외한 『매일신문』(1898－1899)과 1900－1910년대의 황성신문, 대한매일신보 등은 일관되게 조선의 전통문화와 향유 주체를 고사시키는 데 앞장섰다.[97] 자국의 전통과 역사, 그리고 문화를 부정하는 현황은 모든 억압과 비합리를 철폐하는 계몽에서 시작된다고 확신하는 아시아 국가들에게서 나타나는 일반적인 현상이었다.

일제강점기에 들어와 석전은 더욱 강압적인 단속으로 존폐에 큰 타격을 입게 된다. 결국 일제가 1908년부터 서울에서의 석전을 금지하였던 것이다. 이와 관련해 황현(黃玹, 1856－1910)은 "도민의 석합전을 금했다. 경사(京師)의 오랜 풍속으로 정월 상순에 남문 밖 및 5강의 상하에 모여 무리를 나누어 투석하고 맞붙어 때리며 승부를 겨룬다. 사상자가 나오는 것은 범상하게 여겨졌다. 이를 편전이라 한다. 사람들은 십 수일간 해산하지 않는다. 이에 일본은 무(武)를 익히는 것을 꺼려 병사를 파견하여 엄금했다. 그러나 곧바로 중지시킬 수 없었고 발포, 사격을 가해서야 해산시켰다"[98]고 설명하였다. 황현은 조선인의 무예 연습을 막으려고 보았던 것이다. 하지만, 이런 강압적이고 물리적인 탄압은 석전군들의 민족적 감정을 자극하여 오히려 일제의 공권력에 저항하거나 공격하는 경우를 발생시키기도 하였다.[99] 당시 석전이 거행될 때에는 서로 간의 죽음을 불사할 정도로 치열한 전투를 벌이지만, 이를 강제로 탄압하려는 세력에는 서로 단결하여 맞서는 양상이 나타난 것이다. 더욱이 그 대상이 외세일 경우에 민족 감정과도 결합하여 격렬한 저항을 불러일으켰다.[100] 근대의 석전은 일제의 식민 통치라는 현실 속에서

---

96) 기우치 아키라, 앞의 글, 32－33쪽.

97) 서연호, 〈韓國近代戲曲史研究〉, 《民族文化研究叢書: 5》. (高麗民族文化研究所出版部, 1982), 8－10쪽; 유선영, 〈근대적 대중의 형성과 문화의 전환〉, 《언론과 사회》. 17(1), ((사)언론과 사회, 2009), 59－64쪽.

98) 黃玹, 朴尙得 譯, 《梅泉野錄》. 卷6, (國書刊行會, 1990).

99) 김창석, 앞의 글, 27쪽.

100) 김창석, 위의 글, 28쪽.

민족적 저항의 표현이라는 새로운 민족적 의미와 표상을 갖게 되었다.[101]

이러한 금지령에도 불구하고 석전은 1900년대 초까지 지속되었으나 일본은 치안유지를 구실로 이를 강력하게 금압하였고, 한일합방 이후 소멸기로 접어들었다. 하지만 석전에 관한 의견들을 살펴보면 일제강점기에도 축소, 변형된 형태로나마 석전은 지속되다가 우리나라의 경우 1970년대에 일어난 새마을운동과 그 기간에 본격화된 미신타파운동 과정에서 완전히 소멸된 것으로 보고 있다.[102] 이처럼 우리나라의 석전은 굉장히 호전적이고 과격한 놀이문화였고, 아주 옛날에 시작되어 그 명맥이 20세기 중반까지 유지되었던 것으로 보아 민중들에게 깊이 스며든 전통유희 중 하나라고 할 수 있을 것이다.

4. 이웃 국가들의 석전 풍습

석전은 우리나라뿐만 아니라 여러 나라에서 다양하게 거행되었는데, 교류사적 측면에서 실크로드로 이어져 내려온 한국과 일본 그리고 중국의 문화에서도 공통된 부분을 찾아볼 수 있다. 특히 대부분의 일본 학자들은 자신들의 석전에 관해 중국과 한국을 거쳐 일본 땅에 전래된 것으로 봐도 무방하다고 주장한다. 이에 따라 한국과 가까우면서 역사적으로 깊게 관계되어 있는 일본과 중국의 석전에 대해 다양한 기록을 통해 간단히 살펴보자.

이노 카노리(伊能嘉矩)는 중국 본토의 단옷날 석전이 한국에 전래된 것이라 보고 있으며, 일본에서 인지우치(印地打)라 부르는 풍습은 풍년과 흉년을 예측하는 습속으로 보고 이는 한국을 통해 전래되었을 것이라는 인류학적 보고를 통해 한국과 일본, 중국의 상호 관련성을 언급하였다.[103] 또 김영준은 "석전은 중국 화남을 비롯한 중국 남방지역과 동남아시아, 일본에 걸쳐있는 것이 특징"이라고 하

101) 유선영, 앞의 글, 39쪽.

102) 村山智順, 〈朝鮮の占卜と豫言〉, 《朝鮮》. (朝鮮總督府, 1933), 391쪽.

103) 伊能嘉矩, 〈石戰風習に就きて思ひ出づるまにく〉, 《人類學雜誌》. 32(3), (東京人類學會, 1917), 77-80쪽.

였다.[104] 일본을 비롯한 동아시아 삼국의 석전 풍습을 종합적으로 고찰한 아이다 유타카(相田洋)는 "석전이 본래는 동아시아의 공통된 문화였다는 것을 암시한다"고 말하며 동아시아 민속에 관한 비교연구의 필요성을 언급하였다.[105] 이마무라 토모(今村鞆)는 『일본 및 조선의 석합전(日本竝朝鮮の石合戰)』이란 글에서 "조선과 일본의 석전은 그 모습과 양상에 많은 공통점이 있으며, 민속학적으로 강구해야 할 가치가 있는 민속이다. 이것은 조선에서 일본으로 전래된 것"[106]이라 설명하였다. 나카야마 타로(中山太郞)가 집필한 『일본민속학사전(日本民俗学辞典)』에는 "돌을 던져 승부를 결정하는 인간의 심리에는 일종의 한 해 운세를 점치는 풍습이 있다. 즉, 이긴 마을에는 그해에 풍년이 들고 패한 마을에는 흉년이 든다고 하였다. 이 놀이는 옛날에 5월 단오에 전국적으로 거행되었다. 이것은 조선에서 수입된 것"[107]이라고 설명하고 있다. 이를 토대로 여러 연구자들은 석전이 중국과 한국의 교류 과정을 거쳐 일본으로 전파된 것이라 추정하고 있으며 이를 타당하다고 본다.

아래의 기록은 선조 40년(1590년)에 일본에 사신으로 간 조선의 문신인 김성일(金誠一)이 통신부사로 다녀온 후 작성한 사행록인 해사록(海槎錄)에 쓰여 있는 일본 석전에 관한 기록이다.

> "흐렸다 개임. 강호에 머물렀다. 지관이 떡 세 그릇을 올렸다. 왜국의 달력은 중국과 하루 차이가 나므로, 달의 대소(大小)와 날의 진퇴(進退)가 혹 같지 않다. 올해는 윤달이 4월에 들었기 때문에 오늘을 단오(端午)로 삼는다 했다. …(중략)… 이날이 되면 먼저 아이들을 곳곳에 모아, 이쪽저쪽이 대진(對陣)하여 돌로 투석전(投石戰)을 마구 벌이는데, 마치 우리나라의 씨름놀이처럼 한다. 오후에는 원근의 장정이 귀천을 가리지 않고 창과 칼을 메거나 들고, 뒤질세라 분주히 모

---

104) 김영준, 앞의 글, 472쪽.

105) 相田洋, 〈東アジアの石合戦について〉, 《福岡教育大学紀要》. 41, (福岡教育大学, 1991), 1－21쪽.

106) 今村鞆, 《歴史民俗朝鮮漫談》. (南山吟社, 1930), 38－58쪽.

107) 中山太郎編, 《日本民俗学辞典》. (昭和書店, 1934), 116－118쪽.

> 여들어 수천 명이 떼를 지어 진을 치고 상대하는데, 그 나아가고 물러나고 앉고 일어서며, 모이고 헤어지고 유인하는 형세는 한결 같이 전법(戰法)에 의거하였다. (후략..)"108)

김영준은 위의 기록을 바탕으로 일본의 석전에 대해 "몽둥이와는 달리 칼이 등장하는 것을 제외한다면 격렬한 상황은 한국과 중국의 석전과 같다"109)고 설명하고 있으며, 중국의 석전에 대해서는 귀주성 귀주시 삼도현의 뿌이족(布依族)에서 행해지고 있는 석전의 내용을 바탕으로 다음과 같이 설명하고 있다.

> "주(周)씨와 담(覃)씨네 양대 성씨들은 해마다 음력 4월 8일 싸움을 벌이며, 이로써 악운이 물러간다고 한다. 개천 양쪽에 진을 친 꾼(15-50세)들은, 대장의 손짓과 쇠뿔 나팔 소리를 호로 시작한다. 돌을 맞은 사람은 '내가 맞았다'고 큰 소리를 치며 오히려 즐거워한다. 싸움은 상대의 진지를 빼앗는 것으로 끝난다. 아낙네들은 찰밥 술 고기를 장만하여 싸움날 아침 어린이들에게 들려보내며 이를 '용사의 식량'이라 한다."110)

---

108) 或陰或晴 留江戶 支官進餠三器 倭中造曆 與中國差違一日 故月之大小 日之進退 或有不同 今年閏朔 冒於四月 故以今日爲端午云云 自初一日 有男子之家 各豎紙旗 以爲報戰之具 預養勇銳 及至是日 先聚兒童 處處屯集 彼此對陣 投石亂擊 如我國角觝之戲 午後 遠近丁壯貴賤咸集 持鎗荷劍 奔走恐後 累千爲群 結陣相對 其進退坐作合散誘引之勢 一依戰法 各出精銳 合刃交戰 或進或退 霜鋒如攢 日光相射 爭相搏殺 見死强進 以日暮爲限 所殺多至四十餘人 其餘斷臂割肱帶瘡而還者 不可勝記 以殺人多少 決其勝負 被劍而死者 身未落地 衆刃交下 分裂百片 謂之試劍云 有一人聞其子死 卽奮身而戰 報殺數人 是日殺人者無罪 故少有嫌隙 必報於此日 日本六十六州之人 處處皆戰 而唯京都 則只設彩棚山臺之戲 男女盛備酒饌遊宴而罷云 適於館所相望之地 設此角戰之事 目見其揮劍亂斫流血塗原之狀 誠極可駭 伺候倭官來言 我國於此日 例設此戲 但使臣所館之處至近 若嫌其擾亂 則當禁止云 答以國俗不必禁之之意 大概日本國俗 以能殺爲膽勇 故殺人多者 雖市井賤夫 聲價卽倍 畏縮回避者 雖權貴子弟 一國棄之 不容於人類 其輕生樂死之風如是 智正來言 執政佐渡守送簡於景直曰 日氣晴霽 明日行禮云云 蓋關白以傳命一事 爲稀貴無前之禮 欲竢清明乾淨之日 鋪張器具 聳動觀瞻 爲誇耀一國之盛事 而天氣連陰 泥潦不止 故有進退之擧(경섬(慶暹) 저, 정봉화 역, 《해사록(海槎錄) 下 06월 05일》). (1974)); http://db.itkc.or.kr/dir/item?itemId=BT#/dir/list?itemId=BT&gubun=author(2019.10.25. 검색).

109) 김영준, 앞의 글, 475쪽.

110) 高占詳 編, 《中國民族節日大全》. (矢備哉出版社, 1993); 김광언, 《민속놀이》. (대원사, 2001), 140쪽.

중국의 석전은 "강가에서 행해진다는 점, 4월 8일 등의 세시에 행해진다는 점, 두 편으로 나뉘어 행해진다는 점, 상대의 진지를 빼앗는 것으로 끝난다는 점 등이 한국의 석전과 유사하다고 보고 있다.[111] 일반적으로 그 지방 고유의 것으로 보고 그 형태는 한국의 석전과 크게 다르지 않다"[112]고 주장하였다. 그리고 김광언은 한국과 일본, 그리고 중국의 석전을 비교하여 유사한 점을 나열하였는데, "들이나 냇가 또는 시가지에서 벌어지는 점, 처음에는 돌을 던지다가 나중에는 타격무기가 등장한 점, 풍요를 기원하는 의례로 행해진 점, 정월 또는 단오에 행해지는 경우가 많다는 점" 등이 한국의 석전과 닮아있다고 하였다.[113] 일본학자인 이노 카노리도 "이들 나라의 사례를 검토한 결과, 석전이 벌어지는 시기와 장소, 그리고 참여 계층과 양상 등에 공통점이 있음을 지적했다. 즉 정월과 단오에 강가의 모래사장(河原), 고갯마루 등지에서 벌이는 석전은 시간적, 공간적 경계에서 돌의 주력(呪力)을 빌어 한 해의 운수를 치고 재액과 역병을 물리치려는 의례에서 비롯되었다는 것"이라고 설명하였다.[114] 아이다 유타카도 역시 "한국과 일본 그리고 중국 이들 세 나라의 석전은 새해와 단오 전후에 열리는 것, 장소는 골짜기, 강, 해암, 고개, 산 정상 등의 '경계'에서 열리고 사당과의 관계가 깊은 것, 석전을 하면 그 한 해는 무사히 넘길 수 있다고 일컬어지는 것, 부상자가 발생해도 책임을 묻지 않는 것, 참가자는 주로 성인 남성에서 점차 어린이나 '무뢰한'으로 옮겨가는 경향에 있는 것 등 유사한 점이 많다"고 언급하였다.[115]

아이다 유타카는 석전이 실제 상황에서 무기로 사용될 만큼의 위력을 가지고 있어 투석부대를 만들어 전시 상황에 대비했다는 것이다. 석전이 성행했던 에도(江戸)시대 코슈(甲州)의 다케다 신겐(武田信玄)의 군대 등에 '투석대'라는 특수부대가 존재하였고, 한국 역시 고려시대에 '투석반(班)', '투석군'이 존재하였고, 조선

111) 大林太郎, 〈正月の來た道〉, 《日本と中国の新春行事》. (小学館, 1992), 185쪽; 김영준, 앞의 글, 473쪽에서 재인용.

112) 大林太郎, 위의 책, 162쪽; 김영준, 위의 글, 472쪽에서 재인용.

113) 김광언, 《우리 문화가 온 길》. (민속원, 1998), 395쪽.

114) 伊能嘉矩, 앞의 글, 77－80쪽.

115) 相田洋, 앞의 글, 17쪽.

시대에도 '척석군' 등 투석부대가 존재하였다. 나아가 중국에도 역시 투석부대가 존재하였다. 하지만, 이것이 석전과 관련성이 있는지에 관한 내용은 장담할 수 없다. 이는 전쟁 때 '시석(矢石)'이 자주 날아다녔다는 주장과 『송사(宋史)』 451권, 「진문용전(陣門龍伝)」에 나와 있는 내용에서 석전이 성행했던 복건성에는 '석수군'이라는 특수한 투석부대가 존재했던 것으로 보고 이를 석전과 관계가 있을 것이라 추정한다.[116]

특히 일본의 소가와 츠네오(寒川恒夫)는 교류사적 측면에서 한국과 일본, 중국의 석전 문화에 대해서 "고대인의 유희의 계보를 논할 때 한국, 일본, 중국을 비롯해 동남아시아와의 관계를 살펴보아야만 보다 확실하게 파악할 수 있다. 주변국과의 비교를 통해 그 계보와 전파성, 의례성을 파악해야 한다"[117]고 주장하고 있다. 이처럼 한국과 일본 학자들의 자료에는 중국의 석전이 한국을 거쳐 일본으로 전파되었을 것이라는 추측만 있을 뿐 어떤 경로를 통해 어떻게 전파가 되고 전승이 되었는지에 대해서는 확실한 증거자료가 아직 발견되지 않았기 때문에 더 많은 자료의 축적과 연구가 필요할 것으로 생각된다.

5. 나가며

과격하고 전투적인 성향이 강한 우리나라 전통놀이인 석전은 고대로부터 이어져 왔으며 근대까지 전국 각지에서 행해졌다. 물론 기존에 우리가 알던 석전과는 상이하게 역사의 흐름 속에서 존재의 의미가 조금씩 달랐지만, 석전이 의미하는 구성 요소들은 각 시기적으로 적잖은 영향을 미칠 만큼 그 가치가 높았다는 것을 알 수 있다. 또 이 과격한 놀이문화에 대해 외국인들이 호기심을 갖기 시작하면서부터 석전 연구에 대한 관심도 증가하여 다양한 연구가 진행되어 왔다.

장성수는 "고대로부터 행해진 석전은 매년 정월에 수행되었고, 일이 끝난 농한기의 여가시간에 이루어 졌으며, 몇 명 정도가 아닌 집단적 놀이로 국가, 사회

116) 相田洋, 위의 글, 17－19쪽.
117) 寒川恒夫, 앞의 책, 313쪽.

적 신분의 차별 없이 모두 동참하여 수행되었다." 덧붙여서 "실제 전쟁과 흡사할 정도로 석전 자체는 국가의 존망에 큰 의미를 갖고 있었기 때문에 개인의 부상이나 사상은 크게 문제 삼지 않았고, 그렇기에 석전은 일상생활의 삶과 생존에 중요한 의미를 갖고 이에 연장되는 삶의 한 양식으로 반일상적 상무 놀이 활동임이 분명하다"고 하였다.118) 이처럼 석전은 원래 풍성한 한 해를 기원하기 위한 하나의 풍습으로 시작된 것이 고대 사회에 들어서면서 실전에 대비하는 연습을 위한 연중 의례 행사로 변화되었으며, 이후 고려와 조선으로 이어지면서 의례로서의 성격 외에 전시상황을 위한 상무적 성격과 서민들도 즐길 수 있는 유희로까지 확산된 것으로 파악된다.119) 『조선왕조실록』에 나타난 바와 같이 석전은 고대에는 정월에 행하였고, 고려 때에는 단오, 조선에서는 정월대보름과 단오가 혼재되어 거행되어 왔다. 한반도의 석전은 단순한 농경의 풍요를 점치는 주술적 측면만을 강조한 것이 아니라 국토방위를 위한 전쟁의 한 수단으로 공존해 왔음을 확인할 수 있다.

근대로 전승된 석전은 두 편으로 나누어 서로 돌을 던지며 싸워 승부를 가르는 일종의 집단적인 세시풍속으로 자리 잡아 굉장히 과격하고 전투적인 놀이였기 때문에 그 과정에서 수많은 사상자와 피해자가 발생할 수밖에 없었지만, 그 누구에게도 책임을 묻지 않았다. 오히려 그렇게 생긴 상처를 명예롭게 생각하기도 했는데, 이것은 석전이 주술적, 종교적 성격에서 출발하였기 때문이다.120) 실제 전투를 방불케 하는 석전은 꾸준하게 국가에서도 금지하였으며, 일제강점기의 일본은 이를 더욱 강압적으로 금지시켰다. 유선영은 당시의 상황에 관해 "버리기 아까운 상무의 유풍으로서 우리 혼에 뿌리 깊이 박힌 오늘날의 체육운동 같은 석전 풍습"121)이라고 하였으며, "상무 민족의 무풍(武風)이 두려워 편쌈을 금압하고 경

118) 장성수, 〈餘暇文化 活動으로서의 石戰과 씨름에 대한 統辭的 理解〉, 《한국체육학회지》. 39(3), (한국체육학회, 2000), 36쪽.

119) 八木奘三郎, 〈朝鮮の石戰風習〉, 《人類學雜誌》, (1917), 32-1쪽; 孫晉泰, 앞의 글, 5-8쪽; 앞의 책, 155-171쪽.

120) 김창석, 앞의 글, 31쪽.

121) 필자미상, 〈전조선 괴풍속 전람회, 입장무료〉, 《별건곤》. 11(2), (1928), 50-51쪽.

찰력으로 감시와 해산, 체포를 일삼는 일본에 대해 편쌈을 강행하는 것 자체가 식민지민의 반감을 표출하는데 매우 적절한 행사"였던 것이다.[122] 사실 이 시기에 집단적으로 행해진 민속놀이 대부분이 일본 제국주의에 의해 금압되었는데, 이것은 민족적 감정으로 일본 제국주의에 맞서기 좋은 도구로 활용하기에 용이하였고, 금지를 하면 할수록 격렬함은 물론이고 그 기세가 더욱 높아졌기 때문일 것이다. 그렇게 금지되어 소멸되었던 석전은 산발적으로 다시 행해졌으나 원래 석전이 가지고 있던 구성요소의 대체와 변용, 단위, 장소, 대전 양상, 주체 등은 변화되어 석전 본래의 기능은 점점 쇠퇴하였다. 1945년 일본의 패망과 함께 해방된 후에는 사회적 위험성과 폭력성으로 인해 석전 자체가 완전히 단절되었지만, 꽤 오랫동안 그 명맥이 유지되었던 것으로 보아 한민족의 몸속 깊이 스며들어 있던 전통 놀이 중의 강자로 자리 잡고 있었다.

한민족의 대표적인 놀이로 외국인들에게도 가장 야만적이고 전근대적인 특징을 보여주며 수많은 사람들의 볼거리였던 석전은 실크로드로 이어져 온 한국과 중국, 그리고 일본과의 교류사적 측면에서도 전승, 발전되어 왔다는 점을 파악할 수 있다.

122) 유선영, 앞의 글, 31쪽.

청도소싸움

1. 들어가며

소싸움, 말 그대로 소 두 마리를 싸우게 하는 것이다. 이는 오래전, 소를 돌보는 목동들이 자신의 소를 데리고 나와 강변의 백사장이나 너른 벌판에서 심심풀이로 싸움을 붙이던 것으로 출발하여 현재는 전문 소싸움꾼들이 잘 훈련시킨 소를 경기장으로 데리고 나와 관중들 앞에서 싸움을 붙이는 유희로 변화, 발전해 왔다.[1]

소싸움의 기원에 대한 정확한 기록은 찾기 어렵다. 그러나 인류가 소와 함께해 온 시간이 약 3000년 전부터[2]라고 하니, 소싸움의 기원도 매우 오래전으로 거슬러 올라가야 할 것으로 보인다. 선행연구에 의하면 소싸움은 농경사회였던 아시아 지역(한국, 중국, 일본, 인도네시아, 라오스 등)에 두루 존재하는 것으로 나타났다.[3] 김광언은 “소싸움은 여러 지역에서 제례에 쓰일 제물을 선택하는 과정에서

---

1) 국립민속박물관, 《한국민속예술사전, 민속놀이》. (국립중앙박물관, 2015), 191쪽.

2) Sherman, David M, 《Tending Animals in the Global Village: A Guide to International Veterinary Medicine》. (Williams and Williams, 2002), 46쪽; 전경수, 《한국민족문화대백과사전 12》. (한국정신문화연구원, 1991), 633쪽.

3) 외국의 소싸움에 관한 연구로는 임장혁, 〈라오스 몽족 이주마을 소싸움의 사회적 기능〉, 《아시아강원민속》. 27, (아시아강원민속학회, 2013), 235-260쪽; 宣炳善, 〈中国斗牛民俗的分类〉, 《民间文学论坛》. 4, (民间文学论坛, 1997), 46-52쪽; 広井忠男, 〈日本の闘牛: 沖縄 · 徳之島 · 宇和島 · 八丈島 · 隠岐 · 越後〉, (高志書院, 1998) 등이 있다.

시작되었다. 인도네시아에서는 소싸움이 제물로 바칠 소를 고르는 행사로 여기며, 싸움에서 진 소의 희생이야말로 신의 뜻으로 여긴다. 중국·일본·인도네시아계 주민이 이주한 마다가스카르 섬에서는 싸움에 진 소를 잡아먹기도 하였으며, 우리도 싸움에 패한 소를 백정에게 팔아넘기거나, 함경북도 북청에서는 그 자리에서 구워 먹었다고 한다. 이것과 다르게 중국의 먀오족[4]은 두 소 모두 제물로 바쳤다"[5]고 주장한다.

이처럼 소싸움에 대한 풍습은 각 나라의 전통에 따라 차이가 있으나 싸움 붙인 소를 제물로 바친다는 공통점이 있으며, 이러한 사실은 아시아지역 농경문화와 소와의 관계를 추정하게 한다.

우리나라에서 소싸움은 경상남도 진주 일대에서 줄다리기와 더불어 행했던 큰 연중행사였다. 매년 추석 이후 지역주민들은 소싸움을 붙이고 즐기며 구경하였다.[6] 일제강점기에도 소싸움은 그 명맥을 이어갔으나 3·1운동이 일어나고 민중의 봉기를 우려한 일제에 의해 중단되었다. 그러나 농민들의 항의와 좋은 소를 발굴하려는 목적이 만나 다시 행해지기 시작했고, 해방 이후 한국전쟁으로 잠시 중단되었다가 곧 복원되어 현대까지 이르고 있다.

한국에서 소싸움에 관한 연구는 1980년대부터 여러 민속학자들[7]에 의해서 시작되었다. 김선풍은 소싸움을 명절놀이 가운데 오락을 위한 놀이로 추석 때 성인 남자들이 행하는 집단 승부놀이, 일상놀이, 내기놀이로 분류하였다.[8] 이어서 한양명은 소싸움을 명절에 행해지는 집단적 승부놀이로 본 김선풍의 주장을 지지

---

4) 먀오족은 호전적인 성향으로 유명하며 소싸움을 매우 좋아한다. 이 때문에 대회가 시작되기 전에 소를 흥분시키려고 독한 술을 먹이는 일도 서슴지 않는다.

5) 김광언, 《민속놀이》. (대원사, 2003), 117-118쪽.

6) 도유호 역, 주강현 해제, 《북한학자가 쓴 조선의 민속놀이》. (푸른숲, 1999), 213쪽.

7) 김선풍, 〈한국민속놀이론〉, 《中央民俗學》. 1, (중앙대학교한국문화유산연구소, 1989), 9-104쪽; 배도식, 〈소에 얽힌 민속〉, 《민속학연구》. 2, (국립민속박물관, 1995), 213-235쪽; 한양명, 〈소싸움의 변화와 그 원인에 대한 고찰〉, 《민속학연구》. 2, (국립민속박물관, 1995), 277-304쪽; 심우성, 《우리나라의 민속놀이》. (동문선, 1996); 배도식, 〈소싸움놀이의 민속적 고찰〉, 《민속학연구》. 32(1), (한국민속학회, 2000), 121-149쪽; 김광언, 《동아시아의 놀이》. (민속원, 2004); 고원규, 《소싸움으로 본 문화관광》. (대왕사, 2011).

8) 김선풍, 위의 글, 46-57쪽; 김선풍 외, 《민속놀이와 민중의식》. (집문당, 1996), 83쪽.

하였으나, 그가 분류한 소싸움의 몇 가지 특징 중 성인 남자들만의 놀이로 한정한 점, 동물을 매개로 하지 않는 놀이들과 같은 반열에서 차별 없이 다루었다는 점을 지적하였다.[9] 최근 고원규는 전통사회부터 이어져 온 소싸움을 관광학적 시각에서 조망하였다. 그는 우리의 전통 민속 소싸움이 목적보다 수단을 앞세워 '관광상품화'되어 가는 현실을 안타까워하였고, 소싸움장은 '근대성과 전통이 교차하는 곳'이라 하였다.[10]

20세기 후반 우리나라는 급격한 산업화의 과정을 겪으면서 고유한 우리의 전통문화 일부를 보존하는데 소홀히 하는 실수를 저지르고 말았다. 하지만 그 실수를 반성하고 전통문화 보전의 필요성에 대한 공감대가 형성되었고 그 결과 줄다리기, 청도 소싸움 등 우리의 전통놀이에 대한 관심이 커지고 있다.[11] 이것은 빠르게 성장하는 사회에서 선조들이 이룩한 전통의 가치를 보호하는 동시에 삭막한 현대인의 삶에서 우리 고유의 즐거움을 되살리기 위한 움직임이라 할 수 있다.

이 글에서는 소싸움에 관련된 여러 선행연구와 지역자료 등에 담긴 내용을 참고해 우선 한국 소싸움의 기원과 역사에 따른 특징에 대해 살펴보고, 현대의 대표적인 소싸움으로 자리 잡고 있는 청도소싸움의 탄생 과정과 발전, 그리고 현대적 의미를 개괄한다.

2. 소싸움의 기원

소는 인류의 오랜 벗

우리나라 대부분의 유희들은 기록된 사료를 통하여 어느 정도 그 기원을 찾을 수 있으나, 특이하게도 소싸움은 구전으로만 전해질 뿐 역사적 기록은 발견되지 않고 있어 정확한 유래를 찾기가 어려운 것이 현실이다. 그러나 전술하였듯 인

9) 한양명, 앞의 글, 278쪽.

10) 고원규, 앞의 책, 4-7쪽.

11) 마상영, 〈투우(鬪牛)에 관한 소고(小考)〉, 《국제문화연구》. 2(2), (조선대학교국제문화연구원, 2009), 46-47쪽.

류가 소와 함께해 온 오랜 시간만큼, 소싸움의 역사도 오래 거슬러 올라가야 할 것으로 본다. 그러면 우리 민족과 소에 대해 중국의 고서(古書)에 기록된 내용부터 살펴보도록 하겠다.

『삼국지』「동이전」과 『신당서』「변진조(弁辰條)」에 "부여에서는 육축을 사육하고 소, 말, 돼지의 이름을 따서 우가(牛加), 마가(馬加), 저가(豬加) 등의 관명으로 사용했다"[12]고 전해지는데, 이것으로 보면 고대 사회부터 우리 선조들은 소를 길러왔다는 것을 알 수 있다. 또한 부여에서는 군대가 전쟁에 나갈 때 소를 잡아 제사를 지내고 길흉을 점쳤다는 기록[13]도 있다. 여기서 소를 희생과 점복의 의미로도 사용했다는 것을 알 수 있어 고대 사회부터 소는 인간에게 단순한 가축 이상의 의미를 가졌던 것으로 보인다.

그러면 우리 기록에서 소와 관련된 이야기를 개괄해 보자. 『삼국사기』와 『삼국유사』에 "백성에게 소로 수레를 끄는 법을 가르쳤다"[14]와 "소를 이용하여 쟁기를 끌게 했으며, 수레를 이용하여 얼음을 저장했다"[15]라는 기록이 보인다. 그리고 고구려 안악3호분에 외양간에서 쉬고 있는 소와 수레를 끌고 있는 소로 추정되는 그림이 있는 것으로 보아 한국에서 소는 농경문화가 정착되기 시작한 삼국시대 이전부터 사람과 함께하였다는 것을 알 수 있다.

소싸움(鬪牛)은 언제부터 시작되었을까?

우리 한반도에서 소싸움은 언제부터 나타나기 시작하였을까? 우리나라 소싸움의 기원과 발전에 대한 실마리를 찾기 위해서 중국의 소싸움에 대하여 참고할 필요가 있다. 중국에서 소싸움은 대략 진(秦)나라에서 시작되어 적어도 이미 2천 년 이상의 역사를 지닌다. 전해지는 말에 따르면 중국 소싸움은 치수(治水)와 관

---

12) 夫余在长城之北 去玄菟千里.国有君王 皆以六畜名官 有马加 牛加 猪加 狗加 大使 大使者 使者(《三國志》 魏书 乌丸鲜卑东夷传).

13) 有軍事時 亦祭天殺牛 觀蹄以占吉凶 蹄解者爲凶 合者爲吉(《三國志》 緯書 東夷傳 夫餘條); 배도식, 앞의 책, 123쪽.

14) 敎民牛車之法(《三國史記》 卷第三 新羅本紀 第三 訥祇王條 二十二年夏四月).

15) 製犁耜及 氷庫 作車乘(《三國遺事》 卷一 弩禮王條(일연 지음, 김원중 옮김, 《三國遺事》. (민음사, 2018), 65쪽).

련이 있는데 송나라의 이방(李昉)은 『태평엄기(太平广记)』[16]에서 『성도기(成都记)』의 내용을 다음과 같이 인용하였다.

> 이빙이 촉지방 군수가 되었는데 …(중략)…, 이빙은 이에 물로 들어가 고룡을 죽이려 했으나 이미 소의 형상이 되어 강의 신인 용이 뛰어올라 이빙이 이기지 못했다. (이빙은) 밖으로 나와 병사 중에 용맹한 자 수백을 뽑고 강한 활과 큰 화살을 들게 하며 말하였다. "내가 앞에서 소가 될 것이고, 오늘 강의 신 역시 반드시 소가 될 것이다…" 곧 소리를 지르며 뛰어드니 잠시 후 번개가 치고 바람이 크게 일어나 하늘과 땅을 분간할 수 없었다. 조금 후에 보니 두 마리 소가 위에서 싸우고 있었다. …(중략)… 무사들이 이에 활로 신을 쏘니 곧 죽었다. 이때부터 촉지방 사람들은 다시는 물로 인한 병폐가 없었다. …(중략)… 그리하여 봄과 겨울에 소싸움을 하였다.[17]

여기서 이빙이라는 사람이 고룡과 싸웠는데 중국의 마궈진(麻国钧)과 마수윈(麻淑云)은 이 이야기를 소싸움의 기원으로 보고 있다.[18]

소싸움은 춘추전국시대와 한(漢)대에 이어 당나라와 명나라 때까지 성행하였다. 당나라 단성식(段成式, 803－863)의 『유양잡조(酉陽雜俎)』에 의하면, 신강성(新疆城)의 쿠처(庫車) 일대에 위치했던 구자국(龜玆國)에서도 소싸움의 기록이 보인다. "구자국에서는 정월 초하루 소와 말, 낙타 등의 싸움을 7일간 벌여 그 승패를

16) 고대 문언기실소설의 첫 번째 총집이다. 송대 이방(李昉), 후몽(扈蒙), 이목(李穆), 서현(徐铉), 조인기(赵邻几), 왕극정(王克贞), 송백(宋白), 여문중(吕文仲) 등 14인이 송 태종의 명을 받아 편찬하였다. 태평흥국(太平興國 976年 12月－984年 11月까지 북송 태종 조광의(赵匡义)가 사용한 연호) 2년(977년)에 시작하여 다음 해인 978년 완성하였다. 송나라 태평흥국 년간에 완성되었고 《태평어람》과 같은 시기에 편찬되었기 때문에 《태평광기》라고 부르게 되었다. https://baike.baidu.com/item/%E5%A4%AA%E5%B9%B3%E5%B9%BF%E8%AE% B0/683069?fr＝aladdin(2019.03.03. 검색).

17) 李冰为蜀郡守 冰乃入水戮蛟 己为牛形 江神龙跃 冰不胜 及出 选卒之勇者数百 持强弓大箭 约日 吾前者为牛 今江神必亦为牛矣 遂呼吼而入 须臾雷风大起 天地一色 稍定 有二牛斗于上 武士乃齐射其神 遂毙 从此蜀人不复为水所病 故春冬设有斗牛之戏 … 出(《成都记》 李昉, 《太平广记》 二百九十一卷).

18) 麻国钧, 麻淑云, 《中華傳統遊戲大全》. (农村读物出版社, 1990), 24쪽.

보고 1년 동안의 소와 말의 감소나 번식을 점쳤다"[19]고 한다. 이 기록으로 보면 부족의 길흉화복을 소싸움을 통해 예측하고자 하는 주술적 의미가 내포되어 있었음을 추정할 수 있다.

그리고 중국의 진나라, 춘추전국시대, 당나라의 시기가 한국의 고대 사회와 맞물려 있었기에 당시의 교류를 통해 소싸움이라는 놀이가 한국으로 전래되었을 것으로 추정하는 것도 무리가 아닐 것이다. 삼재도회를 보면 중국에서 음력 8월에 소싸움을 하였다는 점과 한국에서 음력 8월의 추석을 전후하여 소싸움을 즐겼다는 사실로 보면 이러한 추정은 상당한 신빙성을 갖는다.

3. 우리 소싸움의 발자취

전통사회에서 가장 기본적인 소싸움의 형태는 목동들이 소에게 먹이를 주기 위하여 산이나 들로 가서 몰고 간 소끼리 싸움을 붙이는 것이었다. 그리고 그 싸움의 결과로 서로의 '소꼴(소먹이풀)'을 뺏거나 빼앗기곤 했다. 또한 목동들 이외에 머슴을 포함한 농부들도 술 등을 걸고 소싸움을 즐기기도 하였으며, 이와 같은 소싸움은 동절기를 제외하고는 한반도 대부분 지역에서 연중 수시로 행해져 왔다.[20]

한국에서 소싸움에 관한 이야기는 "삼한시대부터 목동이 초원에서 소싸움을 붙였다"[21]라는 말이 가장 오래된 기록으로 보고 있다. 그리고 진주문화원의 기록에 따르면 신라가 백제의 땅을 빼앗은 승전기념 잔치로 소싸움을 하였다는 설, 임진왜란 때 왜군이 진주성을 함락하고 진주의 농사짓던 소를 잡아 식량으로 대신하였고 왜군이 패전으로 철수하고 난 후 죽은 불쌍한 소의 영혼을 달래기 위해 소싸움을 열었다는 이야기도 전해진다.[22] 이러한 내용을 통해 가축사육과 농경문화 속에서 목동들에 의해 자연스럽게 시작되었던 소싸움이 전쟁에서 승리의 잔치

19) 龜兹國 元日鬪牛馬駝, 爲戲七日, 觀勝負, 以占一年羊馬減耗繁息也(《酉陽雜俎》).

20) 한양명, 앞의 글, 280쪽; 고원규, 심상화, 〈참여관찰과 면담조사를 중심으로 한 전통소싸움의 활성화에 관한 연구〉, 《관광레저연구》. 제10권 2호, (한국관광레저학회, 1998), 10쪽.

21) 국립민속박물관, 앞의 책, 192쪽.

22) 진주문화원, 《진주예찬》. (진주문화원, 1996), 430쪽; 고원규, 앞의 책, 18쪽.

와 인간들에게 희생당한 영혼을 달래주기 위한 방법으로 이어졌다는 것을 알 수 있다.

조선시대 소싸움 기록

전술한 바와 같이 한국에서 가축으로서 '소'에 관한 내용은 일찍부터 찾아볼 수 있지만, 소싸움에 대한 기록은 16세기 중엽부터 나타나기 시작한다. 조선 중기의 문신 권벽(權擘, 1520－1593)의 『습재집(習齋集)』「관의전(觀蟻戰)」에 "침대 아래 끝없는 개미 진영이 만들어지는데, 듣자하니 소가 싸우는 소리인 줄 알았네"라고 개미 떼의 모습을 소들이 싸우는 소리에 비유한 내용이 있다.[23] 여기서 "소들이 싸우는 소리인 줄 알았네"라는 묘사는 당대에 소싸움이 매우 익숙한 놀이였다는 것을 짐작하게 한다. 만약에 당시 소싸움이 대중에게 익숙하지 않았다면 위와 같은 비유의 시가 나오기는 어려웠을 것이다.

구한말의 언론인 장지연(張志淵, 1864－1921)은 1909년 진주의 아름다운 정경과 문화를 『진양잡영(晋陽雜詠)』 12수로 기록했는데, 이 중에 10수, 11수에서 소싸움의 모습이 나타난다.

농가의 8월은 막걸리가 향기롭다.
가을 곡식 드리운 꽃은 땅에 가득 차서 누렇네
천고의 영웅들이 전쟁하던 이 땅인데
지금에 이르러 투우장을 만들었네(10수)

가을 풀 우거지고 밭갈이를 쉬었기로 목자(牧子)들 한가한데
억센 소가 힘이 나서 분기(奮氣)가 산과 같네
분분(紛紛)한 뿔싸움으로 다투어 충돌하여
절승한 제군(齊軍)들이 묵군(墨軍)을 파하고 돌아오네(11수)

23) 床下無端蟻陣成聞來錯認鬪牛聲. 應懷未雨鵖鴉志. 欲試一旬蠻觸兵. 使我忽驚槐國夢. 知渠會作竹橋行. 尋常潄水猶思避. 對此偏增愛物情(權擘, 《習齋集》 觀蟻戰).

또한 그는 "당지(진주)의 소싸움이 심히 성하여 천백명의 같은 무리들이 크게 충돌을 벌이면 그 등약(騰躍)하고 포효하는 모습이 진실로 일대 장관이더라"[24] 고 남강 백사장에서 행해진 소싸움에 관하여 소개하였다. 한양명은 장지연의 구절로 미루어 보면, "당시의 소싸움은 시끌벅적한 집단적 대항전의 성격을 지니고 있었으며, 여기서 집단이란 마을공동체로 추론된다"[25]고 주장하였다. 그리고 소싸움판이 열리면 음식 장사들이 몰려들어 장관을 이룰 정도로 성황이었다. 싸움에서 이기면 온 마을 사람들이 함께 풍악을 울리고 춤을 추면서 개선하는 군사처럼 마을로 돌아오는데, 주인집에서 마련한 음식으로 마을은 동네잔치를 벌이며 축제 분위기에 젖었다고 한다.[26]

1925년에 경상남도 진양군수를 지낸 야마쵸 마사미치(山丁正道)의 진주 소싸움의 발생에 대한 기록이 다음과 같이 전해진다.

> "1884년(명치 17년경) 지금으로부터 41년 전 진주성내의 부호인 김선여(金善汝)와 성외의 부농인 오작지(吳作之) 등 두 사람은 소를 매우 사랑하여 항상 우량소를 사육하여 쌍방에게 과시하고 서로 우열을 다투어 오다가 우연히 양인의 합의 하에 투우를 공개적으로 이루었는데 성내의 주민들은 김선여의 소에게, 성외의 주민들은 오작지의 소에게 서로 성원을 보내게 되어 결국 성내와 성외의 승패를 가르는 일이 되어 이 투우가 성황을 이루게 되었고, 이것이 바탕이 되어 차츰 투우가 성대해지고 매년 음력 4월 8일(초파일), 7월 15일(칠석날), 8월 15-17일(추석절)에 정례적으로 행해지게 되었다. 그러나 8월 15일에서 17일까지 3일간 계속되는 경우는 첫째 날인 15일은 진주성 읍내에서, 16일은 진주 도동면에서, 17일은 그 인접 면인 금산면에서 각기 행하는 것으로 정해졌는데 이날은 인근 향리로부터 구경꾼이 수만 명 운집하여 지방에서 농민의 오락으로 으뜸이 되었다고 한다. 그 후 1897년(명치 30년경)에 진주에 사는 사람들이 뜻을 모아 우승

24) 한양명, 앞의 글, 281-282쪽; 고원규, 앞의 책, 27쪽.

25) 한양명, 위의 글, 282쪽; 손복수, 《청도소싸움이야기: 한국의 대표놀이문화》. (서우실, 2012), 143쪽.

26) 고원규, 앞의 책, 30쪽.

소에게 상금을 수여하기로 했고 당시 군수도 투우가 소를 개량하는 데 유익하다고 판단하여 우승 소에 대하여 농기구나 식기 또는 상금을 시상하게 되었다고 한다."[27]

요컨대 당시 소싸움의 정확한 특징이나 규칙을 단정하긴 힘들지만, 농업 생산력이 점점 증대함으로써 소주인 간의 개인적 소싸움에서 부락 단위 또는 씨족 단위의 싸움으로 규모가 커져 명예를 걸고 싸우는 시합으로 발전되었고, 이것이 범 공동체적 흥겨운 놀이판으로 변화된 것으로 보인다. 이 내용으로 보아 당시 진주지역을 중심으로 가을 즈음에 큰 규모로 행해졌던 소싸움의 인기를 실감케 한다. 그러나 이렇게 경남지역을 중심으로 성행하던 우리의 소싸움은 우리 민족의 암울했던 일제강점기로 들어서면서 변화를 맞이하게 된다.

일제강점기 이후 단절된 소싸움

우리의 소싸움은 일제강점기에도 경상남도를 중심으로 인기를 누렸다. 1941년에 조선총독부의 지시로 무라야마 지준(村山智順, 1891－1968)이 조사, 발표한 『조선의 향토오락』을 보면, 진주와 의령, 김해, 함안, 창녕, 밀양, 창원, 고성, 사천, 함양, 거창, 합천 등에서 소싸움이 성행하였다. 또한 강원도 삼척과 황해도 송화지역에서도 부분적으로 행해지고 있었다고 한다.[28] 그리고 당시 신문에도 소싸움이 열렸다는 기사[29]가 단편적으로 보이는데, 고원규는 장터나 강변의 백사장, 그리고 하천 근처에서 소싸움판이 자주 벌어졌다고 언급하였다.[30]

그러나 이렇게 인기를 끌었던 소싸움은 조선총독부의 갑작스러운 탄압으로

27) 강병주, 〈진주소싸움놀이〉, 《2014 무형유산지기 수집자료 모음》. (전북대학교 무형문화연구소, 2014), 154－155쪽.

28) 村山智順, 《朝鮮の鄕土娛樂》. (民俗院, 1983 영인본), 281－314쪽.

29) 《조선중앙일보(朝鮮中央日報)》. (1933,09,26. 1935,09,23), 《동아일보(東亞日報)》. (1931,08,26. 1932,09,10. 1933,09,06), 《중앙공중보》. (1936,08,01). 《영남춘추》. (1937,08,15). 《중외일보》. (1928,07,07. 1928,10,04. 1929,09,07).

30) 고원규, 〈진주 소싸움을 통해본 전통의 재구성과 관광〉, 《민족문화논총》. 제46권, (영남대학교 민족문화연구소, 2010), 499쪽.

중단되기도 하였다. 이는 3·1운동 이후 우리의 민족의식이 성장하자 조선총독부는 사람이 많이 모이는 것을 경계하게 되었는데, 소싸움터는 그들이 보기에 조선의 민족의식이 많은 이들에 의해 발현될 수 있는 위험한 장소라고 인식했기 때문일 것으로 생각된다.

당시 일본은 돌팔매싸움(석전), 동채싸움(차전놀이), 횃불싸움 등 격렬한 경쟁성을 수반한 놀이와 상대적으로 경쟁성이 약한 줄다리기와 여성들의 집단놀이마저 치안상, 풍기상의 명분과 미신이나 경제적 이유 등을 들어 금지시켰다. 또한 일반형법 이외에 1926년에 제정된 '폭력행위 등 처벌에 관한 건(조선총독부 법률 제60호)'이라는 특별법령을 만들어 위와 같은 집단놀이를 포함한 수많은 인파가 모여 즐겼던 소싸움도 금지시켰던 것이다.[31)]

그러나 일제는 1923년 8월경부터 소싸움을 부활시켰는데, 이것은 소싸움이 좋은 종우를 확보할 수 있으며 축산장려정책에 도움이 될 것이라는 목적에 따른 것이었다.[32)] 이 점에 대하여 도유호는 "일본인들이 조선 농민들의 반항에 못 이겨 소싸움을 허락하지 않을 수 없었고, 조선 농민들이 잘 먹여 키운 소를 더 많이 빼앗아 가려는 의도가 있었기 때문"[33)]이라고 언급하였다. 일제에 의한 광범위한 수탈이 이루어지고 있던 당시 상황을 고려할 때 이 이야기는 어느 정도 일리가 있는 것으로 보인다.

이처럼 일제강점기의 소싸움은 1910년 이전에 보여줬던 축제와 놀이를 포함한 시끌벅적한 범 공동체적 흥겨운 놀이판의 소싸움에서, 농민과 축산업을 장려하는 단체들[34)]이 주관하거나 주최하는 대회 형식의 소싸움으로 변화되기 시작하였다.

---

31) 조선총독부에 의해 1912년 제정된 '경찰범처벌규칙(총리령 제40호)', 1914년 제정된 '시장규칙(총리령 제136호)' 등의 법령들은 모두 우리의 집단유희를 겨냥하여 제정되었다고 해도 과언이 아니다. 예컨대 총 87개 조항으로 이루어진 경찰범시행규칙 제37조는 '밤에 함부로 춤을 추거나 노래를 부르는 자', '기타행위를 하는 자'들에 대해서는 재판 수속도 없이 직접 형벌을 가할 수 있다고 규정해 놓고 있다. 이것은 바로 조선 민중의 집단적 민속놀이를 겨냥하여 만들어진 조항임을 알 수 있다(김문겸, 《여가의 사회학》. (한울아카데미, 1993), 129쪽).

32) 慶尙南道, 《朝鮮:晉州の鬪牛》. (朝鮮, 1925), 61쪽; 고원규, 앞의 책, 19쪽.

33) 도유호, 앞의 책, 216쪽.

34) 진주소싸움대회의 주최는 진주노동공제회, 진주군농민연맹, 진주축산계, 진주신문기자구락부 등이며, 마산중앙운동장에서 개최한 경남투우대회는 동아일보마산지국이 주최했다.

4. 청도소싸움

청도소싸움의 역사적 발전

우리나라에서 열리는 여러 민속축제 중 대표적인 브랜드로 우뚝 선 '청도소싸움대회'가 어떠한 과정을 거쳐 등장하고 발전하게 되었는지 한양명과 손복수의 조사를 토대로 정리해 보자. 한양명에 의하면 일제강점기인 1930년경에 경상북도 청도군 풍각면 봉기리와 현리 간에 매년 추석이 끝나는 날을 즈음하여 두 마을 사이에 있는 개울가에서 소싸움을 벌였는데, 그 광경은 다음과 같다.

> 각 마을에서 가장 힘이 센 황소 한 마리씩 출전하는데 소 목에는 적·청·황의 세 천을 엮은 '소수건'을 둘러 주었다. 마을 사람들은 소를 앞세우고 함께 싸움터에 나가며 이때 풍물패도 꾸려져서 자기 마을 소를 응원하였다. 워낙 싸움이 거칠기 때문에 마을 사람들은 개울의 둑 위에서 응원하였고, 소들은 하천의 바닥(河床)에서 싸움을 벌였다. 이때 소를 몰고 나온 머슴이나 소 주인은 싸움소의 곁에서 따라 움직이며 싸움을 독려하였다. 승부는 서로 대가리를 맞대고 싸우다가 먼저 도망가는 쪽이 패하는 것으로 결정되며 보통 단판으로 끝이 난다.
>
> 이 싸움에는 어떤 상품도 걸려 있지 않으며 '싱벽(승부욕)'과 마을의 '세도(勢道)' 때문에 싸웠다. 싸움에서 이기면 풍물패를 앞세우고, 마을로 돌아오며 소주인 집에서 술과 음식을 푸짐하게 내놓아 풍성한 마을 잔치가 벌어졌다.[35)]

이러한 묘사를 통해 일제강점기 이전부터 청도지역에서 소싸움이 성행되어 왔다는 것을 알 수 있으며, 당시 소싸움은 각 마을의 세(勢, 기세)를 과시하기 위한 대항전의 성격이었던 것으로 보인다.

청도지역의 소싸움은 광복 이후인 1950년대 후반기에 접어들어 어느 정도 규모가 있는 소싸움으로 재개되었는데, 주로 열렸던 지역으로는 화양읍 서상리

35) 한양명, 앞의 글, 280쪽; 손복수, 앞의 책, 42쪽.

한내천변(유등교, 질매끝) 일원이었고, 1970년대 후반까지 추석을 지낸 후 비정기적으로 소싸움이 벌어졌다.[36] 청도소싸움은 1970년대부터 1989년까지 지역의 민속놀이로 간간히 명맥을 이어오다가 1990년 3월에 청도민속투우협회가 결성되며 '영남민속투우대회(1－5회)'를 개최하면서 시작되었다. 제1회 대회에 참가했던 소는 42두였지만, 1995년 대회에는 85두가 참가할 정도로 대회규 모가 커지면서 '전국민속소싸움대회'로 규모가 큰 폭으로 확장되었다.[37]

소싸움의 인기와 규모가 커짐에 따라 '전국민속투우대회(6－9회)'로 명칭을 바꾸며 우리나라 최대 규모의 소싸움대회로 거듭났다.[38] 1999년 이후부터 '청도소싸움축제'로 이름을 바꾸면서 정부에서 인정하는 문화관광축제로 발전하여 한국을 대표하는 민속축제로 자리매김하였다.[39] 그리고 위와 같은 인기에 힘입어 청도소싸움대회는 2010년 미국의 타임(TIME)지에 소개되어 전 세계인들의 관심을 받기도 하였다.

청도소싸움의 관광화 전략

청도소싸움대회는 청도지역의 경제적 활성화에 도움을 주는 대표적인 관광상품으로 자리매김하였다. 1999년 청도소싸움 축제 기간 중에 청도의 경제적 효과는 29억원이었으며, 이를 기점으로 외국인 관광객 수와 경제효과는 더욱 증가하였다. 2000년에는 지난해보다 두 배 더 높은 69억 원의 관광 수입을 올렸고, 외

36) 당시 소싸움에 참여했던 사람들은 김우곤(작고 金友坤, 화양읍 토평리), 김정곤(작고 金定坤, 이서면 학산2리), 이대상(작고, 이서면 수야리), 변이술(풍각면 봉기리)씨 등이며 이들은 마산, 진주 등에서 열리는 소싸움대회에 참가하기도 하였다. 이 내용을 증언하고 있는 김재옥(88세, 각북면 지슬리), 김종율(金鍾律, 83세 이서면 학산2리), 김종직(金鍾稷, 75세 화양읍 토평리)씨도 마찬가지로 소 주인으로 대회에 직접 참가했던 분들이다(손복수, 위의 책, 43쪽).

37) 1998년 대회에 122두, 2015년 대회에 204두였다. 현재 최대로 참여할 수 있는 소는 200두 내외이다.

38) 청도공영사업공사 http://www.sossaum.or.kr/bullfightingguide.do?method=AUmHistory (2019.04.02. 검색).

39) 유병수, 〈한우 싸움소 사양관리와 청도소싸움 축제〉, 《最高農業經營者課程 論文集》. 9, (慶北大學校 農業開發大學院), 288－289쪽.

국인 관광객 1만여 명을 포함 총 42만 명의 관광객이 청도소싸움을 보러왔다.[40] 그리고 최근 2010년대에 들어와 2016년 소싸움축제에 24만, 2017년 소싸움축제에는 19만 7천여 명이 찾았으며 매출 7억 2천 500만 원을 기록하였다.[41]

이렇게 청도소싸움이 다른 지역의 소싸움보다 활성화된 이유로 몇 가지를 들 수 있다. 첫 번째는 청도지역의 소에 대한 각별한 관심과 사랑이다. 두 번째는 대회 기간 중에 개최되는 다양한 이벤트를 들 수 있다. 세 번째는 소싸움 전용 돔경기장과 소싸움테마파크 등을 꼽을 수 있을 것이다. 우선 경상북도 청도는 소에 대한 각별한 관심과 사랑이 넘치는 곳으로 알려져 있다. 특히 청도에는 소와 관련된 마을 지명[42]이 많이 있는데, 이것은 청도 사람들이 예전부터 소를 신성하게 여기고 친근한 동물로 간주해 왔다[43]는 역사를 가지고 있다. 청도소싸움대회는 다양한 특징들이 존재한다. 첫째는 소싸움의 국제대회 빅매치(한국 대 일본, 한국 대 미국, 한국 대 호주)를 벌인다. 둘째는 한우 로데오경기가 벌어진다. 셋째는 전국에 있는 싸움소의 라이벌전이 벌어진다. 넷째로는 다양한 볼거리와 체험 놀이가 가득하다. 다섯째, 전국사진촬영대회 등을 같이 개최한다는 점이다.[44] 이렇게 다양한 볼거리 제공과 놀잇거리의 차별화 전략으로 청도소싸움대회는 오늘날의 위상을 확보하였다.

또한 청도소싸움축제를 세계적인 관광상품으로 개발하려는 청도공영사업공사의 노력[45]과 소싸움대회의 명맥을 이어가고자 하는 청도군과 청도투우협회의 적극적인 노력에 힘입어 2011년 9월 3일에 현대식 소싸움전용 돔경기장을 개장하였다. 관광객들은 우천시에도 상관없이 주말마다 청도소싸움경기장을 찾을 수

---

40) 홍지은, 임용석, 김매이, 〈청도소싸움을 통해 본 전통여가의 근대화 과정〉, 《여가학연구》. 제13권 1호, (여가문화학회, 2015), 56쪽.

41) https://www.yna.co.kr/view/AKR20170403054300053?input=1195m(2019.04.01. 검색).

42) 화양읍 토평2리－와우촌(臥牛村), 각남면 옥산3리－우척(牛尺), 풍각면 성곡1리－우실(牛室), 우곡(牛谷), 각북면 우산리－와우산(臥牛山).

43) 손복수, 앞의 책, 39쪽.

44) 대한지방행정공제회, 〈3월 가볼만한 곳－청도소싸움 축제: 2006－청도소싸움축제〉, 《지방행정》. 55권 629호, (대한지방행정공제회, 2006), 115쪽.

45) 국내외 관광객 유치, 관광 수입 증대를 통한 지역발전과 지역경제 활성화 도모, 스페인을 능가하는 세계적인 투우 관광지로 도약하고자 하는 노력이 결실을 맺고 있다.

있게 되었으며, 갬블형식[46]의 상설 소싸움 경기로 박진감과 즐거움이 넘치는 지역 레저문화로 자리 잡았다.

소싸움축제장에는 관광객들을 위한 여러 부대시설이 있다. 그중 하나가 바로 2012년에 청도소싸움에 대한 역사와 소에 대한 문화를 홍보하기 위해 개관한 '청도소싸움테마파크'이다.[47] 이곳은 넓은 의미의 박물관 형식으로 경기장 가까이에 위치하고 있으며, 전시관과 다양한 체험공간으로 이루어져 있다. 전시내용은 주로 청도지역과 관련된 소싸움으로 '청도는 소싸움의 고장'이라는 이미지를 강화하는 데 노력하고 있다. 이와 같은 다양한 노력의 결과, 청도소싸움은 과거 농경사회의 근간이 되는 전통유희의 기능을 넘어 현대적 편리성을 갖춘 대중 여가로 변형되었고, 우리나라를 대표하는 하나의 '관광상품'으로 자리 잡았다.[48]

그러나 이러한 발전과 변화과정에 대한 부정적인 논란이 확산되기도 했다. 2008년 개정된 '동물보호법' 시행을 계기로 모든 동물경기는 개최 금지가 되었는데, 소싸움은 '민속경기'라는 여론에 힘입어 보호대상이 되었다. 즉 소싸움 외에 동물경기 개최금지 조치가 내려짐에 따라 당시 소싸움은 농림부에 의한 특혜라는 논란에 시달리기도 하였다.[49] 이러한 정부방침에 반발한 진주투계협회[50]와 제주시[51] 등의 동물보호단체들은 소싸움 금지와 단속을 촉구하였으나 이러한 갑론을박은 지금도 계속되고 있다.[52] 이는 전통문화로서의 소싸움을 보존하고 계승해야

---

46) 관중들은 소싸움 경기를 관람하며 본인이 예측한 승패여부에 약간의 돈(1인 10만 원 한도)를 걸 수 있고, 이돈으로 경기의 승자와 돈을 건 사람에게 상금이 지급된다.

47) 경상일보 '청도소싸움 테마파크개관식' http://www.ksmnews.co.kr/default/index_view_page.php?idx=13453(2019.04.02. 검색).

48) 홍지은, 임용석, 김매이, 앞의 글, 55쪽.

49) 홍지은, 임용석, 김매이, 위의 글, 59쪽.

50) 소싸움은 되는데, 닭싸움은 왜 안되나? 오마이뉴스 기사(2008.02.28. 검색). http://www.ohmynews.com/NWS_Web/view/at_pg.aspx?CNTN_CD=A0000845126(2019.03.05. 검색).

51) 소싸움은 되고…말싸움은 동물학대라 안 된다? SBS 뉴스 기사(2008.02.17. 검색). https://news.sbs.co.kr/news/endPage.do?news_id=N1000377713&plink=COPYPASTE&cooper=SBSNEWSEND(2019.03.05. 검색).

52) "학대" vs "전통" … 논란 속 청도 소싸움 축제 개막. KBS뉴스. http://news.kbs.co.kr/news/view.do?ncd=4202433&ref=A(2019.05.18. 검색).

한다는 문화적 측면과 동물의 권리를 보호하자는 현대적 관점 차이에서 갈등을 겪고 있는 사례로 보여진다.

이렇게 청도소싸움 대회는 오랫동안 전통적으로 내려오던 소싸움 놀이를 현대감각에 맞게 접목하여 전국 최고 축제의 한마당으로 승화시켰고 한국을 대표하는 소싸움이 되기 위하여 매년 다양한 볼거리와 행사, 국제대회 등을 통해 해외 관광객 유치와 소싸움의 세계화에 많은 노력을 기울이고 있다.

청도소싸움대회 진행 방식

소싸움대회는 어떤 방식으로 진행되는 것일까? 청도공영사업소[53]와 『경상남도민속자료집』 「김해 '투우'조」[54]에 따르면, 싸움소의 조건은 따로 있는 것이 아니고, 소의 몸집이 크고 힘이 세어서 싸움을 잘할 것으로 예상되는 소가 선호되고 있다. 싸움소는 대개 근성, 지구력, 싸움 기술의 세 가지 관점으로 판별된다. 우선 외형적으로 귀가 작고 눈이 깊이 파인 소가 근성이 있으며, 두 번째는 목이 굵고 가슴이 넓어야 근력이 좋아야 하며, 셋째는 뿔 사이가 좁고 이마가 두꺼우며 몸길이가 길어야 기술을 구사하는 데 유리하다고 한다. 요컨대 싸움소는 별도의 품종이 아니라 황소 중에서 성격이 공격적이고 힘을 잘 쓰는 소를 훈련시켜 키운다. 한국의 수소는 대개 그 빛깔이 진한 황갈색이기 때문에 황소라고도 하는데, 검은 소도 드물게 있고, 등에 칡 줄을 감아 놓은 듯이 가로로 얼룩진 무늬를 띠는 칡소도 있다.[55]

소가 공격할 때 주로 사용하는 무기는 뿔이다. 뿔이 곧고 방향이 위로 잘 뻗어 있어야 공격할 때 가장 유리하다. 소뿔의 형태는 옥 뿔, 비녀 뿔, 노고지리 뿔로 크게 나뉘며 세 가지 형태가 조금씩 섞인 경우가 많다. 이 소뿔의 형태는 싸움소의 기술과 성격에 영향을 주는 무기나 마찬가지인데, 주로 옥 뿔은 전방위로 돌출되어 찍기에 능하고, 노고지리 뿔은 찌르기, 비녀 뿔은 뿔 걸기 기술을 사용하

53) http://www.sossaum.or.kr/bullfightingguide.do?method=AUmsoitro(2019.03.06. 검색).

54) 한국문화원연합회, 《경남민속자료집》. (한국문화원연합회경상남도지, 1993), 347쪽; 배도식, 앞의 글, 125-126쪽.

55) 배도식, 위의 글, 127쪽.

는 데 유리하다.

소싸움이 전문화되면서 소를 훈련시키는 방식도 발전하였다. 예컨대 폐타이어에 흙과 돌을 채우고 사람이 그 위에 올라앉으면 그 무게는 200kg까지 나간다. 소가 폐타이어를 끌면서 약 4km를 왕복하는데 이 훈련은 소의 끈기와 힘을 길러주는 것이다. 그리고 머리와 목을 단련시키는 훈련도 있는데 나무 밑동과 흙덩어리에 머리를 받게 하여 충격에 익숙하게 하는 것이다.[56] 이러한 일련의 훈련과정을 통해 소들은 아주 멋진 싸움소로 다시 태어나는 것이다.

싸움소는 무엇보다 힘이 좋아야 한다. 그래서 일소처럼 아무 먹이나 먹이지 않는다. 영양가가 좋은 특별식을 주는데 소의 여물에다 보리, 좁쌀, 보리죽, 콩, 살겨, 미꾸라지, 호박, 뱀, 보신탕, 인삼, 녹용 등을 조절하여 자주 먹인다. 그리고 싸움에 나가기 전에는 십전대보탕이나 우황청심환 같은 보약도 먹이며, 상대 소와 머리를 부딪힐 때 아픔을 줄여주기 위해 진통제나 두통약도 먹인다고 한다.[57] 이러한 먹이들은 자신의 소를 아끼는 동시에 승리를 거머쥐기 위한 소 주인의 노력의 산물이다.

소싸움 초기의 경기장은 인근 하천이나 강변의 빈터에서 열렸다. 소싸움대회가 본격적으로 시작되면서부터는 '울장'이라고 하는 소나무를 엮어서 울을 치고 마사(磨砂)와 모래가 섞인 원형경기장으로 바뀌었다. 그리고 2011년 한국에서 최초로 소싸움전용 돔 경기장을 건립하여 관중들은 우천 시에도 소싸움 경기를 즐길 수 있게 되었다.

소싸움 경기는 처음에는 눈대중으로 비슷한 소끼리 시합하다가 체급별로 나누어 갑종(730kg 이상), 을종(641－729kg 이상), 병종(640kg 이하)으로 나누어 싸우게 되었다. 최근에 싸움소의 수가 늘면서 특갑, 특을, 특병으로 세분화하여 6체급으로 나누어 체급별 경기를 토너먼트 방식으로 펼친다. 소의 사육 방법이 발전하면서 체급별 중량도 높아져 1톤이 넘는 싸움소들도 다수 등장한다. 경기규칙은 과

---

56) 유승훈, 《아니 놀지는 못하리라(우리놀이의 문화사)》. (월간미술, 2009), 191－192쪽.

57) 국립민속박물관, 앞의 책, 192－193쪽; http://folkency.nfm.go.kr/kr/topic/detail/4949(2019. 05.22. 검색).

거 자연발생적인 소싸움이나 마을간 싸움일 때는 한쪽이 도망가 경기가 이루어지지 않을 때까지 무한정 싸우는 씨름의 도결국 방식이었다. 그러나 1970년 무렵부터 소싸움대회 규정을 마련하면서 출전 방식과 심판, 승패에 대한 경기규칙을 공식적으로 도입하였다. 이렇게 경기화된 소싸움의 규칙으로 인하여 경기 시간은 30분으로 정했으며, 30분이 지나도 경기가 끝나지 않으면 무승부로 판정한다.

청도소싸움대회의 현장 속으로

그러면 2019년 6월의 한 주말에 청도소싸움장을 방문하여 경기를 관람하고 관중들, 관계자들과 면담해 조사한 내용을 섞어 살펴보자. 연구자가 경기장에 방문했을 때는 이미 흥겨운 음악이 나오면서 경기장 분위기를 한층 끌어올리고 있었다. 얼마 안 지나서 경기 시간을 알리는 장내 아나운서의 멘트가 시작되었고, 소싸움을 주관하는 도감[58]의 호명에 따라 소와 주인이 경기장 안으로 들어왔다. 이 장면은 마치 인간의 격투기 경기 시작 전을 방불케 하는 모습이었다. 우직하고 듬직한 싸움소가 경기장으로 들어오는 장면을 보고 있으면 장수가 비장한 마음으로 전쟁터로 출정하는 모습이 연상되었다.

과거에는 소와 소 사이에 쳐두었던 장막을 거두는 순간부터 싸움이 시작하였는데 현대의 소싸움 경기는 소의 주인들이 소머리에 연결된 끈을 끌고 소끼리 가까이 눈을 마주치게 하는 순간부터 두 소는 육중한 체중을 실어 머리를 대차게 박아대기 시작하였다.

경기의 양상은 다양한데, 30분 무승부경기가 나오는가 하면 45초[59]도 안 걸려서 끝나는 경기도 있었다. 넘어지고, 무릎을 꿇거나 밀리면 진다. 그리고 싸우지 않고 모래만 차올리며 시간을 끄는 소가 있는가 하면, 본능적으로 자기가 진 것을 아는지 뒤도 돌아보지 않고 줄행랑을 치는 소도 있다.

경기가 종료되는 순간 소 주인들의 표정은 희비가 엇갈린다. 이겨서 좋아하

58) 소싸움을 주관 하는 사람을 도감이라 한다. 도감은 소의 나이와 체구를 점검하고 비슷한 소끼리 짝을 지어 싸우게 한다.

59) 필자가 2019년 6월 15일 토요일에 청도소싸움경기장을 방문하였는데 제1경기에서 청(질풍)이가 홍(길용)이를 상대로 42초 만에 승리를 거두었다.

는 주인이 있는가 하면 패하여 울상을 짓는 주인도 있었다. 패한 소는 거친 숨을 내쉬면서 크게 울며 경기장을 나가고, 이긴 소는 경기장 가운데에서 승리의 세레모니를 하고 퇴장한다.

청도소싸움의 특성과 의의

전통적 소싸움에서 싸움소는 단순히 소의 주인(牛主)을 대리하는 존재일 뿐 아니라, 마을 공동체를 대표하는 주체이다. 다시 말해 소싸움을 통해 마을과 마을의 생산력과 힘을 겨룬다는 상징성을 내포하고 있는 것이다. 싸움에서 이긴 소와 소 주인은 마을을 상징하는 깃발과 함께 마치 전쟁에서 이기고 돌아오는 개선장군처럼 위풍당당하게 돌아오면 온 동네가 시끌벅적하게 잔치를 벌인다. 과거의 소싸움은 마을공동체의 적극적인 참여와 후원으로 행해졌고, 소싸움에서의 승리가 마을의 세를 과시한다는 인식이 지배적이었음을 보여주는 여러 사례를 통하여 우리는 소싸움의 대동 놀이적 성격을 짐작할 수 있겠다.[60]

우리의 전통적 소싸움은 일제강점기 탄압으로 전승이 중단되었다가 해방 이후에 부활되었고, 6·25전쟁으로 또다시 중단되어 복원되는 등의 과도기를 거쳐 현대적 소싸움으로 변화와 발전을 이루었다. 현재는 더 이상 마을공동체적 주체의 소싸움이 아니라 소와 소주인 개인의 영광과 재화의 획득을 위한 경쟁이라는 성격이 강하게 나타나게 되었다.

청도공영사업공사[61]에서는 소싸움의 특성에 대해 "일반적으로 경주의 관전은 레이스 중반엔 큰 흥미를 제공하지 못하지만, 힘겨루기는 시종일관 박진감 넘치는 경기로 관전에 무료함이 덜하다"라고 우직한 소들의 박진감 넘치는 힘겨루기 한판을 이야기하였다. 또한 소싸움이 소들의 힘겨루기이긴 하지만 복싱이나 태권도 같이 득점방식이 복잡하지 않고 승패의 판가름이 명확하여, 판정에 대한 불만이나 번복은 전무하다.

---

60) 한양명, 앞의 글, 297쪽: 손복수, 앞의 책, 166쪽.

61) 청도공영사업공사 '2019년 소싸움가이드' http://www.sossaum.or.kr/bullfightingguide.do?method=BullFightingGuideList#tab1 (2019.05.23. 검색).

소끼리의 싸움에서 마을공동체가 개입되어 하나의 유희 문화가 된 소싸움이지만, 여기서 싸움의 주체는 소이기에 사람의 개입은 최소화되며, 승부 조작 가능성은 낮다. 소싸움은 1 대 1의 승부이기 때문에 관전이나 승부의 예측이 단순하여 누구나 쉽게 유희로 즐길 수 있다. 그리고 현재 청도소싸움은 더 이상 마을대항전이 아닌, 관련 협회나 연합회 등의 조직을 중심으로 특정 지역에서 벌어지는 행사로 변화되었고, 외부 관광객들의 관람대상이 되거나 지역의 관광 문화상품이 되었다.[62] 이처럼 청도소싸움은 한국의 전통유희 문화로써 변화하는 사회구조와 그 맥락을 함께해 왔으며, 근대화 시기를 거쳐 변형과 발전을 거듭해 온 소싸움은 한국 전통 여가의 근대화를 대표적으로 보여주는 예라 할 수 있다.[63] 이제 춘천의 '닭갈비', 전주하면 '비빔밥'을 떠올리듯, 청도하면 '소싸움'이 자연스레 우리에게 떠오를 정도로 '청도소싸움'은 하나의 브랜드로 자리 잡게 된 것이다.

5. 나가며

소싸움은 농경문화가 정착한 전통사회에서부터 초동들에 의해 유희로 시작되어 점차 부락 단위 또는 씨족 단위로 규모가 커져 명예를 걸고 싸우는 동물경기로 발전되었다. 소와 주인 간의 대결에서 끝나는 것이 아니라 고을 또는 마을 간의 대결을 통한 흥겨운 놀이판으로 이어진 우리의 전통유희이다. 소싸움은 일제강점기를 거치며 잠시 주춤하다가 재생산되어 '지역축제'로 확장되었고, 발전을 거듭하여 우리 고유의 '전통민속축제'로 자리매김하였다.

약 1톤이나 나가는 거구의 황소들이 큰 뿔을 앞세워 서로 공격하는 기술, 지지 않으려고, 밀리지 않으려고 버티려고 안간힘을 쓰는 모습, 상대 소를 제압하는 기술에서 느끼는 통쾌함을 보고 있으면 남녀노소 모두 너나 할 것 없이 소싸움을 즐거워할 수밖에 없을 것이다. 청도소싸움은 볼거리가 많지 않았던 시절에 지역주민들에게 통쾌함과 재미거리를 제공해 주었다. 이러한 추억 덕분에 지금도 사

62) 대한지방행정공제회, 앞의 글, 114쪽.

63) 홍지은, 임용석, 김매이, 앞의 글, 49쪽.

람들은 당시 소싸움에 대한 향수를 느끼기 위해 청도소싸움 경기장을 찾는다.

우리는 우리의 전통문화가 오랜 세월 형성되어 왔고 쉽게 포기하거나 떨쳐 버릴 수 없는 우리의 뿌리임을 잘 알고 있다. 그리고 청도소싸움은 지방자치 시대 이후 전통 내기의 상설 소싸움 경기로 변화함으로써 관광 상품화와 전통 민속의 열린 '여가의 장' 역할을 동시에 하고 있다.

또한 청도소싸움 축제는 세계적인 축제로 확고히 자리매김하기 위하여 해마다 많은 방문객을 유치하는 등 지방문화 축제 개발의 성공모델로서 그 위치는 실로 대단하다. 이는 해마다 약 34만 명(2017년 청도소싸움축제기준)의 방문객은 물론 많은 외국인들이 청도소싸움경기장을 찾았다는 사실이 이를 확인 시켜주고 있다. 이렇게 청도소싸움은 해마다 열기를 더하여 단순한 전통유희를 뛰어넘어 우리 민족의 멋과 풍정을 어우른 특별한 문화 축제로 성장해가고 있음은 매우 바람직한 일로 생각된다.

한국의 소중한 문화유산 또는 전통유희로서 보전해 나가야 하는 청도소싸움이지만, 지역발전을 위한 상업화의 요구에 응할 수밖에 없었고 전통과 상업화를 병행하는 소싸움으로 변해 가는 부분도 존재한다. 그리고 이 같은 소싸움의 변화는 마을 공동체적 성격의 약화와 소멸의 과정과 궤를 같이 하는 것으로 보이며, 과거 온 동네가 소싸움으로 하나 되어 시끌벅적하게 놀고 즐겼던 공동체적 축제의 소싸움이 역사의 뒤안길로 사라져가고 있는 모습이 다소 아쉬움이 남는다.

그네뛰기

1. 들어가며

우리 선조들은 농경생활을 시작한 이래로 풍년에 대한 기원과 감사의 의미로 하늘에 제사를 지냈다. 또한 농사일 도중에도 지친 몸에 활력을 불어넣기 위하여 놀이판을 벌렸고, 이러한 제의와 휴식 속에서 다양한 민속놀이를 발전시켜 왔다.

그네뛰기는 우리나라에서 5월 단오(端午)절을 대표하는 민속놀이로 오랜 역사와 전통을 지니고 있으며, 다른 이름으로 추천(鞦韆)이라고도 한다. 매년 단오를 전후한 시기에 전국 각지의 여인들이 야외 놀이터나 넓은 강변의 모래터에 그네를 만들어 놓고 그네뛰기 하는 모습을 쉽게 볼 수 있었다. 여인들이 곱게 단장하고 치맛자락을 한들한들 나부끼며 그네를 뛰는 모습은 마치 선녀가 공중에서 춤을 추는 듯 아름다웠다고 전해진다.[1)]

한국의 그네뛰기는 고려사회에 이르러 왕실과 귀족들의 유희로 정착하였으며 왕이 직접 그네를 뛸 정도로 큰 인기를 누렸다. 한편, 그 인기가 높아짐에 따라 귀족들이 너나 할 것 없이 사치스러운 그네뛰기를 즐긴 탓에 사회적 문제로 불거지기도 하였다. 그 때문에 정부에서는 그네뛰기를 금하기도 하였음에도 불구하고 이 놀이는 서민들이 즐기는 유희로 정착하게 된다.

그네뛰기는 조선 중기 이후에 대중화되어 특히 여성층의 유희로 자리 잡게

1) 이강로, 《세시풍속과 민속놀이》. (세종대왕기념사업회, 1974), 152－153쪽.

되었다. 한때 치마를 팔랑거리며 그네 뛰는 모습이 저속하다는 지배층의 비판도 있었지만, 그네는 대표적으로 단오와 추석에 행하는 여성 유희로 강인한 생명력을 지니며 다음 세대로 이어졌다. 그 결과 그네뛰기는 한민족의 대표적인 여성 유희 중 하나로 자리 잡게 될 정도로 친숙한 놀이가 되었다.

하지만 오늘날 급속한 경제발전과 생활환경 변화와 맞물려 그네뛰기는 점차 쇠퇴하고 있다. 그 원인으로 몇 가지를 들 수 있는데, 우선 역사적으로 일제강점기 민족문화말살정책에 의해 우리 유희에 대한 전통계승의 힘이 약해진데다 전통 그네뛰기의 경험 보유자 대다수가 고령자가 대부분으로 전통계승의 동력을 상실하였다는 점이다. 이뿐만 아니라 그네뛰기 기구의 설치에 따른 안전사고에 대한 우려[2] 등도 그네뛰기의 쇠락에 영향을 미친 요소라 할 수 있다.

또 다른 이유는 기술발전 등에 따른 환경변화이다. 스마트폰, 컴퓨터, 오락기기 등에 의해 보편화된 1인 놀이와 그네뛰기보다 더 많은 재미와 흥분을 가져다주는 테마파크의 놀이기구들 때문[3]에 여러 명이 모여서 즐겼던 그네뛰기는 이제는 과거의 유물 정도로 여겨지고 있는 현실이 안타깝다.

한국에서 그네뛰기에 관한 연구는 최상수, 이강로, 김선풍, 심우성 등[4]에 의해서 시작되었다. 대표적으로 최상수는 『한국의 씨름과 그네의 연구』를 통해서 그네뛰기가 어떻게 유래되어 벌어지게 되었는지, 그리고 광복 이후에 그네뛰기가 어떻게 변천되어 왔고, 그 발전 과정에 관하여 자세히 소개하는 등 기본적 연구자료를 제공하였다. 최근의 연구로는 김동선의 『그네뛰기 및 널뛰기의 유래와 경기방법』이 있다. 그는 예로부터 전승되어 온 우리의 그네뛰기가 현대사회에서 사라져가고 있는 현실을 아쉬워하고, 물질만능주의에 만연해 있는 현대인들에게 우리

2) 김동선, 〈그네뛰기 및 널뛰기의 유래와 경기방법〉, 《남북통일기반 조성과 민족전통체육》. (사람과사람, 2004), 135쪽.

3) 김영웅, 〈중국 조선족 민속그네의 전승과 발전과정에 대한 사적고찰〉, 《남북통일기반 조성과 민족전통체육》. (사람과사람, 2004), 153쪽.

4) 최상수, 《한국의 씨름과 그네의 연구》. (성문각, 1988); 오장현, 박진주, 심우성, 《민속놀이 지도자료》, (삼일각, 1976); 이강로, 앞의 책; 고려대학교민족문화연구소, 《한국민속대관: 제4권》. (고려대학교민족문화연구소, 1982); 김선풍, 〈재중 한족의 민속놀이 연구〉, 《한국민속학》. 26, (한국민속학회, 1993); 심우성, 《우리나라 민속놀이》. (동문선, 1996)

의 문화유산인 그네뛰기의 중요성을 피력하였다.[5)]

그네뛰기는 외국의 연구자들에게도 흥미로운 연구대상이었다. 중국의 Jin, Yingxiong(김영웅)은 『중국 조선족 민속그네의 전승과 발전과정에 대한 사적고찰』에서 그네뛰기가 중국 조선족들이 중국에 이주해 오면서부터 전승된 민속유희로, 1982년 '제2회 전국소수민족전통체육대회'부터 그네뛰기가 정식종목으로 되었다고 한다. 이 대회는 대외적으로 각 민족의 전통체육을 홍보하고 경기화 하는데 커다란 성과를 이룩했고 시대의 발전과 더불어 날로 쇠퇴해지고 있는 민족의 문화유산을 현대적 스포츠로 접목시킨 전형적인 사례가 되었다.[6)]

일본의 오쿠마 아키코(Okuma, Akiko)는 『한국 근대 그네뛰기의 변화양상』이란 연구에서 그네뛰기는 예전에는 한국 사회에서 농업의 풍년과 여성의 생산을 기원하는 의미에서 매주 중요한 세시풍속이었다고 하였다. 또 그네뛰기는 조선시대 여성들의 신체활동 가운데 야외에서 행하는 가장 활달하고 체육적 가치를 지닌 활동[7)]이라고 주장하였다. 이 연구에서는 우리나라 단오의 민속 유희로 계승되어 온 그네뛰기의 기원과 유래, 역사와 변천과정 등에 대해 살펴본 후에 그네뛰기의 문화사적 의미를 찾고자 한다. 그 외에 시대별로 유명한 풍속화, 문장가들이 표현한 예술작품 속에 등장하는 그네뛰기의 모습에서 전통성과 사회적 함의를 찾을 수 있다.

2. 중국 북방 유목민들의 풍속이 한민족 유희가 되다

그네뛰기의 유래와 어원

한국의 그네뛰기가 자연적으로 탄생한 것인지? 아니면 인접 국가들과의 교류를 통해 전해진 것인지를 밝힐 수 있는 사료는 아직 발견하지 못하였지만, 선행연

5) 김동선, 앞의 책, 107-108쪽.
6) 김영웅, 앞의 책, 150쪽.
7) 오쿠마 아키코, 〈한국 근대 그네뛰기의 변화양상〉, 《한국체육사학회지》. 16(3), (한국체육사학회, 2011), 1-9쪽.

구에 의하면 그네뛰기를 기록한 가장 오래된 문헌은 중국의 『형초세시기(荊楚歲時記)』와 『수서(隋書)』 「예문지(藝文志)」 소재의 『고금예술도(古今藝術圖)』로 알려져 있다. 그네뛰기는 본래 북방 산융(山戎)[8]의 유목사회에서 한식(寒食)날에 몸을 가볍고 민첩하게 단련하기 위한 놀이로 즐겼다고 한다. 이러한 모습이 춘추시대 제(齊)나라에 소개되어 추천(鞦韆)이라는 이름으로 불리게 되었고, 귀족들과 그 부인들이 즐기는 유희로 자리 잡았다[9]고 전해진다. 특히 송나라 시기의 고승(高丞)이 지은 『사물기원(事物紀原)』[10]에 보면 "고금예술도에서 말하기를, 옛날 만리장성 밖에 거주했던 북방 유목민이 처음으로 그네 놀이를 하며 가볍고 날랜 몸가짐을 익혔다"[11]는 문장으로 고대 사회의 북방 유목민으로부터 그네뛰기가 전파되어 왔음을 확인하고 있다.

이후 중국 각지에서 여성들이 그네뛰기를 하며 보급되었고 청명절 전후에 또는 한식날 등에 행해지는 대표적인 유희로 자리 잡았다. 특히 한나라와 당나라 이후에는 궁중에서 호화로운 그네뛰기 연희가 베풀어졌는데, 당나라 현종(玄宗, 712–756)은 궁녀들의 그네 뛰는 모습을 보고 '반선지희(半仙之戲)', 즉 반 선녀의 놀이라고 찬사하였다.[12]

이러한 기술을 통해 추론할 수 있는 점은 중국 고대 북방 유목민족의 풍속이었던 추천이라는 유희가 시간이 흐르면서 중국 중원지역으로 전해져 전국적으로 행해지게 되었던 것으로 추정된다. 중국에서 성행하던 추천이 사신이나 상인들을 통해 한반도로 전파되었을 가능성이 존재한다. 물론 이러한 추측이 더욱 설득력

---

8) 춘추전국시대 북방 천안현(遷安縣) 산간에 거주했던 번족으로, 후대에 흉노족을 말한다.

9) 北方戎狄 至寒食節 爲鞦韆以習輕 後中国女子学之 乃以綵繩懸木立架 士女坐立其上推引之 謂之鞦韆(《漢書》卷 九十四 上 匈奴傳 第六十四 上); 종름(宗懍) 저, 상기숙 역, 《형초세시기》. (지만지, 2015), 44쪽.

10) 중국 송나라의 고승(高丞)이 편찬한 유서(類書)이다. 천지, 산천, 조수(鳥獸), 초목, 음양, 예악, 제도를 《천지생식부(天地生植部)》, 《정삭역수부(正朔曆數部)》, 《제왕후비부(帝王后妃部)》 따위의 55부로 나누어 사물의 유래를 상세히 설명하였다. 원본은 20권 217사(事)였으며, 오늘날에 전하는 것은 후세 사람이 10권 1,765사를 모아서 기록한 것이다.

11) 古今藝術圖曰 北方戎狄愛習輕趫之能 每至寒食 為之 後中國女子學之 乃以綵繩懸樹立架 謂之秋千(《事物紀原》 八卷).

12) 孫麒麟, 毛麗娟, 李重申, 《中國古代體育圖錄》. (甘肅教育出版社, 2015), 366쪽; 김선풍, 앞의 글, 95쪽.

을 얻기 위해서는 보다 직접적인 사료가 뒷받침되어야 할 것이다. 그러나 한반도의 삼국시대와 고려, 조선 등을 거친 우리의 기나긴 역사 흐름에서 중국과의 경제적 교류는 물론, 문자와 종교를 비롯한 다양한 풍습과 문화가 전래되어 왔음을 고려할 때, 그네뛰기 역시 실크로드의 여러 문물과 함께 전파되었을 가능성이 충분히 존재한다.

추천의 기록은 바다 건너 일본에서도 나타난다. 827년에 간행된 『게이코쿠슈(経国集)』[13]의 「잡언」 추천편에 사가텐노(嵯峨天皇, 재위 809－823)와 구교(公卿)[14]들이 서로 시가를 주고받으며 노래한 내용이 전해지는데, “궁중의 깊숙한 침실에 사는 여인은 한식날 아침에 일찍 일어나 화장을 하고 추천을 즐긴다. 가볍게 날아가는 모습이 선녀와 같다. 아름다운 손으로 서로 밀어주며, 가냘픈 허리를 추천에 맡기고 뛰는 것이 마치 새와 같다. 저녁이 되어도 그칠 줄 모르고 밥 짓는 불빛에 비추어 가면서 추천을 계속한다”[15]고 추천을 뛰는 여인의 아름다움을 시로 읊은 것을 보아 당시 추천은 일본 궁중에서도 매우 성행하였던 것 같다.

일본에서는 현재까지 이 기록을 가장 오래된 추천 기록으로 인정하고 있으며, 중국풍의 한식날 추천을 노래한 시의 내용에서 보듯 추천이 중국에서 전파된 것으로 추정하고 있다.[16] 또 일본에서 이미 9세기경에 중국에서 한식날 뛰는 추천이 궁중과 귀족들에게 그대로 전래되어 있었고, 그들은 이 추천에 대해 제법 흥미를 나타내고 있었던 것으로 보인다. 덧붙여서 그네뛰기에 대한 한·중·일 3국의 용어 표현이 조금씩 다르기 때문에 이 연구에서는 그네뛰기라고 통일하여 기술하겠다.

그러면 우리 그네의 어원에 대해서 살펴보자, 최상수는 지방에 따라 근데·

13) 헤이안(平安)시대 초기인 827년에 준나텐노(淳和天皇)의 치명에 따라 편찬된 한문시집이다. 전체 20권으로 집필되었으나 현재는 6권만이 남아 있다.

14) 구교(公卿)는 공가(公家) 중에서도 고대 율령을 토대로 태정관의 최고관직으로 국정을 운영한 직위를 말한다.

15) 幽閨人粧梳 是正寒食節 共憐鞦韆好 長縄高懸芳技 窈窕翩翩仙客姿 玉手争来互相推　纖細結束如鳥飛….

16) 酒井欣, 《日本遊戯史》. (建設社, 1934), 403쪽; 中田幸平, 《江戸の子供遊び事典》. (八坂書店, 2009), 216쪽; 小林祥次郎, 《遊びの語源と博物館》. (勉誠出版, 2015), 14쪽; 寒川恒夫, 《アジア稲作民伝承遊戯の文化史》. (明和書店, 2018), 177쪽.

군데·근뒤·근듸·근의·그리·구리 등 여러 가지 방언이 있다고 하였다.[17] 이 뿐만 아니라 『한국방언사전』에 그네의 방언이 66가지가 올라 있을 정도로 매우 다양하게 나타났다.[18] 고서에 기록된 내용을 살펴보면 고려 말부터 조선 초에 지어진 한림 유생들의 『한림별곡(翰林別曲)』, 『악장가사(樂章歌詞)』,[19] 당나라 시인인 두보의 한시를 한글로 풀이한 『두시언해(杜詩諺解)』, 최세진(崔世珍)의 『훈몽자회(訓蒙字會)』 등에는 '글위'라 했다. 숙종(1674-1720) 때에 신이행(申以涬)과 김경준(金敬俊), 김지남(金指南) 등이 지은 『역어유해(譯語類解)』에는 '그릐', 정조(1776-1800) 시기의 이만영(李晩榮)이 쓴 『재물보(才物譜)』에는 '근의',[20] 현문항(玄文恒)의 『동문유해(同文類解)』에는 '그리'로 기록되어 있다."[21] 조선 사회의 사랑 이야기로 잘 알려진 『춘향전』에는 '근듸'라 하였고,[22] 현대에 이르러 국문학자 양주동(1903-1977)은 "그네의 본디 말은 '글위' 또는 '굴위'로 "발을 구르다"의 '구르'에서 왔다"[23]고 주장하였다. 이처럼 그네의 명칭은 시대와 지역에 따라서 조금씩 달랐다는 것을 알 수 있는데, 이러한 점에서 예전부터 그네뛰기가 전국에서 널리 성행하였다는 것을 보여주고 있다.

고려 지배계층의 호화로운 유희가 된 그네뛰기

한국에서 그네뛰기가 행해진 시기를 추측할 수 있는 사료로, 중국의 『송사

---

17) 최상수, 앞의 글, 109쪽.

18) 이 중 빈도수가 많은 것은 구늘, 군대, 군듸, 군디, 군지, 굴리, 그눌, 그늘, 근데, 근뒤, 근디, 훌기이다. 여기서 대체로 'ㄹ' 음이 들어가는 어휘들은 함북, 함남, 평북, 평남의 방언이고, 'ㄷ'음이 들어가는 어휘들은 경북, 경남, 전북, 전남의 방언이다. 제주에서는 개동개, 굴매, 굴메, 굼메, 궁글, 줄레로 부른다. 특이한 방언으로는 둥개(전남), 술래(경남), 쉬천(함남), 질매(전북), 춘천(강원, 경북, 전북), 호수마(충북), 훈주(전북)가 있다(최학근, 《한국방언사전》. (명문당, 1994), 816-819쪽).

19) 고려시대와 조선 초기의 악장(樂章)과 속악(俗樂)을 모아서 엮은 책으로 《국조사장(國朝詞章)》, 《국조악장(國朝樂章)》, 《속악가사(俗樂歌詞)》 등으로 불린다.

20) 고려 고종 때 한림의 선비 자식들이 합작한 경기체가. 1215-1216년에 제작된 것으로 추정되며 경기체가의 효시로 알려져 있다.

21) 최상수, 앞의 책, 109-110쪽; 김선풍, 앞의 글, 96쪽.

22) 춘향전에 '이애 향단아 근듸 바람이 독하기로 정신이 어찔하다, 근듸줄 부뜰어라'하여 '근듸'라 한다(심우성, 《우리나라 민속놀이》. (동문선, 1996), 17쪽).

23) 김광언, 《동아시아의 놀이》. (민속원, 2004), 80쪽.

(宋史)』를 들 수 있다. 여기에는 고려 현종(顯宗, 992-1031)때 중국으로 보낸 사신 곽원(郭元)이 왕에게 알현하기를 "고려의 풍속으로 단오에 추천놀이를 합니다"[24)] 라는 기록이 등장한다. 이것으로 보아 그네뛰기가 중국뿐만 아니라 고려를 포함한 한반도에 이미 행해지고 있었으며, 양국을 오간 이들 역시 그네뛰기에 대하여 인지하고 있었음을 알 수 있다.

그리고 당시 그네뛰기가 지배층들에게 매우 인기가 높았다는 것을 『고려사(高麗史)』와 『고려사절요(高麗史節要)』를 통해 알 수 있는데, "최충헌(崔忠獻)이 단옷날에 그네뛰기를 백자정동(柏子井洞)의 궁에서 열고, 문무 4품 이상에게 3일 동안 잔치를 열어주었다"[25)]라는 기록과 "최이가 종실과 재추들에게 잔치를 베풀다"[26)]라는 기록이 대표적이다.

이로 미루어 볼 때 중국에서 전래된 그네뛰기가 고려사회에서는 왕궁과 지배층을 중심으로 매우 호화롭게 성행되었다는 것을 알 수 있다. 특히 "우왕(禑王)이 길거리를 순행하다가 수창궁으로 가서 어용 그네를 매어 한가한 시간만 되면 임치(林椒) 등과 함께 그네뛰기를 하였다"[27)]라는 대목에서 보면 고려 우왕이 그네타기를 좋아했고, 중신들이 남성들이었기 때문에 그네뛰기는 여성들만의 유희가 아니라 남성들도 즐겼다는 것을 알 수 있다.

그러나 위와 같이 왕을 비롯한 지배계층을 중심으로 성행해오던 그네뛰기가 어느 순간부터 유희로서 환영받지 못함을 발견할 수 있는데, 『고려사(高麗史)』에 그네뛰기를 금령(禁令)하였다는 기록이 그것이다. 고종 33년(1246) 5월에 "단옷날에 그네뛰기와 각종 악기연주를 금하였다",[28)] 충렬왕 9년(1283) 5월에 "감찰사가

24) 其年 又遣御事民官侍郞郭元來貢 元自言 …(중략)… 端午有鞦韆之戲(《聖惠方》等 元又請錄《國朝登科記》及所賜御詩以歸 從之《宋史》卷487 列傳 246 外國3 高麗 宋 眞宗 大中祥符 8年).

25) 崔忠獻以端午設鞦韆戲于柏子井洞宮, 宴文武四品以上三日(《高麗史節要》卷14 高宗安孝大王 高宗 三年 五月).

26) 三十二年 五月 宴宗室司空以上及宰樞 結綵棚爲山 張繡幕羅幃 中結鞦韆 飾以文綉綵花(《高麗史》卷一百二十九 列傳 卷第四十二 叛逆 崔忠獻 崔怡).

27) 禑巡行街路 遂如壽昌宮 與林椒等 爲鞦韆戲(《高麗史》卷一百三十六 列傳 卷第四十二 禑王 13年 10月).

28) 禁令禁端午鞦韆鼓吹之戲(《高麗史》卷八十五 志 卷第三十九 刑法 二 禁令).

그네뛰기를 금지하였다",[29] 충숙왕 원년(1314) 5월에 "격구와 그네뛰기를 금지하였다"[30]는 내용이 이를 뒷받침한다.

이러한 기록을 통해 보면 그네뛰기가 지배계층들이 향유하는 매우 사치스러운 유희로 알려졌고, 당시 성행했던 격구도 매우 사치스러웠기 때문에 이러한 사치와 향락의 수단으로 여겨진 그네뛰기와 격구에 대해 결국 금지령을 내렸던 것이다. 이러한 금지령과 관련해 권민수는 "고려사회 자체에서 놀이문화의 사치와 문란에 대한 자체적인 정화 노력이 엿보이는 부분"이라고 언급하였다.[31]

이렇게 고려사회의 그네뛰기는 지배계층을 중심으로 단옷날에 행해지는 궁중 연희 행사의 하나로 자리 잡으며 매우 호화롭게 성행하였다. 고려의 명문장가였던 이규보(李奎報)는 『동국이상국집(東國李相國集)』에서 당시 궁중 내에서 성행했던 그네뛰기를 다음과 같은 시로 표현했다.

端午見鞦韆女戲	단오에 그네 뛰는 여자 놀이를 보다
推似神娥奔月去	밀 때는 항아가 달나라로 가는 듯
返如仙女下天來	돌아올 땐 선녀가 하늘에서 내리는 듯
仰看跳上方流汗	오르는 모습 보려니 땀은 후줄근
頃刻飄然又却廻	어느새 바람같이 되돌아오네[32]

시로써 그 행하는 풍경을 노래할 정도로 아름답게 여겨진 그네뛰기가 지배계층의 향락 수단으로 다소 변질된 것이 고려 후기였으며, 그네뛰기는 억압의 대상이 된 상태로 조선 왕조를 맞이하게 된다.

29) 監察司 禁鞦韆戲(《高麗史》 卷八十五 志 卷第三十九 刑法二 禁令).

30) 禁擊毬 鞦韆(《高麗史》 卷八十五 志 卷第三十九 刑法二 禁令).

31) 권민수, 〈고려시대 鞦韆 양상: 高麗史·高麗史節要를 중심으로〉, 《한국민속학》. 68, (한국민속학회, 2018), 26쪽.

32) 端午見鞦韆女戲(李奎報, 《東國李相國集》 後集 卷三 古律詩; 윤광봉, 《고전시가와 예술》. (경인문화사, 2003), 313쪽).

조선 여성들의 유희로 자리 잡은 그네뛰기

조선시대는 성리학이 지배적 이념으로 자리 잡은 사회로서, 정치적으로는 '왕도정치'를 지향하였다. 사회적으로는 각자 신분에 맞는 역할과 도리를 다해야 한다는 유교적 가치 아래 사회 질서가 유지되었으며, 선천적인 신분, 성별 등에 따라 달리 부여된 역할과 책임은 때로는 당시 여성들의 삶을 제한하고 억압하는 도구가 되기도 하였을 것이다.

그렇다면 조선 사회에서는 여성들의 유희가 존재하지 않았던 것일까? 앞에서 언급하였듯이 그네뛰기는 조선에 와서도 한반도 전역에서 즐기는 대표적인 여성 유희로 자리 잡았다. 나아가 단오뿐만 아니라 설과 추석 같은 명절에 행해지는 유희로 계승되어 오늘날까지 이어져 오고 있다. 그러나 조선 초의 사회적 분위기는 그네뛰기를 달가워하지 않았던 것 같다. 그 이유는 사치와 향락의 이미지로 인해 억압받았던 고려 말의 분위기가 이어진 데 더하여 그네를 뛰고 즐기는 자유로운 놀이의 형태가 엄격한 유교 사회의 분위기와는 맞지 않았기 때문이다. 이러한 이유로 양반층에서는 그네를 멀리하게 되었다. 요컨대 조선 사회에서는 고려와 달리 왕족이나 귀족 등의 상류층 여성들은 그네뛰기를 하지 못하게 하였다. 유교적인 윤리관을 내세운 양반들은 젊은 여자들이 많은 사람이 모여서 관람하는 가운데 전신을 공중에 드러내고 발을 구르며 날아다니는 모습이 양반 풍속에 거슬렸기 때문에 귀족 부인이나 딸에게 그네뛰기를 멀리하도록 했던 것이다.[33) 「성종실록(成宗實錄)」에 그네뛰기에 대한 기록이 전해지는데, "임금이 이르기를 그네(鞦韆) 놀이하러 올라간 것과 비자등과 동침한 것이 만약 부인이 스스로 한 것이라면 실행과 다음이 없고, 만약 비자의 꾀임에서 나온 것이라면 비자에게 있는 것이니, 마땅히 심문하여 그 사실을 알아야 할 것"[34)]이라고 하였다. 이것은 당시 그네뛰

33) 김동선, 앞의 책, 121쪽.

34) 齊安夫人事 婢子等招辭多錯 而忍杖不服 不可不加刑 應對日 婢子等供招時 略無尊敬夫人之意 此甚可憎 但此婢等 平日未嘗受杖者也 若又加刑 恐或致死 上日 戲上鞦韆與婢子等同寢 若夫人所自爲 則無異失行矣 若出於婢子敎誘 則罪在婢子 當訊得其情(《成宗實錄》 142卷 13年 6月 20日 丁巳).

기를 사회적 문제로 취급하였다는 것을 확인시켜준다.

위 기록으로 미루어 보면 조선의 지배층들에게 그네뛰기는 유희가 아닌 풍속을 어지럽히는 '풍기문란' 행위로 여겨졌던 것 같다. 하지만 그네뛰기가 지닌 본질적인 흥과 자유에 대한 갈망, 여성들이 즐길 수 있던 신체활동으로서의 가치는 이를 계속 억압된 상태에 머무르게 두지 않고, 점차 서민층의 유희로 널리 퍼져나가게끔 했을 것은 자명한 일이다.

특히 그네뛰기에 대해 부정적이었던 성종(成宗) 때는 "단옷날 한양 종로 네거리 뒷골목에서 상인과 시정 무리들이 그네를 매고 남북으로 편을 갈라 승부를 겨루고 화려한 비단 채붕의 무대를 설치해 많은 사람이 구경했다"[35]는 기록이 있다. 이 기록을 통해 당시 억압적인 시대적 분위기에도 불구하고 단옷날 그네뛰기가 종로에서 볼거리로 크게 성행하였던 것을 알 수 있으며, 대규모 경기로까지 발전하였다는 것을 추정할 수 있다. 그리고 남북으로 나누어 승부를 겨룬 것으로 보아 단체전 형식의 그네뛰기를 즐겼던 사실을 알 수 있으며 관중들 역시 매우 많았다는 것을 짐작하게 한다.

이러한 사회적 인기에 힘입어 그네뛰기는 조선 사대부들의 글에서도 그 모습이 전해진다. 조선 전기의 이문건(李文楗)이 남긴 『묵재일기(墨齋日記)』에는 "감나무에 그네를 매고 여종은 여인을 모시고 높이 오르려 경쟁하며 서로 밀어주었다",[36] "그네뛰기 놀이도 보고, 아이들이 수박(手搏)을 하는 것도 보았다"[37]라고 그네뛰기에 대한 기록이 두 차례 전해진다.

조선 중기 성현(成俔)의 『용재총화(慵齋叢話)』[38]에는 단옷날 행했던 그네뛰기를 다음과 같이 기술하고 있다. "도성(서울) 사람들이 네거리에 큰 장대를 두 개

---

35) 今年端午, 富商市井之徒, 鐘樓後結鞦韆, 分南北爭勝負, 極其奢侈,與彩棚無異, 都中士女, 坌集如雲, 有婦女二人, 亦乘轎往寓其旁妓家以觀之. 此非爲遊戲之資, 實欲聚美女宣淫也. 其有關於風俗大矣, 而亦在勿論之列, 請畢鞫(《成宗實錄》277卷, 成宗 24年 5月 24日 丁亥).

36) 縛秋千于柿木, 奴婢隣女争登相送(명종(明宗) 6년(1551) 5월 단오일)

37) 又觀鞦韆之戲, 又見兒曹手搏(명종(明宗) 7년(1552) 5월 단오일); 이복규,《『묵재일기』에 나타난 조선전기의 민속》. (민속원, 1999), 232－233쪽.

38) 조선 중기에 성현(成俔)이 지은 필기잡록류(筆記雜錄類)에 속하는 책. 고려에서 조선 성종 때 이르기까지 형성되고 변화된 민간 풍속이나 문물제도·역사·문화·예술·종교 등의 문화발전을 다루고 있어 당시 조선인들의 생활문화를 이해하는 데 많은 도움을 준다.

세워 놓고 그네를 설치하면, 계집아이들이 모두 예쁜 옷으로 단장하고 거리를 떠들썩하게 하면서 서로 다투며 그넷줄을 잡았다. 그러면 사내아이들이 몰려와 줄을 밀고 당기면서 음란하게 희롱하는데 못하는 짓이 없었다. 이에 조정에서 이것을 금하여 지금은 성행하지 않게 되었다."[39]

위 내용으로 보아 조선의 그네뛰기는 일반 민중 사이에서 더욱 성행하였다는 것을 알 수 있다. 그리고 서민들의 그네 뛰는 모습에 대해 부정적으로 표현되었는데, 이것은 사대부였던 저자들의 유교 중심적 시각에서 바라볼 때, 자유로운 신체활동을 즐기는 서민들의 모습이 문란해 보였기 때문이었을 것이다.

조선 후기인 1800년을 전후하여 편찬된 유득공(柳得恭)의 『경도잡지(京都雜誌)』와 1819년 김매순의 『열양세시기(洌陽歲時記)』, 1849년 홍석모의 『동국세시기(東國歲時記)』는 조선의 연중행사인 세시풍속을 기록한 책이다. 여기서 공통적으로 "단옷날 항간에서 그네뛰기를 많이 한다"[40]고 기록되어 있다. 예컨대, 『열양세시기』 「단오조」에는 "단옷날에 남녀들이 그네뛰기를 하는데, 서울이나 시골이나 다 같지만, 특히 평안도 지방이 가장 성행하여 이때 사람들은 고운 옷에 좋은 음식을 차리고 서로 모여 즐기는 것이 설날과 같다"[41]고 기록하고 있어 그네뛰기가 단옷날에 전국적으로 성행한 놀이이며, 특히 북쪽에서 더욱 성행했다는 사실을 알 수 있다. 그러나 『동국세시기』에 예외적으로 제주도는 8월 추석에 그네뛰기를 했다는 기록[42]도 보인다. 이 기록들은 그동안 여성들만의 전유물로 여겨진 그네뛰기가 조선 중기를 지나면서 성별을 구별하지 않고 전국적으로 행해졌다는 것을 말해주고 있다.

39) 성현 지음, 김남이 · 전지원 외 옮김, 《용재총화(慵齋叢話)》. (휴머니스트, 2015), 104－105쪽.

40) 閭巷婦女盛爲秋千戲(여항에서는 부녀자들이 곳곳에서 추천희를 한다): 원문에서는 추천(鞦韆)을 추천(秋千)으로 표기하였다(최대림 역, 홍석모 저, 《新譯 東國歲時記》. (홍신문화사, 1987), 87쪽; 국립중앙박물관, 〈경도잡지〉, 《조선대세시기 3》. (국립중앙박물관, 2004), 86쪽).

41) 김신풍, 앞의 글, 95쪽.

42) 홍석모 저, 최대림 역, 앞의 책, 108쪽.

근현대 시기 소멸과 부활을 경험한 그네뛰기

그네뛰기는 구한말에도 변함없는 인기로 성행되었다. 무라야마 지준(村山智順) 의 『조선의 향토오락』에 의하면, 전국 236개 지역 중 234개 지역에서 5월 단오에 젊은 여인들이 그네를 뛰었다는 것으로 파악되는데 이것은 조선 전역에서 그네뛰기를 했다고 보아도 무방하다. 그리고 단오뿐만 아니라 사월 초파일(부처님 오신 날), 추석에도 그네뛰기를 하는 지역이 많았다.[43]

그러나 그네뛰기는 일제의 금압에 의해 다른 민속놀이와 마찬가지로 쇠퇴하기 시작하였다. 1937년 중일전쟁이 일어나자 일본은 전쟁을 치르는 과정에서 국가 총동원령을 내려 그네뛰기와 같은 한가한 민속놀이를 할 수 없다고 하여 모두 금하여 민속놀이들은 그 자취를 감추게 되었다.

광복 이후 그네뛰기는 다시 부활하였으나 안타깝게도 한국전쟁으로 다시 사그라들었다. 1956년 6월에는 서울 창경궁 특설경기장에서 이승만 대통령의 82세 생일기념 행사로 대한씨름협회의 관리로 그네뛰기대회를 개최하였다. 이것이 시발점이 되어 1960년대부터 오월 단오에 맞춰 전국에서 민간단체 주관으로 그네뛰기가 부활하였다.[44] 1960년대까지만 하더라도 한국인들의 대부분은 농업이 주를 이루었고, 기계화농법이 정착되기 이전이라 힘든 농사일을 여럿이서 도와가며 해결해 나가는 시절이었다. 따라서 모내기나 김매기 등이 끝나면 동네사람들이 함께 모여 농악을 울리고 음주가무하며 자연스럽게 민속유희가 전승되는 것이 가능했다. 즉 해방 이후부터 1960년대까지는 그네뛰기가 비교적 잘 전승되었던 것으로 나타난다.

이렇게 그네뛰기는 민속놀이로서 계속 이어져 왔으나, 급속한 산업화로 인하여 위기를 맞는다. 1970년대 후반 한국은 '새마을운동'으로 대표되는 범국민적 지

43) 경기도 양주에서는 남자는 낮에, 여자는 밤에 그네를 뛰었고, 충남 아산, 전북 옥구, 전남 순천·화순·장흥·강진·담양·해남·함평, 경남 함안·양산·진양·합천, 황해 은율, 함북 명천·성진·부령에서는 추석에도 그네를 뛰는 것으로 조사되었다. 박전열 역, 村山智順 저, 《조선의 향토오락》. (集文堂, 1992), 154－191, 203－230, 284－314, 329, 483－489쪽.

44) 최상수, 앞의 책, 102쪽.

역사회 개발 운동과 더불어 국가가 주도한 산업화와 경제발전으로 급속한 변화를 겪게 되었다. 그 영향으로 많은 시골 젊은이들은 도시로 이주에 살게 되었고, 전통적으로 이어 내려왔던 시골의 세시풍속은 도시인들의 서구적 생활양식에 큰 영향을 받게 되었다. 도시인들은 양력에 근거한 일주일 주기의 생활을 하기 때문에 농경사회에 토대를 둔 음력에 의한 세시풍속은 받아들여질 수가 없었고, 자연스럽게 그 의미를 상실하게 되었다.[45]

이러한 이유에 기인하여 한국 사회에서 단오의 세시풍속은 대부분이 참여할 수 없게 되었고, 공동체적 풍속으로의 지위를 점차 잃게 되었다. 이러한 변화를 거쳐 온 현대의 그네뛰기는 시대가 변함에 따라 세시풍속으로서 행해지는 경우보다는 지역 축제의 부대 행사의 일환으로 공연과 체험의 형태로 변한 것을 볼 수 있다. 1970년부터는 주부클럽연합회에서 신사임당 기념행사의 하나로 해마다 5월 경복궁 안에서 그네뛰기대회를 거행하여 그 전통을 이어가고 있다. 특히 서울의 남산과 장충단공원, 사직공원 등에서는 대규모의 그네뛰기대회가 개최되었고, 강릉 단오제, 밀양 아랑제(현 밀양 아리랑제), 남원 춘향제 등 각 지역의 축제에서 그네뛰기 행사를 수일간 펼쳤다[46]고 한다.

그러면 여기서 '강릉단오제'에서 열리는 그네뛰기에 대하여 간단히 살펴보자. 강릉단오제는 단옷날을 전후하여 펼쳐지는 강릉 지방의 향토 제례 의식으로 참여 인원이 150만 명(2018년 강릉단오제 기준)에 이를 정도로 전국에서 인기를 얻고 있으며, 한국을 대표하는 축제를 넘어 아시아와 세계에서 인정하는 축제가 되었다.[47] 현재 강릉단오제에서는 단오굿을 시작으로 전통 음악과 민요, 오독떼기, 관노가면극(官奴假面劇), 시 낭송, 그리고 그네뛰기, 씨름, 투호 같은 다양한 행사가 거행된다.[48] 특히 그네뛰기를 직접 몸을 통해서 전승한다는 점에서 매우 중요한

---

45) 임재해, 〈단오에서 추석으로: 안동지역 세시풍속의 지속성과 변화〉, 《한국문화인류학》. 21, (한국문화인류학회, 1989), 10쪽.

46) 최상수, 앞의 책, 102쪽; 국립민속박물관, 《한국민속대백과사전》. (folkency.nfm.go.kr (2018.05.12. 검색).

47) 박환영, 〈도시 공간 속에서 강릉단오제의 전승 및 계승방안 고찰〉, 《강원민속학》. 27, (강원민속학회, 2007), 347쪽.

48) 김의숙, 전상국 편저, 《강원전통문화총서: 민속》. (국학자료원, 1997), 164쪽; 인류무형문화유산, 《유네스코인류무형유산》. (unesco.org,(2018.05.03. 검색)).

의미가 있으며 앞으로도 계속 지속되어야 마땅한 민속축제라 할 수 있다. 강릉단오제는 강릉시민들의 자발적 참여로 이루어지는 공동체적 축제로서 단순한 행사가 아니라 그들 삶의 일부로 자리 잡고 있으며 강릉단오제가 그네뛰기의 전승과 발전에 매우 큰 역할을 하고 있다. 또 강릉 시내에 단오제 전수교육관이 설립되어 우리 문화유산의 고증과 전승을 위해 노력하고 있다.

이렇게 근현대시기를 거친 그네뛰기는 다양한 변화를 거치며 현재까지 지속되고 있다. 1930년대에 들어서는 전국 각지에서 그네대회가 성행하기 시작했으며, 전국적으로 단오절의 유희인 동시에 스포츠 경기대회로서 양립하기 시작했다. 그러나 1970년대 실시된 새마을운동과 급격한 산업화로 인한 이농현상으로 농업인구는 감소할 수밖에 없었고 이에 따라서 당시 전국 각지 또는 농촌을 중심으로 성행하였던 그네뛰기는 크게 쇠퇴하였다. 그리고 현재는 단오제의 전통과 지역 축제의 일환으로서 그네 체험 및 그네 대회가 거행되고 있을 뿐이다.[49)]

그리고 특히 요즘은 어린이들이 평상시에 즐기는 놀이 중 하나로 변화·발전하였으며 집 근처 공원이나 아파트 단지 내 놀이터에는 그네가 자리 잡고 있다.

3. 예술작품 속에 담긴 그네뛰기

풍속화에 그려진 그네뛰기

풍속화는 인간이 살아가는 삶을 표현한 그림이다. 그냥 인간이 아니라 '속인의 삶'을 주제로 한 것이다.[50)] 특히 특권 지배계층의 삶을 표현한 것이 아니라 평범하게 살아가고 있는 민초들의 삶을 한 폭의 그림으로 표현한 것이다. 따라서 풍속화는 당시 서민들의 생활문화를 아주 쉽게 이해할 수 있는 가장 좋은 매체가 될 수 있다. 그러면 당시 조선 여인들의 그네뛰기는 어떠했는지 혜원(蕙園) 신윤

49) 이명희·임종범·박귀순·김태양, 〈전통문화로 본 동북아 신체문화의 교류사적 연구: 한·중·일의 마상재, 검무, 그네뛰기를 중심으로〉, 《한국체육과학회》. 27(3), (한국체육과학회지, 2018), 11쪽.

50) 이중희, 《풍속화란 무엇인가: 조선의 풍속화와 일본의 우키요에, 그 근대성》. (눈빛, 2013), 15쪽.

복과 기산(箕山) 김준근의 풍속화를 통해 알아보자.

혜원 신윤복의 단오풍정을 통해 단옷날 그네를 타고 창포물에 머리를 감으며 목욕을 즐겼던 조선 여성들의 풍속을 엿볼 수 있다. 단오풍정이라는 제목에서 알 수 있듯이 가장 핵심이 되는 그네 뛰는 장면에 우리의 시선을 모으고 있다. 그뿐만 아니라 그림의 좌측 상단 구석에 바위 뒤에는 동자승 둘이 목욕을 하고 그네를 뛰는 여인의 풍경을 몰래 훔쳐보고 있는 장면이 보이는데, 매우 해학적인 그림이라 보인다.

김준근의 풍속화첩 속의 추천을 보면 단옷날에 어린아이와 어른, 노인 등 마을 여성들이 소나무 아래 모여 그네를 타는 모습을 나타내고 있다. 왼쪽 그림의 쌍그네뛰기는 아직 머리에 쪽도 지지 않은 앳된 여성 둘이 마주 보고, 한 그네를 뛰고 있으며 바람에 펄럭이는 치마 아래로 속바지가 드러나 보인다. 이들보다 어린 여성은 자신의 보호자로 추정되는 여성의 보호 아래 부러운 듯 그네 뛰는 언니들을 지켜보고 있다. 그네를 뛰는 두 여성의 표정은 생기가 넘치고 밝다. 오른쪽 그림은 앳된 여자아이가 외그네뛰기를 하는 모습이다. 사이좋게 마주하고 쌍그네를 높이 타는 모습과 더불어 혼자서 아름답게 그네 뛰는 모습이 조선의 여성 유희로 갖는 그네뛰기의 즐거움이 생생하게 전해지고 있다.

시(詩)에 담긴 그네뛰기

그네뛰기에 관련한 시들은 여러 문인들에 의해 표현되어 왔으며, 각 지역의 민요나 판소리를 통해서도 민간에 널리 퍼져나갔다. 아래의 시는 『춘향전』에 나오는 춘삼월 어느 날 춘향이가 광한루 앞 노변에서 그네를 뛰는 모습을 묘사한 첫머리 글귀이다.

장장 채승(길고 긴 채색 동아줄) 그네 줄을
두 손에 갈라 쥐고
선뜻 올라 발 굴려서
한 번 굴러 뒤가 솟고
두 번 굴러 앞이 높아

연비여천(소리개가 하늘 높이 뜬 것) 솔개 뜨듯
난만도화(복숭아꽃이 한창 피어난 것) 높은 가지
솟아올라 툭툭 차니
송이송이 맺힌 꽃이
분분히 떨어지니
바람 없는 낙화로다[51]

이처럼 우리에게 널리 알려진 문학작품이자 판소리인 춘향가에도 그네뛰기의 아름다움이 등장하는데, 특히 춘향이의 그네 뛰는 모습에 반한 이몽룡과 춘향이의 신분을 뛰어넘은 러브스토리는 그네뛰기의 매력과 그 아름다움을 잘 보여주고 있다.

조선의 여류시인이자 허균(許筠)의 누이로 잘 알려져 있는 허난설헌(許蘭雪軒, 1563－1589)의 시집 『난설헌집(蘭雪軒集)』 추천사(鞦韆詞)에도 그네뛰기가 등장하는데, 채색의 새끼줄로 그네를 매었던 기록을 찾아볼 수 있다.

隣家女伴競鞦韆	이웃집의 여자들은 다투어 그네를 뛰니
結帶蟠巾學半仙	띠를 매고 수건 쓰고 신선놀음이라
風送綵繩天上去	바람에 보내는 채색 새끼줄은 하늘 위로 오르고
佩聲時落綠楊煙	옥패소리 땡그랑 메아리지네
蹴罷鞦韆整綉鞋	그네를 마친 후에 신발을 가지런히 하고
下來無語立瑤階	말없이 내려와 층계에 서네
蟬衫細濕輕輕汗	얇은 적삼에 촉촉이 밴 땀
忘却敎人拾墮釵	떨군 비녀 주워달라는 말도 잊은 듯[52]

51) 도유호 외저, 주강현 해제, 《(북한학자가 쓴)조선의 민속놀이》. (푸른숲, 1999), 131－132쪽.
52) 한국고전번역원, 〈蘭雪軒詩集〉, 《한국문집총간: 67》. (경인문화사, 1991), 七言絕句 067－012; 윤광봉, 앞의 책, 320쪽.

허난설헌은 그네뛰기를 신선놀음에 견줄 만큼 그 즐거움을 높이 사고 있다. 한참 그네를 즐긴 후 땀이 나고 다소 흐트러진 옷매무새에 대한 묘사가 담긴 시 후반에는 신체활동에서 오는 카타르시스가 그대로 전해져 우리에게 긴 여운을 남긴다. 여성으로 직접 그네를 뛰어 본 작가의 경험이 유려한 필력을 통해 그대로 전해지는 듯하다.

그네뛰기는 조선시대의 마지막 시인이라 할 수 있는 최영년(崔永年)의 『해동죽지(海東竹枝)』[53] 송추천(送鞦韆)이라는 시에서도 등장한다.

菖蒲花發近端陽	창포꽃이 피면 단오가 가까워
綠樹金繩百尺長	푸른 나무에 금줄이 길게 드리워지고
珠翠佳人飛似燕	아름다운 여인 제비같이 날면
羅裙風送石榴香[54]	비단치마 바람차고 석류향기 날리네

이 시에서도 역시 그네뛰기는 그 행하는 모습 자체의 아름다움이 디테일하게 묘사되어 있다. 그네를 뛰는 여인의 아름다운 모습과 이를 둘러싼 향취가 오늘날 우리에게도 전해지는 듯하다.

정리해 보면, 조선시대의 그네뛰기는 성리학이 지배적이었던 시대 속의 여성으로서 억압받았던 신체의 탈출구 역할을 하였을 것이다. 이러한 관점에서 보면 이 시대의 그네뛰기는 바깥출입이 거의 없었던 당시 부녀자들에게 주어진 좋은 신체 운동인 반면에 사교의 모임으로 즐겁게 놀 수 있는 유희로서도 의미가 있다.

53) 조선 후기의 각종 놀이와 명절 풍속 등의 다양한 내용을 담고 있다. 최영년(崔永年, 1856-1935)이 지은 시집.

54) 윤광봉, 앞의 책, 323쪽.

4. 그네뛰기의 경기 방법

그네뛰기의 종류

그네뛰기는 한 사람이 혼자 뛰는 '외그네뛰기'와 두 사람이 함께 마주 서서 뛰는 '쌍그네뛰기' 가 있다. 외그네뛰기는 발판에 올라서서 양팔을 넓혔다 좁혔다를 되풀이하는데, 이때 동시에 발을 밀어 차서 그네가 하늘로 올라가도록 한다. 쌍그네뛰기는 두 사람의 호흡과 힘이 잘 조화되어야 하며 발판에 한 사람은 앉고 다른 한 사람은 일어선다. 둘이 호흡을 맞춰 그네를 밀어 올린다.

그네뛰기는 대게 4월 초파일을 전후하여 매어놓고 5월 단오절까지 약 한달 동안 계속되는데, 특히 단옷날에는 인공적으로 만든 그네터에서 통례적으로 경연대회를 연다.[55] 김광언은 "서울에서는 동네별로 그네뛰기 대항을 했는데, 이날 그네 선수로 뽑혀서 나오는 여자들은 그 출신들이 논다니패 아니면 기생들이 대부분이었다. 그리고 이날 경기용으로 쓰는 그네는 주로 '땅그네'라고 해서 앞뒤로 받침대까지 고여 그네줄을 띄었다"[56]고 설명하였다.

그네뛰기 경기 방법은 개인경기와 단체경기로 구분할 수 있으며 경기에는 '높이뛰기'와 '방울차기'가 있다. 높이뛰기는 이름 그대로 그네를 굴러 얼마나 높이 올라갈 수 있는가를 겨루는 놀이이다. 높이를 재는 방법은 그네 앞 장대에 매단 방울을 발로 차서 소리를 울리는 것으로 높이를 잰다. 그네를 잘 타는 사람은 최고 12m 정도까지 올라갈 수 있다. 방울차기는 장대에 달아 놓은 방울을 누가 많이 차서 소리를 내는가를 계산하여 승부를 가르는 것이다.[57]

여기서 그네를 높이 뛰려면 발에 힘이 들어가야 하고 허공을 날기 때문에 담력이 좋아야 한다. 즉 힘이 세고 담력이 좋으며 힘을 잘 조절할 수 있는 사람이 이기게 된다. 누가 높이 뛰었는지 높이를 재는 방법에는 여러 가지가 있다. 제일 손쉬운 방법은 그네 앞에 나뭇가지나 꽃가지를 매어두고 그것을 발로 차거나 입

---

55) 김선풍, 앞의 글, 96쪽.

56) 윤광봉, 앞의 책, 321쪽.

57) 오장현, 박진주, 심우성, 앞의 책, 31－32쪽; 김영웅, 앞의 글, 59－60쪽.

에 무는 방식이 있고, 그네 앞에 장대를 세우고 그 꼭대기에 방울을 매달아 방울 줄을 점점 높여가 최고 높이를 측정하는 것이다. 또는 장대에 매달린 방울을 차서 방울소리의 크고 작음에 따라 승패를 겨루기도 하였다. 마지막으로 앉을 개[58] 밑에 자눈을 박은 줄을 매어놓고 그넷줄의 정지 지점부터 공중으로 몇 미터 올라갔는지 측정하는 방법[59]으로 근래에 창안된 방법이다. 이 방법은 현재 강릉단오제 그네뛰기에서 활용되고 있다.

5. 그네뛰기의 의의

주술적 의의

그네뛰기는 우리나라뿐 아니라 유라시아 지역에 두루 존재하는 유희이다. 기원전 5세기 희랍의 꽃병에는 그네를 뛰는 그림이 그려져 있을 뿐만 아니라 북구의 에스토니아 지방에서는 지금도 하짓날 그네뛰기를 즐기고 있다. 중국의 운남과 티베트 지역에서는 동짓날 그네를 뛰며, 중원 일대에서는 한식날 그네를 뛰고, 태국에서는 동짓날 왕실 주술사가 동서 방향으로 의례적인 그네를 뛴다. 인도에서는 힌두교 예식으로 옛날부터 그네를 뛰었으며 태양의 힘이 가장 약해지는 동짓날 생식력이 왕성한 여인으로 하여금 그네를 뛰게 해 그 여인이 태양에 가깝게 접근하도록 함으로써 태양의 힘을 불러일으킬 것으로 믿었다.[60]

러시아 농민들은 이른 봄 땅의 기운을 깨우기 위해 활기찬 세상이 앞당겨지기를 바라며 소녀들과 처녀들이 그네뛰기를 한다. 그들은 그네뛰기가 일종의 생장과 관련된 주술적인 행위로서 대마가 높이 자라기를 기원한다.[61]

여기서 그네뛰기가 들판을 비옥하게 해 준다는 상징성을 내포하기도 하는데,

58) 두 발을 디디거나 앉을 수 있게 그넷줄의 맨 아래 걸쳐 있는 물건을 가리키는 방언이다.

59) 도유호외 저, 주강현 해제, 앞의 책, 139쪽.

60) 김영웅, 앞의 책, 151쪽.

61) 이건욱, 〈세시풍속 안에서 남성과 여성 참석자의 성적 상징과 기능: 19세기 말부터 20세기 초까지 러시아 농촌을 중심으로〉, 《슬라브연구》. 17(2), (한국외국어대학교 외국학종합연구센터 러시아연구소, 2001), 61쪽.

이것이 그네가 높이 오르는 만큼 식물이 높이 자란다는 믿음으로 이어진다.[62] 즉 이들에게 있어 그네뛰기는 농작물의 풍요를 기원하는 주술적 행위였던 것으로 이해된다.

한국에서도 그네뛰기가 갖는 주술적 특성과 관련한 다음과 같은 일화가 전해진다. 조선 중기 개성 송악산의 다섯 신당에서 단오굿을 벌일 때 대왕부인이 그네를 뛴다고 하여 대왕당의 목상을 들어내어 그네 뛰는 시늉을 하였다. 이것은 대왕의 신이 내렸다는 어떤 박수가 홀아비로 지내기 적적하니 부인을 붙여 달라고 하여 대왕 상 옆에 둔 것이다. 그네는 대왕부인뿐만 아니라 대왕도 뛰고, 둘을 묶어 쌍그네도 시켰다. 여기서 그네를 뛰면 부부가 화합하고, 아이를 낳으며 무병장수를 누린다는 소문이 퍼져서 구름처럼 모여든 많은 남녀가 앞다투어 그네에 올랐다. 그리고 이 소문이 궁궐에까지 퍼지게 되어 명종(明宗, 1545－1567) 때 열 살 난 왕세자를 관례시키고 세자빈을 뽑기에 앞서 상궁을 이곳으로 보내 치성을 드리고 대신 그네를 뛰었다는 이야기가 전해진다.[63]

이외에 “당나무에 그네 줄을 매야 풍년이 든다”, “그네 줄에 빗물이 묻으면 풍년이 든다”, “단옷날 그네를 뛰면 모기에 물리지 않는다”[64] 등의 미신적 믿음이 민간에 존재하였다. 또한 상량식(上樑式)[65] 때 목수가 그네를 타기도 하고 무당이 영검(靈劍)을 보이기 위해 작두그네를 타기도 한다.[66]

민속적 의의

우리나라 여성들의 민속유희 중 야외에서 행해지는 비교적 규모가 큰 것으로 그네뛰기, 놋다리밟기(일명 기와밟기), 강강술래가 있다. 놋다리밟기는 주로 경상북도(안동, 의성)에서 행해졌고, 강강술래는 전라남도 해안 지방에서 주로 거행

62) 남성진,〈그네 타는 현장과 그네타기 운동의 성 상징성〉, 《실천민속학연구》. 8(8), (실천민속학회, 2006), 261－262쪽.

63) 김동선, 앞의 책, 121쪽.

64) 임재해, 앞의 글, 22－23쪽.

65) 집을 지을 때 기둥을 세우고 보를 얹은 다음 마룻대를 올리는 의식이다.

66) 김광언, 앞의 책, 83－84쪽.

되어 왔다. 그리고 이것들은 모두 지방 특유의 전통 민속유희로 전승되고 있다. 그러나 그네뛰기는 전국에서 공통적으로 즐기는 민속유희로서 단오에 거행되어 왔으며 그 규모 역시 가장 크다. 그리고 그네뛰기는 여성이면 노소를 막론하고 누구나 참여할 수 있는 유희인 동시에 역사적으로도 가장 오래된 유희이다.67)

우리나라 세시풍속의 하나인 단오는 여름이 오기 전 모내기를 끝낸 기쁨으로 한데 모여 즐겁게 놀면서 고된 농사일의 피곤을 풀고 다가오는 새로운 농사일을 준비하는 명절이었다. 특히 이날에는 새로 돋아나는 쑥과 수리취를 뜯어 떡을 만들어 나눠 먹고 창포물에 머리를 감았으며, 그네뛰기와 씨름 등 여러 유희들을 즐기며 지냈다.68)

이렇게 우리 선조들의 삶은 매우 고되었으나 그들에 의해 전래되어 온 풍속은 다양했으며 여러 유희들은 매우 활동적이고 낙천적이었다. 그리고 이러한 활동들이 삶의 피로를 씻어주는 '힐링'의 역할을 해 왔을 것이다. 그래서 사람들은 단오하면 창포, 그네뛰기, 씨름 등을 연상할 정도로 그 인기가 높았고, 특히 여성들 사이에서 인기였던 그네뛰기가 단오의 명절 기분을 한껏 즐기게 해 주었을 것이다.

최상수는 "옛 진한 때에는 이른 봄에 파종이 끝나면 5월 5일에 전 부족이 큰 제전을 거행하였으니, 이 춘기대제를 수릐(수리)라 일컬었고, 그것이 신라로 계승되어 연중 명절이 되었다. 그리고 신라 통일 후, 중국으로부터 들어온 단오절 행사와 우리의 수릿날 행사가 후세로 내려오면서 합쳐졌다. 이 단오절은 생활 절기상 쉬는 날이요, 때는 산록이 푸르고 화창한 봄철이라, 가정에서 해방되어 나온 여성들은 그네뛰기를 뛰면서 하루를 즐길 수 있는 민속유희로서도 큰 의의가 있다"고 하였다.69)

당시 1년 내내 집안에만 있고 바깥 구경을 할 수 없었던 젊은 여인들은 단옷날만큼은 너나 할 것 없이 집 밖으로 나와 그네뛰기를 즐기며 해가 지도록 해방

67) 최상수, 앞의 책, 128쪽

68) 한국정신문화연구원, 《한국민속문화대백과사전》. (한국정신문화연구원, 1988), 162쪽.

69) 최상수, 앞의 책, 129쪽.

감을 만끽했을 것으로 보인다.

심신적 의의

근대에 이르러 우리나라에 서양 문물이 들어와 이른바 새 교육이 시행되었다. 이에 따라 서양인들이 즐겨 했던 놀이와 운동경기가 보급되었다. 그리고 이것들이 현재 다양한 스포츠로 우리나라에 정착되었다는 것은 주지의 사실이다.

그러나 서양 문물이 들어오기 전까지 우리나라 여성들의 유희를 든다면 '그네뛰기'와 '널뛰기' 정도가 있을 것이다. 그리고 이 놀이들은 실제로 많은 신체활동이 요구된다. 특히 그네뛰기는 그넷줄을 붙잡고 자기 마음껏 몸을 날려 보는 운동이었고, 또 남과 겨루어 보는 경기인 동시에 그네뛰기를 통해 근력과 민첩성을 단련하기 위한 훈련이기도 했다.[70]

그네뛰기는 한 번 굴러 뒤에 솟고 두 번 굴러 앞에 솟는 동작을 반복하는 것이므로 패턴이 단조롭게 보일 수도 있다. 그러나 그네뛰기는 매번 구를 때마다 더 솟아올라 가장 높게 올라갔다가 앞뒤로 왔다 갔다 속력을 줄이는 것으로서 결코 간단해 보이지는 않는 것이다. 또 그네를 뛰며 오르는 과정에서 "추천이요!"[71] 라고 하는 추임새를 함께 넣으며 그네 뛰는 사람에게 힘을 북돋아 주기도 하였다.

이렇게 그네를 구르기 위해서는 온몸의 탄력을 이용해야 하며, 특히 팔 힘과 발을 구르는 기술이 필요하다. 오쿠마가 "그네뛰기는 조선에 있어서 여성들의 신체활동 가운데 야외에서 행하는 가장 활달하고 체육적 가치를 지닌 활동이었다"[72] 라고 주장한 것으로 보면 그네뛰기는 여성을 대표하는 유희적 신체활동이었다는 사실에는 이견이 없을 것이다.

즉 그네뛰기는 상호협동하고 예절을 지키며 노는 유희로서 협응력을 기르기에 알맞은 운동량을 가지고 있기 때문에 기초체력이 부족한 유아부터 성인까지 전 연령대의 국민 체력향상에 이바지할 수 있었을 것이다.

---

70) 최상수, 위의 책, 129쪽.

71) 필자가 2018년에 열린 강릉단오제의 '그네대회'에 참관했을 때에 그네 뛰는 선수들에게 힘을 북돋아 주기 위해서 그네 터의 실무자가 '추천이요!'라고 외쳤다(2018.06.16).

72) 오쿠마 아키코, 앞의 글, 4쪽.

6. 나가며

한국에서 그네뛰기의 기원은 명확하지 않다. 다만 기록을 통해 중국 북방 유목사회의 한식날 풍속의 일환으로 행했던 추천이 제나라 시대에 중원으로 전래되었고, 이후 중국 전 지역에서 성행한 것을 알 수 있고, 송사(宋史)에 '고려에 그네뛰기가 있다'라고 언급되었던 점으로 보아 중국에서 성행했던 추천이 사신이나 상인들을 통해 한반도로 전래되었을 것으로 추측된다. 또한 이 양국의 밀접한 관계로 볼 때 한국의 그네뛰기와 중국의 그네뛰기는 상호 영향을 주고받았을 것으로 본다.

동북아시아의 세 나라 중 그네뛰기가 유희로서 가장 인기 있는 나라는 한국이다. 중국 산둥성에서 곡예에 가까운 그네를 뛰었다는 기록이 있지만, 우리의 그네 타는 기술도 결코 뒤쳐지지 않는다. 그리고 현재 중국의 그네뛰기는 조선족들만 즐기는 유희로 우리의 전통 그네뛰기와 가깝다.

그네뛰기는 한·중·일 3국의 다양한 교류 과정에서 자연스럽게 전래되어 각국의 삶 속에 스며들었고, 또한 그들의 상황에 맞게 변용 및 지속되고 있다. 이처럼 3국은 서로 유사한 전통유희를 가지고 있으며 자국의 문화와 주변 국가의 문화를 상호보완하며 발전되어 왔다는 것을 그네뛰기를 통해 확인할 수 있었다.

그네뛰기는 단순한 유희가 아니라 우리나라의 여성들의 아름다움과 명랑하고 씩씩한 모습을 여과 없이 보여주며 당시 여성들의 부족한 체력을 단련하는 훌륭한 신체문화였다. 그네뛰기는 한국인의 삶 속에 녹아든 훌륭한 우리의 전통이라 할 수 있으며 계승과 발전을 통해 후손들에게 물려줘야 할 우리의 문화유산이다.

널뛰기

1. 들어가며

널뛰기는 우리나라 정월대보름을 대표하는 민속유희로 오랜 역사를 지닌 여성들의 대표적 유희이다. 널뛰기는 긴 널빤지를 준비하여 그 가운데 밑에 짚단이나 가마니 같은 것을 뭉쳐서 놓는다. 그리고 양쪽에 한 사람씩 올라서고 한 사람이 뛰었다 내리면 그 누르는 힘의 반동으로 반대편 상대방이 뛰어오른다. 이렇게 두 사람이 번갈아서 뛰어오르기를 반복하는 유희가 바로 널뛰기이다.[1)]

널뛰기는 널만 있으면 언제 어디서나 즐길 수 있는 유희로 설치 방법과 놀이법이 매우 간단하다. 또 넓은 장소가 필요하지 않기 때문에 여성들이 즐기기에 안성맞춤인 유희였다. 요컨대 널뛰기는 다른 나라에서 거의 보기 힘든 형태의 유희이며, 지금까지 이어 온 '우리나라 고유의 전통유희'[2)]로서 그 의미가 대단히 크다고 보았다.

널뛰기의 유래에 대한 정확한 기록은 알려진 바가 없으나, 한국 근대문학의 선구자인 최남선(崔南善, 1890－1957)의 『조선상식문답(朝鮮常識問答)』[3)] 「풍속(風俗)

1) 김선풍, 〈在中 韓族의 民俗놀이 硏究〉, 《韓國民俗學》. 26(1), (한국민속학회, 1994), 102－103쪽.

2) 오장현, 박진주, 심우성, 《민속놀이 지도 자료》, (삼일각, 1976), 35쪽.

3) 최남선은 해방 후 처음 맞는 1946년 3·1절에 조선에 관한 상식을 널리 알리기 위해 문답 형식의 내용으로 《조선상식문답》을 탈고하였으며, 그해 6월에 동명사에서 출간하였다.

편」에 의하면 "옛날 조선의 여자들은 우리의 상상 이상으로 매우 활발하여 말 타고 격구까지도 예사로 즐겼다. 또 평상시에 나라에 큰일이 있을 때를 대비해서 여러 가지 여자들의 단련법이 있었다. 그것은 정월 초에 널뛰고, 단오에 그네를 뛰는 것이다. 널뛰기는 이러한 단련 과목의 하나로서 훗날 집 안마당으로 들어가게 되었지만, 고풍만은 전해 내려오고 있다"[4] 는 설명에 따르면 널뛰기의 시작은 대략 조선시대로 거슬러 올라간다고 언급하였으나 일제강점기에 무라야마 지준(村山智順)이 조사해 발표한 『조선의 향토오락』에서는 고려로부터 전래되었다[5]고 기록되어 있다.

이후 조선에 이르러 여성들의 신체활동을 억제해 왔음에도 불구하고 널뛰기는 그네뛰기와 함께 조선 여성들의 대표 유희로 자리 잡게 되었으며, 서민사회에 깊숙이 뿌리를 내려 그 명맥을 꾸준하게 이어왔다. 이렇게 오랜 세월 동안 정월 세시풍속으로 전래되어 온 널뛰기는 근현대에 이르러 점차 쇠퇴기를 맞이하게 된다. 그 원인으로는 일제강점기의 민족문화 말살 정책으로 인하여 우리나라 유희가 전통성을 잃어가게 된 점, 해방 후의 정치적 혼란과 동족상잔의 비극이었던 한국전쟁을 겪으며 국민들이 일상생활 속에서 유희를 즐기기가 힘들어진 점을 들 수 있다. 그러나 무엇보다 중요한 것은 새마을운동으로 인한 급속한 경제발전과 세시풍속을 경시하게 된 사회변화로 인해 우리의 널뛰기는 대중들에게 그저 명절을 맞아 민속촌이나 공원 등의 공공장소에 마련해 놓은 것을 시범적으로 굴러볼 뿐인 놀이로 취급하게 되었다.

그렇다면 널뛰기에 대한 오늘날의 인식은 과연 어떠할까? 할아버지와 할머니, 그리고 부모님들의 추억 속에만 존재하고 과거의 유산을 이어받아 계승하고 발전시켜야 할 한국인의 의식 속에서 널뛰기는 그저 '옛날에 유행했던 여성들의 유희'로만 알려지는 것은 아닐까?

한국에서 널뛰기에 관한 연구는 광복 이후인 1970년대에 이르러 이강로와

4) 김선풍, 앞의 글, 103쪽; 최남선 지음, 이영화 옮김, 《조선상식문답》. (경인문화사, 2013), 71쪽.

5) 村山智順, 《朝鮮の鄕土娛楽》. (朝鮮総督府, 1941), 1쪽.

심우성, 김선풍, 도유호 등[6]에 의해서 시작되었다. 이 연구들의 공통된 내용은 한국의 널뛰기가 어떻게 유래되어 보급되었는지? 그리고 광복 이후에 널뛰기가 어떠한 형식으로 변천해 왔는지에 대하여 설명하고 있다. 그리고 2000년대에 이르러 널뛰기 연구의 질적 확장이 이루어지기 시작하였는데, 김동선[7]은 예로부터 전승되어 온 널뛰기가 현대사회에서 사라져가고 있는 현실을 아쉬워하고, 소중한 우리의 전통유희를 잃어가고 있는 현대인들에게 널뛰기의 소중함을 다시 한번 일깨워 주어야 한다고 언급하였다.

한편 나영일과 황현자[8]는 2008년에 중국 소수민족전통체육대회에 표연(表演)종목으로 신설된 널뛰기에 시선을 돌려 그 발전 과정을 알아보고 경기화의 과정으로 인해 어떠한 변용이 이루어졌는가를 살펴보았다. 그리고 널뛰기가 중국 내에 대중화되지 못한 점에 관해 문제를 제기하였다. 이것은 한국의 널뛰기가 대중화되지 못하고 과거의 유물로 전락하게 된 현실과 결을 같이 한다는 점에서 의의가 있다.

널뛰기에 관한 연구는 최근에 들어와 문미옥과 김의경,[9] 김숙희[10]에 의해 재조명되었다. 김숙희는 조선 후기의 유희 중에 여성들의 유희를 한곳으로 모아 세시 절기를 통해 남존여비사상이 팽배하였던 조선 사회의 일상에서 자유를 표현하고자 하는 여성들만의 감정을 널뛰기를 통해 자신들의 주체성을 확인하는데 이르렀던 것은 아니었을까.

---

6) 崔南善, 《朝鮮常識問答》. (東明社, 1946); 오장현, 박진주, 심우성, 《민속놀이 지도자료》, (삼일각, 1976); 김선풍, 〈在中 韓族의 民俗놀이 硏究 〉, 《韓國民俗學》. 26(1), (한국민속학회, 1994); 심우성, 《우리나라 민속놀이》. (동문선, 1996); 도유호 저, 주강현 해제, 《북한 학자가 쓴 조선의 민속놀이》, (푸른숲, 1999); 이강로, 《세시풍속과 민속놀이》, (세종대왕기념사업회, 2000); 과학백과사전종합출판사, 《민속놀이와 명절. 상》. (대산출판사, 2000), 김광언, 《동아시아의 놀이》, (민속원, 2004).

7) 김동선, 〈그네뛰기 및 널뛰기의 유래와 경기방법〉, 《남북통일기반조성과 민족전통체육》. (사람과사람, 2004), 107－108쪽.

8) 나영일, 황현자, 〈중국조선족 전통체육의 전승과 변용〉, 《스포츠인류학연구》. 3(2), (한국스포츠인류학회, 2008), 19－40쪽.

9) 문미옥, 김의경, 〈옛 문헌과 근현대 문헌에 나타난 널뛰기의 기원과 놀이방법〉, 《유아교육연구》. 37(1), (유아교육학회, 2017), 303－328쪽.

10) 김숙희, 〈조선후기 세시기(歲時記)에 나타난 여성 세시놀이 양상〉, 《국학연구》. 38, (한국국학진흥원, 2019), 531－566쪽.

이 글에서는 우리나라 정월 민속 유희로 전래된 널뛰기의 기원과 유래, 역사와 변천 과정 등에 대해 폭넓게 살피고, 문화사적으로 그 의미를 고찰하고자 한다. 이러한 과정은 널뛰기에 관한 여러 선행연구와 시, 풍속화 등 당대의 예술작품에 담긴 내용을 참고하며 이루어질 것이다.

2. 널뛰기의 시대적 변천과 양상

널뛰기의 기원과 유래

널뛰기는 이름 그대로 널(판) 위에서 올라서 뛴다는 뜻이다. 다른 말로 '초판희(超板戱), 판무(板舞), 도판희(蹈板戱), 판도희(板跳戱)'라고도 불렸는데, 이것은 우리말을 한자로 옮긴 것에 지나지 않는 것으로 보인다. 그러나 이것보다 옛 문헌인 『송경지(松京誌)』에 기록된 "널을 차고 오르는 놀이(蹴板戱)"라는 이름이 더 그럴 듯하게 보이는데, 그 이유에 대하여 김광언은 "널을 잘 뛰려면 널 위에서 몸을 하늘 높이 솟구쳐야 하기 때문"[11]이라고 주장한다.

조선 최초의 세시풍속지라 불리는 유득공(柳得恭, 1748－1807)의 『경도잡지(京都雜志)』에 보면 "부녀자들이 흰 널판을 짚단 위에 가로 올려놓고 양 끝에 서서 굴러 뛴다. 서너 자 높이에 이를 때마다 패물이 쟁쟁하게 울린다. 그리고 널뛰는 사람이 지쳐 떨어져 나가는 것을 재미로 삼으며, 이를 초판희(超板戱)라 한다"고 기록되어 있다.[12] 그리고 앞에서 『조선상식문답(朝鮮常識問答)』 널뛰기(跳板條)의 내용을 언급하였듯이 이 놀이는 고려로부터 전승되어 온 것으로 보이며, 조선 말기의 문신 최영년(崔永年, 1859－1935)의 해동죽지(海東竹枝)에도 "옛 풍속에 정월 초하루부터 젊은 부녀들이 쌍으로 널을 뛰었다. 그리고 이는 고려로부터 이어왔다. 이를 널뛰기라 부른다"[13]라고 언급하였다.

---

11) 김광언, 《동아시아의 놀이》. (민속원, 2004), 694쪽.

12) 柳得恭, 《京都雜志》 歲時 元日條; 심우성, 앞의 책, 35쪽; 나경수, 〈영재 유득공 『경도잡지』의 민속문화론적 가치〉, 《大東漢文學》. 27, 138쪽.

13) 舊俗 自元朝爲始 少婦雙雙跳板爲戱 俗自高麗 稱之曰 널뛰기(崔永年, 《海東竹枝》 板跳戱); 오장현, 박진주, 심우성, 앞의 책, 34쪽; 김동선, 앞의 책, 126쪽.

규장각에 속한 한국학연구원에서는 널뛰기의 유래에 대하여 첫째, 부녀자의 외출이 자유롭지 못한 시절에 담장 밖 세상 풍경과 거리의 남자 모습을 훔쳐보려고 생각해 냈다는 설, 둘째, 널뛰기를 핑계 삼아 옥에 갇힌 남편들의 얼굴을 번갈아 보기 위해 뛰었다는 설이 대표적이다. 조선 후기의 학자 조재삼(趙在三, 1808–1866)의 『송남잡지(松南雜識)』에 "양귀비가 안녹산의 모습을 보고 싶어 널뛰기를 만들었다"[14]고 전해지는데, 여기서 구체적으로 역사적 인물의 실명을 들어 기원을 이야기했으나, 당시 바깥출입이 어려웠던 여성들이 바깥을 보기 위한 수단이 널뛰기의 기원이 되었다는 설명의 틀은 유사성이 있다.

조선시대 여성들의 욕구 해방을 위한 연결고리

널뛰기가 성행하였던 조선 중후기의 사회적 분위기는 유교 사상에 근거한 '남존여비' 사상이 주를 이루었고, 그 속에서 널뛰기는 일상에의 스트레스를 해소하고 해방감을 만끽하는 수단이 되었을 것이다.

그리고 조선 최초의 세시풍속지라 불리는 유득공의 『경도잡지(京都雜志)』에는 "여염집 부녀자들이 널뛰기를 매우 성하게 한다"[15]고 기록되어 있는데, 이것으로 보아 당시 널뛰기가 그네뛰기에 이어서 여성들의 유희로서 매우 성행하였던 것으로 추정할 수 있다. 이어서 "정월에 널뛰기하면 그해 발바닥에 가시가 들지 않고, 처녀가 널을 뛰지 않으면 시집가서 아이를 못 낳는다"[16]는 말은 미신처럼 생각되지만, 반대로 해석해보면 널뛰기에 담긴 주술적 의미를 드러내는 것이기도 하다. 요컨대 다리에 좀먹지 않게 하거나 다리의 힘을 기르기 위해 널뛰기한다는 속신 관념으로 보아 널뛰기는 오락성과 주술성이 공존하는 설날의 유희[17]로 판단된다.

---

14) 과학백과사전종합출판사, 앞의 책, 133–134; 규장각한국학연구원, 《놀이로 본 조선》, (글항아리, 2015), 190쪽.

15) 柳得恭,《京都雜志》歲時 元日條; 국립중앙박물관, 〈경도잡지〉, 《조선대세시기 3》. (국립중앙박물관, 2004), 68–69쪽.

16) 과학백과사전종합출판사, 앞의 책, 133쪽; 김동선, 앞의 책, 127쪽.

17) 김선풍 외, 《민속놀이와 민중의식》. (집문당, 1996), 176쪽.

바다 건너 일본으로 전해진 널뛰기

한국에서 널리 즐기는 대부분의 전통유희는 중국에서도 그 유사한 형태를 찾을 수 있으며, 때로는 그 기원을 중국에서 찾기도 한다. 그러나 널뛰기는 중국에서 찾아보기 어렵다. 반면 바다 건너 일본에서 한국의 널뛰기가 류큐(流球, 현 오끼나와) 지역으로 전파되어 갔다는 이야기를 조선 후기 실학자였던 이규경(李圭景)의 『오주연문장전산고(五洲衍文長箋散稿)』[18]와 최남선의 『조선상식문답』에서 찾아볼 수 있다.

그리고 1792년에 청나라의 사신으로 일본의 류큐(琉球)에 간 서보광(徐葆光)이 그곳의 풍정을 『중산전신록(中山傳信錄)』에 남겼다. 이규경이 이 글을 인용하여 다음과 같이 기록하였다.

> "정월 16일 남녀가 조상의 무덤을 찾은 뒤, 여자들은 널뛰기와 장치기(격구)를 한다. 나무토막 위에 가로로 올려놓은 큰 널 양 끝에 둘이 마주 선다. 한쪽이 발을 굴러서 1.5미터쯤 솟구쳐도 한쪽으로 쏠리거나 떨어지지 않는다. 우리나라 여자들도 정월 초하루부터 15일 이후까지 이쁘게 화장하고 고운 옷차림으로 이것으로 경쟁을 하는데 이름을 널뛰기라 한다. 여기서 유구국은 바다에 가로막힌 수만 리 밖에 위치하여 왕래가 거의 불가능함에도 그곳 여자 놀이가 우리와 같은 것은 놀라운 일이다"[19]

이규경은 서보광의 글을 인용해 한국의 널뛰기가 뱃길로 멀리 떨어진 일본의 류큐에 전래된 점에 놀라워하고 있다.

이어서 유득공(柳得恭)의 『경도잡지(京都雜志)』 「단오조」에도 "청나라 주황(朱黃)의 『유구국기략(流球國記略)』을 인용하면서 오키나와(沖縄) 부녀자들이 널빤지

---

18) 조선 정조(재위 1776－1800) 때의 실학자인 이규경이 편찬한 백과사전식 책이다.

19) 李圭景 五洲衍文長箋散稿 板舞辨證說(卷 十一 經史篇 論史類 風俗); 김선풍, 앞의 글, 103쪽; 주영하, 김소현, 김호, 정창권, 《19세기 조선, 생활과 사유의 변화를 엿보다》. (돌베개, 2005), 151쪽.

위에서 춤을 추는데 이것을 널뛰기와 비슷한 판무(板舞)한다"고 했다.[20] 더불어서 이것은 우리의 널뛰기가 일본으로 전해진 것이라 주장하였다. 실제로 오키나와와 우리나라는 유사한 풍속이 많은 것으로 나타나는데,[21] 이러한 유사성은 고려 말부터 조선 중종(中宗) 때인 1488년 경에 류쿠의 사신과 상인의 왕래가 잦았다. 한편으로는 망명객이나 표류민이 우리나라에서 여러 해 머물다 간 경험들이 있기 때문에 우리나라의 널뛰기가 류큐에 전파되었다고 보았다.[22] 역사적으로 고려와 류쿠는 왕래가 매우 잦았기 때문에 고유놀이의 전파에도 영향을 끼쳤을 것으로 보인다.

이에 대해 최남선은 "고려 말부터 조선 중종 초에 걸쳐 류쿠(琉球) 상인의 내왕이 빈번하고 또 그들의 망명객이나 표류민이 여러 해 동안 우리나라에 와서 머물다가 돌아간 일도 있으므로, 그동안 우리 풍속을 배우려 했다면 얼마든지 배웠을 것이다. 이 때문에 조선의 널뛰기가 류큐에 전파되었을 것이다"라고 하였지만, 이것을 단정하기는 어렵다고 말하였다.[23] 그러나 이 내용으로 보아 이 시기 한국을 좋아해 자주 왕래하였던 류큐의 사신들이 민간에서 널리 성행하던 널뛰기를 보고 고향으로 돌아가 이를 전파했을 것이라는 추측은 상당히 신뢰할 수 있는 내용이라 보여진다.

일본국립청소년교육진흥기구에서는 오키나와옛날놀이(おきなわ昔あそび)를 다양하게 소개하였다. "일본 류쿠의 문화는 그곳의 고유한 문화에 외래문화가 유입되어 재창조되었고 그들만의 독창성이 생겼다. 특히 아이들의 유희도 마찬가지인데, 예를 들어 중국에서 보젠(拇戰)으로 불리던 '가위바위보' 놀이가 오키나와에서 부-자-(ブーザー)라는 명칭으로 불렸고, 한국에서 여성들의 놀이인 널뛰기는 이

20) 閭巷婦女用白板橫駕藁枕上分立兩端 激盪而跳數尺許 環珮琤然以困頓爲樂 號爲超板戲 按周煌琉球國記略其婦女舞於板上曰板舞與此相類 國初琉球入朝抑或慕而效之者歟柳得恭 柳得恭(《京都雜志》歲時 元日條).

21) 羅景洙, 栗本古基, 〈湖南と沖縄の洗骨葬の比較研究〉, 《南島文化》. 24, (沖縄國際大學南道文化研究所, 2002), 79－94쪽; 나경수, 앞의 글, 138쪽.

22) 심우성, 앞의 책, 35－36쪽.

23) 崔南善, 《朝鮮常識(風俗篇)》. (東明社, 1948); 오장현, 박진주, 심우성, 앞의 책, 35쪽; 최남선 지음, 이영화 옮김, 앞의 책, 70쪽.

챠우도이(板舞戲)라고 불렀다. 널뛰기는 한국과 오키나와에서만 보이는 유희"[24]라고 하며 한·일의 문화교류에 대하여 언급하였다.

다양한 우리의 전통유희 중에 널뛰기가 오키나와에 전래되었다는 것은 매우 경이로운 일이다. 그리고 위의 여러 기록으로 유추해 보아 당시 류큐인들의 널뛰기 사랑이 짐작된다. 그러나 현재 일본 또는 오키나와에서 지금도 널을 뛰는지 알 수 없으나 여러 놀이책에서 다루지 않은 것을 보면, 한시적으로 특정 지역에서 즐긴 것으로 짐작된다.

구한말부터 근현대 시기를 지나면서 소멸해가는 널뛰기

19세기 후반의 개화기 무렵부터 해방 이전의 일제강점기까지의 시기는 한국 근대 문화사에서 매우 중요하게 다루어지고 있다. 개화기가 서구의 새로운 문물과 사상 및 제도가 유입된 시기라면, 일제강점기는 개화기에서 볼 수 있었던 근대적 변화와 함께 일본의 식민 지배하에서 한민족이 수난을 받는 등 매우 복합적으로 작용한 시기였다. 바로 이러한 시기에 전통적으로 이어온 널뛰기가 일제강점기를 통해 어떻게 변형되었고, 어떻게 그 명맥을 유지해 왔는가에 대해 알아볼 필요가 있을 것이다.

우리의 전통문화와 민속유희는 개항으로 인한 외국인 선교사들의 한국 방문과 일제강점기 식민지 정책을 통하여 들어온 서구문화의 영향 등으로 인해 많은 변화를 겪어야만 했다. 그러나 널뛰기는 이러한 과정 속에서도 들판의 잡초처럼 끈기를 가지고 그 생명력을 이어 가고자 노력하였다.

특히 외국인 선교사들에 의해 한국의 모습이 기록되는데, 여기서 서울의 모습이 두드러진다. 이방인이었던 그들의 눈에 보이는 조선의 모습은 자신들의 생활과 매우 다른 모습이었을 것이다.

선교사였던 길모어(Gilmore, G. W.), 헐버트(Hulbert, H. B)와 같은 외국인들은 널뛰기를 '조선인들이 매우 즐기는 유희'[25]라고 기록하였다. 그들의 눈에는 언뜻

---

24) 일본국립청소년교육진흥기구http://mukashiasobi.okinawa.jp/feature/index.html(2019.03.22)

25) 이들이 기록한 조선의 대표적 유희는 석전, 연날리기, 돈치기, 처용놀이, 널뛰기, 팽이, 제기차기, 승경도, 그네, 골패, 고누, 장기, 화투, 초중종놀이, 엿방망이, 실뜨기, 줄넘기, 숨바

보기에는 시소와 비슷하겠지만, 널뛰기는 엉덩이가 아닌 발로 구르고, 점프하고, 뛰어오르며, 공중 동작까지 표현하는 모습은 서양의 시소와는 다른 독자적인 조선인들만의 유희였다.

이후 우리의 널뛰기는 일제강점기의 탄압과 한국전쟁의 아픔 속에서 그 생명력을 점점 잃어갔지만, 완전히 소멸되지는 않았다. 다른 놀이들과 마찬가지로 농촌지역을 중심으로 널뛰기는 그 명맥을 이어왔을 것이다. 이러한 노력에도 불구하고 결국에 여성들의 널뛰기는 과거의 유물로 전락하게 되는데 이는 다음의 연구 결과가 뒷받침해 준다.

김명자에 따르면, 그녀는 1970년대부터 1980년대까지 한국세시풍속을 조사 연구하였는데 농촌, 어촌, 산촌 등 한국의 각지에서 널뛰기를 이어오고 있다고 하였다. 좀 더 인용해보면, 서울 송파지역, 충남 서산, 경북 예천과 안동, 강원 원성, 경기 광주지역에서는 정월놀이로 널뛰기를 즐기고 있었다. 그러나 여기서 공통적으로 나타난 점은, 1960년 말까지만 해도 널뛰기는 마을 곳곳에서 즐기며 놀았으나 그 이후 한두 집에 널을 뛸 뿐이란 사실이다. 당시 지역주민 중 윤수행씨(안동 송천)는 "어려서부터 20대까지 널을 많이 뛰었으며 시집온 후에는 34년간 널뛰는 것을 많이 보았는데, 그 후 점차 없어지더니 요즘은 볼 수 없다"[26]라고 이야기하였다. 그뿐만 아니라 널뛰기가 사라져가는 것은 무엇보다 널빤지로 쓸 나무가 없기 때문이었고, 당시 지역주민들은 "가정에서 쓸 널도 없는데 널빤대기 감을 누가 켜줄 것이냐"고 성토하였다. 1983년 정월대보름에는 마을 앞 들판에서 윷놀이와 널뛰는 모습도 눈에 띄었다고 한다. 물론, 예전에 널뛰기를 크게 할 때도 대보름이 지나면 널을 모두 거두는 것이 상례였다.[27] 이것은 아마도 여성의 사회적 지위가 약했던 조선의 풍습을 이어온 것이라 생각되고, 정월 대보름날만큼은 여성들에게 널뛰기를 마음껏 즐기게 하고 다시 일상으로 돌아가라고 하는 조상들 지

꼭질, 광대놀이 등이 있다(G. W. 길모어 저, 신복룡 역주, 《서울풍물지》. (집문당, 1999), 39쪽, 121－127쪽; 호머 헐버트 저, 신복룡 역주, 《대한제국멸망사》. (집문당, 1999), 327－335쪽).

26) 김명자, 《한국세시풍속 I》. (민속원, 2005), 174쪽.

27) 김명자, 위의 책, 340－341쪽.

혜가 아닐까 짐작된다.

한편 우리의 널뛰기는 위와 같이 소멸의 과정을 거치면서도 사라지지 않고 한국 국민들에게 계속 이어져 왔다는 것을 알 수 있다. 현재 널뛰기는 민속촌 등 우리 전통을 재현해 놓은 곳에서 체험해 볼 수는 있으나 그네뛰기가 단오제나 놀이터에서 자리 잡아, 전통 보존 차원이나 생활놀이 차원에서 그 명맥을 이어오고 있고, 명절이면 TV를 통해 중계되는 씨름에 비해 그 존재감이 많이 약하다. 그저 명절 때 고향으로 돌아가 명절을 즐기는 어린 시절을 떠올리며 간간히 널뛰기를 하였던 우리 할아버지와 할머니들의 소중한 추억으로 남을 뿐이다.

3. 옛 시와 노래, 그림 속에 담긴 널뛰기

널뛰기가 성행한 조선 중·후반기에는 여러 문인들에 의해 시와 노래, 그리고 그림 속에 적지 않게 담겨 있다. 특히 풍속화는 당시 서민들의 시대상을 고스란히 알려주는 근거가 되기 때문에 이것은 널뛰기가 그 시대 여성들에게 매우 인기가 있었다는 것을 알려준다. 여기서는 널뛰기를 소재로 한 대표적인 문학작품 속에 담긴 이 유희에 대해 간단히 살펴보자.

옛 시를 통해 본 널뛰기

앞에서 이야기한 청나라 사신 서보광은 류쿠국의 판무희를 보고 작답화번사(鵲踏花翻詞)[28]를 지었는데 내용은 다음과 같다.

一版横蹻兩頭起落　　널빤지 양쪽에 서서 솟구쳤다 내려서니
雙雙瞥見飛仙駕　　쌍쌍이 오르내리는 모습 신선이 나누나
翩反如燕身輕借勢低昂　　제비처럼 가볍게 굴러 낮았다 높아지니
春風攊袖爭高下　　소매에 봄바람 가득 안고 묘한 재주 겨루네
一邊乍踏鵲翻枝　　한쪽서 까치가 나뭇가지에 앉듯 사뿐 내려서는가 하면

28) 李圭景,《五洲衍文長箋散稿》板舞辨證說 卷十一 經史篇 論史類 風俗.

一邊已打烏飛柘	한쪽은 벌써 까마귀 뽕나무에서 나는 듯 훌쩍 솟구치니
那羈正月彩虹齊跨	정월에 뻗친 저 채홍 뉘 힘으로 가로막으랴
驚鴻不着鞦韆架	놀란 기러기 그넷줄 그냥 스쳐 나는 듯
掀動六尺經様	또 육척의 가벼운 떼 절로 흔들리듯 하니
縱然平地歸客猶詑	제아무리 신선인들 홀딱 반하여
羨他纖趾會騰空	섬약한 발로 허공에 오르는 재주 부럽게 여기며
凌波可學應無價	능파곡만 배웠으면 무가의 보배 되리

널뛰는 여인들의 아름다운 자태를 연상시키게 하며, "널빤지 양쪽에 서서 솟구쳤다 내려서니"로 시작하는 시구에서부터 전체적으로 류쿠국의 판무희가 우리의 널뛰기와 비슷한 형식의 유희라는 것을 추측할 수 있다.

다음은 최영년이 『해동죽지(海東竹枝)』에서 노래한 널뛰기 풍경이다.

春日聲聲跳復跳	봄날 쿵당쿵당 뛰고 또 뛰며
紅粧少婦不知勞	예쁜 화장 젊은 여인 지칠 줄 모르네
羅裙恰似雙飛翼	비단 치마는 나르는 두 마리 새의 날개런가
一燕低時一燕高[29]	제비 한 마리 내려오면 또 한 마리 올라간다.

봄날 젊은 아낙네들이 연지곤지 예쁘게 차려입고 널뛰기를 하는 장면이 아름답게 묘사되어 있으며, 눈을 감고 있어도 널뛰는 모습이 그대로 가슴으로 전해지는 듯하다.

한편, 널뛰기는 여러 지방의 민요에 자주 묘사되었는데 널뛰는 대상은 주로 부녀자들로 보이며, 민요는 지방에 따라 차이가 있다. 특히 경상북도 안동지방과 함경도 지방의 널뛰기 민요에서 널뛰는 모습이 보다 잘 나타나 있다.

29) 崔永年, 《海東竹枝》 板跳戲; 이병한 역, 《하루 한 수 한시 365일》. (궁리, 2010), 386쪽.

경상지역 널뛰기 민요	함경지역 널뛰기 민요
규중 생장 우리 몸은	허누자 척실루
설 놀음이 널뛰기라.	늬당기 팔랑
널뛰기를 만친 후에	내 치마 랑 텈
떡국놀이 가자세라.	허누자 척실루
(후렴) 널뛰자 널 뛰자.	늬 눈이 휘 휘
새해 맞이 널뛰자.	내 발이 얼 얼

경상지역 널뛰기 민요는 새해를 맞이하여 즐기는 널뛰기를 재미있게 표현하였고, 함경지역 널뛰기 민요에는 두 사람이 널 위에 마주 서서 한쪽이 먼저 철썩하고 널을 굴러 뛰는 모양과 그때 댕기와 치마의 팔랑거림, 그리고 높게 뛰어 눈이 아찔하고 발이 얼얼한 모습 등이 실감나게 표현되어 있다.

또한 '허누자 척실루'는 몸을 솟구칠 때 나는 널 소리를 의성화한 것이다. 그리고 '늬 당기 팔랑'은 몸이 높이 솟았을 때 공중에서 펄쩍 솟는 상대의 댕기를, '내 치마랑 텈'은 펄썩 부풀어 오른 뒤 발을 구를 때 나는 소리를 의미한다. 여기서 '팔랑'과 '랑텈'의 대조음이 인상적이다. 이어 '늬 눈이 휘휘'와 '내 발이 얼 얼'에서 높이 솟았을 때의 아찔한 느낌과 떨어졌을 때의 얼얼한 발바닥 촉감이 손에 잡힐 듯 묘사되었다.30)

풍속화를 통해 본 널뛰기

풍속화(風俗畵)는 특권 지배계층의 삶을 표현한 것이 아니라 평범하게 살아가고 있는 서민들의 삶을 한 폭의 그림으로 표현한 것으로, 당시 서민들의 생활문화를 보다 쉽게 이해할 수 있는 좋은 매체가 될 수 있다. 널뛰기는 조선말의 풍속화가였던 김준근(金俊根)의 『기산풍속도첩』에 담겨 있다.

기산풍속도첩을 보면 널뛰는 두 부녀자를 중심으로 모여 있는 마을 여인들

30) 김광언, 앞의 책, 694-697쪽.

의 즐거움이 전해진다. 배경 묘사가 과감히 생략된 화풍 덕에 우리는 온전히 등장인물에 집중할 수 있는데, 앞서 소개된 노래와 시구절의 묘사처럼 널뛰는 순간의 강한 생동감을 느낄 수 있다. 뛰어오르는 높이도 아찔하리 만치 상당하며 이를 위한 상대방의 발 구름도 힘찼을 것이다. 신체활동에 소극적이고 제한적이었을 당시 여성들에게 널뛰기는 이렇듯 신체운동과 즐거움을 함께 제공하는 일거양득(一擧兩得)의 유희였음을 다시금 확인할 수 있다.

이렇게 널뛰기는 우리의 옛 시와 노래, 그림 속에 잘 담겨 있어 당시 사회상을 잘 알려주고 있다.

4. 널뛰기의 방법

민속놀이 지도 자료[31]에 의하면 널 길이는 약 3m, 너비 약 30cm에, 두께는 5cm쯤이다. 널 받침으로는 널빤지 가운데를 괴는 짚 묶음 또는 흙을 담은 가마니를 사용한다. 널 양끝이 닿는 땅 부위를 파서, 더 높이 뛰게도 한다. 이 때는 널이 움직이는 것을 막기 위해 사람이 가운데에 올라앉는다. 뛰기 전 두 사람이 양 끝에 올라서서 널 자리를 조정할 때, 무거운 사람은 한 쪽을 상대에게 밀어주어 균형을 맞추는데 이를 '밥 준다'고 부른다. 그리고 이때 가운데 사람이 서서 양쪽 사람이 널을 뛸 때 발을 굴러 박차를 가해주기도 하는데 김명자는 이를 '코차기'라고 한다.[32]

널뛰기 방법에는 '높이뛰기'와 '오래 뛰기'가 있다. 높이뛰기는 높이 올라가는 것을 겨루는 것으로, '데사리'와 '중둥 꺾기'가 있다. 그리고 '데사리'는 몸을 솟구쳤다가 그대로 내려오지 않고, 한 바퀴 돌려 떨어져서 쿵 하고 구르는 재주이며, '중둥 꺾이'는 높이 뛰어오른 뒤, 허리를 뒤로 한 번 제쳤다가 내려오는 재간이다.[33] 이 밖에 높이 뛰어올라 발을 앞으로 쭉 폈다가 내려오기, 양옆으로 폈다가

---

31) 오장현·박진주·심우성, 앞의 책, 36쪽; 김동선, 앞의 책, 133-134쪽.

32) 김명자, 앞의 책, 140쪽.

33) 도유호, 앞의 책, 141쪽.

다시 모으면서 내려오기, 뛰어올라 빨랫줄을 잡고 몸을 곧추세웠다가 내려오기도 있다.

널은 흔히 둘이 뛰지만 여럿이 동아리를 지어 번갈아 뛰기도 하며, 뛰다가 옆으로 떨어지면 다음 사람이 올라간다. 그리고 널뛰기는 둘 중 끝까지 남는 쪽이 이긴다.[34] 이렇게 널뛰기는 힘이 많이 들고 몸의 균형을 잡기가 어려우며, 널에서 이탈하는 경우도 잦아 서로 교체해 가며 뛰어야 한다. 이것으로 보면 체력안배가 중요한 것으로 생각된다. 이처럼 널뛰기는 공중에서 다양한 동작을 할 수 있고 동작의 변화가 많이 이루어지는 특성을 보이고 있기 때문에 여러 방법이 생겨나지 않았을까 한다. 그리고 이러한 다양성 때문에 지방마다 널을 뛰는 방법은 어느 정도 차이를 두고 있는 듯하지만, 집안에서만 생활했던 여성들이 널을 뛰면서 높이 올라 그동안 쌓였던 일상의 스트레스를 푼다는 의미는 동일하다고 본다.

5. 널뛰기의 의의

널뛰기는 정초에 주로 여성들이 놀던 놀이로, 몸을 공중에 솟구쳐 다리에 강한 힘을 주고 몸의 균형감각을 길러주는 놀이이다. 대개 여성들의 놀이가 정적인데 비해서 매우 동적인 놀이 형태이다. 특히 겨울철에 몸의 신진대사를 원활하게 해주고, 강인한 신체단련을 하게 해주는 놀이 형태로 널뛰기를 하면 몸맵시와 건강한 육체미를 가져온다고 전해진다. 여성들이 신년을 맞아 널뛰는 모습은 생명력을 약동시키는 상징이며, 정초 풍경이 빚어내는 우리나라 특유의 아름답고 생기 넘치는 유희이다.

널뛰기는 뛰는 특성상 매우 높게 뛰어오르기도 하기 때문에 몸의 중심을 잡기 위해 끈을 연결해 손으로 잡고 뛰거나 널빤지 중앙에 사람이 앉아 널의 중심을 잡기도 하는 등 활발한 신체활동이 요구되기 때문에 남성에 비해 육체적 활동이 부족한 조선사회의 여성들의 신체기능을 향상시키는데 매우 좋은 유희였다. 또 널을 뛰면서 다양한 민요가 삽입되는 흥겨운 집단놀이의 성격을 지니고, 새해

34) 김광언, 앞의 책, 695쪽; 오장현·박진주·심우성, 앞의 책, 36쪽.

에 온 마을 여성들이 한곳에 모여 다 같이 즐겁게 노는 데 안성맞춤이었기 때문에 이웃 간에 친선과 단결을 도모하는데도 큰 의의를 가지고 있다.[35]

6. 나가며

널뛰기는 단순히 조선시대 여성들이 남는 시간에 즐기는 유희가 아니라 당시 유교 사회의 남성 중심사상에서 억압받았던 여성들의 삶 속에서 카타르시스를 주고 해방구 역할을 하였던 유희이다.

남존여비사상이 팽배했던 조선의 양반사회에서 처녀들은 바깥출입이 철저히 금지되었다. 그러나 정초의 널뛰기 때에는 뒷마당이나 이웃집 마당에 가서 널뛰기를 할 수 있었다. 그만큼 널뛰기는 조선의 여성들 사이에 없어서는 안 될 민속유희였다.[36]

우리 선조들과 현재의 할아버지 할머니들은 당시 널을 뛰면서 나비처럼 사뿐히 공중으로 치솟으며 설레는 가슴에 모닥불을 지피기도 했고, 담 너머로 마주친 옆집 총각의 눈동자와 처녀들의 숨결은 더욱 차오르고 가슴은 쿵더쿵쿵더쿵 널뛰기 소리와 같았다. 홍조를 띤 여인들의 얼굴, 두근거리는 가슴도 이제는 모두 널을 뛰어 그러했다고 세월 속에 묻어 살아가고 있다.

이처럼 널뛰기는 공중에서 다양한 동작을 할 수 있고 동작의 변화가 많이 이루어지는 특성을 지니고 있기 때문에 여러 방법이 생겨나지 않았을까 한다. 그리고 이러한 다양성 때문에 지방마다 널을 뛰는 방법은 어느 정도 차이를 두고 있는 듯하지만, 집안에서만 생활했던 여성들이 널을 뛰면서 높이 올라 그동안 쌓였던 일상의 스트레스를 푼다는 의미는 동일하였다고 추정된다.

---

35) 국립민속박물관, 《한국민속예술사전. 민속놀이》. (한국민속박물관, 2015), 101쪽.
36) 과학백과사전종합출판사, 《민속놀이와 명절: 상》. (대산출판사, 2000), 136쪽.

제기차기

1. 들어가며

제기차기는 때와 장소에 구애받지 않고 아이와 어른 할 것 없이 즐겨 온 우리나라 전통놀이이다. 제기는 엽전이나 쇠붙이에 얇고 질긴 종이나 천을 접어서 감싼 후 끝을 여러 갈래로 찢어서 만드는 것으로 이를 발로 차면서 노는 유희를 말한다.[1] 이것은 주로 겨울이나 봄 사이에 어린이와 청소년이 즐겨하였으며, 성인들도 함께 할 수 있는 유희였다.

대부분의 학자들은 제기차기의 어원에 대해서 "순수한 우리말인 '제기'가 조선 문헌에 '축국(蹴鞠)'이라고 쓴 한자에 '적이'라는 우리말 음을 달고 있어서 이것이 '저기'가 되고 다시 '제기'가 된 것"이라고 주장하고 있으며,[2] 그 명칭에 대해서는 조선의 '적이'라는 놀이가 어떠한 형태의 놀이였는가는 알 수 없으나 음이 점차 와전되면서 제기라고 부르게 된 것이라고 설명하였다.[3] 이렇듯 다양한 이름으로 불리던 제기차기에 관해서 김덕선은 "지역적인 특성과 놀이 조건에 따라 '제기놀이', '닭벼슬놀이', '짱고라차기' 등으로 불렀다"고 설명하였다.[4] 또 한국민속

1) 김광언, 《민속놀이》. (대원사, 1989), 89쪽.

2) 오장현 외, 《민속놀이 지도자료》. (삼일각, 1976), 55쪽; 심우성, 《우리나라 민속놀이》. (동문선, 1996), 77쪽; 장주근, 〈한국의 세시풍속과 민속놀이〉, 《대한기독교서회》. (새벗문고, 1974), 157쪽.

3) 김성률, 〈민속놀이 제기차기의 경기화를 위한 고찰〉, 《教育理論과 實踐》. (경남대학교교육문제연구소, 2003), 110쪽.

대백과사전에는 "평안도에서는 테기차기, 체기차기, 전라도에서는 재기차기, 제주도에서는 쪽기차기 등으로 부르기도 한다"고 설명하였다. 제기차기라는 통속적인 명칭이 있지만, 지역적 특성에 따라 서로 다른 명칭을 사용하고 있다는 것을 알 수 있다.

사실 제기차기가 우리나라에 언제부터 어떻게 유래가 되었는지는 정확하게 알 수 없으나, 대부분의 학자들은 비슷한 의견으로 이를 설명하고 있다. 먼저 심우성은 "고대 중국에서 무술을 연마하기 위해 고안된 '축국놀이'에서 비롯되었다는 것"이 일반적인 정설이라고 하였고,[5] 김덕선의 연구에서도 제기차기의 전신은 축국일 것이라고 설명하고 있다.[6] 또한 일본의 무라야마 지준(村山智順, 1891-1968)도 제기차기는 "성인이나 청소년의 놀이"라고 하면서 "축국에서 변모된 놀이라고 생각하고 있으며, 한자로는 격구(擊毬), 축국(蹴鞠) 등으로 표기를 하고 있어 용어의 표기에서도 많은 혼란을 빚을 수 있다"[7]고 하였다. 이처럼 대부분의 학자들이 주장하고 있는 것처럼 제기차기가 축국에서 유래되었다는 의견과 같이 축국과 혼용하여 사용하는 경우가 많은 듯하다. 사실 제기차기에 관한 연구가 다양하게 진행되어 온 것은 아니지만 그동안의 선행연구들을 살펴보면, 먼저 김덕선은 제기차기와 팽이치기에 대한 전통 문화적 내용과 가치에 관해 연구하였고,[8] 김성률은 민속놀이인 제기차기가 점차 도외시되는 것에 대해 이를 경기화로 전승시켜 전통문화를 아끼고 민족문화의 우월성을 알리자고 주장하였다.[9] 또한 성치원도 한국 내 중국 동포사회에서의 제기놀이에 관한 연구를 진행하면서 제기차기만을 심층적으로 연구[10]하였으나 대부분의 연구가 제기차기를 포함하여 포괄적 관점에서 전통유희나 민속놀이를 연구한 논문들이 대다수였다. 따라서 우리 전통놀이

---

4) 김덕선, 〈제기차기와 팽이치기 놀이의 전통문화적 내용가치〉, 《대구교육대논문집》. (대구교육대학교, 1979), 411쪽.

5) 심우성, 앞의 책, 76쪽.

6) 김덕선, 앞의 글, 3쪽.

7) 村山智順, 《朝鮮の郷土娯楽》. 47, (朝鮮總督府調査資料, 1941), 4쪽.

8) 김덕선, 앞의 글, 409-422쪽.

9) 김성률, 앞의 글, 105-119쪽.

10) 성치원, 〈중국동포의 '제기놀이'에 관한 사례연구: 신대방제기협회를 중심으로〉, 《실천민속학연구》. 31, (실천민속학회, 2018).

인 제기차기에 관한 연구가 좀 더 심도 있게 다루어져야 할 필요성이 제기된다.

제기차기는 현대 물질문명과 외래문화에서 파급되어온 운동과는 달리 우리 조상의 얼과 슬기가 담겨 있으며,[11] 오랜 기간에 걸쳐 전승되어 온 전통유희로 현재까지 진행되어 온 연구 외에 민속유희나 풍속에 관련된 그림이나 사료에도 관련된 내용들이 다수 포함되어 있다. 따라서 이러한 자료들을 바탕으로 우리나라에서 전개된 제기차기의 기원과 특징을 검토하고, 축국과 관련된 제기차기의 기록을 통해 어떠한 과정을 거쳐 지금의 양상을 보이고 있는지에 관한 제기차기의 변화와 흐름 등의 과정을 살펴보자.

2. 제기차기의 기원과 유래

현재까지 꾸준히 전승되어 행해지고 있지만, 제기차기의 유래에 대해서 그 답을 찾기란 쉽지는 않다. 그것은 신체문화에 대한 사료가 매우 적기 때문일 것이다. 대부분의 학자들은 제기차기가 축국에서 파생된 것이라고 주장하고 있는데, 그와 관련된 내용을 살펴보면 다음과 같다. 먼저 서영대, 이용범, 허용호는 "제기는 고대의 공차기인 축국(蹴鞠)에서 비롯된 놀이"라고 하였다.[12] 송나라 고승(高承)의 『사물기원(事物紀原)』에서는 "제기가 중국 고대에서 꽤 성행했던 유희형식으로 '포족희구(抛足戱具)' 라고 불렸다"고 하였으며, "일찍이 한나라에서 출현하여 육조와 당송 시기에 이르러 민간에서 성행하였고, 축국과 유사(遺事)"라고 설명하고 있으며,[13] 쇼진용(肖进勇) 외 4인은 "『사기(史記)』와 『전국책(戰國策)』에도 춘추전국시기에 제(齊)나라 도성인 임치(臨淄)에서 축국이 발전하여 민간의 성숙한 유희 종목이 되었다"고 하였으며, 전국시기의 제(齐)나라, 초(楚)나라에서는 사람들이 동물의 포(胞)나 털을 모아서 만든 '모환(毛丸)' 등의 부드러운 기구를 발로 차고 놀면서 시작된 축국이 시민들의 오락 활동이 된 것"이라고 하였다. 또 "처음에

---

11) 최철영, 〈민속놀이가 초등학교 학습자의 기초체력 향상에 미치는 효과〉, 미간행 석사학위논문. (한국교원대학교대학원, 1999), 4쪽.

12) 서영대, 이용범, 허용호, 《인천의 전통놀이》. (인천문화재단, 2011), 81쪽.

13) 劉元, 《一本書讀懂中國文化智識》. (海鴿出版社, 2017), 340쪽.

는 발을 주로 사용하면서 신체 여러 부위를 이용하여 지면과 공중에서 즐겼던 놀이 형식이었으나, 이후에 땅에 닿지 않게 하는 새로운 형식의 축국이 생겨났다"고 설명하였다.[14] 이처럼 제기차기는 이미 고대로부터 성행하였고, 축국과 유사하다는 점에서 축국에서 유래된 것이라 추정할 수 있다.

축국은 도구를 제작하는 기술이 점점 발전하여 부드러운 형태의 공(鞠)과 딱딱한 형태의 공으로 제작되었고, 부드럽고 딱딱한 두 종류의 공을 활용하여 지면과 공중에서 모두 가능한 축국을 만들어내어 다양한 방법의 축국놀이로 발전시켰다.[15] 이처럼 축국의 놀이 방법이 다양해지면서 공보다 더 가벼운 놀이기구인 제기가 생겨나면서 자연스럽게 축국 형태가 제기차기로 재생산되어 나가는 과정을 겪게 된 것이라 보인다.

하지만 또 다른 관점에서 축국과 제기차기는 서로 다른 것이라고 설명하고 있는데, 먼저 나현성의 연구에서 "축국이라는 단어가 발로 차는 축국과 제기차기를 혼용하여 사용되고 있지만, 축국은 제기차기와 다르게 발로 공을 차는 놀이의 형태"라고 하면서 "축국과 제기차기는 발로 찬다는 점 이외에는 다른 종류의 구희(球戱)로 보아야 한다"고 주장하였다.[16] 또 『한국민속대관』에서는 "일부 사람들이 축국과 제기차기를 발로 차고 노는 놀이의 유사성만으로 축국을 제기놀이라고 보기는 어렵다"고 하였으며, 제기차기는 "농촌의 어린이들이 질경이풀이나 우산풀을 차고 노는 순수한 놀이인 '풀제기차기'에서 비롯된 듯하다"[17]라고 설명하였다. 이것은 주위에서 흔히 볼 수 있는 뿌리가 많고 잎이 달린 풀을 뽑아 놀이감으로 이용한 '풀제기'에서 발전한 형태가 제기차기라고 보고 있다. 심우성도 '발로 찬다'는 공통성만으로 제기차기가 축국에서 유래되었다는 것은 적당하지 못하다고 주장하면서 "농경사회인 우리나라에서는 밭이나 논에 놀러 나온 아이들이 잔

---

14) 肖进勇, 李静山, 余吉成, 李畔, 杨立, 〈论蹴球项目的源流与发展〉, 《成都体育学院学报》. 34(3), (中文核心期刊, 2008), 25－27쪽.

15) 杨涛, 主编, 《体育非物质文化遗产研究》. (青岛出版社, 2012), 234－236쪽.

16) 나현성, 〈韓國蹴鞠·擊毬攷〉, 《민족문화연구》. 3, (고려대학교민족문화연구원, 1969), 141－179쪽.

17) 고려대학교 민속문화연구원, 《한국민속대관: 세시풍속(歲時風俗), 전승(傳承)놀이》. 제4권, (고려대학교민족문화연구소, 1980).

뿌리가 많고 잎이 약간 달린 풀을 놀잇감으로 이용하였을 것이고, 잎사귀 때문에 공중에 머무는 시간이 생기고 그러다 보니 여러 번 찰 수 있게 되었다. 이와 같은 원리로 풀에 납작한 돌을 매거나 뿌리를 물로 묻힌 후 굳혀 차다가 점차 엽전에 종이를 꿰어 오늘날과 같은 제기 모습을 띠게 된 것"[18]이라고 설명하고 있다. 박귀순의 연구에서도 "1365년(乙巳14) 신묘일(辛卯日)에 공민왕은 불복장에서 활을 쏘고 난 후에 아이들의 척초희(擲草戲) 즉, 풀을 던지는 놀이를 관람했다"고 하며, "공민왕이 풀을 던지는 놀이를 관람한 것에 대해서 다양한 해석이 있을 수도 있으나, 축국을 연구하는 학자들은 풀을 공처럼 뭉치로 만들어서 던진 것을 축국의 형태로 보고 있다"[19]고 설명하고 있으며, 이와 관련된 내용이 『고려사(高麗史)』의 기록에도 나타나 있다.[20]

사실 축국과 관련된 문헌들을 살펴보면, 왕운정(汪雲程)의 『축국도보(蹴鞠圖譜)』에 의한 축국도와 『무예도보통지(武藝圖譜通志)』 권4 「격구조(擊球條)」에 "옛날은 털을 묶어서 만들었고 오늘날은 가죽 태(胎)로써 만드는데, 그 속에 바람을 넣어 이를 찬다"고 축국에 대해 설명하고 있으며,[21] 이규보(李奎報)가 지은 『동국이상국집(東國李相國集)』 후집(後集) 권6 「고율시(古律詩)」에는 "공에 바람을 넣어 사람들이 모여 차다가 바람이 빠져 사람들이 또 헤어지니 쭈그러진 빈 주머니가 남았다"[22]고 기록되어 있는 것으로 보아 오늘날 축구의 형태와 비슷한 것을 알 수 있다. 반면에 제기차기는 기다란 풀을 여러 개 겹쳐서 밑 부분을 묶어서 만든 것도 있고, 구멍 뚫린 엽전에 얇고 질긴 한지나 천을 이용하여 구멍으로 빼내어 만든 것도 있다. 또는 둥근 가죽 조각을 엽전 밑에 받치고 구멍을 꿰고 다른 오라기를 가죽 밑으로 넣어 묶고 닭이나 꿩 깃을 꽂아 만들어 이를 공중으로 높이차서 떨어뜨리지 않는 방식으로 오늘날 제기차기의 형태와 비슷하다.[23] 이러한 견해로

18) 심우성, 앞의 책, 295쪽.

19) 박귀순a, 〈한국의 축국에 관한 연구〉, 《체육사학회지》, 제20권 제4호, (한국체육사학회, 2015), 6쪽.

20) 辛卯王射于佛福藏觀群童擲草戲 (《高麗史》).

21) 劉元, 앞의 책, 340쪽; 한교(韓嶠), 〈격구조(擊球條)〉, 《무예도보통지(武藝圖譜通志)》. 4.

22) 이규보(李奎報), 〈고율시(古律詩)〉, 《동국이상국집(東國李相國集)》. 후집(後集) 6.

23) 김성률, 앞의 글, 110쪽.

볼 때, 축국과 제기차기는 놀이의 특성과 방법이 구분이 되어 있어 제기차기가 우리 조상들 사이에서 자연스럽게 만들어져 전통놀이로서 오랜 시간 전승되고 있는 것이라 추정할 수 있다.

3. 축국과 관련된 제기차기에 관한 기록

우리나라 제기차기는 중국으로부터 전승이 되었다고 전해지는데, 이것은 고대 중국 축국(蹴鞠)의 발달과정에서 발생한 것이라 보고 있기 때문에 제기차기의 근원을 찾기 위해서는 축국에 대한 내용을 언급하지 않을 수가 없다. 중국에서 가장 오래된 축국에 대한 기록은 서한시대 유향(劉向)의 『별록(別錄)』과 사마천의 『사기(史記)』에서 찾아볼 수 있다. 먼저 유향은 축국은 황제가 만든 것으로 전해져오고 있으며, 전국시대부터 군대의 세력(兵勢)이 되었다고 하였으며, 사마천은 제(齊)나라 사람 대부분 축국을 했다고 기록하고 있는데 이것을 통해 축국이 유희적 요소의 놀이였던 것을 추정할 수 있다.[24]

우리나라 공놀이 문화에 큰 영향을 끼친 나라는 당나라로 『섬서통지(陝書通志)』에서는 축국이 당나라 때에 시작되었다고 기록되어 있다.[25] 당시 당나라의 축국은 두 가지 형태로 나뉘어 있었다. 첫 번째는 군사훈련의 일환으로 양쪽에 구문(球門)을 설치하여 공을 차서 구문에 많이 넣는 편이 승리하는 축국으로 지금의 축구와 비슷한 형태를 보이고 있다. 두 번째는 구문이 없이 마당에서 공을 떨어뜨리지 않고 서로 번갈아 가며 높이차는 유희적 성격으로 제기차기와 비슷한 형태를 보인다.[26] 제기차기와 비슷한 형태로 나타난 축국은 본래 군사훈련의 목적으로 발생된 축국과는 달리 왕실이나 귀족, 나아가 문인들까지 즐기는 유희문화로 발전하게 된 것이다. 이것이 일본으로도 전파되어 궁중과 관료들의 게마리(蹴鞠)

---

24) 박귀순b. 〈韓國足球文化的變化過程之探討〉, 《蹴鞠與齊文化: 第22屆國際歷史科學大會淄博衛星會議文集》. (中國齊文化博物院, 2019). 67쪽.

25) 박귀순a, 앞의 글, 9－10쪽.

26) 曽麗卿外訳, 邵文良編著, 《中国古代のスポーツ: 中国古代体育文物図集》. (ベースボール.マガジン社, 1985), 10쪽.

로 정착하였다.

우리나라 문헌 중 축국과 관련하여 가장 오래된 기록은 중국보다 조금 늦은 『삼국사기』에서 찾아볼 수 있는데, 이는 "유신이 춘추공(태종)과 축국을 하다가 춘추의 옷끈을 밟아 떨어뜨렸다"[27]라는 기록되어 있으나, 축국을 하다가 김춘추의 옷깃이 떨어졌다는 것으로 보아 당시의 축국이 제자리에 서서 하는 제기차기와는 달리 공을 차고 뺏고 하는 오늘날의 축구에 가까운 형태였을 것이라 추정한다. 또 축국은 고구려와 백제에서도 성행하였다고 전해지고 있는데, 이에 대한 기록을 간단히 살펴보면, 먼저 『구당서(舊唐書)』「동이전(東夷傳)」과 『후한서』「고구려전」에 "고구려 사람들이 축국에 능하다(人能蹴鞠)라고 한 것을 통해 평소 축국을 즐겼던 것으로 보인다."[28] 특히 『동국세시기』에는 "연소한 장정이 축국으로 놀이를 하는데 그 축국은 큰 탄환과 같은데 위에는 꿩의 깃을 꽂았고, 두 사람이 서로 서서 다리를 번갈아 가면서 연속해 차서 떨어지지 않는 것을 원칙으로 하며 겨울에 시작되어 정월에 이르기까지 더욱 성행되었다"[29]는 기록이 전해진다. 삼국시대를 지나 고려사회에서도 역시 축국이 전승되었으며, 이규보(李奎報)가 지은 『동국이상국집(東國李相國集)』의 시의 한 구절[30]에도 축국이 거행되었던 사실이 기록되어 있다. 그러나 고려인이 즐긴 축국은 어떠한 방식이었는지 그 기록을 아직 찾을 수 없지만, 돼지의 방광 또는 태(胎) 등에 바람을 넣어 공을 높이 차는 축국으로, 일본의 게마리 방식에 가까운 형태의 공놀이를 즐긴 것으로 추정된다.

조선시대의 축국은 중국의 영향을 받아 전승되었는데, 유향(劉向)의 『별록(別錄)』과 조선의 『무예도보통지』를 보면 축국의 기원은 중국 황제가 만든 병세(兵勢)의 기본 또는 전국시대부터 군사훈련과 이를 통해서 재원을 알아내기 위함이

27) 《三國史記》 卷第六 新羅本紀 第六: 국사편찬위원회한국사데이터베이스, 《문무왕이 왕위에 오르다》. (文武王, 600년).

28) 박귀순, 앞의 글, 5-6쪽.

29) 나현성, 《한국체육사》, (서울: 문화사, 1969), 40쪽.

30) 공기가 가득 차서 공이 되었을 땐(氣滿成毬體)
사람에게 한 번 채여 하늘 높이 올랐는데(因人一蹴冲)
공기가 빠지자 사람 역시 내버리니(氣收人亦散)
쭈그러져 하나의 빈 주머니가 되었구려(縮作一囊空)

었다.[31] 이 시기에는 축국이 세시풍속이나 행사에서도 행해졌으며, 조선시대 기록에 등장하는 축국은 요즘의 제기차기와 비슷하면서도 조금은 달랐다. 공에 깃털을 단 축국을 축치구(蹴雉毬)라고 했고, 축국은 척구(踢毬), 답국(蹋鞠) 등 다양한 이름으로 불렸기 때문에 제기차기와 비슷한 방법으로 즐기는 놀이가 있었을 것으로 판단된다.

제기차기 형태의 축국은 군사 훈련의 목적과는 달리 왕실이나 귀족은 물론 문인들의 유희로 발달[32]하면서 새로운 변화를 가져온다. 축국을 즐기기 위해 공을 만드는 과정이 상당히 번거로운 일일 수밖에 없기 때문이다. 원래 귀족들을 중심으로 행해졌던 유희가 어느 시기에 민간유희로 대중화되면서 부담 없이 보다 값싸고, 보다 간편하고, 보다 쉽게 구할 수 있고, 보다 쉽게 즐길 수 있도록 공을 대체할 기구가 필요해졌으며, 그러한 서민들 욕구에 부합되었던 것이 바로 엽전 제기가 아닐까. 공을 사용하는 귀족 중심의 제기차기 형태의 축국이 결국에 일반 대중화의 길을 걸으면서 엽전으로 만든 제기차기라는 새로운 형태의 놀이가 서민들의 생활 속에서 싹트게 된 것이라 보여진다. 조선 사회까지 축국은 공놀이와 관련된 모든 놀이를 포괄한 용어로 사용되어 왔으며, 연행 방법에 따라 축국의 종류도 다양해졌고, 그 특징도 각양각색으로 변용되었다. 한반도에서 나타난 다양한 축국의 형태 중에 서민들이 보다 쉽게 참여할 수 있는 놀이로 재생산된 형태가 오늘날 어린이들의 놀이로 고착화된 제기차기로 나타나게 된 것으로 추정할 수 있다.

4. 전통유희로서 제기차기의 형태

한반도의 축국은 놀이 형식에 따라 양 끝에 구멍을 파놓고 공을 넣거나 마당 양쪽에 설치된 공문에 공을 넣는 형태와 옛 기록에 보이는 것처럼 공을 땅에 떨어뜨리지 않고, 서로 차주고 받거나 오래 차는 오늘날 제기차기(踢毽子)와 같은

31) 박귀순, 앞의 글, 9－10쪽.
32) 劉元, 앞의 책, 340쪽.

형태로 변용되었다.[33] 특히 고려 말기의 시대적인 배경에서 생각해 보면, 외부로는 북방 민족의 지속적인 침입으로 전시상황이 형성되었고, 내부에서는 왕권이 약화되고 무신정권이 지속되면서 혼란한 시기였다. 이러한 상황에서 화려한 유희 중심의 축국보다는 외세의 침략에 대비한 유희가 성행하였을 것이다. 그렇기에 북방 민족의 침략으로 이방인들의 놀이문화가 전래되었을 가능성을 추측할 수 있는데, 안상복은 "척건자(踢毽子)라는 아동들이 즐겨하는 제기형식으로 공을 쉽게 구하거나 만들 수 없던 상황에서 아이들이 간단히 만들어 사용할 수 있도록 무거운 물체에 종이나 털을 엮어 만든 아동용 제기로써 원래는 북방지역에서 유행하던 놀이가 전래된 것은 아닐까"라고 주장하였다.[34] 이러한 주장을 받아들인다면 우리의 제기차기가 고려 때에 북방 민족이 침입한 과정에서 전래되었을 가능성도 고려해 볼 수 있다.

제기차기는 조선시대 이전과 이후로 나뉘어 서로 다른 형태를 찾아볼 수 있는데, 이에 관한 내용은『무예도보통지』에 기록되어 있다. 1392년 이성계가 조선을 개국하면서 조선은 정치, 경제, 사회, 문화적으로 획기적인 변화를 단행하게 되어 유희 역시 그 변화의 바람에 마주하게 되면서 축국도 일대 변화를 맞게 된다. 성리학 이념의 확산으로 인해 유희가 잡희(雜戲)로 인식되면서 축국은 아이들의 유희로 변모하여 대중화의 길을 걷게 된다. 그런데 축국에 사용되는 공을 구하기가 어렵게 되자 새로운 놀이기구인 엽전제기가 출현하게 되면서 처음으로 제기라는 표현이 나타나게 된다. 중종 22년(1527) 최세진(崔世珍)이 편찬한『훈몽자회(訓蒙字會)』에서는 제기차기가 이미 우리나라에서 성행하고 있었지만, 제기차기에 대한 별다른 이름이 없는 상황에서 축국이란 한자어를 차용하여 설명한 것으로도 볼 수 있다고 하였다.[35] 1849년경에 홍석모(洪錫謨)가 저술한 세시풍속지인『동국세시기(東國歲時記)』에서도 비슷한 형태의 유희가 발견되었는데 "젊은 장정들이

33) 네이버 지식백과. 축국(2019.06.01. 검색).

34) 안상복,《중국의 전통잡기》. (서울대학교출판부, 2006), 218쪽.

35) 최세진(崔世珍),《훈몽자회(訓蒙字會)》. (1527). 조선전기 학자 최세진이 어린이들의 한자 학습을 위하여 1527년에 간행한 교재이다.

축국을 하는데 큰 탄환과 같은 크기의 공 상단에 꿩 깃을 꽂았다. 두 사람이 서로 발로 받아 차는데, 땅에 떨어뜨리지 않는 것이 잘 차는 기술이다"[36]고 기술하며 제기차기 형태로 설명하고 있다. 조선 후기에 이만영이 집필한 『재물보(才物譜)』에서는 "축국을 '제기'라 하였고, 1-9인장 축국놀이가 제기차기로 변한 것"이라 하였다.[37] 또 장혼(1759-1823)의 『아희원람(兒戲原覽)』에는 "축국을 제기로 소개하면서 아이들의 놀이로 발달하기 시작하면서 공을 구하기가 어렵게 되자 새로운 놀이기구인 엽전제기가 출현하였고, 재상을 지낸 이항복이 어린 시절에 씨름과 축국을 좋아했다"[38]는 기록도 전해진다.

특히 제기차기는 조선시대에 아동들의 놀이로 크게 유행하였는데, 이것은 실제 조선의 재상을 지낸 이항복이 어린 시절에 씨름과 축국을 좋아했다는 기록으로 이를 증명하고 있다.[39] 이처럼 제기차기가 아동들이 즐겨하는 유희로 발전한 사실을 기록을 통해 찾아볼 수 있다.

지금까지 기술한 바와 같이 제기차기의 형태에 관한 자료가 현재까지 많이 부족한 실정으로 제기차기와 관련된 기원이나 전승, 이웃 나라인 중국, 또는 일본과의 연관성에 대해서 추론하는 것은 쉽지 않다. 그나마 현재까지 연구되거나 발견된 자료를 통해서 알아본 전통유희로써의 제기차기의 형태는 시대적 변천 과정과 생활환경, 대상이나 조건에 맞추어 중국 대륙에서 거행되던 다양한 축국 형태의 하나가 제기차기로 변모, 변용된 것으로 보는 것이 타당할 것이다.

---

36) 박귀순, 앞의 글, 10쪽.

37) 이만영(李晩永), 《재물보(才物譜)》. (1798, 정조 22, 1980, 영인). 조선후기 학자 이만영이 1798년에 저술한 유서(類書)이다.

38) 장혼(張混), 《아희원람(兒戲原覽)》. (1803, 순조3). 조선후기 문인 장혼이 초학 아동들의 학습을 위하여 1803년에 간행한 교재이다.

39) 출처: 심승구, 〈제기차기〉, 《한국세시풍속사전》: http://folkency.nfm.go.kr/kr/topic/detail/4833(2019.06.01. 검색).

5. 나가며

우리나라의 제기차기는 전통유희로 면면히 이어져 왔지만, 근대 서구문물이 전파되면서 점차 도외시되었다. 현재까지 전통유희로서 제기차기만을 다룬 연구나 축국의 전파와 보급 과정을 포함한 연구들이 몇몇 발표되었을 뿐이다. 자료의 희소성으로 인해 어린이들의 놀이로 정착한 제기차기 연구에 어려움이 많은 것도 사실이다.

지금까지의 기술에 관한 결론을 대신하여 제기차기는 축국과 비슷한 형태로 이미 고대로부터 성행하였고, 축국에서 유래된 것이라는 추정이 가능하다. 축국과 제기차기는 놀이의 특성과 방법이 유사한 부분도 존재하지만, 넓은 장소를 요구하지 않는다는 점에서 축국과 구분될 수 있다. 이러한 특성을 포함해 제기차기가 우리 조상들 사이에서 자연스럽게 재생산되어 오랫동안 전승되어 왔다는 점도 파악되었다. 교류사적 측면에서 우리의 제기차기 놀이는 중국으로부터 전승되었다고 전해지는데, 이것은 고대 중국의 축국(蹴鞠)이 전파되는 과정에서 발생된 것이라 보기 때문에 제기차기의 근원을 찾기 위해서는 축국에 관한 내용을 참고할 필요가 있다. 사실 우리가 통용하여 사용하고 있는 축국이란 단어는 공놀이와 관련된 모든 개념을 포괄한 용어로 사용되어 왔고, 축국의 종류 역시 다양하게 존재하였는데, 그중에 한반도에 전파된 축국의 형태 중 하나가 서민들 유희로 발달하여 오늘날의 제기차기로 나타나게 된 것은 아닐까 추정해 본다.

이러한 발전 과정을 거친 제기차기는 현재는 어린이날 행사나 체육대회, 문화행사, 전통축제, 국제교류를 통한 민속문화 체험 등의 지자체나 관공서를 중심으로 보급에 박차를 가하고 있다. 그리고 놀이의 특성상 타 국가의 전통문화와도 쉽게 교류가 가능한 유희로 평가된다. 더불어서 제기차기는 건전한 사회성과 체력을 함양하는 데도 긍정적 도움을 줄 수 있으므로 우리 민족의 역사와 문화의 발전을 위해 계속해 보급하고 발전시켜 계승해가야 할 놀이 중의 하나로 생각된다.

오랜 시간 동안 전승되어온 전통유희가 대부분 그러하듯이 제기차기 역시 언제부터 누군가에 의해서 어떻게 유래가 되었는지에 대해서 정확히 알 수가 없다는 현실적 벽을 마주하였지만, 제기차기가 축국에서 유래되었다는 것과 제기차기를 축국과 혼용하여 불러왔다는 사실도 어느 정도 파악되었다. 현 시점에서 축구에서 변용된 과정과 제기차기로 재생산된 사회적 의미와 보급 대상, 이웃 나라와의 교류사적 흐름 등에 관해 후학들의 관심과 심층적인 연구가 필요할 것이다.

강강술래

1. 들어가며

강강술래는 1월과 8월 보름달이 뜨는 밤에 사람들이 모여 달처럼 둥근 원을 만들어 뛰어놀며 풍작과 풍년을 기원하는 세시풍속 의례 중 하나인데, 이것은 우리나라 대표적인 종합민속예술로서 노래(소리), 춤, 유희로 어우러진 오래된 전통유희라 할 수 있다.[1] 사실 강강술래가 언제부터 누군가에 의해서 시작되었는지 구체적으로 알려진 바는 없지만, 고대인들이 누리고 즐겼던 유희문화의 최고형태일 것이라고 설명하고 있다.[2] 이러한 강강술래는 집단민속유희로 서민들에 의해 마을을 중심으로 전승되어 세시풍속이나 통과의례 등 행위전승과 연결되어 있으며,[3] 오랜 농경사회의 기반으로 인해 한국의 유희는 단체적 성향을 띄고 있는 것들을 다수 찾아볼 수 있는데, 강강술래 역시 집단적으로 참여하여 즐기는 대동놀이의 모습이 나타난다.[4] 특히 강강술래는 휴의의 성향이 강하고 춤과 소리가 함

1) 곤노게이꼬, 〈강강술래의 연구: 일본 전통가무와의 비교를 중심으로〉, 미간행 석사학위논문. (전남대학교대학원, 2001), 1쪽.

2) 이윤선a, 〈강강술래의 역사와 놀이 구성에 관한 고찰〉, 《韓國民俗學》. 40, (한국민속학회, 2004), 371쪽.

3) 표인주, 《한국인의 생활양식과 문화예술》. (민속원, 2004), 68－84쪽; 문만기 김태용, 〈한국 전통 민속놀이 놀이구조 연구: 로제카이오와 놀이이론을 중심으로〉, 《영상예술연구》. 11, (영상예술학회, 2007), 143쪽.

4) 김지원, 〈놀이와 유희적 관점에서의 강강술래 연구〉, 《韓國民俗學》. 65, (한국민속학회, 2017), 80쪽.

께 어우러진 소리춤으로 원무라는 것이 존재하고 춤의 형태도 다양하게 나타나 우리나라 대표적인 집단무용으로 인식되기도 한다.[5] 요한 호이징아(Johan Huizinga, 1872-1945)의 글에서는 "춤은 놀이하기에 구체적이면서도 완벽한 형태"[6]라고 설명하고 있는데, 강강술래에서 춤을 추는 것 역시 유희를 바탕으로 하는 신체활동 중 하나의 결과라고 말할 수 있다.

강강술래는 인류무형문화유산으로 등재되어 있는데,[7] 1966년 우리나라에서 무형문화재로 지정할 당시에는 원무(圓舞)를 기본으로 하였으나, 1975년, 1976년에 한국민속예술축제에 참가하면서부터 변화하기 시작해 현재까지 전승되고 있다.[8]

강강술래가 언제부터 어떠한 뜻으로 불려왔는지에 대한 명확한 근거는 없으며, 지역에 따라 부르는 명칭이 조금씩 다르다. 문화재관리국의 자료에 의하면, "고창지방에서는 '감감술래', 임자도에서는 '광광술래', 진도, 무안, 함평, 해남, 강진지방에서는 '강강술래', 동남해 근방인 거문도, 초도, 나로도, 고흥지방에서는 '광광광수월래' 또는 '요광광광수월래'라는 명칭"을[9] 사용하고 있으며, 그 외에 강강수월래, 술래, 수월래, 술래소리, 술래놀이라는 명칭을 사용하기도 한다.

강강술래의 어원과 뜻을 살펴보면, 우리나라 사람에 의한 가장 오래된 기록으로는 1896년 무정(務停) 정만조(鄭萬朝)가 진도로 유배되어 12년간 머물며 남긴 글 중에 강강술래라는 명칭의 사용과 뜻풀이를 해놓았는데, 이것은 힘내어 빨리 오라는 뜻으로 사내들을 부르는 뜻이라고 표현하였다.[10] 또한 강강의 강은 주위, 원(圓)이란 뜻의 전라도 방언으로 술래는 수레(輪)를 의미하며, 국한자의 혼합기원

5) 전미령, 〈호남 춤의 맥과 뿌리르 찾아서:강강술래의 미적 접근에 관한 연구〉, 《한국문화학회 학술발표회》, (한국문화학회, 1999), 19쪽.

6) 요한 하위징아, 이종인 역, 《호모루덴스-놀이하는 인간》. (연암서가, 2010).

7) 국가무형문화재(1966년 2월 15일 지정) 제8호이며, 2009년 9월 30일에는 유네스코 인류구전 및 무형유산 걸작으로 선정되었다.

8) 김준, 박종오, 〈강강술래의 전승실태와 놀이의 지속적인 활용방안〉, 《리전인포》, (277), (광주전남연구원, 2012), 13쪽.

9) 문화재관리국, 《한국민속종합조사보고서-전남편》. (문화재관리국, 1969), 670쪽.

10) 是夜家家女子帶月路歌 一女子唱之衆女子曼聲應之曰 强强順來: 이날 밤 여러 집안 여자들이 달빛을 바라보며 땅을 밟고 노래 할 때 한 여자가 선창하면 여러 여자들은 느린 소리로 강강술래를 맞는다(정만조, 《은파유필》. 추석잡절).

설로 강강의 후음이라든지 술래는 순유(巡遊), 순라(巡邏)에서 온 말로 경계하라는 뜻이라고도 전해진다고 하였고,[11] 호남지방의 방언인 둥글다의 강과 회전한다는 륜(輪)의 뜻인 돌자가 합하여 강강술래를 "둥글게 둥글게 돌자"라 해석한 내용도 찾을 수 있었다.[12] 강강술래는 원형의 형적을 지닌 여음이라 하였으며,[13] 악기의 소리(의성)와 뜻 말이 합해서 이루어진 여음에서 얻어진 명칭으로 보았고,[14] 그 외에도 강강술래는 행운과 구애의 간절한 소망의 의의를 가지고 있는 강원사(强願詞)라 규정하기도 하였다.[15] 마지막으로 무라야마지준(村山智順)의 연구에서는 "강한 오랑캐가 물을 건너온다."라는 뜻의 "强羌水越來. 江江水越來, 羌羌水越來. 强羌水越來遊"라 표기하기도 하였으나,[16] 이는 모두 일본학자들에 의한 조사보고서의 내용이므로 얼마나 정확한 내용을 담고 있는지는 의문이 남는다.

우리나라에서는 강강술래와 관련된 연구들이 다양하게 진행되어 왔는데, 주로 그 명칭과 어원 그리고 놀이의 유래, 유희의 종류와 구성 등의 방법 연구, 부수된 여러 유형놀이를 체계적으로 언급한 연구, 강강술래의 놀이방법을 중심으로 각 지역의 유사한 놀이방식을 상세히 기술 한 연구, 강강술래를 무용학적으로 접근한 연구, 강강술래와 유사한 놀이와의 비교연구 또는 전승실태나 현황 등에 대한 연구들에서 이를 개괄적으로 논의하거나 보고하는 방향에 대한 연구가 진행되어왔으며, 민속학을 포함하여 무용, 체육, 교육 등의 다양한 분야에서 다양한 관점으로 이에 대한 연구가 꾸준히 진행되고 있다. 따라서 현재까지 진행되고 있는 연구를 포함하여 우리나라 전통유희나 무용 혹은 풍속에 관련된 그림이나 사료에서 찾을 수 있는 자료들을 바탕으로 현재까지 전개된 강강술래의 기원과 강강술래에 나타나는 다양한 형태와 의미를 찾아보고, 전통유희로써 강강술래가 전승되고 있는 양상을 개괄적으로 살펴보자.

---

11) 최상수, 《한국 민속놀이의 연구》. (서울: 성문각, 1985), 216쪽.
12) 김정업, 〈강강술래 어의〉. (조대학보, 1970), 114쪽.
13) 이병기, 《국문학 개론》. (일지사, 1965), 11쪽.
14) 정익섭, 〈전남지방의 강강술래攷〉, 《한국시가 문학논고》. (전남대출판부, 1989), 752쪽.
15) 최덕원, 《남도민속고》, (서울: 삼성출판사, 1990), 232쪽.
16) 村山智順, 《朝鮮の鄕土娯楽》. (朝鮮總督府, 1941), 173－223쪽.

2. 강강술래의 기원과 전개 양상

강강술래는 오랜 기간을 거쳐 현재까지 전승되어온 우리나라의 전통유희지만, 그 발생에 대해서는 문헌상으로 정확한 기록이 발견되지 않아 그 기원에 대한 고증은 사람의 입과 입을 통해서 전해져 내려온 것이라 볼 수 있다.[17] 이처럼 강강술래의 발생에 대한 기원설은 구전을 통해 전해 내려온 만큼 역사적 배경을 가지고 서로 고리처럼 연결되어 있으며 원시공동체 기원설, 임진왜란 기원설, 지방 방언설, 마한시대의 유희와 노래로 보는 설, 고대 수확감사제의 형태로 보는 설, 그리고 원시 인류 이래의 자연발생적인 놀이로 보는 설, 수확의례의 놀이로 보는 설, 그리고 고대 사회의 남녀 결합 굿판으로 보는 설[18] 등 다양한 학설이 존재하고 있다.

강강술래는 그 기원에 대한 기준과 견해 역시 다양하고 복합적인 형태로 나타나고 있는데, 대부분의 학자들은 농경시대의 풍요를 기원하는 의례로써 고대에 추수감사의 제의로 시작되었다는 고대 제의설과 강강술래가 의병술로 창안되었다는 임진왜란설로 구분하여 주장하고 있다. 먼저 고대제의형태기원설에 대해 임동권은 "고대 농경시대의 과종과 수확 때의 공동축제에 노래 부르며 춤을 추던 놀이 형태가 계속 이어져 내려오면서 민족유희에서 비롯된 것"이라고 하였으며,[19] 이진희의 연구에서 역시 "강강술래 유래에 관한 여러 학설로 보아 농경적 제례의식과 관련하여 가무가 뒤따랐고, 강강술래 춤이 주로 달 밝은 한가위와 정월대보름에 세시풍속의 하나로 추어졌음을 알 수 있다"고 설명하고 있다.[20] 또한 좌혜경의 연구에서는 "원시 농경사회에서는 달을 중심으로 한 농사 풍요기원 의례가 많았는데, 강강술래는 원시무용의 성격을 지닌 농경문화의 잔재로 풍요기원

17) 임명주, 〈강강술래의 미학적 가치에 관한 연구〉, 《대한무용학회논문집》. 19, (大韓舞踊學會, 1996), 85쪽.

18) 앞의 글, 3-23쪽; 이진희, 〈강강술래놀이의 여성 여가문화적 고찰〉, 《한국여가레크리에이션학회지》. 19(1), (한국여가레크리에이션학회, 2000), 184쪽.

19) 임동권, 《한국민속학논고》. (선명문화사, 1971), 266-267쪽.

20) 이진희, 앞의 글, 184쪽.

의 한 의례면서 연희형태로 볼 수 있다"고 하였으며,[21] 조두나가 인용한 연구에서도 강강술래는 농촌의 일상을 바탕으로 유희로써 농경문화를 표현하고 있어 제의적 기능이 있었을 것이라 하였다. 강강술래는 보름달이 뜬 밤에 행해진 것으로 달 아래 풍요를 기원하는 의미가 담겨 있는 의례적 행위였음을 짐작할 수 있다.[22] 우리나라에서는 예부터 농경사회의 제례의식에 가무가 뒤따랐으며, 이러한 농경제례의식이 생산과 풍요를 의미하는 일종의 주술행위로서 발생된 것이라 추측할 수 있다.

다음 임진왜란기원설에 대한 학자들의 의견은 다음과 같다. 먼저 임동권과 심우성 그리고 최상수는 "임진왜란 때 이충무공이 강강술래를 의병술로 이용하여 왜적을 물리친 후 더욱 세상에 널리 알려져 당시의 격전지였던 전라남도 남해안 일대에서 더욱 성행한 것"이라고 주장하였는데, "강강술래는 원래 해안지역 부녀자들의 대표적인 가무로 임진왜란 때 이 원시사회 여성들의 축제인 가무가 의병술[23]로 채택되었다"고 설명하고 있다.[24] 임진왜란 의병술에 대한 또 다른 의견으로는 명량해전에서 수중장애물인 쇠줄 '막게'를 활용하는 과정이 강강술래에서 형태에서 시작되었다는 주장이다.[25] 이는 "임진왜란 당시 조선 수군은 명량해전에서 전선 12척을 거느리고 133척의 일본 수군 중 31척을 침몰시키면서 대승을 거두게 되는데, 이 과정에서 이순신장군은 울돌목 입구에 수중장애물인 쇠줄(鐵鎖) '막게' 장치를 설치하고 전선 12척을 횡렬로 배치하여 왜적선이 수중장애물 안으로 들어오면 '막게'를 팽팽하게 당김으로써 배가 걸리도록 하여 좁은 수로를 빠져

21) 좌혜경, 〈강강수월래와 日本 奄美 小湊의 八月踊〉, 《白鹿語文》, 16, (제주대학교 사범대학 국어교육과 국어교육연구회, 2000), 115－116쪽.

22) 조두나, 〈강강술래 공연 복식 실태 연구〉, 《Family and Environment Research》, 52(6), (대한가정학회, 2014.), 552쪽.

23) 여기서 이야기하고 있는 의병술은 이순신(李舜臣) 장군이 침략해 오는 왜적에게 우리 군사가 많은 것처럼 꾸미기 위해서 불을 밝히고 부녀자들에게 남장을 시켜 손과 손을 마주잡고 둥그렇게 원을 만들며 춤추게 했더니, 이를 본 왜군들이 군사의 행렬로 착각해 질겁하여 달아났다고 설명하고 있다.

24) 임동권, 앞의 책, 266－267쪽; 심우성, 《한국의 민속놀이》. (삼일각, 1975), 82쪽; 최상수, 《한국 민속놀이의 연구》. (성문각, 1985), 216쪽.

25) 최두환, 《강강수월래 연구》. (학민사, 1997), 53쪽.

나오는 왜적선을 차례로 쳐 부셨다"[26]고 설명하고 있다. 이는 강강술래가 공동체적으로 일체감을 줄 수 있는 원형무라는 형태에서 발달된 유희로써 의병술로의 역할이 크게 작용된 것이라 추측할 수 있다. 이와 같이 강강술래 기원설에 대한 학자들의 주장을 종합해보면, 고대 농경사회의 파종과 수확 때 노래를 부르며 춤을 추던 유희형태의 공동체 축제에서 분화되어 임진왜란 때 이순신 장군에 의해 강강술래가 하나의 의병술로 채택된 것이라 할 수 있으며,[27] 전쟁에서 승리를 하게 되자 그 후 전라도 남해안 일대에서 전쟁의 승리를 축하하는 의미에서 이전부터 내려오는 형태의 가무와 어우러지면서 성행하여 꾸준히 전승[28]된 것이라 추측할 수도 있다. 사실 이러한 기원설들은 우리나라 전통유희인 강강술래의 전승을 더욱 의미 있게 만들어 주고 있는 듯하다.

3. 강강술래의 다양한 형태와 그 의미

강강술래는 통상적으로는 가장 큰 상위개념인 유희라 지칭하지만, 보는 관점에 따라 노래(민요)와 춤으로 구분하여 나타내기도 한다. 이것은 강강술래 안에 담긴 의미를 보다 풍부하고 다양하게 해석될 수 있도록 하기 위함으로 해석되며 유희와는 다른 형태로 표현되고 있는 강강술래 소리와 춤에 대해 살펴보면, 먼저 한국에서 국립무용단이 한국 전통춤의 주요 레퍼토리로서 부채춤과 함께 선보이는 것이 강강술래 무대이다. 이때 선보이는 강강술래 춤의 성향은 전문적인 전통춤을 선보이는 것에 목적을 두지 않고, 유희적 놀이의 근간으로서 예술가의 심미적 표현행위가 투영된 한국여성의 춤을 선보이는 데 목적을 둔 것이라 할 수 있다.[29]

강강술래는 오랜 기원을 가진 원형춤[30]으로써 주로 달 밝은 밤에 설행되어

26) 논산군 교육청, 《민속놀이 지도자료》. (논산군 교육청, 1981), 121쪽.

27) 심우성, 앞의 책, 82쪽; 앞의 글, 86쪽.

28) 임동권 등 8명, 《한국의 민속예술 – 전국민속예술경연대회 33년사》. (문화부, 1992), 33쪽; 심우성, 앞의 책, 209쪽.

29) 김지원, 앞의 글, 73쪽.

30) 이윤선, 앞의 글, 382쪽.

온 점과 풍요를 기원하는 농경 제례의식에서 비롯된 모방적, 주술적 춤으로 그 상징적인 의미를 생각해 볼 수 있다. 이것은 농경을 기본으로 했던 우리문화의 농경 신앙적인 면에서 만월－여성－대지로 이어지는 풍요의 연결과정으로 민간신앙적인 생생력(生生力)의 의미를 가진다고 볼 수 있다.[31] 특히 강강술래는 원형무의 형태로 원은 인간과 자연 전체와의 관계를 포함하여 정신의 전일성(全一性)을 표현하는 것으로 정신을 상징하는데,[32] 이러한 점에서 원형무라는 형태가 서로의 행동을 확인하며 공동체적 일체감을 형성하는 것에서 그 의의를 찾을 수 있다.

일반적으로 한국의 전통춤은 한사회의 대다수 구성원들이 여흥과 재미를 위해 참여하고 즐기는 것으로 종교적, 제의적 함축성보다는 사회적 습속과 오락성에 밀착된 양식을 지칭하여 개념적으로 정의하고 하고 있다.[33] 강강술래 춤과 관련된 연구들을 살펴보면, 먼저 최혜경의 연구에서는 "강강술래에서 나타나는 한국원시무용의 집단 연희적 특성이 원의 형태와 의미를 표상하며 나타나는 원형군무로 참여자의 집단 신명이 발산 또는 고조되는 과정을 보이는 대표적인 원무형태의 전통춤"이라 하였으며,[34] 김향금의 연구에서는 "호남지역 연희 형태의 원류로 볼 수 있는 백제시대 무용의 양상은 백제무악, 농경민속무용, 불교가면무용으로 나타나며, 그 중 농경민속무용인 농악, 강강술래, 탁무 등은 집단적 의례이자 대동춤으로 연희되었던 형태로 분류 된다"[35]고 설명하고 있다. 또한 전미령의 연구에서 역시 강강술래는 집단 공동체적이고 생활적이고 유희성이 강하며, 악기의 연주 없이 소리가 구조적으로 관련되어 있는 소리춤으로써 세시풍속의 하나로 토착화되어 전승되어온 민속춤이라고 설명하고 있어[36] 어느 한 장르로만 구성된 것이 아니라 노래와 춤 그리고 유희가 한데 어우러져 형성된 하나의 종합예술체

---

31) 김열규, 〈민속신앙의 生生力상징〉, 《한국민속과 문학연구》. (일조각, 1971), 208－254쪽.

32) C. G. 융, 이부영 외 역, 《인간과 무의식의 상징》. (집문당, 2000), 248쪽－256쪽.

33) 안승현, 〈라반의 움직임 분석 이론에 근거한 해남 강강술래춤의 팔동작 의미 연구〉, 《무용역사기록학》. 2, (한국무용기록학회, 2002), 46쪽.

34) 최혜경, 〈연희 형태에서의 圓形 표상과 감성의 발현 －「강강술래」를 중심으로〉, 《南道文化硏究》. (20), (순천대학교 남도문화연구소, 2011), 429－431쪽.

35) 김향금, 〈백제시대 문헌적 배경을 통한 무용의 양상〉, 《경남체육연구》. 4(1), (창원대학교 체육과학연구소, 1999), 90－91쪽.

36) 전미령, 앞의 글, 19쪽.

인 가무희라고 설명하고 있다.

강강술래 춤의 구성은 사설(노래가사)의 내용과 가창방식 등 노래 가락에 따라 원주(圓周)상을 돈다든가 원심(圓心)과 원외(圓外)로 이동하거나 손을 잡을 수도 있고 손짓춤을 출 수도 있어[37] 여기서 발생되는 가락과 가사는 춤의 움직임을 규정짓는 중요한 요소로 작용된다.[38] 사실 강강술래는 강강술래만의 독특한 가락을 유지하면서도 그 노래내용은 정형화되어 있지 않으며, 언제나 변화가 가능한 개방적인 내용들로 구성되어 있다. 특히 율조에 맞는 사설이면 어느 것이나 강강술래의 후렴에 맞추어 노래 부를 수 있으므로 이 노래에는 생활의식과 감정이 사설 속에 강하게 반영되어 나타난다.[39]

강강술래 노래는 달, 꽃, 나무, 새 등을 소재로 하여 달에 관한 노래, 임에 대한 그리움의 노래, 남녀 간의 사랑노래, 성적인 노래, 어머님에 대한 그리움의 노래, 시집살이에 관한 노래, 인생무상의 노래, 부덕을 기리는 노래, 계절을 찬미한 노래, 생활고의 노래, 노동에 대한 노래, 베틀가, 임진왜란에 관련된 노래, 세월에 대한 노래, 항일에 관련된 노래 등 다양하게 표현되었고, 구사되는 가사는 서민들에게 친근한 언어로 표현되어 있다.[40] 이와 같이 강강술래는 사설을 통해 기풍의례, 파종의례, 성장의례 감사의례적인 요소를 지니고 있으며, 장르적 성격에 있어서도 서정적인 민요, 서사적인 민요, 희곡적인 민요가 혼재되어 있다고 설명할 수 있다.[41]

강강술래가 성행되어 온 진도군과 해남군에서 공통적으로 행해지고 있는 강강술래인 남생아 놀아라, 고사리꺾기, 청어엮기, 덕석몰기, 기와밟기와 문열기는 경쾌하고 역동적인 놀이노래의 특성이 잘 드러나는 악곡들로 구성되어 있다.[42] 해남문화원의 자료를 살펴보면, “해남 강강술래와 진도 강강술래는 울돌목을 경

37) 정병호, 《한국의 민속춤》. (삼성출판사, 1981), 142쪽.

38) 안승현, 앞의 글, 49쪽.

39) 서해숙a, 〈강강술래의 연구〉, 《전남대학교 대학원》. (미간행 석사학위논문, 1996), 71쪽.

40) 서해숙b, 〈강강술래의 생성배경과 기능〉, 《남도민속학회》. 3, (남도민속연구, 1995), 41쪽.

41) 尹汝松(윤여송), 〈강강술래의 歌唱方式과 意味〉, 《人文社會科學研究》. 4, (호남대학교 인문사회과학연구소, 1997), 16쪽.

42) 나승만, 《강강술래를 찾아서》. (보림출판사, 2003), 64쪽.

계로 우수영과 녹진의 지리적 영향으로 인해 그 사설이나 음악의 짜임새가 비슷하다고 할 수 있다. 반면, 음악적 구조로 보면 진도군의 기교가 더 다양하게 나타나고 세련미가 있으며, 해남군은 이보다 깊은 토속성과 순박한 흥취를 담고 있어 이 부분이 서로 다른 것을 알 수 있다"고 설명하고 있다.[43] 또한 해남 강강술래는 시김새를 비교적 단순하게 하여 따라 부르기가 쉬워 어린이들이 쉽게 따라 부를 수가 있으며, 초등학교 교과서 속의 강강술래 놀이노래는 대부분 전남 해남지역에서 발생된 것으로 부르는 사람에 따라 가락이 달라질 수도 있다.[44] 대개는 '긴강강술래'를 시작으로 '중강강술래'(이것은 생략되기도 한다), '자진강강술래'까지 이어진다. '자진강강술래' 이후에는 놀이가 삽입되는데, 남생아 놀아라, 개고리타령, 고사리 꺾자, 청어 영자, 덕석몰기, 덕석풀기, 지와밟기－따비질－손치기－바늘귀꿰기－대문열기－쥔쥐새끼놀이 순으로 이어지며, 지금의 강강술래는 문화재로 지정되어 표준화 된 형태이다. 하지만, 지역마다 개성적인 강강술래로 각 마을이 경합하면서 끊임없이 변화하고 발전하는 과정에 놓여있으며, 강강술래의 후렴구에 율동적인 음절을 더해 노래를 부르게 하여 한층 흥을 돋우어 연행에 쉽게 동참할 수 있는 기회를 제공하고, 노래를 부르는 모든 이들을 일체화 시키는 역할을 한다.[45] 이처럼 강강술래는 서로 손을 잡고 원무의 형태로 악기와 반주 없이 소리꾼의 지휘에 맞추어 진행이 되는 것으로, 춤과 노래(소리)는 강강술래를 다양하게 변화시킬 수 있는 특성을 지니고 있어 이것들 역시 각각의 역할을 구분하여 나타내고 있는 것으로 보인다.

43) 해남문화원(강강술래): http://www.haenamculture.org/(2019.03.22. 검색).

44) 국립국악원, 《초등교원국악직무연수교재: 국악교육의 이론과 실기》. (국립국악원국악진흥과, 2003), 62－243쪽.

45) 서해숙b, 앞의 글, 33쪽.

4. 전통유희로서 강강술래의 전승 양상

한국 전통사회에서의 전통유희는 생계 수단과 일에 관련된 모든 활동을 제외한 신체적, 정신적 활동을 통칭하는 것으로,[46] 이해관계에 얽매이지 않고 자발적인 참여와 다수의 사람을 끌어들이는 공감력으로 인해 집단유희로 발생되는 경우가 많다.[47] 이처럼 우리나라 전통유희로 전승되어온 강강술래 역시 세시풍속의 하나로 주로 추석날 여성들이 즐겨하는 집단유희로 행해졌으며, 때로는 정월대보름을 비롯하여 언제든 달 밝은 밤에 여성과 남성의 구분 없이 함께 어울려 즐기는 유희이기도 하다.[48] 최덕원의 연구에서 살펴보면 "강강술래는 유일한 부녀자들의 놀이로 정의되어 있지만, 도서지방은 지금도 남녀가 함께 어울려 향유한다"고 하였으며,[49] 1941년 『조선의 향토오락』의 내용에서도 지역별로 부녀자, 부인, 소년, 소녀, 일반인 등 다양하게 참여한 것으로 기록[50]되어 있어 강강술래는 여성에게만 국한되어 전해져 내려온 유희가 아니라 보다 많은 사람들이 즐긴 것으로 보인다.

또한 대부분의 지역에서는 강강술래를 복합적인 구성으로 연행하지 않고, 지금의 강강술래에 포함되어 있는 놀이들을 따로 분리하여 연행했을 가능성이 높다고 설명하고 있는데, 이는 1941년 이전의 강강술래는 원무를 기본으로 하되 원무 파생된 부수적인 여흥놀이들이 독립적으로 연행되기도 하였다.[51] 그 예로 충북 음성의 경우를 살펴보면, 강강술래가 따로 존재하며 고개 넘기, 동아따기, 고사리 따기, 닭잡이, 덕석말이, 남대문 등의 유희가 독립적으로 연행되고 있으며, 전남 해남의 경우에도 강강술래의 원무는 따로 존재하고 거기에 기와밟기, 고사리 따

46) 표인주, 앞의 책, 45－70쪽.

47) 김지원, 앞의 글, 79쪽.

48) 문화재연구회, 《중요무형문화재2》. (대원사, 1999), 107쪽.

49) 崔德源, 《南道民俗考》. (삼성출판사, 1993), 235쪽.

50) 고려대학교민족문화연구원, 《한국민속의세계5－세시풍속 · 전승놀이》. (서울: 창작마을, 2001), 513쪽.

51) 박종오, 김준, 앞의 글, 8쪽

기, 덕석말이, 청어영기 등의 부수적인 유희가 연행되고 있음을 알 수 있다.[52] 또한 원무에서 파생된 부수적인 유희 중에서 전국적으로 가장 보편적인 놀이는 닭잡이와 기와밟기, 고사리따기로 나타나고 있으며, 중요한 것은 현행 강강술래의 놀이구성에는 강강술래의 원무에서 파생된 이러한 부수적인 유희가 포함되어 있다는 것이다.[53]

전통유희로서의 강강술래는 흥을 돋우어 주는 춤놀이와 노래놀이, 그리고 여러 가지 여성들의 농경모의극 놀이와 신체단련놀이로 구성이 되어 있으며,[54] 강강술래에 참여할 여성들이 놀이마당에 모이면 놀이꾼들이 오지 않은 사람들을 향해 모여라 라고 신호를 한다. 이후 참여하는 사람끼리 둥글게 앉아 노래를 시작하고 놀이꾼들이 이를 받아 제창하다가 참여자들이 어느 정도 모이면 강강술래가 시작되는데, 선도자에 의해서 그 방향이 결정이 되고 나머지는 따르는 형식으로 진행이 된다.[55] 또한 강강술래는 그 움직임이 비교적 단순하며 반복되는 동작들로 누구나 쉽게 참여할 수 있도록 공동체 구성원들의 공동생활을 토대로 표현된 집단유희 형태의 특징을 가지고 있어[56] 사람들이 자발적으로 모여서 이를 즐기며 서로 간의 유대감을 형성할 수 있는 우리나라 대동놀이로 상호적, 공동체적, 유희적 성향이 강한 우리나라 전통유희라 할 수 있다.[57] 아마도 강강술래의 이러한 유희적 성향으로 인해 강강술래가 이처럼 오랜 시간 전승될 수 있었던 것은 아니었을까.

강강술래는 여러 학자들에 의해 다양하게 정의되어 왔는데, 먼저 송석하는 "강강술래를 음악적, 무용적, 연극적, 유희적인 성격을 지닌 여성들만의 단체놀이요, 계절적 분류로는 8월의 놀이요, 관념적 분류로는 정서 감정상의 놀이요, 지리

52) 이윤선, 앞의 글, 382쪽.
53) 무라야마 지준(村山智順) 편, 박전열 역, 《조선의 향토오락》. (집문당, 1992), 270쪽.
54) 이진희, 앞의 글, 185쪽.
55) 최덕원, 앞의 책, 235쪽.
56) 이진희, 앞의 글, 192쪽.
57) 김지원, 앞의 글, 85쪽.

적 분류로는 남선지방(南鮮地方)의 놀이"[58]로 분류하였으며, 김선풍은 "강강술래를 명절놀이로 크게 분류하면서, 풍농기원놀이이며 오락을 위한 놀이로서 대보름(추석)에 성인 여자들에 의해 행해지는 집단놀이"[59]로 분류하였다. 또한 임재해는 "강강술래를 각종 원무가 곁들어 있는 춤놀이이자 노래를 불러야 가능한 노래놀이일 뿐만 아니라 주고받는 대화체 사설과 가장된 행위가 포함되어 있는 극놀이"[60]라고 정의하고 있다. 강강술래가 세시풍속 중 하나라고는 하지만, 강강술래의 소리와 춤은 제의와 축제가 결합된 유희적 성향이 강하게 나타나고 있어 이것을 유희라고 분류하기에 무리가 없어 보인다.

유희로써의 강강술래는 집단공동체적 성향을 지니고 있으며, 우리나라 세시풍속의 하나로 전승되어온 것으로 볼 때 역사적 깊이를 가늠할 수 있다. 이러한 강강술래는 손을 잡고 원을 그리며 행하는 기본형태인 원무를 중심으로 다양한 놀이 형태가 더해져 노래와 춤이 함께 결합된 가무형태의 우리나라 전통유희로써,[61] 지역에 따라서 전승되고 있는 종류와 분포 등 그 존재양상이 다양하게 나타난다. 먼저 일제강점기에 조사된 보고 자료에 의하면 이것은 주로 전라도의 해안 지방을 중심으로 경상도의 영일, 의성, 북쪽으로는 황해도의 연백까지 분포되어 있었으나, 현재 전라남도의 해남, 완도, 무안, 진도 등지에서 행해지고 있다고 하였다.[62] 또한 김혜정의 연구에서는 "전남의 많은 지역에서 강강술래가 조사되어있는데, 현재 강강술래의 전승지역을 살펴보면 전남의 서남부지역과 전북의 서해안 일부, 경남의 남해안 일부로 우리나라 서남해안 지역에서 집중적으로 전승되고 있다"[63]고 설명하였으며, 이경엽의 연구에서도 "현재 강강술래는 진도와 해남뿐만 아니라 경상도의 영일과 의성 그리고 전남 내륙 지역인 담양, 화순, 나주,

58) 송석하, 《한국민속고》, (일신사, 1960).

59) 김선풍, 〈괴비고사리꺾기와 강강술래〉, 《한국민요학》. 6, (한국민요학회, 1999).

60) 임재해, 〈강강술래와 놋다리밟기의 지역적 전승양상과 문화적 상황〉, 《민속연구2》. (안동대학교 민속학연구소, 1992). 69－70쪽.

61) 나승만, 《강강술래를 찾아서》, (보림출판사, 2003), 13쪽.

62) 심우성, 앞의 책, 79쪽.

63) 김혜정, 〈강강술래의 지역별 분포와 의미〉, 《한국민요학회》, 9, (한국민요학, 2001), 39쪽.

광주 일대에서 전승되고 있다"고 설명하였다.[64] 이처럼 강강술래는 다양한 지역에서 전승되고 있어 지역에 따라 각종 놀이노래가 강강술래와 함께 한 틀로 전승되기도 하고, 독립적으로 전승되기도 한다.[65] 그 중 무형문화재로 지정된 진도는 무형문화재보호법으로 인해 해마다 추석 연휴에 강강술래 공연을 하고 있으며, 진도 축제 중 하나인 '진도영등제'[66]에서 역시 고정 프로그램으로 강강술래 공연을 하고 있어 강강술래가 활발히 전승되고 있는 지역 중 하나라고 볼 수 있다.[67]

사실 그동안 흔히 알려져 온 강강술래는 무형문화재로 지정된 진도와 해남 지역의 대표적인 전승유희라는 인식이 강하게 작용하고 있다고 보인다. 하지만 생각보다 많은 지역에서 다양하게 연행되고 있으며, 문화재의 보호와 전승 차원에서 문화재 지정에 배제된 지역의 강강술래를 다양하게 수용하는 노력이 있어야 할 것으로 보인다.

강강술래의 구성 중 협의의 강강술래인 긴강강술래, 중강강술래, 자진강강술래가 가장 기본적인 강강술래 원무의 모습이며, 가장 핵심적인 놀이라고 할 수 있다. 그 외에 광의의 강강술래는 원무형인 협의의 강강술래와 함께 구성되어 있는 10여개의 부수놀이가 있으며, 문화재로 지정된 진도와 해남에서도 놀이의 순서가 뒤바뀌기도 하고 생략되기도 한다. 또한 같은 지역인데도 다른 종류가 더 있을 수 있고, 다른 지역까지 포함해서 본다면 훨씬 다양한 종류가 있음을 알 수 있으며,[68] 이를 강강술래가 전승되는 과정에서 발생된 부수적인 유희의 형태라고 설명하고 있다.[69] 이처럼 우리나라에서 전승되어 온 강강술래는 원무 형태를 기본으로 부수적인 놀이가 따르며, 이러한 놀이는 지역별로 차이가 있는 것으로 나타

---

64) 이경엽, 〈단절 위기 공동체놀이의 전승현황과 계승방향〉, 《韓國民俗學》, 49, (한국민속학회, 2009), 305쪽.

65) 김혜정, 앞의 글, 35쪽.

66) 전라남도 진도군 고군면 금계리 회동마을에서는 매년 음력 3월 초 진도군의 주도로 매년 '신비의 바닷길 축제'를 개최하면서, 축제의 일환으로 마을 공동제사로 행해졌던 제의 양식인 영등제를 지낸다.

67) 이옥희, 〈신문기사를 통해 본 강강술래 전승의 통시적 고찰 – 일제강점기부터 현재까지 『조선일보』 기사를 중심으로〉, 《남도민속연구》, 21, (남도민속학회, 2010), 158쪽.

68) 이경엽, 앞의 글, 311쪽.

69) 지춘상, 《남도민속학 개설》. (태학사, 1998), 488쪽.

났다. 먼저 현재 문화재로 지정이 되어 공개 시연에서 행해지고 있는 민속학자인 지춘상 교수의 지도하에 1976년 제17회 민속예술경연대회에서 대통령상을 수상한 강강술래의 구성을 살펴보면, "입장인사, 긴강강술래, 중강강술래, 자진강강술래, 남생아놀아라, 고사리꺾기, 청어엮기, 덕석몰기, 기와밟기, 문열기, 쥔쥐새끼놀이, 꼬리따기, 강강술래, 인사, 퇴장"[70] 순으로 구성되어 있다. 당시 강강술래를 지도하고 안무했던 지춘상에 대한 신문기사의 내용을 살펴보면, '새롭게 구성한 강강술래라는 맥락으로 접근하고 있다', '연출이 우수하다'고 평가되고 있어[71] 국내외 대부분의 지역에서는 이러한 구성으로 정형화된 공연을 따르고 있었다. 하지만 최덕원은 해남 우수영의 강강술래 구성에 대해 "긴강강술래, 중강강술래, 자진강강술래, 남생아놀아라, 고사리꺾기, 청어엮기, 청어풀기, 기와밟기, 덕석몰기, 덕석풀기, 쥔쥐새끼놀이, 문열기, 가마등 타기 순으로 구성이 되어 있다"[72]고 하였고, 민속교육자료집의 진도지방의 강강술래 역시 "긴강강술래, 중강강술래, 자

70) 이윤선, 앞의 글, 384쪽.

71) 경향신문(1975년 09월 16일): 〈막 내린 제16회 전국민속예술경연대회 결산〉 전남의 해남강강수월래(민속놀이)는 정리와 구성이 잘 된 것으로 평가됐다.
- 한국일보(1976년 10월 26일): 〈해남강강수월래에 대통령상〉 1백 5명의 꽃다운 아가씨들과 아낙네들이 화려하게 정장을 하고 30분 동안 우수영의 옛 강강수월래를 재현, 관중들로부터 가장 많은 갈채를 받았다. 심사위원 강한영(문화재위원)에 의하면 남도멋의 정수라고 할 수 있는 '강강수월래'는 자칫 단조로운 마스게임화할 가능성이 많은데 비교적 차분하게 예스러움을 잘 살려나갔다는 것이다.
- 경향신문(1977년 08월 29일): 이날의 강강수월래는 지춘상 교수(45, 전남대)가 지난 8년 동안 흩어진 가락들과 놀이들을 모으고 정리하여 집대성한 결정판으로 "전남에서만 보일 수 있는 매스게임을 펼치라"는 고건 전남 지사의 요청에 의해 빛을 보게 된 것이다.
- 일간스포츠(1977년 10월 22일): 〈매스게임 수작 '강강술래'와 '남도의 메아리'〉 민요이며 서사인 강강수월래는 이날 지춘상 교수(45, 전남대) 지도로 전남 해남군 문래면 우수영(부녀자) 2백50명에 의해 베풀어졌다.
- 조선일보(1977년 10월 11일): 〈강강수월래 정립에 말할 수 없는 고애〉 식전공개행사 가운데 가장 이채를 띤 것은 강강수월래의 발상지인 전남 해남군 문내면 우수영마을 처녀와 부인네들이 직접 엮어낸 '고사리꺾자', '청어엮자', '문열어라'등 16개 놀이는 전남대 문리과 민속학교수 지춘상씨(45)의 지도로 이루어진 것이다.
- 전남일보(1977년 10월 14일): 〈새로 인식시킨 '강강술래'〉 전국민속경연대회에서 강강술래를 발굴, 재현시켜 전남에 대통령상을 안겨준 지교수는 호남지방민속관계의 권위자이다. 이외에도 10여 편의 관련 기사들이 있는데, 이 자료들은 지춘상 교수의 도움으로 입수하였다.

72) 최덕원, 앞의 책, 236－253쪽.

진강강술래, 남생아 놀아라, 개고리타령, 고사리꺾기, 청어엮기, 청어풀기, 덕석몰기, 덕석풀기, 기와밟기, 따비질, 손치기·발치기, 바늘귀꿰기, 대문열기, 쥔쥐새끼, 술래소리 순으로 구성이 되어 있다"[73]고 말하고 있는데, 이것은 기존에 정형화된 구성과는 조금 다르게 일부 놀이를 첨삭하여 구성하기도 한다는 것을 설명하고 있다.[74] 강강술래의 둥근 원의 형태에는 치유와 화합의 힘이 내재되어 있어 구성된 동작마다 그 의미가 다르게 나타나고 있으며, 현재 꾸준히 전승되고 있는 동작 중 다음 그림에 나타나는 동작들의 의미를 살펴보자.

강강술래의 덕석몰이는 덕석몰기와 풀기를 합한 말로 농촌에서 곡식을 말리는 데 쓰는 멍석을 말았다 풀었다 하는 것을 흉내 낸 동작이다. 이 동작은 노랫가락에 맞추어 상당히 활발하게 발로 땅을 구르며 어깨와 팔을 움직이며 똬리를 틀었다 풀어 다시 원을 이루는 형태로 달의 소멸과 생성의 과정 혹은 겨울에서 여름을 맞는 과정을 형상화한 것이라고 설명하고 있다.

강강술래에 구성되어 있는 고사리꺾기는 산에서 고사리를 꺾는 모습을 흉내 낸 동작이다. 이 동작은 서로 손을 잡고 둥글게 꿇어앉아 선두가 일어나서 사람들의 팔 위를 넘어가면, 차례대로 손을 놓으면서 원무를 하는 것으로 꿇어앉은 모습은 고사리를 흉내 낸 것이며, 차례로 팔위를 넘어가는 것은 고사리를 하나씩 꺾어가는 모양을 흉내 낸 것이다. 고사리 꺾기는 보름달의 주술적 인식에서 벗어나 현실적인 생업과 관련된 인식으로의 전환을 상징하는 것이라고 설명하고 있다.[75] 이처럼 마을공동체 속에서 전승되어온 강강술래는 각각의 동작 하나하나에도 그 문화적 의미가 매우 크게 작용되고 있는 것을 알 수 있다.

이와 같이 강강술래는 조상들로부터 오랜 시간 전승되어 온 전통유희로써 우리 민족의 생활 모습과 함께 정체성을 매우 잘 나타내 주고 있으며, 현대사회에서는 문화적 매개체로 작용할 수 있다. 그러므로 이러한 우리나라의 전통유희문화가 소멸되지 않고 국가 지정 무형문화재로서, 유네스코 지정 세계무형유산으로서 보호하고 꾸준히 전승될 수 있도록 노력을 기울여야 할 것이라 생각된다.

---

73) 봉천놀이마당, 《민속교육자료집》. (우리교육, 1994), 544－564쪽.

74) 이옥희, 앞의 글, 166쪽.

75) 이진희, 앞의 글, 186쪽.

5. 나가며

강강술래는 세시풍속 중 하나로 이것은 노래와 춤 그리고 유희로 어우러진 오랜 시간 전승되어온 우리나라의 종합민속예술이자 전통유희이다. 이러한 강강술래는 우리 고유의 정서와 우리말 리듬이 잘 담겨 있는 무형문화유산으로 1966년 2월에 국가무형문화재 제8호로 지정되었고, 2009년에 유네스코 인류무형문화유산으로 등재되었다. 그동안 강강술래와 관련된 연구들은 강강술래의 기원과 생성 배경, 지역적 분포, 음악적 특성, 놀이적 특성, 사회문화적 특성, 디지털화 연구, 문화재 전승 방안 등 민속학을 포함하여 무용, 체육, 교육 등의 다양한 분야에서 지속적으로 연구가 진행되고 있어 예술적, 학문적 가치가 매우 높다는 것을 알 수 있다. 또한 강강술래는 그 기원에 대해 학자들이 다양한 의견을 제시하고 있으며, 그중에 농경시대의 풍요를 기원하는 의례로써 고대에 추수감사의 제의로 시작되었다는 고대제의설과 강강술래가 의병술로 창안되었다는 임진왜란설로 구분하는 것이 가장 일반적인 견해이다. 이것은 고대 농경시대의 공동체 축제 의식에서 공동 가무를 즐기던 강강술래의 형태가 임진왜란 때 이순신 장군에 의해 의병술로 채택되었고 그 전쟁에서 승리를 하게 되자, 이후 전라도 남해안 일대에서는 전쟁에서의 승리를 축하하는 의미로 시작하게 되어 이전 가무의 형태와 어우러져 더욱 성행하게 된 것으로 보고 있다.

강강술래는 추석날에 행해지는 전통유희로 전남 서남해안지역에서 전승되고 있으며, 보름달 아래 노래와 춤을 추며 즐기는 여성들의 놀이라고 인식되어 있지만,[76] 지역에 따라서는 남성들도 참여한 것으로 보인다. 이것은 노래와 춤 그리고 놀이가 한데 모여 종합예술적 요소가 뛰어난 유희로 노는 모습이 "옷이 땀에 푹 젖도록", "발이 아파서 문지방을 못 넘을 정도로", "나이든 각시들 손에 들려서 날라 다니듯이" 그리고 "강강술래 설소리꾼들 가운데에는 젖먹이를 놔두고 강강술래를 하다가 소박맞은 이야기와 밤새도록 강강술래를 하다 부모나 남편, 시어머니에게 구박받은 이야기가 나올 정도"라고 표현될 만큼 신이 나고 흥겨운 모

76) 이경엽, 앞의 글, 305쪽.

습이었다고 하였다.[77] 이처럼 강강술래에 '재미있다', '흥겹다'라는 수식어가 붙는 것은 노랫말 가사와 춤 그리고 유희의 모든 요소들이 하나의 동작으로 표현이 되기 때문이라 할 수 있다.[78] 강강술래는 종합 예술적 성향으로 인해 그 양상이 다양하게 나타났다. 그동안 학문적으로도 그와 관련된 논의가 꾸준히 진행되어왔는데, 그 내용들을 살펴보면 다음과 같다. 먼저 농경사회의 풍년을 기원하는 춤의 형태, 농경사회의 절일에 행해지던 세시풍속적 제의이자 굿이자 유희의 형태, 처녀 총각의 구애를 위한 유희 여성성을 내포하고 있는 집단적 대동유희의 형태 그리고 풍년을 기원하는 제의이자 유희이며, 이순신 장군을 표상으로 한 애국적 유희이자 여흥놀이인 복합성격의 유희와 노래의 형태 그리고 주술 종교적인 성격의 민속유희, 생산의례, 성장의례, 결혼의례, 기풍의례, 예축의례 파종의례를 모두 함의하고 있는 복합적인 가무희의 형태 등 다양한 양상[79]으로 나타났다. 또한 고대 농경사회의 제례의식에서 비롯된 제의적 놀이가 지역 공동체의 일체감을 형성하는 집단 춤의 놀이로 발전되어 내려왔으며, 춤과 노래와 놀이가 복합된 연희적인 측면이 많다. 상고시대, 삼국시대와 고려조를 살펴보면 비교적 남녀관계가 자유로웠던 시대로 여성의 놀이문화에 대한 참여도가 높았다는 것을 짐작할 수 있으나,[80] 조선시대에는 유교사상의 영향으로 부녀자들에 대한 규제가 시행되면서 여성들만의 집단 춤인 축제적 놀이로 정착[81]되는 양상을 보였으며, 보름달과 관련된 모방적 주술행위로서 농경의 풍요를 기원하는 제의적인 춤으로써의 의미를 찾을 수 있다. 또한 강강술래에 일정하게 정해진 사설은 없지만, 노래를 잘하는 한 사람이 선소리를 하면 모든 사람이 뒷소리를 받는 선후창의 형태로 노래가 되며, 소리에 맞추어 손을 잡고 둥글게 원을 그리며 춤을 추는 유희로 전승되어 왔다.

---

77) 민중자서전9집, 《진도 강강술래 앞소리꾼 최소심의 한평생－시방은 안해 강강술래럴 안해》. (뿌리깊은 나무, 1990).

78) 최두환, 앞의 책, 91쪽.

79) 김정업, 〈"강강술래" 民俗遊戲의 起源考〉, 《語文學論叢》, 7, (朝鮮大學校 國語國文學研究所, 1966), 122쪽; 서해숙b, 앞의 글, 50쪽; 윤여송, 앞의 글, 30－31쪽; 김혜정, 앞의 글, 22－26쪽; 이윤선, 〈섬지역 강강술래의 뜀뛰기 전통과 求愛방식: 신안, 진도를 중심으로〉, 《한국민요학회》, 32, (한국민요학, 2011).

80) 이상일, 《민족심상의 예능학》. (시인사, 1984), 145쪽.

81) 정병호, 〈민속무용의 발생과 변천〉, 《월간 문화재》. 13(1), (1983), 25쪽.

이처럼 강강술래는 서로서로 손을 잡고 다양한 원형을 이룰 수 있으며 하체를 중심으로 우아한 동작에서 활발하게 도약하는 동작까지 다양하고 역동적인 율동을 갖추고 있다. 또한 악기의 반주 없이 선소리꾼의 지휘에 의해 춤의 박자나 진행이 자유롭게 변화되는 특성을 지니고 있는 많은 사람이 함께 집단적으로 즐기는 전통유희라 할 수 있다.[82]

우리나라 전통유희인 강강술래는 1995년에 중국 베이징에서 열린 세계여성회의에서 공연된 이후 중국을 포함한 몽골 등 아시아는 물론이고, 미국과 중남미, 프랑스, 러시아, 독일 등 아메리카 대륙과 유럽에서도 연대를 상징할 수 있는 문화로써 세계적으로 연행되고 있다.[83] 이처럼 오랜 시간 꾸준히 전승되어 온 강강술래에 대한 종합적인 내용을 토대로 강강술래의 의미가 보다 풍부하고 다양하게 해석될 수 있었고, 그 속에 담겨있는 노래(소리)와 춤 그리고 유희의 양상과 그에 담긴 의미를 통해 오랜 시간 꾸준히 전승되어 온 강강술래라는 전통유희에 대해 개괄적으로 살펴볼 수 있었다.

82) 한금란, 《강강술래의 춤 연구》. 미간행 석사학위논문, (이화여자대학교, 1984), 68쪽.
83) 이옥희, 앞의 글, 163－164쪽.

📖 인용 · 참고문헌

한국에서는 전통문화, 특히 무예와 무용, 유희에 대한 다양한 연구가 진행되어 왔다. 우선 전통무예를 크게 고대시기, 중세시기, 근세시기, 근대시기, 현대시기로 나누어 연구되어 왔다. 한국은 일제강점기를 거치면서 19세기 말부터 일본의 근대화 작업으로 조직화된 무예가 보급되었고, 한국적 전통스포츠는 점차 쇠퇴의 길을 걷게 되었다. 이로 인해 전통무예, 무용, 유희와 관련된 사료나 문헌이 부족하고 국가차원의 기록물만 남아 있어 연구의 제한이 있었다. 다행히 1970년대 민족문화 부흥정책에 힘입어 태권도와 택견, 마상무예 등이 복원되어 전승되고 있으며 1990년대부터 국내 연구가 늘어나면서 종목별 정립과 체계를 위한 시도나 노력이 이루어졌다.

2009년에 전통무예의 진흥을 위해 "전통무예진흥법"이 제정되었고, 문화재청은 '씨름'을 국가무형문화재 제131호로 지정하여 씨름의 문화사적 가치를 인정하였다. 나아가 2016년에 유네스코국제기구인 국제무예센터가 설립되어 세계의 많은 국가들이 전통스포츠나 무용, 유희 등에 대한 지식을 공유하거나 정보를 교환하면서 전통무예 및 무용, 유희와 같은 신체문화는 근대교육 속으로 변용되어 정치적, 사회적으로 주목 받게 되면서 이에 대한 연구도 활발해졌다.

전통무예는 태권도가 근대스포츠로 변용되면서 연구도 비슷하게 시작된다. 각 종목별로 역사나 내용에 대한 연구는 조금씩 차이가 있지만, 각 종목별 전문서적이나 연구물은 방대하다고 할 정도로 많이 발표되고 있다. 먼저 전통무예에 관한 선행 자료로는 임진왜란 이후에 실전 군사훈련용으로 무예서의 필요성이 대두되어 1790년에 완성된 『무예도보통지(武藝圖譜通志)』[1]를 들 수 있다. 이 책은 『무예제보』와 『무예신보』에 기예 6기를 더해 24기를 만들고 도보를 붙여 조선의 무예를 집대성했다. 정조(正祖)의 명에 따라 이덕무와 박제가, 백동수 등이 편찬하였

---

1) 정조. 《무예도보통지》. (서울대학교 규장각 소장, 1790).

다. 모든 백성이 손쉽게 기예를 익혀 군사력에 만전을 기하려는 의도로 도보를 중심으로 자세한 설명을 실었다.

19세기 후반인 대한제국기에 일본으로부터 유도와 검도 등이 전파되어 무예교육이 주목을 받게 되면서 근대화한 무예연구가 시작되었고, 해방 이후에는 근대 도장에서 가르친 무예교육으로 최홍희 등에 의해 『태권도교본』이 5권 발간되며, 본격적인 무예연구서가 간행되었다. 2004년 발간된 국립민속박물관의 『한국무예사료총서』,[2] 『한국무예의 역사·문화적 조명』,[3] 2007년 국사편찬위원회가발간한 『나라를 지켜낸 우리 무기와 무예』[4] 등을 포함해 택견무예를 다룬 『(민속예능)택견연구』[5]와 『전통무예와 택견』[6] 등이 발간되었다. 씨름과 관련해서는 일제강점기부터 식민지민의 전통오락으로 진흥하려는 조선총독부의 의도와 몇 몇 체육교사들의 노력으로 1927년부터 근대적 규칙과 경기장 등이 규정되면서 지금의 씨름으로 변용, 정착되어 왔다. 씨름에 대한 선행연구는 일제강점기에 씨름꾼으로 활약하다 북한으로 월북한 라윤출이 평양에서 『조선의 씨름』[7]을 발간한 것이 최초의 전문서적으로 알려져 있다. 1970년대 들어와 『한국의 씨름』[8]과 『한국의 씨름과 그네의 연구』[9] 등이 발표되면서 씨름연구가 본격적으로 시작된다.

한국의 전통무용은 정치사와 같이 뚜렷한 기준으로 구분되지는 못하지만 대부분 역대 왕조를 중심으로 구분되고 있다. 역사적으로 한국무용은 중국과의 잦은 교류를 통해 새롭게 창작되거나 변용되는 단계를 거쳤다. 서민들의 민속무용도 역시나 지역별 특색을 지니며 향토색이 짙은 무용으로 토착화되었다. 한국의 전통무용에 대한 연구는 1995년 발간된 김헌선의 『경기도 도당굿 무가의 현지 연

2) 국립민속박물관, 《한국무예사료총서》. (국립민속박물관, 2004).
3) 국립민속박물관, 《한국무예의 역사·문화적 조명》. (국립민속박물관, 2004).
4) 국사편찬위원회, 《나라를 지켜낸 우리 무기와 무예》. (두산동아, 2007).
5) 이용복, 《(민속예능)택견연구》. (학민사, 1997).
6) 정재성, 《전통무예와 택견》. (한국학술정보, 2008).
7) 라윤출, 《조선의 씨름》. (국립출판사, 1958).
8) 김종호, 《한국의 씨름》. (체육출판사, 1973).
9) 최상수, 《한국의 씨름과 그네의 연구》. (성문각, 1985).

구』[10]를 비롯해 국립국악원의 『조선시대 진연, 진찬, 진하병풍』,[11] 민속원에서 발간된 『한국음악학자료총서38: 조선시대 음악풍속도 Ⅱ』,[12] 『한국의 교방검무』,[13] 국립민속박문관의 『한국민속예술사전: 무용편』[14] 등이 발표되며 무용 연구의 기초자료로 자리 잡았다. 이를 바탕으로 고대와 중세, 근세, 근현대로 나누어 한국 무용의 원류와 탄생 배경, 종교적 신화, 철학, 사상, 민속예능, 의례·주술 관계 등에 관한 연구들이 발표되었다. 따라서 이러한 자료들을 기초로 각 종목별(탈춤, 검무, 처용무, 도당굿, 진오기굿)로 흩어져 있는 선행 자료들을 총체적으로 수집하여 연구를 수행하였다.

한국의 전통유희에 관한 서술은 대부분의 연구자들이 일반적인 역사의 흐름과 시대 구분의 편의에 따라 고대사회(상고-11세기)와 중세(12-16세기), 근세(17-19세기), 근현대(19세기-현재)로 나누어 한국 유희(청도소싸움, 그네뛰기, 널뛰기, 제기차기, 강강술래)의 시대적 특징과 의미, 변용과 발전 양상 등을 통시적으로 서술하였다.

한국의 전통유희에 관한 관심과 흥미는 일제강점기 일제의 탄압정책으로 인하여 자취를 감추었던 우리 민속 문화를 부활하고자 하는 민속학자들(임동권, 이강로, 최상수, 임재해, 최인학, 한양명, 김광언, 윤광봉)을 중심으로 시작되었다고 해도 과언이 아닐 것이다. 먼저 1974년 세종대왕기념사업회가 주관하여 교양국사총서를 발간하였는데, 그 총서 안에서 임동권의 『한국의 민속』,[15] 이강로의 『세시풍속과 민속놀이』[16]가 발간되며 전통유희에 대한 민속, 체육학계 등의 관심과 흥미를 일으켰다. 그동안 한국인들의 기억 속에서 지워져 가던 수많은 민속놀이가 사회적 관심의 대상으로 부각되는 계기가 된다. 이후 임재해는 『한국민속과 전통

10) 김헌선, 《경기도 도당굿 무가의 현지 연구》. (집문당, 1995).
11) 국립국악원, 《조선시대 진연 진찬 진하병풍》. (태학사, 2000).
12) 국립국악원, 《한국음악학 자료총서38: 조선시대 음악풍속도 Ⅱ》. (민속원, 2003).
13) 임수정, 《한국의 교방검무》. 한국무용사학회 학술총서12, (민속원, 2011).
14) 임수정, 《한국민속예술사전: 무용편》. (국립민속박물관, 2016).
15) 임동건, 《한국의 민속》, (세종대왕기념사업회, 1974).
16) 이강로, 《세시풍속과 민속놀이》, (세종대왕기념사업회, 1974).

의 세계』[17]에서 한국의 전통문화의 계승 및 발전 방안을 모색해야 한다고 주장하였고, 최인학을 비롯한 많은 민속학자들은 민속학의 저변확대를 위하여 『비교민속학과 비교문화』[18]라는 연구 성과를 공동으로 발표하면서 이를 계기로 우리의 전통·민속놀이에 관한 연구는 활발히 진행되기 시작한다. 이외에 민속문화와 비교민속학의 관련성과 관련해 한양명의 『민속문화의 수용과 변용』[19]이 발표되면서 유용한 선행자료로 주목을 받았다. 2000년대 들어와 대표적인 유희 연구물로는 김광언의 『동아시아의 놀이』[20]를 꼽을 수 있다. 그리고 서연호의 『한국연희연구의 현실과 미래』,[21] 서종원의 『한국의 근대 놀이문화』,[22] 윤광봉의 『한국연희예술사』,[23] 전경욱의 『한국의 전통연희』 등도 주요 선행 자료로 활용되고 있다.

본 토대연구에서는 지금까지 검토한 선행 자료와 더불어 민속학적, 고고학적 연구논문 등을 풍부하게 수집, 검토한다. 그리고 고분벽화, 풍속화나 병풍화, 탱화로 전해지는 유희 관련 도상자료를 수집하여 연구에 활용함과 더불어 문학작품 속에 그려진 유희의 양상도 참고자료로 활용한다. 각 유희(그네뛰기, 석합전, 널뛰기, 제기차기, 강강술래)에 관한 선행 자료를 수집하여 연구를 수행하였다.

본 연구를 통하여 한국의 전통 무예, 무용 그리고 유희의 기원에 대한 역사적 시각을 정립하여 제시하고, 실크로드로 연결된 교류사적 관점에서 각국의 유사 종목들과의 관계를 살펴본다. 이러한 연구 성과를 토대로 후속 연구자들을 위한 토대연구로서의 기틀을 마련하는 데 도움을 줄 것이다. 이를 주된 연구목적을 하였다. 다음은 중요한 선행연구 자료를 정리한 것이다.

---

17) 임재해, 《한국 민속과 전통의 세계》, (지식산업사, 1990).

18) 최인학 외, 《비교민속학과 비교문화》, (민속원, 1999); 최인학 외, 《비교연구를 통한 한국민속과 동아시아》, (민속원, 2004).

19) 한양명, 《민속문화의 수용과 변용》. (집문당, 1999); 한양명, 〈한국 민속놀이 연구의 시각과 전망〉, 《비교민속학》. 38, (비교민속학회, 2009).

20) 김광언, 《동아시아의 놀이》. (민속원, 2004).

21) 서연호, 〈한국연희연구의 현실과 미래〉, 《韓國史市民講座》. 45, (일조각, 2009).

22) 서종원, 《한국의 근대 놀이문화》. (채륜, 2016).

23) 윤광봉, 《한국연희예술사》. (민속원, 2016).

한국의 전통무예, 무용, 유희 관련 단행 자료 목록

저자	단행본	발행처	연도
강기석	태권도반세기	서울올림픽기념 국민체육진흥공단	2001
강명관	조선의 뒷골목 풍경	푸른역사	2004
강병주	2014 무형유산지기 수집자료 모음	전북대학교 무형문화연구소	2014
강원식, 이경명	우리 태권도의 역사	상아기획	2002
강원식, 이경명	태권도 현대사	부경문화사	1999
고려대학교 민족문화연구소	한국민속대관 제4권 : 歲時風俗 · 傳承놀이	고려대학교 민족문화연구소	1982
고려대학교 민족문화연구원	한국 민속의 세계5 : 세시풍속 · 전승놀이	창작마을	2001
고원규	소싸움으로 본 문화관광	대왕사	2011
과학백과사전 종합출판사	민속놀이와 명절(상)	대산출판사	2000
국립국악원	조선시대 진연 진찬 진하병풍	태학사	2000
국립국악원	초등교원국악직무연수교재 : 국악교육의 이론과 실기	국립국악원국악진흥과	2003
국립국악원	한국음악학자료총서38 : 조선시대음악풍속도 II	민속원	2003
국립국악원	한국음악학자료총서41 : 근현대 한국음악풍경	국립국악원	2007
국립국악원	한국 음악30: 경기도당굿	국립국악원	1998
국립민속박물관	마상무예	국립민속박물관	2003
국립민속박물관	무예문헌자료집성	국립민속박물관	2004
국립민속박물관	한국무예의 역사 · 문화적 조명	국립민속박물관	2004
국립민속박물관	한국민속예술사전, 민속놀이	국립중앙박물관	2015
국립중앙박물관	조선대세시기 3(경도잡지)	국립중앙박물관	2004
국사편찬위원회	나라를 지켜낸 우리 무기와 무예	두산동아	2007
국사편찬위원회	中國正史朝鮮傳	國史編纂委員會	1988
국사편찬위원회	전쟁의 기원에서 상흔까지 (총서: 한국문화사7)	두산동아	2006
규장각 한국학연구원	놀이로 본 조선	글항아리	2015
김광성, 김경지	한국 태권도사	慶雲出版社	1988
김광언	동아시아의 놀이	민속원	2004
김광언	민속놀이	대원사	2001
김광언	우리문화가 온 길	민속원	1998

저자	단행본	발행처	연도
김동선	남북통일기반 조성과 민족전통체육	사람과 사람	2004
김명자	한국세시풍속 I	민속원	2005
김문겸	여가의 사회학	한울아카데미	1993
김선풍	韓國 씨름의 역사와 祭儀 (『韓 · 日 民俗놀이 比較』)	민속원	1996
김선풍 외	민속놀이와 민중의식	집문당	1996
김열규	한국민속과 문학연구	일조사	1978
김영웅	남북통일기반 조성과 민족전통체육	사람과 사람	2004
김영희	기생엽서 속의 한국 근대춤 (『엽서 속의 기생읽기』)	국립민속박물관	2008
김영희, 김채원, 김채현, 이종숙, 조경아	한국춤통사	보고사	2015
김용간, 석광준	남경 유적에 관한 연구	과학백과사전출판사	1984
김용옥	태권도 철학의 구성원리	통나무	1990
김일출	조선민속탈놀이연구	한국문화사	1998
김의숙, 전상국	강원전통문화총서: 민속	국학자료원	1997
김종호	韓國의 씨름	체육문화사	1973
김재선, 엄애경, 이경	(한글)동이전	서문문화사	2000
김재철	조선연극사	민속원	1995
김준근	기산풍속도첩(箕山風俗圖帖)	범양사 출판부	1984
김천흥	우리춤 이야기	민속원	2005
金千興, 朴憲鳳, 劉起龍	무형문화재 보고서	문화재관리국	1966
김태곤	한국무가집 2	원광대학교 민속학연구소	1976
김태곤	한국무속연구	집문당	1981
김학주	중국 고대의 가무희	명문당	2015
김학주	한 · 중 두 나라의 가무와 잡희	서울대학교출판부	2001
김해정	강강술래의 음악적 특성과 역동성의 원리 (『音樂學論叢』)	권오성교수회갑기념논총	2000
김해정	우리 몸에 새겨진 삶의 노래, 강강술래	한얼미디어	2004
김헌선	경기도 도당굿	국립문화재연구소	1999
김헌선	경기도 도당굿 무가의 현지 연구	집문당	1995
김헌선	중요무형문화재 제98호: 경기도 도당굿	국립문화재연구소	1999
김효경	조선시대 씨름의 전승양상 (『국가무형문화재 씨름』)	문화재청	2017
나경수	줄다리기와 강강술래의 주술종교적 의미 (『전남의 민속연구』)	민속원	1994

저자	단행본	발행처	연도
나승만	강강술래: 중요무형문화재 제8호	국립문화재연구소	2004
나승만	강강술래를 찾아서	보림	2003
나승만	사람들을 연결하는 문화코드 강강술래를 찾아서	보림출판	2003
나현성	韓國遊戱史硏究	百祥文化社	1977
나현성	한국체육사	문화사	1969
논산군 교육청	민속놀이 지도자료	논산군 교육청	1981
도유호 역, 주강현 해제	북한학자가 쓴 조선의 민속놀이	푸른숲	1999
동국대학교 매장문화재연구소	韓國新石器時代의 環境과 生業	동국대학교 매장문화재연구소	2002
라윤출	朝鮮의 씨름	국립출판사(평양)	1958
문화재관리국	한국민속종합조사보고서: 전남편	문화재관리국	1969
문화재연구회	중요무형문화재 2	대원사	1999
문화체육관광부	전통무예 지도자 연수교재	문화체육관광부	2012
박귀순	동양무예의 연구	제일출판	2017
박승한	씨름	지역발전연구센터출판부	1994
박진태	탈놀이의 기원과 구조	새문사	1990
박진태	한국 탈놀이의 미학	태학사	2014
봉천놀이마당	민속교육자료집	우리교육	1994
부산복천박물관	고대 전사(특별전 도록)	부산복천박물관	1999
서성원	태권도뎐	애니빅	2012
서연호	韓國近代戱曲史硏究 (民族文化硏究叢書: 5)	高麗民族文化硏究所 出版部	1982
서영대, 이용범, 허용호	인천의 전통놀이	인천문화재단	2011
서울새남굿보존회, 조흥윤 감수	서울새남굿신가집	문덕사	1996
서인화, 박정혜, 자일, 주디 반, 국립국악원	한국음악학자료총서 35 : 조선시대 진연 진찬 진하병풍	국립국악원	2000
서정록	백제금동대향로 : 고대 동북아의 정신세계를 찾아서	학고재	2001
성경린	노을에 띄운 가락	휘문출판사	1978
성계옥, 차옥수	진주검무	화산문화	2002
성기숙	한국 전통춤 연구	현대미학사	1999
성현 저, 김남이, 전지원 외 옮김	용재총화(慵齋叢話)	휴머니스트	2015
손복수	청도소싸움이야기 : 한국의 대표놀이문화	서우실	2012

저자	단행본	발행처	연도
손진태	민속학논고	대광문화사	1988
손진태	石戰考	民俗學	1933
손진태	孫晋泰先生全集	太學社	1981
송석하	농촌 오락의 시작과 역사(『역사, 문화』)	전자책전문출판: 온이퍼브	2017
송석하	한국민속고(『한국민속개관』)	일신사	1960
송형석	태권도사 신론	이문출판사	2008
심우성	우리나라 민속놀이	동문선	1996
심우성	중요무형문화재해설: 놀이와 의식편	문화공보부 문화재관리국	1985
심우성	한국의 민속놀이: 그 理論과 實際	삼일각	1975
安廓	조선무사영웅전	정음문고	1974
안상복	중국의 전통잡기	서울대학교출판부	2006
안자산, 최철, 설성경 엮음	향가의 연구	정음사	1984
오장현, 박진주, 심우성	민속놀이 지도자료	삼일각	1976
유승훈	아니 놀지는 못하리라 (『우리놀이의 문화사』)	월간미술	2009
육태안	바람은 눈에 보이지 않나니	중토문화사	1993
윤광봉	고전시가와 예술	경인문화사	2003
윤종태, 김운용 역	꼬레아 꼬레아니	서울학연구소	1996
이강로	세시풍속과 민속놀이	세종대왕기념사업회	1974
이경영	세시풍속의 역사와 변화	민속원	2010
이극로	鄕土藝術과 農村娛樂의 振興策 : 씨름은 體育的 藝術(『三千里』)	三千里社	1941
李基東	新羅骨品制社會와 花郎徒:第41輯	一潮閣	1984
이능화 저, 이재곤 역	조선무속고	동문선	1995
이두현	한국가면극	서울대학교출판부	1994
이두현	한국가면극선	교문사	1997
이병기	국문학개론	일지사	1965
이병한	하루 한 수 한시 365일	궁리	2010
이보형	한국의 굿 2: 경기도도당굿	열화당	1983
이복규	묵재일기에 나타난 조선전기의 민속	민속원	1999
이상일	민족심상의 예능학	시인사	1984
이용복	씨름과 택견의 민속학적 비교 (『韓 · 日 民俗놀이 比較』)	민속원	1996
이은상 역	이충무공전서(하)	충무회	단기 4293
이종숙 저, 처용무보존회 발행	처용무보	민속원	2008

저자	단행본	발행처	연도
이중희	풍속화란 무엇인가: 조선의 풍속화와 일본의 우키요에, 그 근대성	눈빛	2013
이진수	한국고대스포츠연구	교학연구사	1996
이창후	태권도의 철학과 사상, 그리고 정신	상아기획	2007
이학래	한국체육사	지식산업사	1994
이혜구	한국음악연구	민속원	1996
일연 지음, 김원중 옮김	三國遺事	민음사	2018
임동권	여성과 민요	집문당	1984
임동권	한국민속학논고	선명문화사	1971
임동권, 김옥진	중요무형문화재 제21호 승전무 조사보고서	문화재관리국	1996
임동권 등 8명	한국의 민속예술 : 전국민속예술경연대회 33년사	문화부	1992
임수정	한국의 교방검무	민속원	2011
임수정	한국의 무속 장단	민속원	1999
임재해	우리 민속놀이의 건강성과 오늘의 놀이 (『민속문화론』)	문학과 지성사	1986
張師勛	韓國傳統舞踊研究	一志社	1990
장주근	한국의 세시풍속과 민속놀이	새벗문고(대한기독교서회)	1974
전경수	한국민족문화대백과사전 12	한국정신문화연구원	1991
전경욱	한국의 전통연희	학고재	2004
전호태	고구려 고분벽화의 세계	서울대학교출판부	2005
전호태	고분벽화로 본 고구려이야기	풀빛	2000
정병모	한국의 풍속화	한길아트	2000
정병호	통영오귀새남굿	열화당	1989
정병호	한국의 민속춤	삼성출판사	1992
정병호	한국춤	열화당	1985
조완묵	태권도사	대한태권도협회	1971
조중성, 안상문, 권병학, 김정훈, 박종관, 최화경, 허창봉, 대한궁도협회 편찬위원	弓道90年史	대한궁도협회	2016
조흥윤	서울 진오귀굿	열화당	1993
조흥윤	한국의 샤마니즘	서울대학교출판부	1999
주영하, 김소현, 김호, 정창권	19세기 조선, 생활과 사유의 변화를 엿보다	돌베개	2005
중앙대학교 한국문화유산 연구소 엮음	국가무형문화재 씨름	문화재청	2017

저자	단행본	발행처	연도
지춘상	남도민속학 개설	태학사	1998
진도군	진도의 문화예술	진도문화원	1992
진주문화원	진주예찬	진주문화원	1996
최길성	한국무속의 연구	아세아문화사	1978
최길성	민간신앙 〈한국의 풍속사〉	문화재관리국	1970
최남선	六堂 崔南善 全集	연암사	1973
최남선 저, 이영화 옮김	조선상식문답	경인문화사	2013
崔南善	朝鮮常識問答	東明社	1946
崔大林	新譯 東國歲時記	弘新문화사	1989
최덕원	남도민속고 (강강술래考)	삼성출판사	1985
최두환	강강수월래 연구	학민사	1997
최상수	Annual Customs of Korea	서문당	2000
최상수	한국 민속놀이의 연구	성문각	1985
崔常壽	韓國의 歲時風俗	高麗書籍	1960
최상수	韓國의 씨름과 그네의 硏究	成文閣	1974
최상수	한국의 씨름과 그네의 연구	성문각	1988
최상화	한은 풀고 복은 나누며	중앙대학교국악교육대학원	2005
최소심	진도 강강술래 앞소리꾼 최소심의 한평생 : 시방은 안해 강강술래를 안해	뿌리깊은 나무	1990
최학근	한국방언사전	명문당	1994
팽구송, 김재선 편저	原文 東夷傳	서문문화사	2000
표인주	한국인의 생활양식과 문화예술	민속원	2004
하남길	체육사신론	경상대학교출판사	2010
하주성	경기도당굿의 무가	경기문화재단	2000
하주성	경기도의 굿	경기문화재단	1999
한국고전번역원	한국문집총간 67 (蘭雪軒詩集)	경인문화사	1991
한국문화원연합회	경남민속자료집	한국문화원연합회 경상남도지	1993
한국민속 씨름위원회	씨름대회문화발전안개요	한국민속씨름위원회	1996
한국정신 문화연구원	한국민속문화대백과사전	한국정신문화연구원	1988
한국체육사학회	한국체육사	대한미디어	2015
홍석모 저, 최대림 역	新譯東國歲時記	홍신문화사	1987
홍성민	石戰說 拙翁集 간46	韓國文集叢	1631

저자	단행본	발행처	연도
허용호	씨름의 민간전승현황과 예술성 재고 (『국가무형문화재 씨름』)	문화재청	2017
허인욱	(옛 그림에서 만난) 우리무예 풍속사	푸른역사	2005
황의룡	근현대시기 '씨름'의 지속과 변화 (『국가무형문화재 씨름』)	중앙대학교 한국문화유산연구소 엮음	2017
황의룡	씨름의 유래와 경기방법 (『남북통일기반조성과 민족전통체육』)	민족통일체육연구원편저 사람과사람	2004
Gilmore, George W 저, 신복룡 역주	서울풍물지	집문당	1999
Hulbert, Homer Bezaleel 저, 신복룡 역주	대한제국멸망사	집문당	1999
Jung, Carl G 저, 이부영, 조규형, 김용식, 윤경남, 연병길, 이철, 조수철 공역	인간과 무의식의 상징	집문당	2000
J. Huizinga 저, 이종인 역	호모루덴스: 놀이하는 인간	연암서가	2010
N. Robert 저, 정성화 역	서양인의 조선살이, 1882-1910	푸른역사	2008
Arnold van Gennep 저, 전경수 역	통과의례	을유문화사	1995
Daniel L. Pals 저, 조병련, 전중현 공역	종교에 대한 여덟 가지 이론들	한국기독교연구소	2013
Mircea Eliade 저, 심재중 옮김	영원회귀의 신화	이학사	2006
Horace N. Allen 저, 윤후남 옮김	알렌의 조선체류기	예영	1996
村山智順	朝鮮の郷土娯楽	朝鮮總督府	1941
村山智順, 박전열 역	조선의 향토오락	集文堂	1992
寒川恒夫	葬礼相撲の系譜 (『한 · 일 비교민속놀이론』)	민속원	1997
甲元眞之, 田中聰一역	韓國新石器時代의 環境과 生業	동국대학교 매장문화재연구소	2002
黃玹, 朴尙得 譯	梅泉野錄 卷6	國書刊行會	1990
柳成龍 저, 이재호 역	懲毖錄	위즈덤하우스	2005
宗懍 저, 상기숙 역	형초세시기	지만지	2015

저자	단행본	발행처	연도
黃玹 저, 박상득 역	梅泉野錄	國書刊行會	1990
王圻 저	三才圖會: 卷四	민속원	2004

저자	학술논문	발표지/발행처	연도
강미선, 윤미라	경기검무를 활용한 글로컬문화콘텐츠 개발 연구	대한무용학회논문집 (대한무용학회)	2017
강석재	태권도 세계화에 따른 가치와 효과에 관한 연구	미간행 박사학위논문 (경희대학교대학원)	2012
강수의	장흥 중노보기의 유래와 놀이방법	전남문화3(전국문화원연합회 전라남도지회)	1990
강재현	한국 고대 활의 형식과 변천	신라사학보(신라사학회)	2014
강종훈	『三國史記』 初期記錄에 보이는 '樂浪'의 實體 : 진한연맹체의 공간적 범위와 관련하여	한국고대사연구 (한국고대사학회)	1995
강현숙	高句麗 古墳 壁畫에 표현된 觀念과 表現의 實際: 西域系; 人物을 中心으로	역사문화연구(한국외국어 대학교 역사문화연구소)	2013
김효경	씨름의 사회사: 역사적 변천을 중심으로	韓國民俗學(한국민속학회)	2003
고원규	진주 소싸움을 통해본 전통의 재구성과 관광	민족문화논총(영남대학교 민족문화연구소)	2010
고원규, 심상화	참여관찰과 면담조사를 중심으로 한 전통소싸움의 활성화에 관한 연구	관광레저연구 (한국관광레저학회)	1998
권민수	고려시대 鞦韆 양상 : 高麗史 · 高麗史節要 중심으로	한국민속학(한국민속학회)	2018
김고운	경기도당굿 유형이 화성재인청 이동안류 춤 형성에 미친 영향	미간행 석사학위논문 (경희대학교대학원)	2010
김기화	경기도당굿 군웅춤과 김숙자류 부정놀이춤의 비교연구	한국무용연구 (한국무용연구회)	2006
김덕선	제기차기와 팽이치기 놀이의 전통문화적 내용가치	논문집(대구교육대)	1979
김동욱	판소리 發生攷	서울대학논문집 (서울대학교대학원)	1955
김산, 김주화	임진왜란 이후 조선 권법의 변화에 관한 연구	체육사학회지 (한국체육사학회)	2003
김산, 김주화, 김창우, 송일훈	한 · 중 · 일 장병무예 장창 연구	한국체육학회 (한국체육학회지)	2008
김삼진	강강강술래의 음악적 구성과 제의적 성격	한국민요학회(한국민요학)	2001
김상우	한국의 도시화에 따른 무속적 죽음관의 변화	사회과학연구(사회과학학회)	2007
김상철	궁술의 사적 고찰	무도연구소지 (용인대학교 무도연구소)	1997
김선풍	괴비고사리꺾기와 강강술래	한국민요학(한국민요학회)	1999
김선풍	在中 韓族의 民俗놀이 研究	韓國民俗學(한국민속학회)	1994
김선풍	한국민속놀이론	中央民俗學(중앙대학교 한국문화유산연구소)	1989

저자	학술논문	발표지/발행처	연도
김성률	민속놀이 제기차기의 경기화를 위한 고찰	教育理論과 實踐 (경남대학교교육문제연구소)	2003
김성옥	서울 새남굿 춤 연구	미간행 석사학위논문 (이화여자대학교대학원)	1998
김성태	한국 고대의 노(弩)	석계(石溪) 황룡혼(黃龍渾) 교수정년기념논총(간행위원회)	1995
김숙	서울 진오귀굿의 춤 연구	이화체육논집(이화여자대학교 체육대학보건체육연구소)	2001
김숙희	조선후기 세시기(歲時記)에 나타난 여성 세시놀이 양상	국학연구(한국국학진흥원)	2019
김영만, 심성섭	조선말 외국인의 기록을 통해본 택견	한국체육과학회지 (한국체육과학회)	2014
김영만, 심성섭	택견의 수련계층에 관한 연구	한국체육과학회지 (한국체육과학회)	2018
김영준	고구려 패수희에 대한 고찰	한국학연구(인하대학교 한국학연구소)	2013
김재휘	朝鮮石戰에 關한 體育的 考察	한국체육학회지 (한국체육학회)	1983
김정녀	굿춤의 구조고	한국무용연구회 (한국무용연구학회)	1984
김정업	강강술래 민속유희의 기원고	어문학논총(조선대학교 국어국문학연구소)	1966
김정업	강강술래 어의	조대학보	1970
김준, 박종오	강강술래의 전승실태와 놀이의 지속적인 활용방안	리전인포(광주전남연구원)	2012
김지원	놀이와 유희적 관점에서의 강강술래 연구	韓國民俗學(한국민속학회)	2017
김진구	渾身膽勇의 二十靑年으로 甲申變亂의 急先鋒, 當年熱血 兒李圭完氏의 初冒險	別乾坤 제21호	1929
김창석	석전의 기원과 그 성격 변화	국사관논총(국사편찬위원회)	2003
김향금	백제시대 문헌적 배경을 통한 무용의 양상	경남체육연구(창원대학교 체육과학연구소)	1999
김헌선	서울무속 죽음의례의 유형과 구조적 상관성 연구	한국학연구(고려대학교 한국학연구소)	2007
김형근	남해안 굿 갈래 연구	미간행 박사학위논문 (경기대학교대학원)	2009
김혜정	강강술래의 지역별 분포와 의미	한국민요학(한국민요학회)	2000
김효경	씨름의 사회사: 역사적 변천을 중심으로	韓國民俗學(한국민속학회)	2003
나경수	영재 유득공 『경도잡지』의 민속문화론적 가치	大東漢文學(대동한문학회)	2007
나승만	비금도 강강술래의 사회사	도서문화(목포대학교 도서문화연구소)	2001
나영일	고대·중세에서의 씨름의 역사적 개요	씨름: 국가무형문화재지정 기념학술대회	2017

저자	학술논문	발표지/발행처	연도
		(문화재청 · 중앙대학교 한국문화유산연구소)	
나영일	武科總要에 보이는 활쏘기	스포츠인류학연구 (한국스포츠인류학회)	2017
나영일	조선시대의 수박, 권법에 대하여	대한무도학회지 (용인대학무도연구소)	1997
나영일	한민족 씨름의 문화인류학적 기원	한국체육사학회지 (한국체육사학회)	2017
나영일, 황현자	중국조선족 전통체육의 전승과 변용	스포츠인류학연구 (한국스포츠인류학회)	2008
나현성	韓國角抵(씨름)攷	경희사학(경희사학회)	1972
나현성	韓國 蹴鞠 · 擊毬攷	민족문화연구(고려대학교 민족문화연구소)	1969
남도희, 조성균	공인된 전쟁놀이 석전(石戰)과 관련된 세시풍속 연구	무예연구(한국무예학회)	2017
남성진	그네 타는 현장과 그네타기 운동의 성 상징성	실천민속학연구 (실천민속학회)	2006
대한지방행정공제회	3월 가볼만한 곳-청도소싸움 축제 : 2006-청도소싸움축제	지방행정 (대한지방행정공제회)	2006
마상영	투우(鬪牛)에 관한 소고(小考)	국제문화연구(조선대학교 국제문화연구원)	2009
목진호	경기 도당굿의 악무(樂舞) 고찰	韓國舞史學(한국무용사학회)	2013
목진호	경기도당굿의 화랭이 연구	미간행 박사학위논문 (중앙대학교대학원)	2013
문미옥, 김의경	옛 문헌과 근현대 문헌에 나타난 널뛰기의 기원과 놀이방법	유아교육연구 (유아교육학회)	2017
박권규	조선시대의 세시풍속에 관한 고찰 : 석전을 중심으로	교양교육연구소논문집 (교양교육연구소)	1998
박귀순	《무예도보통지》의 예도에 관한 연구	한국체육과학회지 (한국체육과학회)	2013
박귀순	한국의 축국에 관한 연구	한국체육사학회지 (한국체육사학회)	2015
박귀순, 김태양	광복이후 체육진흥 정책에 따른 중,고등학교 엘리트스포츠 태권도의 변천과정	한국체육사학회지 (한국체육사학회)	2017
박귀순, 김태양, 하정희	한국 태권도 사관에 관한 시론	한국체육사학회지 (한국체육사학회)	2015
박귀순, 신영권	《무예도보통지》의 쌍수도의 형성과정에 관한 연구 -《기효신서》,《무예제보》,《무비지》,《무예도보통지》의 무예 동작 비교를 중심으로	대한무도학회지 (대한무도학회)	2010
박미영	니체의 '디오니소스적인 것'과 한국무용	한국체육철학회지 (한국체육철학회)	2011
박원길	몽골 나담에 관한 역사 민속학적 고찰(하)	몽골학(한국몽골학회)	2001

저자	학술논문	발표지/발행처	연도
박원길	몽골축제: 할흐 몽골의 씨름에 대하여	중앙민속학(중앙대학교 한국민속학연구소)	2001
박정경	경기도 남부굿 중 제석굿 무가의 음악적 분석	미간행 석사학위논문 (한국정신문화연구원)	2002
박정하	옥과 호남검무의 전승양상과 전승의의	남도민속연구(남도민속학회)	2017
박태승	국내 태권도학 연구경향 분석 및 제언	관광레저연구 (한국관광레저학회)	2017
박환영	도시 공간 속에서 강릉단오제의 전승 및 계승방안 고찰	강원민속학 (강원민속학회)	2007
배도식	소에 얽힌 민속	민속학연구(국립민속박물관)	1995
배도식	소싸움놀이의 민속적 고찰	민속학연구(한국민속학회)	2000
변진섭	경기도 남부 제석굿 연구	미간행 박사학위논문 (경기대학교대학원)	2012
서종석, 임식	고구려의 고분 벽화와 체육문화적 이해	한국스포츠학회지 (한국스포츠학회)	2019
서해숙	강강술래의 문학적 형상화	남도민속연구(남도민속학회)	1999
서해숙	강강술래의 생성배경과 기능	남도민속연구(남도민속학회)	1995
서해숙	강강술래의 연구	미간행 석사학위논문 (전남대학교대학원)	1996
서희경	진도씻김굿의 상징적 특성에 관한 연구	미간행 석사학위논문 (숙명여자대학교대학원)	2003
성무경	정재 〈항장무〉의 연희전승과 극 연출 방식	민족문화연구 (고려대학교민족문화연구원)	2002
성치원	중국동포의 '제기놀이'에 관한 사례연구 – 신대방제기협회를 중심으로	실천민속학연구 (실천민속학회)	2018
손대환, 정염방	탈춤과 경극의 형성배경 비교연구	한국엔터테인먼트 산업연구 (한국엔터테인먼트산업학회)	2016
손진태	처용랑 전설고	신생(신생사)	1930
손환	한국에 있어 활쏘기의 변천과정에 관한 연구	한국체육과학회지 (한국체육과학회)	2005
송석하	처용무 나례 산대극의 관계를 논함	진단학보(진단학회)	1935
신복룡	서낭의 군사적 의미에 관한 연구	學術誌(건국대학교)	1982
신수용	택견과 수박의 상관성	한국체육학회지 (한국체육학회)	2005
신영권	《무예도보통지》에 관한 연구 : 단병기의 기술과정을 중심으로	경상대학교 석사논문 (경상대학교대학원)	2012
신은진	불교재의식과 무속 진오귀 의식 춤 비교 연구 : 영산재, 씻김굿, 진오귀굿을 중심으로	미간행 석사학위논문 (이화여자대학교대학원)	1992
심승구	태권도의 정체성과 문명사적 의의	동양문화연구 (영산대학교동양문화연구원)	2009

저자	학술논문	발표지/발행처	연도
심승구	씨름의 정체성과 유산 가치	비교민속학(비교민속학회)	2018
심승구	한국 무예의 역사와 특성	군사(국방부 군사편찬연구소)	2001
안승현	라반의 움직임 분석 이론에 근거한 해남 강강술래춤의 팔동작 의미 연구	무용역사기록학 (한국무용기록학회)	2002
안용규	태권도학의 나아갈 길	스포츠과학연구논문집 (동아대학교 스포츠과학연구소)	2005
안정연	굿의 연극성에 관한 고찰 : 진오귀굿을 중심으로	미간행 석사학위논문 (이화여자대학교대학원)	2011
양진방	태권도 역사연구의 새로운 방향성 모색을 위한 논의	무도연구소(용인대학교 무도연구소)	1997
양진방	해방 이후 한국 태권도의 발전과정과 그 역사적 의의	미간행 석사논문 (서울대학교대학원)	1986
우선영	도당굿 〈도살풀이〉의 구조 분석	미간행 석사학위논문 (세종대학교대학원)	1992
원명숙	경기도당굿 춤장단이 한국통무용에 끼친 영향에 관한 연구	미간행 석사학위논문 (용인대학교대학원)	2002
유병수	한우 싸움소 사양관리와 청도소싸움 축제	最高農業經營者課程 論文集 (慶北大學校農業開發大學院)	2003
유선영	근대적 대중의 형성과 문화의 전환	언론과 사회 ((사)언론과 사회)	2009
유선영	편쌈 소멸의 문화사 : 식민지의 근대주의와 놀이 대중의 저항	사회와 역사 (한국사회사학회)	2010
윤광봉	두시(杜詩)에 나타난「검기무」고(考)	동악어문학(동악어문학회)	1982
윤여송	강강술래의 歌唱方式과 意味	人文社會科學研究(호남대학교 인문사회과학연구소)	1997
이가원	물보(物譜)와 실학사상(實學思想)	인문과학(연세대학교 인문학연구원)	1960
이건욱	세시풍속 안에서 남성과 여성 참석자의 성적 상징과 기능: 19세기 말부터 20세기 초까지 러시아 농촌을 중심으로	슬라브연구 (한국외국어대학교 외국학종합연구센터 러시아연구소)	2001
이경엽	단절 위기 공동체놀이의 전승현황과 계승 방향	한국민속학(한국민속학회)	2009
이규석	우리나라의 태권도 역사에 관한 고찰	용인대학교 논문집 (용인대학교)	1986
李克魯	鄕土藝術과 農村娛樂의 振興策 : 씨름은 體育的 藝術	三千里(三千里社)	1941
이명희, 임종범, 박귀순, 김태양	전통문화로 본 동북아 신체문화의 교류사적 연구: 한 · 중 · 일의 마상재, 검무, 그네뛰기를 중심으로	한국체육과학회 (한국체육과학회지)	2018
이미란	김숙자의 삶을 통해 본 도살풀이춤에 내재한 의미 연구	체육사학회지(체육사학회)	2018

저자	학술논문	발표지/발행처	연도
이민규, 이승범	2010년 이후 국내 태권도학 관련 연구동향 분석	국기원 태권도연구(국기원)	2017
이봉	태권도학 정립의 기초에 대한 고찰	한국체육학회지 (한국체육학회)	2009
이상일	축제의 극화에 대한 비교연구	한국연극학(한국연극학회)	1985
李愛京	京畿巫俗에 관한 硏究	同大論叢(동덕여자대학교)	1981
이애주	한국의 굿에 나타난 굿춤	민족과 문화(한양대학교 민족학연구소)	2001
이애현	평안도 다리굿 춤 연구	미간행 석사학위논문 (이화여자대학교대학원)	1984
이옥희	신문기사를 통해 본 강강술래 전승의 통시적 고찰 – 일제강점기부터 현재까지 『조선일보』 기사를 중심으로	남도민속연구(남도민속학회)	2010
이윤선	강강술래의 역사와 놀이 구성에 관한 고찰	한국민속학(한국민속학회)	2004
이윤선	섬지역 강강술래의 뛈뛰기 전통과 求愛방식 : 신안, 진도를 중심으로	한국민요학회(한국민요학)	2011
이종숙	경기도도당굿 군응거리 선굿춤 연구	무용역사기록학 (무용역사기록학회)	2014
이종숙	동이지악 '지모무'에 대한 고찰	공연문화연구 (한국공연문화학회)	2013
이진희	강강술래놀이의 여성여가문화적 고찰	한국여가레크리에이션학회지 (한국여가레크리에이션학회)	2000
이철진, 김정명	한국전통춤 해석에 관한 연구: 현상학적 분석	한국체육학회지 (한국체육학회)	2000
이태화	조선 후기 왈자 집단의 구성과 성격	고려대학교 한국학연구 (고려대학교한국학연구소)	2005
이향미	도살풀이춤에 내재된 표성에 관한 연구	미간행 석사학위논문 (세종대학교대학원)	1999
이혜구	산대극과 기악	연희춘추	1953
임명주	강강술래의 미학적 가치에 관한 연구	대한무용학회논문집 (大韓舞踊學會)	1996
임미영	동해안 오구굿에 나타난 신태집춤 연구	미간행 석사학위논문 (부산대학교대학원)	2016
林順子	湖南劍舞	태학사	1998
임영순, 정은영	평양검무의 무용사적 가치	한국체육철학회지 (한국체육철학회)	2015
임영애	고구려 고분벽화와 고대 사왕모 신앙: 씨름그림에 나타난 서역인을 중심으로	강좌미술사 (한국미술사연구소)	1998
임수정	경기도 도당굿의 장단 분석	미간행 석사학위논문 (중앙대학교예술대학원)	1996
임수정	김숙자의 부정놀이춤 연구	미간행 석사학위논문 (중앙대학교대학원)	2000

저자	학술논문	발표지/발행처	연도
임장혁	라오스 몽족 이주마을 소싸움의 사회적 기능	아시아강원민속 (아시아강원민속학회)	2013
임재해	강강술래와 놋다리밟기의 지역적 다양성과 문화적 상황	민속연구(안동대학교 민속학연구소)	1992
임재해	고조선시기 탈춤문화의 형성과 연행예술수준	비교민속학(비교민속학회)	2009
임재해	단오에서 추석으로 : 안동지역 세시풍속의 지속성과 변화	한국문화인류학 (한국문화인류학회)	1989
임재해	탈춤기원론의 쟁점과 상고시대 탈춤문화의 뿌리	한국민속학(한국민속학회)	2009
임학선	진오귀굿의 무당춤에 대한 고찰	미간행 석사학위논문 (이화여자대학교대학원)	1975
장권	한국 태권도 경기사 연구	미간행 석사학위논문 (우석대학교대학원)	2010
장성수	餘暇文化 活動으로서의 石戰과 씨름에 대한 統辭的 理解	한국체육학회지 (한국체육학회)	2000
전미령	호남 춤의 맥과 뿌리를 찾아서 : 강강술래의 미적 접근에 관한 연구	한국문화학회 학술발표회 (한국문화학회)	1999
전미선	고구려 고분벽화의 놀이문화	韓國古代史硏究 (한국고대사학회)	2006
전호태	고구려 각저총 벽화 연구	미술자료(국립중앙박물관)	1996
전호태	고구려 장천1호분벽화의 서역계 인물	蔚山史學(울산대학교사학회)	1993
전호태	고구려의 음악과 놀이문화	역사와 경계(부산경남사학회)	2013
전호태	고분벽화로 본 고구려와 중앙아시아의 교류	한국고대사연구 (한국고대사학회)	2012
정병호	남도민속예술의 특징	한국민속학(민속학회)	1987
정병호	민속무용의 발생과 변천	월간 문화재	1983
정수일	高句麗와 西域 關係 試考	고구려발해연구 (고구려발해학회)	2002
정연학	출토문물을 통해본 중국의 씨름과 手搏	비교민속학 (비교민속학회)	1996
정은영	아시아(Asia) 문화원형으로서 검무의 문화콘텐츠적 가치	한국체육철학회지 (한국체육철학회)	2017
정익섭	전남지역의 강강술래	한국시가문학논고 (전남대출판부)	1989
정주미	이동안 춤세계 연구	미간행 석사학위논문 (중앙대학교대학원)	1998
정찬모	고려시대 태권의 발달과정에 관한 연구	서울대학교 체육연구소논집 (사범대학체육연구소)	1981
정찬모, 지춘만	씨름의 유래와 고대 씨름의 발달과정	체육사학회지 (한국체육사학회)	2000
정형호	동아시아 격구의 전승 양상과 비교 연구	비교민속학 (비교민속학회)	2010

저자	학술논문	발표지/발행처	연도
조경아	일제 강점기 기록을 통해 본 검무의 계승양상	한국음악사학보 (한국음악사학회)	2013
조동일	농악대의 양반광대를 통해 본 연극사의 몇가지 문제	동산신태식박사頌壽기념논총 (계명대학출판부)	1969
조동일	조선후기의 가면극과 민중의식의 성장	창작과 비평(창비)	1972
조두나	강강술래 공연 복식 실태 연구	Family and Environment Research(대한가정학회)	2014
조복덕, 이상봉	古代 蹴鞠에 對한 考察	체육과학연구소논집(부산대학교부설체육과학연구소)	1986
조성환	한국 고대의 민속놀이에 관한 연구	논총 (이화여대한국문화연구원)	1986
조성환	한국 중세의 민속놀이에 관한 연구	논총 (이화여대한국문화연구원)	1988
조성환	朝鮮 後期 民俗놀이 研究	韓國文化研究院論叢 (이화여대한국문화연구원)	1991
조준호	석전의 스포츠 속성에 관한 사적 해석	한국체육학회 (한국체육학회지)	2009
좌혜경	강강수월래와 日本 奄美 小湊의 八月踊	白鹿語文(제주대학교 사범대학 국어교육과 국어교육연구회)	2000
주동진, 허용, 박승한	한국 고대 씨름史	한국스포츠리서치 (한국스포츠리서치학회)	2006
최광근	태권도 세계화에 따른 대표시범단의 창단	한국체육사학회지 (한국체육사학회)	2011
최미애	회화에 나타난 한국의 씨름	한국체육학회지 (한국체육학회)	2007
최미애	회화에 나타난 한국 전통 활쏘기의 특성	한국체육학회지 (한국체육학회)	2008
최복규	무예도보통지 권법에 관한 연구 - 기효신서와의 관련성을 중심으로	한국체육학회지 (한국체육학회)	2002
최진형	처용전승의 계승과 변천	泮橋語文研究(반교어문학회)	2008
최철영	민속놀이가 초등학교 학습자의 기초체력 향상에 미치는 효과	미간행 석사학위논문 (한국교원대학교)	1999
최충환	조선후기 민속씨름에 관한 소고 : 세시풍속지를 중심으로	한국여가레크리에이션학회지 (한국여가레크리에이션학회)	2000
최혜경	연희 형태에서의 圓形 표상과 감성의 발현 -〈강강술래〉를 중심으로	南道文化研究(순천대학교 남도문화연구소)	2011
채웅석	고려 중 · 후기 '무뢰(無賴)'와 '호협(豪俠)'의 행태와 그 성격	역사와 현실(한국역사연구회)	1992
한금란	강강술래의 춤 연구	미간행 석사학위논문 (이화여자대학교)	1984
한양명	소싸움의 변화와 그 원인에 대한 고찰	민속학연구(국립민속박물관)	1995

저자	학술논문	발표지/발행처	연도
한양명	전통씨름의 대동놀이적 성격에 관한 연구	비교민속학(비교민속학회)	2000
허용, 김현수	민속씨름에 내재된 민족정서: '興'을 중심으로	움직임의 철학 (한국체육철학회)	2012
허용호	일제강점기 민속놀이 단절과 지속의 문화정치학: 집단 민속놀이를 중심으로	일제강점기 단절된 무형유산 사례와 가치의 재발견 (국립무형유산원학술대회 자료집)	2015
허인욱	수박희에 대한 고찰	체육사학회지 (한국체육사학회)	2002
허인욱, 남덕현	《海東竹枝》에 기재된 무예 관련 글에 대한 소고	대한무도학회지 (대한무도학회)	2002
홍장표	한국 씨름의 역사적 성장과정 연구	용인대학교논문집 (龍仁大學校)	1985
홍장표, 정위곤, 임희용	한국 씨름의 시대적 발달사	무도연구소지 (대한체육과학대학교)	1992
홍지은, 임용석, 김매이	청도소싸움을 통해 본 전통여가의 근대화 과정	여가학연구(여가문화학회)	2015
황의룡	프로씨름의 구조적 변화에 관한 연구	한국체육학회지 (한국체육학회)	2002
오쿠마 아키코 (Akiko Okuma)	한국 근대 그네뛰기의 변화양상	한국체육사학회지 (한국체육사학회)	2011
기우치 아키라 (木內あきら)	韓國石戰에 關한 研究	미간행 석사학위논문 (서울대학교대학원)	1996
곤노게이꼬	강강술래의 연구: 일본 전통가무와의 비교를 중심으로	미간행 석사학위논문 (전남대학교 대학원)	2001
武田幸男	中古新羅의 軍事的 基盤	민족문화논총(영남대학교 민족문화연구소)	1981
필자 미상	朝鮮八道正月風俗展覽會: 石戰과 횃불싸홈	별건곤(國學資料院, 1993)	1927
필자 미상	全朝鮮怪風俗展覽會	별건곤(國學資料院, 1993)	1928
Kim, H. J.	The moon is coming up, the moon is coming up Ganggangsullae	Jindo (Jindo County Office)	2013

국외 단행 자료

저자	단행본	발행처	연도
Durkheim	The Elementary Forms of the Religious Life	The Macmillan Company	1915
Sherman, David M	Tending Animals in the Global Village : A Guide to International Veterinary Medicine	Williams and Williams	2002
G. W. Gilmore	Presbyterian Board of Publication and Sabbath-School Work (Korea from its Capital : with a Chapter on Mission)	Philadelphia	1892
Charles Dallet	Histoire de l'Église de Corée(조선교회사)	Librairie Victor Palmé	1874
中村金城	朝鮮風俗書譜	富里昇進堂	1910
村山智順	朝鮮の郷土娯楽	朝鮮總督府	1941
長谷川明	相撲の誕生	新潮社	1993
曽麗卿 外訳, 邵文良編著	中国古代のスポーツ	ベースボールマガジン社	1985
白川静	字通	平凡社	1997
新田一郎	相撲の歴史	山川出版社	1994
宇佐美隆憲, 寒川恒夫 編著	中国朝鮮族シルムの持続と変容(『相撲の人類学』)	大修館書店	1995
李淳馹	もう一人の力道山	小学館書店	1998
井上秀雄他譯注	東アジア民族史	平凡社	1976
相田洋	異人と市ー境界の中國古代史	研文出版	1997
村山智順	朝鮮の占卜と豫言	朝鮮總督府	1933
木内あきら	激烈の石戦(격렬한 석전)	京城日報	1908
衆怒難犯	点石齋畵報	申報館	1884
柳田國男	石占の種類(『定本柳田國男集』 30巻)	筑摩書房	1963
西村和子, 辻惟雄監修	鳥獣戯画	博雅堂出版	2011
村山智順	朝鮮の郷土娯楽(영인본)	民俗院	1983
慶尙南道	朝鮮: 晉州の闘牛	朝鮮	1925
今村鞆	歴史民俗朝鮮漫談(日本竝に朝鮮の石合戰)	南山吟社	1928
井上秀雄	東アジア民族史 2巻	平凡社	1976
柳田國男	定本柳田國男集 30巻	筑摩書房	1963
酒井欣	日本遊戯史	建設社	1934
中田幸平	江戸の子供遊び事典	八坂書店	2009
小林祥次郎	遊びの語源と博物館	勉誠出版	2015
寒川恒夫	葬礼相撲の系譜(한 · 일 비교민속놀이론)	민속원	1997

저자	단행본	발행처	연도
寒川恒夫	アジア稲作民伝承遊戯の文化史	明和書店	2018
邵文良 編著	中国古代のスポーツ	ベースボール.マガジン社	1985
天理大学附属 天理参考館 編	蹴鞠	天理ギャラリー	2014
井上秀雄他譯注	東アジア民族史: 2	平凡社	1976
岸野雄三	最新スポーツ大事典	大修館書店	1987
今村鞆	歴史民俗朝鮮漫談	南山吟社	1930
中山太郎編	日本民俗学辞典	昭和書店	1934
大林太郎	日本と中国の新春行事	小学館	1992
曽麗卿外訳, 邵文良編著	中国古代のスポーツ	ベースボール.マガジン社	1985
黃順姬	文化のなかのスポーツ (『スポーツ文化を学ぶ人のために』)	世界思想社	1999
中國科學院考古研究所	澧西發掘報告	文物出版社	1962
傳起鳳, 傳騰龍	中國雜技史	上海人民出版社	1991
裵錫榮 等	中华古今兵械图考	人民体育出版社	1999
康戈武	中國武術實用大全	五洲出版社	1996
張伯夷	中國兵器大全	逸文出版	1996
柳町敬直	日本歷史館	小學館	1993
篠田耕一	武器と防具中国編	新紀元社	2005
楊泓	劍和刀(『中國古兵器論叢』)	明文書局(臺北)	1983
張文煥	민남정월적풍속	民俗	1929
中國藝術研究院 舞蹈研究所	中國舞蹈詞典	文化藝術出版社	1994
王克芬	中國舞蹈史: 隋唐五代部分	文化藝術出版社	1987
王克芬	中國舞蹈發展史	上海人民出版社	1991
中國戲曲研究院	中國古典戲曲論著集成1 : 教坊記, 樂府雜錄, 碧雞漫志	中國戲劇出版社	1960
麻国钧, 麻淑云	中華傳統遊戲大全	农村读物出版社	1990
孫麒麟, 毛麗娟, 李重申	中國古代體育圖錄	甘肅教育出版社	2015
王秀民	怎样踢毽球	金盾出版社	1994
刘秉果, 赵明奇, 刘怀祥	蹴鞠, 世界最古老的足球	中华书局	2004
郭利民	中国古代史地图集	星球地图出版社	2017
劉元	一本書讀懂中國文化智識	海鴿出版社	2017
杨涛, 主编	体育非物质文化遗产研究	青岛出版社	2012
肖进勇, 李畔, 韦理	非物质文化遗产视域下民族传统体育蹴球项目的救护、传承与发展	人民体育出版社	2016

저자	단행본	발행처	연도
高占詳 編	中國民族節日大全	矢備哉出版社	1993
劉元	一本書讀懂中國文化智識	海鴿出版社	2017
杨涛 主编	体育非物质文化遗产研究	青岛出版社	2012

국외 학술 자료

저자	학술논문	발표지/발행처	연도
Cindy Park & Tae Yang Kim	Historical Views on the Origins of Korea's Taekwondo	The International Journal of the History of Sport (Taylor & Francis)	2016
黃義龍	韓国シルムの研究	未刊行 博士學位論文 (日本体育大学校大学院)	2002
斎藤忠	高句麗古墳壁画にあらわれた葬礼儀礼について	朝鮮学報 (朝鮮学会)	1979
宇佐美隆憲	草相撲の存続と変化	未刊行 博士學位論文 (東洋大学校大学院)	1998
冨川力道	ブフ文化とその再構築過程に関する文化人類学的研究	米刊行 博士學位論文 (千葉大学校大学院 社会文化科学研究科)	2002
白井省三	鎌倉幕府要人と周辺の蹴鞠	中京大学教養論叢 (中京大学教術研究会編)	1980
孫煥	旧韓末期(1876~1910)における在日韓国留学生団体の体育に関する研究	スポーツ史研究 (日本スポーツ史学会)	1997
八木奘三郎	朝鮮の石戰風習	人類學雜誌 (東京人類學會)	1917
伊能嘉矩	石戰風習に就きて思ひ出づるまにく	人類學雜誌 (東京人類學會)	1917
村山智順	朝鮮の占卜と豫言	朝鮮 (朝鮮總督府)	1933
羅景洙, 栗本古基	湖南と沖繩の洗骨葬の比較研究	南島文化 (沖繩國際大學南道文化研究所)	2002
高正子	韓国の仮面劇「固城五広大」の伝承と演戯者 : 解放後の韓国社会における民俗芸能の変遷から	未刊行 博士學位論文 (総合研究大学院大学)	2005
相田洋	東アジアの石合戦について	福岡教育大学紀要 (福岡教育大学)	1991
宣炳善	中国斗牛民俗的分类	民间文学论坛 (民间文学论坛)	1997
肖进勇, 李静山, 余吉成, 李畔, 杨立	论蹴球项目的源流与发展	成都体育学院学报 (中文核心期刊)	2008
박귀순	韓國足球文化的變化過程之探討	蹴鞠與齊文化: 第22屆國際歷史科學大會淄博衛星會議文集(中國齊文化博物院)	2019

저자소개

김태영(한국외국어대학교 한국글로벌스포츠건강문화센터 소장)
황의룡(한국외국어대학교 한국글로벌스포츠건강문화센터 책임연구원)
김태양(영산대학교 전통무예진흥연구소)
이명희(공주대학교 역사교육과)
박귀순(영산대학교 동양무예학과)
박태근(한국외국어대학교 미네르바교양대학)
문창학(한국외국어대학교 일본언어문화학부)
이지은(한국외국어대학교 중앙아시아학과)
유달승(한국외국어대학교 페르시아어 · 이란학과)
심상교(부산교육대학교 국어교육과)
민성희(숙명여자대학교 무용학과)
원유미(대원대학교 운동재활학과)
이택균(한국외국어대학교 미네르바교양대학)
박효주(경희대학교 태권도학과)
임종범(평택대학교 IT공과대학)

실크로드 신체문화교류사
총서 2(한국): 전통무예, 무용, 유희

초판발행 2025년 8월 30일

지은이 김태영 · 황의룡 · 김태양 외
펴낸이 안종만 · 안상준

편 집 이혜미
기획/마케팅 박부하
표지디자인 이영경
제 작 고철민 · 김원표

펴낸곳 (주) 박영사
서울특별시 금천구 가산디지털2로 53, 210호(가산동, 한라시그마밸리)
등록 1959. 3. 11. 제300-1959-1호(倫)
전 화 02)733-6771
f a x 02)736-4818
e-mail pys@pybook.co.kr
homepage www.pybook.co.kr
ISBN 979-11-303-2314-5 93910

정 가 29,000원